LE HVITIESME LI-
ure d'Amadis de Gaule, auquel

SONT RECITE'ES LES HAVTES PROVESSES
ET FAITZ MERVEILLEVX D'AMADIS DE GRECE SVRNOMME LE
Cheualier de l'ardante Espée: Mis en Françoys par le Seigneur
des Essars N. de Herberay, Commissaire ordinaire de l'artillerie du Roy, & lieutenant en icelle, es païs &
gouuernement de Picardie, de monsieur
de Brissac, Cheualier de l'ordre
grand Maistre, & Ca-
pitaine general
d'icelle ar-
tillerie.

Acuerdo Oluido.

Auec priuilege du Roy.

A PARIS.

En l'Imprimerie d'Estienne Groulleau, demourant en la rue Neuue nostre
Dame, à l'enseigne saint Ian Baptiste
1548.

Il est defendu par lettres patentes

du Roy noſtre ſire, à tous Imprimeurs, Libraires, & autres marchands,
d'imprimer en ce royaume, ou expoſer en vente, l'huitieſme liure d'Amadis de Gaule, dedans ſix ans, à conter du iour qu'il ſera acheué d'imprimer ſur les peines contenues auxdites lettres ſur ce depeſchées, ſignées. Par le Roy l'Eueſque de Tulles preſent. De l'aubeſpine, & ſéellées ſur ſimple queuë de cire iaune. Si n'eſt par ceux, qui par cy deuant ont fait imprimer les liures precedans, & ce par la permiſsion du Seigneur des Eſſars N. de Herberay, qui les a traduitz & eu la charge de les faire imprimer par ledit Seigneur.

A' mon Seigneur mon Seigneur

DE MONTMORANCY, CHEVALIER
de l'ordre du Roy, Conneſtable & grand Maiſtre
de France, le Seigneur des Eſſars
baiſe les mains de ſa magnificence & ſeigneurie.

MOn Seigneur, des l'an mil cinq cens vint & quatre ie fu
prendre priſonnier au plus profond des Eſpaignes le
Cheualier de l'ardante Eſpée, qui auoit du tout habandonné noſtre France, pour viure entre les Eſpagnolz. Et
l'ay tenu tant de court & de pres, qu'il n'en a eſté nouuelles, ſinon depuys deux ans, que parlant de Liſuart de Gre
ce, il a trouué moyen ſe faire cognoiſtre pour petit filz d'Eſplandian, filz
du Roy Amadis, qui a eſté cauſe, que pluſieurs Princes, & Seigneurs, Dames, & Damoyſelles, m'ont ſouuent parlé & fait parler pour le mettre du
tout en liberté, m'aſſeurants de ſa part, que ou ie voudrois prendre rançon
de luy, il auoit en la Court vn grãd Seigneur, ſimboliſant quaſi en ſon nõ,
apellé le Cheualier à la grande Eſpée, qui ſatisferoit à tout ce que ie voudrois raiſonnablement demander pour luy. Or ne ſçay-ie autre que vous,
qui pour eſtre Conneſtable de France, portez par tout telles armes. Au
moyen dequoy, apres auoir prins fidelité de luy pour ſe rendre priſonnier
entre voz mains, ie le vous enuoye & fais preſent, ſans en eſperer autre
rançon que voſtre bonne grace, auecques laquelle ie me tiendray plus contant, que ſi i'auois l'entiere ſeigneurie de Magadan, ou il print norriture en ſes premiers ans ainſi qu'il m'a dit. Il eſt perſonnage qui a veu beaucoup de païs, & duquel le Roy pourra quelquesfoys tirer paſſetemps, s'il
l'eſcoute, & vous le luy preſentez. Il eſt vray qu'il eſpere beaucoup à la faueur des Dames: mais ſi fault il qu'il penſe, que, ſans vous, il ne ſera là ou
ailleurs iamais le bien venu. Parquoy ie luy ay conſeillé ſe retirer du tout
ſous voſtre protection, eſtant voſtre comme il eſt. I'ay encores aux Eſſars
vn ſien filz, nommé don Florizel de Niquée, ie le vous norris pour vous
en faire preſent ainſi que du pere, ſi l'auez agreable. Vous ſupliant, mon
Seigneur, croire, que autre choſe ne me fait eſtre tant liberal, ſinon l'ancien
deſir que i'ay de vous faire ſeruice: ainſi que i'eſpere vous donner à cognoiſtre quelque iour, ſi la fortune m'apreſte ocaſion de ce faire. Ce pendant vous auez le Cheualier de l'ardante Eſpée, qui me ramenteura en voſtre bonne grace, & auquel vous commanderez, & à moy auſſi, qui
á ii   vous

vous obeïra d'aussi bon cueur & afection, que ie prie humblement nostre Seigneur vous donner aussi longue & heureuse vie en santé, que i'espere la renommée de vostre prisonnier durer en France & ailleurs, par ce
que i'ay escrit de luy & des siens.

Fin de l'epistre.

DISCOVRS SVR LES LIVRES D'A
madis par Michel Seuin d'Orleans.

Es iours paſſez, que deſir me tenoit
De viſiter vn amy qui venoit
Droit de Paris, i'entre dedãs ſa ſalle,
Ou le trouuay, qui tiroit de ſa malle
Liures nouueaux lors ie luy tins ces ditz,
Auez vous point des liures d'Amadis,
Que des Eſſars le gentil perſonnage,
Le mieux diſant des hommes de ſon aage,
A' d'Eſpagnol en Françoys tranſlatez?
Ouy, dit il, ie les ay aportez:
Car c'eſt vn œuure autant ou plus requis
Que des Latins ou Græcz tant ſoit exquis:
Ouquel tous bons eſpritz voulans auoir
Gloire & honneur en faiſant leur deuoir,
Et vertu ſuyure ou leur cueur eſt confit,
Prendre pourront grand plaiſir, & profit:
Car il n'y a que choſe treſdecente,
En nous monſtrant le chemin & la ſente
D'ordre equitable, & comment faire honneur
Doit le vaſſal à ſon Prince & ſeigneur,
Ayant egard ſoigneux à la perſonne
Qu'il fault parler, & aux motz qu'elle ſonne:
Comme le filz humble au pere doit eſtre:
Le ſeruiteur obeïſſant au maiſtre:
Comme parler doit au ſuperieur
Reueremment tout homme inferieur:
Comment le pere à ſon enfant remonſtre
Humainement, quand ſa faute il luy monſtre:
Comme vn Seigneur bien doucement reprend
Le ſeruiteur qui enuers luy meſprend.
Il louë auſſi ceux qui de bon courage
Ayment d'amour tendants à mariage,
En nous mettans touſiours deuant les yeux
De Dieu la crainte & ſon nom glorieux
Amonneſtant le hardy Cheualier
De tout ſon cueur vers luy s'humilier:
Nous confier en luy totalement
En ſon prochain n'offenſer nullement.
Puys on y voit l'eſprit doux & ſecond,

ã iij

Et vn

Et vn parler elegant & facond,
Si à propos, si poly, & luysant.
Si bien couché, si trespropre & plaisant,
Qu'au premier mot il attire les cueurs
De tous gentilz & louables lecteurs
En incitant tout soudain le desir
De l'auditeur à son gré & plaisir:
Et prouocant les courages à rys
Du bien d'autruy, puys les rendant marrys
De son malheur. Ce qui est aperceu
De la personne, est beaucoup mieux receu
Que ce qu'il oyt: par ainsi ce romant
Qu'on ne sçauroit priser trop grandement.
Si auec soing on le contemple & lit,
Nostre françoys, plus que tous embellit.
Le bon maintien il sçait, & grace bonne
Aproprier, à chacune personne.
Au Prince enseigne à bien se gouuerner
Si longuement il veult en paix regner:
Au capitaine enuoyé à la guerre,
Donne vouloir d'honneur & gloire aquerre,
Tant bien descrit les faitz qui sont seans
Au changement des choses & des ans:
Comme le Prince en faitz, ditz, & maintien
Point ne ressemble à vn seruiteur sien:
Comme du maistre & du seruant le role,
Est different en gestes, & parole:
Et le vieillard desia meur & prudent
Du ieune filz conuoiteux & ardant:
Et vne Dame en son dit & maniere
D'vne norrisse, ou d'vne chambriere:
Ou d'vn grand homme en faitz religieux,
A' quelque sot, fol & litigieux.
Aussi enseigne en quoy gist la pitié
Deuë au païs, & la loy d'amytié:
Combien on doit ses chers parens aymer,
Son frere, & seur, & son hoste estimer
Quel est l'estat des loyaux iusticiers,
Et le deuoir de tous bons officiers,
    Penser ne fault que l'histoire soit vaine
De l'Amadis: elle est vraye, & certaine:
Car sens moral de grande inuention

Gist

Gist souz la lettre en belle fiction.
Quand il descrit batailles & combatz,
Alarmes promptz, & martiaux debatz,
Preux Cheualiers, & gensdarmes puissans,
Coursiers soudains, & cheuaux hannissans,
O' qu'il sçait bien & doctement monstrer,
Qu'en nul combat il n'est permis entrer.
Sinon que soit à bien iuste querelle
Pour le païs & raison naturelle,
De droit fondée, & selon l'equité,
Pour ruyner vice & l'iniquité
De gens meschans, rempliz de felonnie,
Qui leurs voysins blessent par tirannie.
Et pour garder les humbles gens & basses
D'opression miseres & menaces,
Et secourir les simples indigens,
Les desolez, vefues, & telles gens:
A' fin aussi que de guerre cruelle,
Sorte vne paix & amour mutuelle.
Semblablement si bien tu veux entendre,
Tu y pourras vn autre sens comprendre
Voulant louér par faitz clers aparens
Le Roy, ses filz, & ses nobles parens:
Car Perion, & Amadis, regnerent
En nostre Gaule, & de fait triumpherent,
Par Perion, donques, & Amadis,
Et leurs enfans si sages & hardis:
Le puissant Roy de France est entendu:
Et tout le sang Royal d'eux descendu,
De ligne en ligne, en faitz vertueux tel,
Qu'il a desia aquis los immortel,
Mais on ne doit iamais cest endroit taire,
Ou ce Romant louë l'art militaire:
Car il descrit tant de nobles faitz d'armes,
Tant de tournois de combatz & alarmes,
Tant de perilz, rencontres furieuses.
Actes de preux, victoires glorieuses,
L'honneur extreme & triumphe auquel, marche
Cil, qui vainqueur son ennemy sumarche,
Qu'aux gens de guerre, il enflamme les cueurs,
D'estre plus fortz, & vaillants belliqueurs,
Et se monstrer au chocq en toutes parts

ã iiij   Plus

Plus que Lyons hardiz, ou Leopards
S'y manians (deuſſent ilz deſuier)
Comme vn Roland, ou comme vn Oliuier.
Ceſt Amadis ſuit les nobles eſpritz,
Que les haux faitz & geſtes ont eſcritz
Des triumphans peuples Athenien,
Thebain, auſſi Lacedemonien.
A' quoy ſe ſont ſi fort eſuertuez,
Qu'en gloire ilz ſont du tout perpetuez
A' verité neantmoins aiouſtant
Aucunesfois la choſe ainſi n'eſtant:
Mais de ſi grand' grace & dexterité
Qu'on y a creu ainſi qu'à verité.
Auſſi lit on d'Homere & de Virgile,
Que le labeur auec vn ſoing agile,
Fondé deſſus vraye ſimilitude.
Les a induitz d'employer leur eſtude
A' prudemment dire & narrer les faitz,
Des grandz Seigneurs, pour les rendre parfaitz,
Les deſcriuant des l'heure de leur naiſtre.
Non telz qu'ilz ſont mais telz qu'ilz doiuẽt eſtre,
Pour enſeigner ceux qui voudront regner.
Le bon chemin de tout bien gouuerner:
Car fiƈtions pour paliſir eſmouuoir,
De verité doiuent couleur auoir.
Plus tu y lis exemples fort vtiles,
Endoƈtrinans les perſonnes gentiles,
A' viure bien ſans blaſme ne reproche.
Pour en la fin faire des cieux aproche.
Il a horreur de l'œuure vicieuſe,
Nous exortant à vertu precieuſe.
Vengeance il prend de toute cruauté,
De tirannye & de deſloyauté,
En puniſſant les rebelles & trahiſtres,
Auec tous ceux ſouillez d'infames titres,
Et au rebours ſuportant les loyaux,
Iuſtes & bons, dignes d'honneurs Royaux.
Monſtrant les meurs & manieres de viure,
Que chacun doit pour ſon ſalut enſuyure.
Il traite auſſi les amours & faitz d'armes,
Repreſentant Cheualiers & genſd'armes.
Qui de l'honneſte amour ſont amoureux:

Et touteſ-

Et toutesfois forts, & cheualereux,
Tant que chacun prend recreation
A ſi tresbonne & belle inuention.
Si tu me dis que ce ne ſont que fables,
Inuentions, & fiction ſemblables:
Sçaches que là y a moralité,
Ou tu prendras bien grande vtilité.
Mais reſpons moy. Si trouué tu auois
Quelque pourry, & vieil tronçon de boys
Qui fuſt en or enchaſſé richement,
Et tout garny de Perle, & Dyamant:
Ne ſerois tu tout ſoudain en ſoucy
De l'amaſſer, & emporter auſſi?
Pareillement ſi tu venois à voir
Quelque beau liure, ou tu peuſſes auoir
Parmy propos tous fabuleux, & faintz
Des documents profitables, & ſaintz,
Et dans lequel tout bien ſe peuſt eſlire,
Laiſſerois tu (pour la fable) à le lire?
Enten (dit Pline) onques liure on ne fit,
Ou l'on ne treuue, en quelque endroit, profit.
Pren donq' le bien, le vice delaiſſant.
Qu'y trouueras, d'y lire ne ceſſant:
Puys que deſſous telle ſutilité,
Tant de plaiſir giſt, & d'vtilité.
Encor' y a vn point plus amirable,
Qui fait trouuér ce liure fort louable.
Car imitant tant Virgile, qu'Homere,
La choſe douce entremeſle à l'amere:
Et nonobſtant la fiction ſe fonde
A' enſeigner, & delecter le monde.
Là peult on voir amytié, & diſcord:
L'humble, le fier, eſtre enſemble d'acord:
L'aigre, & le doux: la paix, & guerre enſemble
En vnion. Car ce Romant aſſemble
Mars, & Venus: rendant Mars gracieux,
Et de ſeruir à Venus ſoucieux:
Venus auſſi pour Mars prent la querelle,
Monſtrant l'aymer d'vn amour naturelle.
Quand Mars ſanglant au giron de Venr
Vient s'endormir, le hideux Vulcanus

De forts

De forts lians außi durs que l'Aymant
Les vient lier tous deux eſtroitement,
Et puis Phebus aux autres dieux les monſtre.
Mars Amadis ſignifie & demonſtre,
Et pour Venus Oriane prendrons:
Par toy Phebus, les Eſſars entendrons,
Qui ceſt biſtoire en François nous a mis.
Tous les plus forts voyons à Mars ſoumis,
Mars à Venus donner lieu entendra:
Phebus tous deux immortelz les rendra,
Dont le lecteur qui aient ceſt œuure à lire,
Se prend ſoudain à plorer, puys à rire,
Puys il eſt triſte, & puys en ioye il vient:
Puys paoureux eſt, puys aſſeuré deuient.
Et ſi quelqu'vn à le lire s'eſpreuue,
Pour la douceur, & ſoulas qu'il y treuue,
Il en perdra le boire & le menger,
Il laiſſera à ſon profit ſonger.
Puys quand aura quelque peu de ſeiour,
Y paſſera & la nuyt & le iour,
Ne delaiſſant de lire inceſſamment,
Tant que iceluy ayt leu entierement.
Et peu apres s'il vient à y penſer,
Vouloir aura de le recommencer.
Tant il y a diuers faitz delectables,
Vns de plaiſir, les autres profitables:
Tant ſont les motz propres, & bien couchez,
Et du naïf d'eloquence touchez:
Tant le ſtile eſt plaiſant & le langage,
Qu'il n'eſt poßible auoir plus bel ouurage.
Tous ces propoz mon amy me tenoit,
Et les ſecretz d'Amadis m'enſeignoit.
Or les Romans ſont faitz pour delecter
Aucunesfois, ou bien pour profiter:
Aucuns außi (comme à Horace ſemble)
Pour profiter, & delecter enſemble.
Deſquelz on doit ceſt Amadis nombrer,
Qui bien viendra l'ouurage remembrer.
Duquel adonc (tant fut de bon affaire,
Ce mien amy) qu'vn preſent m'en va faire,

En me

En me difant, quand tu auras loyfir
Tu y prendras à le lire plaifir.
Ce que i'ay fait òu i'ay fçeu clairement,
Que verité difoit entierement:
Et fi quelqu'vn en vouloit faire doute,
Il le croyra en lifant l'œuure toute.

FIN.

Ensuyt la Table des matieres con-
TENVES DANS L'HVITIESME LIVRE
d'Amadis de Gaule.

Et Premierement.

LA TABLE.

        ẽ   chapitre

Comme

LA TABLE.

    Comme

LA TABLE.

Comme

ẽ iij   Comme

LA TABLE.

Fin de la Table.

L'ANGEVIN, A' TOVS ZELATEVRS DE L'A-
uancement & decoration de la langue Françoyse,
sur le contenu dans l'huitiesme d'Amadis.

Sonnet.

Vous qui aymez les louables escritz
    De Herberay nostre premier en prose,
    Lisez ce liure, ou il met & propose
    Mieux que iamais diuersité d'espritz.
L'vn gros & lourd, l'autre tresbien apris,
    Le tiers trop neuf, le quart qui se dispose
    A' pourchasser le point, que le quint n'ose
    Bien contempler, tant est d'amour surpris.
Ilz ayment tous d'vne subiection:
    Mais diferents quant à l'afection
    Ou le mal d'vn fait viure l'autre heureux,
Ce qui me meut à soustenir, sans honte,
    Qu'on doit nommer ce rarißime conte
    L'entier discours du hazard amoureux.

Probè & Tacitè.

Le Huitiesme liure d'Amadis de

GAVLE, AVQVEL EST RECITE' QVEL-
LE FIN PRINDRENT LES AMOVRS DE LISVART AVEC
l'Infante Onolorie, & les hautes prouesses & faitz glorieux d'Amadis de Greçe leur filz, surnommé le Cheualier de l'ardante Espée: Ou
sont mises en auant infinies auantures, tant pour les armes, que sur l'a
mour, rendant aux lecteurs assez dequoy s'emerueiller, & plus encor'
de qui prédre exemple. Mis en Françoys par le Seigneur des Essars Ni
colas de Herberay, Commissaire ordinaire de l'artillerie du Roy. & c.

Comme le Soudan de Babilo-

ne s'enamoura en songeant de la Princesse Onolorie.

Chapitre   Premier.

Ortune trop variable desirant faire cognoistre à chacun
sa mobilité, & à fin qu'elle iouïsse auec plus de raison
du titre d'inconstante, prend vn plaisir singulier à se
manifester farrouche, legiere, & sans aucun arrest: specialement lors que l'on pense auoir la ioye & prosperité
plus prochaine & asseurée, ainsi qu'elle fit experimen-

A   ter au

ter au bon vieillart Empereur de Trebiſonde, & à ceux qui l'auóiét ſuyuy
depuys la grand' Bretaigne, ou ilz s'embarquerenr, faiſans voile es parties
de Leuãt, cóme la fin de noſtre Septieſme liure vous a recité. Eux doncques
ayans nauigé par longs iours la grand' mer Occeane, & trauerſé partie de
la Mediterrane, deſcouurans à veuë d'œil la fameuſe & grande cité de
Trebiſonde, ſentirent en eux meſmes vne nouuelle alegreſſe, qui peu leur
dura : Car aprochans plus pres virent les ondes couuertes d'vne infinité de
galeres, brigantins, fuſtes, nauires, & autres vaiſſeaux, qui n'agueres au parauant eſtoient arriuez en ceſte coſte. Et ce qui plus encore leur donna peine, ilz ſceurent par vn eſquif, qu'ilz enuoyerent pour recognoiſtre ceſte
flote, que le Soudan de Babilone y'eſtoit en perſonne, ainſi que les bãdie-
res & banderoles de ſon vaiſſeau manifeſtoiét. Et l'ocaſion de telle entrepriſe vous ſera preſentement recitée. Ie croy qu'il vous peult encores bien
ſouuenir cóme Zarzafiel Soudan mourut au ſiege de Conſtantinople, par
la mort duquel celuy qu'il auoit laiſſé pour gouuerneur de ſon empire ſe
fit coróner, & vſurpa le titre qui apartenoit à autruy, eſpouſant à ceſte ocaſion la fille du Roy d'Egipte, belle entre les belles: de laquelle il eut deux
enfans, que la mere porta d'vne meſme vétrée, filz & fille, tous deux douëz
de ce que Nature peult pour rendre la creature parfaite. Le filz nómé Zaïr,
& la fille Abra : leſquelz croiſſans d'aage, croiſſoient auſſi non ſeulement
en beauté, ains en toutes bonnes meurs & dexteritez : tellementt qu'il n'y
auoit Gentilhomme, ny Damoyſelle en tout l'Empire, qui les egalaſt.
Ataignant doncq' Zaïr aage pour receuoir cheualerie, le Soudan ſon pere
la luy donna auec la ſolennité, qu'il conuenoit à ſi haut Prince. Et peu de
iours apres l'enuoya mener guerre à ſes voyſins, partie deſquelz il ſubiuga,
rendant pluſieurs Roys & royaumes tributaires à la coronne de Babilone.
Mais pourſuyuant ſes victoires & la fortune, qui le fauoriſoit, entendit la
mort du Soudan. Au moyen dequoy remettant le reſte de ſes conqueſtes
en autre ſaiſon, retourna pour s'inueſtir des païs à luy eſcheuz, & fut receu
du peuple auec tant de ioye, qu'il ſe tenoit pour bien heureux de l'auoir
à Prince & Seigneur. Or auint, qu'ainſi que les tournois & grand' feſte ſe
demenoient pour ce nouueau coronnement, dormant Zaïr vne nuict
entre autres, luy ſembla voir le dieu Mars, acompagné du petit Cupido,
chacun deſquelz le perſuadoit ſuyure ſon party, tellement qu'il ſe trouua
perplex : car l'vn & l'autre vſoient de menaces, s'il n'obtéperoit à ſon conſeil. Principalement le dieu des batailles, qui, pour paruenir à ſes fins, luy
ramenteuoit les victoires qu'il luy auoit fait auoir par ſon moyen. Et d'a-
uantage, diſoit il, ie te ſeray aydant en ſorte, que ſubiugueras non ſeulement l'Empire de Conſtantinople, ains les Parthes n'auront non plus de
reſiſtance à tes forces, que la pouſsiere contre le vent impetueux. Et au cótraire, ou pour me laiſſer tu vueilles ſuyure ce dieu aueuglé & enfant, croy
moy que la gloire, qui t'a iuſques à preſent acompagné, ſe retirera ſi loing
de toy

de toy que tu n'auras d'orefenauant autre chofe, que ruyne en toutes tes a-
faires . Dont Zaïr fut fi intimidé, que, fans efcouter d'auantage Cupido, fe
rengea des fiens. Dont le filz de Venus marry, pour fe voir ainfi contenné,
tira vne de fes flechces ferrée d'or, dont il le naüra à trauers le cueur, luy re-
prefentant vne Princeffe fi extreme en beauté, qu'il demoura comme tranfi, fpecialement quand il l'entendoit proferer telles paroles: Zaïr, à fin que
tu cognoiffes mieux ta temerité, & experimentes mes forces, ie t'affeure
que cefte Infante te fera vn iour mourir pour fon amour . Or la regarde à
loyfir, & te fouuienne, que c'eft la belle Onolorie fille de l'Empereur de
Trebifonde . A' peine eut il acheué cefte parolle, qu'il s'abfenta, laiffant
Zaïr en telle peine, qu'il fe refueilla comme en furfaut, ayant toufiours deuant les yeux de l'efprit la perfection de celle, dont il auoit efté menacé, fi
que faifant mile & mile tours dans fon lit , perdit du tout le moyen du repos , & tellement qu'il ne fe peut tenir (foufpirant fans ceffe) de dire tout
haut: Helas bon Iupiter ! que tant peu ont profité les facrifices que t'a prefentez ton feruiteur Zaïr, eftant ainfi tourmenté pour celle qui luy eft incogneuë ! Ie te fuplie bien humblement ou trancher le filet de fa vie defefperée, ou luy donner prompte allegeáce. Mais fi la nuit luy fut ennuyeufe
& mal aifée à paffer , venant la clarté du iour fe trouua encores plus paffionné & hors de foy-mefmes. Au moyen dequoy, fans fortir de fa chambre
ny voir les fiens, comme il auoit de couftume , demeura retiré auec la folitude, qui luy eftoit plus agreable , qu'autre paffetemps qu'on luy euft fceu
offrir.

Comme Zaïr, par le confeil

d'Abra, entreprit d'aller à Trebifonde voir & conquerir la Princeffe Onolorie.

Chapitre   II.

A ii   Le

LE nouueau mal furuenu au Soudan , & tant incogneu à
fes Medecins , s'augmenta fi fort , que grand' partie de
fes plus familiers douterent de fa vie . Dont Abra trop
defolée, ayant la larme à l'œil, vint luy dire : Helas! mô-
fieur, d'ou vous peult proceder ceft accident? ie vous fuplie ne m'en celer plus l'ocafion . Vous iurant par la foy
que ie vous doy , que fi c'eft chofe ou ie puiffe donner remede , ma vie ne
vous fera efpergnée : car aufsi bien elle ne me pourroit durer, vous voyant
foufrir, comme vous faites . Proferant ces paroles la belle Abra , fembloit
proprement que le cueur luy deuft fendre . Dont Zaïr efmeu de compaf-
fion, luy refpondit: Ma feur, ie ne fçay à quelle raifon vous m'importunez
auecques voz pleurs, pour entendre mon mal tant defefperé, que ie ne puis
penfer autre chofe , finon que le grand dieu Iupiter delibere donner fin à
mon regne premier qu'il ayt commencement . Et qu'il foit vray , ie feufre
tant , & en tant de fortes , que la mort me feroit trefagreable , pluftoft
au iour d'huy que demain : aufsi n'y a il autre que noz dieux qui me puiffe
fecourir. Lefquelz, ces nuitz paffées, m'ont prefenté en vifion vne Dame fi
parfaitement belle , que (me laiffant ataint de fon amour) ie ne puis viure
fans penfer en elle , & en y penfant ie meurs à tous propoz . Parquoy, ma
feur, ie vous prie auifez à me confeiller fidelement ce qui vous femblera
pour le mieux , à fin que ceux qui font exempts de pafsion femblable ne
iugent pluftoft mon mal à folie , qu'à douleur, telle que ie la fens . Comment

ment? monſieur, reſpondit Abra, eſt il poſsible que vous (dominateur de
tant de Roys, & qui par tant de glorieuſes victoires eſtes renommé par
tout le monde) ſoyez ſi toſt abatu par l'ombre ſeul d'vne femme foyble &
debile? Non, non: prenez courage, & vous ſouuienne du reng que vous
tenez, de la grandeur de voſtre eſtat, & des perfections, dont le ſouuerain
vous a pourueu, pour eſtre telles, que fuſſe la déeſſe Venus meſmes, elle
ne vous deſdaigneroit à mary. Par plus forte raiſon doncques il n'y a
Prince ſur terre, qui vouſiſt, ou oſaſt vous refuſer ſa fille, tant luy fuſt elle chere. Ah! ma ſeur m'amye, diſt il, vous parlez tresbien: Mais quoy?
la belle qui tient ainſi mon cueur aſſiegé, eſt de loy contraire à la noſtre,
qui m'en fait du tout deſeſperer. Et à fin que vous n'en doutez aucunement, c'eſt l'Infante Onolorie, fille de l'Empereur de Trebiſonde. Tant
mieux, reſpondit Abra, en plus ſeur endroit ne vous euſiez peu adreſſer
pour paruenir à voſtre deſir, ſça'-uous pourquoy? l'Empereur ſon pere eſt
perdu long temps a, ſans qu'on en oye plus vent, ny voix: en ſorte qu'il
n'y a nul au iourd'huy qui vous puiſſe defendre l'entrée de ſes païs, ſi
vous y allez acompagné comme vous pourrez bien. Lors ſoyez ſeur, que
l'Imperatrix ſa mere ne vous la reffuſera nullement. Et quand bien elle
s'oubliroit iuſques là, vouſiſt, ou non, vous la pourrez enleuer à voſtre
bon plaiſir. Lors fut le conſeil d'Abra tellement receu du Soudan Zaïr,
qu'il manda les Roys & Princes eſtans lors en ſa Court. Et à fin que de
meilleur cueur ilz entreprinſent auec luy le voyage de Trebiſonde, il
voulut que la Princeſſe Abra leur en portaſt la parole, ſçachant qu'elle e-
ſtoit deſirée & bien voulue de tous, la plus part deſquelz pretendoient de
l'auoir en mariage, tant eſtoit belle & de bonne grace. Et à ceſte cauſe, e-
ſtans aſſemblez, elle (comme bien auiſée) commença ſon propos en telle
ſorte:

Excellans Princes & grans Seigneurs, il ſemble que fortune vous preſente à tous vn moyen, pour (faiſant ſeruice à noz dieux) augmenter leur
loy & amoindrir celle, par laquelle ilz ſont meſpriſez. Et pour vous declarer que ie ne parle ſans raiſon, entendez, que le grand dieu Iupiter,
& Mars, ſe ſont l'vne de ces nuictz paſſées aparuz à voſtre bon Prince Zaïr, dont eſt procedé le mal qui le tient. Et l'ont grandement menacé & repris, diſans, qu'ilz ne l'auoient apellé en telle grandeur qu'il eſt,
pour ainſi laiſſer agrandir la foy des Creſtiens, & ne prendre ſoing de celle, en laquelle il viuoit: & que, pour ne tóber du tout en leur indignation,
il euſt à vous commander d'entreprendre incontinent la conqueſte de
Trebiſonde, autrement que nous & luy ſerons ſi bien chaſtiez, que (eſ-
prouuans les rigueurs de fortune) viendrons tard au repentir. Auſsi ou
nous leur rendrons obeïſſance, executans leur ſaint vouloir, la victoire
nous ſera certaine, & eſpouſera Zaïr l'Infante Onolorie fille de l'Empereur, dont ie vous parle, yſſans d'eux deux vn Cheualier tant acomply,

A iii   que

que le Soleil n'eſt point plus luyſant entre les eſtoiles, que la renommée
de luy ſera entre les hommes, depuys l'Orient iuſques en l'Occident. Et
voylà (Princes & Seigneurs) la raiſon, pour laquelle le Soudan voſtre ſouuerain Roy vous a fait apeller ce iourd'huy, deliberant de ſa part ne ſe
monſtrer autre, que treshumble & treſobeïſſant au vouloir diuin, eſperant que de voſtre part ne ſerez retifz en ſi bon œuure, ains faiſans cognoiſtre par tout le móde la haute prouëſſe & cheualerie qui eſt en vous, pour-
ſuyurez ce qui vous eſt predeſtiné, dont ie pourray porter teſmoignage:
Car encorès que ie ne ſois autre que femme, ſi ſerois-ie par trop deſplaiſante, que ſi glorieuſe entrepriſe paſſaſt hors ma preſence. Ainſi, Princes
honorez, faites enſemble reſolution ſur ce que voſtre Roy auoit intention
vous remonſtrer par ſa bouche meſme, ſi le mal qu'il ſent ne luy euſt interdit le long parler, deliberant ſuyure du tout en celà l'inſpiration de Iupiter, & voſtre bon auis, ſe confiant en la loyauté de voz perſonnes, & au
zelle que chacuñ à, comme ie penſe, à l'acroiſſement de ſon honneur, qui
ſera voſtre bien & auancement. Puys ſe teut, laiſſant les cueurs des aſsi-
ſtans tous enclins au ſeruice de Zaïr: les vns, pour l'eſperance qu'ilz auoiét
au butin, & amandement de la guerre: & les autres, pour ſe promettre faire tant d'armes & en tant de ſortes, que le voyage finy ilz pourroiét (auecques plus d'ocaſion) demander en mariage l'Infante Abra, ou ilz pretendoient, comme il vous a eſté recité. Et partant fut conclud la conqueſte de
Trebiſonde, pour l'execution de laquelle s'aſſemblerent en peu de iours
tant de gens de pied, & de cheual, que la terre en eſtoit couuerte, & la mer
de grans vaiſſeaux, pour leur embarquement. Là ſe trouuerent entre autres
les enfans des Roys d'Egipte & de Chipre, Cheualiers de treſgrande recómandation, auec maints autres, dont noſtre hiſtoire vous ſera part quand
le propos s'ofrira. Puys eſtans ſur le poinct d'entrer en mer, Zaïr (par le
conſeil d'Abra) fit mettre en ſon nauire les plus precieux ioyaux qu'il peut
recouurer, eſperant, premier que venir aux armes, aquerir la belle Onolorie, à force de preſens. Et en ceſte intention la puiſſante armée fit voile
droit en Trebiſonde, ou ilz vindrent ſurgir vn peu au parauant l'arriuée
du vieil Empereur, & autres venans de la grand' Bretaigne, leſquelz deſcouurans ceſte flote ſe trouuerent eſtonnez de prime face: Mais à la fin,
leur eſtant le vent propre & aiſé, auiſerent de prendre terre vn peu arriere, & ſecourir la ville, pluſtoſt que leurs ennemys ſe deſembarquaſſent, ce
qu'ilz executerent promptement, & ſi à propos que vous entendrez.

Comme

Comme l'Empereur de Trebison-

de, & sa compagnie entrerent en la grand' cité, & de l'arriuée d'Vrgande, qui troubla aucunement toute l'assemblée.

Chapitre   III.

E Soleil commençoit ia à laisser la plaine, pour se retirer aux coustaux plus lointains, quand le principal Pylote, qui conduisoit le vaisseau de l'Empereur, laissant
la haute mer, vint caller en vn petit port, tróys mile au
dessous de la grand' flote du Soudan, ou ilz descendirent : & le plus couuertement qu'ilz peurent dresserent
leur chemin au pas, pour entrer en la ville. Dont premier l'Empereur voulut bien auertir l'Imperatrix, & eut ceste charge la Damoyselle Alquife,
laquelle acompagnée de deux Escuyers seulement, piqua au plus royde
qu'elle peut iusques à la porte, ou elle descendit, & fut arrestée de la garde : Mais le Duc d'Alafonte, qui la recogneut aussi tost, vint l'embracer,
luy demandant quelles bonnes nouuelles elle leur aportoit, & si elle a-
uoit rien entendu de l'Empereur. Monsieur, respondit elle, s'il vous plaist
me conduire ou est l'Imperatrix, vous en sçaurez assez pour vous resiouïr.
En bonne foy, ma grand' amye, dist le Duc, il ne tiendra pas en celà. Lors la

A iiii   pri

prit fous le bras, & en allant le bon Seigneur luy contoit comme depuys
la perte de leur Prince, les Dames n'eftoient parties du monaftere fainte
Sofie ou(dit il) elles ont toufiours vefcu en la plus grande folitude & fain-
teté, dont on ouyt oncques parler : Et encores y fuffent elles, fans cefte efmeute, qui nous a tous troublez, & a feule efté caufe qu'elles fe font retirées au Palays, ou les trouuerez fi triftes, que vous en esbahirez. Et acheuant fon propos monterent les degrez, tant qu'ilz auiferent vne des femmes de chambre, que le Duc apella, & luy dit : Allez dire à l'Imperatrix,
que ma Damoyfelle Alquife eft icy, qui defire parler à elle, & luy aporte
bonnes nouuelles. Pas ne fut tardiue celle à qui il parloit: ains à demy courant entra en la chambre de l'Imperatrix (qui lors eftoit auec les deux Prin
ceffes Onolorie, & Gricilerie) & quafi hors d'aleine luy dit : Ma Dame,
voylà la Damoyfelle Alquife, qui vous aporte, ainfi que m'a dit monfieur
le Duc d'Alafonte, nouuelles, ou vous prendrez plaifir. Ie vous laiffe
doncq' penfer fi lors les deux Infantes furent endormies, veu que Amour
leur reprefenta à l'heure l'ayfe & le bien, qu'elles deuoiét receuoir pour la
prefence de leurs amys Lifuart & Perion, atenduz d'elles d'heure à autre.
Et voyans cefte meffagiere auecques tant bon vifage, ce dont elles auoient
toufiours douté, qui eftoit leur arriuée, leur fembla pour tout feur. Toutesfois l'Imperatrix fit peu de cas de ce meffage, tant auoit acouftumé la
trifteffe: feulement commanda qu'on la fit entrer. Adoncq' fe prefenta
Alquife, & apres auoir fait la reuerance, ayant les genoux en terre, luy
dit : Ma Dame, l'Empereur fe recommande bien fort à voftre bonne grace. Mais quand la bonne Dame entendit ce mot d'Empereur, fans donner
loyfir à la Damoyfelle de parfaire fon parler, fe leua foudain, & vint l'embracer. L'Empereur? m'amye, refpondit elle: helas! eft il poffible ? Et ou eft
il? Ma Dame, dit Alquife, ie le penfe de cefte heure à la porte de cefte ville
auecques mes Seigneurs Lifuart, Perion, & tous ceux qui s'eftoient perduz
en mefme temps. O' Dieu ! s'efcria l'Imperatrix, & quelles bonnes nouuelles! Mon coufin, dit elle au Duc, ie vous prie, vous, le Roy de la Breigne,
& les autres, allez les receuoir: & moy auecques mes femmes les atendrons
à l'entrée de ceans. A' ce commandement le Duc vint trouuer le Roy, qui
donnoit ordre en ce qui eftoit neceffaire pour le danger qui s'offroit. Mais
quand il fceut l'Empereur fi prochain, il fut plus ayfe, qu'on ne pourroit
penfer. Et tout ainfi equipé qu'il eftoit, marcha auec fa troupe au deuant
de fon Prince, demourant Alquife entre l'Imperatrix & les Dames,
auxquelles elle recitoit la forte que la Royne Zirfée auoit (par enchantement) arrefté l'Empereur & les autres. Aufsi la maniere, & par qui ilz furent deliurez. Et à fin, ma Dame, difoit elle, que ne penfiez que ce foit fable, l'Empereur le vous affeurera tout ainfi que ie le vous conte: mefmes
l'Infante Gradafilée, qui a le tout veu, & les a toufiours fuyuiz, encore
qu'elle foit fort ieune. Lors fe prit à la louër tellement de parfaite beauté,

& bon-

& bonn e grace, qu'Onolorie n'en fut vn feul brin contente: ains efguillonnée de ie ne fçay quelle ialouzie, mua trois ou quatre fois couleur, doutant que Lifuart euft quelque part en elle. Au moyen dequoy, tant plus
Alquife pourfuyuoit ce difcours, & plus la mettoit en ceft amble, iufques
à ce qu'on leur vint raporter, que l'Empereur eftoit ia entré en la ville. Et
à cefte caufe l'Imperatrix s'auança, & ainfi qu'elle defcédoit les degrez du
Palays, elle le rencontra. Vous dire quel fut leur recueil & bien-venue, il
me femble que ce ne feroit que rempliffage, & perte de téps: vous en pouuez de vous mefmes affez prefumer. Sufife vous, que la prenant l'Empereur par la main, apres luy auoir prefenté celle, à l'auantage de qui Alquife
parloit n'a gueres, que les deux Princeffes vindrent faluer, entrerent en la
grand'falle. Et là furent Onolorie & Gricilerie chargées de Perion & Lifuart, lefquelz, apres maints propoz communs à tous, trouuerent moyen
(tandis que les autres s'amufoient à entretenir celles qui leur eftoient plus
agreables) faire fentir à leurs Dames & maiftreffes, cóbien leur auoit efté
grief leur fi longue abfence. Et fe plaignans non moins l'vn que l'autre,
vindrent les deux Cheualiers à demander, s'il y auoit moyen (la nuit fuy-
uante) de recognoiftre le iardin, autresfoys tefmoin de leur plus grand
aife. Croyez, mon amy, refpondit Onolorie, qu'encores que la ferrure foit
enrouillée, comme ie penfe, fi fera la clef ce qu'elle doit pour voftre cótentement: Et nous y trouuerez ma fœur & moy, fi vous y venez. Et pource
que les tables eftoient couuertes pour le fouper, & que defia on prefentoit
à lauer, mirent fin à ce propos, remettant le furplus au lieu acordé. Mais
premier que le feruice fuft parfait, eftás tous afsis, & ne parlás que de bonne chere, vindrent fuyans cinq ou fix Efcuyers & Gentilz-hommes en la
falle, & fut ouy par la ville vne telle rumeur, que l'Empereur & les autres
fe leuerent & coururent aux armes, craignans que les ennemys vouíiffent
prendre terre & efcheller la place. Et quát & quant auiferent entrer vn Serpent grand à merüeilles, qui batát fa queuë chifloit, ietant feu & fláme par
les yeux & par la gueule, fi que le plus affeuré de tous fe retira tout tremblant. Lors euífiez veu Dames & Damoyfelles plus mortes que viues, les
vnes tenans embracez ceux qu'elles peurent haper, autres preftes à faillir
par les feneftres, fi le pouuoir d'eux mouuoir ne leur euft efté interdit.
Mais elles fe trouuerent tellement enchantées, qu'elles ne fe pouuoient
remuer, non plus que ftatues de Marbre. Et ainfi demeuroient contrain-
tes de regarder Perion & Lifuart, qui tenans leurs efpées es poings affail-
loient rudement cefte befte, laquelle les preffoit de fi pres, qu'ilz tomboiét
de fois à autre par terre, fans qu'ilz la peuffent ofendre: Car autant eftoit
vn coup d'efpée fur la peau d'elle, comme le marteau fur l'enclume. Dont
Lifuart trop irrité & furpris de colere, fe tira à quartier, & hauçant le bras
de toute fa puiffance la frapa entre les deux oreilles, penfant luy mepartir
la tefte: Mais quoy? l'efpée luy fortit du poing, & au lieu du Serpent fe

pre-

presenta vne Dame honorable, & tresancienne, vestue d'vn acoustrement
noir, laquelle (se souzriant) commença à dire: He dea, sire Cheualier, est ce
le bon recueil que vous faites aux Damoyselles, qui vous viennent visiter,
& qui sont tant vostres? Lors fut cogneuë de tous estre Vrgande, coustu-
miere de donner telles algarades par plaisir, ainsi que quelquesfoys vous
auez leu es liures precedans. Parquoy fut ceste paour chágée en plus grande seureté, se gaudissans l'vn à l'autre de l'effroy qui les auoit surpris, specialement l'Empereur, lequel embraçant la Damoyselle Enchanteresse,
luy dist, qu'elle fust mieux que tresbien venue. Sire, respondit elle, vous
me pardonnerez, s'il vous plaist, le seul desir que i'ay eu de me trouuer ceás
ce iour d'huy, pour auoir part au plaisir qui s'y receuoit à vostre retour, m'a
fait mettre en chemin, mesmes esperant y voir l'Imperatrix, & mes Dames
voz filles, qui ne me cognoissent encores, & les desire grandement saluer.
Sur ma foy, dit l'Empereur, vous m'auez fait hóneur, & vous en sçay tant
bon gré, que quelque paour que vous nous ayez donnée au commencement, nous mettrons peine de vous faire la meilleure chere dont nous
nous pourrós auiser. Ne m'auouëz-vous pas de celà? Seigneur Lisuart, &
vous? Perion. Oy, Sire, respondirent ilz. Adoncq' la presenta l'Empereur
aux Dames, disant à l'Imperatrix: M'amye, voyez Vrgande, à qui ie suis
fort tenu, qui desire vous faire la reueráce: faites luy, pour l'amour de moy,
bon recueil. A' ceste parole s'auance l'Imperatrix, & la baisa, la priant se
seoir au plus pres d'elle. Mais elle s'en excusa, disant: Ma Dame, vous me
permettrez, s'il vous plaist, que ie salue premier mes Dames voz filles, auxquelles, à ce que ie puis cognoistre, ie ressemble quasi d'aage & de beauté.
Et profera celà de tant bonne grace, que chacun se prit à rire. Aussi estoit
elle lors ridée comme vn Singe de cent ans. En ma conscience, dit l'Imperatrix, il me plaist tresbien: car elles ont bon mestier de demourer en
vostre gouuernement, & les vous baille en charge, puys que les voulez a-
uoir. Treshumblement la remercia Vrgande. Et de là en auant passerent le
reste du iour en tout plaisir, iusques à l'heure de se retirer, qu'elle & Gradasilée logerent de cópagnie, non sans deuiser ensemble de maints propoz
la plus part de la nuit. Durant laquelle Perion & Lisuart, suyuant ce qui
leur auoit esté promis par leurs amyes, se leuerent secretement: & couuertz chacun de son manteau, vindrent au iardin, aprochans duquel Lisuart dist tout haut à Perion: Ne vous semble il pas, que le long temps,
qu'auons demouré en purgatoire, nous est maintenant bien recompensé,
estans si pres d'entrer à la gloire desirée? Ceste parole fut entendue des
Dames, qui ne se peurent tenir de rire: Car l'Infante Gricilerie estoit lors
essayant à ouurir l'huys, & n'en pouuoit venir à bout: parquoy elle leur
respondit de mesmes: Pacience, & esperance, qui atend plus qu'il ne veult,
s'ennuye d'auantage qu'il ne doit. Et ainsi s'efforçant à faire ouuerture, y
demoura si long temps, qu'Onolorie impaciente & ennuyée, qu'elle n'a-

uoit ce

uoit ce qu'elle defiroit, luy dift quafi en colere : Ie vous prie, belle Dame,
me laiffer faire mon coup : Car fi vous auiez aufsi bon defir que i'ay de loger ces pauures eftragiers, voftre foy feule feroit fufifante, pour crocheter
& rompre huys, ferrure, & cadenas enfemble. A' quoy refpondit Lifuart
promptement: Vous dites vray, ma Dame: aufsi atendons-nous voftre mi
fericorde. Mais il n'eut pluftoft acheué le mot, qu'ouuerture fut faite. Lors
fe prefenterent les deux Cheualiers, qui, pour faire mieux leur apointe-
ment, s'efcarterent l'vn de l'autre. Et tenant chacun s'amye, entrerent fous
les verdes fueilles, ou ilz s'amuferent, peult eftre, à enfiler des Perles: Toutesfois fi vous en penfez autre chofe, ie m'en raporte à ce qu'il en eft. Tant
y a que ie fçay bien, qu'ilz vindrent fe retrouuer depuys fi contans (à voir
leurs contenances) qu'apres mile baifers, Perion eftandu dans le giron de
Gricilerie, commença à leur raconter le deplaifir qu'ilz auoiét foufert durant leur abfence, & elles aufsi à les affeurer, que cent & cent foys le iour
elles eftoient tombées au pouuoir de mort, penfans les auoir perduz: Mais
efperance nous affeuroit de voftre fanté, difoit Onolorie, qui a referué noftre vie, pour le bien & contantement de vous, eftans fi vniz en parfaite a-
mytié, que s'il eft vray les corps auoir efté doubles, nous fommes les parties feparées & à prefent reiointes, mieux qu'elles ne furent oncques. Affez
d'autres paroles leur vindrent en la bouche, propres à leurs defirs : toutesfois elles fe fceurent & l'vne & l'autre tresbien taire, qu'elles auoient eu
enfans, les tenans perduz. Et encores fuffent elles fur ces doleances: mais
l'aube du iour fe monftra, qui les fit retirer, auec promeffes affeurées,
que la nuit enfuyuant ilz fe trouueroient eux quatre en ce mefme lieu.
Pour la feureté de quoy, prenans chacun d'eux vn gracieux baifer, fortirent, & au plus coy qu'ilz peurent r'entrerent en leur logis, ou ilz fe coucherent, & s'endormirent iufques à ce qu'on leur vint dire, que l'Empereur les demandoit. Lors fe leuerent, & furent le trouuer au confeil, auifant de ce qu'il eftoit neceffaire pour repouffer leurs ennemys, la flote
defquelz furgiffoit à vn mile de la cité. Au moyen dequoy, apres plufieurs
opinions mifes en auant & debatues, fut conclud, qu'on manderoit gens
& fecours de toutes partz : & ce pendant puys que la ville eftoit bien mu-
nie, qu'on la defendroit contre tout le monde. Si vint l'Empereur, au fortir de là, trouuer les Dames, qui l'atendoient pour difner, entre lefquelles
fe monftroit Gradafilée trop melencolique, ne pouuant diftraire fon œil,
ny fa penfée de Lifuart : Mais il pretendoit bien ailleurs, n'ayant autre a-
fection qu'à fon Onolorie, qui neantmoins voyant telle contenance eftoit
fi efguillonnée de foupçon, qu'elle hayoit à mort celle qui n'en auoit que
le mal, & elle le contantement. Or vueille Dieu fatisfaire à toutes deux,
s'il eft poffible, & retournons au Soudan Zaïr, autant ou plus malade, que
nulle d'elles, & de femblable pafsion.

Comme

Comme Zaïr Soudan de Babilo-

ne ennoya demander saufconduit à l'Empereur, de le visiter, & sous couleur de quoy.

Chapitre   IIII.

Aïr Soudan de Babilone, se tenant auec sa grosse flote
deuant la fameuse cité de Trebisonde, fit mettre secretement espies en terre, pour voir la contenance des gens
du païs: lesquelz, apres y auoir seiourné quelques iours,
raporterét, que tous estoient en armes, aussi l'arriuée de
l'Empereur auec les meilleurs Cheualiers du monde,
comme disoient ceux qui les auoient cogneuz autresfoys. Dont le Soudan se

dan se trouua fort ennuyé. Ce que toutesfois il dissimula prudemment, &
mandà les principaux de son armée, pour auecques sa seur regarder de son
afaire. Mais apres que chacun en eut dit son opinion, Abra seule fut d'auis,
que (sous ombre de paix & renouuellement d'amytié) on deuoit enuoyer
Embassadeurs honorables vers l'Empereur, luy faire entendre de la part
de Zaïr, comme pensant faire voyle, & dresser sa route en Alexandrie,
fortune l'auoit ieté en Trebisonde, dont il louoit les dieux, pour estre arriué si à point, qu'il auroit moyen de le voir & prendre terre, s'il donnoit
seureté à luy, & à la Princesse Abra sa seur, & quelques vns des Princes qui
l'acompagnoient: se confiant tant de sa loyauté, qu'oubliant toutes iniures passées, ilz feroient vne fraternité & confederance pour iamais. Tel fut
le sommaire de cest embassade, esperant Zaïr par ces paroles amyellées,
venir à fin de son entreprise, reseruant à soy-mesmes (ou l'Empereur ob-
tempereroit à sa requeste) de trouuer moyen puys apres faire descendre le
reste de son armée, & estant le plus fort en terre conquerir Onolorie par
amour, ou par force, & voir le païs, si fortune y fauorisoit. Et à ceste fin furent deleguez le Prince d'Egipte, & celuy de Chipre, lesquelz, acompagnez seulement de dix Cheualiers, entrerent en vn esquifon, & vindrent
descendre au port, ou les receurent ceux qui en auoient la garde, lesquelz
entendans la cause de leur legacion, les conduirent incontinent au Palays,
ou premier que d'entrer, vindrent au deuant Lisuart, le Roy de la Breigne,
& quelques autres, qui les presenterent à l'Empereur, & auquel (apres les
afectueuses recommandations du Soudan à sa bonne grace) luy declare-
rent son intention, le priàt de sa part luy vouloir acorder saufcópuit pour
la raison que vous auez entendue, iouans si bien du plat de la langue, que
le bon Prince perdant tout soupçon, les honora, disant qu'ilz fussent les
tresbien venuz, & quant & quant les conduit vers l'Imperatrix & sa troupe, ou ilz trouuerent tant de parfaite beauté, qu'ilz iugerent Onolorie e-
stre la premiere du monde, au moins selon l'auis du Prince de Chipre: Car
celuy d'Egipte regarda d'vn tel œil Gradafilée, qu'il l'ayma de là en auant
plus que soy-mesmes. Et ce pendant l'Empereur se retira au conseil, ou peu
apres il manda les deux Embassadeurs, & leur dist: Vous yrez asseurer le
Soudan vostre maistré, qu'il sera le tresbien venu & receu en mes païs, ou
ie luy feray tout honneur & bonne chere, dont ie me pourray auiser. Du
saufconduit qu'il demande, ie le luy acorde de bon cueur, suyuant la parole que m'auez tenue de sa part, & pour tel nombre de gens que vous m'a-
uez demandé. Dequoy ilz le remercierent humblement: & sans plus seiourner prindrent congé, & retournerét en leurs vaisseaux, ou les conduirent Lisuart & Perion, auec lesquelz ilz eurent maints bons propoz, & tát
qu'ilz s'embarquerent trescontans d'eux, pour aller vers Zaïr, qui ce pendant brusloit de l'amour d'Onolorie, craignát que l'Empereur luy deniast
ce, dont il l'auoit enuoyé requerir. Mais quand il sceut la response, sa tri-
B   stesse

ſteſſe fut quaſi amortie, & auſsi toſt r'alumée, luy racontant le Prince de
Chipre les perfections qu'il auoit trouuées en l'Infante Onolorie, & telles, l'aſſeuroit il, que les dieux ne la mirent oncques ſur terre, comme ie
croy, ſinon pour eſtre deſirée & regardée de toutes perſonnes, louans en
elle le grand œuure de Nature. Au reſte, Sire, ſoit ſeure voſtre excellance,
que la Court de ceſt Empereur eſt ſi bien acompagnée de Cheualiers, &
Gentilz-hómes, que ie n'en vy oncques de plus manifique, entre leſquelz
i'ay eſté entretenu d'vn nommé Liſuart, ſi gracieux & acomply, que ie
ne vous ſçaurois d'icy à demain raconter ce que i'en penſe. Si le Soudan
receut lors quelque contantement & eſperance, il eſt ayſé à preſumer, auſſi le donna il aſſez à cognoiſtre par aparance: Car il fit de là en auant meilleure chere, qu'il n'auoit fait en tout ſon voyage, ne tenant propos tout
le ſoir, ſinon de l'equipage, ouquel ſe mettroit le lendemain, qu'il deliberoit voir s'amye. Or eſtoit il de bien belle taille, elegant de ſa perſonne,
& aſſez pour deſrober l'amytié de la plus belle Dame du monde non aymante: Mais quoy? il auoit en celà mal choiſy, auſsi luy en prit il de meſme, comme vous verrez cy apres.

Des propoz que Liſuart & Perion

*eurent au iardin, auec Onolorie & Gricilerie, la nuit prece-
dante que Zaïr prit terre, & de l'entrée d'iceluy
Zaïr en Trebiſonde.*

Chapitre   V.

Yant l'Empereur depeſché les Embaſſadeurs du Soudan
cóme il vous a eſté recité, les Cheualiers ſe delibererent
de bien & honorablement receuoir ces eſtragers, & les
Dames, la Princeſſe Abra, la beauté de laquelle eſtoit
tant recommandée, qu'on ne parloit d'autre choſe. Au
moyen dequoy la nuit ſubſequente, retournans Perion
& Liſuart au iardin acouſtumé, apres que l'vn & l'autre eurent eu de leurs
amyes telle part qu'ilz voulurent, entretenant Liſuart l'Infante Onolorie
ſe prit à luy dire: Má Dame, puys que le Soudan nous amenera demain
ſa ſeur, dont on fait ſi grand cas, ie vous prie prendre voſtre bon viſage, &
oublier la melencolie, qui vous a plus ofencée, que vous ne pourriez croyre: eſtant aſſeuré, ſi voulez vous aymer quelque peu, & vous parer comme
vous auiez de couſtume, du temps de noz premieres acointances, qu'Abra
n'aura non plus d'auátage ſur vous, que les eſtoilles enuers le Soleil: En verité, mon amy, reſpódit elle, tant plus ie péſe à me reſiouïr, & plus me viét
ocaſió de me faſcher. Et qu'ainſi ſoit: Cóment, beau ſire, me pourriez vous
deſguiſer

defguifer les afections, que vous & Gradafilée auez enfemble? Eftimez
vous que par les regardz reciproques de l'vn à l'autre, ie n'aye cogneu ce
que vous auez tant cuydé celer? A' tous propoz elle vous a à la bouche,
en tous lieux fon Lifuart eft en ieu. Certes le feu de vous deux eft fi bien
couuert, que la flamme en demeure aparante au plus aueugle qui le veult
voir. Auifez doncques fi ie doy viure contante, vous aymant comme ie
vous ayme, & quelles trauerfes feufre nuit & iour mon pauure cueur
paffionné. Sur mon dieu, mon amy, n'eftoit qu'il ne me peult tomber
en l'efprit fi grande defloyauté eftre en vous, & que toutes chofes bien debatues en mon ame, ie fuis contante me perfuader, que force d'amour me
donne ces algarades fans raifon, croyez moy, que ie me fens fi imparfaite
& impuiffante, pour refifter à ce martire, que ie ferois contrainte & contante moy-mefmes de moy-mefmes faire tel facrifice, que toutes celles
qui viuent & viendront à iamais aymantes, prendroient exemple à mon
malheur, pour fe garder d'vn femblable. Helas! ma Dame, dit Lifuart,
pour Dieu oftez cela de voftre entendement, & n'ayez de voftre perfonne fi grande defiance! Car ie vous iure Dieu, que quand bien ie tom-
berois en fi malheureux penfement, fi feroit il impoffible, que la cognoiffance que i'ay d'eftre le plus heureux Cheualier du monde (pour eftre le
voftre) le peuft confentir, fçachant tresbien que fortune n'a pouuoir de
me donner d'auantage, me donnant voftre bonne grace, comme i'ay, laquelle ie mettray peine de garder, & mieux entretenir, que ma propre
vie, fans qu'il tombe iamais en mon cueur vne feule eftincelle de faire,
ny penfer chofe, qui vous foit mal agreable. Proferant ces paroles tenoit
la main eftandue fur fon eftomac: & pour y donner plus de foy, les groffes larmes luy tomboient des yeux, fi qu'Onolorie fut contrainte de moderer ce qu'elle auoit de courroux, & luy refpondit gracieufement: Mon
amy, ie croy certainement ce de quoy vous m'affeurez: Mais quoy? ie
reffemble l'vfurier, qui a tellement le cueur à fon trefor, qu'il ne l'a pluftoft perdu de veuë, qu'il n'ayt doute qu'on ne luy emble. Auffi, vous
abfent, il eft impoffible me garder de cefte frayeur, encore que ie la
tienne pour vaine. Que pleuft à Dieu qu'Amour euft auffi bien empraint
voftre penfée en mon ame, qu'il y a voftre figure! En bonne foy ie croy
que ie la trouuerois telle que ie la demande. Et lors ialouzie, qui m'af-
faut ainfi, & à tous propoz, fi pourroit bien retirer ailleurs, & demourer morte en mon endroit, laquelle fe glorifie en ma paffion, m'ayant
ceft amour mis en l'efprit tant au vif voftre beauté & bonne grace, que ie
ne voy Damoyfelle parler à vous, que ie ne craigne vous auoir en femblable opinion que i'ay, me rauiffant par ce moyen voftre cueur, qui doit
eftre à moy feule. Comment? Ma Dame, refpondit il, faites vous doute
qu'il ne foit ainfi? En ma confcience ie ne penfay, ny ne penferay de ma
vie eftre autre en voftre endroit que me defirez. Pour l'affeurance dequoy

ie regrette tous les iours la faueur, qu'eut mon ayeul le Roy Amadis,
esprouuant l'arc des loyaux amans, & la chambre defendue, ou ie fuf-
se entré, encores plus ayfément que luy, comme vous doit faire croyre
l'auanture du heaume enchanté, que ie conquis lors, que vous obtintes
la coronne tant glorieufe. Et ainfi s'excufant Lifuart, apellant Dieu, le
ciel, & la terre, en tefmoins, l'heure contraignit donner fin à ce propos,
& vfer de retraite, ce que firent luy & Perion. Et ainfi depefchez des
Dames, leur donnans le bon iour, s'en allerent repofer, iufques à ce
qu'on leur vint dire, que l'Empereur vouloit monter à cheual, & aller au
deuant du Soudan. Parquoy fe leuerent foudain, & vindrent le trouuer
hors la ville, pres de rencontrer Zaïr, & Abra, auec leur troupe, qui e-
ftoit defia defcendue en terre. Or auoit voulu le Soudan, que fa feur l'a-
compagnaft, pour luy feruir de truchement enuers Onolorie, & luy faire part de fes doleances. Et pour cefte caufe s'eftoit elle tant richement
parée, qu'en elle feule fe pouuoit comprendre la grandeur & excellance
de Babilone, montant au fortir de la galere, fur vne Iument engendrée
(comme le bruit eftoit) dans le mont de la Lune, ou le Nil prend fa fource. Sa corpulance n'eftoit moindre que celle d'vn Dromadaire, ayant la
tefte feiche & legiere comme vn Cerf, les oreilles plus grandes qu'vn pauois, les piedz fenduz, ny plus ny moins qu'vn Bouc d'Arcadie, agile, legiere, & prompte plus qu'vn Singe, & les deux yeux plus eftincellans à
l'heure de mydi, que ceux d'vn Chat efchaufé durant la nuict obfcure. L'a-
couftrement, harnois, & caparaçon, qu'il aparoiffoit auoir efté autresfoys
tiffu par les Dames de Chaye, en telle fingularité, que reprefentans toutes fortes d'oyfeaux grans & petitz, fembloit proprement qu'ilz fe per-
chaffent fur fepz & grapes de raifins : non pas raifins naturelz, mais (pour
mieux dire) gros Dyamans, Perles, Rubiz, & Emeraudes. Et pour ne laiffer rien derriere & monftrer entierement fon excellance, mena feulement
en fa compagnie quatre Damoyfelles eftimées en parfaite beauté (apres
elle) le paragon de tout l'Orient. Chacune defquelles furent montées fur
Licornes plus blanches qu'Albaftre, le chef nu, & cheueux pendans, tref-
fez, & entrelacez l'vn dans l'autre, faifans vn cercle fi blond, & doré, qu'il
fembloit propremét du Soleil fe monftrát de grand matin fur la prime vere. Et les conduyfoient par les refnes quatre Princes de l'armée, au mylieu
defquelz marchoit Zaïr entretenát fa feur, & à l'enuiron d'eux ceux, auxquelz eftoit permis prendre terre auec luy, & non autremét. Ainfi les rencontra l'Empereur vn quart de lieuë pres la ville, ou fut l'embracée grande
d'vne part & d'autre. En forte qu'on ne vid oncques plus grand' chere ne
meilleur vifage de deux fi excellans Monarques, autresfois ennemys, &
maintenát fi r'alliez, qu'il y eut grande contention entre eux à qui auroit
le deffus. Car l'Empereur vouloit deferer en toutes fortes au Soudan, &
luy mettoit toutes les peines du monde à l'honorer & feruir, pour venir
à fon

à son but. Mais finablement Zaïr fut mis à droit. Et ainſi marcherent
tout le long du chemin, ſur lequel Liſuart entretint ſi bien la belle Abra,
& de tant bonne grace, qu'Amour voulut eſtre de la partie, naürant ſous
couleur de ceſte priuauté le cueur de la pucelle ſi au vif, que de ceſte heure,
& maintes autres depuys, Liſuart luy fut vn torment ſans relaſche, pour
trop le deſirer : Et ſans qu'il luy fuſt poſsible, tant que l'ame luy reſida au
corps, eſloigner le cueur & afection de luy, ſi qu'elle en endura à ceſte o-
caſion pluſieurs faſcheuſes nuitz & trop plus de mauuais iours, ainſi que
noſtre cronique vous repreſentera quelque foys, s'il vient à point. Elle
donques contante autant que le temps luy euſt peu permettre, pour ſe voir
ainſi honorée par le perſonnage du monde qu'elle eſtimoit autant, ne ſe
peut tenir de luy dire : Veritablement, ſire Cheualier, ce n'eſt de merueille, ſi par voſtre beauté & bonne grace, vous ſçauez gaigner & rendre entierement voſtres les cueurs des plus belles Dames & Damoyſelles, qui s'a-
uanturent de vous regarder : puys que par voſtre efort non ſeulement les
plus braues combatans ſont vaincuz, mais les beſtes brutes & cruelles, que
vous entreprenez de conquerir. Vne ſeule choſe me donne esbahiſſement,
cóme vous (dompteur de toute ame de defenſe) auez daigné vous adreſſer à vne ſimple femelette, telle que ie ſuis, pour la reduire ſi bien à voſtre
commandement, que luy oſtant toute liberté, la tenez eſclaue, & tant voſtre, qu'elle ſe peult dire entierement hors de ſoy, viuant en vous. Certes
telle conqueſte eſt petite, ſi bien vous y prenez garde, & grande auſsi, có-
ſiderant qui ie ſuis, & le pouuoir qu'auez de diſpoſer de moy, & de mon
cueur enſemble. Or entendoit tresbien Liſuart ou elle vouloit tomber: car
le regard d'elle, la contenáce, le parler peu aſſeuré, & la mutation de couleur, monſtroient aſſez à quelle fin elle pretendoit, ſans l'expoſer d'auantage. Toutesfois il n'en fit aucun ſemblant, ains tournant la charrue contre le beufz, vſa tant & de telles diſsimulations, que finablement ilz arriuerent en la court du Palays, ou les Dames les receurent: & s'auança Zaïr
pour leur faire la reuerance, tremblant comme la paille en l'air, voyant ſi
pres de ſoy celle, pour laquelle (ſans l'auoir veuë) il auoit tant ſoufert, &
pour la cognoiſtre, trauerſé tant de mers. Ce que luy voulant donner à entendre, apres le deuoir fait à l'Imperatrix, mit le genoil en terre, & baiſant
ſes mains luy diſt: MaDame, puys que Iupiter & Nature vous ont preferée
à la meſme beauté, il eſt bien raiſonnable que ie vous porte l'honneur que
chacun vous doit, cóme à la plus excellante & parfaite de tout le móde. Et
prenát ſa main dextre la luy baiſa, dont Onolorie quelque peu honteuſe,
voyant ſi grand Prince tant s'humilier enuers elle, luy reſpódit: Monſieur,
s'il vous plaiſoit vous vous tiédriez beaucoup mieux à voſtre ayſe, & vous
en ſuplie húblemét. MaDame, dit Zaïr, ce ne ſera pas la derniere obeiſſance que ie vous porteray. Et quant & quant ſe releua, & vint ſaluer Gricilerie, puys Gradafilée. Et tournant la teſte vers ſa ſeur: Ma Dame, dit il, que

B iii

vous

vous semble de ces trois Princesses? En vistes vous oncques de plus recommandables en grand' beauté? Non pas, monsieur, que ie sçache, respondit elle. Aussi pense-ie certainement, que ce sont les trois propres Déesses, qui esleurent le Berger à Iuge de la pomme, dont tant de peuple fut depuys empesché. En bonne foy, ma Dame, dit Onolorie, si ainsi estoit, Discorde auroit ceans peu de credit: car vous seule en auriez le don, qui se pourroit nommer (estant vostre) non point ocasion de guerre & d'inimytié, ains de paix & vnion. Et ainsi deuisans entrerent ou les tables estoient couuertes pour le disner. Parquoy ayans receu l'eau & laué les mains, s'assirent tous selon leur grandeur, se trouuans tant bien seruiz, & auec telle abondance, que, si ce n'est peché de comparer le diuin à l'humain, on peult dire Iupiter & les dieux n'auoir esté si bien traitez au mont Peleon, celebrans les noces de la belle Thetis.

Comme le Soudan Zaïr estant à

table, & trop passionné de l'amour de l'Infante Onolorie, defia, pour l'amour d'elle, à la iouste tous Cheualiers, qui voudroient faire armes pour l'amour de leurs amyes.

Chapitre   VI.

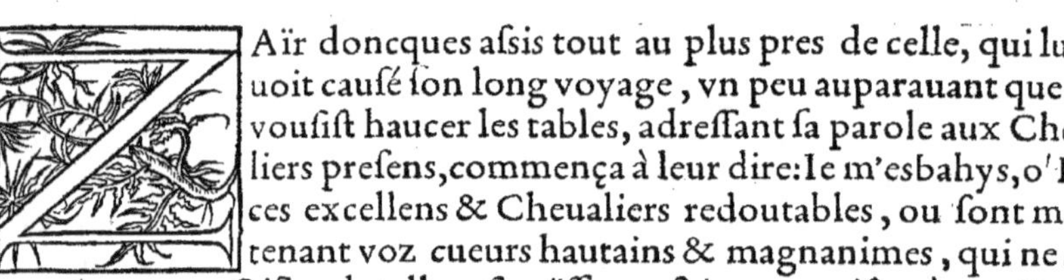

Aïr doncques assis tout au plus pres de celle, qui luy auoit causé son long voyage, vn peu auparauant que l'on vousist haucer les tables, adressant sa parole aux Cheualiers presens, commença à leur dire: Ie m'esbahys, o Princes excellens & Cheualiers redoutables, ou sont maintenant voz cueurs hautains & magnanimes, qui ne s'esmeuuét, pour en saison de telle resiouïssance faire cognoistre à ces Dames tant belles, la bóté & haute cheualerie qui est en vous, & à elles deuë pour leur seruice? de sorte que si le Dieu Mars estoit en ceste assemblée, il entreprendroit (comme ie pense) & à nostre desauantage, le merite de leur excelléce ne deuoir estre defendu par humaine prouësse, ains des plus haux dieux, & s'en vousist mesler l'ancien Saturne. Puys eleuát les yeux au ciel: Ah Venus! dit il, en quelle part auez-vous ores caché l'ardante flamme de vostre diuin & amoureux embrasement? pour le tenir si esloigné & amorty entre tant de preud'hómes, que ie voy de mes deux yeux lents & tardifz à eux auancer, pour faire chose qui redonde à vostre gloire, & faueur du sexe, que vous auez sous vostre diuine protectió? Et pour l'hóneur duquel & à l'auantage entier de ma Dame Onolorie presente, ie feray demain au poinct du iour dresser deuát ceste place vne tente, ou, durans quinze iours,

ie main-

ie maintiendray à tous , & contre tous , & auec telles armes qu'ilz voudront eflire,qu'autre n'egale à fa grãd' beauté . Et foit l'entreprife cõditiõ-
née,que là ou Zaïr fe trouuera vaincu,il prefentera au vaincueurvne coupe
de mil marcs d'or, demourãt l'hõneur de beauté referué à ma Dame,pour
eftre defendu par celuy,qui le voudra entreprendre apres moy : Car autrement ie ne voudrois (pour ma coronne) hazarder la gloire d'elle . Puys fe
teut , laiffant les cueurs de ceux qui l'entendirent en diuers mefcontente-
mens : & fur tous Lifuart,qui voluntiers effayroit luy faire recognoiftre fa
temerité:mais il ne fçauoit bonnement la maniere de l'entreprendre. Parquoy s'adreffant à Perion,qui eftoit ioignant,luy dift tout bas:Oyez,pour
Dieu,la gloire de ce prefumptueux. Ie vous prie,mõ oncle,puys que ie ne
puis eftre de la partie(cõme vous fçauez)vous mettre demain en ieu,& fou
ftenir en celà ce que vous deuez à ma Dame Gricilerie.Vous me pardõne-
rez, refpondit il : car il me feroit moins grief ofenfer l'vne , qu'agreable de
m'éployer au feruice de l'autre.Toutesfoys nous en pourrons deuifer auec
elles cefte nuict,pour apres obeïr à ce qu'elles nous commanderont . Mais
tandis qu'ilz eftoient en ces termes , l'Empereur remercioit le Soudan de
fon bon vouloir . Neantmoins, dit il , monfieur mon frere , ie ferois bien
d'auis,que vous vous exéptifsiez de ce trauail: Toutesfoys, fi vous le trouuez bon , ie fuis contant que ceux de mes païs facent comme ilz verront
pour le mieux.Voyez,ma Dame,dit Abra à Onolorie, comme le Soudan
defire faire cognoiftre à chacun cõbien il eft voftre?Pour le moins i'efpere
que luy en fçaurez bõ gré . Mais elle, à qui peu ou rien plaifoit telle brauerie,ayant defia aperceu que Zaïr eftoit trauaillé de fon amour,luy refpondit auec vn fouzris : Vous dites vray , ma Dame: & fi ne fçay bonnement
penfer en quoy ie luy puis auoir efté tant agreable, pour fe mettre (pour
l'amour de moy) en cefte peine, auec ocafion fi peu iufte, veu le regard
de ma beauté , fous faueur de laquelle il atend quelque honneur & victoire. Aufsi y en a il ceás,à qui ie deürois de refte,s'il les auoit bien regardées,
& pour lefquelles la victoire luy feroit plus certaine , fi le droit emporte
l'honneur. Ce n'eft pas mon auis,dift Abra : Car toute femme que ie fuis,
ie penferois, auec fi bonne querelle, vaincre non feulement les Cheualiers
de l'Empereur voftre pere , ains tous autres qui y voudroient contredire.
Ie le croy certainement,refpondit Onolorie: Car ie ne fçache fi adroit aux
armes, qui ne perdift(vous bien regardant & contemplant) non lance, efcu,& le refte de fon harnois :mais la propre liberté, pour voluntairement
fe rendre voftre efclaue . Et ainfi deuifans de telz propoz & autres, le bal
commença, paffans le furplus du iour en ce qu'ilz eurent plus agreable, tãt
que chacun fe retira : Et furent le Soudan & Abra conduitz en chambres,
qu'on leur auoit fait preparer . Puys venant l'heure, que Perion & Lifuart
fe deuoiét r'affembler ou ilz auoient paffé l'autre nuit , y trouuás les deux
Princeffes , apres leurs ieux & paffetemps acouftumez , voulurent fçauoir

B iiii   d'elles

d'elles, si leur plaisir estoit qu'ilz s'armassent contre le Soudan . Mais elles
les prierent de non , & que seulement ilz se tinsent prestz pour obeïr à ce
qu'elles leur commanderoient , apres auoir veu comme ce beau entrepre-
neur viendroit à bout de son afaire.

Comme Zaïr se maintint les

buit premiers iours, & d'vne lettre qu'il escriuit à l'Infante O-
nolorie, dont elle ne se trouua vn seul brin
contante.

Chapitre   VII.

Aïr, qui (pour l'amour d'Onolorie) ne reposoit iour ny nuit, se leua de grand matin, & cōmanda dresser vn riche pauillon ou lieu mesmes, ou Lisuart, Perion, & Olorius, auoient cōbatu le Roy de la Sauuagine, & ces deux freres: & tout ioignant vne grāde tente de drap d'or, dās laquelle estoient toutes sortes d'armes, qu'on sçauroit deuiser: & vn perron vis à vis, soustenāt vn escu de Sinople à vn Once d'or rāpant, qui lasseroit de ses ongles vn cueur de gueules. Et vint le Soudan peu apres se soir en vne chaize couuerte de veloux cramoysi, semée dé maintes Perles, & luy entierement armé, fors de heaume & gāteletz, atendoit si aucun se mettroit sur les rengs. Mais nul se presenta deuant le disner, & iusques sur les deux heures apres midy, que l'Empereur & toutes les Dames estās aux fenestres, entra au camp vn Cheualier de belle taille, qui vint toucher l'escu, puys se rengea à vn des boutz, apellant Zaïr, lequel peu apres monta sur vn haut destrier, & tenant au poing vne grosse & roide lance, premier que commencer la carriere, marcha au petit pas vers l'assaillant, auquel il dist: Cheualier, ie vous prie, que ie sçache pour qui vous voulez cōbatre. Autre que mon cueur, respōdit l'autre, ne l'entendra, s'il vous plaist, Aussi est il tesmoin de ma iustice, pour soustenir laquelle i'ay touché l'escu de Zaïr, & sous les conditions, qu'il a publiées, suis entré en camp prest à faire mon deuoir. A' ceste parole le Soudan se retira d'ou il estoit party, & peu apres tourna bride, & sonnerent les trompettes, courans les deux Cheualiers l'vn contre l'autre de telle impetuosité, que faisans voller leurs lances en l'air par esclatz, leur rencontre de corps, & de teste, fut si rude, que le cheual & Cheualier assaillant tomberent en terre, passant outre Zaïr secouant le gantelet. Et peu apres l'autre se releua, disant tout haut: Il me deuoit sufire laisser mon cueur seul Iuge de mon droit, & permettre seulemét iuger par autruy ma force debile, non la grād' beauté de ma Dame. Acheuāt laquelle parole se desarma de teste & fut cogneu pour le Prince de Damas, bon Cheualier & adroit, & seruiteur afectionné de l'Infante Abra: parquoy Zaïr luy respondit, le gaudissant. Par dieu, beau cousin, l'amour vous a aueuglé pour ce coup, & deuiez mieux, ce me semble, cognoistre l'auantage de m'amye, que vous n'auez fait celle de la vostre. Mais le Prince ne luy respondit vn seul mot: aint tout honteux de sa fortune, se retira entre les siens, qui l'atendoient hors le cāp. Et fut ce iour tāt heureux pour Zaïr, qu'il en desarçonna quinze assez legierement. Et plus de cent durant les huit premiers iours, sans qu'il perdist oncques resne, ny estrier: tellement qu'on ne parloit, que de la grande prouësse & dexterité, qui estoit en luy. Dont certes il auoit tel contantement, que pensant à ceste ocasion meriter & auoir desia aquis l'amour d'Onolorie, entreprit luy escrire vne lettre, qu'il luy enuoya par l'vne des Damoyselles de sa seur, luy cōmandant la luy presenter: non de sa part, ains de par Abra, à fin de la luy

faire

faire lire, & en tirer responſe, la teneur de laquelle s'enſuyt.

Ma Dame, ie vous ſuplie autant

qu'il m'eſt poſſible conſiderer (liſant ceſte lettre) comme Zaïr Soudan de Babilone, le Prince des Roys Payens, & le plus puiſſant Monarque, qui ſoit au iour d'huy ſur la face de la terre, ſe treuue tellemét combatu par les fleches du Dieu qui fait aymer, qu'eſtant forcé librement à vous declarer la peine qu'il endure, pour eſtre voſtre, a eu la hardieſſe de vous eſcrire ce mot : à fin auſſi de vous faire entendre, que la ſeruitude qu'il vous porte a eſté moyennée diuinement, & par l'inſpiration du filz de Venus : lequel apres s'eſtre aparu à moy vne nuict entre autres, m'a repreſenté l'excellance de voſtre beauté ſi au vif, qu'il a voulu que moy dominateur & Seigneur des Seigneurs, & qui toute ma vie auois eſté libre & ſans ſubiection, deuinſe ſeruiteur & eſclaue de voſtre bonne grace, que ie vous requiers humblement ne me denier : ains m'en faire part telle que ie merite, ſi vous balancez la grandeur de mon eſtat, & le ſang illuſtre dont i'ay pris origine. Vous aſſeurāt, ma Dame, qu'ayant ceſte faueur, ie l'eſtimeray d'auantage que ſi le reſte du monde me tenoit à leur Seigneur naturel : & plus encores receuant quelque bague ou manchon de vous, pour porter, paracheuant la fin des combatz, que i'ay mis en auant, pour ſouſtenir voſtre parfaite beauté, laquelle terniſt toutes celles des plus excellātes qui furent & pourront eſtre à iamais. Baiſant au ſurplus par mil' & mile foys voz diuines & blanches mains en toute reuerance.

Si fut Onolorie trop pertroublée

ayant leu ceſte lettre : toutesfois elle diſſimula au mieux qu'elle peut ce qu'elle en penſoit, & diſt à la Damoyſelle meſſagiere : M'amye, dites à voſtre maiſtreſſe, qu'elle a fait ofice (vous enuoyant vers moy) mal propre à ſi grande Dame comme elle eſt : Et que pour ne publier la preſumption du perſonnage qui m'a eſcrit, ie ne veux reſpondre autrement à ſa lettre. Ainſi s'en retourna la Damoyſelle vers Abra, à laquelle elle declara ce, que luy auoit donné charge Onolorie, dōt de prime face elle receut quelque honte. Toutesfois, voulāt pouruoir au mal de ſon frere, vint la trouuer apuyée ſur vne feneſtre, penſant encores au contenu de la lettre : mais ſi n'en fit elle ſemblant, ains entrerent en autres propoz, tant qu'Abra commença à luy dire : Ie m'eſbahis, ma Dame, comme il eſt poſſible qu'auec la grād' beauté & prudence, qui eſt en vous, rigueur & deſdain y puiſſent auoir part. Vous auez, à ce que i'ay entendu, fait peu de cas, & de la lettre que le Soudan mon frere vous a eſcrit, & du mal qu'il ſeufre pour vous aymer ſi par-

faitement

faitement,qu'il vous a fait entendre. Ie vous prie, pour Dieu,confiderer
que fi vous vfez longuement enuers luy de telle cruauté, la vie luy fera
brieue, & perdrez en le perdant le meilleur & plus afectionné feruiteur,
que vous pourrez iamais aquerir, & moy quant & quant, qui merite plus
gráde punition du tord qu'il vous a fait en vous aymant (fi tord fe peult a-
peller)que non luy : Car il ne penfa oncques qu'à vous obeïr & complaire
& moy à luy trouuer remede de fa pafsion demefurée,qui a efté caufe, que
ie vous ay enuoyé (par l'vne de mes femmes) ce,qui vous a donné quelque
mefcontentement, comme elle m'a raporté. Onolorie oyant ainfi parler
Abra,ne peut plus endurer fa harágue,qu'elle ne luy refpondift auec affez
mauuais vifage:Il me femble,ma Dame,qu'il vous deuoit bien fufire de ce
que defia vous auiez fait, fans me donner nouuelle recharge.Tellemét que
fi i'ay eu ocafion de quelque ennuy contre voftre frere,pour s'eftre de trop
oublié en mon endroit,maintenant que vous le cuydez excufer, vous l'a-
cufez d'auantage, & me faites penfer que vous doutez, que ie me fente
eftre fille d'vn fi grand Empereur, & extraite de tel fang, que i'aymerois
mieux n'auoir oncques efté, que de fouler en rien la moindre part de mon
honneur.Et partant affeurez celuy,qui vous fait parler tel langage, que s'il
continue en fa fole pourfuyte, & vous à voftre importunité, i'en auerti-
ray tel, qui (en me vengeant)fe plaindra de vous & de luy ainfi que le meritez. Et tournant la tefte, la laiffa feule à la feneftre, ou elle feiourna peu
depuys : car l'ayant veuë fi mal contante,reprit le chemin de fon logis, en
grand foucy comme elle pourroit defguifer au Soudan Zaïr cefte refponfe,pour ne le faire tomber du tout en defefpoir.

Comme Zirfée Royne d'Arge-

nes arriua à la Court de l'Empereur: & de ce qui fe paffa entre elle & Vrgande la Defcogneuë,

Chapitre   VIII.

Abra

Bra doncques retournée vers le Soudan, ainsi qu'il vous a esté dit, au lieu de luy declarer ce qui s'estoit passé entre elle & Onolorie, le peut tellement de vaine esperance, qu'il pensoit desia la tenir en son pouuoir . Et, ce qui plus encores luy fit donner foy aux paroles mensongeres de sa seur , elle luy presenta de la part de s'amye vne bague, dont il s'estimoit le plus heureux du monde. Et tellement, que sans plus seiourner , vint au logis de l'Empereur , ou il faisoit estat d'aborder l'Infante , & tirer encores plus d'elle , que ne luy en auoit promis Abra: Toutesfois il ne peult ce soir luy donner atainte que de l'œil , auec lequel il la solicitoit grandement . Mais s'il trauailloit en vain, celle qui luy auoit donné ceste bague n'estoit pas moins en peine, ou abusée, que luy, pourLisÜuart, en l'amour duquel enflammée, ne sçauoit quelle contenáce tenir, esperant le luy declarer de bouche. Ny semblablement Zaharan Prince d'Egipte , pour s'estre liberalement rendu seruiteur de la belle Gradafilée. Ainsi se iouoit Amour de ces trois personnages , quand suruint en la salle vne Dame vestue de noir , portant sur son chef coronne de Royne, acompagnée de deux Cheualiers armez de toutes pieces, hors la teste, tant vieilz & chenuz , que leurs cheueux & barbe blanche les couuroient iusques à la ceinture. Et s'adressant la Dame à l'Empereur, demanda, si Lisuart de Grece estoit point en ceste troupe . Luy, qui à l'instant deuisoit auec le Prince Zaharan, s'auança, & respondit : Ma Dame, ce suis-ie, vous plaist il quelque chose de moy? En bonne foy, dit la Royne, la grand' beauté de vous le tesmoigne tant, que ie n'en fais doute : Et croy (puys que Dieu vous a rendu si

du ſi excellant, que ne refuſaſtes onques ſecours à celuy ou celle qui le vous
a demandé) que ne commencerez pas à moy pour faire le contraire : & en
choſe ſi iuſte, dont ie vous veux requerir deuant toute ceſte haute aſſemblée. Certainement, ma Dame, reſpondit il, ie me tiendray heureux de
vous faire ſeruice, s'il vous plaiſt me declarer en quoy. Puys que voulez,
dit elle, m'eſtre tant fauorable, otroyez moy le don, que i'eſpere vous
demander, puys ie vous diray que c'eſt. Ie le vous otroye de bon cueur,
reſpondit Liſuart, s'il eſt en ma puiſſance. Or me baillez donques, dit
elle, ſans tarder, ceſte eſpée, que vous auez ceinte au coſté : car elle me
ſeruira grandement en vn affaire que i'ay, & dont ie ne puis autrement
ſortir. Et combien qu'il peſaſt à Liſuart tant, qu'il euſt pluſtoſt voulu qui-
ter la moytié de ce qu'il eſperoit heriter à l'auenir, ſi ne voulut il faillir à
ſa parole, ains la deliura à la Royne, luy diſant : Tenez, ma Dame, voylà
ce que demandez : & ſi voulez d'auantage, encores ſerez-vous obeïe. Mais
elle ne luy reſpondit mot, ains en donnant du plat trois coupz à chacun
des deux Cheualiers qui la conduiſoient, leur dit : Allez, & faites ce
que ie vous ay commandé. A ceſte parole les deux vieillars ſaiſirent Vrgande, qui deuiſoit auec l'Imperatrix, & luy arrachans ſes acouſtremens
de teſte, la trainerent par les cheueux à val les degrez, criant la pauure
vieille ſi piteuſement, que chacun en auoit douleur. Neantmoins elle ne
peut eſtre ſecourue d'aucun : car ilz ſe ſentoient tous ſi bien enchantez,
qu'ilz ne ſe mouuoient non plus que ſtatues de Marbre: demeurant le lieu
ſi tenebreux, qu'à moins de rien Vrgande, & ceux qui l'outragerent, s'eſ-
uanouirent, & la Royne auſſi, ſans eſtre plus veuz, que ceſte vapeur ne fuſt
tranſportée au propre lieu, ou Zaïr auoit entrepris ſes iouſtes. Et là fut
laiſſée Vrgãde enuironnée de telle flamme & chaleur, qu'on n'en euſt peu
aprocher à dix pas. Et ainſi demeura tout le reſte du iour & iuſques au lendemain Soleil leuant, qu'on auiſa deuant ceſte fournaiſe quatre piliers de
Iaſpe, entre leſquelz eſtoit vne chaiſe embraſée, & Vrgande aſsiſe deſſus,
ayant l'eſpée de Liſuart à trauers le corps, ſe complaignant comme perſonne trop outrée de douleur, & ſentant les traitz de mort. Qui cauſoit
aux amys d'elle tant d'ennuyz, que merueilles, ſpecialement à Liſuart, &
Perion. Mais ilz n'y pouuoient donner ordre, ne mettre aucun remede,
pour la raiſon qui preſentement vous ſera declarée.

Entendez donques, que Zirfée Royne d'Argenes, celle meſme qui demanda l'eſpée de Liſuart, ſçachant qu'Vrgande eſtoit arriuée en Trebiſonde, pour rompre l'entrepriſe de Zaïr, & fauoriſer les amours de Liſuart & Onolorie, delibera monſtrer vn tour de ſon meſtier, & nuyre à
l'Empereur & aux ſiens de tout ſon pouuoir, tant les auoit en hayne, &
contre cueur. Et pour ce faire ſe tranſporta à la Court, & fit l'enchantement tel, qu'il vous a eſté deuiſé. A quoy elle n'euſt peu donner fin, ſans

C

recouurer

recouurer l'espée, qu'elle eut par subtil moyen . Et lors executa si bien son
entreprise, que la triste Vrgande demeura par longs iours en ceste flamme & martire, & entre les quatre piliers de Iaspe, auxquelz estoit pendu vn rouleau en vne table d'ærain, grauées de certains caracteres, contenans ce qui s'ensuyt : Au temps futur qu'on verra aux deux braues Lyons
tirer le sang l'vn de l'autre, par la viuacité de leurs cueurs indomptables,
& que le plus extreme & vigoureux sera au point de perdre la vie fini-
ront ces enchantemens, en sorte que pour destourner la mort de celuy à
qui elle sera prochaine, se manifesteront deux vies à la saison mesme
qu'on les tiendra quasi perdues, pour ceux à qui elles seront restituées,
demonstrant les lettres de la flambáte espée la premiere demeure du Lyon
plus redouté.

Comme le vaillant Birmartes ar-

*riua en la Court de l'Empereur de Trebisonde, poursuyuant
l'entreprise qu'il auoit faite sur l'image de l'Infante
Onorie, & du combat qu'il eut contre
Zaïr.*

Chapitre   IX.

Grande

 Rande perturbation demeura en ceste assemblée, pour le mal suruenu à Vrgande, specialement apres la lecture du rouleau:car nul y peut asseoir iugement. Au moyen de quoy les ioustes de Zaïr furent diferées pour ce iour, & iusques au quinzeiesme & dernier, qu'estant l'Empereur auec les Dames & plusieurs Gentilz-hommes, entra en la salle le bon Cheualier Birmartes, portant entre ses braz l'image de la belle Onorie, Princesse d'Apolonie, lequel adressant sa parole à luy, & sans aucune reuerance, dist tout haut : Trespuissant & excellant Prince, la representation que ie porte de celle, qui n'a son per en parfaite beauté, m'oste la coulpe que ie pourrois receuoir, ne vous ayant (à mon arriuée) fait l'honneur & reuerance, que merite la grandeur de vostre personne. Et pour vous delarer la cause qui m'a meu venir en ceste vostre Court.Entendez,Sire,que ie delibere y maintenir contre tous, que ma Dame Onorie Dame de la Beauté, Princesse d'Apolonie, excede en perfection toutes les plus excellátes du móde, comme i'espere prouuer par armes sous telle condicion, que celuy qui en voudra faire essay, s'il ayme fille d'Empereur, ou de Roy,sera contraint la porter en painture,comme ie fais ceste cy que vous voyez : à fin que, ou ie demeureray vaincueur, ie puisse mettre son tableau au reng des autres,que i'ay conquis. Et ou aussi i'aurois du pire, force me sera d'oresenauant cesser mon entreprise, sans plus quereller la beauté de m'amye, au preiudice de celles qui y ont interest. Maintenant donques, Sire , que vous auez entendu ma volonté, s'il y a aucun qui vueille fournir aux condicions recitées deuant vostre excellance, il me trouuera demain hors ce Palais prest à le receuoir. Vrayement, Cheualier, respondit l'Empereur, ceste Dame vous est fort obligée : quant à moy ie vous feray garder raison & maintenir son droit, & le vostre. Humblement le remercia Birmartes, & prenant congé remonta à cheual, passant ou Zaïr estoit campé. Si en demanda l'ocasion, qui luy fut recitée de point en point. Et regardant la figure qu'il portoit,dist en soy-mesmes: Certes, ma Dame, & maistresse, ie suis trop vostre, pour soufrir plus Zaïr en sa gloire. Aussi faut il que ie meure, ou qu'il cognoisse le tord qu'il vous fait. Lors bailla son tableau à l'vn de ses Escuyers, & ayant la lance au poing,marcha au pas droit au Soudan,auquel il dit: Cheualier,i'ay sceu la cause, qui vous fait demeurer si long temps en ce lieu,& pource que vous pouuez auoir eu cognoissance,ainsi que ie croy de celle à qui ie suis, ie m'esbahis que ne la reseruez aux condicions, sur lesquelles vous auez entrepris le combatre.Quoy qu'il en soit ie vous dy & maintiédray,que ma Dame Onorie ,Princesse de Beauté, est celle, qui n'a son per,ny semblable.Ce que ne pouuez, ne deuez contredire, autrement mal vous en auiendra asseurément. Par tous noz dieux, respondit Zaïr, Cheualier,ie n'eusse iamais pensé,que vous fussiez de tant abusé,soit en la

C ii   beau-

beauté de celle que vous publiez, ou à la crainte & reuerance, que vous deuez auoir à tel personnage que ie suis. Aussi serois-ie indigne du reng que
ie tiens, si ie ne sçauois soustenir ce, que tout le monde ensemble ne me deüroit nyer, & chastier par mesme moyen la brauerie, dót vous auez vsé en
mon endroit. Tant mieux, dit Birmartes, nous sommes donques au combat. La fin, respondit Zaïr, me sera trop plus agreable que le commencement. Lors s'esloignerent l'vn de l'autre vne bonne carriere, & à mesme instant l'Empereur & les Dames se mirent aux fenestres : Car on leur
vint raporter, que les deux Cheualiers se vouloient espouuer, dont Lisuart & Perion furent tresioyeux, desirans l'orgueil de Zaïr abaissé par
Birmartes, pour n'auoir moyen d'estre de la partie. Adoncq' sonnerent
les trompettes, & se chargerent les deux combatans de si rude encontre,
que leurs lances furent brisées iusques dans leurs ganteletz, se ioignans de
sorte, que le cheual de Zaïr tomba & son maistre dessous, laissant Birmartes tant estourdy, que, s'il n'eust eu secours aux crins de son destrier,
ou il se r'asseura, il prenoit le saut comme l'autre. Lequel (legier & de
grand' cueur) fut incontinent sur piedz, & embraçant son escu mit la
main à l'espée, disant à Birmartes : Cheualier, puys que par la faute de
ma monture ie suys à terre, descendez, ou ie tueray la vostre : si ne me
permettez remonter comme vous estes. Par dieu, respondit il, ie ne sçay
pas que vous auez encores trouué en moy, pour penser que ie voulisse
vous combatre auec auantage. Et pourtant mettray-ie pied à terre, à fin
que celuy de nous deux qui perdra, ne puisse atribuer son peu d'auantage
qu'à sa faute propre. Et à l'instant descendit Birmartes, & se couurant
de son escu commença entre eux deux vn combat si aspre, que tous les regardans s'en esbahissoient. Aussi se ruoient ilz telz coupz & si grans,
que les estincelles de feu sortoient de leurs harnoys, comme s'ilz eussent
esté embrasez. Et ainsi se maintindrent l'espace de quatre heures, &
plus, sans pouuoir cognoistre lequel fortune apelloit à plus de faueur,
quand Zaïr quelque peu naüré, & pressé, pour la grande chaleur qu'il
faisoit, se tira à costé. Ah ah! luy dist Birmartes, nous ne faisons que
commencer & desia vous cherchez le repos! Vrayement, Cheualier, vous
auez peu en memoire la beauté de celle, pour qui vous vous combatez &
soustenez le droit. Non non, il faut que l'vn de nous deux tombe premier, puys nous chercherons le loysir plus à propos, que non pas maintenant. Si ne fut vn seul brin contant de telles paroles le Prince Zaïr, ains
tout honteux & coleré luy va respondre : Certainement, Cheualier, ie
pésois te faire courtoysie & plaisir; mais puys qu'il est ainsi, ie te prometz,
que ny toy, ny moy, iouïrons de ceste liberté, que le nom de vaincueur ne
soit donné à l'vn de nous deux. Et sans plus longue harangue leur chamaillis recommença de plus beau. Au moyen dequoy Zaïr perdant peu à
peu son sang, se trouua plus las que de coustume, non que pourtát il don-
nast signe

naſt ſigne d'aucune couardie,ou deffaillance de cueur . Et d'autre part tant
plus Birmartes alloit auant, & plus ſe monſtroit legier , frais , & diſpos,
fuyant les coupz de ſon ennemy , & le chargeant à toutes heurtes. Ce que
cognoiſſant Abra , triſte iuſques à l'ame, ne ſçauoit quelle contenance
tenir , n'eſtimant moins l'honneur perdu de ſon frere , que ſi la vie luy eſtoit oſtée . Pour à quoy obuier, s'adreſſa à l'Empereur , & luy dit : Monſieur , ſi c'eſtoit voſtre bon plaiſir , i'yrois voluntiers prier ces deux Cheualiers laiſſer leur meſlée pour l'amour de moy . L'Empereur , qui n'e-
ſtoit vn ſeul brin ayſe de voir Zaïr ſi mal mené en ſa Court, tant luy deſiroit porter honneur & faire bonne chere , luy reſpondit , qu'elle feroit
tresbien , & l'en prioit inſtamment . A' ceſte parole Abra ſe leua,& eſtant
conduyte par Perion , & Liſuart iuſques dans le camp, diſt qu'elle vouloit parler à eux . Au moyen dequoy ſe tirant l'vn d'vne part , & l'autre
d'autre, pour l'eſcouter, commença ſa harangue la plus gracieuſe qu'elle
peut : Cheualiers , dit elle, s'il y a en vous autant de courtoyſie, que de
force eſprouuée & magnanimité de courage , ie vous prie,en ma faueur,
laiſſer ce combat veu qu'il n'eſt entrepris pour inimytié , qui ſoit entre
vous deux , & ſufit tresbien de ce qu'en auez deſia fait : Birmartes la
voyant tant belle , & de ſi bonne grace , & que Zaïr ſe taiſoit , luy va reſpondre : Ma Dame, ie deſircrois grandement , qu'il vous pleuſt m'employer à choſe plus grande que ceſte cy : Vous aſſeurant, que le merite de
voſtre beauté me peult commander en tout & par tout, pour vous obeïr.
Par plus forte raiſon donques ne ſerez-vous pas refuſée de ma part , meſmes en choſe que ie n'eſtime moins à mon auantage , qu'à celle de ce Cheualier , tant l'ay trouué rude & bon combatant . Parquoy faites qu'il vous
en acorde le ſemblable . Les dieux , diſt elle, me facent la grace de le pouuoir recognoiſtre quelque iour enuers vous . Quant à ſa volonté, elle n'eſt
point autre que la mienne , & fera entierement ce dont ie le ſupliray.
Ainſi ſerez l'vn & l'autre quites de plus vous outrager , pour ceſte foys.
Ee bien , ma Dame, reſpondit il , ie ſuis voſtre & à voſtre commandement . Ceſte gracieuſeté fut trouuée tant bonne de toute l'aſſemblée, que
Birmartes en aquiſt tresgrande reputation , & pleut merueilleuſement à
Zaïr,pour ſortir tant à ſon honneur du danger ou il auoit eſté: meſmes ſur
le dernier iour de ſon entrepriſe . Lors ſortirent les deux combatans , &
auec tabourins & autres inſtrumens r'entra Zaïr en ſon pauillon , ou il
fut viſité des Chirurgiens , qui n'y trouuerent playe mortelle . Or eſtoit il
tard : parquoy l'Empereur s'en alla mettre à table pour le ſouper, au ſortir duquel entrerent en la ſalle dix Damoyſelles , ayant chacune d'elles
vne torche ardante au poing , & derriere le Prince d'Egipte , portant
vne coronne enrichie de tant de pierreries , que la valeur en eſtoit ineſtimable : Et à coſté de luy vne Dame belle , & bien parée , tenant vn vaſe
d'or eſmaillé , & tant diuinement ouuré , que merueilles . Lors s'auan-

C iii   ça le

ça le Prince vers l'Infante Onolorie, deuant laquelle mettant les deux
genoux à terre dit tout haut : Trefexcellante & vertueufe Princeffe, Zaïr
Soudan de Babilone mon fouuerain Seigneur , vous enuoye cefte coronne, qu'il vous fuplie receuoir, en fouuenance de celle, qu'il a conquife fous voftre faueur, & auec tant de gloire, que vous en eftes tefmoin . Il vous fait aufsi don de ce vafe, eftimé mile marcs d'or , lequel deuoit eftre loyer de celuy qui feroit vaincueur . Or eft il que la victoire
luy eft demeurée, comme chacun fçait , fans qu'il ayt peu eftre vaincu
d'autre , que de voftre feul regard , ainfi que font & feront ceux, qui vous
verrót: parquoy iuftement vous eft deu & la coronne & le vafe, qu'il vous
prie prendre en gré, & d'aufsi bon cueur, qu'il defire auoir part en la meilleure de voz bonnes graces. Mais telle harangue ne pleut point à l'Infante,
& moins à Lifuart, qui hayoit Zaïr, & non fans caufe . Toutesfois Onolorie fage & bien auifée , difsimula pour l'heure, & refpondit au Prince: Seigneur Prince , ie remercie humblement le Soudan de l'honneur qu'il me
fait. La coronne merite bien de demeurer en la Court de l'Empereur mon
pere, pour memoire de fi grand Seigneur qui me l'enuoye, ie la reçoy auffi pour ce regard . Et quant au vafe, felon la caufe pour laquelle il m'en fait
prefent(comme vous dites) fauf fon meilleur auis , il feroit deu plus iuftement à l'Infante fa feur . Toutesfoys ie ne le refuferay pas, craignant qui'l
m'eftimaft peu courtoyfe & mal aprife . Et auec telle refponfe retourna le
Prince d'Egipte vers Zaïr , demeurant l'Empereur fort ayfe de tout ce qui
s'eftoit pafté . Et pource qu'il eftoit temps d'aller dormir, chacun fe retira.
Mais venue l'heure que Lifuart & Perion auoient acouftumé d'eux trouuer au iardin auec leurs amyes, s'y en allerent le plus fecretement qu'ilz
peurent, & entre autres propoz elles demanderent vn don, qui leur fut a-
cordé. Vous ne combatrez point, dirent les deux Dames, contre le Cheualier eftrange (ainfi apelloient elles Birmartes) à fin que l'amytié que nous
auons commune ne foit defcouuerte à fon ocafion . Ce qu'ilz leur acorderent, à leur grand regret, pour le defir qu'ilz auoient d'eux efprouuer contre luy, & fous fi bonne & iufte querelle. Et combien qu'O nolorie portaft
fi peu d'amytié au Soudan, qu'il vous a efté dit, fi ne voulut elle iamais par
ler à Lifuart de la lettre qu'il luy auoit efcrit, craignant efmouuoir debat,
ains s'en teut, & fe retirerent les deux Chevaliers, atendans ce que Birmartes feroit le lendemain qu'il deuoit commencer les combatz dont il s'e-
ftoit venté . Et pour ce faire des l'aube du iour fe trouua au camp , ou peu
apres entra contre luy le Prince de Chipre : mais il y fit trefmal fes befon-
gnes . Car le pourtrait de l'Infante Abra y demeura pour gage , quelque
amytié & feruitude qu'il euft en elle . Et tout autant en prit à Zaharan , y
laiffant l'efigie de Gradafilée, pour laquelle il mouroit iour & nuict . Que
voulez-vous que ie vous die ? Le Prince d'Alexandrie, amy d'vne Infante
fille du Roy de Ierufalem , n'y aquift pas plus d'auantage, ny maints au-

tres

tres, dont noſtre hiſtoire ſe taiſt : par ce qu'elle eſt vouée pour Amadis de Grece, & non à Birmartes. Lequel apres auoir ſeiourné en la Court de l'Empereur trois ſemaines, deſlogea, ſans autrement ſe faire cognoiſtre. Or le conduye Dieu, & retournons ſur noz premieres erres.

Comme l'Infante Abra deſcou-

urit ſa penſée à Liſuart de Græce, & de la reſponſe
qu'il luy fit,

Chapitre　　　　X.

V N moys, ou plus, demeura Zaïr ſans partir de ſa chambre, pour les playes qu'il auoit receuës, combatant Birmartes, durant lequel temps ſe trouua le plus paſsionné Prince de la terre, pour eſtre hors la preſence d'Onolorie. Dót fut ſon ennuy tant grand, que ſans le reconfort d'Abra, ſa mort eſtoit prochaine. Mais quoy ? ceſte Infante naürée de playe ſemblable, pour l'amour qu'elle portoit au Prince Liſuart, croiſſant ce feu petit à petit, luy embraza le cueur ſi fort, que poſtpoſant toute honte, pudicité, & vergongne, qui voluntiers acompagnent Dames, ou Damoyſelles, chaſtes & bien nées, delibera, quoy qui luy en deuſt auenir, ne celer plus ce qu'elle deuoit plus taire, & aſſeurer ſon amy de ce, qui tant la ſollicitoit, ſe confiant ſi fort en ſa beauté, que (ſelon l'auis d'elle) il ne la refuſeroit, ains l'accepteroit voluntiers pour ſienne. Et tout ainſi qu'elle le pourpenſa, le mit à execution. En ſorte qu'vne foys entre autres, que Liſuart eſtoit allé viſiter Zaïr, elle l'enuoya prier venir vers elle en ſa chambre, ou elle s'eſtoit retirée. Ce qu'il ne luy peut bonnement refuſer (encores qu'il luy peſaſt beaucoup) pour n'eſtre eſtimé peu courtoys, ſpecialement enuers vne ſi grande & haute Princeſſe. Et à ceſte cauſe obeïſſant à ſon mandement, vint la trouuer aſsiſe ſur vn carreau de veloux verd. Or s'eſtoit elle, pour l'amour de luy, parée à l'auantage ce iour, n'ayant ſur ſon chef qu'vne guirlande de fleurs, & veſtue d'vn ſatin blanc, ſes cheueux plus blons qu'vn baſsin, ſe monſtroit tant belle, qu'on l'euſt priſe à l'heure pour vne ſeconde Venus. Qui eſmeut tellement Liſuart, qu'il diſoit en ſoy-meſmes n'auoir onques veu (apres ſa Dame) autre, qui luy fuſt plus agreable. Elle donques le voyant aprocher, vint le receuoir, & d'vne bonne grace, demye honteuſe, & auec vn viſage rouge, & teſmoignant l'alteration de ſon amour, le pria ſe ſoir, puys luy dit : Ie vous ſuplie, mon cher Seigneur & amy, excuſer la violence que me fait l'amour,

C iiii　　　　m'ayant

m'ayant si outrée de la beauté, dont les dieux vous ont pourueu, qu'il faut
que ie confesse ce cruel tiran auoir si bien afsiegé mon honneste pudicité,
que rópant la porte de raison, m'a forcée vous confesser & manifester l'entier secret de mon triste cueur, & contrainte vous requerir grace, & auoir
plus de pitié de moy pourette, que ie n'ay eu de hóte pour vser enuersvous
de telle & si estrange hardiesse : Esperant tant de vostre honnesteté, que,
sans vser de rigueur, vous me serez misericordieux, & me sauuant la vie,
repousserez la mort, qui m'est prochaine. Mais, helas! si de malheur autre
m'a desia preuenue, pour Dieu, mon cher seigneur & amy, forçant vous
mesmes, retirez ce que luy auez laissé prendre, pour à moy seule (qui vous
ayme plus que ma propre ame) en faire entier present : ce que si vous dife-
rez, asseurez vous qu'en brief vostre Abra laissera, pour tesmoin du mal
qu'elle seufre, le corps desnué d'ame & d'esprit. Et proferant ces paroles
les grosses larmes luy tomboient des yeux. Dont Lisuart tout perplex, ne
luy sçauoit bonnement que respondre : Car d'autant que le doux parler
d'elle le persuadoit à pitié, d'autant ou plus l'amour tresgrand', qu'il portoit à l'Infante Onolorie, y donnoit empeschemét. Toutesfois, pour n'e-
stre estimé, ou mal apris, ou desloyal, luy respondit à la fin : Ma Dame, ie
ne suis point si esloigné de raison, que ie ne cognoisse tresbien la faueur
que Dieu me preste, me rendant tant aymé de si haute Dame & Princesse,
sans luy auoir onques fait seruice : Et estimerois ceste grace la plus grande
qui me sçauroit iamais auenir, si la loy que vous tenez (& cótraire à la mien
ne) n'y mettoit empeschement. Toutesfois vous sçauez que c'est l'vn des
points principaux, qui en telle chose se doit reseruer, & auoir deuant les
yeux : autrement estant vostre honneur & le mien offensé, l'ame de tous
deux tumberoit en tel peril, que vous & moy deuons postposer toutes a-
fections pour les engarder. Ainsi ie vous suplie, premier que passer outre,
auiser comme nous y pourrons satisfaire. Lors estimez que ie prendray
peine & plaisir à vous rendre cótante, vous ofrant mon seruice & ma personne quant & quant, pour vous obeïr & complaire toute ma vie. Assez
d'autres remonstrances luy fit Lisuart, esperant la dissuader, & non desesperer du tout la voyant si outrée, & de paour qu'il ne luy en vint inconuenient : combien que mile mortz ensemble luy eussent esté plus agreables, que varier vn seul brin en la loyauté, qu'il deuoit à Onolorie. Et ainsi demeura Abra aucunement satisfaite, de laquelle Lisuart prit congé,
pour venir trouuer Perion, auquel il recita de point en point tous les propoz passez entre elle & luy, s'esbahissant de cest amour si extreme, qui a-
uoit ainsi forcé le cueur d'vne tant honneste Dame, pour descouurir à vn
Cheualier chose qui importoit tant à la vertu d'elle. Et passans depuys
quelques iours fut Lisuart maintesfois r'apellé d'Abra. Mais il s'en absen-
toit le plus qu'il pouuoit, considerant sa passion tant presente, & son remede si esloigné. Au moyen dequoy ceste pauure Dame pire que morte,

croifcroiſſant ſa peine d'heure à autre, s'auiſa (pour oſter toute ocaſion à ſon amy de plus aymer Onolorie, dont elle ſe doutoit) trouuer ſon frere à part : & eux deux ſeulz commença à luy dire : Vous ſçauez, monſieur, en quelle grandeur il a pleu à noz dieux vous eſleuer, vous ayant permis ſub-iuguer tant & tât de prouinces, ſans iamais auoir deſaſtre, ou entorce quelconque. Neantmoins apres tant de bonnes fortunes, & pour euiter que voſtre cueur ne s'eſleue plus qu'il ne doit, les oubliant, ont permis vous laiſſer vaincre & rendre eſclaue d'vne femme debile, qui ſe peult venter maintenant tenir en ſeruitude & ſous le ioug la coronne royale de Babilone. Or donques, monſieur, ſi vous conſiderez bien toutes ces choſes, meſmes le temps qu'il y a que vous eſtes ſorty de voz païs, & ſans auoir encores ſatisfait en tout ou partie à voſtre entrepriſe, vous prédrez mon conſeil, encores que, peult eſtre, il vous ſemble pour l'heure de mauuaiſe digeſtion. Mais commandant à vous meſmes, & forçant voſtre volunté, la raiſon, & le temps, vous le feront trouuer ſalubre, & neceſſaire : Principalement ſi auez egard à la hauteur de voſtre lignage, la magnanimité de voſtre cueur, & l'obligation que vous deuez à l'eſtat royal de voſtre perſonne : Eſperant, ſi me voulez croyre, que retournerez de brief en Babilone, au grand contentement du trauail que vous auez pris vous en eſloignant. Et pour vous declarer comme & la ſorte que ie l'entens : Apres auoir penſé longuement à l'amour que vous portez à celle, qui vous a ainſi abatu, & au peu de moyen que vous auez de la recouurer par force, ſans grandemét auanturer voſtre perſonne, eu regard au pouuoir de l'Empereur ie me ſuis auiſée d'vne ſubtilité, que (peult eſtre) ne trouuerez point impertinente. Il faut que demain vous vous mettez au meilleur equipage que vous pourrez, & acompagné des principaux de ceſte troupe, vous allez diſner auec l'Empereur. Auquel (apres les tables haucées) vous remonſtrerez deuant tous que pour honorer Dieu premierement, ſa maieſté imperiale, puys toute la Creſtienté, vous & moy, auec les Princes qui vous ont ſuy-uy, voulez entrer en la foy de leur C R I S T, & receuoir bateſme, ſous condicion, que puys apres il vous otroyera vn don : lequel vous eſtant acordé, & ayant eſté fait Creſtien, luy demanderez en mariage l'Infante Onolorie, & moy quelque autre choſe, dont ie me tairay iuſques à l'heure. Et par ce moyen ie ſuis ſeure, que paruiendrez à voz intentions, & retournerez en Babilone, ou puys apres nous diſpoſerons de nous & de noz cóſciences, ainſi que nous trouuerrons pour le mieux . Autrement aſſeurez vous que l'Empereur aura cauſe legitime de vous refuſer ſa fille, eſtans vous & luy contraires en loy. Vous ferez donques ceſte nuict mander les principaux chefz de ceſte armée, & leur declarerez voſtre vouloir, ſans leur rien deſguiſer : & ie croy qu'ilz vous obeïront, & feront entierement ce que vous leur commanderez. A'quoy Zaïr donna prompt conſentement. Et pour ceſte cauſe les fit venir à luy, puys leur diſcourut tout ce

que

que vous auez entendu, qu'ilz trouuerent tresbien digeré, & finement inuenté, deliberez (quant à eux) de ne faillir à son intention.

Comme le Soudan Zaïr & l'In-

fante Abra sa seur, auec les Roys & Princes de leur troupe, se firent crestienner, & de l'esmeute qui auint en la Court de l'Empereur.

Chapitre   XI.

L'Inuention qu'Abra auoit donnée au Soudan Zaïr, pour recouurer Onolorie, luy fut si bien imprimée en l'esprit, atendant le iour, qu'il ne peut onques reposer la nuict, & iusques au lendemain, qu'il prit ses acoustremens royaux, & acompagné en grand triumphe & magnificence, vint trouuer l'Empereur, auec lequel il disna, estant l'Imperatrix & ses deux filles assises tout au plus pres de luy. Mais le dernier seruice ne fut osté plustost, que semont de ce qui tant l'esguillonnoit, adressant son parler à l'Empereur, commença à luy dire : Trespuissant Empereur, i'estime bien que ce n'est pas du iourd'huy, que vous auez cognoissance des Royaumes & grádes prouinces, que i'ay subiuguées & reduites à ma coronne, depuys le temps que les dieux m'apellerent à

gouuerner

gouuerner la plus faine & meilleure partie de l'Afie : Et cõduifant en perfonne mes armées inuincibles, durans ces longs voyages, ie ne me mon-
ftray onques tardif, ny pareffeux : ains (fans auoir egard à peril, chaud,
froid, longueur de temps, ny autre danger qui fe prefentaft) i'ay le tout
foufert aufsi liberalemét, que le moindre de mes foldatz. En forte que (fa-
uorifé de Fortune) quinze grans Roys fe font renduz mes tributaires, la
plufpart defquelz m'ont fuiuy & acompagné iufques en voftre Court, ou
encores ilz font maintenant. Or ay-ie toute ma vie efté tenu le Prince plus
heureux qui porta onques fceptre : mais tout le bien que i'ay receu par le
paffé eft peu, ou rien, au regard d'vn, que vous entendrez, & dont ie penfe
que vous & toute cefte nobleffe ferez efmerueillez. Il a pleu à Dieu le createur m'auoir guidé en cefte voftre grande cité, & me dóner quant & quant
la cognoiffance de la vraye foy, que vous autres Creftiens obferuez : & à
laquelle ie delibere deformais viure & mourir, n'ayát plus grand defplaifir en mon ame, que d'auoir taut diferé à ce faire. Et à fin que vous voyez
par efait que ie ne parle en vain, prefentement, & en la prefence de toute cefte affemblée, moy, ma feur, & tous ces Princes mes fubietz, receürons
le batefme, efperant, que puys apres (vfant de voftre liberalité acouftumée)
ne me refuferez vn don, que ie vous fuplie m'otroyer. Certes les propoz
de Zaïr pleurent merueilleufement à tous ceux qui les entendirét, & principalement à l'Empereur, qui (fans diferer) luy promit tout ce qu'il luy
voudroit demander, apres auoir receu le faint caractere Creftien, comme il promettoit. Et fous telle condicion fut conduit le Soudan, fa feur, &
les Princes Payens en la grande Eglife, ou par vn Euefque furent tous bati-
fez, puys raconduitz en grand triumphe au Palays, ou vint Abra fe prefenter les genoux en terre deuant Onolorie, luy difant : Princeffe vertueufe, ie vous fuplie bien humblement, premier que mon feigneur & frere face fa requefte à l'Empereur, m'otroyer ce, dont prefentement ie vous veux
requerir. Onolorie qui la vid tant s'humilier, la leua gracieufement, & luy
refpondit, qu'elle ne luy demanderoit chofe, dont elle fuft efcondite, fi elle eftoit en fa puiffance. Ma Dame, dit Abra, i'ay toute ma vie penfé de
vous tout autant que i'en voy. Le don que vous m'auez acordé eft, qu'eftát
ores Creftienne comme ie fuis, & acompagnée de la beauté & nobleffe,
que chacun peult cognoiftre, vous commandez à Lifuart de Grçce, que ie
voy là pres de vous, me prendre pour fa femme & legitime efpoufe : dont
il ne vous defdira, ainfi que i'efpere, pour eftre eftimé l'vn des plus courtois Cheualiers du monde. Trop fut furprife & troublée l'Infante Onolorie : neantmoins fage & fubtile, faignit fon mal contentement, & luy refpondit : Ma Dame, tout ce que ie puis enuers Lifuart eft, le prier qu'il face, s'il peult, ce dont vous me requerez : Et ie l'en prie d'aufsi bon cueur,
que ie le defire. A cefte parole s'auança Lifuart, & dit à Abra. Pour certain, ma Dame, ie penfois eftre pluftoft en peine pour trouuer des inter-

ceffeurs

cesseurs enuers vous sur ce mesme afaire, que non pas estre requis, eu egard
à la grande beauté de vostre personne, au reng que vous tenez, & à l'honneur que ie doy au Soudan vostre frere . Mais puys que vous auez voulu
donner ceste peine à ma Dame Onolorie, pour me faire commandement
si agreable, ie luy obeïray & vous espouseray deuant trois semaines, s'il
est en ma puissance, qui me sera le plus grand bien & honneur que i'espere
de ma vie . Et ce qui me fait diferer iusques là est , que i'atens le retour de
certains Embassadeurs, que i'ay enuoyez vers l'Empereur mou pere, pour
impetrer de luy permifsion de me marier, ou, & quand bon me semblera.
Eux de retour voftre volonté & la mienne seront executées, & ainsi ie le
vous prometz, & iure . Et bien, dit Abra, celà me contente assez . Neantmoins elle demeura fort ennuyée de telle remise, & plus encores suspecte
qu'auparauant sur l'Infante Onolorie. Si fut le le Soudan de prime face esmerueillé , oyant sa seur parler tel langage : Mais il auoit Lisuart en telle
& si bonne estime & recommendation, qu'il eut agreable le mariage futur
d'eux deux. Et quant& quant s'adressa à l'Empereur, & luy dit: Monsieur,
vous sçauez que vous m'auez promis vn don, ayant satisfait à ce, en quoy ie
m'estois rendu redeuable enuers vous . Maintenant donques, que ie suis
Crestien , ie vous suplie, que donnant foy à vostre parole, i'aye de vous
ce dont ie vous requerray auec raison . Monsieur mon frere, respondit il,
demandez tout ce qu'il vous plaira : vous iurant par la foy que ie doy à
Dieu , & sur ma coronne, que ie donnerois plustost consentement à la
ruyne de mon estat, & de ma propre personne, que faillir d'vn seul point
à promesse que i'aye fait . Lors Zaïr se humiliant iusques en terre : Monsieur, dit il, ie vous suplie donques me donner à femme & espouse ma Dame vostre fille Onolorie, que bonnement ne me pouuez denier, estant en
grandeur &estat tel que chacun me cognoist. Et combien que l'Empereur
eust auparauant deliberé la marier auec Lisuart, considerant celuy qui s'o-
froit de soy-mesmes estre le plus haut & puissant Prince, qui fust en tout
l'Orient, changea d'opinion . Et tant pour ceste ocasion, que pour n'estre
trouué, ny estimé double en sa parole, luy respondit : Monsieur, vous faites à ma fille & à moy tant de bien & d'honneur, que i'aurois tord vous la
refuser : Mais à fin que tel mariage soit trouué entre ceux de mon sang , &
autres , tel que ie le desire , ie vous prie n'estre mal contant, que ie leur en
communique premierement . Quoy qu'il en soit, ie la vous acorde, & do-
ne des ceste heure pour vostre . Qui fut bien estonné & mal côtant? Lisuart
vous le pourroit mieux asseurer que moy , aufsi en donna il bon tesmoignage : Car à l'instant (vaincu de colere) ne se peut nulement garder, qu'il
ne s'adressast au Soudan, luy disant : Par dieu, beau sire, vostre gloire à de
trop passé les limites de raison , osant entreprendre requerir l'Empereur,
pour chose, ou ne deuez pretendre nul droit . Aufsi y a il icy tel, qui luy a
plus fait de seruice, & non moindre en estat que vous, & qui en toutes sor-

tes a

tes à mieux merité ma Dame Onolorie, que vous ne faites. Parquoy ie suplie treshumblement sa maiesté, premier que venir à l'efait, y auiser meu-
rement, & auec son bon conseil. De ceste parole le Soudan trop indigné,
& ne doutant plus que celuy qui parloit si hault ne fust seruiteur, & preté-
dant part à s'amye, respondit fierement : Dieu ne me soit iamais en ayde,
si l'Empereur ne vous chastie, ie me plaindray de luy, & non de vous,
qui n'estes en rien egal à moy. Ha, paillard, dit Lisuart, est ce moy qu'on
doit doncq' ainsi chastier ? Ie meure, si vous n'entrez le premier en la dan-
se. Et comme il acheuoit ceste parole mit la main à l'espée, pensant le fendre en deux: mais le Soudan gauchit au coup, qui de mal'heure rencontra
le filz du Duc d'Alafonte, & onques puys n'en parla. Au moyen dequoy
l'esmeute & tumulte se redoublerent, d'autant que Zaïr prompt & adroit
Prince se couurant de sa robe, & tenant son espée nue & trenchante, voulut venger ce tord. Et en semblable deuoir se presenterent tous les Princes & Gentilzhommes : en sorte qu'on ne vid onques tel meurdre qui en
fust ensuyuy, si l'Empereur sage, & bien auisé, n'eust saisy le Soudan, par le
faux du corps, & emporté en sa chambre, vousist ou non. Et ayant tresbien fermé la porte sur luy, retourna : puys tremblant de colere prit Lisuart par le bras, & luy dit : Par mon chef, ie n'eusse iamais creu, que vous
eussiez eu si peu d'egard à ma personne, pour vous monstrer si audacieux
que vous auez fait: Mais puys que vous vous estes oublié iusques là, ie vous
feray d'oresenauant si bien sentir vostre presumption, que la iustice en ser-
uira d'exemple à tous autres. Et sur l'heure commanda au Roy de la Breigne, qu'il fust serré en la plus forte tour de leans. A' quoy il obeït sans diferer. Aussi estoit Lisuart si hors de soy, & tant colleré, qu'il ne sceut respondre vn seul mot, & moins contredire à ceste dure sentence. Mais Perion, à qui il touchoit de si pres, ne voulut endurer ce tord: ains dit brauement à l'Empereur: Par Dieu, mōsieur, vous vsez de trop grand' rigueur
à Lisuart, estāt Prince pour cōmander quelque iour à l'empire des Grecz,
& au royaume de la grand' Bretaigne, dont vous pourriez quelque foys
venir au repentir. En estes-vous la? respondit le vieillart: sortez, sortez de
mes païs, sans que plus ie vous y voye, ou ie vous feray mourir de male
mort. Vous me menacez doncques? Sortez, sortez, & que ie ne vous le
commande plus. Ouy, monsieur, dit Perion, ie sortiray, puys qu'il vous
plaist : esperant en Dieu vous en faire repentir en brief. Et quant & quant
se retira en son logis, ou l'Empereur luy manda de rechef par le Roy de
la Breigne, que sur sa vie il eust à vuyder dedans trois iours luy & les siens
les limites de Trebisonde. Et combien que le Roy mist peine d'apaiser la
colere de l'Empereur, si ne le peult il remettre si bien, qu'il ne fust contraint porter ceste parole à Perion, qui luy respondit : Monsieur, l'Empereur est trop mal conseillé faisant ce qu'il fait, ie luy ay promis de me retirer, puys qu'il luy plaist : Mais dites luy, ie vous prie, de ma part, qu'il a-

D

uise bien

uiſe bien au traitement de mon neueu Liſuart : car il en rendra conte, & à
Dieu, & aux hommes. Et à l'inſtant commanda tirer ſes cheuaux, & auec
toute ſa cõpagnie yſſit hors la cité, ſans qu'il euſt moyen de parler à l'Imperatrix, & moins aux deux Princeſſes ſes filles, leſquelles plus mortes
que viues le conduirent longuement de l'œil : puys entrerent en leurs chã-
bres, fondans en larmes & pleurs. A' quoy s'aquiterent parfaitement bien
les deux Infantes Abra & Gradafilée, tant portoient d'afection au pauure
Liſuart priſonnier. Et ce pendant Zaïr ne laiſſoit nullement l'Empereur
en paix : ains le preſſant d'acomplir ſa parole, luy diſoit à tous propoz :
Monſieur, ie vous ſuplie auant qu'il auienne autre nouueau trouble, me
dõner en mariage ma Dame voſtre fille, & auoir egard qui ie ſuis, & à l'iniure que i'ay receuë en voſtre preſence. Mais l'Empereur conſiderant qu'il
luy conuenoit chercher nouuelle aliance, & amys, pour le ſcandale qu'il
auoit fait à Liſuart : auſsi que bonnement ne pouuoit plus reuoquer ny ſa
parole, ny ſa promeſſe, à fin de contenter le Soudan, entra en la chambre
de l'Imperatrix, & prenant ſa fille deuant la mere, luy dit : M'amye, vous
auez veu ce qui s'eſt paſſé ce iourd'huy, & la promeſſe que i'ay fait à Zaïr,
Prince tel que chacun cognoiſt : Ie vous prie, & commande, que vous
l'ayez pour mary agreable, eſtant voſtre bien, honneur, & le plus grand
auancement, que ie vous pourrois faire. A' ceſte parole la triſte Onolorie
ſe laiſſa tomber aux piedz de ſon pere, & pleurant à groſſes l'armes, luy
reſpondit : Helas ! monſieur, vous ſçauez aſſez que tout l'heur de ceſte
vie conſiſte ſans plus au contentement ! Que me proffiteront doncques
Royaumes, & grans païs en ma ſubiection, me voulant marier outre mon
gré ? Pardonnez moy, Sire : car pluſtoſt i'endureray la mort, que le Soudan me ſoit iamais non plus qu'il eſt. Et pource que l'Empereur & l'Imperatrix trouuoient ce party treſauantageux pour leur fille, eſſayerent par
tous moyens à la rapaiſer & adoucir : mais ce fut en vain, tant que l'Empereur luy diſt aſſez mal gracieuſement : Et par dieu, vueillez, ou non, i'en
ſeray creu, & ſerez eſpouſée. Lors cogneut bien Onolorie, que nulle excuſe auroit plus de lieu : Parquoy laiſſant aller la voile au vent, luy reſpõ-
dit : Il eſt en vous, Sire, de me tuer, ou me laiſſer viure, non pas me marier
auec le Soudan : car ie le ſuis deſia auec Liſuart de Grèce, & n'en auray
iamais autre. Si lors la colere redoubla à l'Empereur, il n'é fault point douter, & tellement, qu'il commanda enfermer ſa fille en vne tour, ſans luy
donner autre compagnie que deux de ſes Damoyſelles, qui ne deſpleut
vn ſeul brin à l'Infante, péſant par ce moyen eſtre deliurée du lieu, ou l'on
la vouloit reſtraindre. Et peu apres vint l'Empereur trouuer Zaïr, & Abra,
auxquelz il recita tout ce que vous auez entendu. Mais s'il fut au Soudan
peu agreable, croyez qu'Abra ne s'en ſentit gueres plus contente. Auſsi ſe
retirerent ilz tous deux en leurs chambres. Et lors Zaïr ſe trouuant ſeul,
& faiſant eſtat en ſoy meſmes, que veritablement Liſuart auoit eu telle

part

part d'Onolorie, qu'il luy auoit pleu, l'huis fermé fur luy entra en telle melencolie, qu'il fembloit d'vne ftatue de Marbre. Et ainfi demeura plus d'vn grand quart d'heure, fans remuer pied, ny main, tenant fa tefte a-puyée fur fon bras gauche. Puys auec vne parole baffe & mal-ayfée, fe mit à lamenter & plaindre fi doucement, que de pitié il euft peu brifer le plus dur rocher de la mer. Ah, ah! difoit il, trifte penfer! qui me gelles & ars le cueur, & auances la trifteffe, qui fans ceffe me lime & ronge l'ame, & l'efprit! Làs! que doy-ie faire, eftant arriué fi tard, & mal à propos, qu'vn autre a premier cueilly le fruit, que i'aye eu feulement la veuë de l'arbre? Vn autre en a obtenu la defpouille, & entiere richeffe, & ie fuis encores à iouïr du moindre bien, ou faueur, que l'on fçauroit eftimer! Pourquoy donques eftant priué (comme ie fuis) & de la fleur & du fruit enfemble, me pafsionne-ie ainfi? & pour celle qui (à l'exemple de la Louue) a trouué bon me laiffer, & choyfir Lifuart, pour (me defdaignant à feruiteur) fe rendre fa ferue & efclaue, & s'habandonner à luy, perdant par ce moyen le meilleur qui eftoit en elle? Car, à bien dire, la fille vierge & pudique re-femble la Roze, qui eftant iointe au beau Rozier, fans receuoir dommage, ny du beftial, ny de l'iniure du temps, l'aube du iour pleine de rofée s'en-cline à fa faueur. Et à cefte ocafion fouhaitée fouuent des ieunes Dames amoureufes, qui la cueillent, & s'en faififfent, pour faire guirlandes, bou-quetz, & chapeaux à orner leur chef, & parer leurs petitz tetons, ou pom-melettes rondes, plantées fur leur tendre & delié eftomac. Mais elle n'eft pluftoft rauie & oftée de fa verde branche, & maternelle norriture, qu'el-le perd petit à petit la grace & beauté, qui la faifoit defirer, & du ciel & des perfonnes. Semblablement la Dame, ou Damoyfelle, laiffant rauir à autruy la fleur de virginité, qu'elle doit tenir plus chere, ne que fon bien, ne que fa vie propre, altere du tout le pris, qui la rendoit eftimée, & bien voulue de ceux, qui luy portoient afection & feruitude. Mais quoy? il eft vray-femblable, qu'elle s'en foucie peu, ou rien: pourueu qu'elle de-meure aymée de celuy, auquel elle a fait fi grande liberalité de fa perfon-ne. Ah Fortune cruelle! Fortune ingrate & aueugle! Lifuart feul en trium-phe d'abondance, & i'en meurs de necefsité! Eft il donques pofsible qu'elle me foit à iamais agreable? Doy-ie ainfi laiffer perir & confom-mer ma propre vie, & requerir d'auantage la perfonne fi ingrate? Non, non, pluftoft meurent mes iours, que mon afection reuiue iamais en fon endroit. Aufsi feroit il peu raifonnable. Et toutesfois le mefchant qui m'a procuré cefte iniure & tourment, en payera la tare, luy faifant perdre (fi ie puis) amye, vie, & l'honneur enfemble. Et ainfi fe lamentant & defefpe-rant le trifte Zaïr, tomba en telle agonie, & perplexité, qu'il demeura ef-uanouy & hors de foy. Et encores y fuft il, fans Abra, qui (fe doutant de cefte pafsion) entra ou il eftoit par vn petit huys defrobé, incogneu au Soudan: & le trouuant en telle necefsité, ny plus ny moins qu'vn clou

D ii

chaffe

chaſſe l'autre, force fut oublier ſa peine & ennuy, pour remedier à celuy
de ſon frere, lequel toute troublée, elle mit en ſon giron, & luy eſſuyant
& les yeux, & le viſage, qu'il auoit tout baigné, luy preſta tant d'ayde &
de ſecours, que finablement il commença à ouurir les yeux, & reprendre
ſes eſpritz. Ah monſieur ! dit elle, comment vous oubliez vous ainſi?
Conſiderez, ie vous ſuplie, quelle plus glorieuſe victoire pourra auoir voſtre ennemy, qu'en voſtre mort, iouïſſant par icelle à ſon ayſe, & ſans
ſoupçon, de ſon Onolorie, que voſtre perſonne ſeule luy interdit & defend ? Car il n'ignore point, que vous & non autre, luy rauiſſez le bien de
ſon atente. Auſsi eſt il certain, que par la fin de voz iours il iouïra d'elle
à ſon gré, laiſſant par voſtre deces luy contant & ſatisfait, & vn regret à
iamais & perte ineſtimable à voz ſeruiteurs & ſubietz. Ainſi, monſieur
pour obuier à l'vn ne vous banniſſez vous meſmes de l'autre. Et ſi ne deſirez viure à voſtre vtilité, viuez au moins pour ne faire dommage à voz
amys. Aſſez d'autres remonſtrances luy fit Abra, & de ſi bonne grace, &
tant bien paliées de vaines eſperances, que le dueil de Zaïr s'apaiſa quelque peu. Et ce pendant le Duc d'Alafonte, qui venoit de pouruoir aux fu-
nerailles de ſon filz mis à mort, retourna tout triſte vers l'Empereur, lequel d'arriuée (penſant le conſoler de ſa perte) luy raconta tout ce qui s'e-
ſtoit paſſé entre luy, Onolorie, & Liſuart. Dont le vieil Duc aſſez contant, luy reſpondit : Sire, vous ferez du meurdrier ce qu'il vous plaira:
Touteſfois, ſi vous conſiderez bien la brauerie qu'il a tenue en voſtre preſence, & l'iniure qu'il a commiſe enuers voſtre maieſté, eſpouſant, ou
(pour mieux dire) rauiſſant ainſi ma Dame voſtre fille, vous trouuerez
qu'il merite plus grande punition que le mourir. Ie vous aſſeure, mon couſin, reſpondit il, qu'il me ſouuient tresbien du traitement que firent autres
foys à leurs enfans le bon Traian, & Torquatus, que i'imiteray ſans point
y faire de faute : Et mourra ma fille & ſon adultere, s'ilz en ſont dignes,
voire & ſans auoir egard à l'amour paternel, ny à autre ocaſion, qui m'en
puiſſe deſmouuoir. Et tandis Liſuart enfermé, comme il vous a eſté dit,
demeura deux iours entiers aſsis en vne chaize, ſans boire, manger, parler,
ne dormir. Et fuſt aſſeurément mort, n'euſt eſté le reconfort que luy donna Radiare Soudan de Liquie, priſonnier en ceſte meſme chambre, lequel
le ſceut tant bien remettre par paroles douces, & autrement, qu'il ſe rapai-
ſa quelque peu. Dont s'engendra vne treſgrande amytié entre eux deux,
que nous laiſſerons en paix, pour ceſte heure, à fin de vous diſcourir comme Zaïr & Abra ſe maintindrent de là en auant.

Comme

Comme l'Empereur enuoya dire

à Lifuart, & à l'Infante Onolorie, qu'ilz euffent à trouuer deux
Cheualiers qui entraßent en champ de bataille,
pour fouftenir leur droit à l'encontre
des freres du Roy d'Egipte, &
de ce qui en auint.

Chapitre XII.

Ous auez affez entendu l'ennuy, auquel fe trouua Zaïr, depuys qu'il eut laiffé l'Empereur, les lamentatiós qu'il fit, & finablement aucunes des remonftrances que luy perfuada fa feur, pour le reduire & tirer hors du danger de mort, ou il eftoit entré. Mais elle n'oublia pas quant & quant d'entreprendre à fe venger de Lifuart : pour à quoy paruenir, mit en auant, qu'il eftoit neceffaire le faire acufer de trahifon, & Onolorie de leze maiefté. Ce qui feroit aifé à leur prouuer, ou à ceux qui maintiendroient leur iuftice, par Macartes, & Zarahan, freres du Roy d'Egipte, extremes en toute bonté de cheualerie, tenant la victoire aufsi certaine, comme fa deliberation auoit efté prompte & legiere. Ce que le Soûdan trouua bon, faifant eftat de requerir puys apres l'Empereur fauuer la vie à fa fille, & la luy donner de rechef à femme. Au moyen dequoy furent incontinent mandez les deux efleuz pour combatre, lefquelz ayans entendu le plaifir de leur Prince, fe monftrerent prompts & preftz à luy complaire, fi qu'ilz fe trouuerent le lendemain matin en la Court, ou ilz propoferent leur acufation, fur laquelle l'Empereur decreta, que fa fille & Lifuart bailleroient dedans trois iours deux Cheualiers, pour main tenir le contraire : fous condicion, que ou les acufateurs feroient vaincuz, les acufez demeureroient abfoulz & libres : Et ou aufsi ilz auroient du pire, leur tefte en refpondroit. Dont il commanda auertir incontinent Lifuart par fon Roy d'armes, auquel il fit refponfe : Mon amy, dites à l'Empereur, que ie le remercie humblement de la grace quil me fait, & que ie combatray tout homme qui voudra dire, que ma Dame fa fille, ny moy, ayons iamais penfé à chofe qui peuft blecer fon honneur, ny le mien. Et fi les Princes d'Egipte vfent en ce regard des propoz que m'auez recitez, dites leur de ma part, que moy feul entreray en champ de bataille contre eux deux, voire & fuft le Soudan mefme de leur partie. Mais Zaïr ne trouua pas celà bon : Aufsi ne fe peut il tenir de refpondre quand on le luy raporta : Par mon chef c'eft trop audacieufement caufé, & m'eftime Lifuart peu ou rien, me voulant combatre auec deux meilleurs & plus vaillans qu'il

D iii   n'eft:

n'eſt : parquoy ie iure le grand dieu Iupiter , ſi mon honneur n'y eſtoit oꝛ
fenſé, que ie luy aprendrois à parler ainſi qu'il doit . Monſieur mon frere,
dit l'Empereur, il n'entéd pas les ſtatutz de mon Empire, par leſquelz il eſt
defendu à tout acuſé de leze maieſté, de maintenir ſon fait propre . Et par
ainſi il luy eſt neceſſaire de trouuer autre qui reſpóde de ſa iuſtice, & pour
ma fille auſsi , à laquelle on ſignifia ceſte dure ſentence . Mais elle ne reſpondit autre choſe, ſinon : Mon amy, dites ie vous ſuplie,à mon Seigneur
mon pere,que i'ay telle fiance en la bonté de noſtre Seigneur,que luy ſeul
fera cognoiſtre mon equité : Et qu'il ſçait bien que ie n'ay Cheualier pour
moy, s'il ne luy plaiſt luy-meſmes me le donner de ſa grace . Et comme le
meſſager retournoit pour r'aporter à l'Empereur ceſte reſponſe, entra au
Palays vn Cheualier armé d'vnes armes fort riches : grand eſtoit il de cor-
ſage, & ſi fort de membres, que chacun le iugeoit à preud'homme : mais
nul le cognoiſſoit pour eſtre More & eſtranger . Lors s'arreſta coy,& ayāt
fait la reuerance demanda tout haut , lequel d'entre eux eſtoit l'Empereur
de Trebiſonde . Que luy voulez vous ? reſpondit il : ce ſuis-ie . Sire,dit le
Cheualier eſtrange, les dieux vous maintiennent en ceſte voſtre grandeur,
laquelle, ainſi que ie puis voir,ilz ont bien rendue conforme à l'excellance
de voſtre perſonne , meritant non le ſeul Empire : que vous tenez , ains
la monarchie entiere de tout le monde . En bonne foy , Cheualier, reſpondit l'Empereur , ie vous ſçay tresbon gré de tant de bien que vous me
deſirez . Mais, beau ſire, que demandez-vous d'auantage ? Sire,reſpondit
le Cheualier,ie deſire vous ſeruir & honorer:Et du ſurplus ie ſuis en queſte
pour vn mien ſingulier amy , qui ſe nomme le Cheualier de l'ardante Eſpée , ſi de fortune vous en ſçauez nouuelles . Non certes , dit l'Empereur.
Bien eſt vray que tous voudriós bien le cognoiſtre,pour la grande renommée qui volle de luy en tous lieux . Et comme il acheuoit ceſte parole , celuy qui auoit eſté enuoyé vers la Pinceſſe Onolorie, ainſi qu'il vous a eſté
dit, retourna vers l'Empereur , & recita deuant tous la reſponſe d'elle, laquelle entendue par le Cheualier noir,pria qu'on luy declaraſt comme, &
en quelle ſorte ce diferent eſtoit ſuruenu. Ce qui ne luy fut denié, dont luy
eſmeu à pitié & compaſsion , pour l'Infante, dit à l'Empereur : Sire,ſi voſtre bon plaiſir eſt, que ie prenne la charge pour ma Dame voſtre fille,i'en
ſuis tout preſt:aſſeuré qu'elle eſt ſans coulpe,veu que cótre le pouuoird'A-
mour le plus fort reſiſtant ſe trouue debile. Parquoy il eſt certain,que toute perſonne qui ayme,& faut par Amour,eſt pure & vraye innocente. Ceſte parole ſortie de la bouche de ceſt eſtranger, fut tenue, pour tant vertueuſe de tous,'que l'Empereur luy reſpondit : Cheualier, mon eſtat eſt de
faire & garder iuſtice à chacun. Ie le penſe ainſi, Sire, dit il, & ſur telle aſſeurance voylà mon gage, pour defendre ma Dame voſtre fille contre qui
voudra ofenſer l'honneur d'elle . Lors tendit le bord de ſa cote de maille
que Macartes prit . Et ie l'accepte , reſpondit il, & la bataille ſemblablement

ment dedans trois iours, si vous estes tel, que meritez vous atacher à moy?
A cela ne tiendra pas, dit l'autre: & à fin que vous en soyez hors de doute,
on me nomme Fulurtin, filz & heritier vnique du Roy de Saba, autrement
dit Merone, & de la Royne Buruca sa femme & espouse. Mais, puys que
vous estes venu en termes de me cognoistre, declarez moy ausi qui vous
estes pour vous estimer tant: Ce que Macartes ne luy refusa. Or verrós nous
doncques en brief, dit Fulurtin, à qui fortune donnera plus de faueur. Et
quant & quant vouloit prendre congé de l'Empereur, atendant le iour
acordé. Mais il l'arresta, commandant au Roy de la Breigne, qu'il fust
logé en son Palais, & en l'vn des meilleurs logis, ou il demeura iusques
à ce qu'il falut entrer en camp, esperant tousiours qu'il se trouueroit quelque autre pour Lisuart. Toutesfoys nul se presenta, tant estoient redou-
tez les deux freres du Roy d'Egipte. Ce que voyant l'Empereur, ordonna
de sa puissance absolue, puys que Fulurtin auoit accepté le combat pour
l'vne des parties acusées, qu'il seroit tenu respondre luy seul pour toutes
les deux ensemble, & côtre les deux freres si bon leur sembloit: à la charge
ausi, que si durant le combat autre Cheualier s'offroit, il pourroit estre de
la partie, & defendre le droit de Lisuart, côme s'il y fust entré des le commencement. Ainsi estoit la Court pertroublée, & non sans cause: & les
pleurs & lamentations d'Onolorie & Gricilerie si estranges, & continuel-
les, que le plus dur cueur fondoit en larmes. Et ce qui leur engregeoit encores leur tristesse d'auantage fut l'eslongnement de Perion, lequel estant
banny (ainsi qu'il vous a esté raconté) s'embarqua sans differer, faisant
voile en Constantinople.

Comme Lisuart, & la Princesse

Onolorie, furent amenez sur vn eschafaut, pour voir quelle se-
roit l'yssue du Cheualier, qui soustenoit leur droit &
iustification.

Chapitre XIII.

Tel

El fait à la haste vne entreprise, qui puys apres s’en repét
tout à loyſir. Et le ſemblable auint à l’Empereur deTre-
biſonde,qui volontiers euſt reuoqué le doute qu’il auoit
mis ſus l’honneur de ſa fille : Mais trop tard ſe ferme l’e-
ſtable, quand le larron a ſurpris le palefrenier, & deſrobé les cheuaux . L’Empereur donques voyant, que
pour entretenir la parole qu’il auoit proferée deuant tant de haux Princes eſtrangers,pouſſa la choſe iuſques au point du combat,qui luy faſchoit
ſi fort,qu’il euſt volontiers ſouhaité,que ceux qu’il tenoit priſonniers euſſent eu Cheualiers pour eux ſi parfaitement bons , que leur droit fuſt aſſeuré : encores qu’il diſſimulaſt le tout tant conſtamment & auec tel viſage, que l’Imperatrix meſmes ne luy en oſa onques parler, iuſques au iour
aſsigné,qu’au ſortir de table entra Radiare Soudan de Liquie,lequel apres
la reuerance deuë à ſi haute aſſemblée, ſuplia treshumblement l’Empereur de la part de Liſuart,que ſon plaiſir fuſt ou luy laiſſer entreprendre le
combat,ou bien permettre qu’il enuoyaſt en ſes païs querir autre qui vouſiſt ſe hazarder pour luy,puys qu’il defailloit pour l’heure de tous garans.
Si luy fut reſpondu par l’Empereur,qu’il auroit conſeil ſur ce.Et peu apres
que la ſentence eſtoit ia donnée, & par tant irreuocable . Ce qu’entendu
par la belle Gradafilée preſente , ne ſe peut tenir qu’elle ne diſt tout haut:
Sur ma foy,c’eſt vne honte bien grande à tous les Cheualiers de Trebiſonde, habandonner ainſi celuy, qui peult & doit porter les armes deuant les
plus preud’hommes du monde, & ſans que i’en voye aucun qui s’offre
pour ſouſtenir ſa querelle . Et comme elle eut proferé les paroles la larme
à l’œil

à l'œil, esmeut plusieurs à prendre les armes : mais la crainte de desplaire
à l'Empereur y mit empeschement. Parquoy s'en alla au logis, ou souloit
coucher Lisuart, ou elle auisa son escu & ses armes pendues, dont le cueur
luy commença à fremir de douleur, & en sorte que se seant sur le pied du
lit, tenant les braz croysez, disoit en soy-mesmes : Ah, ah Amour, Amour!
quantes & quantes vaines esperances tu prometz à ceux qui loyaument te
seruent! & que tant est incertain le guerdon de leur merite! Ah Lisuart de
Græce!fleur, lumiere, & miroir de Cheualerie, rempart & seule protection
des Dames & Damoyselles !comme peu sont recogneuës au iour d'huy
tes vertuz & bontez! Et neantmoins ie pense & espere que les dieux ne cô-
sentiront iamais ta ruyne, si n'est pour le tord que tu as fait à ta Gradafilée,
la changeant pour vne autre moins aymable ! Et de ce soit tesmoin la déesse Venus, deuant laquelle ie m'asseure mes clameurs n'estre vaines, ou
desdaignées, si n'est pour la faueur qu'elle porte à la Princesse Onolorie,
destinée à iouïr de la chose mienne & que ie merite le plus . Et toutesfois,
amy, ie delibere vous aymer toute ma vie si parfaitement, que ie sens en
mon ame le mal qui vous est prochain. Et ainsi poursuyuât ses complaintes, arriua Gricilerie, qui la venoit querir pour voir le combat des deux
Princes d'Egipte, contre Fulurtin. Car desia estoient entrez au camp les as-
saillans, acompagnez de Zaïr, & Abra, laquelle faisoit ses contes de sauuer la vie à Lisuart, & le demander à l'Empereur aussi tost qu'elle verroit
Fulurtin en danger, puys l'espouser, & le traiter en amy & mary. Et pour
ceste ocasion s'estoit elle ce iour là tant bien parée, que la beauté d'elle estoit sufisante pour eschauffer en l'amour le plus refroidy cueur de la troupe. Or fut à l'instant amenée l'Infante Onolorie, & mise en l'echafaut de
l'Imperatrix auec Griliane, & plusieurs Dames & Damoyselles. Et Lisuart
d'autre costé bien esbahy, considerant qu'à l'espreuue d'vn seul Cheualier
incogneu, & qui auoit entrepris en combatre deux vaillans & hardiz, gi-
soient sa vie, son honneur, & celuy de sa Dame, qu'il estimoit plus que le
sien propre. Parquoy, auant passer outre, requist, qu'il parlast à luy, ce qui
fut acordé . Et s'aprocha Fulurtin pour entendre qu'il luy vouloit, auquel
il dist:Bon Cheualier, ie vous prie ayez esperance en Dieu, & estimez, qu'il
ne vous a point amené icy tant à propos, que pour vous faire receuoir l'hôneur & aquerir la renómée, que meritent ceux, qui entreprennent les plus
dangereux efortz . Et tandis Fulurtin le regardoit si ententiuement, qu'il
luy sembla voir deuant ses yeux le Cheualier à l'ardante Espée, dont le
cueur luy enfla tant, qu'il luy respondit : Sire Cheualier, ie vous mercie de
l'espoir & du bien que vous me promettez. Et au reste, vous & ceux, qui
sont presents, demeurerez tesmoins auec les dieux de la volóté que i'ay de
vous tirer de danger, & à vostre honneur. Puys se retira Fulurtin. Et laçât
son armet fut crié de par l'Empereur, que nul, sur peine de perdre la vie,
eust à donner faueur aux combatans, en fait, parole, ny signal. Et premier
qu'on

qu'on les laiſſaſt aller, l'aiſné des deux freres pria le plus ieune luy permettre tenter la fortune:autrement,dit il,on pourroit trouuermauuais,ſi nous
aſſaillions noſtre ennemy enſemble , eſtant ſeul. Et là ou vous verrez me
mal baſter, faites ce qui ſera en vous.Et ainſi l'acorderent enſemble.

Du combat, qui fut entre Fulur-

*tin,Macartes,& Zarahan:Et du grand Cheualier qui ſuruint au
camp, par le moyen duquel Liſuart & Onolorie demoure-
rent abſoulz,& les deux aſſaillans vaincuz.*

Chapitre   XIIII.

A'Peine eut le Heraud crié, qu'on laiſſaſt aller les bons
combatans, que l'vn d'vne part, & l'autre d'autre, ſe
chargerent ſi rudement, que les lances ſe briſerent iuſques dans les gantelez. Et paſſans outre ſe rencontrerent corps à corps de telle roydeur, que Fulurtin perdit les eſtriers, tombant Macartes & ſon cheual deſſous . Mais luy (comme bon Cheualier, expert, & à droit)ſe leua ſans
tarder, & embraçant ſon eſcu, tenant l'eſpée au poing, tourna viſage
droit à Fulurtin, lequel voyant ſon ennemy ſi preſt, mit pied à terre,
pour ne perdre ſon deſtrier . Et marchans au petit pas l'vn contre
l'autre, commencerent, ainſi que deux braues Toreaux , ou Lions
eſchau-

eſchaufez, vn ſi merueilleux combat, qu'à moins de demye heure leurs har
noys blancs changerent de couleur , & furent tains en pluſieurs endroitz
de leur propre ſang. Toutesfois à la fin Macartes eut du pire, & le rengea
Fulurtin à telle raiſon, qu'on cogneut à veuë d'œil la perte eſtre de ſon coſté . Auſſi n'en pouuoit il plus quand Zarahan vint au ſecours & à bride
abatue, cuydant véger ſon frere, eſſaya de ſurprendre Fulurtin, à qui Dieu
porta tant de faueur pour ce coup, qu'il aperceut l'ennemy premier qu'il le
peuſt charger: parquoy ſe deſtourna: mais le cheual de l'autre fort en bouche, ſuyuant ſa carriere, print ſi grand ſault, que la lance donna de la pointe contre terre: Et pour roydе qu'elle eſtoit deſarçonna Zarahan, demeurant eſtendu en la place , ou il fit peu de ſeiour : ains ſe leua par grande legiereté , & ſe parant de ſon eſcu vint à temps au ſecours de Macartes , qui
commençoit à rendre les aboys . Neantmoins Fulurtin ſe trouua lors plus
eſtonné qu'il ne fut oncques , d'autant que le vaincu reprit cueur, & luy redoublerent les forces, ſi que l'heur ſe monſtra branler au deſauantage du
Cheualier noir, quelque effort qu'il fiſt . Et le menerent de là en auant les
deux freres auec telle importunité , que les regardans n'atendoient ſinon
à le voir tomber . Auſſi ne faiſoit il plus que parer aux coups de ſes ennemys, fuyant puys çà, puys là le trenchant de leurs eſpées: non que pourtant
il monſtraſt vn ſeul point de couardie, ains tenant touſiours viſage aſſeuré temporiſoit au moins mal qu'il luy eſtoit poſsible , quand ſuruint à la
barriere vn Cheualier plus grand de taille qu'homme commun, lequel armé d'vnes armes vermeilles, s'adreſſa au Soudan de Liquie (Iuge ordonné
pour le combat) à qui il diſt: Permettez, ie vous prie, Seigneur, que ie ſecou
re ce Cheualier contre ces deux : car ie vous prometz, que ie n'ay peu arriuer pluſtoſt pour me trouuer à ſon ayde . Le chemin eſt ouuert, reſpondit
Radiare, ſelon la loy, & ſtatut, que l'Empereur en a decreté. A' ceſte parole
le Cheualier nouueau arriué paſſa oultre & ſe couurant de ſon eſcu l'eſpée
nue au poing ſe régea du coſté de Fulurtin ſi bruſquement, que chacun cómença à eſperer de ſa victoire. Ioint auſſi que le cueur de celuy qu'il ſecou-
roit s'enfla. Et cóme s'ilz n'euſſent combatu du iour chargerent leurs ennemys tant ſans repos, que tournât le ſort, chacun iugea le meilleur leur eſtre
promis. Dont l'Imperatrix & toutes ſes femmes ſe mirent à louёr Dieu. Et
principalemét Onolorie, laquelle quaſi hors de ſoy meſmes, & ſans ſente-
mét eſtoit dás le giron de la Royne Griliane, qui luy diſoit: Voyez, ma Dame: voyez, pour Dieu, le ſecours qui vous eſt ſuruenu. Sans doute le Cheualier nouuellemét arriué aſſeure du tout voſtre droit. Reſiouiſſez vous dócq'
& prenez courage, s'il vous plaiſt. A' ceſte parole Onolorie hauça la veuë,
& voyant le ſort ainſi tourné à ſon honneur, diſoit en ſon ame : Seigneur
Dieu! qui deliuraſtes Suzanne de faulſe acuſation, vueillez regarder en pitié moy pauurette & deſolée ! Ce pendant Fulurtin qui pourſuyuoit Macartes, luy fit donner du nez en terre, & quant & quant ſe lança ſur luy, &

luy ar-

luy arracha le heaume, prest à luy tailler la teste: Mais il requist pardon, &
confessa son tord. Parquoy Fulurtin le receut à mercy, dont Zarahan, qui
tenoit teste au grand Cheualier, considerant la faulte de son frere, en deuint si triste, que d'effroy l'espée luy sortit des poings : Et pis luy auint encores: Car son ennemy, qui ne le laissoit de loing, luy osta la vie peu apres,
tombant mort estendu de son long. Puys essuya son espée, & la remit
au fourreau, cheminant vers Lisuart, auquel il dit: Sire Cheualier, graces à Dieu, vous estes maintenant hors de danger : ie vous prie, beau Sire me faire le bien de me suyure en lieu, ou vous serez mieux & plus honorablement receu, que non pas en ceste Court, ou les grans seruices,
que vous auez faitz à l'Empereur, & autres, ont esté trop mal recogneuz.
Adoncq' s'abaissa Lisuart de l'eschafault. Et embraçant celuy qui parloit à luy, le pria de grande afection luy dire, qui il estoit, iurant sur
son Dieu, qu'il demeureroit à iamais prest à luy obeïr, comme y estant
tresobligé & tenu. Monsieur, respondit le grand Cheualier, ie desire vous
faire seruice & le feray, non pas en ce dont vous me priez: mais vous me cognoistrez quelque autre foys plus à propos. Bien pensa à ceste parole Lisuart, qu'il desiroit se couurir : parquoy ne le voulut importuner d'auantage : ains vint remercier Fulurtin, auquel il dit: Mon bon Seigneur, vostre
prouësse est tant esprouuée, que chacun vous doit tenir pour tel que vous
estes. Dieu me donne la grace de me trouuer quelque iour en lieu, ou i'aye
moyen de vous valoir ce qu'auez fait pour ma Dame Onolorie, & pour
moy. Grans merciz, respondit Fulurtin. Elle & vous meritez trop plus. Et
comme il vouloit parler d'auantage, le Soudan Radiare s'aprocha, qui dist
à Lisuart : Monsieur mon grand amy, vous estes maintenant en liberté,
pour faire ce que bon vous semblera : auisez qu'il vous plait deuenir. Ie
m'en iray, respondit il, esperant en brief faire resentir l'iniure que i'ay receu. Toutesfois, s'il plaisoit à l'Empereur me permettre dire vn mot à ma
Dame Onolorie, premier que ie desloge, ce me seroit vn bien, que ie ne
tiendrois à peu. Il ne le côsentiroit iamais, dit Radiare : car il l'a renuoyée
en sa prison, auec serment, qu'elle n'en sortira de sa vie : puys qu'elle luy a
tant desobeï, que d'auoir choisi mary oultre le gré de luy, & sans son congé. Ie prie à Dieu, dit Lisuart, qu'il ayt pitié de tant bonne & vertueuse Da
me: & qu'il luy rende sa liberté, comme il luy a sceu garder l'honneur &
la vie. Et apellant vn Escuyer, se fit amener vn cheual, & monta dessus. Et
le grand Cheualier sur celuy de Zarahan, prenans eux deux le chemin du
prochain port de mer, ou les acompagna le Roy de la Breigne, pres d'vne
grande demye lieuë, reconfortant Lisuart du tord que luy auoit fait l'Empereur. Mais il n'eut autre parole de luy, sinon, que tant qu'il traiteroit
ainsi mal ma Dame Onolorie, il ne luy seroit autre qu'ennemy mortel : le
priant au surplus qu'à l'Imperatrix, à elle, & à l'Infante Gricilerie, & Gra
dafilée, il baisast les mains de sa part, luy pardonnant le peu de courtoysie

dont

dont il auoit vfé en leur endroit , eftant ainfi deflogé fans prendre congé d'elles.Et fur ce point fuyuirent le droit chemin de la marine , retournant le Roy en la ville , ou il trouua l'Empereur deuifant auec Zaïr , & le Roy d'Egipte, de la mort de Zarahan,duquel on menoit grand dueil. Toutesfois le Soudan auoit tant martel in tefte,qu'il ne fçauoit quelle contenance tenir , & moins Abra:ayant perdu l'efperance de iamais plus reuoir celuy qui fuyuoit le grand Cheualier,comme il vous a efté dit. D'autre cofté Fulurtin forty du camp, & triumphamment conduit en fon logis,fut couché en fon lit , fes playes vifitées par les Chirurgiens , & depuys folicité par l'Imperatrix & l'Infante Gricilerie, demeurant Onolorie en fa prifon, qu'elle prenoit trefpaciemment, pour fe voir ainfi deliurée du mariage d'elle auec Zaïr, & cognoiftre fon amy hors de danger. Dont elle eftoit fi contante , qu'elle difoit en foy mefmes : Puys que Lifuart eft en liberté , ie me tiens certaine, qu'il ne dormira plus longuement , que ie ne foys auec luy & en defpit du Payen me tirera de cefte mifere . Ce pendant Zaïr & Abra fe confoloient l'vn l'autre au mieux qu'ilz pouuoient, faifans mile difcours comme ilz trouueroient le moyen de rauir & tirer hors de prifon l'Infante . Parquoy nous les laifferons là iufqu'à vne autresfoys, pour vous reciter ce qui auint à Lifuart, depuys qu'il eut laiffé le Roy de la Breigne.

Comme le grand Cheualier che-

minant auec Lifuart fut cogneu de luy:Et des pro-
poz qu'ilz eurent enfemble.

Chapitre · X V.

E   Apres

APres que Lifuart & le grand Cheualier eurent laiſſé le Roy de la Breigne, cheminans enſemble, & taſchant touſiours Lifuart de cognoiſtre celuy, duquel il auoit receu tant de bien, commença à luy dire : Ie vous prie, mon grand amy, ne me celer deſormais voſtre nom, eſtant la perſonne du monde à qui ie doy plus, m'ayant ſauué l'hóneur, l'eſperáce, & la vie. Ah Lifuart mon vray Seigneur! reſpondit l'autre, que tant l'Amour a de force, & que tant peu il regarde à ſuyure le chemin de raiſon! Ie croy aſſeurément, que vous ne me cognoiſſez: car ſi vous euſſiez eu cognoiſſance de moy, ie n'euſſe eſté ſi deceu à aymer cóme i'ay eſté par le paſſé. En ſorte que ie puis bien dire, qu'ayant en moy toute l'amour, & amytié, qui deuoit eſtre entre nous deux, il ne vous en eſt reſté vne ſeule eſtincelle viuc, qui me fait vous pardonner plus legierement la faute qui eſt en vous, & la deception que i'en reçoy. Or vous en ay-ie deſia tant declaré, que vous deuez ſçauoir qui parle à vous : Mais ie croy bien que c'eſt peine perdue pour moy, ſelon le peu de deuoir que i'ay trouué touſiours en vous. Lifuart eſtóné de plus en plus, oyant ainſi parler le grand Cheualier, ne luy ſceut quaſi reſpondre: mais à la fin il luy dit: En bonne foy, vous me ietez hors de moy-meſmes, parlant ce langage:& tellement que ie vous cognois encores moins qu'au parauát. Parquoy ie vous prie, beau ſire, ne m'aller plus ainſi deſguiſant les matieres : ains me tirer hors de la peine ou ie ſuis. Ne vous ay-ie pas dit n'agueres, reſpondit il, que vous eſtes eſloigné de toute cognoiſſance, ayant deuant vous celuy, qui vous a par deux diuerſes foys deliuré de mort, & ncantmoins vous le

meſ-

mefcognoiffez ainfi qu'vn eftranger ? Mais ce n'eft pas de merueilles : car
vous me mefcogneuftes en mon habit propre. Comment donques me co-
gnoiftriez vous ayant le voftre mefmes endoffé ? Lors fut Lifuart trop efmerueillé : &, comme s'il fuft forty d'vn profond fomme, reuint à foy, & co
gneut que vrayement le harnoys, que le Cheualier portoit, eftoit le fien
acouftnmé, à quoy il n'auoit iufqu'à lors pris garde, pour le grãd ayfe de fa
deliurance. Et toutesfois il ignoroit encores à qui il parloit, qui luy fit dire : Pardónez moy, fire Cheualier, ie vous fuplie : car ie vous iure Dieu, que
ie ne fçay qui vous eftes. Mais moytié par amour, & l'autre par force, ie
vous verray maintenant au vifage. Adócq' auãça le bras, & le defarmãt de
tefte vid, que c'eftoit la belle Infante Gradafilée, laquelle (ainfi qu'il vous
a efté recité) eftans entrées elle & Gricilerie en la chãbre de Lifuart (auertie
que nul Cheualier entreprenoit le defendre (femóce d'vne trefparfaite a-
mytié) s'arma par le moyen de Gricilerie, des armes qu'elle y trouua pendues, & vint au combat. Qui me fait eftimer, qu'entre toutes les amours &
fidelitez qui fe ramenteurent onques, voyre entre les plus pafsionnez des
fleches du petit dieu, qui firent iamais preuue de leur fermeté, cefte Dã-
moyfelle doit auoir le premier lieu : & merite non feulement que Lifuart
l'ayme, ains qu'il l'ayt en recommandation plus que foy-mefmes. Ce qu'il
feroit comme ie penfe, fi Onolorie ne l'euft preuenue : dont rendirent affez bon tefmoignage les larmes, qu'il efpencha de trop grande ioye, la
voyant en tel equipage. Aufsi l'embraça il & baifa fur l'heure, luy difant
Hé Dieu ! ma Dame, que tant vous auez bien parlé, & à la verité, me donnant nom de mefcognoiffant comme ie fuis ! Croyez, ma grande amye,
qu'encores que mon entendement ayt erré pour ce coup, & par la faute de
mes yeux, fi ne s'oublia il onques iufques là, de faire mefcognoiftre au
cueur celle, à qui ie fuis tant redeuable & obligé. Pleuft au Roy IESVS,
qu'il fuft en ma puiffance vous faire Dame & maiftreffe de moy, & de
tous les biens que i'efpere de ma vie ! Affeurez-vous que ie n'en efpoufe-
rois iamais d'autre que vous. Mais puys qu'Amour ne m'a voulu confentir
tant de liberté, & que au precedant que ie vous acointay il auoit captiué
& forcé mon cueur en autre endroit, ie vous fuplie vous contenter, que
tant que i'auray la vie au corps vous ferez Dame, & de mon cueur & de ma
vie : vous iurant par la foy que ie doy à Dieu, que ie n'auray iamais bien qui
ne foit autant à vous qu'à moy. Voyre & fi vous iure de rechef, qu'en quelque part ou ie foys, ma Dame Onolorie n'aura point de commandement
fur moy plus que vous. Parquoy ie vous prie autant qu'il m'eft pofsible,
me pardonner la faute que i'ay commife en voftre endroit, puys qu'il n'a
efté en ma puiffance de faire autrement : vous promettant au refte ne
fortir d'vn feul point hors de voftre obeïffance & volonté. Lifuart de Gręce mon vray & feul amy, refpondit Gradafilée, ie ne fçay pourquoy la fortune (ou les dieux) ont confenty, qu'Amour mift ainfi les forces de voftre

E ii   bonne

bonne grace en mon ame, pour l'aſubietir tant eſtroitement, & auec ſi peu
de recópenſe. Et ſi ne puis penſer qui les a meuz me douër de telles perfections, ſi perfectiós ſont en moy, pour permettre au cruel tiran aueugle me
naürer ſi eſtrágement des fleches enflammées, deſquelles il enferre les Che
ualiers, & les captiue de la beauté des Dames ou Damoyſelles, qui les fait
communément eſtre requiſes, & non requerantes comme ie ſuis! Ah, ah
Onolorie! certes vous vous deuez bien nommer ſans per, iouïſſant ainſi à
voſtre gré de mon ſeul amy! Et plus encores eſtes vous heureuſe, que belle,
ayant à ſeruiteur celuy, qui commandera en mon eſprit tant qu'il reſidera
en ce penible corps. Mais, au fort, puys que autrement ne peult eſtre, i'ay
quelque contentement, que Dame telle comme vons poſſede la gloire de
ma peine, & qui n'apartenoit à autre. Or durant qu'elle faiſoit ceſte com-
plainte Liſuart, qui auoit l'œil ſur elle, vid qu'elle fondoit en larmes, dont
il ſoufroit telle peine, conſiderant ſa grande amytié & force d'Amour, que
contraint d'afection qu'il luy portoit, luy diſt: Ma gráde amye, ie me ſens
vaincu tellement de vous-meſmes, que ie vous ſuplie de tout mon cueur
prendre les choſes paſſées en la meilleure part qu'il vous ſera poſsible: à la
charge toutesfoys, que i'obeïray entierement à ce que vous me commanderez, encore que ie fiſſe contre le deuoir que ie doy à ma Dame Onolorie. En bonne foy, mon amy, reſpondit elle, vous eſtes (àce que ie voy) bien
deceu, & me faites quant & quant tord, d'eſtimer amoindrir ma peine,
auec vn vitupere trop malheureux à mon honneur. Ie vous prie, beau ſire,
n'auoir iamais voſtre Gradafilée en telle opinion, de penſer d'elle, que les
forces d'Amour ſoient ſufiſantes pour corrompre ſa chaſteté, ny ſon vouloir pudique, & vertueux, eſtans ces choſes reſeruées pour le mariage ſeul,
non pas aux apetitz ſenſuelz & blaſmables. Auſsi ce que ie pleure n'eſt
pour me voir fruſtrée de mon intention: ains ſeulement pour la conſi-
deration que i'ay, que vous ne paruiédrez de voſtre vie à ce que vous auez
preſumé de moy, ſous ombre de mitiguer & adoucir le mal qui me tourmente: Car vous pouuez tenir tout certain, puys qu'Onolorie ſeule vous
merite, que ma volonté n'aura iamais ſur moy plus de puiſſance, que i'ay
ſur elle, demeurant l'amour que ie vous porte auec ma pudicité, & mon eſperáce certaine, mon deſir inexecuté, & mon trauail en repos: ne cherchát
autre plus grand bien, que voſtre continuelle preſence, & cópagnie: auec
laquelle ie ſentiray en moy plus de gloire & de contentement, que ſi i'a-
uòis les entieres faueurs, grans biens, & preheminences, que tous les autres
Roys & Princes de la terre, me pourroient otroyer & conſentir. Parquoy
ie vous ſuplie, que ceſte honneſte amytié, & ordinaire compagnie, que ie
deſire auec vous, ne me ſoit refuſée: ains me permettre vous ſuyure à iamais, ſous le protexte, que la loyauté, que vous deuez à ma Dame voſtre
femme, n'en ſera en rien corrompue: ains auſsi certaine & aſſeurée, que ſi
elle vous auoit ordinairement pendu en ſon col.

Comme

Comme l'Empereur de Trebi-

Chapitre XVI.

ARlat ainsi Gradasilée, & si prudemment, auec Lisuart, l'amytié qu'il luy auoit portée au precedant redoubla, considerant, que sans faintise, & d'vn cueur tant bon & chaste, elle le vouloit ainsi suyure, sans l'habandonner. Au moyen dequoy il ne se peut garder de luy dire : Par dieu, ma Dame (à ce que ie puis cognoistre en vous) les œuures de Dieu sont grans & amirables : & seroit mal aysé de croyre (sans l'auoir veu & entendu) qu'en la personne d'vne Damoyselle, ieune, & bel le, peust auoir tât de force, & de vertu, que veritablement vous meritez le premier lieu entre celles, dôt la renommée vit encores au iour d'huy. Qui me fait trop plus estimer en vous la vertu de constance, que celle du Romain, qui de gayté de cueur se brusla le propre bras. Aussi n'est la cruauté qu'il prepara à soy-mesmes comparable au tourment, qu'auez voulu, & voulez soufrir pour l'amour de moy : car celuy, dont ie parle, outragea seulement l'vn de ses membres : & vous, exemplaire de toute chaste pudicité, auez permis (pour garder vostre honneur) laisser non seulement ardoir vo stre propre bras : mais par force d'amour, le cueur, & le corps, ou repose l'a me gentile, & l'esprit si parfait. A' l'ocasion dequoy ie me prometz tres-bien, qu'onques Cheualier ne fut tant redeuable à Dame, ou Damoyselle, comme ie suis à vous : d'autant que ie me puis vanter la Fortune m'auoir esté plus fauorable, qu'à nul d'eux, m'ayant abaissé tant bas, pour à vn in-stant m'exalter en si haut degré, aprestant l'ocasion de me faire aymer si parfaitement de la plus sage, belle, & chaste Princesse de la terre. Tellement qu'à bon droit ie maintiendray contre tous, que ny la renommée d'Amadis de Gaule mon ayeul, ny l'efort ou hardiesse de mon pere, & moins les haux faitz d'armes du Cheualier à l'ardante Espée (la prouësse duquel a desia tant de foys circuy le monde) ne se peuuent raisonnablemét egaler au bon heur que ie sens en moy, iouïssant, & auec tant de diference, de l'amour honorable des deux plus hautes Dames de la terre. Puys l'em-braça de rechef. Et quant à ce que vous demandez, dit il, & dont moy-mesmes vous deürois premier requerir, ie le vous acorde de tres-bon cueur, reputant vostre compagnie si auantageuse pour moy, que ie ne vous habandonneray de ma vie outre vostre gré : si force, ou pri-

E iii   son

ſon ne m'y contraint . Et ainſi deuiſans la nuit les ſurprit , premier qu'ilz
arriuaſſent ou ilz deliberoient eux embarquer , & paſſer en Conſtantinople , eſperans aſſembler gens , & mener apres guerre à l'Empereur de
Trebiſonde, lequel (depuys le combat finy) demanda qui eſtoit le grand
Cheualier victorieux. Et voyant Gricilerie, qu'autre qu'elle n'en pouuoit
parler, luy en dit ce qu'elle en ſçauoit, & comme le tout eſtoit auenu: dont
la compagnie s'eſmerueilla aſſez. Mais le Soudan, à qui il deplaiſoit grandement, remonſtra, que telle choſe ne ſe deuoit ſoufrir : veu que Liſuart e-
ſtoit par ce moyen, & ſous vne parfaite tromperie, deliuré & tenu abſoulz,
encores qu'il deuſt bailler en camp, non pas vne femme, ains vn Cheualier
de nom, & d'armes. Croyez, monſieur, reſpódit le Roy d'Egipte, que i'e-
ſtime mon frere plus heureux d'auoir eſté vaincu par telle Dame, que s'il
auoit cóbatu le plus valeureux en armes de toute l'Aſie: car elle eſt ſi belle,
que ſa beauté peult, ſans autres armes, mener à toute outrance celuy, à qui
elle ſe voudra adreſſer . Et cognoiſſant l'Empereur, que ce propos ne deſ-
plaiſoit point au Soudan, prit la parole, & dit tout haut : Que veritablement Grdafilée eſtoit de grand merite , le priant toutesfois de prendre le
tout en la meilleure part qu'il luy ſeroit poſſible. Et à fin, dit il, que la memoyre en ſoit eternelle , ie commanderay paindre au lieu meſmes toute
l'hiſtoire au vray comme elle eſt auenue: Et ainſi le fit. Mais entendez, que
Gricilerie ayant ainſi veu deſloger ſa compagne auec Liſuart , luy enuoya
par vn Eſcuyer ſes acouſtremens de femme, & la trouua le lendemain de
grand matin, ainſi qu'ilz eſtoient ſur le point de faire voyle en Thrace, ou
Dieu les códuye, & Fulurtin d'autre part, lequel eſtant guery de ſes playes
& en eſtat de monter à cheual, prit congé de l'Empereur , pour parfaire la
queſte qu'il auoit entrepriſe, cherchant ſon parfait amy le Cheualier de
l'ardante Eſpée, que nous mettrons preſentement en ieu.

Comme le Roy Amadis, & Ama-

dis de Græce, ſurnommé le Cheualier de l'ardante Eſpée, deliure-
rent de mort Birmartes, & furent faitz amys.

Chapitre XVII.

Sur la

Vr la fin de noſtre liure Septieſme il vous a eſté recité, quelle yſſue eurent les afaires de l'empire Romain, & la ſorte que Birmartes prit congé du Roy Amadis, pour donner but à ſon entrepriſe. Ce qu'entendu par Amadis de Græce, ſortit de Maience, & changeant de harnois, pour n'eſtre cogneu, delibera, quoy qu'il en deuſt auenir, le ioindre, & luy oſter la vie : mais il ne peut deſloger ſi ſecretement, que le Roy Amadis n'en fuſt auerty. Par quoy prenant, non pas les armes qu'il auoit de couſtume, mais d'autres, ſuyuit tant le meſme chemin, qu'il l'ataignit. Lors (ſans aucunement ſe faire cognoiſtre) le ſalua, & Amadis de Grece luy rendit ceſte courtoyſie, luy demandant ou il alloit ainſi haſté. Ie pourſuis, dit le Roy, ma fortune. Et vous ayant veu deuant moy, i'ay piqué royde, pour vous ataindre, & aller enſemble: eſperant de ſtourner vn afaire, qui ſeroit dommageable à beaucoup, s'il auenoit autrement qu'à point. De par dieu ſoit, reſpondit le Cheualier de l'ardante Eſpée: quant à moy, ma compagnie ne vous faudra, puys que l'auez agreable, iuſques à ce, qu'auanture nous deſuoye. Car ie vois apres vn Cheualier, lequel m'a tant de foys cauſé deplaiſir, qu'il faut que luy, ou moy, en perdions la vie. Et ainſi deuiſans cheuaucherent iuſques à ce qu'il fuſt nuit fermée, qu'Amadis de Grece, pour ne faillir à ſon entrepriſe deſcendit ioignant vne fontaine, & le Roy ſemblablement : Puys desbridans leurs deſtriers, pour les laiſſer paiſtre, ſe rafraiſchirent, & beurent de l'eau. Adoncq' ſe va ſouuenir le Roy du temps, qu'il alloit par païs comme Cheualier errant, ſuyuant les auantures eſtranges, & des paſſions qu'il enduroit pour

E iiii roit pour

roit pour ſon Oriane : tellement qu’il ne ſe peut tenir de ſouſpirer ſi haut,
qu’Amadis de Grẹce l’entendit, & luy demanda , ſi c’eſtoit d’Amour, ou
non. Amour eſt ce aſſeurément, reſpondit le Roy, & tel, que ſi vous auiez
paſſé les deſtroitz , ou ie ne ſuis pas demeuré, vous vous pourriez bien vé-
ter, qu’il auroit monſtré en vous toutes les forces de ſon pouuoir. Amadis
de Grẹce, à qui il touchoit au vif, l’oyant ainſi parler ne ſe peut garder de
ſouzrire: & neantmoins il prit ce propos tant mal, qu’il luy diſt:En bonne foy, Cheualier, vous auez raiſon de preſumer ainſi de vous, & vous
promettre tant, que autre n’a iamais paſſé ou vous eſtes eſchapé. Vne choſe vous aſſeureray-ie bien , que ie ſuis ſi paſsionné de ceſte paſsion,que ie
doute qu’il y ayt homme au monde qui le ſoit d’auantage : encores que le
vaillant Roy Amadis de Gaule ſe vouſiſt mettre du nombre,aymãt comme il a fait autresfoys . Mais le Roy , qui prenoit grand plaiſir à le mettre
aux champs,luy reſpondit lors : Veritablement Amour eſt donques bien
tenu à vous luy eſtant ſi loyal ſeruiteur. Ie ne ſçay pas, dit il, quel tenu,
m’eſtant deſia eſchapé trois foys des mains celuy, qui s’eſt venté, & en ma
preſence eſtre amoureux de celle , à qui ie ſuis : & ſi n’ay peu encores trouuer façon de prendre la vengeance du tord qu’il m’en fait . Toutesfois, ſi
ie le puis plus rencontrer, ie l’en feray repentir . Et quel tord? reſpondit le
Roy , vous peult il pourchaſſer en l’aymant, ſi par auanture elle ne l’ayme point ? Par dieu , c’eſt bien parlé à vous, dit Amadis de Grẹce : ie vous
en ſçay ſi bon gré , que ie n’euſſe iamais pẽſé que vous euſsiez eu la teſte ſi
mal faite.Et neãtmoins ie vous ſatisferay à ceſte belle queſtion.Le Roy qui
le voyoit de plus en plus aux alteres (ſe mordãt la lãgue, tant auoit de peine à ſe garder de rire)luy reſpondit:Or auant donques,vous me ferez plaiſir, & vous eſcouteray volontiers : à la charge auſsi, que ie vous feray puys
apres cognoiſtre,que plus grande eſt la folie que vous entreprenez , que la
demande que ie vous ay faite . Comment celà ? dit Amadis de Grẹce, ſeroit il poſsible ? veu que ma Dame eſt de telle valeur, qu’autre que moy ne
merite de la ſeruir ? Voylà ou ie vous guetẹ,reſpondit le Roy: Car par vne
ſimple faute que i’ay mis en auant, ainſi que vous dites , vous vous eſtes a-
cheminé à deux trop plus impertinentes , que ie n’euſſe iamais penſé en
vous.La premiere,en vous reputant ſi bon Cheualier, & la ſeconde d’eſtimer voſtre maiſtreſſe de tel merite . Sainte marie ! reſpondit Amadis de
Grẹce, & quelle peine de tenir propos à gens ſi peu ſages ! Et que tous les
diables ſçauez-vous qui ie ſuis, ne que vaut ma Dame ? Par dieu ſi ie vous
auois en reputation de preud’homme, ie vous ferois bien ſentir combien
ie puis en voſtre endroit . Mais quoy? i’entens bien qu’ay ãt meſlée à vous,
i’aquerrois autant d’honneur à m’amye , vous faiſant cognoiſtre combien
elle vaut, comme de gloire à moy, vous monſtrant tout ce que ie ſçay faire par armes. En eſtes vous là? ditle Roy:ſi vous m’auiez eſprouué & vaincu, vous vous pourriez bien venter auoir autant fait , que ſi vous auiez eu

le deſſus

le deſſus contre le Roy Amadis . Voylà qui va tresbien, reſpondit Amadis
de Gręce ſecouant la teſte . Et par dieu ie ſuis encores plus fol de conteſter
tant contre vn tel enragé & opiniaſtre que vous eſtes . Allez, beau ſire, ie
vous donne gaigné, puys que vous eſtes auſsi vaillant que le Roy Amadis.
Ce que ie croy piteuſement, toutesfois : car vous luy reſſemblez comme
deux goutes d'eau, & eſtes ny plus ny moins acompagné qu'il eſt quand
il va par païs, à quoy l'on cognoiſt ayſément voſtre grandeur. Vous me depaindrez telqu'il vous plaira, dit le Roy , & ſi ne ſeray meshuy autre que
ie ſuis, ny vous plus acort & prudent que ie vous eſtime . C'eſt aſſez debatu ceſte matiere, dit Amadis de Gręce, montons à cheual, ſi bon vous ſemble : car la Lune commence à luyre, & veux (s'il m'eſt poſsible) rencontrer
mon homme. Lors vous verrez à l'efait, ſi i'auray le bras engourdy, ou nõ.
S'il n'eſt non plus adroit, ou vaillant, que vous, reſpondit le Roy, le paſſetemps ſera bien maigre de vous & de luy , pour moy . Vous eſtes faſcheux
& ſi importun, dit Amadis de Gręce, que (à ce que ie voy) i'arreſterois plus
à vous vaincre de paroles, que luy par efait. Or allons, ſi vous voulez, c'eſt
trop perdu de temps de cauſer ainſi . Ouy bien, reſpondit le Roy : car vous
péſez eſchaper de moy , à fin que ie ne ſois teſmoing de la haute prouëſſe,
dont vous ventez ſans propos : mais, par dieu, ie ne vous habandonneray
pas ſi legierement . Tant mieux , dit l'autre, i'en ſuis treſcontant . Auſsi ne
pourrois-ie à grand' peine trouuer compagnie, qui me donnaſt plus de
paſſetemps que la voſtre . Encores l'auriez vous plus grand , reſpondit le
Roy, ſi vous me cognoiſſez bien . Cognoiſtre ? dit il , & ie vous cognois
deſia comme ſi ie vous auoys norry toute ma vie. Lors briderent leurs cheuaux , & laçans leurs heaumes ſuyuirent la voye , qu'ilz auoient laiſſée le
ſoir, le long de laquelle ilz n'eurent longuement cheminé, qu'ilz rencontrerent vne compagnie de dix Cheualiers, l'vn deſquelz leur demanda,
s'ilz venoient de Maiance, & ſi le Roy Amadis y eſtoit encores. Si vous a-
uez affaire de luy, pour quelque grand fait d'armes , reſpondit Amadis de
Gręce ſe gaudiſſant, voicy vn Cheualier, qui eſt tout ſemblable à luy,
comme il ſe vante . Toutesfois ie vous auiſe , que ie laiſſay hier en la ville . Mais vous-meſmes, ſi vous ſçauez nouuelles d'vn Cheualier, qui porte
quant & ſoy quelques ymages & pourtraitz de Dames, ie vous prie me
l'enſeigner. Nous ne l'auons point veu , dirent les autres, qui ſans plus arreſter les commanderent à Dieu . Vrayement, dit le Roy, vous leur deuiez
demander qu'ilz vouloient au Roy : car ie l'euſſe volontiers ſceu d'eux . Ie
craignois, reſpondit Amadis, de les importuner. Et ainſi paſſerent outre
iuſques ſur le bord d'vne riuiere, ou eſtoit aſsis vn tresbeau chaſteau, & vn
grand feu vis à vis , enuironné de pluſieurs gens, qui tenoient vn Cheualier nu, & garroté de groſſes cordes, preſt à le lancer dedans : car vne Dame leur cryoit à haute voix : Toſt, toſt, depeſchez en le païs , s'il ne veult
obeïr à ma volonté . Dont le Roy esbahy, dit à Amadis de Gręce : Maintenant

tenant verrons-nous que vous sçauez faire, & cognoistrez qui ie suis : Car
il nous faut secourir ce Cheualier, à qui l'on fait tord, ce me semble . A' ceste parole Amadis de Grçce donna des esperons à son cheual , & s'adres-
fant à la Dame, luy demãda, à quelle ocasion elle vouloit ainsi faire mourir ce Cheualier , contre le commun naturel des femmes . Et qui estes vous
beau sire, respondit elle, pour tant m'interroguer ? Ie suis celuy, dit Amadis de Grçce, qui vous prie faire retirer voz gens , & estre desormais plus
courtoyse. Mais à peine eut il acheué le mot, qu'elle s'escria : Prenez, prenez le, & qu'il me soit bien chastié . Auquel cry s'esmeurent plus de quinze Cheualiers, qui chargerent & Amadis de Grçce & le Roy . Toutesfois
nul d'eux perdit les arçons : ains mirent à mort les deux premiers qu'ilz
rencontrerent, & fut leur meslée si aspre & cruelle, que finablement les
autres n'eurét gueres mieux: Car le Roy entrãt pesle mesle, ne ruoit coup,
qui ne portast: dont Amadis de Grçce esmerueillé , ne se peut tenir de dire en soy-mesmes: Certainement le Cheualier importun est le plus vaillãt
homme, qui ceignit onques espée , & confesse que i'ay eu tord de l'auoir
iniurié: mais i'amenderay la faute, si ie puis. Et ainsi executans & poursuyuans leur victoire, donnerent la chasse iusques dans les portes du chasteau,
& à ceux qui combatoient, & aux gardes du Cheualier, qu'ilz habandonnerent nu comme il estoit . A' lheure cómençoit le iour à paroistre, quand
le Roy & Amadis s'aprocherent pour le deslier , & le recogneurent à l'instant l'vn & l'autre : Car c'estoit le vaillant Birmartes, qui donna tel esbahissement à Amadis de Grçce (le trouuant en tel equipage) qu'il dit tout
haut : Or voy-ie bien maintenant, que Fortune m'est du tout maraftre &
ennemye ! Dieu ne me soit iamais aydant, si de ma vie ie fais contre luy la
poursuyte que i'ay faite , puys que mon auanture me denie à tous propoz
mon intention . Mais, Cheualier, ie vous prie, à quelle ocasion, vous vouloit ceste Dame faire ainsi mourir ? Ie le vous diray, respondit Birmartes:
Ceste nuict estant logé en ce chasteau, elle a trouué moyen de me surpren-
dre, & ceux de ma compagnie, qu'elle tient encores prisonniers. Et par ce
que ie ne luy veux promettre & iurer n'aymer iamais autre que sa personne , elle vouloit me sacrifier , sans vostre heureuse arriuée . Or estoit elle
ioignant Birmartes, quand il faisoit ce recit : car elle n'auoit peu fuyr comme ses gens : parquoy Amadis, s'adreffant à elle, luy dit : Par dieu, vieille
croupiere, il n'est pas mauuais que vous voulez vous faire aymer par force à celuy, qui en a si peu d'ocasion. Sus tost, faites r'aporter les armes & au
tres choses que vous auez à luy, & mandez querir ses gens , autrement as-
feurez-vous, que vostre corps ne poisera vne once de Safran premier qu'il
soit vne heure. Et ce pendant dites nous , belle Dame, qui vous mouuoit
ceste ribaude chaleur? Helas, Sire, respondit elle, pour Dieu mercy ! i'obeïray à vostre commandement . Lors commença à discourir le tout en ceste
sorte. Entendez, sire Cheualier, qu'en mes ieunes ans ie mis mon amour en
vn Che-

vn Cheualier, qui depuys me laiſſa pour vn autre, dont trop marrie de-
liberay me venger de luy,& quaſi à meſme ſaiſon le fis prendre priſonnier,
& le tiens encores captif en ceſte place,qui eſt mienne, ou il n'arriue Gentilhomme portant armes, que (pour faire deſpit à ceſtuy mon amy) ie ne
le contraigne par ſerment de n'aymer iamais autre que moy, m'obeïſſant
au reſte en toutes choſes que ie luy commanderay . Lors ie le traite & entretiens iuſques à ce, qu'vn autre ſuruienne, à la venue duquel ce premier
eſt mis en mes priſons, & le ſecond en la place, que ie luy auois permiſe.
Et en tiens du iour d'huy plus de cent bien enfermez. Par dieu,dit le Roy,
i'ay beaucoup veſcu: mais ie n'ouy onques parler de telle laſcheté de femme . Touteſfoys ie ſuis d'auis,qu'on luy pardonne pour ce coup:à la charge, ſi elle y retourne de ſa vie, qu'elle meure par les mains du premier de
nous qui en orra parler . Et ainſi l'acorda la vieille, & fit venir & mettre
en liberté tous ceux qu'elle auoit captiuez . Ce pendant le Roy, qui ne s'e-
ſtoit encores deſcouuert, fut cogneu d'Amadis & Birmartes,les aſſeurant,
que pour les rendre amys il s'eſtoit ainſi deſguiſé, & entré en telle entrepriſe, que ie vous prie (dit il) n'eſtre vaine en ceſt endroit : ains, pour l'a-
mour de moy, faire paix enſemble, eſtant voſtre querelle fondée ſur ſi
petite ocaſion : ce que l'vn & l'autre eurent treſagreable . Parquoy les re-
mena le Roy en la ville, rencontrans par les chemins grand nombre de
Cheualiers, qui pour le retrouuer eſtoient deſlogez deuant le iour . Mais
quand ilz ſceurent comme le tout eſtoit auenu , ilz le louerent beaucoup,
& fut la rizée grande, pour les propoz, dont luy & Amadis de Grece s'e-
ſtoient atachez à leur aborder. Eux donques arriuez & receuz par les Roys
de Sicile , & autres , fut l'amytié des deux ennemys tellement confirmée,
qu'ilz s'entra acompagnerent longuemét depuys, & iuſques à ce que Fortune les ſepara, ainſi qu'il vous ſera dit . Et peu apres les Princes & Cheualiers aſſemblez, pour l'efait de la guerre , dont il vous a eſté fait mention
en noſtre Septieſme liure , prindrent le chemin de leurs maiſons, ou nous
les laiſſerons en paix .

Comme Niquée enuoya cher-

cher Amadis de Græce, ſurnommé le Cheualier de l'ardante Eſpée : Et d'vne lettre qu'elle luy eſcriuit par
ſon Nain Buzando.

Chapitre XVIII.

Apres

Pres que Amadis de Gręce & Birmartes furent amys, ainſi que vous auez entendu, ayans pris congé du Roy, & des Princes, pour enſemble aller chercher les auātures eſtranges, cheminerent quinze iours trauerſans les Alemaignes, ſans trouuer rencontre digne de reciter, fors qu'vne fois entre autres Amadis de Gręce (encores eſguillonné de ialouzie, pour le ſoupçon qu'il auoit eu ſur ſon nouueau compagnon, penſant qu'il aymaſt l'Infante Lucelle) ne ſe peut tenir de luy dire : Ie vous prie, mon grand amy, puys que noſtre amytié doit durer, ne me plus celer pourquoy (lors que premier ie vous rencontray ſur la mer) vous chantiez ceſte chanſon.

Lucelle amye & premiere en beauté,
Tant cher me couſte Amour & loyauté!
Car pour vous ſuis reduit à telle peine,
Que ma mort eſt trop prompte & bien certaine,

Mon bon Seigneur, reſpondit Birmartes, c'eſt bien raiſon que ie vous ſatisface en tout ce qu'il vous plaira me commander : auſsi ne vous celeray ie de ma vie choſe que ie ſçache & ayez deſir d'entendre. Lors commença à raconter pour quelle cauſe il eſtoit ſorty des Eſpaignes, & ce que depuys luy eſtoit auenu auecq' Onorie, ſans rien luy en deſguiſer. Dont Amadis de Gręce fut ſi ayſe, qu'il luy dit. Ce m'aiſtdieu, mon compagnon, ie confeſſe que i'eſtois bien ſans raiſon, de vous porter ſi lóg temps (comme i'ay fait) hayne : mais à fin que vous m'en excuſez aucunemét, apres que vous m'aurez entédu ie veux vous faire part de mes plus priuez ſecretz. Adonq' luy raconta les deſirs mortelz, dont il eſtoit ſolicité, & quaſi habandonné d'eſperance. Et finablement tout ce qui s'eſtoit paſſé entre luy & Lucelle. Dont vous ne vous deuez pas esbahir, dit Amadis de Gręce : car encores que i'en ſois au mourir, ſi vous auiez veu ma Dame en ſa beauté, vous trouueriez mon martyre trop petit, au reſpect de ſon grand merite. Ie ne ſçay pas celà, reſpondit Birmartes : mais ie ſçay bien, que la mienne eſt telle, & ſi parfaitement belle, que ie ne penſe autre qu'elle meſme qui la peuſt ſeconder. Or bien, dit Amadis de Gręce, i'eſperé que nous verrons en brief Lucelle : & que (ſi afection ne vous tranſporte) vous m'en acorderez encores plus que ie ne vous en ſçaurois perſuader. Et ainſi deuiſans & paſſans païs pour tirer droit en la grand'Bretaigne, vn iour entre autres deualans d'vne montaigne, auiſerét vn Cheualier armé de toutes pieces, qui faiſoit fouëtter par deux vilains vn Nain, lequel voyāt aprocher Amadis, & Birmartes, s'eſcria tant qu'il peut : Helas ! Seigneurs, ſi pitié trouua onques place en voz cueurs, pour Dieu ſecourez moy en ſi grand beſoin ! A'ceſte clameur piquerent plus roide les deux Cheualiers : Et comme ilz aprocherent

cherent le Nain leur sembla estre la plus layde & côtrefaite personne, que Nature produit onques : & auoit dans la bouche vne certaine lettre, que les vilains luy vouloient faire lascher par force, le menaçans de mort, s'il ne la leur bailloit volontairement. Dont Amadis de Grçce fut compaſsionné, & tellement, qu'il luy demanda pourquoy il la leur refusoit, auſsi qui les mouuoit de ce faire. Helas! Seigneur, respondit il, leur maistre le leur a commandé : par ce que ie luy ay n'a gueres dit, que i'allois cherchant le meilleur Cheualier du monde, & la luy presenter de la part de la plus belle Dame qui soit en Asie. Et pour autât que ie n'ay voulu la luy bailler, il m'a fait prendre & ainsi outrager que vous voyez. Au dire du Nain Amadis de Grçce commença à fremir, doutant que ce fuſsent quelques nouuelles de s'amye, dôt le cerueau luy eschaufa si fort, que de grand' colere mettant la main à l'espée, s'auança pour charger les vilains, leur diſant : Paillars, infames, traitez vous si malement la personne innocente? Mais celuy qui les auoit mis en besongne l'arresta court. Comment? dit il, Cheualier, voulez vous en ma presence chastier mes hommes ? Par dieu il ne sera pas vray. Et hauçant le bras luy donna du gantelet tel coup de poing sur le nez, qu'il pensoit l'estourdir, dont la penitence en ensuyuit tost apres : car Amadis de Grçce l'ataignit si à ferme du trenchant de l'espée, que le cerueau luy sortit de la teste, tombant mort par terre. Et ce pendant les fouëtteurs gaigneret au pied, sans qu'Amadis les poursuyuist longuement, ains retourna vers le Nain, que Birmartes entretenoit riât si fort, que les grosses larmes luy tomboient des yeux. Et ainsi qu'il aprochoit, Birmartes luy dit: Pour Dieu, Cheualier de l'ardante Espée, venez, ie vous prie, côtempler vn peu ce beau ieune filz : car vous y aurez du plaisir. Mais quand le Nain l'entendit nommer par tel nom : O' Iupiter : s'escria il, est il possible, que celuy que i'ay tant quis me soit venu secourir si à propos? Et se ietant aux piedz d'Amadis, les luy voulut baiser. Ha mon seigneur! dit il, estes vous le Cheualier de l'ardante Espée, la renommée duquel bruit si fort par tout ce monde ? Nain, respondit Amadis, ie ne sçay pas si mon renom est tel que tu racontes : bien suis-ie nommé ainsi que tu m'apelles. Dieu soit loué, dit il : car il y a fort long temps que ie suis en queste pour vous donner ceste lettre, que vous enuoye la plus belle Dame dont vous ouystes onques parler, & de laquelle vous estes plus aymé, qu'autre que ie sçache. Lors tirant vn papier, qu'il auoit dans la ioüe enuelopé de cire, le luy presenta. Or pensoit Amadis qu'elle vint de Lucelle: parquoy se tira à part, à fin de la lire plus à son ayse, & contenoit ce qui s'ensuyt.

Niquée Princesse de Thebes, &

que les dieux ont auantagée en si parfaite beauté, que nulle Dame, ou Damoymoyſelle de ce temps n'eſt comparable à elle, donne ſalut au preux, trefrenommé, & treſuaillant Cheualier de l'ardante Eſpée. Sçache donques l'excellance de luy, que ie n'ay encores eſté veuë, ne regardée d'homme viuant: ains leur eſt ma preſence defendue, & ma beauté non moins preiudiciable, que le regard venimeux du Bazilique. A l'ocaſion dequoy l'on me tient cloſe en ceſte forte tour, acompagnée ſeulement des femmes, qu'il a pleu au Soudan mon pere me donner. Et neantmoins la renommée de voſtre prouëſſe & bonne grace a tellement volé par deçà, qu'elle a fait entiere conqueſte de mon cueur, pour le bien de vous ſeul, & le mal de tous. Sans toutesfois alterer en rien par celà l'honneur de moy, ains (gardant ce qui doit eſtre plus recommandé à toutes vertueuſes Dames) le mariage ſeul donnera lieu à mon contentement, & au bien que deuez deſirer, eſtant ſi fauoriſé de Fortune, qu'elle vous a rendu aymable de celle, qu'autre que vous ne merite ſeruir. Parquoy receuant l'heur que les dieux vous ont reſerué, ie vous prie incontinent qu'aurez receu & leu ma lettre, venir voir celle, que nul peult regarder qu'à ſon deſauantage, & mal certain eſtant tout ce qu'elle a de bon en elle dedié à vous, à fin de ioindre enſemble le paragon de toute beauté, auec l'excellance de cheualerie. Le reſte Buzando, ce mien feable Nain, le vous dira de ma part que vous croyrez (s'il vous plaiſt) comme moy meſmes.

Trop fut esbahy le Cheualier de l'ardante Eſpée ayant leu la lettre, & encores l'euſt il eſté d'aüantage, s'il euſt cogneu le lieu d'ou elle venoit. Et à fin que le tout ſoit eſclarcy & mis en lumiere, il ſera bon (auant paſſer outre) que nous le vous diſcourions preſentement. Or l'eſcoutez donques.

Zirfée, Royne d'Argenes, eut

deux freres, l'vn Zarzafiel, Soudan de Babilone, qui mourut deuant Conſtantinople, & duquel autresfois nous vous auons parlé : l'autre, Soudan de Niquée, marié auec la fille du Roy de Thebes, parfaite en toute beauté, laquelle mourut en trauail de deux enfans, qu'elle eut d'vne ventrée, filz & fille : le filz nommé Anaſtarax, & la fille, Niquée, que Nature fauoriſa en tant de ſortes, qu'on eſtimoit en eux y auoir plus du celeſte que d'humanité : principalement pour le regard de l'Infante Niquée. Auſsi ne ſe trouua il de ſon temps, ny depuys, creature, qui la peuſt paragonner. Zirfée donques auertie de l'acouchement de ſa belle ſeur, eſcriuit incontinent au Soudan, qu'il miſt ordre à ſi bien faire enfermer ſa fille, qu'elle ne fuſt veuë d'homme viuant, iuſques à ce qu'il la mariaſt : Car la beauté d'elle ainſi qu'elle luy aſſeuroit, viédroit en tel degré de perfection, que quiconque la regarderoit (vaincu d'Amour) ou perdroit l'entendement

ment, ou mourroit fans longue demeure. Et d'auantage, que, par la reuo-
lution & figure de fa natiuité, elle cognoiffoit, qu'il defcenderoit d'elle
tel perfonnage, & fi cheualereux, que (tout confideré) il faloit, que
Iupiter mefmes en fuft le pere, eftant l'homme mortel trop peu pour le
merite de fi belle creature. Au confeil de la Royne prefta le Soudan l'o-
reille, & fit enfermer Niquée, auec quelques Gouuernantes, & autres
ieunes Damoyfelles, pour luy tenir compagnie. Et ainfi demeura iufques à l'aage de douze ans, que le Soudan fon pere la voulut voir, & luy
fembla telle, que luy-mefmes en deuint amoureux, & tant pafsionné, que
la baifant & embraçant de foys à autre, luy difoit : Ma fille m'amye, celuy
à qui vous eftes deftinée fe pourra bien tenir pour heureux entre les plus
fauorifez de l'Amour. Que pleuft aux Dieux (n'eftant voftre pere) qu'a-
uec les armes feules ie me peuffe dire iouïffant de vous-mefmes! Certes tel
auantage me fembleroit plus grand, que la monarchie de toute l'Afie enfemble. Mais quoy ? le bon hommeau cognoiffant bien que la loy & la
raifon contredifoient & à telle fenfualité, & à chofe fi mal fentant le deuoir paternel, fe retira, & abfenta d'elle par longs iours : & iufques à ce,
qu'on luy fit prefent d'vn Nain, apellé Buzando, non moins laid & con-
trefait, que de mauuaife grace : lequel, pour eftre fi parfaite & gentile creature, penfa fur l'heure le donner & vouër à fa fille, qu'il retourna voir, &
luy en fit fefte, luy demandant, fi elle le vouloit pas voir. Ie vous en fuplie bien humblement, monfieur, refpondit elle. Lors fut mandé Buzando, qui à fon arriuée s'agenoilla deuant Niquée. Et bien, ma mignonne,
dit le Soudan, que vous en femble ? Eft il pas de taille, pour bien feruir
les Dames ? Ha monfieur, refpondit elle : pour Dieu faites le retirer !fi ne
voulez que nous mourrions toutes de paour. Mais Buzando, voyant la
beauté qu'il penfoit eftre defcendue des cieux, ne fe peut garder qu'il ne
dift: En nom Dieu, ma Dame, vous auez bien raifon de mefurer ce, qui
eft en vous,au defaut qui eft en moy. Toutesfois fi mon regard vous eftoit
autant dommageable, comme eft voftre prefence à ceux, qui ont la veuë
de vous, ie fuis feur, que le Soudan ne m'euft pas amené ceans ainfi qu'il a
fait.Et ce proferoit il de fi bonne grace,& auec telle pafsion d'Amour,que
ceux qui y prenoient garde, ne fe peurent tenir de rire, fpecialement Niquée : Car elle s'aperceuoit defia combien il foufroit pour l'amour d'elle.
Au moyen dequoy elle luy refpondit, le gaudiffant: En bonne foy,Buzã-
do,ie croy que tu ne vis onques Damoyfelle que moy ? Ah, ah ma Dame!
refpondit il, prou en ay-ie veu, non pas de femblable à vous : Car ie vous
repute déeffe defcendue des cieux. Dont s'augmenta la rifée, & telle, que le
Soudã dift à Niquée:Ma fille, il femble que ce beau filz defire vous feruir.
Ie vous prie,belle Dame,receuez le en voftre cõpagnie.Ce qu'il vous plaira, monfieur,refpondit elle : ie le retiens pour l'hõneur de vous. Ainfi demeura de là en auant Buzando auec l'Infante, qu'il ayma en telle extremi-
F ii   té, que-

té, que tout son soulas & contentemét estoit à la contempler, & en la contemplant souspirer, à quoy elle prenoit vn grand plaisir. Et pour encores l'entretenir en si bon train, elle luy disoit de fois à autre : Mon petit Buzando mon amy, dequoy vous plaignez vous, pour souspirer & estre si triste que ie vous voy ? Helas ! ma Dame, respondoit il, n'ay-ie pas bien raison de me douloir ainsi, considerant la diference que les dieux ont mis entre vous & moy, vous douant de telle beauté, & moy de tant d'imperfection, que n'estoit la bonté de vostre personne, mal aysément pourriez vous me regarder sans frayeur ? Comment ? mon Buzando, disoit elle, pensez vous que ie vous aye en ceste estime ? En bonne foy ie ne me contente moins de vous (tel que vous estes) que vous faites de moy estant ce que ie suis. Vous voyez, Buzando (disoit Brezila, l'vne de ses Damoyselles) on se moque en ce païs tout ainsi de ceux qui vous ressemblent. Mais pourquoy ausi aymezvous ma Dame? C'est à moy à qui vous vous deuiez adresser, & ie vous eusse traité comme vous meritez. Car ie vous desire & estime trop plus, que ne fait ma Dame Niquée. Et à dire vray, vous n'estes point l'vn pour l'autre. Ainsi estoit leurré le pauure Nain. Et pour encores mieux l'acoustrer de toutes façons, Niquée de foys à autre luy faisoit tenir sa harpe, qu'elle touchoit si diuinement, que Buzando (à genoux deuant elle) mouroit quasi d'ayse. Dont il auint vn iour, que tombant presque en extaze ieta vn haut souspir : Ah ah ! ma Dame, dit il, que tant malheureux m'a esté le iour, que premier ie vy la beauté de vostre personne ! Et acheuant ceste parole laissa tomber luy & la harpe ensemble. Dont les Damoyselles se mirent toutes à rire, le cognoissant ainsi passionné. Et d'autre costé Anastarax croissoit, se faisant tant parfait en toutes sortes que le Soudan son pere le tenoit plus cher que soymesmes. Et neantmoins la veuë de sa seur luy estoit du tout interdite. Si auint en mesine saison, que la renommée du Cheualier à l'ardante Espée courut & vola en tant de lieux, qu'on ne parloit en la Court du Soudan, que de la beauté, bonne grace, & cheualerie, qui estoit en luy, dont Buzando fit quelque foys raport à sa maistresse, luy imprimant si bien en fantasie, qu'elle commença à prendre grand plaisir d'en ouyr parler. Ce que cognoissant le Nain, luy disoit par interuales : Veritablement, ma Dame, ce Cheualier a bien raison de s'estimer heureux, estant ainsi recommandé en vostre bonne grace comme il est. Mais vne seule chose me cause trop merueilleux deplaisir, c'est : que ie doute beaucoup que la souuenance, que vous auez de luy, moyenne le cótennemét, que ie crains, que vous ayez de moy. Non fera dea, non, mon petit Buzando, respondoit elle : car ie ne vous changeray de ma vie, pour pire ne pour meilleur. Ce que le Nain (abusé) croyoit piteusement. Aussi estoit il bien loing de son conte, veu que iour & nuiét elle auoit deuát les yeux le Cheualier de l'ardante Espée. Et ce qui plus encores la confirma en telle opinion, il auint en ce mesine téps, que la

Royne

Royne Zirfée enuoya au Soudan son frere vn tableau, ou estoit depaint tout ce qui s'estoit passé au chasteau des sept gardes, en l'Isle d'Argenes, par le Cheualier de l'ardante Espée, lors qu'il desenchanta l'Empereur, Lisuart, & Perion: & luy mesmes si bien pourtrait, qu'il n'y restoit que le vif. Si le donna le Soudan à sa fille, tant pour la nouueauté du cas auenu, que pour l'excellance de la painture: Mais elle n'eut plustost veu l'efigie d'Amadis de Grece, qu'Amour l'enflamma de sorte, que le Soudan cogneut en sa contenance la mutation qui estoit en elle. Et pensant que ce luy procedast d'aucune defaillance de cueur, la prit entre ses braz, luy disant: Ma fille m'amye, vous trouuez vous mal, pour auoir ainsi changé de couleur? Lors toute honteuse luy respondit, que ouy quelque peu, & que cela passeroit legierement. Reposez vous donques, dit le Soudan, pour meshuy: vne autre foys ie vous viendray voir plus à loysir. Et la laissant au uec le pourtrait, se retira au Palays, & Niquée seule en son cabinet, ou elle se mit à contempler si parfaitement celuy qui luy auoit aporté ceste nouuelle passion, qu'elle ne se peut tenir de dire en soy-mesmes: Haa pauurette que ie suis! ie voy bien à ceste heure que la mort donnera fin à ce commencement, & non autre! car plustost consentirois-ie perdre mile vies ensemble, que descouurir vn seul point de ce qui me fait ainsi douloir! Lors ieta l'œil sur Lucelle, qui y estoit semblablement tirée au naturel: & la voyant tant cherie du Cheualier victorieux, ialouzie commença à la tourmenter plus que deuant: Ie ne sçay pas, disoit elle, s'il l'ayme ainsi qu'il en fait le semblant: Mais si est il vraysemblable, que les dieux ne l'ont apellé en tant de perfections, pour mettre son cueur si bas: aussi n'y a il point de comparaison d'elle à moy: & toutesfois ie me pourrois bien tróper moy-mesmes. Et à ceste cause prenoit vn miroir, & se paragonnant à Lucelle, trouuoit asseurément l'auátage estre de sa part, dont le cueur luy bódissoit de ioye, qui aussi tost estoit empesché de crainte entremeslée de doute. Au moyen dequoy parlant au tableau (cóme si celuy à qui elle pretendoit luy deust à l'instant faire raison & respódre) luy disoit: Et dea, mó amy, cóme aspirez vous ailleurs, moy estant si pres de vous, & telle que ie suis? Sur ma foy ie ne vous estimeray iamais de tát pauure esprit, que si m'auiez seulement veuë, autre viuante vous peust eslógner de mon seruice, ne vous pourchasser amye sinon moy. Par ainsi, quoy qu'il tarde, ie trouueray moyen, si ie puis, de vous apeller & faire aprocher la Court du Soudá mon pere: lors viuray contante & vous asseuré du bien que ie vous desire. Puys se reprenoit: Mais, helas! que dy-ie? ie conte bien sans mon hoste! Amour n'a acception de personne. Il ayme parauanture desia tant ceste autre, que la déesse Venus mesmes luy sembleroit laide en ce regard: Et moy quoy? Toutesfois i'en téteray la fortune, & deust il en auenir pis. Et à l'instant apella Todomire, & Brizela, ses deux fauorites. Ie vous prie, dit elle, par le haut nom de Iupiter, m'asseurer à vostre auis, quelle est plus belle de

F iii ceste

ceste Damoyselle, ou de moy. Si Dieu nous ayde, ma Dame, respondirent elles, il n'y a comparaison de vous deux, non plus que de Buzando à l'vne de nous. Toutesfois, dit Niquée, ceste cy a bien quelque chose pour la faire aymer. Et vous, ma Dame, respondit Todomire, pour faire viure & mourir ensemble. Ainsi deuisoient ces Dames auec Niquée, ignorantes neantmoins ou elle aspiroit, encores que de là en auāt elle souspirast plus que de coustume. Ce que Buzando prenoit à son auantage, disant en son esprit: Si d'auanture ma Dame m'ayme, elle n'est pas de beaucoup deceuë: car encores que n'aye pas trop grande beauté, si suis-ie homme, & merite bien estre fauorisé d'elle, veu la parfaite amour que ie luy porte. Mais s'il est ainsi, onques autre ne fut plus heureux que moy: encores qu'elle ne vueille me le declarer du premier coup, estant surprise de quelque honte. Au fort i'en esclarciray mon cueur, & le luy demanderay moymesmes. Au moyen dequoy vne fois entre autres, qu'il la trouua seule retirée, mit les genoux en terre, & de la meilleure grace qu'il peut, luy dit: Ma Dame, ie vous suplie treshumblement ne me taire plus la cause qui vous fait tant souspirer: vous iurant par la foy que ie doy au grand Dieu Vulcan, que, si i'y puis mettre ordre, ie le feray, & me deust il couster la vie. Proferant ceste parole le pauue Buzando (transi) ploroit si fermement, que Niquée ne se peut garder de rire. Comment pourriez vous, Buzando mon amy, respondit elle, donner remede à si grande chose, estant si petit que vous estes? Ma Dame, respondit il, ma volonté excede de beaucoup la corpulence de moy, pour vous faire treshumble seruice. Et par la grandeur d'elle supliray-ie à la petiteur de moy. Ie vous asseure, mon Buzando, dit Niquée, que ie ne cognois point encores mon mal. Et vous prometz, si ie le decele à aucun, que sera à vous deuant tout autre. Dont le Nain la remercia treshūblement, & demeura tant satisfait & cōtant, qu'il en perdoit le repos de la nuit. Et groumelant sans cesse entre ses dens, disoit de fois à autre. Par dieu c'est tresbien negocié pour le premier coup, la honte a esté cause qu'on a retenu à tout dire. Ce que ie ne desprise pourtant entre telles & si grādes Dames comme elle est: ains mettray peine de celer, & l'amour, & l'honneur d'elle. Mais à la fin il se trouua fort loing de son but: car elle l'apella auant la semaine expirée, & ne pouuant plus comporter ceste nouuelle flamme, luy dit: Mon petit Buzando, ie t'ay autresfoys promis, ce me semble, que tu serois le premier, qui auroit part à mes doleances, & à qui plustost ie descouurirois la cause de ma tristesse. Et tant pour ceste raison, que pour la confiance que i'ay en ta loyauté, m'estant seruiteur comme tu es, ie ne te tairay d'oresenauant le pur secret de mon cueur, esperant que l'ayant mis en tes mains, tu le garderas fidelement, & sans le descouurir à creature qui viue. Toutesfoys ie te prie (premier que ie commence) considerer combien la force qui me contraint te dire ce que ie te diray, doit estre aspre & vehemente, veu que ny la

honte,

honte, ny la grandeur de mon eſtat, n'ont peu ſatisfaire à mon honneſteté: d'autant que les fleches d'Amour ont tellement ataint le cueur de moy, qu'eſtant deſia l'vlcere iſtiomenée, le remede y eſt immortel, & incurable. Ie dy cecy par ce, que ma vie eſt non ſeulement en peril, ains mon propre honneur, qui eſt le pis. Parquoy, mon Buzando, ie te ſuplie auoir deuant les yeux la confiance que i'ay en toy : ſçachant tresbien que qui baille ſon ſecret à autruy, à ceſtuy là eſt commiſe choſe qu'il deuoit tenir plus chere que ſa propre afection. Et par ainſi ayes en memoire d'auſsi bien celer ma penſée, côme i'ay eu de peine premier que la te manifeſter. Le Nain eſcou-tant de ſes deux oreilles la belle harangue de s'amye, ſe tenoit pour tout ſeur eſtre le Saint, auquel telles chandelles eſtoient offertes : parquoy luy reſpondit promptement: Pardonnez moy, ma Dame : car vous me faites tord, doutant que ie ſois autre qu'obeïſſant à voſtre volonté. Auſsi eſli-rois-ie pluſtoſt la mort, que la transgreſſer en rien: vous ſupliant treshum-blement croyre, que voſtre Buzando n'a non plus de pouuoir ſur ſoymeſ-mes, qu'il vous plaiſt luy en donner. Ainſi donques commandez luy har-díment tout ce qui vous ſera agreable, & auec autant de foy qu'il le taira, comme ſi ne le diſiez à autre qu'à voſtre propre ame: m'eſtimant tant amy de vertu, qu'elle vaincra en mon endroit toutes choſes au contraire, qui ſe pourroient offrir en ma penſée. Ha mon petit Nain! dit Niquée, tant s'en faut que i'en face doute, que tu ſçauras preſentement la ſorte que ie ſuis traitée par Amour, lequel m'a ſi eſtrangement combatue, que quelque reſiſtáce ou bon guet, que mon pere ayt mis pour me garder, ceſte paſsion m'a tellement enflammé le cueur, l'ame, & l'eſprit, de la bonne grace & haut renom du Cheualier de l'ardante Eſpée, que ie pers toute contenan-ce, & modeſtie : Ce que i'ay neantmoins diſsimulé & teu le plus qu'il m'a eſté poſsible. Mais le pourtrait que i'ay nouuellement eu par le moyen de de ma tante, m'a forcée ſi librement à le deſirer, que poſtpoſant toutes per-fections requiſes entre les Dames d'honneur, ie ſuis contrainte, & conten-te de confeſſer eſtre hors de moymeſmes, pour viure veritablement en luy ſeul, & te requerir à iointes mains, mon Buzando, ſi tu aymes ma vie, que (ſous couleur d'aller viſiter tes pere & mere) tu treuues ce Cheualier, à qui tu preſenteras vne lettre, que ie luy eſcriray, faiſant en ſorte puys apres, que tu l'amenes à mon pere, ou ie le pourray voir, & cognoiſtre à l'œil, ſi la beauté de luy correſpód à la painture, que la Royne a enuoyée par deça. Et s'ainſi eſt, ie chercheray moyen, qu'il ne me deſdaignera pour ſa femme & eſpouſe. Car autrement ne plaiſe aux dieux, que mon honneur tombe ia-mais en ſi malheureux deſordre. Or as-tu entendu entierement mon vou-loir, que ie te prie executer. t'aſſeurant de recompenſe tant profitable, que tu auras cauſe de t'en louër. Si le Nain ſe trouua lors egaré de ſon atente, cela ſe peult iuger ayſément : auſsi auoit il batu les buyſſons, & vn autre s'eſtoit auancé pour en receuoir la proye. Au moyen dequoy, tout per-

troublé , demeura vne efpace de temps fans ouurir la bouche: & iufques à
ce,que ietant vn haut foufpir,refpondit piteufement: Helas ! ma Dame, ie
voy bien à cefte heure , que Fortune ne voulut onques donner marque en
l'indifpoficion de ma perfonne, que pour demonftrer mon auanture deuoir eftre aufsi mal difpofée à mes defirs! Mais puys que les dieux l'ordon-
nent de cefte façon , ie delibere confentir entierement à ma perdition , &
ayder du tout à celuy qu'Amour defire tant fauorifer à mon defauantage.
Parquoy, ma Dame,ordónez de moy felon voftre bon plaifir:vous iurant
par tous les dieux du ciel & de la terre, que ie mettray peine d'y fatisfaire:
confiderant qu'ilzont trouué bon m'auoir rendu auteur du bien d'autruy,
fous le pourchas de ma propre ruyne .Et combien que Niquée entendift
affez ou il vouloit tomber, fi n'en fit elle pas femblant, ains le remercia
bien fort de ce qu'il luy promettoit entreprendre la charge qu'elle luy
vouloit donner . Et à cefte caufe prit papier & encre, & efcriuit la lettre,
que vous auez cy deuant veuë,qu'elle bailla à Buzando, luy remettant deuant les yeux la loyauté de luy , & l'efperance qu'elle auoit en fa diligence & feruice. Et ainfi deflogea le Nain,qui(fous couleur d'aller voir fes parens)eut congé du Soudan, & s'achemina droit au Alemaignes,ou il trouua le Cheualier de l'ardante Efpée.

Comme apres qu'Amadis de Gre-

ce eut la lettre de Niquée, r'enuoya Buzando vers elle : & de la
refponfe qu'il luy fit.

Chapitre   XIX.

Ous auons quelque peu difcontinué noftre hiftoire, &
difcouru ce chapitre precedant , pour la vous rédre plus
intelligible . Et maintenant que nous r'entrons fur noz
brifées , entendez,qu'aufsi toft que le Cheualier de l'ardante Efpée eut leu la lettre, que Buzando luy prefenta
de la part de Niquée, fe trouua tant agité en fon efprit,
qu'il ne fe peut tenir de fe plaindre en foymefmes.Helas!difoit il,malheur
n'eft il pas eftrangement né en moy, me voyant ainfi quis & cherché des
plus belles & hautes Princeffes de la terre,& feul abhorré de celle,à qui i'ay
donné & dedié entierement mon cueur!Et à l'inftát luy vindrent les groffes larmes es yeux . Ce que voyant le Nain, penfa incontinent que la fouuenance de Niquée luy deuoit caufer cefte trifteffe : mais il afpiroit bien
ailleurs.Et à cefte caufe apella Buzando, & luy dift : Nain mon amy, ie te
prie me fuyure deux ou trois iours, puys tu t'en retourneras auec refponfe vers

se vers celle qui t'a depefché . Et bien, monfieur, refpondit le Nain, qui l'a
compagna tant qu'ilz arriuerent fur la brune en la maifon d'vn vieil Va-
uaffeur, lequel les hebergea volontiers . Mais durant le fouper Amadis
de Grçce ne peut onques manger: ains foufpiroit de foys à autre. Dont Buzando (qui prenoit garde à fa contenance) s'aperceut : & prefumant auoir
efté motif de cefte melencolie, pour la nouuelle qu'il luy auoit aportée de
fa maiftreffe, les tables haucées, & eux retirez à part, comméça à luy dire:
Monfieur , ie vous ay veu tant trifte depuys mon arriuée vers vous, qu'il
faut que ie croye l'amour de ma Dame vous donner ces trauerfes. Toutesfois , vous aymant comme elle vous ayme, & endurant ce qu'elle endure
pour vous, il me femble, que vous vous deuez reputer le plus heureux Cheualier du monde : Car c'eft bien la plus parfaite en l'excellance de grand'
beauté, que Nature produyt depuys qu'elle mefme fut ordónée des dieux
à fabriquer les creatures humaines . Et n'en deplaife à la Princeffe de Sicile tant celebrée par tout le monde : car ie puis eftimer ma Dame plus aymable auec la moindre de fes bónes graces, que Lucelle auec tout ce qu'elle fçauroit auoir de bon en elle: dont il auient fouuent, que ceux qui la
voyent meurent pour trop ardemment la defirer . Et comme fçais-tu, dit
Amadis, que Niquée paffe en beauté ma Dame Lucelle? Ie le vous diray,
refpondit il, i'ay veu quelque fois le pourtrait d'elle fi au naturel, qu'il n'y
refte que le vif, & le croy par vous mefmes, qui eftes depaint au tableau: car
il n'y a diference quelconque de vous à voftre painture . Adonques luy raconta comme la Royne Zirfée enuoya au Soudan les efigies de ceux qu'elle auoit autresfois tenuz enfermez en l'Ifle d'Argenes, ainfi qu'il vous a e-
fté recité . Et fi vous affeureray, dit Buzando, que pluftoft ma maiftreffe
n'eut l'œil fur voftre pourtait, qu'auec la renommée qui bruit de vous de
l'Orient en Occident, elle fe trouua fi efprife de voftre amour, qu'elle ne
penfa onques puys à autre: ains vous fouhaite de iour en iour, & de plus en
plus. Parquoy maintenant que vous fçauez fon mal ayfe tel qu'il eft, vous
auriez grand tord (ce me femble) de retarder l'obeïffance de fi haute Princeffe, & qui vous atend en fi bóne deuotion. Durát que le Nain parloit ainfi à l'auátage de Niquée, Amadis de Grçce l'efcoutoit ententiuemét, & defia efguillonné de quelque eftincelle luy refpódit: Nain mon amy, il efchet
bien penfer plus d'vne fois, auant que rien efcrire , ny rien mander à Dame
de telle excelláce: mais ie te depefcheray le pluftoft qu'il me fera poffible.
Et pource qu'il eftoit heure d'aller dormir, Amadis & Birmartes fe retirerent en leurs chambres , & Buzando d'autre cofté. Tant y a que Amadis
ne peut onques repofer la nuit, ayant toufiours en l'efprit la nouuelle a-
mour de Niquée, & l'ancienne fidelité qu'il deuoit à Lucelle, de laquelle
il eftoit tellement folicité, que refuant & rauaffant il difoit de foys à autre:
O' chetif que ie fuis ! mais quel befoin eft il de tant difcourir pour refpondre à vne feule lettre, & pour celle que ie ne cognois ny ne vy onques? Non
                                                                    non

non,elle n'aura chofe de moy,qui puiſſe ofenſer ma Dame .Puys ſe reprenant : Et ſur mon Dieu i'aurois grand tord auſsi , voire & me deüroit-on
nommer ingrat outre meſure , deſdaignant ainſi l'amytié de ſi haulte
Princeſſe, & qui d'elle meſme s'eſt offerte à moy , ne meritant,peult eſtre,
la moindre des beautez dont elle eſt tant renommée. Lors entroit en telle
agonie,que tournant puys ſur vn coſté,& tantoſt ſur ſon autre, demeuroit
quaſi hors de ſoy, & tant qu'il s'endormit.Et en dormant luy ſembla voir
vne Damoyſelle la plus belle , à ſon auis, qu'il euſt onques veuë, laquelle
(coronnée de coronne imperiale) conduyſoit par la main vn Cheualier
autant bien fait qu'il eſtoit poſsible , & regardant celuy de l'ardante Eſ-
péc,luy diſoit: Amadis de Gręce , pourquoy reſtiuez-vous tant en ce qu'il
vous eſt force d'acomplir?Ne conſiderez vous point que pour vous aymer
ie deſdaigne ce Cheualier,qui meurt, pretendant à mon amour?Et neantmoins vous ſeul eſtes deſiré de moy , & à autre ne ſeray-ie iamais vouée.
Mais elle n'auoit pluſtoſt proferé telle remonſtrance , que Lucelle entroit
en ieu : & rompant le propos de la premiere,le redarguoit aſprement. Hé
dea!diſoit elle,mon ſeul amy,d'ou peult proceder maintenát en voſtre endroit ceſte legiereté , qui esbranſle ainſi la foy que vous m'auez promiſe
inuiolable?Certes,ſi vous auez deuant les yeux ce qui s'eſt paſſé entre vous
& moy, ie m'aſſeure biē que ne ferez de voſtre vie choſe qui me puiſſe meſ
contéter.En nom Dieu,Amadis,diſoit la premiere, il n'y a point de cóue-
nance entre elle & moy:car ſa beauté ternira touſiours aupres de la mien-
ne.Auſsi me nóme on Niquée ſans per,Princeſſe de Thebes,douée entiere
ment de toutes les perfections,que Nature,ou (pour mieux dire)les dieux
ſouuerains ont iamais departies aux Dames illuſtres, ſoit de ce téps,ſoit du
paſsé,voire de l'auenir.Parquoy à iuſte raiſon deuez vous eſtre mien & nó
à elle.Ce que ie vous prie trouuer bon : car encores que ne le vueillez,ſi eſt
il force qu'il ſoit ainſi. Toutesfoys il ſe ſentoit lors tant agité d'opinions
contraires, qu'il ſe taiſoit, ſans donner plus de faueur à l'vne qu'à l'autre.
Dont elles trop indignées, le rauiſſoient & forçoient tellement, qu'elles
luy arrachoient le cueur , & luy ſembla le voir my-party entre elles deux.
Dont de douleur s'eſueilla en ſurſaut, non moins las & trauaillé, que ſi le
ſonge euſt eſté veritable.Dont ſouſpirant commença à ſe plaindre :Helas,
diſoit il, pauure deſolé que ie ſuis!faut il que pour auoir le choys des deux
plus belles Dames qui ſoient ſur la terre, ie viue ainſi ſans repos, & ſans
ſçauoir determiner à laquelle ie doy eſtre le plus? Ah triſte cueur my-party! comme ie voy, eſt il poſsible que d'oreſenauant tu te puiſſes maintenir
ſeparé, veu qu'eſtant vny tu n'as peu iamais auoir la force de te conſeruer
auec la beauté de l'vne d'elles?Mais il n'auoit pluſtoſt vſé de telles doleances,qu'il s'en repentoit aigrement: Et dea,diſoit il,quand tout eſt bien con
ſideré, ie ſuis vn grand ſot:ce que i'ay veu de Niquée n'eſt que ſonge, & ie
ſçay de certain que ma Dame Lucelle eſt ſi acomplie, que la meſme Beauté ne

té ne pourroit l'auantager en rien quelconque. Et fur ce point il s'endormit iufques au lendemain matin, que retournant fur fes brifées apella Buzando, & luy dit: Nain mon amy, encores ne me puis-ie trop esbahir,
comme à l'auantage de Niquée tu recules tant ma Dame Lucelle, que i'ay
cogneuë toute ma vie pour l'vne des premieres dumonde. Et à cefte caufe,
tant que i'aye veu ta maiftreffe, il me fera impoſsible fatisfaire au contenu
de la lettre, que tu m'as aportée de fa part. Monfieur, refpondit Buzando,
elle eft gardée auec telles ceremonies, que mal ayfément pourriez vous fi
toft auoir bien de la voir: Toutesfoys, s'il vous plaift luy efcrire, & me
donner congé, ie fentiray d'elle le moyen pour vous contenter: & moy
de retour vers vous, ie vous y conduyray volontiers, & de bon cueur.
Et bien, dit il, tu ne faudras à me retrouuer en la grand' Bretaigne. Ce
pendant tu luy prefenteras de ma part mes treshumbles recommendations à fa bonne grace. Et fur l'heure demandant Amadis encre & papier, depefcha Buzando, qui prit le chemin de Niquée & luy & Birmartes celuy de Galles. Et là fe feparerent: par ce que Birmartes vouloit
pourfuyure fon entreprife, luy tardant beaucoup de la longue abfence,
qu'il auoit fait de fa Dame Onorie, pour laquelle fon cueur ne repofoit
qu'en peine & tourment.

Comme Amadis de Grece che-

minant droit à Londres, rencontra deux Cheualiers, qui à bri-
de abatue couroient l'vn apres l'autre, le der-
nier defquelz le defarçonna ino-
pinément.

Chapitre   X X.

Amadis

Madis de Grece separé de Birmartes, ainsi que vous auez entendu, prit le chemin de Londres, ou puys n'a gueres estoit arriué le Roy Amadis, & esperoit bien y trouuer Lucelle: car la Royne & les Dames n'en estoient de long temps parties, qui fut cause de luy faire changer d'armes, voulant y arriuer incogneu d'elles, & d'autres. Et ainsi trauersant païs vn soir tout tard cheminant pensif & soucieux, arriua ioignant vne fontaine, sur le bord de laquelle il aperceut vne Damoyselle assez belle, & de bonne grace, qui y lauoit ses mains. Et parce qu'il estoit las & trauaillé de la grande chaleur qu'il faisoit, mit soudain pied à terre, & saluant la Damoyselle, osta son armet de la teste. Puys (pour se refraischir) prit de l'eau au creux de sa main & en beut. Mais elle qui le vid icune & tant beau, ne se peut tenir qu'elle ne luy dist : En verité, damp Cheualier, s'il y a en vous autant de prouësse que de beauté, vous meritez (par raison) d'estre aymé & bien voulu de toutes les Dames, voyre & des plus belles que ie cognoisse. Ma Damoyselle, respondit il, Dieu est tesmoing du meilleur qui soit en moy. Au reste ie vous suplie, si vous sçauez nouuelles de la Court du Roy Amadis, m'en faire part. Ouy bien, respondit elle, i'en party il n'y a que huict iours, & le laissay sur son partement, pour aller à Mirefleur auec les Dames. Entre lesquelles ie vy l'Infante de Sicile, qui me sembla plus belle que vous ne pourriez iamais penser. Voylà qui va tresbien, dit il : & par ce que i'ay grandement affaire vers luy, vous me donnerez congé s'il vous plaist. Et relaçant son heaume monta à cheual, & reprit la voye qu'il auoit laissée. En nó Dieu, dit la Damoyselle, sire Cheualier, vous

ne

ne ferez pas fi mal courtoys en mon endroit, ains vous fuyuray tant que
i'aye veu fi vous eftes aufsi bien acompagné de grãd' prouëffe, comme des
dons que Nature a mis en vous. Or allons doncq' de compagnie, dit Amadis, le chemin nous en fera plus ayfé & moins ennuyeux, deuifans enfemble. Et ainfi cheminerent tant, que la nuict commença à les furprendre l'o-
rée d'vne foreft, ou ilz defcendirent, & repeurent fur l'herbe de telz biens
qu'Ordan auoit porté en fa mallette. Et entrans de propos en propos, la
Damoyfelle luy dit : Sire Cheualier, vous me femblez tout melencolique:
mais fi vous trouuez bon, ie vous reciteray volontiers vne auanture auenue
en ma prefence ces iours paffez en la Court du Roy de la grãd' Bretaigne.
Sçauez vous quelle? Trois femaines a ou enuiron(tenant le Roy Court planiere) vn Cheualier preux & vaillant, comme l'on difoit, filz du Roy d'A-
rauie, paffionné defmefurément de l'amour qu'il portoit à la Princeffe
Infante de Sicile, ieta deuant tous vn profond foufpir, difant fi haut qu'il
fut entendu de toute l'affemblée. Ah Dieu ! Dieu ! faut il que la recompenfe de loyale amour me foit telle? Proferant laquelle parole tomba
mort à l'inftant. Dont le Roy, certes, a porté trefgrand ennuy, & non fans
caufe: pour l'amytié, aliance, & feruitude, qu'il auoit à luy & aux fiens.
Par mon ame, refpondit Amadis, il eft fi heureux, que ie louë & aprouue
mort tant recommandée, & non fans caufe. Car outre que telle fin donne
tefmoignage du tourment qui paffionne vn amoureux tranfi (comme il
eftoit) il fe peult affeurer & refiouïr d'auoir perdu le viure par l'ocafion
mefmes, qui me l'a conferué iufques à maintenant. En forte que ie puis dire
de moy propre, que viuant ie meurs, & fi ne meurs ny ne vy, tant fuis hors
de moy, & tranfporté en tel lieu, que ie ne le fçay, ny le cognois, & moins
defire que moy ny autre le fçache, ou cognoiffe. En bonne foy, Cheualier,
dit la Damoyfelle, vous en parlez eftãgement, & rendez tel tefmoignage
de vous, qu'il n'y a fi aueuglé qui ne vift voftre mal, & fuft il au fõd du trou
de la Sibile. Vous auez raifon, refpõdit Amadis, & auouë tout ce que vous
en auez dit & penfé. Ie ne fçay quel penfé, dit elle: mais ie ne vous euffe iamais pris pour tant niays, ayant eu fi long temps vne telle Damoyfelle
que ie fuis en voftre compagnie, pour en auoir fait fi peu de cas. Et vrayement vfant enuers les autres de femblable courtoyfie, vous meriterez pluftoft nom de bon fot, que de Cheualier diligent, & entendu aux armes,
que i'ay tenu certaines & affeurées en vous: dont ie me treuue bien deceuë,
& cõfeffe que i'ay eu tord. Comment celà? refpondit Amadis. Comment?
refpondit elle, voulez vous l'entendre plus clairement? Aymez, de par
Dieu, aymez qui vous ayme : & ie vous prometz, que vous ne trouuerez
faute de garand. Helas ! refpondit il, & qui feroit la malheureufe qui voufift faire cas de moy? Qui? dit la Damoyfelle, moy mefmes, fi me defirez.
Toutesfoys vous eftes, comme ie voy, fi abufé, aymant en vn feul lieu, que
vous trouueriez aigres les Cerizes mieux confites que l'on vous fçauroit

G   offrir

offrir. Et ce difoit elle fans caufe, ou colere. Dont Amadis eftoit fi ayfe,
& prenoit tant de plaifir, qu'il luy va refpondre par maniere de fouzris: Et
dea, dit il, peult eftre vous trompez vous aufsi, & n'eft mon cueur fi arrefté
en vn feul endroit, que deux n'y ayent autant de part l'vne que l'autre, &
fans que moymefmes puiffe iuger du plus. Tant pis pour vous, refpondit
la Damoyfelle, cuydant les embracer, ou embrafer tous deux, l'vn s'amortira froid comme glace, & l'autre s'euaporera comme la nue, ou fumée.
Mais parce qu'il n'y a ny fons ny riue, ny en vous, ny en voz propos, Dieu
vous dóne le bon foir & me laiffez dormir. Et de fait elle ne s'efueilla qu'il
ne fuft grand iour. Lors móterent tous deux à cheual. Et cheminás enfemble, Amadis premier, & elle derriere, deuifant auec Ordan, luy difoit: Pour
certain, Efcuyer mon amy, s'il vient aufsi peu de profit aux Damoyfelles
par les armes, que pourroit entreprendre voftre maiftre en leur faueur, cóme il leur en vient au fait de l'amour, ie ne cogneu onques beauté plus mal
employée qu'eft la fienne. Mais Ordan ne luy refpondoit vn feul mot, ains
fe contenoit feulement de rire, encores que de la grace qu'elle fe plaignoit
elle en euft femond le plus trifte du monde. Et comme ilz eurent cheminé
iufques au fortir de la foreft, Amadis aperceut vn Cheualier, qui à bride a-
batue venoit courát tant qu'il pouuoit vers luy. Or péfoit Amadis fçauoir
qui le preffoit ainfi: & pour cefte caufe s'arrefta au mylieu du chemin, &
d'affez loing luy efcria: Tout beau, tout beau, damp Cheualier, & me dites
ou vous fuyez fi legierement. Mais l'autre ne laiffa de paffer outre: & fans
luy refpondre baiffa fa láce, & prit Amadis de Greçe fi à defpourueu, qu'il
le defarçonna & fit faillir à terre par deffus la croupe de fon cheual. Dont
il fut fi defpité, qu'il euft voulu eftre mort. Et fe leuant vid que l'autre s'ef-
loignoit de plus en plus: parquoy fe mit à crier apres luy: Aten até, Cheualier defcourtoys & mal apris: car fi ie te puis ataindre, onques fuyard ne fut
mieux arrefté que tu feras. Et toutesfoys l'autre fuyuoit fa pointe, & fans
regarder derriere luy, preffoit fon deftrier à coupz d'efperons, qui mit de
plus en plus Amadis en colere. Et encores de malheur fon cheual efchapé
faifoit ruades, fans fe vouloir nullement laiffer haper, ny prendre, quelque
diligence que fon maiftre mift à le recouurer. Et comme il eftoit en ces alteres vn autre Cheualier paffa tout au plus pres de luy, & non moins vi-
ftemét que le premier, auquel Amadis s'efcria tant qu'il peut: Si vous pour
fuyez le fuyard, qui m'a n'a gueres fait tomber à l'impourueu, ie vous prie
par courtoyfie m'ayder à reprendre ma monture, & ie vous ayderay puys
apres à bien vous venger de luy, & à voftre bon plaifir. Toutesfoys l'autre
n'en fit cas, ains paffa outre, courant de fi grande roydeur, qu'Amadis les
perdit tous deux de veuë: & fi eftoit quafi hors d'aleine, quand Ordan &
la Damoyfelle (demeurez derriere) fortirent du boys. Et le voyans ainfi à
pied, & fuyure fon cheual: Ne me croyez iamais, dit la Damoyfelle, fi voftre maiftre tráfporté d'Amour, ne s'eft laiffé defarçonner par l'vn de ceux

que

que nous auons rencontrez . Et comme elle acheuoit ce propos, son palefroy commença à hannir , & se vint ioindre à eux celuy, qui (lassé de
vireuoustes) auoit tant donné de trauail à son maistre . Et ainsi fut repris
& remonta Amadis, poursuyuant à bride abatue l'vn & l'autre Cheualier
(dont nous vous auons parlé) auec bonne esperance de les combatre tous
deux: l'vn, pour l'auoir ieté bas : & l'autre, pour auoir tenu si peu de conte
de ce, dont il l'auoit requis si gracieusement. Et ainsi talonnant & pressant
son cheual , ne sceurent Ordan ny la Damoyselle qu'il deuint : car il entra
en vne vallée, au fond de laquelle il les aperceut, & le cóbat qu'ilz faisoient
contre deux horribles Geans , & dix Cheualiers , dont la meslée estoit
fort aspre & dangereuse. Vn peu plus outre vid vn chariot trainé par quatre cheuaux, dedás lequel estoiét plusieurs Dames & Damoyselles, menans
le plus grand dueil du monde . Dieu ne me soit iamais en ayde, dit il lors,
si les deux Cheualiers à qui ie veux tant de mal, ne sont trop meilleurs que
ie ne pensois: Et croy pour certain, s'ilz n'ont parlé à moy, que ce a esté seulement pour ne retarder le secours de ces Dames , que l'on emmene par
force : aussi leur ayderay-ie de toute ma puissance. Lors baissa la veuë de
son armet , & couchant son boys entra pesle mesle, chargeant le premier
qu'il rencontra si rudement, qu'il luy mist la lance à trauers les tripes. Puys
sacqua son espée au poing, & frapant à dextre & à senestre fit en sorte, que
sa bonté fut cogneuë en peu d'heure. Dont les deux Cheualiers esbahiz
& ioyeux d'vn tel secours, & si à point, executerent tellement leur entreprise, que les six n'en parlerent plus , & commencerent les autres à reculer.
Dont l'vn des Geans marry au possible, donna à course de cheual vers le
chariot des Dames, deliberé en faire vn carnage : Mais Amadis, qui le vid
debusquer, ne le laissa de loing: ains l'ataignit tost apres, luy criát. Demeure, paillard, demeure : car tu mourras, non pas les Dames, que tu traites si
malheureusement. A ce cry tourna visage le Geant, & à l'aborder se couplerent l'vn l'autre de si pres, qu'il saisit Amadis de Grece au corps, pensant
le ieter par terre: Toutesfois il trouua chausseure à son pied, & aussi roy de
que luy: dont l'vn & l'autre prindrent le saut , & tomberent sur l'herbe, si
qu'ilz se descouplerent. Et se releuans, fut la meslée d'eux deux si estrange,
que le Geant cogneut bien ne pouuoir gueres resister à tel effort : aussi
auoit il à faire au meilleur Cheualier qui onques porta harnoys en dos.
Dont escumant de rage parla en ceste sorte : O' que maudit soit Iupiter, &
Mercure! cósentans ainsi en ma perdicion, sous l'esperance que i'ay eu à ven
ger la mort honteuse de mon feu pere Gadalfe! A ceste parole cogneut
tresbien Amadis de Grece, qu'il estoit filz du Roy de la Sagitarie, qu'il mit
à mort en l'Isle de la tour Vermeille . Au moyen dequoy il luy respondit:
Comment? Mostruon (car ainsi s'apelloit le Geant) penses-tu estre mieux
traité de moy, que ne fut tó feu pere, que tu regrettes tant ? Ie le fis mourir,
aussi mourras-tu. Si profera tant haut ceste parole , que les Dames , quasi

G ii   esperdues

esperdues de frayeur le recogneurent à la voix . Parquoy leuans les mains
au ciel : Ah ah Seigneur Dieu tout misericordieux ! dit l'vne d'elles , plaise vous ayder à ce bon Cheualier ! Et comme elle faisoit ceste priere Amadis la cogneut aussi pour Lucelle , dont le cueur luy enfla si gros, que(prenant son espée à deux mains) rua sur le Geant auec tant de force, qu'il luy
fit rendre l'ame. Et tournant visage vers ceux qu'il auoit laissé cóbatans, vid
le Cheualier, qui l'abatit en la forest, tenir sous luy le secód Geant, & l'autre poursuyure si bien la victoire, que des dix Cheualiers n'en restoit plus
qu'vn , auquel d'vn seul coup d'espée il osta la teste : puys vindrent le remercier de son ayde . Et en cheminant haucerent la visiere de leur armet,
qui fut cause de les faire recognoistre par le Cheualier de l'ardante Espée:
car l'vn estoit le vertueux Roy Amadis : mais il n'auoit oncques veu l'autre , qui estoit Galaor . Parquoy delibera de plus ne se celer, ains se desar-
mant de teste , salua humblement le Roy , lequel tresayse de si bonne rencontre l'embraça, luy disant : Ce m'aistdieux, mon grand amy, il y a long
temps que ie sçay vostre bonté telle qu'elle est : toutesfois ie l'ay encores
mieux esprouuée ce iour d'huy, que ie ne fis onques . Et le prenant par la
main le conduit vers les Dames, entere lesquelles estoient les deux Roynes Oriane, & Briolanie, auec Lucelle , & autres filles de Roys , que Mostruon auoit prises, ainsi que presentement vous entendrez.

Il vous a esté recité au dernier de

noz liures, que le Cheualier de l'ardante Espée enuoya en la Court du Roy
Amadis la teste du Roy de la Sagitarie, laquelle(à la requeste du bon Cheualier Balan) fut atachée deuant la porte du Palays, dont tous ceux de son
lignage se sentirent grandement iniuriez : & entre autres les deux Geans,
dont cy dessus nous auons fait mention , qui, pour vser de vengeance,
auoient ordinairement espies en la Court du Roy Amadis, cherchans heure oportune pour paruenir à leur intencion : & ce pendant demeuroient
embuschez en vne forest assez prochaine de Londres . Dont il auint qu'vn
iour entre autres, seiournant le Roy à Mirefleur auec les Dames, dressa vne
partie pour aller courre le Cerf, & donner plaisir au Roy Galaor nouuellement arriué en la grand' Bretaigne . Mais ilz n'eurent plustost lancé la
beste, que Mostruon & sa troupe en eurent auertissement: mesmes comme
les Dames estoient demeurées seules à Mirefleur , s'esbatans le long de la
prayrie. Au moyen dequoy vindrent le plus couuertement qu'ilz peurent
& firent tant par moyen, qu'ilz s'en saisirent, & chargerét la plus part d'elles dans vn char, qu'ilz menerent quant & eux, esperans les desrober, comme ilz firent, & passer la mer en vn nauire, qu'ilz tenoiét ancré au prochain
port . Et desia estoient ilz en voye, quand celles qui s'estoient peu sauuer,
fuyans

fuyans dans la foreſt, rencontrerent les Roys Amadis & Galaor, auxquelz raconterent ces piteuſes nouuelles. Dont eux trop marriz víndrent à bri-de abatue prendre leurs armes, & enuoyerent Angriote à la ville aſſem-bler gens en toute diligence pour les ſecourir. Puys remonterent à cheual pour ataindre promptement les larrons, ou il leur auint ainſi que vous a-uez entendu, & qu'il vous ſera dit cy apres.

Comme le Roy Amadis & les

Dames retornerent à Mirefleur: Et des propoz que depuys
Amadis de Græce & Lucelle eurent en-
ſemble.

Chapitre   XXI.

L E bon ſecours auenu à ces Dames tant deſolées, ne leur cauſa moindre ioye, qu'elles auoient eu de triſteſſe: ſpecialement quand elles cogneurent le Cheualier de l'ardante Eſpée (lequel apres auoir ſalué les Roynes Oriane, & Briolanie) s'adreſſa à l'Infante Lucelle, qui (le receuant auec tant bon viſage que rien plus) luy diſant de bonne grace. Sur ma foy, Seigneur Amadis, vous vous deuez

G iii   tenir

tenir grandement heureux, estant arriué si à point, que nous vous en deuons toutes sçauoir gré : Aussi n'eussiez vous autrement eu pardon de la faute, ou vous estiez tombé enuers moy, ayant esté si long temps sans me venir voir, ny faire entendre de voz nouuelles. Ie vous prometz, ma Dame, respondit il, que quand vous sçauriez la verité du tout, au lieu de me blasmer(comme vous faites) vous m'excuseriez vous mesmes : ayant esté forcé & du temps, & de Fortune. Et voulant poursuyure ce propos suruint Angriote auec plus de cinq cens Cheualiers, & mesmes Ordan & la Damoyselle, qui estoient demeurez ainsi qu'il vous a esté dit. Et tous ensemble reprindrent le chemin de Miresleur, le long duquel le Cheualier de l'ardante Espée ne se peut tenir(gaudissant soy mesmes) de raconter comme il auoit esté desarçonné tant inespérement, & la collere ou il estoit entré, poursuyuant le Roy Amadis & Galaor : dont chacun se prit à rire, & luy respondit le Roy:Sur ma foy, mon grád amy, ie confesse que pour ce coup i'ay esté peu courtois enuers vous : mais vous deuez aussi considerer l'ocasion, qui me contraignoit de ce faire. Si vous promettray-ie bien, Sire, respondit il, que ie n'eu onques plus grande enuie de me venger d'autre que i'auois de vous, & de celuy qui vous suyuoit. Et entrans de propos en propos mirent pied à terre, & monterent au Palays de Miresleur, ou(sans penser à chose qui leur aprestast tant soit peu de melencolie) passerent plusieurs iours. Dont vne foys entre autres, que la Royne Oriane alloit ouyr la messe en l'abaye, le Cheualier de l'ardante Espée, conduisant sous les braz Lucelle, voyant heuré & ocasion propre, pour luy discourir le mal, & le bien, qui le faisoit viure contant, & desesperé, se mit à luy dire:Pleust à Dieu! ma Dame, qu'Amour eust aussi bien employé ses forces sur vous à mon auantage, comme il a voulu faire enuers moy, pour vous, me rendant du tout vostre, & tant afectióné à vous honorer, & seruir, que si toutes choses alloient par raison, les flammes, qui ardent mon triste cueur seroient moyen de me donner tel allegement, que (sentant ce qui me fait soufrir) vous mesmes donneriez blasme à vous mesmes, pour vous estimer & penser tant cruelle. Mais puys que mon malheur cósent que moy seul patisse, i'estime ce trauail heureux, s'il vous est agreable, esperant que m'ayant cogneu tel que ie suis en vostre endroit, vous aurez pitié de moy, sinon tost, au moins auec le temps:me confiant de sorte en vostre bonté,& honnesteté, que(vous)sçachant qu'estes cause de mon martire, ne serez tant cruelle, pour laisser mourir si miserablement vn tel Cheualier que iesuis,& né en ce monde seulement pour vous obeïr, & complaire en tout ce que trouuerez bon luy cómander. Ah,ah mon amy!respondit la Princesse,comment me dites vous celà? Pensez vous que ievous tienne si eslongné de raison,pour auoir en l'esprit,que ie vousisse recognoistre les seruices que vous m'auez faitz par chose mal seant à mon honneur? Croyez moy , que vous

ne

ne viuez point trompé en l'amour que me portez:Car ie vous ayme& eſtime tant,que ſi toute la Monarchie du móde eſtoit miſe d'vne part, & vous
ſeul d'autre coſté, & l'vn & l'autre fuſt en mon commandement,ie vous ac-
cepterois & eſlirois pour mon ſeul Seigneur & mary pluſtoſt,que demeurer Dame & Imperatrix du reſte, & voylà qui me cauſe toute ſeureté,que
voſtre cueur ne deſire,ny voudroit penſer à choſe, ou ma reputation peuſt
receuoir tache, ou le moinde blaſme qu'on ſçauroit preſumer. Auſsi vous
iuray-ie,quant à moy, qu'autre que vous ne ſera iamais poſſeſſeur de mon
cueur : car il eſt & ſera voſtre,tant qu'auray la vie au corps,pour vous vouloir bien. Ma Dame, dit il, c'eſt de voſtre grace, & vous mercie treshumblement de ce bon vouloir, que ie tiens certain, puys que vous me le promettez. Et combien que ie ne ſçache encores qui ſont mes pere & mere, ſi
me reputay-ie yſſu du ſang royal, ou illuſtre : dont mon cueur me donne
ſouuent teſmoignage, par les hautes entrepriſes & dangereuſes, ou il me
ſemond, pour eſtre entretenu en voſtre faueur & bonne grace : ayant laquelle ie me prometz faire telle & tant de cheualerie, que vous ne ſentirez abaiſſer voſtre reng & reputacion, pour me choiſir à mary , comme
vous dites : Mon amy, reſpondit elle, ie me contente bien de vous, & ſi
auray Royaumes & grãs biens aſſez pour ne porter d'enuie à nul. Vn ſeul
point eſt ſeulement ſouhaité de moy ſur tous autres, c'eſt la perpetuelle
aliance de noz deux cueurs, & le vouloir du Roy mon pere, pour y conſentir, auec l'autorité de la loy commune. Ie ſuis ſeure, qu'il vous ayme,
& que legierement y paruiendrez, ſi vous luy en voulez faire requeſte. Il
doit eſtre par deça en brief ainſi que i'ay ſceu. Ce pendant contentez vous
& tenez certain, que vous n'aſpirez point plus à eſtre mien ,que ie ſuis en-
lierement voſtre. Et voulant paſſer outre furent apellez de la Royne, demeurant Amadis le plus ſatisfait du monde, ayant à ceſte raiſon ſi bien
mis en oubly Niquée, qu'il ne luy en ſouuenoit non plus que des neiges
d'antan. Dieu le vueille donques maintenir en ſi iuſte opinion,& retournons au Nain, qui cheminoit en Leuant.

Comme Buzando preſenta à Ni-

quée la lettre, que luy eſcriuit *Amadis de Græce*, & de
ce qu'il en auint.

Chapitre   XXII.

Vzãdo depefché par Amadis (ainfi qu'il vous a efté dit) chemina tant, qu'il arriua en la Court du Soudan, le iour mefmes que le Prince Anaftarax retournoit d'vne vi-ctoire, qu'il auoit obtenue fur le Soudan d'Alapa : dont chacun faifoit ioye. Or n'eftoit il Prince moins beau, que cheualereux : dont le Soudan fon pere faifoit tant de gloire, que pour eftre pere de tel filz, & de fille tant recommandée en tou-tes perfections, il s'eftimoit le mieux fortuné, que autre Prince de fon temps. Et toutesfois Anaftarax ne voyoit iamais fa feur, qui viuoit trifte enfermée en la tour, atendant nouuelles du Nain, qu'elle auoit enuoyé vers fon amy, duquel elle receut grand contantement par la lettre, qu'il luy prefenta à fon arriuée : dont la teneur s'enfuyt.

Ma Dame, i'ay receu la lettre,

qu'il vous a pleu m'efcrire par ce porteur, lifant laquelle i'ay aufsi toft fen-tu mon cueur inclin à vous rendre toute la feruitude qu'il vous plaira a-uoir de luy, ne defirant autre plus grand bien, que voir, & iouïr de voftre prefence : affeuré que mes yeux receuans ceft heur, les voftres doux & pi-toyables auront compafsion du mal que ie feufre pour chofe non offen-fée. En forte que me donnant part certaine en voftre bonne grace, ie vi-uray contant, & vous obeïe, & honorée par celuy, fur lequel vous auez entier commandement, & qui vous fuplie faire tant pour luy, de permet-tre & donner ordre, qu'il vous voye, & puiffe baifer voz diuines mains, recognoiffant la grace & faueur que vous luy auez fait, luy mandant par Buzando voftre vouloir, qu'il mettra peine d'acomplir, ainfi que ie luy ay prié vous dire de bouche, & que vous croyrez, s'il vous plaift, de la part de

> Voftre treshumble & obeïffant feruiteur
> le Cheualier de l'ardante Efpée.

Trop fut ayfe Niquée ayant en-

tendu le contenu de cefte lettre, confiderant en foy-mefmes la grace, & hu-milité, de laquelle le plus renommé de tout le monde vfoit enuers elle. Et pour cefte caufe l'amour qu'elle luy auoit porté iufques à lors augmen-ta fi bien, que fentant fon cueur enflammé, la couleur & alteracion de fon vifage rendoit affez tefmoignage de la qualité de fon mal. Ce que ne pou-uant du tout difsimuler apella le Nain, & luy dift : Or ça Buzando, que te femble du Cheualier qui m'efcrit? Merite il (par ta foy) la louãge qu'on luy donne communément? Ouy, ma Dame, refpondit il, & de ce vous

puis

puis-ie rendre seur tesmoignage : Car, sans la prouësse de luy, vous n'a-
uiez plus de Buzando. Sça'uous comment? ma Dame: ie fu arresté entrant
en Alemaigne par vn meschant, lequel fit son deuoir, & tout l'efort qu'il
peut, pensant auoir la lettre, que vous m'auiez baillée : & par ce que ie luy
contredisois, commanda à deux païsans de me fouëtter. Lors Dieu sçait si
ie fu & dessus & dessous bien estrillé. Et pis encores m'en eust il pris, sans
l'arriuée du bon Cheualier, à qui vous escriuiez : lequel, sans me cognoistre pour vostre, me vengea si bien, & de ces bourreaux, & de celuy qui
les auoit mis en besongne, que ie n'ouy onques parler de tant de cheualerie, que ie vy en luy. Aussi est il en reputation du parragon entre tous ceux
qui suyuent les armes, & par tous les lieux & contrées ou i'ay passé. Ouy,
mais de sa beauté (dit Niquée) qu'en est il? Ma Dame, respondit Buzãdo,
plus diuine qu'humaine : Et croy, selon mon auis, & à la verité, que ce soit
vn second Mercure cheminant entre les hómes. Et auez certes, grande raison de l'aymer, & moy de prendre patience, ayant cogneu en luy (lisant
vostre lettre) que son cueur n'aura iamais repos, qu'il ne vous ayt veuë, vous
ayant en reputation de la premiere & plus belle qui soit viuante. Tu me
racontes merueilles, dit Niquée : mais tu serois bien esbahy s'il pretendoit
ailleurs. Et ce disoit elle pour le doute qu'elle auoit de Lucelle. Par dieu,
ma Dame, respondit il, ie vous declareray ce que i'en pense. Deuisant auec
luy de voz perfections & excellances, il me sembla tout hors de soy : &
tant, qu'il me resolut ne pouuoir comprendre, qu'en vous y eust auantage qui fit tord à la Princesse de Sicile. Aussi ne le croyroit il iamais sans
l'auoir veu de ses propres yeux. Parquoy, ma Dame, si vous donnez
lieu à mon conseil, vous mettrez ordre, que par vostre presence il perde
ceste opinion, puys qu'elle vous touche de si pres. Certes, Buzando,
mon amy, dit elle, c'est bien le plus grand desir que i'aye en ce móde. Mais
quoy? ie n'y voy ordre, ny moyen, veu la subiection & garde en laquelle mon pere me detient, si estroite & austere, ainsi que tu sçais, que mon
propre frere Anastarax n'a iamais eu oportunité de me voir, ny moy luy.
Comme donques pourra vn estranger iouïr de ce bien, encores que ie le
vousisse permettre? Ma Dame, respondit il, ie vous y satisferay selon mon
auis. Il me semble, que vous deuez enuoyer vers vostre tante la Royne
d'Argenes, la suplier, que pour auerer vn doute que vous auez en vostre
esprit, elle vous face depaindre le plus au vif & au naturel qu'il sera possible, le pourtrait de vous & de Lucelle. Et vous voyant ainsi le Cheualier
de l'ardante Espée pourra lors estimer, que ce que ie l'ay asseuré de vous
n'est point fable. A quoy Niquée presta du tout l'oreille, & depescha Bu
zando le lendemain pour aller en Argenes, ou il trouua Zirfée, qui (apres
auoir entendu la cause de sa venue) luy dit : Nain, i'entens mieux les afections de ta maistresse qu'elle mesmes, ie feray ce qu'elle me prie. Lors se
retira la Royne, & le huitiesme iour d'apres le fit r'apeller, & luy baillant
les pour-

les pourtraitz en vne peau de vellin, luy dist : Tu porteras à ma niece ce
qu'elle a enuie de cognoistre : & luy enuoye quant & quant les paintures
de deux autres Damoyselles autant belles qu'il en y ayt point au monde,
& seules (comme ie pense) apres elle & Lucelle, dignes de telle recommandation. Si ne fit Buzando plus long seiour en Argenes : ains (prenát
congé de la Royne) chemina droit à Niquée, ou il presenta à sa maistresse ce que la Royne sa tante luy enuoyoit : que, pour mieux voir (retirée
seule en son cabinet) desploya : & s'y trouuant pourtraite tant pres du
vif, iugea Lucelle, Onorie, & Axiane, telles, qu'elles estoient certainement. Et combien que la beauté fust amirable en toutes troys, si se promit elle l'auantage : comme la raison le vouloit. Dont elle eut tel contentement, que prenant encre & papier escriuit sur l'heure vne lettre au
Cheualier de l'ardante Espée, & la baillant à Buzádo auec les pourtraitz,
le depescha vers luy, luy commandant expres faire tant, qu'il l'amenast
en la Court de son pere, ou elle luy satisferoit, s'il estoit en sa puissance.
Or face donques Buzando deuoir de luy obeïr, & entendez ce qui auint
à elle mesmes depuys qu'elle l'eut depesché.

Comme allant Niquée faire quel-

que seiour en vn Palays, qu'auoit le Soudan dans la forest,
fut rencontrée casuellement par Anastarax
son frere, qui ne (la cognoissant)
en deuint trop amoureux

Chapitre   XXIII.

Nostre

Oſtre hiſtoire vous á autrefoys dit, que le Prince Ana-
ſtarax eſtoit l'vn des plus beaux & acõpliz Cheualiers,
qui ſe trouuaſt de ſon temps, amy des armes, des iouſtes, de tournoys, & auſsi du plaiſir de la chaſſe. A' quoy
il eſtoit ſi apte & adroit, que le Soudan ſon pere s'eſtimoit heureux, comme il vous a eſté dit, pour auoir deux
ſi parfaitz enfans, que Anaſtarax, & Niquée : laquelle paſſionnée de plus
en plus de l'amour, qui la ſolicitoit à toutes heurtes, malayſément ſçauoit
deſguiſer ſa melencolie. Toutesfois le Soudan penſoit, que telle façon de
viure luy procedaſt pour ſe voir ſolitaire & enfermée. Ce qu'il diſsimuloit
luy demandant de coup à autre, ſi elle ſentoit quelque fieüre. Mais elle ne
luy reſpondit, ſinon, que ſans ſçauoir d'ou luy venoit telle humeur, cognoiſſoit bien la vie luy eſtre de peu de durée, ſi les dieux ne la ſecouroiét.
Ce que doutant le Soudan, fut d'auis luy permettre s'aller esbatre, & faire quelque ſeiour en vn ſien Palays, qu'il auoit à troys petites lieuës dans la
foreſt. Et de fait manda à tous les hômes demeurans es enuirons d'eux retirer, pour leur oſter moyen de voir Niquée. Si auint vn iour, que le Prince Anaſtarax eſtoit allé courre le Cerf auec quaſi tous les Gentilz-hommes
de la Court : parquoy le Soudã fit deſloger Niquée vne heure de nuict, &
cõduire à torches & flambeaux par voyes plus obliques, à ce qu'elle ne fuſt
rencontrée eſtimant auec telle obſcurité, priuer toutes ſortes de perſõn-
nes du regard de ſa fille, laquelle trauaillée du chemin arriuerent elle &
ſes femmes pres d'vne claire fontaine, ou elles deſcendirent. Et pour le
chaud qu'il faiſoit, s'aſsirent ſur l'herbe, & beurent : cueillans puys apres
mile

mile fortes de fleurs, atendans la venue de l'Aurore, qui defia commençoit à paroiftre. Or cecy auint au commencement du moys de May, que
la Philomene, & autres oyfillons, fe defgoyfent plus librement, & liberalement à l'inftigation defquelz Niquée refcentant le doux defplaifir, que
luy caufoit le mal & le bien, dont elle fe douloit & contentoit, prit fa harpe: & auec l'harmonie fi grande que merueilles, fe mit à chanter en façon
que toute fa compagnie s'endormit. Et encores fommeilloit elle, quand
le Prince Anaftarax (ayant fuyuy tout le iour vn Cerf maumené & efchapé des toiles) furuint de Fortune à la lueur du feu, ou Niquée eftoit, &
l'entendit fonner, & chanter. Ce qui luy pleut tant, que (pour ne la diftraire, ny de fon penfer, ny de fon plaifir) demeura coy caché entre les fueilles. Toutesfoys il n'eut pluftoft donné atainte de l'œil fur elle, qu'Amour
luy ofta du tout la liberté, pour le rendre feruiteur & efclaue de la beauté
de celle, ou il ne pouuoit obtenir part honnefteté, pour petite qu'elle fuft,
& neantmoins l'ignorance, & le peu de norriture, qu'ilz auoient eu enfemble, le paiffoient d'efperance fi vaine, qu'atendant ce dont il fe tenoit
quafi feur, eftant le plus beau Prince & grand Seigneur du païs, premier
que l'aborder, ne fe peut garder de parler en foy-mefmes: Ah ah! difoit il,
il faut bien croyre, que l'Amour ne m'euft iamais aprefté fi bône ocafion,
ny tant heureufe rencontre, finon pour me faire cognoiftre l'enuie qu'il a
de me fauorifer, & bien traiter en mes afections! Aufsi eft il force, ou
que celle qui m'a pris foit mienne, ou que me perdant i'effaye à la recouurer: encores qu'elle ne le voufift. Ce pendant Niquée voyant fes femmes
efprifes d'vn profond fomme, &entédue de nul, ainfi qu'elle eftimoit, mettant fa harpe bas, les braz croyfez, commença à fe plaindre, & foufpirer,
fans proferer vne feule parole, tant qu'elle ieta à la fin vn fanglout, difant
(non point fi bas qu'elle ne fuft ouye de fon frere) Helas, helas! ie ne fçay
pourquoy Nature, ou bien noz dieux, ont permis me pouruoir de fi grád'
beauté pour eftre tant dommageable & à moy, & à tous autres! Puys fe
teut, & demeurant la tefte apuyée fur fon bras gauche, fondoit quafi en
larmes. Ce que ne pouuant plus foufrir Anaftarax fortit de fon embufche:
& d'vne bonne grace, mettant quafi le genoil en terre, la falua, luy difant:
Ma Dame, vous oyant ainfi plaindre, i'ay penfé me prefenter à vous, &
vous offrir ce qui eft en ma puiffance, pour vous remedier, ayant moymefmes telle necefsité de voftre fecours, que fi voftre œil pitoyable ne me
prend à mercy, ie m'affeure (& promptement) de l'extremité de ma vie:
Car cefte beauté extreme m'a tellement captiué & rendu voftre, qu'il ne
fera iour de mon aage, que ie ne louë le lieu, & l'heure qui m'ont aprefté le moyen, pour vous faire entendre la grandeur de la pafsion, que i'ay à
vous aymer pafaitement: laquelle fe conuertira (comme i'efpere) en plus
grand ayfe, receuant de vous le bon vifage, auec la parole & l'efait que i'en
efpere. Or auoit il furpris Niquée fi à l'impouru eu, que toute efperdue ne
fçauoit

sçauoit de prime face s'il estoit, ou quelque Faune, ou autre demy-dieu sil-
uestre : Toutesfois le voyant tant beau, & humble à sa contenance & parole, vestu d'vn tresriche acoustrement de chasse, le cousteau, les couples,
& la trompe au costé, luy tomba au cueur, que ce pourroit estre le Cheualier de l'ardante Espée, qui pour parler à elle plus priuément & sans
soupçon, auoit laissé ses armes. Parquoy fut quasi en termes de se leuer &
luy sauter au col. Mais honte l'arresta, aussi qu'elle ne vid point Buzando,
qui l'estoit allé querir, comme il vous a esté recité. Et d'auantage le pourtrait de luy, qu'elle auoit imprimé au meilleur endroit de son ame, luy fit
lors cognoistre qu'elle s'abusoit. A' ceste cause, rougissant quasi de l'aigreur & petite colere ou elle se trouua, luy respondit : Comment ? beau
sire, a' vous esté tant temeraire de me tenir propos si peu conuenable à ma
grandeur? Retirez vous, Cheualier, retirez vous : car ie vous prometz qu'il
vous en pourroit bien mal prendre. Helas ! dit il, ma Dame, quel mal me
pourroit-on plus faire soufrir, que celuy que ie reçoy vous voyant mal con
tante, & me dedaigner ? encores que ie sois tel, que si me cognoissiez, ne
prendriez parauanture à desplaisir le seruice que ie vous presente: ains vous
en tiendriez honorée & heureuse, vous faisant Dame & maistresse de ma
personne & mes biens ensemble. Qui me fait vous requerir plus asseurément vostre pitoyable bonté m'estre propice, sans me monstrer ceste contenance farrouche & hagarde, auec laquelle vous aurez bien tost fin de la
vie de celuy, qui premier que vous ennuyer, ou desplaire, endurera la mort
de sa propre espée, & en vostre presence, si elle vous est agreable. Et comme il vouloit encores dire, entr'ouyrent vn froissis de branches assez pres
de là : & quant & quant auisa vn Ours venir eschaufé vers eux. Parquoy se
leua soudain de deuant Niquée, ou il estoit à genoux, & mettant l'espée
au poing s'adressa à la beste, qui faillit à le saisir au corps, non pas luy: Car
se destournant luy rua vn tel reuers, qu'il la mypartit en deux. Puys, sans
en faire autre cas, essuyant son espée, la remit au fourreau, pour retourner sur les brisées de son nouuel amour. Mais il aperceut Niquée entre ses
femmes, lesquelles au bruit de l'Ours s'estoient esueillées & trembloient
toutes de grand' frayeur. Neantmoins elles se r'asseurerent à la cognoissance que l'Infante Brizela eut d'Anastarax, auquel elle escria: O' Seigneur
Prince ! que tant heureuse & à propos a esté vostre arriuée vers ma Dame
vostre seur, que vous auez, & nous aussi, secourues. Certes tel langage n'a-
porta moins d'esbahissement à Anastarax, que de plaisir à Niquée: Car
iusques à lors ilz ne s'entr'estoient veuz: ains se nommoient seulement frere & seur par vn commun parler & ouyr dire. Ce qu'Anastarax luy voulant faire entendre, vint l'embracer & luy dit : Veritablement, ma Dame
ma seur, le Soudan a bien peu fait pour nous deux de nous celer ainsi l'vn
à l'autre : Toutesfois, ie pense bien qu'il ayt eu quelque raison, estant vostre presence trop dommageable à ceux, qui ietent l'œil sur voz perfecti-

H ons.

ons. Monfieur, refpondit elle, c'eft ce qui m'a fait pecher enuers vous, vous ayant tenu propos fi mal gracieux : dont ie vous fuplie humble-ment m'excufer, & l'ignorance qui eftoit en moy. Ma Dame ma feur, dit Anaftarax, puys que fortune nous a ainfi affemblez, permettez ie vous prie, que deformais ie vous fois plus compagnable, que ie n'ay efté par le paffé. Sur mon Dieu, monfieur, dift elle, fi le Soudan fçauoit feulement que vous m'euffiez veuë, il n'en feroit vn feul brin ayfe. Parquoy vous nous donnerez congé pour cefte heure, s'il vous plaift, & fuyurez voftre chemin, & nous le noftre, ainfi qu'il nous a commandé. Mais le Prince n'y pouuoit confentir: ains les remonta toutes à cheual, & vouffffent, ou non, les conduit iufques ou elles vouloient aller, non fans foufrir beau-coup. Car, quelque aliance, ou fraternité, qu'il y euft entre luy & Niquée, il euft volontiers pratiqué la loy, que Iupiter & les autres dieux ont refer-ué pour leur deïté, fi honte & la prefence des autres Damoyfelles n'y euf-fent donné empefchement. Et à cefte caufe contraint de fe taire, & beau-coup penfer, prenant congé, & des vnes & des autres, fe mit à trauers les boys, non moins folitaire de gens, qu'acompagné de flammes amoureufes, qui le conduyrent depuys en eftran-ge mifere, ainfi qu'il vous fera dit
cy apres.

Comme Zirfée preuoyant la fin

des amours de Niquée & Anaſtarax, les enchanta tous deux, &
maints autres, qui depuys les voulurent
aller voir.

Chapitre   XXIIII.

Anafta-

ANaſtarax cheminant traité comme il vous a eſté dit, & paſſant païs, ſans tenir ſentier, ny voye, ſe trouua ſi per-plex, à l'ocaſion de ceſte nouuelle & tant deſeſperée a-mytié, que voyant ſon mal prochain, & le remede du tout eſlongné, blaſmant ſoymeſmes, commença à par-ler entre ſes dents & dire : Helas pauure Anaſtarax! qu'auois-tu merité enuers les dieux, pour te punir auec tant de rigueur, que de te faire folement aymer celle, qui pour la proximité du lignage dont tu luy atains, tu dois non ſeulement fuyr en ce regard: mais craindre, qu'autre que toy cognoiſſe ta fole & inceſtueuſe opinion ? Ah triſte infor-tuné ennemy de tout bon heur! aumoins que n'a eſté ton mal couuert, & ta diſcretion manifeſte, pratiquant l'ancien prouerbe, que l'on doit bien cognoiſtre auant que bien aymer ? Certes ſi i'euſſe eu tant de conſi-deration, ny ma ſeur euſt tel auantage ſur moy comme elle a, ny ne me fuſſe pris au filet ainſi que ie me treuue. Parquoy, tout reſolu, le viure d'a-uantage me ſera non pas vie, mais mort nouuelle à chacune heure du iour,

H ii   & pi-

& pire encores durant la nuict. Aufsi deliberoit il fur ce point vfer contre
foymefmes de telle cruauté, que le Soudã euft efté priué de filz, & Niquée
de frere, fans l'arriuée d'aucuns des fiens, qui toute nuict auoient efté en
quefte pour le trouuer. Et le rencõtrans fi à propos difsimula fon entreprife, & auec vn vifage faint & defguifé, reprindrẽt enfemble le chemin de la
ville, ou il ne fut pluftoft defcendu, qu'il entra en fa chambre, & fe coucha
en fon lit tant outré d'amour, que fans doute il eftoit en grand danger de
mort, fi la Royne fa tante (à qui toutes chofes paffées & futures eftoient
prefentes)n'y euft pourueu, arriuant le iour mefmes à Niquée, ou le Soudan fon frere la receut fort honorablement, & encores de meilleur cueur,
quand il entendit d'elle l'ocafion de fon voyage vers luy, qui ne tendoit,
qu'au remede de fon filz, luy declarant la fource de l'inconueniét qui luy
eftoit auenu. A' quoy, dit elle, ie fçauray tresbien remedier, pourueu que
le voulez permettre. Si fut trop defplaifant le Soudan entendant ces nouuelles, & volontiers euft repris, & chaftié Anaftarax de fa folie: Mais Zirfée le pria de difsimuler le tout, pour euiter à pis: l'affeurant, qu'elle luy feroit fi bien fentir & recognoiftre de combien il s'eftoit oublié, qu'il luy en
fouuiendroit toute fa vie: fans toutesfoys luy faire chofe qui ne redondaft
à l'honneur de luy, & des fiens. Dõt le Soudan la remercia afectueufemét.
Et à cefte caufe elle ayant vne foys, ou deux, vifité fon neueu, le pria fe leuer & la conduire feul ou eftoit Niquée, ce qui ne luy fut vn feul brin grief:
ains à demy guery, pour tant bonnes nouuelles, entreprit fort volontiers
tel voyage, & en forte, que le iour mefmes luy & Zirfée furent ou Niquée
feiournoit: de laquelle ilz eurét tel recueil, qu'Anaftarax en oublia la plus
part de fes maux. Mais Zirfée, qui leur apreftoit vn autre bal, entra en la
grãd' falle du Palays, ou elle commanda dreffer vn Theatre à quinze marches le tout couuert d'vn grand drap d'or, & mit au plus haut vne chaife
tant enrichie de Perles, & orfaürie, que fa pareille ne fut onques veuë. Et
neãtmoins la fingularité du lieu fe trouua encores plus recõmandée ence,
que le plancher de la falle fut mué, par Magie, foudainement en vne voufte
de Criftal, fouftenue par piliers & arcz boutans de pur Iafpe, à chacun defquelz fe reprefentoit la ftatue d'vne femme fi au vif, qu'il fembloit propremét vouloir remuer les doigtz pour fonner la Harpe, ou Violõ, qu'elle tenoit entre fes mains. Lors apella Zirfée fa niece, laquelle elle fit veftir d'vn
acouftremét tãt canetillé, & brodé, que Sparte, ny Lacedemone, ne fe pour
roit vanter en auoir iamais paré Dame, ne Damoyfelle, d'vn fi excellant.
Puys luy pofa fur le chef, qu'elle auoit nu, & les cheueux efpars, plus blõds
qu'vn bafsin, vn diademe d'Imperatrix. Et ce fait apella les Infantes Brizele, & Todomire, lefquelles femblablemét elle para de riches acouftremés
& mit fur le chef de chacune corónes fleurónées, faifant affeoir Niquée en
la chaife de parement, & les deux Princeffes à genoux deuant elle, tenans
vn miroir de telle grandeur, que le vif & naturel du Cheualier à l'ardante

Efpée

Efpée s'y monftroit, ny plus ny moins que s'il euft efté là prefent. Dont Niquée esbahye, & quafi rauie de grand plaifir, voyant ce qu'elle aymoit & defiroit fur toutes chofes, receut telle gloire, qu'elle eftimoit eftre mieux logée, & plus ayfe, que les propres dieux au meilleur endroit des champs Elifées, demeurans & Brizele & Todomire fi bien enchantées, & hors d'elles-mefmes, qu'elles perdirent toute autre volonté, que de tenir le miroir efleué, & qui leur auoit efté mis es mains, ainfi qu'il vous a efté dit. Et quant & quant les ftatues dont nous vous parlions n'agueres, fe prindrent à fonner leurs inftrumens, auec telle harmonie, que Orpheus & Amphion euffent efté tenuz pour rudes & grofsiers, s'ilz s'en euffent voulu mefler, pour les egaler, ou ataindre. Et (qui plus eft) mile fleuret-tes de toutes fortes & plus fouëues & odoriferantes, ny que le bouton de Roze en Prouence, ny le Bafme, ou Mirthe, au Caire, ou Damas, furent femées en tous endroitz, voletans entre la voulte & le bas vne infinité d'oyfillons, defgoyfans leur ramage de fi bonne grace, que celuy feroit (vrayment) bien defgoufté, qui n'y prendroit plaifir. Eftans donques les chofes ainfi ordonnées, comme il vous a efté dit, Zirfée (pour rien ne laif-fer derriere, ains embellir le lieu de tout ce qui pouuoit fatisfaire & à l'œil & au cueur) fit par fon art reprefenter, au lieu de tapifferies, les paroys de Criftalin, & au deffus les hiftoires de maintz loyaux amans, la fin & commencement de leurs pourchatz & iouïffances : laiffant au furplus fur chacun des degrez, Lucz, Harpes, Violons, & toutes fortes d'inftrumés, dediez à ceux, & celles, qui entreroient en ce paradis, montans à mont les quinze marches. A' fçauoir les Cheualiers, felon qu'ilz feroient tenuz & eftimez par armes : & les Dames & Damoyfelles, par leur amour & loyauté, fentans & iouïffans de la gloire de Niquée, tout autant & non plus, que leur merite en meritoit. Et neantmoins demeureroient rauiz & tant alienez de toute autre fouuenance, qu'ilz n'auroient bien, ne plaifir, que voir & contempler la beauté & diuinité de cefte Princeffe. Pour l'ex-perience dequoy fortant Zirfée apella Anaftarax, & le pria d'entrer en la falle pour luy dire fon auis de ce qu'il y trouueroit. A' quoy il obeït : mais il n'eut pluftoft franchy le feil de l'huys, qu'auifant Niquée en fa gloire, mit toutes chofes en arriere pour l'aprocher. Et de fait paruint au degré trezeiefme. Aufsi eftoit il tenu pour vn des meilleurs Cheualiers de fon temps. Et là fut rauy de ioye tant indicible, que fans auoir en l'efprit au-tre chofe, que la beauté & excellance de fa feur, demeura à deux ge-noux deuant elle, fi ententif à la contempler, que prenant l'vne des Har-pes, chanta virelais & chanfons propres à fa louange. Ce que voyant Zirfée, paracheua fon fort, & par fes coniurations eftablit loy, que Niquée n'en partiroit iufques à ce, qu'elle en fuft deliurée (& les autres qui y entre-roient de là en auant) par le meilleur & plus loyal Cheualier qui fuft de-puys l'Orient iufques au Septentrion. Ce qu'elle voulut eftre graué en

H iii   certains

certains piliers de Marbre, qu'elle planta deuant le Palays, à fin que tous
ceux & celles qui voudroient entreprendre l'auanture, sceussent le bien &
le mal, qui leur en pourroit auenir. Et quant à vous, Anastarax, dit elle,
soyez seur, que la clarté, dont voz yeux se paissent à present, sera conuertie en tenebre & obscurité, du iour que vostre seur retournera en son premier estre, & telle sera vostre destinée iusques à tant, que vienne vers vous
celle, qui par sa grande beauté amortira l'amour fole, que vous auez porté
& portez à Niquée. Mais à peine eut elle donné tant rigoureux arrest,
qu'elle apella les autres Damoyselles de Niquée, pour tenir compagnie à
leur maistresse. Ce que voulans faire entrerent en la salle. Lors se prindrét
toutes à danser & amasser fleurettes, dont elles firent guirlandes & chapeaux: sentans en elles mesmes tant de gloire, que(sans penser à autre chose qu'à l'ayse de celle qu'elles voyoient en telle diuinité) d'vne voix acor-
dante, & se tenans par les mains, chanterent toutes, & sans cesser, telle
chanson:

Lucelle, Onolorie, & Onorie,
Ny du Soleil la lumiere inuoquée
Ne s'esgalent nullement à Niquée.

Ayant donques Zirfée ainsi ba-

sty & paracheué son entreprise, laissa enchantez tous ceux qui estoient
entrez au Palays, menans la vie telle qu'il vous a esté recité. Et au sortir du
lieu la porte se trouua si embrasée & pleine de Soufre, obscurité, feu, &
flamme, qu'onques la fournaise du mont Gibel ne fut plus abhorrente, ny
espouuentable, tant à ceste ocasion, que pour l'escriteau mis aux piliers,
dont nous parlions n'agueres. Puys retourna vers le Soudan son frere,
auquel elle recita l'auanture telle que l'auez entendue, l'asseurant, que
gloire & honneur en viendroit à luy & aux siens. Dont il se consola aucunement, encores que de prime face l'absence de ses filz & fille luy fust
mal aysée à digerer: la renommée desquelz vola en peu de iours par tout
le monde, & vindrent plusieurs, tant des marches prochaines, que loingtaines, esperans esprouuer l'auanture: mais nul fut si hardy, ny osé, ayant
leu les defenses de Zirfée, & consideré le danger aparant, passer les bornes: ains saignerent tous du nez, reprenans leur chemin auec leur cour-
te honte. Et à tant sufira pour ceste heure, & retournerons à l'Empereur
pere d'Onolorie, & à ce qui auint à Amadis de Grece.

Comme

Comme l'Empereur de Constan-

tinople assembla grosse armée, pour courre sus à l'Empereur de
Trebisonde, & venger l'iniure de Perion & Li-
suart de Græce.

Chapitre　　X X V.

L vous a esté recité amplement la maniere que Lisuart
de Grèce, & l'Infante Gradafilée, sortirent de la grande
cité de Trebisonde, & leur embarquement, pour tirer &
faire voyle en Constantinople, ou le vent leur agrea si
bien, que (sans destourbier quelconque) y prindrent
port, & les receurent l'Empereur son pere & les autres
Princes auec tant de ioye, que l'on pourroit penser, mesmes Perion, le-
H iiii　　　quel

quel peu auparauant leur auoit r'aporté l'iniure & le mal traitement, que
l'Empereur de Trebifonde leur auoit fait . Et à cefte caufe delibererent
luy mener guerre, efperans que(voufift ou non)le mariage cómencé d'O-
nolorie auec Lifuart prendroit fin , ou le païs demeureroit entierement
ruyné. Et pour ce faire depefcha l'Empereur Efpládian Embaffadeurs vers
le Roy Amadis, & autres fes alliez, leur requerant de toute afeétion ayde
contre le plus ingrat Prince de la Creftienté : & pour chofe qui ne leur
touchoit moins qu'à luy mefmes, ainfi que ceux qu'ilz leur portoient la parole auoient creance de leur dire & declarer, lefquelz arriuerent quelzques
moys apres en la grand' Bretaigne, ou ilz trouuerent le Roy Amadis , qui
fut trefmarry de ces nouuelles , confiderant la confequence qui pouuoit
auenir de telle entreprife. Mais le Cheualier de l'ardante Efpée prefent luy
promift eftre des fiens, & le fuyure tant qu'il luy plairoit: dont le Roy luy
fceut tresbon gré, & l'en pria inftamment. Et au refte fit apeller fes hómes:
& pouruoir à tout ce qui eftoit neceffaire pour vn tel voyage. Dőt la Royne Oriane auertic, dift, qu'elle n'habandonneroit iamais le Roy, ains iroit
voir encores vn coup fon filz Efplandian, ou l'acompagneroient la Royne
de Sobradife femme de Galaor, & la Princeffe de Sicile, qui(à parler veritablement)auoit dreffé la partie pour plus n'efloigner ny de l'œil, ny de
la penfée Amadis de Grece : lequel ayant du tout mis en oubly Niquée, ne
prenoit plaifir qu'à luy complaire, & rédre obeïffance: ce qui luy dura peu
ainfi que prefentement vous cognoiftrez. Le temps dőques venu, que tous
les Princes & Seigneurs apellez pour ce voyage furent affemblez, & defia
leurs gens entrez en mer, & eux preftz à faire voyle, fortans les Roys Amadis, Galaor, Floreftan, Agraies, Quedragắt, & le Prince Olorius, de table,
furuint vne Damoyfelle eftrangere, laquelle demanda tout haut, fi de
bonne fortune vn nommé le Cheualier de l'ardante Efpée eftoit point en
cefte haute compagnie : lequel prit foudain la parole , & luy refpondit,
que c'eftoit il, pour luy faire feruice, ou elle en auroit befoing. Sire Cheualier, dit la Damoyfelle, venant d'vn affaire mien, i'ay rencontré à fix mile
de ce païs cinq hommes armez , qui enleuoient par force vn Nain, lequel
pleurant & fe defconfortant à meruedles m'a priée, aufsi toft qu'il m'a auifée, que ie vous vinfe trouuer ceans , & faire entendre, que Buzando (qui
eftoit luymefmes) retournant du lieu ou vous l'auiez enuoyé, & auec la
refponfe telle que la defiriez , eftoit emmené prifonnier par ceux dont ie
vous parle, & vous fuplie treshumblement le fecourir ainfi que vous auez
fait autresfoys. Comment? Damoyfelle m'amye, refpondit il , eft donques
Buzando ainfi traité à mon ocafion ? Ouy certes, dit elle : & fi vous auife
que l'vn deux eft Geant & fi farrouche, que de grand' crainte ie n'ay ceffé
de courre tant que ie foys defcendue en ce Palays : Parquoy pouruoyez y
ainfi qu'il vous femblera pour le mieux . Haa, Sire, dit il, s'adreffant au
Roy Amadis: pour Dieu permettez que ie ne faille au pauure Nain ! &
que ve-

que venant pour mes affaires, il ne tombe en si mauuais logis: vous asseurant, Sire, que ie ne faudray à vous venir retrouuer, soit en ceste mer, ou en
l'autre. Et quand bien vous arriuerez deuant moy en Constantinople, ie ne
vous en eslongneray pourtant de gueres. Ce que le Roy ne luy peut refuser, encores qu'il luy pesast fort. Et à ceste cause montant Amadis de Grece à cheual, acompagné d'Ordan son Escuyer, sans plus, prit la voye que
luy enseigna la Damoyselle pour trouuer Buzando. Et huit iours apres
voyant le Roy qu'il n'en auoit nouuelles, entra en ses vaisseaux, & auec
sa flote leua les ancres, & fit voille droit aux gardes, qu'il passa & plus outre, sans fortune, iusques en Constantinople, ou l'Empereur Esplandian,
Perion, & Lisuart, les receurent magnifiquement. Et par ce qu'ilz auoiēt
temps & saison propre, & leur equipage prest, pour l'entreprise de Trebisonde, ne firent long seiour en Thrace: ains poursuyuans leur dessein, vn
lundy à l'aube du iour deslogerent, sonnans l'artillerie, trompettes & clairons de toutes parts. Et au partir singlerent en la mer de Pont, bien deliberez de faire cognoistre à l'Empereur leur ennemy sa folie & temerité: Mais
il pensoit bien ailleurs, & mesmes la Princesse Onolorie renfermée estroitement, ainsi que nous auons fait mencion.

Comme la Princesse Onolorie a-

coucha secretement d'vne fille : Et des regretz qu'elle faisoit pour
l'absence de son mary & amy,

Chapitre   XXVI.

Par

Ar le difcours de noftre hiftoire vous auez leu cy deuant la forte, que l'Empereur fit remettre Onolorie prifonniere en la tour, ou elle fechoit à veuë d'œil, ainfi que
la fueille fur l'arbre mort, regrettant & apellant fon Lifuart à toutes heures. Mais il auoit pris autre chemin,
dont elle auertie fe contriftoit tant que merueilles, difant à tous propoz: Helas mon cher amy! à quoy penfez vous maintenant
pour laiffer ainfi feule & defauorifée celle, de qui l'efperance eft plus que
demye morte? Car tout ainfi que l'ombre s'augmente au departir du Soleil
& rend l'obfcurité effroy aux cueurs timides, & mal affeurez: femblablemét vous abfent & hors ma veuë, paour me tient tellement affiegée, qu'elle ne m'habandonne vne feule heure, ains fait ce qu'elle peult pour me faire perdre vous & ma vie enfemble. Parquoy, ô ma douce lumiere, & mon
feul Soleil! auancez vous, & venez rendre la clarté à mon efprit, lequel eft
maintenant fi ofufqué de nuage mortel, que les premieres nouuelles que
vous aurez de moy pauurette, fera (comme ie penfe) la fin defefperée de
voftre Onolorie, qui ne vous regrette & apelle moins à fon fecours, qu'elle eft ayfe, & ioyeufe de voftre liberté & deliurance. Et toutesfois la peine qu'elle enduroit à l'heure n'eftoit que rozée, au refpect du defplaifir
qu'elle eut peu apres, cognoiffant affeurément eftre empefchée & groffe
pour la feconde foys: qui luy venoit tant mal à propos, que (fi Dieu n'y euft
pourueu) elle fe fuft defaite, & precipitée: Mais elle fe defcouurit à vne fien
ne fidele feruante, nommée Briza, la loyauté de laquelle peut tant, que fur
la fin du dernier moys elle parla à vn valet, qui auoit la charge de leur por-

ter

ter leurs prouifions & petites necefsitez , & le fondant de loing commença à luy dire,qu'elle luy mettroit volontiers vn affaire fien entre les mains,
fi elle le cognoiffoit fecret,& pour bien le taire , & dont il luy pourroit a-
uenir grand profit,s'il le faifoit ainfi.Or n'eftoit il des plus riches du monde,ains prefque necefsiteux:parquoy,oyant fi belle promeffe, apella Dieu
plufieurs foys à tefmoing , que pluftoft la vie luy faudroit , que iamais declarer ce qu'elle luy voudroit dire en priué. Mon amy (dit elle) i'ay long
temps a promis mariage à vn Cheualier, à la foy duquel il a eu de moy ce
que le mary peult auoir de fa femme efpoufée, tellement que (pour venir
au point) ie me fens groffe & bien pres du terme . Et à cefte caufe ie te prie
trouuer quelque norriffe à mon enfant , & fous la plus honnefte couuerture qu'il te fera pofsible(pour mon honneur)donner ordre qu'il foit nor-
ry.Celà feray-ie bien,refpó dit il,ma femme eft norriffe & noftre filz mort
ie luy commanderay entretenir fa mammelle , & vous deliurée me deua-
lerez dans vn pannier ce que Dieu vous enuoyra , & du refte ne vous en
donnez peine : ie fuis du tout à voftre commandement, dont Briza le remercia de bon cueur:Et auec quelque efcu,qu'elle luy donna,ne luy en tint
depuys propos , tant qu'Onolorie vint aux angoiffes , que les femmes a-
pellent trauail. Et voulut Dieu enuoyer à la Princeffe vne fille tant belle,
que la mere mefme s'en efmerueilla, & la baifant plus d'vne foys la larme
à l'œil,pria qu'on l'enuelopaft en langes & drapeletz preparez de longue
main, & qu'elle auoit autresfoys enfermé entre fes plus precieux ioyaux.
l'vn defquelz Briza laiffa par mefgarde, faifant le petit paquet de l'en-
fançon,pour bailler au norrifsier. Puys mettant le tout en vne corbeille,le
deualla par la feneftre ainfi qu'il auoit efté auifé au parauant . Et le receut
le valet fi à propos, que(fans eftre veu de nul) le porta à fa femme, laquelle
en fit grand' fefte,& plus encores trouuant le ioyau,qui eftoit vn carcan de
pierreries d'ineftimable valeur, qui fut caufe peu apres de faire abfenter
mary,femme,& norriffon. Et craignans qu'on ne le leur demádaft, entreprindrent l'aller vendre en eftrange terre , & aquerir biens & heritages
pour viure opulemment. Ainfi trouflerent bagage & vindrent toute nuict
à vn port de mer,ou ilz s'embarquerent,faifans voyle en Alexandrie. Mais
Briza voyant, que leur pouruoyeur ne retournoit ny le lendemain , ny le
iour fubfequent, leur porter à manger, comme il fouloit , fe va auifer du
carcan , qu'elle luy auoit baillé par mefgarde, & penfa aufsi toft, que celà
pourroit eftre caufe de le faire abfenter pour le defrober . Toutesfoys cefte
perte ne fit à Onolorie,ny à elle, tant mal au cueur, comme la faim, qu'elles enduroient. Aufsi euffent elles trop foufert,fi de fortune Briza,mettant
la tefte en la feneftre n'euft aperceu vn Efcuyer qui paffoit,lequel elle apella, & luy dit:Amy,ie vous prie faites entédre à l'Imperatrix,que ma Dame
la Princeffe fe treuue mal,& fi y a tátoft trois iours,que nous n'auonspoint
eu à manger.Ce que venu à la cognoiffance de la bóne Dame,fit fon pofsible

ble pour obtenir de l'Empereur qu'elle allast visiter sa fille : mais il le luy
denya tout à plat. Ce pendant Zaïr, qui brusloit d'amour (quelque deliberation qu'il eust fait de ne tenir iamais conte d'Onolorie, ayât de si longue
main adoré les fueilles de l'arbre, sur lequel vn autre s'estoit branché) ne
sceut tant commander à soymesmes, qu'il peust trouuer moyen d'amortir
ce feu tant enflammé, ains, le sentant augmenter en luy d'heure à autre, entreprit, quoy qu'il luy en deust auenir moyenner le remede à son mal, & se
reconsilier auec l'Empereur, esperant enleuer puys apres s'amye, & auoir
d'elle (vousist ou non) ce qu'il y pretendoit, dont auint le trouble, qui vous
sera recité cy apres.

De la grande trahison, que fit Zaïr

Soudan de Babilone, pour rauir Onolorie : & de ce
qui en auint.

Chapitre   XXVII.

E cruel tyran Amour, pour plus asseurément desrober
le cueur de la personne, y entre quelque fois auec tant
d'ypocrisie, & sous telle couleur, qu'il s'en saisist & rend
possesseur paisible, plustost quasi qu'on ayt cognoissance, ny de son nom, ny de son pouuoir, alienant à ceste
ocasion les espritz de sorte, qu'il les conduit du tout

à sa

à fa volonté, & bien fouuent hors les limites de raifon, ainfi qu'il en prit
au Soudan Zaïr, lequel auifant auec fa feur la maniere qu'il pourroit iouïr
de s'amye, trouuerent (pour le plus expediant) que puys que la force des
armes eftoit inutile en ce cas, qu'ilz auroient recours à celle de l'efprit &
induftrie. Or auoit le Roy d'Egipte fait dreffer au precedant fes tentes au
pied de la tour, ou eftoit Onolorie prifonniere, & vers la part qui regardoit la foreft, qui fembla à Zaïr lieu affez commode à miner, & par là entrer dans la forterefse, prendre, & fe faifir de s'amye en telle heure, qu'elle
feroit pluftoft mife dans fes vaiffeaux, que la rumeur ou alarme en vint à la
ville. Ce qu'Abra ne trouua point malayfé, donnant la charge de ce faire
au Prince d'Antioche Corumbel, homme fpirituel, cault, & de prompte
inuencion, qui y befongna fi dextrement, & auec telle fubtilité, que premier que le moys fuft hors il auoit ouuert la mine & pouffé fi auant, qu'on
entroit dedans la tour fans contredit. Dont Zaïr auifé commanda, que le
plus couuertement qu'il feroit pofsible on retiraft fon armée de mer le lóg
de la cofte aprochant plus la foreft: & fit embufcher trois mile hommes
dans vn efpais taillis, pour enclorre l'Empereur & ceux qu'il menoit à l'affemblée le lendemain, ou le iour d'apres, ainfi qu'il efperoit, commandant
au Prince d'Antioche fe tenir preft & fe faifir d'Onolorie incontinent,
qu'il le luy feroit fçauoir, puys en toute diligéce la luy amener en fes vaiffeaux. Et comme il eut pourueu à tout ce qui luy fembla propre pour telle entreprife, vint le foir vifiter l'Empereur, auquel (apres quelque cómuns
propoz qu'ilz eurent enfemble) luy dit, qu'aucuns des fiens luy auoient raporté auoir veu en la foreft vn bien grand Cerf, qu'il courroit volontiers,
s'il luy venoit à plaifir, & eftre de la partie. Et à fin, monfieur, dit il, que le
paffetemps ne máque en rien, nous y menerons les Dames, que ie feftoye-
ray fous la ramée la plus fraifche & plaifante qu'il eft pofsible. Ce que
l'Empereur trouua bon, eftant lors trop eflongné de foupçon, & fans nullement penfer à fi grande trahifon qu'on luy batiffoit, & dont il fe trouua affeuré le lendemain, peu apres qu'il fut entré en la foreft, ou le paillard Zaïr le guidoit, acompagné de l'Imperatrix, des Infantes Gricilerie, Griliane, & autres Dames & Damoyfelles, qui trop à l'impourueu
furent enclofes & faifies par l'embufche, difant Zaïr à l'Empereur: Par
dieu, damp vieillart, vous payerez maintenant l'vfure de tant de maux &
outrages, que moy & mes predeceffeurs auons receu de vous & des voftres, & viendrez m'acompagner en Babilone. S'il fut lors esbahy il eft ay
fé à croyre: & toutesfois, comme Prince magnanime qu'il eftoit, refpondit vertueufement au Soudan: En Babilone iray-ie dóques, puys qu'il vous
plaift, & acompagneray le plus grand trahiftre & defloyal, qui foit fous le
ciel: à la charge, que Dieu iufte & tout puiffant me permettra telle mef-
chanceté demeurer impunie. Mais Zaïr ne fit pas femblant de l'entendre,

I ains

ains commanda qu'on auançaſt de le mener en ſes vaiſſeaux, & les Dames
auſsi. Ce que voyant l'Imperatrix & les autres, plus mortes que viues, tomberent ſur l'herbe, ou elles furent priſes & portées iuſques en la nauire du
Soudan, & l'Empereur en vne autre, dont le Prince d'Antioche auerty
entra par la mine iuſques ou eſtoit Onolorie, laquelle auiſant Corumbel &
ſes gens armez, penſa de prime face que ce fuſt Liſuart qui vint la ſecourir:
parquoy ſe leuât de grand' ayſe vint l'embracer. Mais Corumbel, qui auoit
la veuë de ſon heaume baiſſée, ne luy ſonna mot, ains la prit par la main, &
la conduit par dedans la mine iuſques dehors, ou ilz trouuerent montures & equipages pour deſloger. Si la monterent à cheual, & prindrent en
toute diligence le chemin du bois droit au riuage de la mer, à quoy Onolorie ne reſiſtoit vn ſeul brin : ains (eſtiment eſtre es mains du perſonnage
viuant qu'elle aymoit le plus) elle meſmes mettoit peine à ſe couurir & celer tant qu'ilz rencontrerent Zaïr, qui venoit au deuant, lequel recogneu
de la Princeſſe, vid bien qu'elle eſtoit deceuë, & d'effroy ieta vn haut cry:
O' Dieu! dit elle, & qu'eſt cecy? & ou me veulent conduire tant de gens enſemble? Ma Dame, reſpondit le Soudan, ilz ſont tous voſtres, & à voſtre cô
mandement, puys que moy (eſtant leur Roy & Prince) ſuis voſtre, & vous
maiſtreſſe & Dame de moy & de mon cueur. Et ſans conſommer le temps
d'auantage en paroles, piquerent roy de tant qu'on la deſcendit ou deſia
eſtoit l'Imperatrix: mais ſeparée, & en vne autre chambre. Lors furent les
ancres leuez, & ſinglerent droit en Babilone, s'eſtimant Zaïr tant contant & ſatisfait, qu'il perdoit quaſi toute contenance, tenant touſiours
entre ſes braz la Princeſſe Onolorie, laquelle baiſant & careſſant luy promettoit mons & merueilles: Car, diſoit il, vous ſeule eſtes mon bien, ma vie
& mon confort : Toutesfois la triſte Dame n'en faiſoit cas, ains le reietoit
trop arriere de ſon intention, & iuſques à ce que conſiderant force n'auoir
lieu en ceſt endroit, luy fut vn peu plus gracieuſe. Non que pourtant il mô
ſtraſt iamais ſemblant de vouloir vſer de violence contre ſon hôneur, ains
ſe maintenoit auec telle courtoyſie & diſcretion enuers elle, que combien
qu'il peuſt cueillir le fruit qu'il auoit plus deſiré, ſi ne voulut il s'oublier
iuſques là, que de toucher ſeulement à l'eſcorce de l'arbre plus qu'il ne deuoit, faiſant eſtat en ſoymeſmes aquerir auec le temps & de grace ce, qui
luy eſtoit lors denié de gré. Pour à quoy parrenir vſoit enuers elle, de
toutes les gracieuſes remonſtrances qu'il luy eſtoit poſsible, iurant &
affermant, qu'il luy feroit telle & ſi honneſte compagnie, que le receuant pour mary elle luy pourroit commander comme à amy. Parquoy
ie vous ſuplie, diſoit il, ne m'eſtre ſi peu fauorable, que me denier voſtre
bonne grace, & ce que ie doy & merite auoir de vous, comme eſtant le
premier & plus grand de voz amys. Et ainſi tombant de priere en requeſte
oublia ſa premiere deliberation, en ſorte qu'il vouloit venir au fait, & vſer
de main

de main mife,quandOnolorie fage & bien auifée,luy mit deuant les yeux
ne deuoir prendre fur elle & par force vn plaifir de fi peu de durée , pour
mefprifer vn perpetuel contentement : Car fi vous voulez temporifer , difoit elle, que nous ayons pris terre, & faire puys apres ce dont ie vous veux
requerir,vous aurez de moy par amour, & pour toufiours ce,que vous pé-
fez prendre par violence. A' quoy ie me delibere refifter de forte,que pluftoft me fera la mort aydant, que ie perde ce que i'ay toufiours le plus fo-
gneufement gardé.Et ainfi parlant Onolorie, difsimula fi prudemment fa
penfée, que Zaïr contant fe retira , luy laiffant fa feur pour compagnie. Et
tandis vindrent les nouuelles de ce mechef en la ville , dont fut l'efmeute
fi grande,que chacun courut aux armes, & arriuerent au lieu ou auoit efté
faite la furprife, & iufques au riuage de la mer:mais n'ytrouuans plus hom
me, nauire,ny voyle,leur dueil fut fi extreme,fpecialement quand ilz defcouurirent la mine : par laquelle Onolorie auoit efté rauie, que pleurans
les vns, & fe defolans les autres , murmuroient indifcretement contre le
vouloir de Dieu , ayant permis leur bon Prince, & tout le fang imperial
eftre tombé es mains du Payen trahiftre & malheureux, eftimant le tord
qu'on auoit fait au bon Lifuart feul moyen de tout ce defaftre, auquel ne
pouuans remedier par force d'armes,eurent recours à ieufnes, & oraifons,
pour apaifer l'ire du Seigneur Dieu , le fuplians de cueur & afection auoir
pitié d'eux, & de leur bon Empereur, qui peu apres fut fecouru, ainfi qu'il
vous fera dit.

Comme l'Empereur de Trebifon-

*de & fa compagnie furent recoux , Zaïr occis, & fon armée de-
faite, par celle du Roy Amadis de
Gaule.*

Chapitre   XXVIII.

I ii   Nous

Ous auons laiſſé n'agueres le Roy Amadis, & les autres
Princes Creſtiens embarquez, en deliberation de courir ſus à l'Empereur de Trebiſonde: mais la chanſe ſe
tournera en brief: car au lieu de luy porter dommage, il
ſera ſecouru, par la plus grande auanture que l'on ſçauroit eſtimer. Eux donques nauigans la mer de Pont, deſcouurirent d'aſſez loing la flote du Soudan Zair, qui (reueſtu de ſa proye)
ne penſoit qu'à entretenir Onolorie, quand ceux qui eſtoient aux cages &
hunes, pour faire guet, luy vindrent raporter, qu'ilz auoient deſcouuert
gens en mer & groſſe flote de vaiſſeaux. Au moyen dequoy chacun courut
aux armes, apareillans tout ce qui eſtoit beſoin pour bien ſe defendre &
aſſaillir. Mais s'ilz eſtoient peu negligens à tel affaire, la part du Roy Ama
dis ne s'y monſtroit nullement pareſſeuſe: ains vindrent & à force de vent
& d'auirons droit aux autres, à l'aborder deſquelz le ciel s'obſcurcit, tant
fut tiré & canonné des deux coſtez, deſcochans traitz & fleches en telle
quantité, qu'il ſembloit d'vne greſle tombant au mois de Mars: puys ſe ioignirent, & auec crocz & agafes ſe couplerent ſi furieuſement, qu'on vid
en moins d'vn quart d'heure maintes poupes briſer, prouës s'entr'ouurir, boys s'eſclater, & les plus gros vaiſſeaux n'atendans autre ſecours,
que le prochain naufrage, ſpecialement ceux du Soudan, le nauire duquel fut abordé par Perion & Liſuart, qui le recogneut toſt apres: &
pour ceſte cauſe eſpris d'vn deſir de vengance, luy & ſa troupe firent
tant de deuoir, & d'armes, que ſans la reſiſtance & empeſchement, que
leur donnerent le Roy d'Egipte & autres des plus preux Cheualiers, dont
le nauire eſtoit bien garny, ilz l'euſſent forcé de ceſte charge, durant
laquel-

laquelle les Roys Galaor & Floreſtan aſſailloient viuement le vaiſſeau
ou eſtoit le Prince d'Antioche, qui ne peut tant bien ſe defendre, que
finablement luy & les ſiens furent mis à fons. Et en ces entrefaites l'Empereur de Conſtantinople, le Roy Amadis, Quedragant, Angriote,
& le reſte des Princes, Roys, & Cheualiers Creſtiens, entrerent peſle
meſle. Et fut ceſte rencontre trant aſpre & dangereuſe, que pluſieurs com-
batuz de feu, de fer, & d'eau, y perdirent la vie. Et ſe monſtra ce iour fortuné & fauorable, non pas aux Payens, ains à leurs contraires, dont Abra
trop dolente & eſplorée apella Macartes, & pleurant à chaudes larmes luy
dit: Or voy-ie bien à ceſte heure malheur pretendre à noſtre ruine! Trouuez, ie vous prie, moyen de me ſauuer, & que ie ne tombe point es mains
de tant d'ennemys. A' ceſte parole Macartes auiſé fit deſcendre Abra
en vn petit brigantin, & luy auec quelques matelotz, ſans plus, prindrent
le haut, & à force de rames euiterent la fureur, qui leur eſtoit preparée
prenans port quelques iours apres es parties de Ieruſalem. Ce pendant Liſuart & ſa troupe combatoient fort & ferme le vaiſſeau du Soudan, dans
lequel il entrerét, vouſiſt ou non Zaïr, qui fut rencontré a l'inſtant par Liſuart: Ha paillard, dit il, par dieu ie vous garderay bien, premier que m'eſchapez, de plus marcher ſur mes marches, qui ſera deſormais exemple
pour les autres. Mais Zaïr n'auoit pas loyſir de l'eſcouter, & moins d'atendre: ains connillant puys ça, puys là, trouua façon (penſant retarder
quelque heure de ſa prochaine mort) entrer dans la chambre d'Onolorie,
& là arreſté, fut ſi mal receu, qu'il tomba par terre tout roide mort, d'vn
coup que luy donna celuy qui le pourſuyuoit, lequel Onolorie recogneut
à l'inſtant. Et Dieu ſçait lors ſi ſa triſteſſe fut conuertie en plaiſir. A' quoy
participerent grandement l'Imperatrix & les autres Dames & Damoyſelles, toutes à l'heure retirées auec Onolorie. Et les trouuát Liſuart ainſi iointes & tant ineſperément, aſſeurez-vous qu'il n'en fut moins esbahy que
ioyeux: parquoy laiſſant Zaïr eſtendu, & ſecouant encores le iarret, s'aprocha d'elles, & mettant le genoil en terre leur fit vne treſgrande reuerance.
Mais il fut incontinent releué & embracé de toutes. Ce pendant le Roy A-
madis, l'Empereur de Conſtantinople, Galaor, & les autres, executerent
leur victoire ſi valeureuſement, que de tous les vaiſſeaux du Soudan, peu,
ou point, demeurerént ſans naufrage, ou priſon. Entre leſquelz ilz trouuerét à la cadene & auec les forçatz l'Empereur de Trebiſonde, le Roy de la
Breigne, le Duc d'Alaſóte, & pluſieurs Princes & Cheualiers, aux quelz ilz
monſtrerét à l'aborder ſi mauuais viſage, que Galaor s'adreſſant à l'Empereur de Trebiſonde, luy dit: Par dieu, monſieur, ce n'eſt pas ſans raiſon ſi
vous auez eſpouſé le lieu que vous tenez, ayant fait le traitemét à mes deux
neueux tel que i'ay entédu. Auſsi, qui me voudra croyre, vous n'en partirez
pas ayſément. Làs combien ceſte parole fut grieue à digerer au vieillart deſolé, qui de grand Empereur eſtoit en vn inſtant deuenu captif & eſclaue,

I iii   & en-

Et encores n'est il asseuré de pis . Au moyen dequoy les grosses larmes luy tombans des yeux le long de sa blanche & longue barbe, ne sceut autre chose respondre, sinon suplier humblement, qu'on eust pitié de luy, & qu'il amenderoit en toutes sortes, & par tel iugemeut que l'on voudroit, le tord dont il estoit acusé . Et faisoit ceste requeste auec tant de compassion, que ceux mesmes, qui au parauant luy eussent donné volontiers la mort, se trouuerent fauorables à son ayde, le mettant en liberté & les autres aussi, qui tous furent embracez du Roy Amadis, auquel l'Empereur commença à raconter la sorte, que Zaïr l'auoit deceu , & les menaces dont il luy vsoit à l'heure qu'il commanda l'enferrer . Mais tout celà m'estoit peu, disoit il, au respect de l'ennuy que ie portois pour l'Imperatrix & autres, qu'il desroba quant & moy , la mort desquelz m'est certes encores plus douteuse, que l'asseurance de leur vie. Car aussi tost qu'il eut la possession de nous , il nous separa, & onques puys n'en ay peu auoir nouuelles . Et cóme il estoit en ces termes arriua vn Gentilhomme dans vn esquif, qui de la part de Lisuart leur venoit faire entendre la mort de Zaïr, & le butin qu'il auoit conquis, ayant les Dames en sa compagnie: dont eux tous louërent grandemét nostre Seigneur . Et, sans plus differer, commanderent , qu'on ioignist les vaisseaux ensemble. Et vindrent ces Seigneurs trouuer l'Imperatrix, Onolorie, Gricilerie, & toute ceste belle troupe. Mais quand Lisuart auisa l'Empereur de Trebisonde, le cueur luy commença à fremir du tout, & en sorte que quasi tremblant non moins d'ayse que de fureur, ne se peut tenir de luy dire : Ah, ah Sire ! Dieu iuste vous a fait sentir le tord que vous m'auiez pourchassé , me condannant sans nulle offense, & pour chose, qui vous estoit plus honorable, que l'aliance d'vn chien infidele, qui a receu le loyer de son merite, ainsi qu'ont peu voir de leurs propres yeux l'Imperatrix, & mes Dames voz filles. Ie vous prie, respondit il, oublier celà, & me pardóner. Or auoit ignoré iusques à lors l'Empereur, qu'Onolorie fust au pouuoir du Soudan , ains la pensoit asseurément en Trebisonde : Mais quand il l'auisa, cósiderant le danger ou il s'estoit trouué, & l'ocasion que Fortune luy aprestoit, pour se reconsilier auec ceux qu'il auoit tant iniuriez, continuant son parler à Lisuart, luy dit : Veritablement, mon filz , ie confesse, que ie fu tresmal auisé en vostre endroit . Mon filz , vous puis ie certes bien nommer: car desmaintenant ie vous donne ma fille (s'il vous plaist me faire & à elle l'honneur de la receüoir) pour vostre femme & espouse, à la charge que d'oresenauant la iuste inimytié, que vous auez eu en moy sera du tout amortie, & demeureray vostre pere & amy: & vous mon gendre & seul heritier. Ce que Lisuart luy acorda volontiers, remettant par l'auis de tous les Seigneurs & Dames la consommacion du surplus à leur arriuée en Trebisonde . Et par ce que ie n'ay fait aucune mention au commencement de ce chapitre que deuindrent la Royne Oriane, Lucelle, ny les autres Princesses venues de la grand' Bretaigne , depuys leur arriuée en

Con-

Conſtantinople , il vous faut entendre , qu'elles ſuyuirent touſiours les Roy Amadis : & encores eſtoient elles en ſa flote à l'heure que l'armée de Zaïr fut deſcouuerte : Mais elles ſe retirerent auec quelques vaiſſeaux pour leur garde , le long d'vn eſcueil , & n'en partirent tant que le combat dura , & iuſques à ce que le Roy leur manda comme le tout eſtoit allé, la mort du Soudan , & le butin qu'il emmenoit par force en Babilone, qu'il leur prioit venir voir , & participer à l'ayſe de ſon filz Liſuart, eſtant acordé le mariage de luy & d'Onolorie. Ce qui pleut grandement à la Royne, & non pas moins à l'Imperatrix de Conſtantinople, leſquelles arriuées ou l'on les atendoit en ſi bonne deuotion , apres le recueil & reuerances faites d'vne part & d'autre , & maints propoz propres à ſi grande faueur de fortune, Liſuart & Onolorie fiancez par main de Preſtre , fut mis en auant le mariage de Perion auec Gricilerie, lequel ſemblablement acordé , le butin & deſpouille de leur victoire recueilly pres & loing, & tout ordonné ainſi qu'il eſtoit requis, tirerent droit en Trebiſonde , ou ilz prindrent terre, & aſſez pres de la ville dedans le huitieſme iour. Ce qu'entendu par le peuple , courut au deuant à ſi grand' foulle, qu'il ne demeura quaſi entre les murs de la Cité homme, féme, ny enfant, qui ſe peuſt mouuoir: ains menans la plus grande ioye du monde, vindrent receuoir leur Prince & ſa compagnie, qu'ilz conduirent au Palays , deuant lequel , & premier que la ſemaine fuſt hors, on proclama (& par tout l'Empire auſſi) les noces de Liſuart & Perion, auec les Infantes Onolorie & Gricilerie, au vingtieſme iour du moys prochain : pour honorer leſquelles l'Empereur tiendroit Court planiere , & vſeroit de ſa liberalité & magnificence à ceux qui vaincroient les tournoys & combatz de plaiſir, qui y ſeroient dreſſez. Et que par-tát tout Cheualier portant armes, fuſt eſtranger, ou autre, y ſeroit receu & bien venu . Or s'equipe donques qui voudra tandis que ces amoureux content de leurs fortunes paſſées , & retournons à Buzando, qu'Amadis de Grece vouloit ſecourir, ainſi que nous diſions n'agueres.

Qui furent ceux qui emmenerent

Buzando : Et de l'arriuée d'Amadis de Græce à Alfarin,
pourſuyuant touſiours ſon entrepriſe.

Chapitre   XXIX.

I iiii   Il vous

IL vous a autresfoys esté recité, que le Roy Mostruon & son frere vindrent en la grand' Bretaigne, & la sorte qu'ilz y finirent leurs iours, pensans venger la mort du Roy de la Sagitarie. Or estoit demeuré en leur vaisseau, & atendant le fruit de leur entreprise, vn leur cousin Geant, nommé Mouton de Lica, homme cruel & plus superbe qu'autre de son temps, lequel ennuyé de la demeure que faisoiét Mostruon & son frere à retourner vers luy, depescha vn Gentilhomme des siens, apellé Leorico, pour aller s'enquerir par toute la contrée qu'ilz estoient deuenuz. Si n'en fit longue enqueste, qu'il entendit asseuré-ment leur mort. Dont Mouton receut tant d'ennuy, qu'il delibera, auant haucer les voyles, porter quelque dommage au Roy Amadis. Et de fait sortit luy quatreiesme, & s'embuscherent quelques iours à six lieuës de Londres, ou de fortune Buzando le Nain les rencontra : & sçachant de luy qu'il alloit pour trouuer le Cheualier de l'ardante Espée, fut arresté, pris, & emmené en leur nauire. Mais premier qu'ilz fussent hors du boys, la Damoyselle, qui en porta les nouuelles à la Court, passoit par là, sans que Mouton ny les siens luy fissent aucun desplaisir, ains eschapa de leur mains, à la charge, dit Mouton, que vous ferez sçauoir à ce braue Cheua-lier de l'ardante Espée, la sorte que ie traite son Nain pour despit de luy. Et passans outre arriuerent peu apres ou surgissoit leur nauire, dans lequel ilz s'embarquerent faisans voyle en l'Isle de Lica, dont il portoit titre & nom de Roy, nauigeant vers laquelle Mouton, qui n'estoit moins cault que cruel, & de mauuaise grace, tira si bien les vers du nez à Buzádo, qu'il entendit entieremét de par qui, & pour qui il s'estoit acheminé en la grád' Bretaigne. Et (qui pis est) s'oublia le Nain de tant, qu'il luy móstra le par-chemin ou estoient tirées au vif les Dames, dont nous auons parlé. Entre lesquelles Mouton ietant l'œil sur Niquée, se sentit en telle perplexité, & ataint d'vne amour tant vehemente, & soudaine, que ietant vn haut sou-spir, s'escria contre Buzando : Haa Nain ! Nain malheureux, & plus mal-heureusement acointé ! faut il qu'à ton ocasion ie reçoyue en moy tout le malayse que ie pensois te preparer, m'ayant mis deuant les yeux la cau-se de ma ruine, par les perfections d'vne beauté, qui me fait mourir, pen-sant à elle, & n'y pensant point me priue aufsi soudain de vie ? Mais par le haut dieu Iupiter, tu en soufriras comme moy, & te tiendray si estroite-ment en mes prisons, que le Soleil ne te pourra offenser la veuë, ains de-meureras en tenebres iusques à ce que i'aye l'entiere veuë & iouïssance de Niquée. Et ainsi se desolát & menaçant print port à Lica, esperant en par tir le troysiesme iour ensuyuant, & commencer sa queste, pour espouser sa nouuelle amye, de laquelle il s'asseuroit quasi, tant pour les grans seruices qu'il luy feroit, que se cófiant à la prouësse & haute cheualerie dót il estoit renommé par tout le monde: Mais il se trouua de beaucoup deceu en tou-

tes

tes fortes. Car la fieüre le furprit le lendemain, fi afpre, que force luy fut
garder la chambre, & retarder fon voyage plus d'vn moys, faifant loger le
pauure Buzando en vne baffe foffe, ou le trouua depuys le Cheualier de
l'ardante Efpée, lequel fe voyát fruftré de fon intention, apres l'auoir quis
& cherché, par maints haüres & riuages, eut nouuelles que Mouton auoit
fait voyle: non qu'on luy peuft dire fi c'eftoit, ou en Leuát ou vers les parties de la mer Glaciale: parquoy trouuant nauire freté pour voyager en
Alexandrie, s'embarqua, & quelques moys depuys defcendit en Damas,
ou il prit terre, & armé de toutes pieces, acompagné feulement de fon Efcuyer, mua de nom. Et fe faifant apeller le Cheualier fans Repos trauerfe-
rent tant de païs, qu'auanture les guida à la fontaine d'Alfarin, ou quelque foys Efplâdian trouua Eliaxe, ainfi que noz volumes precedans vous
ont deduit. Or eftoit à l'heure fur le bord de l'eau vn Nain, qu'Amadis de
Grçce, penfa de prime face eftre Buzando: Mais aprochant plus pres fe
vid deceu, & luy demanda le Nain, ou il alloit, & comme il cheuauchoit
ainfi durant la chaleur. En la ville prochaine, refpódit Amadis, Dieu vous
en garde, dit il, fi vous n'y voulez fecourir la plus defolée Princeffe, qui
onques porta coróne, & côtre le plus trahiftre & defloyal Cheualier de la
terre, qui la tient afsiegée, fans caufe ny raifon. Vn bien y a, que Fortune
vous aprefte la plus hónefte ocafion qui auint oncques à autre Cheualier,
pour faire efpreuue de fa perfonne, & dont vous pourrez raporter gloire
& profit. Car cefte cy ne fera enfeuelie dans les foreftz, ou les Cheualiers
errans (comme vous eftes) tiennent communément leurs haux faitz ob-
fcurciz: ains vous illuftrera (fecourant ma Dame) par telle renommée,
que nul qui ayt efté par le paffé, & iufques à prefent, n'aquift plus de gloire que vous ferez, tirant celle, dont ie vous parle, & nommée Liberna,
hors des mains du paillard. Et à fin que vous entendiez comme va le tout:
Mourant puys n'agueres le Roy pere de Liberna, & la laiffant feule heritiere de fes païs, Abernis (qui eft le trahiftre dont ie vous parle) a fait grandes pourfuytes pour l'efpoufer. Mais le cognoiffant vicieux (cóme il eft)
l'a fi bien refufé, que luy (fe voyant fruftré de fon entreprife) & que l'a-
mour n'y auoit point de lieu, eft venu à la force des armes: en forte qu'il
la tient afsiegée dans le chafteau d'Alfarin, ou elle eft fi preffée, & de viures, & par continuelz affaux, que la pauure Dame n'atend autre fecours,
finon endurer pluftoft la mort, que tomber au pouuoir d'homme fi mefchant, & tant ennemy de vertu, que rien ne luy femble ny beau, ny bien
fait, que ce qui eft ord & vicieux. Et voylà, Seigneur, la raifon, qui vous
doit plus efmouuoir à hazarder voftre perfonne pour mettre fin à fi belle
auanture & aquerir renommée, exerçant œuure mifericordieufe, digne de
grand merite. Vrayement, refpódit le Cheualier à l'ardante Efpée, tu m'en
as tant raconté, que ie luy feray aydant contre tous, fi tu m'y veux conduire, & donner moyen d'entrer en fa place. Celà feray-ie volontiers, dit il,

pourueu

pourueu que voulez atendre iufqu'à la nuict : autrement il feroit dangereux, & pour vous, & pour moy . Et ainfi le fit le Nain & dextrement: Car
à l'heure du reueil, & changement du guet, eftant la nuict fort obfcure,
prit Amadis de Gręce, & par vne fente eftroite, & peu cogneuë, le mena
ioignant le pied de la muraille, d'ou il apella la Sentinelle : Amy dit il, va
vers ma Dame, & luy dy, que ie luy amene vn Cheualier, qui a bonne enuie de luy faire feruice durāt fes affaires. Ce que le Cap d'efcouadre raporta incōtinent à la Royne, eftāt lors en vn merueilleux doute: par ce qu'elle
fçauoit certainement (& tel auoit efté le raport des efpies) qu'Abernis
vouloit à l'aube du iour hazarder tous fes gens, ou emporter la place, &
forcer les gens de Liberna, laquelle entendant le fecours qui fe prefumoit
(encores que ce ne fuft que d'vn feul Cheualier)reprit cueur, & commanda le faire entrer, & amener vers elle, eftimant qu'il ne pouuoit eftre autre
que preud'homme & gentil perfonnage, s'eftant ainfi venu de foymefmes
auanturer & offrir à fon ayde.Lors retourna le Cap d'efcouadre, & acompagné du corps de garde, abaifferent la planche du poultiz, & entra le
Cheualier de l'ardante Efpée auec le Nain & l'Efcuyer, que l'on prefenta
à la Royne qui les receut courtoyfement, & demanda à Amadis comme
il fe nommoit. Ma Dame, refpondit il, ceux qui me cognoiffent m'apellent le Cheualier fans Repos . Bien cogneut Liberna à cefte parole, qu'il
vouloit fe celer : Mais il luy fembla tant beau & de bōne grace, qu'Amour
luy altera quant & quant la meilleure & plus faine partie qui eftoit en elle:
fi que quafi hors de foymefmes (pour viure en luy)ne luy peut tenir ce foir
long propos : ains (apres quelques gracieux entretiens)luy donna le bon
foir, & commanda qu'on le menaft en vne des meilleures chambres de
leans: Car, dit elle, vous eftes (ce me femble) las . Et d'auātage ie fçay, que
fi les menaces de noftre ennemy fortent efait, auant demain mydi il nous
dōnera de merueilleux affaires, defquelz venant à bout ie m'affeure, Cheualier, que vous aurez tant que ie viue part & aux biens & honneurs, que
Dieu & Fortune me prefteront le refte de ma vie . Ma Dame, refpondit
Amadis de Gręce, voftre ennemy fera le pis qu'il pourra: Toutesfois, s'il
vous plaift vfer de mon confeil, & faire obeïr voz foldatz à ce que ie leur
commanderay,ie m'affeure bien(premier que ie dorme)que le camp d'A-
bernis receüra la plus grande eftraite & entorce, qui auint onques à con-
querant comme il eft.Et fça'uous comme ? Il eft indubitable, que l'ennemy fe tenāt quafi feur de vous auoir, cognoiffant le peu de force & moyen
qui eft en vous, ne fait garde,ny efcoute,qui ne foit ayfée de furprendre,&
tailler en pieces .Il nous faut fortir fecretement & donner à trauers, affeuré,que (premier que l'alarme vienne aux tentes d'Abernis) nous aurós fait
tel efchec à fon auantgarde,que la bataille, & le refte du camp fera plus a-
compagné de paour & foupçon,qu'il n'a encores efté de gloire, amenans,
peult eftre (fur la faueur de Fortune)& quant & nous , tel prifonnier, que

les au-

les autres en perdront le cueur, & habandonneront le seruice de l'ennemy. Ce que la Royne trouua tresbon : car aussi bien auoit elle ataint le but
de toute extremité, qui luy donna plus de hardiesse à hazarder ce qui luy
restoit en sa puissance. Auec laquelle vne heure deuant iour le Cheualier
sans Repos vint hors la place, & suyuy par si peu de gés qu'il peut assembler : trouuerent la Sentinelle en vn si profond somme, qu'il estoit mort
plus de trois heures premier qu'il s'en aperceust. Et de là se coulans par les
voyes plus couuertes & secretes aprocherent le güet, qu'ilz auiserent dormant, & n'en reschapa vn seul : ains passerét tous au fil de l'espée, sans que
bruit ne rumeur en auint pour l'heure, & iusques à ce que poursuyuans
leur entreprise vindrent donner à trauers tentes & cordages, tuans & mettans à mort hommes, cheuaux, & tout ce qui leur tomboit es mains, dont
sourdit telle esmeute, & si grosse alarme, qu'Abernis tout en sursaut sortit de son lit, & prit hastiuement ses armes, encores que ce fust bien tard:
Car ceux du chasteau voyans le temps, & l'ocasion raisonnable, pour eux
retirer, reprindrent leurs brisées : Et tandis que l'ennemy ordonnoit ses
batailles (ne pouuant penser qui luy auoit pourchassé ce dommage r'entrerent tous en la place pleins de gloire & victoire, laissans plus de mil' hómes estenduz sur l'herbe, sans en auoir perdu vn seul de leur costé. Dont
Abernis cuyda se tuer de despit, iurant en faire telle vengeance, que toute
l'Asie & l'Afrique s'en esmerueilleroient, & y prendroient exemple. Or
les garde Dieu de ceste fureur, qui luy amoindrira (peult estre) d'autre
façon qu'il ne pense.

Comme Amadis de Grèce com-

batit le Geant Cynofal, & le vainquit, sur la
querelle de la Royne
Liberna.

Chapitre　　　　X X X.

Le Cheua-

LE Cheualier à l'ardante Espée r'entré au chasteau auec
sa petite troupe, ainsi qu'il vous a esté dit, fut si bien recueilly de la Royne, qu'il seroit impossible de mieux:
mesmes apres qu'elle eut entendu l'yssue de ceste entreprise. Et parce qu'il estoit ia haute heure, & qu'ilz auoiét
longuement trauaillé, le disner fut incontinent apresté,
& mangea Amadis auec Liberna, traité, non comme elle voulut, mais
comme elle peut. Durant lequel, Amour, se saisissant peu à peu du cueur
d'elle, en fit telle conqueste, qu'elle resolut du tout en son esprit n'auoir
iamais autre amy, ny mary: presumant qu'il se tiendroit heureux des hon-
nestes offres qu'elle luy feroit. Et ainsi qu'elle estoit en ces alteres, ne pouuant oster l'œil de sa presence, fut ouy dans le camp vn bruit & tumulte
de peuple non acoustumé, dont peu apres on luy en r'aporta la cause, qui
procedoit de l'arriuée d'vn Geant, apellé Cynosal, si monstrueux & tant
cruel, que son seul regard eust bien donné quelque crainte au plus asseuré
homme de la terre. Car il estoit velu comme vn Ours, la teste & visage
aussi gracieux & plaisant, que celuy d'vn gros mastin : bossu au reste, les
iambes croches : mais si adroit aux armes, que maints bons Cheualiers a-
uoient esprouué sa fureur, perdás la vie. Ses armes estoient d'escailles d'vn
monstre marin, & son escu composé d'os de Serpent, & si bien ioints &
liez ensemble, que coup de glaiue ou d'espée ne le pouuoit offendre. Or en
auoit Liberna maintesfoys ouy parler, & le cognoissoit pour amy d'A-
bernis : parquoy commença à se douter, tant qu'elle changea si bien couleur, qu'Amadis s'en aperceut, & luy dit : Ma Dame, ie vous suplie bien
humble-

humblement ne vous eſtonner pour ſi peu de choſe : Car tel eſt encores
ceans, qui combatra corps à corps le Cynoſal, & fuſt il encores plus diable
qu'il n'eſt cornu. Parquoy vous deuez enuoyer vers Abernis, luy faire entendre, que vous luy baillerez Cheualier, qui maintiendra en camp clos &
contre qui il voudra, voſtre querelle eſtre bonne & iuſte, & la ſienne meſchante & malheureuſe. Sous condition, toutesfois, que le diferent de
ceſte guerrre ſe termine par la victoire duvaincu. Ie ne fais doute qu'il mettra incótinent en ieu le Damoyſeau, dont on vous parloit n'a gueres : mais
eſperez en Dieu, que (premier qu'il m'eſchape) ie luy aprendray vn tour
dont il ne ſe doute pas. Et combien qu'elle euſt lors plus de crainte de la
perſonne d'Amadis, que regret à toutes ſes pertes, ſi acorda elle, par importunité, à ce combat, qu'elle fit incontinent ſçauoir par vn Heraud à A-
bernis, qui par moquerie en ſecoua la teſte, & ſe ſouzriant ieta l'œil ſur le
Cynoſal, atendant qu'il en diroit : car pour luy faire plus de faueur, & le
mieux entretenir, il luy deferoit l'honneur en toutes ſortes. Et à ceſte cauſe
prenant le Cynoſal la parole, reſpondit au Heraud : Va, retourne à ta maiſtreſſe, & luy dy de ma part, que deuát Soleil couché elle verra de ſes deux
yeux comme ie ſçay chaſtier telz ruſtres, que celuy dont elle ſe vante : &
que ſi elle en deſire le paſſetemps, elle le face ſortir dans vne heure vis à vis
de ſa place, ou ie l'atendray. Si prit congé le Heraud, & tremblant comme
la fueille retourna vers la Royne & Amadis, auxquelz il recita les meſmes
propoz que luy auoient tenu le Geant, & la contenance d'Abernis. Ce que
entendu par le Cheualier ſans Repos, conſiderant le peu de cas que faiſoit
le Cynoſal pour le combatre, eut vne merueilleuſe aſſeurance de ſa victoire, ſe ſouuenant tresbien, que l'orgueil guide volontiers ſon ſubiet à perdicion. Et ainſi en auint il comme vous entendrez.

Amadis donques voyant qu'il ne reſtoit plus qu'à luy, que ce combat ne
priſt fin, s'arma de toutes pieces, & ſuplia bien humblement la Royne qu'il
luy pleuſt ſe mettre en lieu, d'ou elle peuſt iuger des coupz : Car, dit il, la
preſence de vous ſeule me donnera pouuoir de vous venger de tous voz
ennemys. Helas ! reſpondit Liberna, gentil Cheualier, ie prie à Dieu qu'il
vous en donne la grace, & à moy de vous retenir bien toſt ceans en auſſi
bonne ſanté que vous en ſortez ! Et le baiſant la larme en l'œil, fut le pont
abaiſſé, & vint Amadis en la campagne, ou toſt apres arriua le Cynoſal,
portant vne lance, dont le fer auoit vne grande brace de lóg & plus. Mais
auſsi toſt qu'il vid celuy qui l'atendoit le dedaignant encores moins que
vn page, ne peut tenir de s'eſcrier : O' Iupiter ! qui euſt iamais penſé en toute la terre ronde trouuer vn ſi fol Cheualier, que celuy que ie voy tant temeraire, que ſans autre a oſé s'egaler à moy, & ſeul entreprendre reſiſter à
mes forces ? veu que cent, voire encores cent telz que luy, ne me ſeroient
non plus, qu'vne Alouette entre ſix douzaines de Faucons ? Et quant &
quant donna des eſperons à ſon cheual, & vint contre Amadis : Mais le

K coup paſſa

coup paſſa en vain, non pas celuy du Cheualier ſans Repos : car il coucha
bas, & donna au chanfrain du deſtrier par telle puiſſance, qu'il tóba mort
à terre, & ſon maiſtre deſſous, qui ſe releua promptement & de telle legiereté, qu'Amadis ne peut garantir le ſien: ains luy coupa le Cynoſal les iarretz, & fut contraint Amadis deſcendre, commençant entr'eux deux vn
tel & ſi rude combat, que mile perſonnes perſentes ne ſçauoient à qui dóner l'auantage . Bien eſt vray qu'Amadis plus legier que l'autre, ſçauoit
dextremét euiter ſes coupz, & n'en perdre gueres des ſiens, qui fut moyen
de tant naürer & endommager le Geant, qu'on le vid chanceler. Et neantmoins il prit à deux mains ſon grand couſteau, & penſant à ceſte foys my-
partir Amadis en deux, le chargea de toute ſa force : Mais il deſuia, & paſſa le coup de telle viteſſe, que donnant contre terre les pieces volerent en
l'air, ſans demeurer au poing du Cynoſal que la croyſée : Ha ha, maſtin,
dit Amadis, les cent Cheualiers, que tu deſiois n'agueres, n'auroient que
faire des cent autres pour bien te chaſtier, eſtant ſi deſpourueu que tu es!
rens toy donques mon priſonnier, & t'otroye pour vaincu, ſi tu veux a-
uoir plus de vie. Mais le Geant eſtoit ſi afoybly du ſang perdu, que ſans luy
pouuoir reſpondre vn ſeul mot tomba eſuanouy. Parquoy Amadis ſe lança deſſus, & luy arrachant le heaume, hauçoit l'eſpée pour luy tailler la
teſte, quand il reuint à ſoy, bien esbahy de ſe voir en telle neceſsité, qu'il
fut contraint de parler, & en ceſte ſorte. Helas !bon Cheualier, pour Dieu
mercy! i'ay certes experimenté maintenant, qu'il n'eſt force qui puiſſe forcer la raiſon : & puys que par elle ie ſuis vaincu, & en ton pouuoir, pour
receuoir la mort, ou la vie, fay de moy ce qu'il te plaira, te promettant ſur
noz dieux, qu'en l'vn, ny en l'autre, ie ne penſeray iamais à faire choſe, qui
te ſoit ennuyeuſe . Le feras tu ainſi ? reſpondit Amadis . Ouy, & ainſi le
vous prometz, dit il . Or me donne la main, & la foy, & ie te conduiray
en lieu où i'eſpere te faire guerir, & recouurer ta ſanté . Et le prenant A-
madis, le mena vers la Royne Liberna.

Comme le Cheualier ſans Repos,

combatit Abernis, & le mit à mort, rendant la Royne Liberna paiſible du Royaume d'Alexandrie.

Chapitre   XXXI.

Le Geant

LE Geant donques vaincu, ainſi que ie diſois n'agueres,
Abernis, touſiours trahiſtre & meſchant, delibera ſur
l'heure (fauçant la foy qu'il auoit promiſe) donner l'aſſaut au chaſteau, & venger luy & le Cynofal enſemble.
Or n'eſtoit pas encores Amadis de Græce deſarmé,
quand il entendit l'alarme : parquoy, laiſſant la Royne,
courut à la muraille ou eſtoit l'effort, & trouua ceux de la garde faiſans
grand deuoir de renuerſer les eſchelles, que l'on dreſſoit, ieter pierres,
buſches, & finablemét tout ce qu'il eſtoit poſsible à vn tel effort. Et neantmoins tant peurent les ennemys, qu'ilz vindrent au combat main à main,
ou le Cheualier ſans Repos monſtra bien qu'il n'auoit le bras endormy :
ains auiſant Abernis, qui eſchelloit & auoit ia vn pied ſur le rempart, vint
encontre, & luy donna vn tel coup, que (ſans l'eſcu qu'il para au deuant)
il en eſtoit quite pour vn homme de ſon païs . Et toutesfoys la vie ne luy
en demeura gueres plus longue : parce qu'il voulut pourſuyure ſa pointe.

K ii   Auſsi

Aufsi eſtoit il homme fort adroit aux armes & de grand cueur : mais il a-
uoit afaire à partie encores plus rude que luy, ainſi qu'il cogneut par experience. Car Amadis redoublant ſa charge, le frapa de telle force au plus
haut de l'armet, que targe ny eſcu ne le peurent garantir, que fauçât tout
ce qu'il rencontra, luy my partit la teſte en deux, tombant du haut en bas.
Ce que voyant vn Eſcuyer, qui eſtoit à la Royne, courut incontinent vers
elle, & luy dit : Par ma foy, ma Dame, vous vous pourrez tenir aſſeurée,
que iamais Abernis ne vous ſera plus qu'il a eſté : auſsi luy ay veu prendre
le ſaut, & rendre l'ame. Comment ? reſpondit elle, eſt donques mort A-
bernis? Ouy certes, ma Dame, diſt l'Eſcuyer, & plus de cinq cens auec luy,
par le Cheualier ſans Repos. O' Dieu ſoit loué! reſpondit elle, voylà deux
bien bonnes fortunes, qui en peu d'heure nous ſont venues viſiter! & eſpere que la fin ne nous ſera moins heureuſe que ce commencement. Et tout
ainſi en auint il : car les gens d'Abernis l'auiſans en ceſt eſtat, ſaignerēt du
nez, & ſe retirerent la queuë entre les iambes. Parquoy le Cheualier ſans
Repos & ſa troupe ſaillit ſur eux, & leur augmenta tellement leur paour,
que tombans & culbutans l'vn ſur l'autre, en fut fait tel carnage que merueilles. Et encores euſſent ilz eu pis : Mais les premiers ſe r'alierent, & ſe
mirent en bataille, qui contraignit Amadis & les ſiens d'eux r'enfermer au
chaſteau, ou peu apres arriua vn Trōpette, demandant à parler à la Royne,
ce qui luy fut acordé. Et comme il ſe vid deuant elle, luy dit : Ma Dame, s'il
vous plaiſoit donner aſſeurance à deux des principaux de ceſte armée, ilz
viendroiēt volontiers vers vous, pour choſe à quoy vous aurez grand contentement. Ouÿ dea, reſpōdit elle, ie les orray volontiers, & preſentement
s'ilz viennēt. Et à ceſte cauſe retourna le Trompette au camp, qui (ſans tarder) ramena quant & ſoy les deleguez de l'armée, leſquelz faiſans la reuerance deuë à telle Princeſſe leur Royne, & Dame lige, parlerent à elle de
telle ſorte.

Ma dame, voz humbles ſubietz

contraints par la violence de Abernis prendre les armes contre vous, vous
ſuplient en toute humilité les receuoir deformais en voſtre bōne grace, &
oublier la faute qu'ilz peuuent auoir cōmis enuers voſtre maieſté, à la char
ge qu'à l'auenir ilz vous ſeront fidéles & obeïſſans, autāt ou plus qu'autres
ſubietz ou vaſſaux qui ſoient en aĕ̃ prouince, ou Royaume. Et combien
que ce fuſſent les meilleures nouuelles qu'elle euſt ſceu deſirer, ſi leur fit
elle au commencement aſſez maigre viſage : toutesfois elle leur reſpondit à
la fin fort gracieuſement : Mes amys, puys que vous auez pris ce chemin,
vous trouuerez en moy vne Princeſſe autant gracieuſe & affable, comme
Abernis vous eſtoit graue & malayſé. Ie ſçay aſſez que vrayemēt beaucoup
de vous

de vous autres ont esté reduitz & forcez à me mener la guerre : mais aufsi
quelques vns se font oubliez plus qu'ilz ne deuoient . Et neantmoins, fous
la promesse que vous me faites , & l'esperance que i'ay en voftre amandement, ie suis preste de vous faire vn pardon general,& vous traiter d'orefenauant ainsi qu'vne bonne & vertueuse Royne& Princesse doit traiter &
gouuerner ses bons & loyaux subietz. Dont ilz la remercierent treshûble-
ment. Puys ayans congé d'elle, retournerét faire leur raport, demeurant la
guerre assopie & la paix en toute vigueur . Au moyen dequoy le iour mesmes sortit la Royne de sa place , & logea au logis d'Abernis , ou elle tint
court planiere quinze iours entiers, n'eslógnant moins de sa pensée le Cheualier sans Repos, que le sang de son cueur . Dont il auint qu'vne fois entre autres, deuisant auec luy se trouua tant forcée de son amour, qu'elle ne
se peut garder de luy dire : Ie vous prometz , Cheualier sans Repos , que
considerant la grand' prouësse qui est en vous, & le bien que i'ay récouuré
par voftre moyen, & seule ocasion, i'ay deliberé vous faire perdre le nom
que vous portez, pour vous dóner telle puissance sur moy (que peult prendre le seigneur & espoux de sa femme & amye : Car ie confesse, qu'onques
Princesse, ny autre, fut si esprise d'amour, comme ie suis en voftre endroit,
encores que vous me soyez quasi incogneu . Mais ie croy qu'il soit impossible, ou la vertu est si abondáte & familiere , que noblesse & faute de grád
lignage y puissent manquer . Et tout ainsi que le feu confomme & ard la
chose qui luy est plus prochaine , aufsi ceste belle R oyne atisoit peu à peu
le brazier, qui luy brusloit le corps , le cueur , l'ame, & l'esprit : regardant
d'vn tel œil celuy qui luy causoit ce doux martire , que si honte ne l'eust
mieux gardée,que sa propre volóté, elle fust certes tombée au point blaf-
mable, non seulement aux femmes tant soient elles impudiques, ains aux
hommes propres, qui est la force, & eust contraint Amadis(ou elle n'eust
peu) hocher l'arbre, pour auoir le fruit, duquel(elle encores ieune & tendre pucelle) n'auoit onques gousté, & dont elle monstroit tant d'aparáce
qu'Amadis dissimulant ce qu'elle en pensoit , & parlant du tout au plus
loing de son vouloir,luy respondit,pour aucunement la contenter: Helas!
ma Dame, est il possible que ie puisse iamais,non pas satisfaire(car celà est
hors de ma puissance) mais penser seulement d'ataindre le moyen, pour
recognoistre la faueur,la grace, & l'honneur que vous me presentez, m'o-
frant chose si grande,que ie me tiens quasi indigne d'y aspirer?Certes la có
uenáce d'vn tel heur est trop inegale auec vn pouuoir si petit que le mien,
me cognoissant sans plus vn simple Cheualier, sans nó, sans armes, & sans
nulle autorité , ou renommée . Croyez, ma Dame, que ie cuyde songer
quand ceste grandeur se represente deuant mes yeux . Mais quoy? malheureux que ie suis ! ie cognois bien que les dieux ont donné en mon
endroit nom conuenable à mon infortune . Ie le dy, ma Dame : parce
que me trouuant es biens iufques à plus que ie n'en sçaurois souhaiter, &

que vous me presentez, mon malheur veult que ie n'en puisse iouïr, estant
contraint par vœu de m'abstenir de telle bonne fortune, iusques à ce, que
i'aye acomply ce qu'auec le repentir ie ne puis contredire, ny denier.
Dont ie vous suplie humblement ne sçauoir mal gré qu'à ma destinée, laquelle preuoyant mon ayse, a pourueu ainsi à mon tourment: Toutesfoys
ayant satisfait à la chose que ie ne puis reuoquer, ie me retireray vers vous
pour vous obeïr & complaire, comme vrayement ie suis trestenu & obligé.
Et ainsi castillanisant Amadis, la Royne se trouua en trop grande perplexité, & telle, que doutant qu'il doutast de la fermeté d'elle, & que le
propos qu'elle luy auoit tenu de l'amour fust pour l'arrester seulement en
ses païs durant ses afaires, luy va dire: En bonne foy, mon vray Seigneur
& amy, vous auez raison de tenir ferme vostre parole, & vous en sçay,
merueilleusemét bon gré: Car l'acomplissant vous satisfaites à ce en quoy
l'honneur vous oblige. Mais aussi ie vous prie ayez telle estime de moy,
que ie ne vous ay encores manifesté du tout l'amytié que ie vous porte
ferme, & non fainte. En recognoissance de quoy, & pour aucunement có-
tenter mon cueur trauaillé, atendant le terme que vous me promettez, ie
vous prie m'otroyer vn don, & presentement, tel que ie le vous demanderay. Ouy, Ma Dame, respódit il, ie le vous acorde. Sça'vous, dit la Royne,
en quoy vous vous estes obligé? Vous me conduirez (s'il vous plaist, & premier qu'entreprendre autre voyage) ou est la gloire de Niquée: & là en
vostre presence, ie prouueray l'auanture, par laquelle vous aurez toute asseurance du bon vouloir que i'ay en vous. Car sentant la ferme & loyale
amour dont ie vous ayme, ie passeray & trauerseray feu, flamme, & tout
autre inconuenient qui se puisse offrir. Quand Amadis entendit ce mot
de Niquée, l'enuie de la voir luy donna plus grande afection du voyage,
que non pas chose que promist la Royne, dont il se soucioit peu, combien
qu'l monstrast tout autrement, & auec telle couuerture, qu'il luy respondit. Ia à dieu ne plaise, ma Dame, que ie cherche iamais autre tesmoignage
du bon vouloir que me portez, que ce que de vostre grace il vous a pleu
m'en dire. Toutesfois, pour vous monstrer de combien ie suis vostre, &
prompt à vous obeïr, ie vous acompagneray par tout ou il vous plaira: &
non seulement iusques aux enfers vers Pluton, ou Proserpine: ou bien aux
champs Elisées, s'il y a moyen d'y aller ensemble, ains à la gloire dót vous
parlez, & à moy encores si incogneuë, que ie vous suplie me faire part de
ce que vous en sçauez. Lors luy raconta la Royne tout le fait de l'enchantement, la sorte que Niquée fut mise en la gloire, & finablement tout ce
qu'il en estoit auenu depuys par ouy dire. Qui troubla si fort le Cheualier
à l'ardáte Espée, que la Royne s'aperceuant de telle mutation de visage, &
d'esprit, cómença à luy dire. Il semble, mon vray amy, que vous ayez receu
peine par ce que vous auez entédu de moy: ie vous prie me dire qu'il vous
en semble. Ma Dame, respondit il, vous ne vous en deuez pas esbahir: Car

cognois-

cognoiſſant l'afectueuſe amour que vous me portez , il eſt impoſsible que ie ne ſeufre peine pour le danger que vous preparez à vous meſmes paſſant vn pas ſi dangereux. En nomDieu Cheualier, dit la Royne, ie n'en ay nulle crainte , & vous prie eſtre de voſtre part tout certain , que la vraye foy de l'amytié que i'ay à vous eſt ſufiſante pour m'oſter hors de peril , & vous de tout doute . Et à fin que vous experimentiez que ie dy vray , demain nous partirons enſemble , & ferons ce voyage . Ainſi fut arreſté leur partement, qui donna tant à penſer au Cheualier de l'ardante Eſpée, qu'il repoſa treſmal la nuict : ne pouuant oſter de ſon eſprit les propoz de la Royne , & ce qu'elle luy auoit ramentu de Niquée, qu'il eſperoit bien voir, & luy meſmes eſprouuer l'auanture , pour ſçauoir de vray ſi Buzando luy auoit menty, ou non, tant qu'il s'endormit. Et en ſommeillant luy ſembla voir le palays enchanté, la flamme deuant la porte, & Niquée à trauers, qui luy diſoit: Ie m'esbahis, mon deſiré amy, côme vous tardez tant à m'oſter de ce lieu pour iouïr, & de moy, & de ma gloire enſemble. Sur mon Dieu, ſi i'eſtois ou vous eſtes, & vous fuſsiez en ma place, ie m'aſſeure bien que ie ne difererois ainſi que ie vous voy faire. Lors ſe monſtra Niquée tant belle (ce luy fut auis) qu'oubliant toute paour, ou danger qui ſe preſentoit, s'auança pour franchir le pas, & paſſer la flamme quand Lucelle l'arreſta . Comment? dit elle, mon Amadis, eſt ce la parfaite amour que ie vous porte , & que faucement vous auez diſsimulé de voſtre part en mon endroit? Eſt ce la fermeté, ou(pour mieux dire) l'inconſtance, dont vous vous eſtes tant venté enuers moy ? Certes , encores que l'amytié de vous ſoit ſi morte que ie la cognois , ſi ne laiſſeray-ie de vous ramenteuoir le danger ou vous vous voulez hazarder. Tournez, tournez arriere, & vous ſouuienne que ceſte eſpreuue eſt pour vn plus loyal que vous n'eſtes, & dont voſtre propre conſcience vous peult rendre entier teſmoignage. Puys doncques qu'il eſt ainſi , & que certainement l'infidelité de vous eſt manifeſte , penſez-vous acheuer ceſte auanture defendue à vous & voz ſemblables? Ne ſçauez vous pas que celle qui vous apelle, & moy, tenons voſtre cueur my-party, ſi que vous balancez ſouuent à laquellevous le voulez entierement donner ? Voulez-vous faire cendres de voſtre corps ainſi que de voſtre loyauté? Non, non, ſuyez ce malheur, & retenez mon côſeil Mais elle n'eut pluſtoſt acheué ceſte parole, qu'il demeura perplex , & ſans luy pouuoir reſpondre vn ſeul mot, auſsi que Niquée reprit ſes erres & luy dit : A ce que ie voy, Cheualier de l'ardante Eſpée, vous faites le retif, & tirez le cul arriere, pour n'entrer ceans : vous y viendrez, vueillez ou non. Et quant & quant luy fut auis, qu'elle auança le bras à trauers la flamme , & le ſaiſit au collet, le tirant à elle ſi rudement, qu'il euſt paſſé outre, ſans Lucelle, qui l'embraça au faux du corps, & luy diſt: Il ne ſera pas vray, mien fuſtes au commencement & mien ſerez à la fin, encores qu'il vous en depleuſt. Et ainſi le tirant l'vne d'vne part & l'autre d'autre, luy ſembla que

K iiii　　Niquée

Niquée luy rauit l'esprit, & le ietant au feu demeura le corps mort entre
les braz de Lucelle : sentant toutesfoys telle angoisse, qu'il s'en esueilla en
sursaut, & autant las & trauaillé, que si la chose eust esté vraye. Parquoy
ayant la larme à l'œil, & la tristesse au profond de l'ame, ne se peut garder
de dire en souspirát: Haa triste Amadis de Grece ! que feras-tu desormais?
qui as non seulement le nom & le cueur myparty : mais l'ame & le corps
semblablement, & ainsi separé en quatre pars, & toutes quatre en moy, &
hors de moy? Puys s'adressant à Niquée : Ah, ma Dame! disoit il, puys que
le regard de vostre parfaite beauté est plus que sufisant pour faire mourir
l'homme plus cóstant de l'Asie, que doy-ie deuenir, moy pauuret, que vous
auez tant honoré, qu'estant apellé en vostre seruice, auez auancé le bras &
fait vostre pouuoir pour m'atirer à vous? Que doy-ie d'oresenauát estimer
de moy, sinon me nommer le plus heureux de la terre ? Helas ! que dy-ie?
mais bien le plus infortuné & ennemy de bon heur qui nasquit onques de
mere! Ne doy-ie pas dócques desirer la mort & à tous propoz me cognoissant si peu ferme, qu'il faut que ie confesse faire (en ce faisant) le plus lasche, & meschant tour à Lucelle, que l'on sçauroit presumer. Pleust aux
dieux qu'auec vn seul trepas vous deux peusiez donner fin à ma vie, sans
me laisser tant de mortz, pour auec elles viure, & me soustenir en telle lan-
gueur ! Et ainsi se lamentant entendit ouurir l'huys de sa chambre, & en-
trerla Royne, qui luy venoit dóner le bon iour: car il estoit ia haute heure.
Lors se leua hastiuement, & tout honteux s'excusa de sa paresse. Mais elle
luy dit en se riát: Certes, mon parfait amy, si vous auiez la puce en l'oreille
cóme i'ay, le lit ne vous seroit tant propre qu'il est. Ne voulez vous pas que
nous montons à cheual ? Voylà mes Gentilz-hommes qui vous atendent.
Allons, ma Dame, respondit il, quand il vous plaira. Toutesfoys il fut premierement visiter le Cynofal, auquel il dit : Vous sçauez ce que vous m'a-
uez promis & estes tenu d'acomplir. Ouy bien, respondit il, & le feray. Or
vous acheminez donques, dit Amadis, au partir de ceans, vers ma Dame
Lucelle Princesse de Sicile, à laquelle vous vous presenterez de ma part, &
luy faisant mes treshumbles recommandations à sa bonne grace, l'asseu-
rerez, que ie seray vers elle le plustost qu'il me sera possible. Puys le commandant à la garde des dieux, monta à cheual, acompagnant la Royne,
qui entreprenoit ce voyage en tresbonne deuotion de luy faire cognoistre
de combien elle estoit sienne: mais il pretendoit bien ailleurs. Toutesfoys
nous les laisserons ensemble, à fin de retourner à Abra, que nous auons laissée fuyant en mer, pour euiter la fureur des Princes Crestiens.

Comme

Comme Abra arriua en Babilone,

*ou la vint peu apres trouuer Zabára Royne de Caucaso, laquelle
depuys enuoya defier Lifuart de Græce, fçachant
la mort de Zaïr.*

Chapitre   XXXII.

L me femble par le dernier propos que nous auons tenu
de la belle Abra, qu'elle deuoit eftre en vn merueilleux
trouble & ennuy, ayát laiffé le Soudá fon frere au dáger
& pouuoir de fes plus mortelz ennemys, auec toute la no
bleffe de Babilone. Et ainfi trauerfant la defolée Princeffe les ondes, Fortune l'acópagna fi bien, que le deuxief-
me iour de fa fuyte, la mer, la tempefte, & les vens côtraires, agiterent tellement le vaiffeau, ou elle eftoit, qu'elle penfoit bien eftre pafture aux monftres marins, dót toutesfoys elle faifoit peu de cas: par ce qu'vn peu au parauát ceux qui eftoient efchapez du conflit, ayans pris mefme route qu'elle,
l'aborderét, & fceut d'eux comme le tout s'eftoit paffé, mefmes la mort de
Zaïr. Dót prefque defefperée receut tel & fi mortel ennuy, que pleurant &
fe tourmentant fans ceffe, parloit à fes dieux en telle forte: Dieux eternelz!
difoit elle, que tant amirables font voz fecretz diuins! ayans permis es premiers ans de mon frere, l'entiere obeïffance non feulemét des Parthes, mais
de tous les circóuoyfins iufques à la mer Rouge, & en vn inftant l'auez tel
lement abaiffé, que luy dominateur de tát de païs eft demeuré vaincu, & fi
defnué & d'amys & de moyen, qu'en fa mort n'a peu auoir fix piedz de terre pour l'inhumer. Dieux immortelz & pitoyables! entendez ma clameur!
Et puys qu'il vous a pleu luy donner fepulture entre les ondes, moy qui ne
fuis pes meilleure que luy : mais moindre en toutes fortes, ne me vueillez
plus fauorifer, ains permettre que noz corps fe puiffent ioindre enfemble
pluftoft au iour d'huy que demain: referuát toutesfoys à vous la iufte vengeance du meurdrier, lequel (foit par fort & predeftinée fatale, ou de mon
malheur) i'ay aymé & aymois plus que moymefmes! Ah ah Lifuart! eft ce
la recópenfe du bien que ie te voulois, quád tu as eu affeuráce que ie t'auois
efleu à mary ? Ah, ah meurdrier! meurdrier, dy-ie, & de moy & de tout le
noble fang de Babilone ! Et comme elle vouloit parler d'auantage tomba
efuanouye, fi qu'on la penfoit de foys à autre expirée. Mais comme il a-
uient fouuent à vn defeperé, qui de loing crie, & defire la mort, & puys
la fuyt quand il la voit, ou fent prochaine, tant luy femble le pas dur & a-
mer à paffer: auffi reuenue Abra à force d'eau, & de fecours qu'on luy fit,
& la tempefte s'augmentant d'heure à autre, & de plus en plus, oublia fes

dolean-

doleances, pour penfer à ce que la tourmente luy promettoit à veuë d'œil,
n'apellant moins les dieux au fecours de fa vie, que n'agueres elle les inuo-
quoit à la luy tollir & faire perdre. Toutesfoys, ny l'orage, ny la mer fe
monftra pour celà apaifée: ainscontinuant le danger, s'augmenterent aufsi
les vœuz, les prieres, & deuotes oraifons d'vn chacun, pour rédre Neptune
propice à leurs fecours. Mais quoy? le vent brife & emporte maftz, trin-
quetz, & timons: coffres, hardes, & les propres victuailles font habandonnez à la fureur des vagues, pour rendre la charge du vaiffeau plus legiere. Les vns s'amufent aux trompes, & à ofter l'eau qui entre, les autres
fecourent en la fentine quelque part qu'ilz voyent le boys defioint: les autres à ployer les voyles, & pouruoir à ce en quoy la necefsité les apelloit le
plus. Et ainfi demeurerent quatre iours & cinq nuitz habandonnez d'efperance, quand la lumiere defirée de faint Herme, qu'aucuns apellent Caftor
& Polux, s'aparut, qui leur donna promeffe de temps calme & ferain: car
elle vint fe mettre en prouë fur vne cochine, à faute d'arbre, ou antenne,
dont il n'y auoit plus nulz: Et quant & quant Maiftral, & le vent de Tra-
uerfe s'abaifferent fi à propos, que le principal Pylote cogneut eftre es marches de Nicomedie, ou il prit port au pluftoft qu'il peut, & fut Abra grandement receuë du Roy. Aufsi auoit il efté vaffal de Zaïr, & par confequent
de fa feur, à qui l'Empire des Babiloniens auenoit. Et pour cefte caufe donna il ordre, tandis qu'il feftoyoit elle & fa compagnie, à r'adouber fes vaiffeaux, les refreter, & equiper de nouueau, pour reprendre la route de fes
païs: mais premier qu'elle fe r'embarquaft, depefcha vers Lifuart vne fienne Damoyfelle nommée Lida, auec vne lettre, qu'elle luy efcriuoit, fe complaignant & de la mort de Zaïr, & du mefchant tour qu'il luy auoit fait,
la refufant à femme, comme il luy auoit promis. Dont elle faifoit bien e-
ftat fe venger aufsi toft qu'elle auroit mis ordre à fes affaires & corónement
en Babilone, ou elle arriua peu de iours apres, & femblablement Zahara
Royne de Caucafo, Amafone Geante, & fi parfaitement belle, que depuys
la tefte iufques aux piedz elle n'auoit rien qui ne caufaft vn ardant defir
à ceux qui la fçauoient bien regarder. Cinq autres Roynes l'acompagnoient, & grand nombre de femmes richement armées, & toutes montées fur Licornes blanches, auec lefquelles elle auoit fi bien conquis fur fes
voyfins, qu'elle fe pouuoit dire commandant, & dominatrix, non feulement dans les limites du mont Caucafe, ains en plus de dix autres Royaumes circonuoyfins. Grand & amirable fut l'honneur que receut cefte Princeffe & fa troupe, par l'Imperatrix des Babiloniens: combien que la mort
recente de fon frere luy caufaft fi continuel ennuy, que l'œil ne luy fechoit
que bien peu. Et encores fe redoubla fa trifteffe, quand la Royne de Caucafo l'affeura, qu'elle s'eftoit expreffemét mife en chemin, efperant l'auoir
à Seigneur & mary, fuyuant le confeil & reuelation d'vn de fes dieux, qui
luy auoit promis yffir de Zaïr & d'elle tel perfonnage, qu'il domineroit
l'Orient

l'Orient & partie du Septentrion. Mais le voyant impossible par cest accident suruenu, deliberoit iamaisne se marier estimant de ne trouuer iamais
homme, pour grand Roy ou Prince qu'il fust, qui la meritast. Dont elle
portoit vn si fascheux desplaisir, qu'vn iour entre autres deuisans elle & A-
bra commença à luy dire: Ma Dame, la renommée du glorieux & vaillant
Soudan vostre frere auoit tellement volé iusques au plus haut des mons
Caucase, que, desirant le voir & cognoistre, i'auois habãdonné mon païs &
trauersé tant de regiõs, que finablement ie pensois estre arriué au lieu pour
satisfaire à mon esperance : Toutesfois ie me suis bien trouuée deceuë, e-
stant mort si malheureusement comme i'ay ouy dire. Mais si la vengeance
en peu lt estre faite par l'abõdãce de sang espandu, croycz que i'en baigne-
tay la terre, & en rougiray les mers, de sorte que la memoire n'en sera iamais enseuelie. Ah! ma Dame, respondit Abra, vn seul hõme a esté moyen
de la perte de tant ! Vn Lisuart, vn qui(pour recompense de l'honneur que
ie luy faisois, le desirant à mary)a luy mesmes tollu la vie à mon cher Seigneur & frere ! aussi ne seray-ie ayse ne contente, que ie ne le voye mort &
meurdrir autant cruellement, comme il a fait l'autre. S'il ne tient qu'à celà,
respondit la Royne, vous aurez donques cause de changer bien tost de
complexion:car ie le vous rendray tel que le voulez, premier que ie reuoye
aucun de mes païs. Certes, respondit Abra, si vous le cognoissiez comme
moy, vous ne le vous promettriez parauanture pas si aysément, & par raison : car en bonté de cheualerie ie croy en ma foy qu'il n'est second à nul.
Et si y a encores pis, la beauté & elegãce de sa personne est si sufisante, que
vous ne l'aurez plustost veu, que ne vous tenez pour vaincue de son a-
mour. Ma Dame, dit Zahara, ce sont paroles : i'ay autre chose en moy que
vous ne pensez, pour efacer tout ce que Lisuart a de meilleur en soy. Et si
vous auise sur mon hõneur, que la mort du Soudan me touche de tãt pres,
quedes demain ie l'éuoyray defier par l'vne des principales Roynes de ma
troupe. Bien afectueusement la remercia Abra. Et à fin, dit elle, que ceste
vengeance soit parfaitement acomplie, & que (ou de fortune la beauté
dont ie vous parlois n'a gueres se trouuast victorieuse sur vous)demeurant
Lisuart impuny, ie feray quant & quant partir aucunes de mes femmes qui
iront en toutes les contrées du monde chercher & amener quant & elles
douze des plus braues Cheualiers, qu'il sera possible recouurer, pour le
combatre & en diuers temps. Et Dieu sçait s'il demeslera aysément cest es-
cheueau. Lors demanda la Royne de Caucase encre & papier, & elle mesmes escriuit le cartel contre Lisuart, qu'elle bailla à la Royne de Sarmate
pour le luy porter, laquelle prit la voye de Trebisonde, & les Damoyselles d'Abra d'autre costé, suyuans la charge qu'elles auoient de leur maistresse. Cheminent donques à leur ayse, ou plus diligemment si bon leur
semble, & retournons maintenant au propos que nous auons laissé d'A-
madis de Grece.

Comme

Comme le Cheualier fans Repos,

& la Royne Liberna, furent voir la gloire de Niquée, ou elle entra, & luy non.

Chapitre   XXXIII.

Ant cheminerent la Royne Liberna & le Cheualier fans Repos, qu'ilz arriuerét au lieu, ou Niquée estoit en sa gloire, ainsi que quelquefoys vous auez peu entendre, dont elle ne fut moins ayse, qu'Amadis triste, cognoissant son imperfection, & ayant deuant les yeux les menaces, dont il auoit esté repris & acusé par Lucelle en dormant : à l'ocasion dequoy il ne s'osoit asseurer, ny entreprendre auanture si peril-
leuse

leuſe.Mais la Royne ferme en ſon propos ſe para des plus riches acouſtremens qu'elle euſt, & aprochant la porte embraſée, Amadis, qui la tenoit
par la main s'arreſta court, & non ſans cauſe : car il ſembloit d'vne droite
fournaiſe pleine de metail bouillāt, ou de la bouche du mōt Gibel, ou ſont
ouyz ſons piteux & trop eſpouuentables . Et d'auantage, liſant le Cheualier ſans Repos le contenu du perron planté au deuant,& acuſé par ſa propre conſcience, deuint auſsi froid que glace, non pas la Royne : car elle le
vint embracer, & le baiſant commença à luy dire : Mon amy, i'eſpere que
vous aurez preſentement certain teſmoignage de l'amour parfaiteque i'ay
en vous: parquoy ie vous prie, ſi toſt que me verrez entrée me ſuyure, à fin
que vous & moy puiſsions enſemble iouïr de la gloire, qui eſt reſeruée à
ceux qui ayment loyaument . Et baiſſant la teſte paſſa à trauers la fournaiſe : O' Venus, dit elle, déeſſe glorieuſe,& qui cognoiſſez mon cueur!don-
nez moy efort de parfaire ce, qu'auec tant de loyauté i'ay entrepris . Et à
l'inſtant la perdit-on de veuë, paſſant l'auanture autant à ſon ayſe, que ſi
elle euſt rencontré l'air le plus plaiſant & ſuaue des champs Eliſées . Lors
entra en la ſalle ou eſtoitNiquée, à la veuë de laquelle elle ſentit en ſoy telle gloire & grād' ayſe,qu'oubliant toutes choſes,fors le bien preſent,ſe mit
à faire guirlandes & chapeaux de fleurs, dont elle embellit la coronne
qu'elle auoit ſur le chef, dançant & chantant ny plus ny moins que les autres Damoyſelles. Et tandis le Cheualier ſans Repos tout honteux , cuyda
deux ou troys foys(quoy qu'il luy en deuſt auenir) franchir le ſaut & ſuyure la Royne:mais paour y contredit de ſorte , que priué de toute hardieſſe ſe retira ſi ennuyé, qu'il euſt voulu eſtre mort, diſant en ſoy meſmes:Ah
ah pauure chetif malheureux Amadis! qu'eſt deuenu l'efort de ton courage ſçachant ſi pres de toy la choſe du monde qui t'ayma le plus & neantmoins tu n'oſes acompagner vne ſimple femme,craignant plus ta peau que
la perte de ta renommée? Ah Niquée,paragon de beauté! vous aurez, certes, d'oreſenauant bien peu de raiſon d'aymer celuy, qui doutant ſi peu de
peril, eſt aſſeuré de perdre ſi grande faueur comme eſt la voſtre ! veu meſ-
mement que ce feu magique ne peult eſtre plus ardant, que l'autre qui me
bruſle le cueur & l'ame, toutes les foys qu'il me ſouuient de vous ! Sur mon
Dieu,gentile Infante de Sicile, l'auertiſſement que vous m'auez donné en
ſonge,preuoyant ma puſilanimité, ſe trouue maintenant bien obſerué par
moymeſmes. Et toutesfoys, pleuſt aux Dieux immortelz,que ceſte auanture tant eſtrange ſe peuſt forcer par armes!voyre & deuſſent defendre l'en
trée l'inuincible Roy Amadis, ſon petit filz Liſuart de Grece, auec le bien
heureux & tant renommé Birmartes, duquel Onorie Princeſſe d'Apolonie a tant receu & reçoit chacun iour decontentement! Certes eux trois
enſemble ne m'empeſcheroient le pas, encores qu'ilz l'entreprinſent à
toute outrāce.Et ainſi demeura Amadis de Grece iuſqu'à la nuit cloſe ſans
oſer iamais paſſer outre . Et ce pendant les Dames de la Royne voyans

L   leur

leur maiſtreſſe neretonrner point, ſe mirent à faire le plus grand dueil du
móde. Et eſtimás qu'elle fuſt arſe & conſommée au feu, s'adreſſerét contre
Amadis, luy diſans : Comment? Cheualier ſans Repos, la Royne a fait
pour l'amour de vous tât de deuoir, & vous auez le cueur ſi bas, & l'honneur tellement alié, que vous retirez le cul arriere, ſans auoir efort de la
ſuyure ny acompagner? Au moins allez ſçauoir ſi elle eſt morte, ou viue, &
nous en raportez nouue lles: autrement croyez qu'en tous lieux nous ſerós
trompettes de voſtre couardiſe & laſcheté, & toutesfoys il ne s'auantura
gueres d'auantage, ains leur reſpondit : Mes amyes, l'auanture que vous
voyez ne ſe peult eſprouuer à force de bras, ou grandeur de courage: car
elle depend plus de loyauté d'Amour, que du fait des armes, qui eſt cauſe
de faire naiſtre en moy vne certaine crainte, qui empeſche plus mon deuoir, que le peril de mort. Et auec ſi maigre excuſe paſſa la nuiĉt entre ces
femmes & iuſques au lendemain qu'aucuns de la cité vindrét voir comme
il eſtoit auenu à la Royne. Et trouuerent les Dames pleurans ſa mort, l'e-
ſtimans perdue & arſe: mais ilz les aſſeurerent, qu'il n'en eſtoit rien, & que
le corps d'elle autrement euſt eſté repouſſé & mis hors la fournaiſe tout en
feu. Voylà pourquoy, dirent ilz, le lieu ſe nomme la gloire de Niquée.
Car tous ceux qui y entrent y demeurent(ſans plus en ſortir) auec autant
de ioye comme s'ilz eſtoient entre les dieux. Ce qu'entendu par les gens
de Liberna, reprindrent le chemin qu'ilz eſtoient venuz. Et le Cheualier
de l'ardante Eſpée d'autre coſté, deliberant en ſoy meſmes trouuer quelque Enchanteur, pour luy donner moyen & remede contre la choſe enchantée : ſi triſte neantmoins, que l'on ne le vid rire, ny faire bonne chere
de long temps apres, & tant qu'il arriua au Royaume de Ieruſalem, ou il
eut nouuelle d'vn perſonnage tel qu'il le demandoit. Ce pendant la Damoyſelle meſſagere d'Abra depeſchée de Nicomedie cheminoit vers Trebiſonde.

Comme Lidia meſſagere d'Abra

vint trouuer Liſuart, & luy preſenta la lettre de
ſa maiſtreſſe,

Chapitre   XXXIIII.

Les

Es mariages & noces proclamées des deux Infantes de
Trebifonde, & les tournoys & iouftes afleurées, vindrét
Cheualiers de toutes pars s'affembler en la grandecité, &
tant de Dames & Damoyfelles, que s'eftoit belle chofe
voir fi triomphante compagnie, & qui ne penfoit qu'à
ioye & bonne chere, quand vn iour entre autres, ainfi
qu'on leuoit les napes (fortant l'Empereur de fon difner) entra en la falle
vne Damoyfelle veftue en dueil, qui aufsi toft fut cogneuë de tous, pour a-
uoir efté veuë maintesfoys à la fuyte d'Abra, laquelle s'adreffant à Lifuart,
& fans luy dire vne feule parole, luy prefenta vne lettre clofe: puys s'en retourna ainfi qu'elle eftoit venue, laiffant les afsiftans non moins esbagiz de
fon arriuée, que penfifz de fon brief retour : & ouurant Lifuart la lettre, y
trouua le contenu qui s'enfuyt.

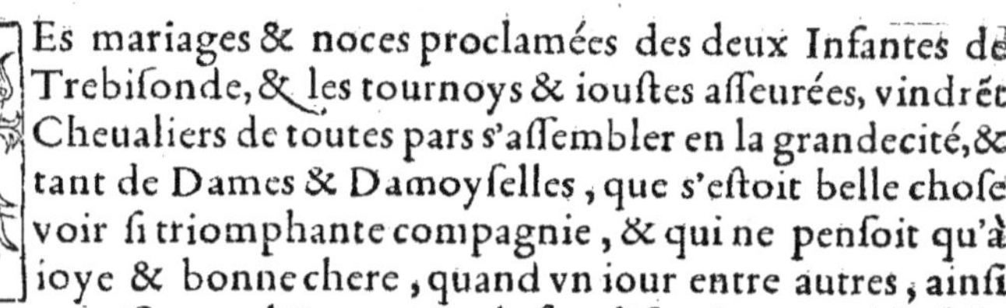

Abra Princeffe de Babilone, fer-

uante des dieux fouuerains, & ennemye de leurs contraires, à toy le Con-
ftantin Prince Lifuart, meurdrier & rauiffeur de l'efpoux de la diuine terre Babilonique, la laiffant par la mort du trefilluftre Zaïr, orphenine de fa
royale cheualerie, & defnuée d'efperáce de plus recouurer vn tel Seigneur.
Dy moy, ingrat, eft ce l'amour reciproque, en quoy tu m'eftois obligé,
t'ayant fait entendre le bien que ie te defirois ? Eft ce la recognoiffance de
l'election, que i'auois faite de ta perfonne pour eftre mon Seigneur & ef-

L ii   poux?

poux? Eſt ce le fruit de l’eſperance en quoy tu me mis lors, qu’en la preſence de tant de Princes, ie te requis me daigner prendre à femme & perpetuelle amye? t’ayant ſi bien empris en mon cueur, que tu n’en partiras tant
que la vie luy reſtera, ains y feras reſidant pour mieux y nourrir le deſir
que i’ay de venger la mort de mon treſaimé frere. Mais helas! qui euſt iamais penſé la mer eſpouuentable deuoir eſtre conſacrée de ſon corps, & ſe-
pulture de luy? Certes ie croy qu’elle meſme ignore qu’elle le tient ſubmer
gé en la profundité de ſes eaux. Car ſi elle l’euſt entendu, il eſt vray ſemblable, que les ondes en euſſent deſia triomphé, voyre en communication
auec les ſouuerains cieux, ſe tenans honorées pour iouïr de ſon ſang &
corps diuin. Et ſi la mer n’en eſt encores auiſée, la terre ne l’a auſsi entendu:
parce qu’elle n’euſt tant diferé à faire ſa plainte & doleáce aux dieux, pour
r’auoir ſon eſpoux & iuſte poſſeſſeur, qui a eſté vſurpé de ſa domination,
& mis en element ſi contraire, dont pourra auenir quelque foys guerre e-
ternelle entre ſa rotondité & la profondeur des abiſmes, pretendant chacune d’elle à la iouïſſance & garde de ſon Prince & dominateur treſma-
gnanime. Mais ſi ces deux en font querelle, le feu & ſon element ne s’en taira pas: ains ſe plaindra à iamais pour le regard des ſacrifices que les dieux
eſperoiét s’il fuſt mort en la terre. L’air donques eſt ſeul qui iouïſt de ceque
tu poſſedes, qui eſt l’aſſeürance de la mort de Zaïr. Auſsi eſtoit il preſent
& ocupé au conflit entre les fureurs infernales, qui durant le combat vo-
miſſoient ſoufre & puanteur par la bouche d’vne infinité de canons & autre artillerie. Mais helas! helas! quelle vengeance ſera faite pour celuy duquel l’air, la terre, & le feu, receüront quelque foys ſentiment de ſon abſen
ce, & les profondes eaux gloire de la poſſeſsion de ſon corps? Certes autre
que celle que i’eſpere en ta prochaine mort, & à la fin de ma vie, me voyant
ainſi priuée de mon Seigneur & frere. A' la fin (dy ie) de ma vie: parce que
le cruel Amour ne veult permettre la vengeance ſur toy, ſinon que moy
meſmes me ſacrifie, pour decorer ta mort, qui rendra la mienne bien heureuſe. Ainſi ſeront les obſeques de toy entierement celebrées par le trepas
de Zaïr & de moy, à fin que fortune les rende egales à la victoire qu’elle t’a
voulu otroyer, non ſeulement en la vie contre les Cheualiers & beſtes plus
cruelles: mais en la mort, que te pourchaſſera celle qui te deſie tant qu’elle
viura, qui ne ſera plus longuement que tu reſideras au monde: à fin que par
telle & ſi eſtrange cruauté ſoit executé le deſir de ma vengeance.

Ceſte lettre leuë &bien entendue,

tous furent compaſsionnez du mal d’Abra, & deſplaiſans auſsi pour les
menaces dont elle vſoit. A' quoy voulant reſpondre Liſuart, fit diligemment chercher Lidia: mais elle ne peut eſtre trouuée. Parquoy ayant eſcrit
bien au lóg, & ſatisfait au contenu de ce cartel, depeſcha vn Eſcuyer en Babilone,

bilone, lequel laiſſant ceſte cópagnie en leur plaiſirs & bonnes cheres, executa ſa charge ainſi que vous entendrez cy apres: demeurát toutesfoys Liſuart tout penſif, conſiderant de quelle afection Abra luy auoit eſcrit ceſte
lettre: non pour crainte de peril qui ſe preſentaſt deuát ſes yeux, ains ſeulement pour l'aſſeurance qu'il auoit de l'extreme amour duquel elle le ſou-
loit aymer : tellement qu'il cómença à regretter en ſoymeſmes la mort du
Soudan, & le deſiroit en vie, & ſon priſonnier, pour le luy rédre & aucunement ſatisfaire à l'obligation dont il ſe ſentoit tenu à elle. Auſsi eſtoit il
vray, que nonobſtant la mort de Zaïr, Abra luy portoit trop plus d'amytié, que de hayne, qui eſtoit ce qui luy cauſoit plus de deſplaiſir, luy ſemblant bien que Liſuart deuoit autrement luy payer ceſte bonne volonté,
& non pas luy auoir pourchaſſé le cruel deſplaiſir, pour lequel elle ſe la-
mentoit ſans ceſſe.

Commme la Royne de Sarmate

enuoyée par Zahara, preſenta le cartel qu'elle eſcriuoit à
Liſuart: & de la reſponſe qu'il luy fit.

Chapitre XXXV.

Vinze iours apres depuys que la meſſagere d'Abra eut
ſatisfait au commandement de ſa maiſtreſſe, ainſi que
l'Empereur ſortoit de l'Egliſe, ou il auoit ouy la meſſe,
ſe preſenta vne Royne tresbelle & tant richement armée, que chacun s'en esbahit, meſmes la voyát acompagnée de douze Damoyſelles, & en equipage tout pareil.
Or entendez que c'eſtoit la Royne de Sarmarte, enuoyée (comme il vous
a eſté dit cy deuant) laquelle, ſans ſaluer l'Empereur, ny autre, demanda, ſi
Liſuart eſtoit en ceſte compagnie. Luy, qui l'entendit auſsi toſt parler, ſe
preſenta : Ma Dame, dit il, ce ſuis-ie, vous plaiſt il quelque choſe de moy?
A ceſte parole le regarda la Royne aſſez longuement, puys luy reſpondit:
Certainement les dieux ne vous ont point voulu douër en vain de ſi parfaite beauté, ſinon pour demonſtrer que grandes entrepriſes doiuent eſtre
miſes à fin par vous. Puys donques qu'ilz vous ont exalté auec tant de gloire iuſqu'à maintenant, il n'eſt pas raiſonnable que vous vous plaignez de
celle qui s'ofre, & qui vous eſt apareillée, pour eſprouuer ſi la fin de voz
fortunes vous ſeront autant fauorables & heurcuſes, qu'elles ont eſté par
le paſſé. Lors tira vne lettre de ſon ſein: Tenez, dit elle, & peult eſtre que ce
que les fieres beſtes, & plus vaillans Cheualiers n'ont peu mettre en vous
(qui eſt la paour) y entrera à ceſte heure liſant ce cartel. Qu'il prit, & rópit
le ſéel

le séel, puys respódit à la Royne: Veritablement, ma Dáme, ie suis esmerueillé du propos que vous m'auez tenu:car la louange que vous me dónez
est si grande, qu'elle passe mon merite:mais soit ce que s'en pourra estre,ie
ne laisseray à demeurer vostre, & prest à vous obeïr. Et quant & quant ouurit le cartel, & en commença à lire la teneur qui s'ensuyt.

Zahara Royne des mons Cauca-

so, Dame de toute Hiberie, victorieuse, & subiugatrice des grandes prouinces des Sarmartes,Corces,Yrcanie, & Massagetes : A' toy Lisuart Infant
des deux souuerains Empires deGreçe & Trebisonde,salut.Sçaches,que la
renommée du magnanime Soudan Zaïr m'a fait venir de mes païs lointains en sa grande cité de Babilone , esperant le rendre possesseur de moy
& de mes Royaumes ensemble,demeurãt(sous son nom)ma gloire immor
telle: ou i'ay sceu que la Fortune, qui luy fut autresfoys amye, a permis
qu'espandissiez le sang de luy, me laissant par ce moyen & à iamais vesue
de mary, pour n'en rester autre qui peust ataindre le merite de ma grandeur, estant Princesse telle que ie suis, & douée de la beauté que les dieux
ont mis en moy,par l'auis desquelz le mariage de nous deux se fust cósom-
mé,si malheur n'y eust contredit comme il a fait. Mais quelque empeschement que Fortune ingrate ayt mis à ma destinée, si ne se pourra celer ny
estaindre la gloire de Zaïr, demeurant sa mort vengée par la tienne propre . Pour à quoy paruenir ie te desie de ta personne à la mienne , & auec
les armes que tu voudras eslire, estant le camp deuant lePalays du puissant
Empereur de Trebisonde.Et à fin que tu ne contennes ce combat pour t'e-
stre presenté par vne femme, ie t'auise que la coustume de Sarmarte m'a a-
quis possesion de cheualerie, & nom de Cheualier.En sorte que la victoire que tu obtiendras sur móy(si tu l'obtiens) sera illustrée par tát d'autres,
que i'ay aquises sur maintz aussi preux que toy , qui ont esprouué la force
de mes braz: & n'en demeurera en rien moindre ton ancienne gloire,quel
que bon visage que t'ayt monstré Fortune iusqu'à huy : ains s'augmentera
d'auantage, ayant le dessus d'vne telle Royne & si puissante que ie suis , &
qui desire estaindre (à son pouuoir) ceste cruauté , auec laquelle la beauté
de ton œil sçait vaincre (comme l'on dit)& conquerir les hautes Dames &
Damoyselles qui te voyent.

Apres que Lisuart eut acheué de

lire le cartel,tourna la teste vers Gradafilée, & la regardant auec vn souz-
ris luy dit:Il me semble, ma Dame,que cecy s'adresse plus à vous qu'à nul
autre:car vous (estant femme comme vous estes) deuez satisfaire à femme
telle

telle qu'eſt ceſte vertueuſe Princeſſe. Monſieur, reſpondit elle, ie ne m'en-
tremettray point(s'il vous plaiſt)du fait des armes, ſi n'eſt pour vous defendre: Toutesfoys, ſi vous trouuez bon que ie vous die mon auis, & celles que
vous deuez eſlire pour le cóbat que demande la Royne, il me ſemble qu'il
ne vous en faut nulles autres, que la grande beauté de vous, qui ſera trop
plus que ſufiſante pour dompter la ſienne : encores qu'elle en ſoit pour-
ueuë (ainſi que i'ay ouy dire) autant que Princeſſe de l'Aſie. Mais quoy?
en la bataille ou ie n'ay peu reſiſter, vn autre y fera treſmal ſes beſongnes.
Et ce dit elle de ſi bonne grace, que chacun ſe prit à rire. Lors commanda
l'Empereur, que l'on menaſt la Royne de Sarmarte voir l'Imperatrix, a-
tendant que Liſuart euſt auiſé à faire reſponſe. Et peu apres la manda on,
& luy fut dit par Liſuart, qu'il acceptoit le combat, non l'election des armes : encores que la Royne de Caucaſo la luy donnaſt. Et quant à la ſeureté du camp, l'Empereur en perſonne l'acorda telle que la Royne la reque-
roit, à laquelle Liſuart bailla vne lettre, contenant la reſponſe du cartel. Et
ſur l'heure (ſans faire plus de ſeiour à Trebiſonde) la Royne prit le chemin
de Babilone, ou elle arriua quelque temps apres.

Comme Abra & Zahara receu-

rent la reſponſe des cartelz qu'elles auoient enuoyez à Liſuart.

Chapitre   XXXVI.

'Eſtant la meſſagere d'Abra retirée ſecretement de Tré-
biſonde, apres auoir baillé la lettre que ſa maiſtreſſe enuoyoit à Liſuart, chemina tant qu'elle arriua à Babilone,
& le iour meſmes l'Eſcuyer qui fut depeſché apres elle,
lequel preſentant à l'Imperatrix la reſponſe de Liſuart,
elle receut de prime face telle eſmotion en ſoymeſmes,
que le cueur luy commença à trembler d'ayſe & de deſplaiſir enſemble:
Car(à parler veritablement)onques femme n'ayma tant homme, qu'Abra
faiſoit Liſuart, & ſi eſtoit ſi hay & abhorré d'elle, que ceſte contrarieté luy
apreſtoit mile aſſaux, & autant d'alarmes, ſpecialement donnant l'œil ſur
la lettre, qui contenoit ces motz.

Souueraine Imperatrix de Babi-

lone & des Parthes, Liſuart de Grẹce Infant de Conſtantinople & Trebiſonde, & ſeruiteur de IESVS CRIST, vous ſalue & honore ainſi que la

L iiii   grandeur

grandeur de vous merite. Entendez, Dame treshonorée, que le sang Imperial de Grèce, ioint auec la glorieuse & inuincible Bretaigne, m'ont acheminé au lieu, ou veritablement i'ay trouué moyen de venger l'iniure que i'auois receuë par le Prince Zaïr. En quoy faisant (& auec si bonne & iufte cause) ie ne pense auoir offensé en rien la grande obligation que veritablemét i'ay à vous, pour l'amour que vous dites me porter. Aufsi n'eft amoindry en mon endroit le desir de vous faire humble seruice. Ains tant que ie viuray seray voftre (comme ie suis) sans toutesfois alterer le deuoir d'honnefte fidelité, que i'ay porté & porte à ma Dame Onolorie ma chere seur & espouse. Or ma Dame, pour aucunement respondre à la lettre qu'il vous a pleu m'escrire, mefmes sur ce que vous vous plaignez de la mer, qui se pourra glorifier, ayant en elle le corps & le sang du Prince Zaïr Il me semble (sous meilleur auis) qu'il n'euft peu receuoir plus glorieuse sepulture, eftant honoré (comme vous publiez) par si grande multitude d'eaux : lefquelles (selon voftre iugement) en doiuent faire plus de cas, que de leur propre Neptune. Et ou le ciel le rauiroit aux abifmes, pour le coloquer plus haut, quel lieu fçauriez vous mieux souhaiter ? Certes, & l'vn & l'autre font plus propres à le loger, que non la terre qui en a perdu la poffefsion, & fe doit tenir trop petite, pour contenir en foy le corps de celuy dont les vertuz & prouëffes font inenarrables, voire innumerables. Ainfi, ma Dame, ie vous fuplie humblement amoindrir voftre pafsion. Ce que la raifon pourra faire pluftoft que le temps, vous cognoiffant fage & vertueufe Princeffe, autant qu'il en foit au monde. A' l'ocafion dequoy i'ay (confiderant les dernieres lignes de voftre lettre) receu plus de pitié de voftre mal, que de crainte, pour la menace que vous me faites à pourchaffer ma mort : laquelle m'auenant par voftre moyen, demeureriez peu fatisfaite, & perdriez en me perdant, le meilleur & plus afectionné feruiteur, que vous fçauriez iamais aquerir, & tel me trouuerez, ou, & quand il vous plaira m'employer, & commander, fans efpergner la vie & vne douzaine, fi ie les auois en vous obeïffant.

A' peine eut elle donné fin à la le-

cture de cefte lettre, que luy tóbás les groffes larmes des yeux, fe mit à tordre fes mains, & foufpirant commença à dire : Helas Lifuart ! fi i'auois la puiffance de t'ofter la vie, & te la rendre aufsi toft, ma vengeance feroit fatisfaite, & mon iniure apaifée, par l'honorable mifericorde que merite la douceur de ta refponfe. O' Amour, & Hayne ! pourquoy vous eftes vous logez en moy, puys qu'il faut que ie reçoyue tant de peine de voftre compagnie ? Helas Mifericorde & Vengeance ! à quelle ocafion aufsi m'auiez vous otroyé grandeur & foybleffe, pour iouïr de vous deux enfemble ? Et

vous

vous Cruauté, & Pitié, deuois-ie eftre créée femme pour receuoir telle punition de moymefmes que ie voy preparée? Certes on n'ouyt onques parler de tant de contrarietez, qui me folicitent plus fouuent qu'il ne me feroit befoing. Helas pauurette que ie fuis! eft il rien au monde qui ne me foit repugnant? Si i'ayme, on me veult mal: fi ie veux guerre, on me prefente la Paix, Hayne, Amour, Mifericorde, Vengeance, Defcharge, & Obligation, qui toutes me fuyuent & me perfecutent! Ah! ma Dame Zahara, quel confeil me donnerez vous en tant de diuerfité? Veu que la mort feule du cruel meurdrier de Zaïr doit eftre fatisfaction de mon iniure, & l'amour que ie luy porte entiere oubliance de tous les maux qu'il m'a pourchaffez? La Royne, qui l'efcoutoit ententiuement, & la voyoit ainfi variable, ne fe peut garder de luy refpondre. Ma Dame ie ne fçache Medecin qui euft le fçauoir pour diftraire ou euacuer l'humeur melencolique de voftre cerueau, moins apaifer le feu qui maiftrife ainfi la meilleure & faine partie de voftre cueur. Quant à moy, pour l'amour de vous, ie combatray voftre amy ennemy, & le reduiray à telle raifon (fi ie puis) que ie le vous donneray pour luy laiffer la vie, ou la luy ofter, ainfi que bon vous femblera. Helas! dit elle, c'eft le but & l'entier periode de ma fortune. Pleuft aux dieux le tenir defia! à la charge que l'amour que ie luy porte euft victoire fur la hayne & rancune que raifon a préparée contre luy. Et comme elles eftoient encores en ces termes, entra la Royne de Sarmate qui prefenta à Zahara la lettre, que luy enuoyoit Lifuart telle qui s'enfuyt.

Treshaute & puiffante Royne de

Caucafe, i'ay fceu, par le cartel qu'il vous a pleu m'enuoyer, comme l'ocafion de voftre arriuée en Babilone eftoit fous l'efperance du mariage futur de vous auec le Prince Zaïr (que i'ay fait paffer au fil de mon efpée) vous difant par cefte mort vefue de tout point, pour n'eftre autre viuant digne de vous. Certes, ma Dame, la grandeur de voftre eftat, & la beauté, qui vous acompagne auec cefte prouëffe, dont vous eftes renommée, merite bien qu'on vous eftime telle que vous eftes. Mais fi ne confentiray-ie pas ayfément, qu'il ne foit prou d'autres Princes, Seigneurs, & Cheualiers aufsi bons ou meilleurs que Zaïr, pour fe ioindre à vous par mariage, & fatisfaire à fon defaut. Au refte ie vous prometz, que ie fuis tresdefplaifant du combat que voulez entreprendre contre moy à toute outrance. Car vous (pour eftre femme) eftes plus à craindre par grande beauté, que non à l'efort de voz armes, atendu que pour le feruice de vous & de voz femblables, ie fuis plus couftumier mettre la vie en hazard, que la defendre contre elles. Toutesfois, puys qu'en ce regard vous voulez plus tenir du Cheualier preux & hardy, que non de Damoyfelle douce & gracieufe cieuſe, me defiant de voſtre perſonne à la mienne, ie l'accepte. Et pour reſeruer à part l'obligation que ie doy à voſtre ſeruice, ie vous remetz l'eleĉtion des armes : Car i'eſpere tant en voſtre bonté naturelle, que vous meſmes ſerez vaincue par vous meſmes, ſans que ie pourchaſſe la victoire ſur vous auec celles dont ie me pourrois defendre contre ceux, qui à meilleure ocaſion entreprendroient de m'aſſaillir. Quant au camp & autres choſes requiſes par ceſte prudente Royne, elles vous ſont acordées ainſi qu'elle les a demandées de voſtre part. Le temps ſera d'huy en cinquante iours, à fin qu'auec la ſolennité de tant glorieuſe entrepriſe, mes noces puiſſent eſtre mieux celebrées & honorées.

Grand plaiſir receut Zahara par

ceſte honneſte & tant ſage reſponſe, & demanda à la Royne de Sarmate, qu'il luy auoit ſemblé de Liſuart. Sur mon dieu, ma Dame, reſpondit elle, l'Imperatrix Abra a grande raiſon de craindre que vous iouiſſez de la veuë de luy : car s'il y a homme au monde qui vous merite à mary, ie croy que ce ſoit luy ſans autre: veu la grande courtoyſie, ſageſſe, & beauté, dont il eſt entierement pourueu. Adoncq' commença à deduire par le menu toutes les perfeĉtions de Liſuart, & la grace qu'il eut à s'adreſſer à la belle Gradafilée, la reſpóſe qu'elle luy fit, & comme le combat fut accepté auec grand' rizée d'vn chacun. Qui pleut tant à la Royne de Caucaſe, qu'elle delibera partir le lendemain, & auec toutes ſes femmes prendre la voye de Trebiſonde, ou Abra la voulut conduire, ſans mener autre train pour la ſeruir que douze Damoyſelles en dueil, & le Roy de Ieruſalem vieil & ancien Prince, qui auoit touſiours gardé Yneril l'Eſcuyer du Cheualier à l'ardante Eſpée, depuys ſon partement de la montaigne Defendue, ainſi que l'hiſtoire precedante vous a apris. Et eſperoit bien Yneril recouurer à ceſte fois ſon premier maiſtre, eſtant l'aſſemblée en Trebiſonde telle qu'on la publioit. Or les laiſſons donques aller iuſques à ce qu'il viendra mieux à propos de les arreſter, & retournons à Amadis de Gręce, qui cherche par tout vn Magicien propre à ſon ſecours, & le moyen de trouuer Buzando le Nain.

Comme Amadis de Gręce rencõ-

tra vn Damoyſel, qui luy monſtra les pourtraitz des quatre plus
belles Dames du monde, que le Roy Mouton auoit
oſté à Buzando le Nain.

Chapitre   XXXVII.

Tant

Ant chemina Amadis de Grece depuys qu'il eut laiſſé les Damoyſelles de la Royne Liberna, qu'il trauerſa le Royaume de Paleſtine, & iuſques en Antioche, ſans auoir nouuelles de ce qu'il queroit, ſinon qu'il rencontra aſſez pres de la ville vn Damoyſel, qui portoit deuant luy certains pourtraitz en vn parchemin, auquel Amadis donna le bon iour, & il luy reſpondit, que Dieu luy enuoyaſt bonne auanture. Amy, dit Amadis, ne me ſçauriez vous enſeigner par deça quelque Deuin, ou Magicien, qui me peuſt rendre raiſon d'vn affaire que i'ay fort afectionné. Veritablement, reſpondit le Damoyſel, ie ſuis en meſme peine que vous eſtes, & tellement que pour en trouuer vn tel i'ay quaſi cheuauché tout l'empire de Babilone, & autres regions, & iamais ie n'en ay peu auoir nouuelles. Et qu'a'uous à faire à luy ? dit Amadis. Entendez, ſire Cheualier, reſpondit le Damoyſel, que ie ſuis au treſpuiſſant Roy de Lica, que l'on apelle Mouton, le meilleur & plus adroit aux armes que l'on ſçache, lequel de malheur rencontra (quelques iours ſont paſſez) vn Nain, qui (comme ie croy) ſera cauſe de ſa mort prochaine. Car il portoit en la grand' Bretaigne ce parchemin, ou ſont pourtraites certaines figures de Damoyſelles les plus belles dont vous ouyſtes onques parler, & telles, que le Roy mon maiſtre (pour en voir ſeulement l'vne) meurt, & ſi ne peult mourir, tant eſt rauy de ſon amour. Lors ſe prit le Damoyſel à diſcourir comme & en quelle ſorte Mouton entreprit le voyage de la grand' Bretaigne, & tout ce qui luy en auint ainſi que nous vous auons recité cy deuant. Dont Amadis fut treſayſe, ſpecialement pour les nouuelles de Buzando, & dit au Damoyſel. Ie vous prie, beau ſire, que ie voye les pourtraitz qui ont rendu voſtre Roy ſi amoureux, & me dites pourquoy vous les portez quant & vous. Sire Cheualier, reſpondit il, c'eſt pour en faire par celuy que ie cherche la couuerture d'vn eſcu, qui ne ſe puiſſe iamais efacer. Car mon maſtre delibere (l'ayant recouuré) le porter quant & ſoy à l'eſpreuue, qu'il delibere faire pour voir la gloire de Niquée. Et ſi tant mal luy auient, & que ſon deſſein ne puiſſe ſortir l'efait qu'il deſire, il entreprendra de defendre l'entrée de l'auauture, à fin que nul iouïſſe de ce qui ne luy aura eſté permis. Et pour donner enuie à ceux qui y arriueront de le combatre, & conquerir l'entrée du lieu, & à luy plus d'efort de leur reſiſter, il deſire auoir ainſi l'eſcu & les pourtraitz deſſus, & que vous verrez preſentement, ſi vous voulez, à la charge auſsi, que le mal de mon Roy pourra retourner en vous. Lors deſuelopa le parchemin & le preſenta à Amadis, qui de prime face ieta l'œil ſur Onorie, le nom de laquelle eſtoit eſcrit ſur la teſte, mais la voyant ſi parfaitement belle, ne ſe peut tenir de dire en ſoymeſmes que vrayment Birmates auoit bien raiſon de la ſeruir & honorer, comme il faiſoit. Puys recogneut Lucelle tant au naturel, que le cueur luy treſſaillit, & ſouſpira : Haa, dit il, ma Dame, les dieux n'ont point mis moindre

perfe-

perfection de beauté en vous , qu’en moy pauure de loyauté ! qui eſt cauſe
de m’auoir fait retarder l’eſpreuue ou les parfaitz amās ſont apellez & non
autres . Sur mon Dieu tant plus ie vy & plus me cognois imparfait, en ſorte que ma propre conſcience redargue ſi aſprement le peché de l’ingratitude dont i’ay vſé enuers vous , que voyant voſtre ſeule figure i’ay honte
de me monſtrer deuant elle, & rougis à toutes heurtes . Par mon ame, dit
le Damoyſel, ſi vous continuez en voz aſections , au pris que vous verrez
les autres ſuyuantes, ie me puis bien promettre qu’en mal’heure pour vous
les monſtray-ie onques. Amy, reſpondit il, ſi vous ſentiez le mal que i’endure, vous en auriez plus de compaſsion . Or ſus donques, dit le Damoyſel, paſſez outre, & vous verrez comme il vous en prendra: Car ſi ces deux
vous ont aporté quelque tourment, l’autre d’apres eſtaindra voſtre peu de
ioye . Et comme il acheuoit ceſte parole Amadis s’arreſta ſur Niquée, la
grande beauté de laquelle luy aliena tellement les eſpritz vitaux, qu’il demeura tout hors de ſoy , & ſans aucun ſentiment laiſſa tomber le tableau
en terre , & luymeſmes fuſt cheut apres, ſi Ordan ne l’euſt ſoudainement
embracé. Or penſoit l’Eſcuyer que telle defaillance luy procedaſt de quelque apoplexie , ou autre inconuenient mortel : Parquoy ſe mit à faire le
plus grand dueil du monde, priant le Damoyſel piquer droit à la ville, &
luy amener ſecours . Mais il fit tout autrement : car releuant ſon tableau
tourna bride, & commença à fuyr à vau de route, diſant entre ſes dens: Iamais Dieu ne m’ayde ſi ie vous fais plus longue compagnie : Car à la fin ie
pourrois bien perdre mon tableau , & aquerir quelque coup de baſton, ſi
le galant retourne en ſanté Amadis, ce pendant tombé en eſpame, & ayant
recouuré la parole ieta, vn haut ſouſpir , & d’vne voix foyble & debile,
les yeux tous baignez en larmes, dit tout bas : Ah , ah triſte de moy ! que
mal à propos ie vy onques ce qu’homme mortel ne merite regarder ! Helas ! ne me deuoit il ſufire permettre à mon ouye auoir le bien d’entendre
la haute renommée de vous , ma Dame , ſans pourchaſſer d’auantage? veu
que tout ainſi que le Soleil eſt plaiſant à l’œil, le regardant auec choſe opo-
ſite , & que qui s’auanture le voir directement, s’eſblouit & void moins,
auſsi vous Soleil & premiere en grande beauté, m’auez tellement offuſqué
l’eſprit, & l’entendement, que ſans plus de liberté ie viuray deſormais en
la foſſe du haut deſir, & d’impuiſſance trop debile , me ſentant indigne
de choſe ſi parfaite, & à (bien parler) plus diuine qu’humaine ? Ouy , dit
Ordan, & bien, qu’en auiendra il apres ? Sur mon Dieu vous deüriez rougir de honte. Penſez que pourra r’aporter de vous au Roy Mouton celuy,
qui nous a laiſſez ? Comment? reſpondit Amadis, a il auſsi emporté les
pourtraiz? Ouy vrayment, dit Ordan, & ſi ne ſçaurois iuger quel chemin
il a pris. Car ie l’ay perdu de veüe ainſi qu’il eſt entré dans ceſte foreſt prochaine. Ah , reſpondit Amadis c’eſt donques fait de moy ! Ie ne puis viure que ie ne le recouure. Par mon ame, dit Ordan , i’ay veu beaucoup de
femmes,

femmes, & ſi n'en vy onques pleurer ſi demeſurément pour ſi peu d'ocaſion . Ie vous prie, beau ſire, vous recognoiſtre, & changer deſormais de
façon plus propre à l'eſtat que vous ſuyuez. Aſſez d'autres remonſtrances
luy fit Ordan, & tant qu'Amadis diſſmula de là en auant trop mieux qu'il
n'auoit fait, prenans enſemble le chemin de la ville, ou ilz ſeiournerent
quatre iours entiers, s'enquerans pres & loing du Damoyſel, duquel ilz ne
peurent auoir nouuelles. Bien leur dit-on, que le Magicien qu'ilz queroient eſtoit allé es Iſles de Romanie, pour certain afaire qui luy eſtoit ſuruenu. Parquoy eſtimans que le Damoyſel de Mouton auoit pris ceſte route, s'embarquerent, & y firent voyle le lendemain de grand matin.

Comme Amadis de Gręce prit

port en l'Iſle Deſpeuplée, ou il trouua vne eſtrange auan-
ture : & de ce qui luy auint.

Chapitre   XXXVIII.

Auigant dóques Amadis es Isles de Romanie, ainsi qu'il vous a esté dit, la tempeste suruint, & courut tellement fortune huit iours entiers, que le maistre Pylote faisoit estat, ou que son vaisseau seroit porté à la fin du monde, ou bien qu'il rencontreroit quelque escueil, ou rocher, contre lequel il se briseroit, demeurans eux submergez & periz. Car onques Faucon pelegrin ne vola plus legierement, que le torrent de la mer, le vent, & la tempeste emportoit ce nauire, lequel finablement fut ieté au goufre de Liasse vers Surie: Mais quand le patron s'aperceut du chemin qu'il auoit fait, il deuint pasle, & tout morne, aymant quasi plus cher demeurer à la mercy des vagues, que descendre à port si dangereux. Et toutesfois il luy estoit impossible de conduire son vaisseau plus outre, parce que l'arbre, les antenes, & cordages, estoient tous brisez & rompuz. Ainsi ne sçachant quel conseil prendre Amadis le voyant plus estonné que de coustume, encores que le peril luy semblast moindre, voulut en sçauoir la cause. Seigneur dit il, ceste terre se nóme l'Isle Despeuplée, pour les enchantemens que la Royne Zirsée y a mis. Et Dieu nous garde d'y descendre: Car nous serions tous perduz, sans en pouuoir iamais sortir. Par mon chef, respondit Amadis, si tous les dyables y estoient si verray-ie le païs premier que ie m'esloigne. Or tost abordez, & prenant ses armes n'oserent les mariniers luy cótredire: ains le mirent luy & son destrier en terre, sur lequel il monta, & sans autre compagnie chemina si longuement à trauers l'Isle, qu'enuiron Soleil couché se trouua au plus pres d'vne tresbelle fontaine, au deuant de laquelle y auoit vn pilier de metal, & au dessus vne statue de Royne coronnée, tenant en sa main dextre vn rouleau ou estoient grauées certaines lettres Caldaïques, qui disoient:

Au téps futur que le Lyon descógneu trauersera les boys serpentins auec la crainte de leurs espouuentables chiflemés, ayant passé la craintiue cauerne, ostera l'espée douloureuse de l'estomac cruel, arrachant laquelle sera brisée en la gloire du bleceur, & vie du blecé. Et par ce coup demeurera la force & braueté du Lyon descogneu auec glorieuse fin de son cómencemét. Et les lettres ardátes seront leuës, & en icelles manifestée la perte de l'espouuentable beste, par la langue magique mise en liberté, pour l'yssue de la glorieuse espée. Et à lors les enchátemés de Zirfée Royne d'Argenes s'aparoistrór, à l'auácement de son sang royal, & vilité de la Princesse desheritée. Apres quil eut bien leu & par diuerses fois le contenu de cest escrit, il se mit à contempler la statue, & luy fut bien auis qu'elle ressembloit dutout à celle qu'il auoit veu autresfoys en l'Isle d'Argenes, qui luy dóna beaucoup à penser, estimant que ceste prophetie se pouuoit adapter pour luy. Parquoy ieta sa veuë plus outre. Et aperceut l'entrée d'vne cauerne, vers laquelle il marcha. Et comme il fut ioignant trouua telle escriture dessus.

A'nul est otroyée l'entrée des Serpentines Damoyselles, iusques à ce que
vienne

viĕnne celuy qui furpaſſera en bonté d'armes tous ceux qui furent de ſon temps . Parquoy autre que luy n'eſpreuue l'auanture : Car Zirfée Royne d'Argenes les menace de craintiue priſon & enchantement perpetuel.

Mais Amadis n'en fit cas, ains commença à dire en ſoy meſmes : O' mes Dames Lucelle, & vous Niquée ! à qui ie ſuis entierement, plaiſe vous me donner l'effort d'eſprouuer ceſte merueille, qui n'eſt meritée d'aucun, finõ de celuy ſeul qui a aſsis ſon cueur & ſa penſée en lieu ſi haut comme ſont voz excellances. Et quant & quant mit pied à terre, & atacha ſon cheual à vn arbre prochain. Puys entra dans la cauerne, ou il n'eut marché vingt pas qu'il trouua vn Cheualier grand de corps & de belle taille, armé d'vnes armes noires, & vn eſcu au col, dans lequel eſtoit figuré vn cueur my party, qui brauement luy commença à dire : Cheualier, il vous conuient defendre, ou endurer priſon, ayant eſté ſi temeraire d'auoir entrepris choſe qui n'eſt otroyée qu'à vn ſeul . En mon Dieu, damp Cheualier, reſpondit Amadis, aux marques de voſtre eſcu i'auois eſperance, que me deuſsiez pluſtoſt parler d'amytié, que de cõbat, pour la conformité de deuiſes que vous & moy portons. Toutesfois puys qu'il va autrement nous verrons au ieu qui aura belle amye. Lors mirent tous deux la main aux eſpées, & cõmencerent vne ſi eſtrange bataille, qu'il ſembloit plus de vingt Cheualiers s'en meſler . Auſsi dura tant ce combat, qu'Amadis n'auoit onques eu à faire, comme il penſoit, à plus rude & vaillant hóme. Et ainſi frapás & chamaillans l'vn ſur l'autre, cognoiſſans qu'ilz ne ſe pouuoient vaincre de ceſte façon, laiſſerent pendre leurs eſpées aux petites chaiſnes, qu'ilz auoient entour le bras, & s'entr'embracerent pour ſe tomber par terre . Mais Amadis de Grece qui eſtoit plus roy de qu'autre de ſon temps, emporta ſon hóme, vouſiſt ou non, ſi auant en la cauerne, qu'ilz ſe trouuerent enſemble dedans vne chambre quarrée, ou il le ieta, cuydant l'auoir eſtoufé. Si vid à l'inſtant ſortir d'vne voulte vn merueilleux & horrible Serpent, qui batant ſes ælles, & ſe trainant côtre terre, vint enueloper de ſa queuë le Cheualier noir giſant en la place, qu'il enleua, d'ou il eſtoit ſorty, ſiflant & vomiſſant feu & fumée ſi puante & infaite, qu'Amadis cuyda eſtoufer . Et toutesfois voulant voir la fin de ceſte auanture, ſuyuit la beſte ſi auãt, qu'il entra au creux d'vne montaigne tant eſpineuſe & pleine de buiſſons, qu'à grande peine trouuoit il à aſſoir le pied . Mais celà ne luy donnoit tant de malayſe, que les douloureux & lamentables criz qu'il entendoit, ſi eſtranges, qu'vn bien aſſeuré euſt eu aſſez dequoy trembler de frayeur. Et neantmoins Amadis ne s'arreſta, ains paſſa outre tant qu'il paruint ſur la riue d'vn grand lac, ou il vid vne infinité de Serpens, leſquez à force de batre leurs ælles faiſoient tellement reialir l'eau, qu'il ſembloit de mile tours, qui en vn inſtant s'abaiſſoient, ou eſleuoient iuſques aux nues . Or eſtoit il nuiſt fort obſcure : mais ſur le bord de ce lac y auoit vn perron de Marbre, dont ſortoit ſi grand flamme, qu'il auiſa au mylieu de l'eau vne pira-

M ii

mide

mide plantée fur vn rocher . Et vne barque à fix rames atachée au perron,
& au deffus vn rouleau auec lettres qui difoient.

Nauigue, fuy, arrefte, & voy,
Trauail, tourment, font auec toy.

Et combien qu'Amadis ne peuft affoir iugement fur ces motz, fi entra il en
la barque, nauigát vers la piramide : Mais il n'eut pluftoft leué le premier
auiron , que les Serpens commencerent à tant fe debatre & tourmenter,
qu'ilz faifoient efleuer l'eau par ondes aufsi hautes que montaignes, fe lan-
çans de fois à autre fi rudement contre la barque , qu'Amadis eftoit contraint fe coucher tout plat autrement il fuft tombé . Et encores ne peut il à
la fin s'en garantir . Car la barque & luy furent renuerfez en danger de
naufrage, fans vn auiron qu'il emporta quant & foy , auec lequel il trouua
façon de gaigner le pied de la piramide , faifant fon conte d'auoir efchapé
le plus grand peril qui luy auint de fa vie : Parquoy commença à fecouër
les oreilles & voulant monter à mont vingt degrez qu'il trouua taillez au
roc, fe prefenta à la premiere marche vn Cheualier armé de toutes armes,
qui fans mot dire luy rua tel coup , que peu s'en falut qu'il ne le renuerfaft
de rechef en l'eau . Dequoy toutesfoys il en porta la penitence fur l'heure:
Car Amadis mettant la main à l'efpée , l'ataignit de fi grand' force fur la
crefte de l'armet, que volant l'efpée en pieces, le Cheualier tomba eftour-
dy au plus profond du lac, & onques puys ne fut veu . Parquoy Amadis
fuyuit fa pointe , & fans aucun deftourbier entra en la premiere porte de
la piramide , ou il trouua vn efcalier, qui le conduit dans vne grand' falle
richement tapiffée, & au mylieu eftoit dreffé vn poyfle de fin or , fous lequel feoit en chaire de parement vne Royne bien belle portant le chef nu,
les cheueux efpars , & vne coronne au deffus . Or auoit elle les yeux clos
comme fi la mort l'euft preuenue . Ce qui eftoit facile à penfer, luy voyant
à trauers le corps vne efpée le pommeau de laquelle paroiffoit fi diapha-
ne & lucide, que vingt torches alumées n'euffent peu rendre plus grande
clarté. Quatre Damoyfelles eftoient au pied d'elle fur quatre marches, menans vn fi grád dueil, que les pleurs, fanglotz, & foufpirs, qu'elles ietoient
du fons de leur péfée, eftoiét fufifans tefmoins de la peine & ennuy qu'elles
foufroient. Aufsi lamentoiét elles vn Cheualier mort la tefte my partie. Et
neantmoins apuyé dans le giron de la Royne. Dont Amadis aucunement
esbahy s'adreffa à elles, les priant de gráde afection luy declarer cóme , &
pourquoy ces chofes eftoient ainfi ordónées . Toutesfois nulles d'elles luy
fit refponfe:parquoy s'aprocha iufques ioignát la Royne,& auança le bras
pour luy tirer l'efpée du corps:Mais foudain entra vn Cheualier l'arme en
main, qui audacieufement luy efcria : Paillard, retire toy, autrement tu es
mort.Or n'auoit Amadis dequoy fe defendre,& moins pour affaillir,finó

l'efpée

l'eſpée ou il pretédoit, laquelle nonobſtát la defenſe de l'autre (s'entendant menacer) il tira à ſoy ſi rudement, qu'elle luy demeura au poing. Et s'eſua-nouït le Cheualier, reprenãt la Royne ſes eſpritz, qui par force d'enchan-temens luy auoient eſté lóguement alienez. Et de là en auãt ne fut plus ouy le bruyt & rumeur qu'auoient cótinué iuſques adoncq' les Serpens du lac, ains vindrét Cheualiers, Dames, & Damoyſelles de toutes parts ſaluer A-madis, deuant lequel ſe proſternerent les genoux en terre, luy diſans : Bien ſoit venu le meilleur Cheualier du monde, & qui pour tel nous a mis en li-berté, & hors de plus miſerable ſeruitude qu'endurerent onques pauures chetifz ! Et comme ilz eurent fait ceſte harangue, la Royne, à qui l'eſpée a-uoit eſté arrachée du corps, deſcendit de ſon troſne : & faiſant trois gran-des reuerances à Amadis, luy embraça la iambe droite, luy diſant : Certes bon Cheualier, i'ay bien raiſon de vous honorer toute ma vie : car par vous nous receürons au iour d'huy plus de faueur, que nous n'en eſperions de cent ans. Et toutesfois ie vous ſuplie me faire encores tant de grace, que de m'otroyer vn don, autrement ma ioye ſera tant que ie viuray entremeſ-lée d'ennuy, & de faſcherie. Ma Dame, reſpondit Amadis, en la releuãt, demandez, & ie vous obeïray. Bien humbement le remercia la Royne. Or m'eſcoutez donques, dit elle. Lors ſe teurent tous, fors les quatre Da-moyſelles, qui continuoient leur dueil : Entendez, ſire Cheualier, dit la Royne, qu'vn temps fut que ie commanday en Alexandrie comme ſouue-raine du païs, & mon nom eſt Brizene, autresfoys trop aymée de ce Che-ualier mort mon vaſſal, & de moy tant haï, qu'apres auoir ſceu de luy l'a-fection qu'il me portoit, vn iour entre autres qu'il ſe tenoit plus aſſeuré, luy fis l'outrage telle que vous la voyez, dont ſes ſeurs menerent grand dueil, & tel, que Zirfée Royne d'Argenes, couſine de mon pere en fut auertie, & me vint trouuer en telle colere, que faiſant ſes charmes & en-chantemens, me dit : En recompenſe de la grande cruauté que vous auez faite à celuy qui vous aymoit plus que ſoy meſmes, ie vous traiteray d'o-reſnauant en ſorte, que vous ſentirez comme Amour merite amour. Car vous demeurerez en amertume & hors de vous meſmes, iuſques à ce que l'eſpée que ie vous planteray dans l'eſtomac en ſoit retirée par le meilleur Cheualier du monde, & qui s'en ſeruira iuſques à ce qu'il en recouure vne autre de telle eſtime, qu'elle ne ſe pourra aprecier, non tát pour ſa bóté có-me pour la vertu qui ſera en elle. Et vous cófineray quát & quant en tel lieu que Cheualier, Dame, ny Damoyſelle n'y arriuera, qu'il ne mue ſa forme, en ſigne de l'inhumanité dont vous vous eſtes acouſtrée : mais demeure-ront transformez en Serpens, tant que l'eſpée demeurera en vous, qui n'en ſera auſsi pluſtoſt retirée qu'ilz retourneront en leur naturel, & vous de-liurée par le bon Cheualier, auquel vous demanderez tel don, qu'en me-moire du laſche tour que vous auez fait, il vous donne la penitence que bon luy ſemblera. Et ce pendant, à fin que celuy duquel vous l'atendrez

M iii   la vous

la vous baille plus grieue, le Cheualier occis ſi malheureuſemét pour vous
aymer ſera mis en voſtre giron , & ſes ſeurs à ſes piedz, dont il ſe pourra
condouloir, & vous en chaſtier d'auantage. Et ordonna outré Zirſée,que
le cas auenant de noſtre deliurance,ces Cheualiers, Dames, & Damoyſelles, que vous voyez,ſeroient tenuz vous otroyer vn autre don tel que vous
leur demanderiez, en recognoiſſance de la liberté qu'ilz receüroient par
voſtre moyen. Et le iour meſmes m'amena en ce lieu, ou elle m'enchanta,
en la maniere que vous m'auez trouuée . Et voylà, ſire Cheualier, le diſcours de ma fortune, pour laquelle ie vous ſuplie auiſer à la penitéce qu'il
vous plaira me cómettre , à fin que icelle acomplie ie puiſſe retourner vers
mes ſubietz, qui m'atendent en bien bonne volonté . Certainement, ma
Dame, reſpondit Amadis, voz propoz m'ont mis en grande amiration:
Mais puys qu'il faut que ſatisfaites à ce que ie vous commanderay,& qu'au
trement ne peult eſtre,ie vous enuoyeray en lieu, ou la penitence, que l'on
vous ordonnera , ſera plus gracieuſe, que ie ne la vous acorderois:d'autant
que celle, à qui aurez à faire, tient la meſme condicion que vous euſtes enuers le Cheualier mort. Et quand au don que ceſte belle cópagnie me doit
otroyer, ſera que vous yrez enſemble, & conterez à la Dame, dont ie vous
parle, tout ce que vous m'auez recité, & qui en eſt auenu . Ce qu'ilz pro-
mirent de tresbon cueur. Et ainſi ſortirent hors de la piramide ſans plus
voir , ny le lac , ny les autres charmes , & prindrent le chemin vers la mer,
aprochans laquelle aperceurent caler vn nauire & deſcendre vne Damoyſelle en terre, qui s'adreſſant à Amadis, luy baiſa les mains : Monſieur, dit
elle, il m'a eſté commandé vous venir trouuer icy, & ſuyure d'oreſenauát
ceſte belle compagnie par tout ou vous leur commanderez s'acheminer,
vous auiſant que celuy à qui ie ſuis,& qui vous enuoye ce nauire vous mande par moy,que ne prenez faſcherie pour les choſes qui vous ſont à auenir:
encores qu'elles contrarient entierement à voz afeƈtions:car force vous ſera de paſſer par les plus eſtranges auantures qu'endura autre Cheualier depuys cét ans.Au reſte il m'a auſsi donné charge de vous dire,que vous auez
donné liberté ce iour d'huy à telles perſonnes, dont vous ſerez fort eſmerueillé quelque iour que vous les cognoiſtrez, receuát d'eux ſeruice & plai-
ſir.Damoyſelle m'amye,reſpondit il,ie prie aux dieux me dóner(premier
que mourir)la grace de pouuoir recognoiſtre enuers celuy à qui vous eſtes
le bó vouloir qu'il me porte. Et ce pendant,puys que vous eſtes arriuée ſi à
propos, vous códuirez ceſte compagnie en voſtre vaiſſeau, la part que ſera
la Princeſſe de Sicile , & les luy preſenterez tous de ma part, ſuyuant ce
qu'ilz m'ont acordé. Et prenant plume & papier eſcriuit vne lettre, qu'il
bailla à la Royne d'Alexandrie, puys les fit tous embarquer. Et les commandant en la garde de Neptune,retourna ou il auoit laiſſé ſes mariniers,
qui ce pendant firent grand deuoir de r'adouber le vaiſſeau: bien esbahiz,
toutesſoys, de le voir retourner en ſi bonne ſanté , & plus encores quand
ilz en-

ilz entendirent les merueilles qu'il auoit trouué, & la sorte que tout estoit
auenu.

Comme Amadis de Gręce fut au

chasteau de l'Isle de Lica, pour deliurer Buzando le Nain
des mains du Roy Mouton, qui le tenoit
prisonnier.

Chapitre XXXIX.

Stans dóques Amadis r'entré en son vaisseau, fit incontinent haucer la boulingue, & prendre la pleine mer,
tirant la route des Isles de Romanie, pensant y trouuer
& le Magicien & le Damoysel du Roy Mouton. Mais
il n'y fut plustost arriué, qu'il entendit des habitans, qu
l'vn & l'autre n'y estoient plus, sans qu'ilz luy peussent

M iiii dire le

dire le chemin qu'ilz auoient pris. Bien l'asseurerent ilz, que le Damoysel emportoit l'escu auec les pourtraitz, le tout selon le desir du Roy son mai-stre. Dont Amadis fut trop dolent: Toutesfoys à la fin il se consola au moins mal qu'il peut, & commanda de nauiguer en l'Isle de Lica, ou il cô-batra Mouton, vengeant Buzando le Nain, qu'il tenoit en ses prisons. Si leur fut le téps si cómode, qu'ilz y prindrét port la seconde Lune ensuyuát & descendirent assez pres d'vn rocher, sur lequel estoit construit le cha-steau ou residoit plus communément le Roy Mouton. Parquoy s'arma A-madis, & sortant hors le nauire ordonna aux mariniers l'atendre sans par-tir de là, premier qu'auoir de ses nouuelles: les asseurant (si Fortune luy donnoit moyen de parfaire son entreprise) qu'il ne tarderoit gueres à re-tourner vers eux. Lors commença à monter contremont le rocher, ou il rencontra vn vilain conduisant deux muletz chargez d'eau, qu'il aresta: Vien çà, dit il, le Roy mouton est il leans? Sire Cheualier, respondit le paï-sant, il est depuys troys iours party pour aller esprouuer la gloire de Ni-quée auec vn escu qu'vn sien page luy a aporté des Isles de Romanie. Ah, ah Dieu! dit lors Amadis, seray-ie toute ma vie malheureux? Et ie te prie, beau sire, qu'est deuenu vn Nain qui luy bailla les pourtraitz qu'il a fait mettre sur cest escu? Seigneur, respondit le vilain, il a commandé à son par-tement, que l'on le tienne au fons d'vne fosse, d'ou il ne partira qu'il ne iouïsse de celle, en laquelle son cueur a tousiours vescu depuys qu'il vid premierement le pourtrait d'elle, qui est Niquée, & le commandant à Dieu chemina Amadis tant qu'il entendit la guette du chasteau sonner vn cor. Au son duquel sortit vn grand Cheualier armé de pied en cap, qui d'arriuée s'adressa à Amadis, luy commandant de le suyure: Et ie te serui-ray, dit il, de fourrier, ainsi que i'ay fait à maints autres meilleurs que toy. Car nul aproche la forteresse en l'equipage que tu es, sans endurer(pour le reste de sa vie)prison pire que la mort. Par mon chef, grand lourdaud, res-pondit Amadis, ce seroit bien le rebours de mon opinion, qui suis venu ex pressemét pour en tirer les autres, & te mettre en leur place. En es-tu la? dit le Cheualier, tu verras donques maintenant cóme il t'en prendra. Et bais-sant son glaiue courut contre Amadis, qui ne luy faillit, ains le traita si gra-cieusement, qu'au ioindre la lance luy trauersa les tripes, & tomba sans en parler onques puys. Parquoy suyuit sa pointe, & vint au pied de la murail-le, ou il atacha son cheual, & comme il cuydoit entrer dedans la porte, fut chargé par dix hallebardiers. Mais s'il auoit chastié l'homme d'armes, il aprit aussi bien à ces gens de pied de tourner court. Car les cinq y perdi-rent la vie, & les autres se garantirent à fuyr legierement, dans vn taillis, ou il ne les poursuyuit gueres, ains trouuât la porte ouuerte, qu'ilz auoient habandónée, passa outre iusques à vne basse court, aux galeries de laquel-le il auisa vn Geant desarmé, qui luy demanda, pourquoy il estoit là venu si priuément. Tu le sçauras trop tost pour toy, respondit Amadis. Mais dy
moy

moy toymefmes, ou eft prifonnier vn Nain mon feruiteur, que tu as dete-
nu & detiés fans ocafion ? Croy moy que ie t'en puniray comme i'ay defia
fait ceux, que tu auois commis pour la garde & entrée de cefte place. Ha
paillard, dit le Geant, s'ilz ont eu defplaifir, tu en receuras la mort plus
cruelle qu'endura onques chetiue creature. Monftre moy feulement, refpondit Amadis, par ou il faut monter vers toy, & ie te releueray du trauail que tu prendrois à defcendre çà bas. Par cefte petite porte de fer, dit
le Geant. Ouure la & tu rencontreras, peult eftre, ce que tu es venu chercher ceás, qui eft la fin malheureufe de tes iours. Lors vint Amadis à l'huis
de fer. Mais il ne l'eut pluftoft ouuert, qu'il fe lança contre luy vne befte la
plus fiere & eftrange, qu'on fçauroit penfer, non moindre en hauteur
qu'vn courfier, la tefte femblable au Tigre, en la gueule deux cors ou defen
fes, groffes & longues comme les trompes d'vn Elephant, reffemblant du
refte au Leopard, fors qu'il eftoit blanc & portoit ferres & piedz de Gri-
fon moucheté par endroitz ainfi que la queuë d'vn Hermine. Bien cogneut Amadis que le Geant luy auoit dreffé cefte embufche, & qu'il faloit combatre. Car la befte vint la gueule bée pour l'engloutir, & de l'vne
de fes griffes luy arracha l'efcu du col, le tirant fi fort qu'il dóna des mains
en terre, & demeura l'efcu au pouuoir de la befte, qui le mit en plus de mile
pieces. Dont Amadis s'eftima fi offenfé, qu'il fe releua próptement & ayát
l'efpée au poing, fe tira à cofté, & ataignit la befte aux iarretz de derriere
de telle force qu'il luy fepara l'vne des iambes & endómagea tresfort l'autre. Et neantmoins le monftre ne laiffa à s'en venger : car il fit vn faut au
mieux qu'il peut, & penfant le faifit au corps, empoigna feulement l'vne
des taffettes de fon haubert, qu'il commença à froiffer. Et ce pendant A-
madis redoublant fon coup, luy mit la pointe en l'efpaule droite plus
d'vn grand pan de profond : Et toutesfois elle ne laiffa à luy faire fentir
l'aigreur de fes ongles iufques dans la chair viue, dont le fang fe mit à faillir, & rougir le harnoys & la place. Et encores luy auint il pis : car de la
griffe, que le monftre auoit encores faine il le faifit fi eftroitement, qu'il luy
ofta le moyen de fe pouuoir ayder de fon efpée, ny de pointe, ny de taille
hors feulement du pommeau auec, lequel il luy donna tant de coups en
tre les deux yeux, que finablement la befte tomba par terre, ne vallant gueres mieux que morte. Aufsi n'euft elle vefcu d'auantage fans le Geant qui
la vint fecourir, & armé d'vne forte brigandine auec vn courtelas au poing
s'adreffa à Amadis, luy criant d'affez loing : Ha diable ! diable te puis-ie
bien nommer : car fi autre eftois, tu n'euffes le pouuoir de faire telle refiftance. Aufsi en mourras tu diableufement premier que tu efchapes de
mes mains. Toutesfoys Amadis ne s'en efmeut beaucoup : ains, fans luy refpondre, marcha la tefte baiffée contre luy, & commença entre eux deux
vne telle meflée, qu'on ne les euft pas legierement pris pour bacheliers, ou
aprentiz d'armes : encores qu'Amadis fuft fans efcu & trauaillé grandement

ment de ce qu'il auoit defia fait.Neantmoins le cueur luy creut fi fort,qu'il
mena fon ennemy à telle raifon , & couuert de tant de playes grandes &
petites,que crainte de mort s'empara en fes entrailles, fi que de là en auant
il commença à redouter les coupz d'Amadis , pour auxquelz obuier trouua façon de le faifir au fort du corps, penfant l'eftraindre & eftaindre:mais
il le fentit plus royde qu'il n'efperoit . Et ainfi bras à bras tournoyans
puys çà,puys là,pour s'entrederoquer,vindrent ioignant la befte,contre la
quelle le Geant donna du pied:& elle qui n'eftoit encores morte, fentant
douleur,fe releua foudain, & d'vne griffade arracha de l'efpaule du Geant
telle carbonnade, que d'vne angoiffe merueilleufe lafcha fa prife & craignant Amadis d'en receuoir autant, luy mit l'efpée dans les tripes fi auant
qu'elle donna figne de mort, fe remuant & tourmentant de fi eftrange façon , que iamais Amadis n'eut moyen de retirer ce qu'il y auoit mis , ains
demeura defnuée & d'efpée, & d'efcu.Ce que voyant le Geant tout debile
& naüré qu'il eftoit, fit tant qu'il fe mit fur piedz , & vint pour le rechar-
ger.Mais luy prompt& adroit plus que Cheualier de fon aage,fe coula legierement fous fon bras, & luy arreftant le coup, le reffaifit par les reins,&
le Geant au femblable . Et lors à qui mieux mieux demeurerent longuement fans fe pouuoir offendre: Car Amadis ne vouloit lafcher prife, pour
efort que fift le Geant , ains que de croc que de hanche , luy fit prendre le
faut entre les iambes de la befte morte . Et par ainfi eut moyen de recouurer fon efpée, de laquelle il enferra le Geant, & luy fit rendre les aboys,&
l'ame à tous les diables . Puys monta contre mont les degrez,ou il rencontra la femme du Geant auec deux de fes Damoyfelles , pleurans à chaudes
larmes,auxquelles il s'adreffa, & leur dit: Damoyfelle, laiffez ce pleur,&
me monftrez, ie vous prie, ou mon Nain eft prifonnier.Tien,refpondit la
Geante (luy ietant vn trouffeau de clefz) voylà pour luy faire ouuerture.
Que de Dieu foys-tu maudit,efprit malin que tu es! Vrayemét, Dame,dit
Amadis, vous viendrez auec moy, & me monftrerez vous mefmes le lieu
de la prifon . Car il me fufit d'auoir efprouué vne fois la tromperie de
voftre mary , fans tenter d'auantage la voftre . Or auant, refpondit elle, ie
t'y conduiray donques puys que c'eft force . Et faifant allumer torches &
flambeaux defcendirent aux baffes foffes, ou elle ouurit vn huys de fer.En
tre leans,dit elle à Amadis, & tu y trouueras ton Nain . Par dieu, refpondit il , vous pafferez donc la premiere & ainfi entrerent iufques ou eftoit
Buzando à la cadene , couplé auec vn Geant & vne Geante fi defaitz &
maigres,qu'il ne leur reftoit que la peau.Dont Amadis compafsionné embraçant Buzando la larme à l'œil, commença à luy dire:Vrayement, mon
grand amy,le mefchant qui t'a donné fi pauure logis cognoift mal la reputation en laquelle te tient la Dame à qui nous fommes toy & moy . Or eftoit le Nain fi esblouy pour n'auoir veu de long temps clarté, ne lumiere,
qu'il ne cogneut Amadis d'arriuée fors au parler, dót le cueur luy treffail-
lit

lit de la grand' ioye & se ieta à ses piedz : Haa mon Seigneur, dit il, ce n'est
pas le premier bien que vous m'auez fait ! Ie prie aux dieux que ie le vous
puisse rendre par quelque seruice qui vous soit agreable! Si le desferra Ama
dis, & les deux autres, qu'il recogneut pour Lerfan de la Roque & Malfadée sa femme, qu'il auoit mariez ensemble en la grand'Celade, côme nous
auons fait mention es liures precedans. Et à ceste cause lies embraçant tous
deux : Ce m'aist dieux, dit il à Malfadée, ma grande amye (à ce que ie voy)
mon arriuée par deçà ne vous estoit moins necessaire, que quand ie vous
secouru en la grand' Siclade, ou vostre dueil changea en ioye. Lors pensa
Malfadée, que veritablement c'estoit le Cheualier de l'ardante Espée qui
parloit à elle, parquoy leuant les mains au ciel: Ah, ah mon vray Seigneur!
respondit elle, tant que ie viuray ie tiendray la vie de vous: car par deux diuerses foys me l'auez garantie ! Et presentement encores à mon mary, que
vous pouuez voir en piteux ordre. Et côme, dit il, auez vous esté ainsi pris
& amenez? Seigneur respondit Malfadée, allans luy & moy aux noces, qui
se doiuent faire en Trebisonde, & tant diuulguées par toute la terre, esperans y voir le Roy Amadis, à qui nous sommes tant tenuz, la tourmente
nous ieta es mains du Roy de ce païs, qui nous fit prendre, & mettre ou
vous nous trouuez maintenant. En bonne foy, dit il, i'estime que pour le
moins le Roy Amadis (entendant ces nouuelles) aura plaisir de vostre de-
liuráce, & m'en sçaura gré. Mais à peine eut il acheué la parole, que la femme du Geant mort s'en courut tant qu'elle peut ou gisoit son mary, & en
allant dit tout hault : Ne plaise à Iupiter, que ie viue plus longuement au
pouuoir de mes ennemys. Et prenant le courtelas mit la poignée côtre terre la pointe à mont, sur laquelle elle se laissa tomber, & rendit l'ame: dont
on fit peu de cas. Ains vindrent Amadis & les prisonniers en vne grande
salle, ou ilz trouuerent viures à grande abondance. Et apres auoir repeu
quelque peu, Amadis desarmé, luy visita Malfadée ses playes estant tresex-
perte en l'art de Chirurgie, ainsi qu'il s'aperceut des le premier apareil qu'il
se mit à reposer. Et tandis les autres vindrent voir la beste serpentine, & le
Geant mort, dont ilz s'esbahirent assez. Et plus encores quand ilz sceurent
par les Damoyselles de la Geante le commencement des combatz, & l'yssue telle qu'elle vous a esté recitée.

Comme Buzando fit entendre à

Amadis de Græce le vouloir de Niquée, luy baillant la
lettre qu'elle luy escriuoit.

Chapitre   XL.

Au

V reueil d'Amadis, se sentant fort allegé de ses playes, par le bon remede que luy auoit donné Malsadée, fit apeller Buzando. Et estans eux deux, sans autre compagnie, commença ce propos:Ie te prie,beau sire Nain,dy moy, si ma Dame receut bien les lettres que tu luy portas dernierement, & l'opinion qu'elle a de moy, estant sien comme ie suis. Par mon ame, monsieur, respondit Buzando, ie pense que Dieu ne vous a point fait meilleur aux armes, qu'aymé d'elle. Et si diray mieux, que Yo ne fit onques tant pour Iupiter, Leda, ny Europe, qu'elle voudroit faire pour vous. Et si me venteray d'auantage, que la plus belle & plus parfaitement acomplie du monde ne merite d'egaler le plus d'elle a ce qui est le moindre en ma Dame, qui (pour vostre retardement vers elle) soufre encores d'auantage que ie ne vous sçaurois raconter. Et mettant en ieu, & les propoz, & le plaisir que Niquée auoit, & tenoit parlant de luy en priué, n'oublia vn seul point de ce qui seruoit à la matiere. Et tellement qu'il luy presenta les lettres qu'elle luy escriuoit que i'ay gardées, dit il, plus songneusement que ma propre personne. Si leut Amadis le contenu, qui estoit tel.

Niquèe Princesse de Thebes don-

ne salut au Cheualier de l'ardante Espée, plus valeureux qu'autre qui porta onques armes. Entende doncq' l'excellance de luy, que i'ay receu la lettre qu'il m'a escrit, & ouy bien au long la creance de ce mien fidele Buzando, & les nouuelles de ses hautes cheualeries, qui ont desia tant de foys enuironné le monde, que mon cueur passionné ne prendra repos, iusques à ce que mes yeux ayent iouy de sa presence, & luy receu la gloire de me voir. Pour à quoy vous inciter d'auantage, mon seul Seigneur & amy, ie vous enuoye le pourtrait des plus parfaitement belles Dames qui soyent pour le iour d'huy au monde. Entre lesquelles vous pourrez cognoistre, si les dieux ont mis quelque auantage en moy par dessus elles, & le bien que ce vous est d'estre aymé comme ie vous ayme, estant ma veuë nuysante à tous autres pour trop desirer ce, dont vous seul deuez iouïr, & pour qui ie suis reseruée, ainsi que i'ay donné charge à ce Nain vous dire de ma part, & vous amener ceste foys, sans plus diferer.

A' peine eut il acheué de lire ceste

lettre, que considerant la faute qu'il auoit fait le iour que la Royne Liberna monstra espreuue de son amour, ainsi qu'il vous à esté recité, les grosses larmes luy tomberent des yeux. Dont Buzando esmerueillé, luy dit: Ie
m'esbahis

m'esbahis, monſieur, pourquoy vous deuenez ainſi triſte receuant telle faueur de ma Dame, & aſſeurance du bien qu'elle vous veult. Buzando mon amy, reſpondit il, ſi tu ſçauois ce que ie ſçay, tu ſerois encores plus eſtonné comme il eſt poſſible que ie ſois en vie, ayāt failly ainſi que i'ay fait. Adoncq' luy raconta tout ce qui luy eſtoit auenu deuāt la tour de Niquee, ſans luy en rien deſguiſer. Dequoy Buzando ſe trouua grandement eſtonné : car il ignoroit encores l'enchantement de ſa maiſtreſſe. Toutesfoys il diſſimula prudemment ce qu'il en penſoit, & luy reſpondit, que celà eſtoit peu de cas, & qu'il pourroit mieux recouurer à la voir, que ſi le Soudan ſon pere la tenoit encores enfermée. Et tombant de propos en propos cōmença (pour luy donner paſſetemps) à luy diſcourir la ſorte, que luy meſmes deuint amoureux, & l'opinion qu'il auoit d'eſtre aymé de Niquée. Tellement, dit il, que l'entendant de foys à autre ſouſpirer pour vous, ie penſois pour certain que celà s'adreſſaſt à moy : dont ie viuois plus contant que ſi i'euſſe eu en mon pouuoir le royaume des Pigmées pour y commander. Et auoit le Nain, faiſant ce conte, telle grace, qu'Amadis ne ſe peut garder de rire, & luy reſpondit : Par dieu, Buzando, tu m'as fait rire contre l'eſperance que i'en auois : mais c'eſt du meilleur cueur qu'il m'auint onques. Vous voyez que c'eſt, reſpondit il : tant y a que ſi i'eſtois vous, ie ne dormirois iamais de bon ſomme, que ma Dame ne fuſt en ma poſſeſſion. Car à vous ſeul eſt vouée ceſte bonne fortune. Et voulant le Nain entrer plus auant en matiere, Lerfan & les autres ſuruindrent, qui leur fermerent la parole, aſſeurans le Cheualier de l'ardante Eſpée, qu'ilz auoient apris d'aucuns du chaſteau, que le Geant mort eſtoit couſin du Roy Mouton, preux & hardy Gentilhomme, & qui auoit, pour le ſeruice de ſon oncle, amené des parties de la mer Borreale la beſte ſerpentine (ainſi nommé le monſtre qu'Amadis mit à mort) & que Mouton faiſoit norrir de chair d'homme, atendant l'heure oportune qu'il ameneroit le Roy Amadis de Gaule, eſperant le luy donner pour paſture, tant luy vouloit de mal. Vrayement, reſpondit le Cheualier de l'ardante Eſpée, la chanſe eſt bien au rebours, comme ie voy : car ſi ie tenois Mouton, ie le ferois eſcorcher vif, pour en enuoyer la peau à ce bon Prince de la grand' Bretaigne, qui atendāt receüra celle de la beſte, & que vous autres luy preſenterez de ma part. Et pour ceſte cauſe fut deſpouillé le monſtre, & quelzques iours apres Amadis ſe trouuant fort pour endurer le trauail, ayant mis ordre & garniſon en la place, voulut entrer en mer.

Comme Amadis de Grẹce, ayant

eu combat eontre vn grand Cheualier, fut deſtourné d'aller eſprouuer la gloire de Niquée, & la cauſe pourquoy.
Chapitre XLI.

Erfan de la Roque, Malfadée, & autres, qui auoient esté prisonniers, ayans pris congé d'Amadis de Grece, & eux embarquez pour aller trouuer le Roy de la grand' Bretaigne, le Cheualier de l'ardáte Espée esguillonné par le raport que luy auoit fait le Nain de Niquée, delibera aller chercher le Roy Mouton, quelque part qu'il fust, & se venger de l'iniure qu'il luy auoit fait, ostant à Buzádo les pourtraitz, dót il vous a esté parlé n'agueres. Au moyen dequoy retourna en son nauire, & acompagné du Nain fit dresser sa route droit ou estoit Niquée: car le Roy Mouton auoit pris ceste adresse ainsi que le bruit estoit, esperant au pis aller (deust il mourir de mile mors) tenter la fortune, & voir à ceste foys Niquée, & la perfection de sa gloire. Mais il ne fut plustost sorty du port, que la tormente s'esleua, & courut Fortune tellement, que, vousissent ou non Pylotes, & Matelotz, se trouuerent en la coste de Hongrie, ou ennuyez de la mer ilz descendirent : Car Amadis vouloit aller par terre en Constantinople & là se rembarquer, pour paracheuer son entreprise . Parquoy donna congé au patron du nauire, & acompagné de Buzando & Ordan, cheminerent tant qu'ilz rencontrerent vne grosse troupe de Cheualiers, qui alloient prendre la mer, pour nauiger en Trebisonde, & voir les triumphes & merueilles que l'on feroit aux noces de Lisuart & Perion , dont le bruit estoit si grand par tout le monde . Et tant en sceurent raconter à Amadis de Grece, qu'il delibera s'y trouuer, pour l'amour de Lucelle, laquelle de foys à autre luy donnoit de si grandes trauerses, que Niquée n'estoit pas tousiours bien receuë en son esprit . Toutesfoys, taisant ce qu'il proiectoit en soymesmes, entra en vne grande forest, ou ilz auiserent venir vn Cheualier

quasi

quafi Geant,qui à bride abatue paffa au deuãt d'eux,fans faire femblant de
les voir ny faluer . Par dieu, dit lors Amadis,ou il pourfuyt quelque haute
entreprife , ou il eft chaffé par quelque autre plus hardy que luy . Et à l'in-
ftãt virent venir vne Damoyfelle tresbelle veftue d'acouftremens de dueil,
qui pleuroit à chaudes larmes,&touchãt fon palefroy cryoit à haute voix:
Pour certain,damp Cheualier,vous ne m'efchaperez pas ainfi,que ne foyez
quite de voftre promeffe:Amadis,gẽtil & gracieux prefuma lors qu'on luy
faifoit tord.Parquoy s'adreffa à elle, & luy demanda,fi elle auoit affaire de
fon feruice . Ah,ah Seigneur!refpondit elle,s'il vous plaifoit m'otroyer vn
don,ma douleur prẽdroit bien toft fin.Et ie le vous otroye,dit Amadis.En
tẽdez,Seigneur,que vous m'auez acordé la tefte de celuy qui va fuyant deuant moy,s'il ne veult s'aquiter de la promeffe qu'il m'a faite.Celà feray-ie
volõtiers,dit Amadis, & rebrouffant vers l'autre trouua moyen de l'ataindre quafi à l'iffue du boys,luy efcriãt à haute voix:Tourne,Cheualier,tour
ne,& parle à moy,autrement ie te fraperay par derriere. Mais quãd l'autre
s'entẽdit menacer,il demeura coy.Et luy demãda Amadis, qui le mouuoit
à fuyr ainfi deuãt vne Damoyfelle,qui(dit il)fe plaint merueilleufemẽt de
vous.Ie vous prie,beau fire, luy fatisfaire, fi vous luy auez promis quelque
chofe.En bonne foy,refpondit il,fire Cheualier,elle m'a demandé vn don
fi peu raifonnable,qu'il ne m'auiendra iamais de l'acomplir, encores que ie
luy aye promis par ferment.Vrayemẽt,dit Amadis,vous me femblez preu-
d'homme, & vous prie,beau fire,changer d'opinion, & tenir voftre parole : autrement il m'eft force me mettre en deuoir contre vous de vous faire
perdre la tefte . La tefte? refpondit l'autre , par dieu fi la voftre eftoit bien
faite vous parleriez autre langage.Et gardez,ie vous prie, que ie ne la vous
teftonne,de forte que ie demeure quite enuers la Damoyfelle & vous aufsi.
Or doncques, dit Amadis, voyons qu'il en auiendra . Et s'eflongnans le
long d'vne carriere l'vn de l'autre,bien couuers de leurs efcuz, les lances au
poing,s'entrecoururent fus de telle force,que plufieurs efclatz en vollerent
en l'air,fe ioignans de corps & de bras tant rudement,qu'eux & leurs cheuaux tomberent cul par deffus tefte . Toutesfoys ilz fe releuerent legierement , & mirent les efpées es mains, commençans vn tel chamaillis entre
eux deux, qu'à moins de rien le champ fut femé de pieces d'efcuz & de lames de leurs haubertz,faifant retentir l'air d'enuiron, fi qu'il fembloit d'v-
ne meflée de plus de dix Cheualiers enfemble, quand la Damoyfelle , Ordan, & le Nain,qui eftoient demeurez derriere furuindrẽt,lefquelz voyãs
fi afpre cõbat,ne fceurent de prime face qu'en efperer : car il continua plus
d'vne heure, fans cognoiftre auquel la victoire eftoit plus certaine . Dont
Amadis tout honteux , choifit pluftoft la mort , que vaincre plus tard fon
ennemy. Et pour cefte caufe defploya de tout point fes forces,encores que
l'autre ne s'en eftonna gueres:ains luy refiftoit valeureufemẽt, & cõme ce
luy qui pretẽdoit au mefmes but,ou il voyoit afpirer Amadis, qui eftoit la

N ii

victoire

victoire. Pour à quoy paruenir leur fang fut fi peu efpergné, que la place en
rougit & changea couleur, cómençant peu apres le grand Cheualier à s'a-
moindrir & fe trouuer moins fort: nó que pourtât il móftraft vn feul point
de couardife, faifant tant de deuoir, qu'il n'eftoit pofsible de plus. Mais A-
madis, qui cogneut à veuë d'œil qu'il affoyblifoit, & fa mort prochaine,
s'il vouloit d'auátage s'opiniaftrer, en eut telle pitié, qu'il luy dit : Cheualier, ie vous prie laiffons cefte querelle, & acompliffez liberalemét le don
que vous auez promis à cefte Damoyfelle, autrement il me fera force de
vous faire pis, ou ie prendray peu de plaifir vous ayant expérimété pour fi
vaillant hóme que vous eftes. Pour certain, Cheualier, refpódit il, vous aurez pluftoft la tefte de moy, & demeurerez vousmefmes quite enuers elle,
que iamais ie luy donne ce dont elle me fait querelle . Et bien , dit la Damoyfelle à Amadis , taillez la luy donques, autrement ie me plaindray &
de vous & de luy. Par l'ame mon pere, refpódit grand le Cheualier, ie mettray peine de la defendre premierement . Et moy, dit Amadis , de la vous
ofter, fi ie puis. Lors recommencerent de plus belle, & continuerent encores ce combat plus d'vne groffe heure, & tant que le Cheualier du tout a-
foybly pour la grande perte qu'il auoit faite de fon fang , tomba aux piedz
d'Amadis, qui le voyant en ces termes luy dit : Cheualier, lequel des deux
voulez vous qui s'acompliffe, ou la volonté de cefte femme, vous aquitant
enuers elle, ou que ie luy donne voftre tefte? Ma tefte, refpondit il luy fera
peu profitable, & moins dommageable à mon honneur. Parquoy faites ce
qui eft en vous: car ie fuis preft de mourir . Et vous mourrez donques , dit
Amadis . Et quant & quant luy arracha le heaume de la tefte , preft à donner le coup de mort, quant l'autres'efcria : O'Iupiter! puys que ie n'ay peu
auoir le bien de voir encores vne foys auant la fin de mes iours le Cheualier de l'ardante Efpée mon plus cher amy , ie vous requiers humblement,
que l'ame fuplie à ce defaut! Ce qu'entendant Amadis, le recogneut de
bonne fortune: car s'eftoit Gradamarte, qu'il aymoit plus que foymefmes
& qui pour le trouuer auoit foufert mains maux , & tant trauerfé de païs,
que finablement auanture l'amena en ce lieu, ou il tomba au point de perdre la vie . Et Dieu fçait lors fi Amadis fut esbahy, & trifte . Certes la de-
monftráce, qu'il en fit à l'heure, le tefmoigna affez: car il deuint fi efperdu
que croyfant les braz laiffa tóber fon efpée, ietant fon œil fur celle qui l'a-
uoit fait entrer en ce bal. Ah, dit il, femme malheureufe!efprit dyabolique!
i'experimente bien maintenant qu'il n'eft malice qui furpaffe celle de vous
& voz femblables, m'ayant fi malheureufement aconduit au lieu, ou i'ay
mis peine de faire mourir vn fecond moymefmes, & l'homme du monde
à qui ie fuis le plus tenu! Helas mon grand amy! ie vous fuplie humblemét
me pardóner à la charge qu'é voftre lieu ie fatisferay à cefte diableffe, puys
que ma parole y eft obligée, & aura ma tefte pour la voftre . Lors ieta fon
heaume cótre terre. Et iufques adóçq' Gradamarte n'auoit fceu ny cogneu

qu'il

qu'il eſtoit.Mais l'auiſant & en tant de deuoir, les groſſes larmes luy tomberét des yeux, & s'entr'embracerent:ſe ſouuenát Gradamarte des paroles
que leur predit le vieillard, qu'ilz rencontrerent en la ſaiſon qu'ilz ſe ſepa-
rerent & prindrent congé l'vn de l'autre. Et combien que la Damoyſelle
deuoit craindre le chaſtiment de la faute qu'elle auoit faite, ſi ne laiſſa elle
pour ceſte nouuelle acointance de deux telz amys à les importuner & ſe-
mondre & l'vn & l'autre de leur parole, vous iurant le grand dieu Iupiter
diſoit elle au Cheualier de l'ardáte Eſpée,ſi vous me faillez, que ie vous en
feray receuoir blaſme & iniure. Ah,ah mon grand amy ! dit Gradamarte,
pour Dieu ſatisfaites luy ! car, ayant eu l'heur de vous receuoir, mon a-
me s'en yra contente,& aymeroys mieux mourir de mile mors,que voſtre
parole manquaſt pour choſe qui m'en deuſt auenir. Quant à moy la verité eſt,que ie luy ay acordé vn don:mais ignorant quel, & l'ayát depuys entendu,l'ay trouué tát deſraiſonnable,que i'en tiens moymeſmes ma foy ab
ſoute. Mon grand amy,reſpó dit Amadis, ie vous prie ne m'vſez iamais de
telz termes: auſſi n'y a il choſe au monde que ie ne donnaſſe,pour redimer
voſtre vie. Regardez donques comme ie ſuis preſt de la vous faire perdre?
Ie vous diray,dit la Damoyſelle,puys que vous en eſtes & l'vn & l'autre en
telz termes: acordez moy vne autre teſte telle que ie vous demáderay,& ie
vous tiendray quite de la premiere. Ie la vous prometz,reſpondit Amadis
ſans nulle excepter,hors celle de mó pere, voyre & fuſt la mienne propre.
Celà me contente aſſez, dit la Damoyſelle, pourueu que ce ſoit auſſi toſt
que vous ſerez guery, & voz playes cóſolidées. Lors me ſuyurez & ie vous
monſtreray Liſuart de Grece que ie deſire faire mourir, pour venger la
mort du Soudan Zaïr, à qui i'eſtois & ſuis trop tenue. De par Dieu ſoit,
reſpondiţ Amadis,i'y feray tout mon poſsible. Ah mon grand amy ! dit
Gradamarte, c'eſt le don meſmes qu'elle m'auoit demandé: mais cognoiſſant l'amytié honneſte que ma ſeur Gradafilée luy porte, & luy à elle, ie
diferois à l'acomplir, aymant plus cher perdre la vie. Or entendez que
celle,qui les auoit fait tant combatre, eſtoit l'vne des douze Damoyſelles,
qu'Abra auoit enuoyée par le monde chercher Cheualiers pour ſe venger
de Liſuart laquelle rencontrée par Gradamarte, & faignant auoir au cueur
vne amertume de trop grande triſteſſe,luy en demanda la cauſe,qu'elle luy
acorda faire entendre,pourueu qu'il luy otroyaſt vn don,qui eſtoit la teſte
de Liſuart à quoy ne voulant ſatisfaire en auint tout ce que vous auez entendu. En bonne foy,dit Amadis,ce poyſe moy : toutesfoys, n'y ſçachant
remede, allons nous faire penſer : car ie ne faudray ceſte foys à ma parole,
puys que ie l'ay promis liberalemét.Et ainſi prindrent le chemin d'vn chaſteau aſſez proche,ou ilz furét tresbien receuz & traitez,demeurant la Damoyſelle en leur compagnie, pour l'eſperance qu'elle eut de paruenir à ſes
fins,cognoiſſant la prouëſſe de celuy qui s'eſtoit obligé à elle. Ce pendant
les deux Cheualiers giſans en vne meſme chambre,conterent l'vn à l'autre

N iii

toutes

toutes les fortunes, qui leur eſtoient ſuruenues depuys leur departement?
Meſmes Amadis comme il auoit entrepris d'aller eſprouuer l'auanture de
Niquée, n'ayant choſe deuant les yeux qui luy donnaſt peine à ſuyure la
Damoyſelle, que ceſte là. Parce, dit il, que ie n'auray iamais repos, ou que ie
ne ſois mort, ou que ie n'aye veu la gloire d'elle. Veritablement, reſpondit
Gradamarte, l'entrepriſe de voſtre combat me donne à penſer d'auantage,
ſçachant que vous aurez afaire au meilleur Cheualier qui porta onques armes en dos, & la perſonne du monde que i'ayme autant apres vous & ma
ſeur. Voylà qui me faſche le plus, reſpondit Amadis: car au reſte nul trouue l'auanture que celuy qui la craint. Et quand il plaira aux dieux me faire
perdre la vie, par la main de celuy qui l'a oſtée à tant de preud'hommes,
c'eſt peu de cas, pourueu que ie ſatiface ce à quoy l'honneur & la foy m'ont
obligé. Telz furent les propoz & maints autres qu'ilz eurent enſemble durans quinze iours, au bout deſquelz, eſtans bien gueriz, partirent de compagnie, & cheminerent tant, qu'ilz arriuerent en Conſtantinople, ou ilz
s'embarquerent faiſans voyle en Trebiſonde. Tant y a, que Buzando n'e-
ſtoit moins mal contant de ce voyage, pour voir retarder ainſi Amadis de
ſa premiere entrepriſe, que la Damoyſelle d'Abra ayſe d'auoir ſi bien ſatisfait au vouloir de ſa maiſtreſſe, conduiſant à la mort de ſon ennemy tel
Cheualier, qu'elle pourroit par la prouëſſe & beauté de luy, oublier les a-
fections de l'autre. Toutesfoys Fortune, qui diſpoſe ſouuent le rebours
de ce que l'on entreprend, pour demonſtrer qu'elle tient en ſes mains le
commencement & fin des choſes, fit eſmouuoir la mer de Pont deux iours
apres qu'il eurent paſſé le Boſphore, les ietant en l'empire de Niquée, qui
fut auſsitoſt recogneu par Amadis de Grece, dont il receut vn grand plaiſir, ſpecialement quand on luy diſt, qu'il n'y auoit pas demye iournée iuſques ou eſtoit l'enchantement. Et à ceſte cauſe pria la Damoyſelle d'Abra
luy permettre aller voir ceſte merueille. A quoy elle conſentit pour l'iniure du temps, & prindrent terre luy, Gradamarte, & Buzando, ſans plus.
Et ſous promeſſe de brief retour cheminerent tant, qu'ilz rencontrerent
vne Damoyſelle montée ſur vn pallefroy, qu'Amadis ſalua, luy demandant, s'elle leur ſçauroit dire quelques nouuelles de la gloire de Niquée.
Ouy certes, reſpondit elle, & telles (peult eſtre) dont vous en eſmerueil-
lerez: car i'en ſuis partie ce matin, apres y auoir ſeiourné quinze iours entiers. Ie vous prie donques, ma Damoyſelle, dit Amadis, nous en faire
part. Seigneurs, reſpondit elle, il y a tantoſt troys ſemaines entieres, que le
Roy Mouton de Lica eſt entré ou il a peu voir la gloire dõt vous parlez, &
par le moyen d'vn anneau, qu'vn Magicien luy a baillé eſt retourné d'ou
autre n'eſtoit iamais ſorty, racontant telles merueilles tant de la beauté de
Niquée, que de l'ayſe qu'on y reçoit, qu'à bien parler c'eſt choſe plus diuine qu'humaine. Mais il s'en tient ſi glorieux, qu'il a touſiours defendu depuys l'étrée à tous autres qui y aſpirét, diſant luy ſeul auoir merité ceſte fa-

ueur

ueur de Fortune. Tãt y a, qu'il a gardé à ceste ocasion plus de trẽte Cheualiers d'y mettre le pied, & les a tous vaincuz, sans toutesfoys auoir iamais
mis la main aux armes:ains il leur mõstre seulemẽt vn escu,qu'il porte,auec
lequel par la painture de quatre Damoyselles,qui y sont tirées au vif,& plei
nes de tant de beautez, il les rauit tellement qu'ilz perdent leurs forces na-
turelles,le sens, & l'entẽdement. Et pour ceste cause sont puys apres forcez
par le Roy,auec serment de iamais plus essayer l'auanture, ny pretendre à
Niquée, d'ou vient le principal mal . Et ainsi demeure Mouton seul contant & glorieux,tenant pied à boulle deuant l'entrée, depuys Soleil leuant
iusques à ce qu'il soit nuiẽt. Lors atache l'escu au perron , & retourne au
Palays enchãté iouïr de la gloire de celle, pour laquelle toutes les merueilles ont esté apropriées . Or en sçauez vous maintenant autant que moy,
Dieu vous donne le bon iour . Adoncq' chassa son pallefroy, laissant A-
madis si pẽsif, qu'il ne se peut tenir de souspirer, disant en soy mesmes: Ah
pauure Cheualier, & de si bas cueur, que n'osas onques franchir le pas
pour voir celle, dont la beauté est sufisante à faire descendre les dieux iusques en terre & laisser leurs champs Elisées, se rédans serfz & esclaues pour
luy obeïr & complaire ! Certes, si tu te cognoissois bien,tu te verrois indigne d'aucun honneur, ayant permis le Roy Mouton te preuenir, & vsur-
per sur toy ce qui doit estre tien,non à luy . Monsieur, respondit Buzando
(qui l'escoutoit) vous l'auez quis, & vous l'auez trouué, & en lieu,ou il ne
tiendra qu'à vous que ne vengez l'iniure qu'il a fait à ma Dame, la prison
qu'il m'a donné, vous allant trouuer, & le larcin des pourtraitz qu'il vous
detient encores.Pour Dieu que sa presumption soit chastiée , & nous tous
vengez, comme il merite.Buzando mon amy , dit Amadis, est il possible
que ie puisse iamais ofendre celuy , qui a en son pouuoir la reputation de
ma déesse, & que i'ozasse seulement fraper ou elle est si bien depainte?
Plustost luy porteray-ie faueur, pour l'honneur d'elle, si le courage ne me
change du tout.Quand nous serons là,dit Buzando,nous verrons qu'il en
auiendra . Lors suyuans leur entreprise arriuerent sur le my di pres le Palays enchanté,ou ilz s'enquirent du Roy Mouton. Mais il leur fut respon-
du, qu'il estoit party le matin , par la plus grande auanture du monde, &
pour ataindre, dit l'vn, dix Cheualiers, qui ceste nuiẽt passée sont venuz
arracher son escu, & l'ont emporté,quelque resistance qu'y ayent mis ceux
qui l'auoient en leur garde, qui n'estoient en moindre nombre que les autres . Par dieu , dit Amadis, encores que toutes choses me viennent desa-
strément,si l'atendray-ie plustost deux iours entiers,que ie ne le combate,
puys essairay ce à quoy i'ay desia failly vne foys . Lors mirent pied à terre
pour mieux contempler le peril de l'entrée, que Gradamarte trouua si esmerueillable, qu'Amadis luy demanda s'il y vouloit rien pretendre, & al
ler deuant saluer Niquée.Moy?respondit il, non ie vous prometz. Ie n'ay
encores eu tãt de faueur en l'Amour , que pour luy ie desire me perdre si à

N iiii   mon

mon efcient. Et ainfi deuifans furuint vn Cheualier eftrange monté fur vn
fort cheual, qui d'affez loing commença à crier : Place, Seigneurs, place,
retirez vous, & foufrez que ie vous face cognoiftre par efpreuue, qu'enchantemens femblent eftre quelque chofe, n'eftans rien que fantofmes &
illufions : & que pour loyauté ou tromperie que facent les amoureux, ilz
font icy traitez egalement. Et quant & quant fe lança en la fournaife, d'ou
à l'inftant luy & fon deftrier furent reietez en feu & brazier par telle tempefte & tonnerre, qu'il fembloit tous les diables fe refiouïr de ce malheur.
Dont Amadis fut fi intimidé, que fe fouuenant des chofes qui luy aparurent dormant à Alfarin, perdit entierement le vouloir de s'y hazarder. Et
neantmoins le Nain ferme en fon afection, difoit ce pendant : Ah, ah ma
Dame! fi loyauté doit eftaindre ce feu, il n'y a nul deuant moy à qui l'a-
uanture merite eftre plus fauorable! & de ce foit tefmoing l'amour trefgrande que ie vous porte. N'a'vous donques pas tord d'habandonner celuy, qui pour iouïr feulement de voftre prefence n'a crainte d'aucun peril
tant foit il extreme & redoutable ? Aufsi gaigneray-ie l'honneur que nul
autre a encores conquis fi loyaument. Et ce difant entra dans la fournaife,
& paffa outre vers Niquée par la veuë de laquelle, & iouïffant de la gloire promife, fe mit à danfer & chanter : laiffant derriere Amadis tant trifte
& defefperé, que groumelant difoit tout haut : En bonne foy, ie confeffe
eftre indigne de pretendre iamais rien en la bonne grace de Niquée, ayant
le cueur fi afoybly, qu'il m'eft impofsible fuyure cefte chetiue & côtrefaite creature. Mais helas trifte de moy! d'ou me peult maintenãt venir telle
couardife ? Ny quelle excufe pourray-ie deformais trouuer, que ie ne demeure en trefmauuaife reputation de ceux qui m'ont veu tãt craintif? Faut
il que ie fois fable à tout le monde ? Ma renommée demeurera elle eftain-
te pour vn feu ardant ? Haa pluftoft meure ma vie, qu'ainfi auienne. Lors
s'auança preft à fe ieter en la fournaife, quand la Damoyfelle d'Abra, qui
l'eftoit venu chercher, arriua, & tout à point : Car confiderant s'il mouroit, ou demeuroit auec les autres, que fon entreprife n'auroit plus de lieu,
le tira, & luy dit : Tout beau, Cheualier, tout beau, vous n'eftes point à
vous, ny en voftre liberté, que premier ne foyez quite enuers moy de ce
que vous m'auez promis : parquoy ie vous defens cefte entreprife. A' ce
cômandement (côme s'il fuft forty d'vn profond fommeil) tourna la tefte,
& auifant la Damoyfelle, tout peneux, luy refpondit : Vous euffiez bien
fait, ce me femble, de me laiffer fuyure ma pointe. Toutesfois, puys que le
trouuez mauuais, & que ie fuis voftre, ie m'en deporteray à tant, & fais
veu, que ie ne repoferay de ma vie en ioye, deuant que i'aye recouuré ce
que vous m'oftez à prefent. Ie le veux tresbien, dit elle, pourueu que vous
me fuyez fans plus diferer ainfi que vous eftes tenu. Si deliberois-ie trouuer le Roy Mouton, refpôdit Amadis : mais eftãt ma liberté en voz mains
(comme elle eft) foit voftre volonté acomplie. Et de ce pas luy & Gradamarte,

marte reprindrent le chemin , ou estoit leur nauire ancré, & s'embarquerent suyuans la route qui leur estoit plus propre se monstrát Amadis tant
triste, que plusieurs iours se passerent depuys qu'on ne le vid onques rire.
Car il doutoit, que Niquée sçeust sa faute tant par la Royne Liberna, que
par ce que luy en pourroient declarer le Nain, & le Roy Mouton à son retour: lequel demeura par long temps à la poursuyte de son escu,& sans re-
uenir vers celle qu'il aymoit plus que soy mesmes, ainsi qu'il sera dit poursuyuant nostre histoire . Mais retournons aux Roynes Abra , & Zahara,
qui sont sur le chemin de Trebisonde, pour l'afaire qu'auez entendu cy
deuant.

Comme l'Imperatrix de Babilone

& la Royne de Caucase arriuerent en la Court de l'Empereur de Trebisonde, ou fut acordé des armes & du iour, que Lisuart & Zahara se combatroient.

Chapitre   XLII.

Nauigans

Auigans donques les deux Princeſſes Abra & Zahara
la voye de Trebiſonde, trauerſerent tant de mer, qu'elles paruindrent au port de Feline, ou Lucencio fut norry par Floriſma ſa mere putatiue. Et là fit Abra dreſſer
ſes tentes, pour ne vouloir entrer en la ville de Trebiſonde, iuſques au iour du combat entrepris. Or eut l'Em
pereur incontinent auis de leur deſcente & deliberation : parquoy depeſcha auſſi toſt vers elles le Duc d'Alaſtre, pour mettre ordre à les faire loger le plus commodément qu'il ſeroit poſſible, & leur preſenter de ſa
part tout ce qu'il pouuoit faire honneſtement. Cecy auint huit iours deuant la feſte de Penthecouſte, que les noces de Liſuart & Perion deuoient
eſtre celebrées. Au moyen dequoy il arriuoit d'heure à autre tant de Cheualiers, Dames, & Damoyſelles de toutes parts, qu'à peine trouuoit-on
place es enuirons de la ville, pour tendre vn ſeul pauillon. Si enuoyerent
le lendemain les deux Imperatrices de Babilone & de Caucaſe la Royne
de Sarmarte vers l'Empereur, pour acorder de nouueau auec Liſuart,& du
camp & des armes. Et entra ceſte Princeſſe au Palays ainſi qu'on vouloit
couurir pour le diſner. Toutesfois elle ne difera pourtant à faire ſa legacion,laquelle entédue de tous les Seigneurs preſens, fut reſpondu par l'Em
pereur, que le Dimanche prochain ſe conſommeroient les mariages fu-
turs, & le Lundy enſuyant le combat: & que quát aux armes elles ſeroiét
communes, & telles, que portent ordinairement Cheualiers aux batailles, & dont l'aſſaillant & l'aſſailly ſeroient tenuz d'eux pouruoir premier
qu'entrer dedans le camp. Parquoy prit congé la Royne, pour retourner
vers celles qui l'auoient enuoyée. Mais ainſi qu'elle vouloit ſortir de la
ſalle, ſuruint l'horrible Geant Cynoſal, celuy qu'Amadis de Gręce enuoyoit vers Lucelle, lequel d'vne eſpouuentable voix, demanda à toute
l'aſſiſtance, ſi la Princeſſe de Sicile eſtoit en la compagnie, ou non. Et la
luy monſtrant eſmerueillé de l'extreme beauté d'elle, profera ſi haut ceſte parole, que chacun l'entendit : Certes bon eſt l'ouurier qui a ſceu mettre la diference, que ie voy entre choſe ſi parfaite & mon imperfection.
Puys s'humiliant iuſques en terre, adreſſa ſa parole à elle: Ma Dame, dit il,
le Cheualier de l'ardante Eſpée, le plus vaillant qui ſoit au iour d'huy ſous
la chape du Ciel, m'a commandé me venir mettre de tout point à voſtre
miſericorde & mercy. Pour a quoy ſatisfaire, & en m'aquitant,vous ferez
de moy ce qu'il vous plaira, eſtant preſt de vous obeïr entierement. Puys
commença à deduire comme les choſes eſtoient paſſées durant la guerre
de la Royne Liberna, & finablement le cóbat que luy & Amadis de Grece auoient eu enſemble, laiſſant les auditeurs eſmerueillez de ce propos,
& Lucelle en treſgrande ioye, pour ouyr publier la renommée de ſon A-
madis auec tel teſmoignage, & en preſence de ſi grande & glorieuſe aſſemblée, dont plus contente qu'on ne ſçauroit reciter luy reſpondit: Cheualier,

ualier, ce n'eſt pas le premier bien & preſent que m'a fait celuy qui vous á
enuoyé vers moy, dont veritablement ie luy ſuis tenue, & luy en ſçay tant
bon gré, que la ſouuenance que i'ay de luy, dit elle auec vn gracieux ſous-
ris, par la conformité de voſtre beauté à la ſienne, ſera cauſe de vous remettre tout le pouuoir qu'il m'a donné ſur vous, pour vſer de voſtre liberté ainſi qu'il vous plaira: ſous eſperance, toutesfoys, que ceſte noble compagnie n'engendrera ſur nous deux aucune ialouzie, ou ſoupçon. Si eut
telle grace à faindre ceſte moquerie, que chacun s'en prit à rire, & rioient
encores quand le bruit vint, que Garinter Roy de Dace eſtoit arriué en la
ville. Parquoy pluſieurs ſortirent pour l'aller receuoir, & l'amenerent en
grand triumphe au Palays. Ce que depuys entendu par la Royne de Caucaſe, meſmes les triumphes qui ſe preparoient pour magnifier ces noces,
& la multitude de Princes & grans Seigneurs, qui s'augmentoit d'heure
à autre, pria l'Imperatrix de Babilone n'eſtre mal contente, ſi elle s'y trouuoit. Vous ferez ce qu'il vous plaira, reſpondit elle : mais ie crains plus, &
pour vous, & pour moy, la premiere veuë que vous aurez de Liſuart, que
le cóbat acordé entre vous deux. Car ie penſe aſſeurément qu'il vous vaincra pluſtoſt par l'efort de ſa bonne grace & gracieux regard, que non à
coups ny de lance, ny d'eſpée : & pourtant donnez vous en garde, ſi vous
me croyez. Repoſez vous ſur moy, reſpondit Zahara, que de l'vn & de l'autre ie viendray bien à bout. Et ſans plus diferer commanda à l'vne de ſes
femmes aller vers l'Empereur lauertir, que preferant ſa gentile norriture
à tout mal talent qu'elle deuoit porter à ſon ennemy, deliberoit ſe trouuer
aux noces de luy, & ne luy faire moins d'honneur de ſa perſonne, pour ce
iour, qu'elle eſperoit le lendemain le difamer à force d'armes. Ce que venu à la cognoiſſance des Princes Creſtiens, luy firent ſçauoir qu'elle ſeroit
la tresbien venue. Et ainſi demeurerent & les vns & les autres iuſques au
Dimanche matin qu'on vint auertir l'Empereur, qu'elle aprochoit la ville: parquoy ſortirent tous au deuant & plus d'vn grand quart de lieuë loin g
furent la receuoir.

Comme la Royne Zahara entra

*en la grande Cité : & de la magnificence & triumphe qu'il y eut aux
noces de Liſuart & Perion, auec les deux Infantes de Trebiſonde, durans leſquelles arriuerent la Royne
d'Alexandrie, & tous ceux qu'Amadis
de Græce auoit deſenchantez.*

Chapitre   **XLIII.**

Les

Es deux Empereurs de Trebisonde & de Constantinople, auec le Roy Amadis, & autres Princes & Cheualiers
sortiz au deuant de Zahara, vindrent la rencontrer en
tel equipage que vous entendrez. Deuát elle marchoient
sur Dromadaires vingt quatre Damoyselles vestues d'vn
satin parfaitement azuré, & toutes ensemble sonnoient,
les vnes, de lucz : les autres, de harpes, & violons, si qu'auec la douceur de
telle harmonie sembloit, que non seulement les choses terrestres y prissent
plaisir, ains le ciel, & ce qu'il contient. Puys les suyuoient deux cens ieunes Amazones armées à la Moresque, sous tuniques de satin verd, portans
carquoys dorez en escharpe, & au poing l'arc Turquois de pur argét. Dót
elles tiroient de foys à d'autre par plaisir auec fleches si proprement em-
panées de soye, qu'au descocher le zint & bruit que rendoit l'arc faisoit resonner l'air fort longuement. Et toutes auoient le chef nu, & sans aucun
voyle ny couuerture estoient leurs blondz & dorez cheueux en vn rond,
& si bien entrelacez, qu'il sembloit proprement d'vn chapeau de Soucie,
ou (pour mieux dire) d'vn Soleil, lors qu'il commence à se monstrer es
matinées de la prime vere. Deux cens pucelles de Tartarie les suyuoient,
montées sur petitz barbes, & vestues d'vn satin cramoysi cantillé d'or,
portans (selon l'vsage de Caspie) pauois & zagayes, le cymeterre pendant
& la masse à l'arçon de la selle. Et à fin que Zahara aprestast bóne ocasion,
aux ieunes Cheualiers de desire &r aymer sa troupe & compagnie, ayant
ainsi ordonné de ses femmes armées, elle en faisoit marcher douze autres
à pied, belles & en bon point, autant qu'on pourroit souhaiter sonnant
chacune

chacune d'elles de fluſtes, muſettes, & guiternes bien acordantes, & par
ſi douce harmonie, que celuy qui endormit Argus euſt peu aprendre d'elles. Et neantmoins celà ne pouuoit tant contenter l'oreille de l'eſcoutant,
comme l'œil du regardant demeuroit ſatisfait: Car ces belles, dont ie vous
parle, n'auoient ſur leurs corps que leurs ſimples chemiſes d'vn creſpe tant
delié, que leur beauté & perfection naturelle n'eſtoit nullemét offuſquée:
ains pouuoit-on voir à l'ayſe & à chacune d'elles deux pommettes au bout
rouge, hautes eſleuées, & aſsiſes ſur vn eſtomac plus blanc, ne qu'yuoire
ny que la premiere nege tombée du ciel durant vn fort hyuer. Et qui vouloit baiſſer l'œil plus bas, le petit ventre rond & poly, autát qu'vn Criſtal,
faiſoit encores ſouhaiter voir plus outre. Mais vne ſimple peau de Cane-
pin, qui s'y treuue, veult, qu'il n'y paroiſſe autre choſe que blãcheur. Auſſi croy-ie que tel obſtacle n'y fut onques aproprié de Nature, ſinó de crain
te, ou que la Roſe & le bouton qui y croiſt ſe fleſtrit, ou que les hommes
trop enuieux de ſi douce fleur la vouſiſſent cueillir & rauir par force d'A-
mour. Certes celà eſtoit (ce me ſemble) beau à regarder, & voudrois bien
telle & ſi louable couſtume eſtre encores au iour d'huy entre celles qui
ſont dignes de leur reng, pour louër en elles la grandeur de l'ouurier qui
les a fabriquées ſi parfaitement. Encores que par ouy dire Zahara, qui les
ſuyuoit, leur donnaſt treſmauuais luſtre, Car ſans nulle doute elle auoit
le viſage plus excellát que nulles des ſiennes: & du reſte il eſtoit caché par
ſes riches armes, tant couuertes de Rubiz, Diamans, & Eſmeraudes ſi rares,
que l'Orient faudroit bien à en produire autres ſemblables. Sa monture e-
ſtoit vne Licorne des plus hautes que l'on vid onques, ayant vn colier de
Perles groſſes cóme noix. Deuant elle, & tout ioignant, deux ieunes Princeſſes portoiét vn grand miroyr de Saphir blanc tant large, & long qu'elle s'y pouuoit voir de la teſte iuſques aux piedz. Et tout ioignant & à coſté
marchoient les Roynes de Sarmate, de Colcos, d'Yrcanie, & autres deux:
portát celle de Sarmate ſon eſcu peint à deux Geans, qui autresfoys auoiét
eſté vaincuz enſemble par elle ſeule, la Royne d'Yrcanie le heaume, celle
de Colcos l'arc, la trouſſe, & douze ſagettes. Et les deux autres deux ſcep-
tres de fin or, repreſentans la grandeur de ſon excellance. Laquelle rencontrée par les Princes Creſtiens, fut hautement receuë, & elle les ſalua
cóme tresbien apriſe, ſpecialement le Roy Amadis, qui marchoit deuant.
Auquel elle s'adreſſa, apres l'auoir cogneu, luy diſant: Ie vous prometz,
monſieur, quand ie ne receürois de ma vie autre fruit de mon entrepriſe,
ſinon le bien de vous voir, ſi eſtimay-ie mon trauail tresbien employé,
pour le grand renom dont le móde bruit de vous, & tel, que maints vous
en portent, & porteront eternelle enuie. Ha, ma Dame, reſpondit il, encores doiuent auoir plus de regret ceux qui ont tant de foys ouy publier
la beauté & prouëſſe de vous meſmes, non pour pretendre à l'amoindrir:
mais pour auoir eſté ſi lents & tardiz à eux acheminer, & ſe rendre vers

O   vous,

vous, pour ofrir, & leur perſonne, & le reſte de leur puiſſance à voſtre ſeruice. Et comme il acheuoit ceſte parole Liſuart s'auança, qu'elle penſa cognoiſtre, ſelon qu'on le luy auoit figuré, & y trouuant encores plus de
perfeƈtions & bonne grace, qu'elle n'y eſperoit, ne ſe peut garder de dire
en ſoy meſmes : Certainement Abra a telle räiſon de l'aymer, que s'il n'e-
ſtoit voué ailleurs il ſeroit mien, ou i'en ſerois deſdite. Au fort, s'il a l'e-
ſprit auſſi bon comme le reſte, ie pourray tant gaigner ſur luy auec le téps
qu'Onolorie & moy partirons, luy demeurant elle à femme, & moy pour
amye : Toutesfois, diſſimulant ceſte nouuelle ardeur, parla à luy de ceſte
ſorte : Seigneur Liſuart, encores que nous ayons à deſmeſler enſemble telle fuzée, que la fin de noz deux vies en depend, ſi ne laiſſeray-ie à vous
dóner pour ceſte heure le bon iour, & vous auiſer, que ie vous ay cogneu
de long temps encores que ie ne vous aye onques veu, ſinon ores, que ie
ſçache. Tant y a, que tout ce que l'on m'auoit aſſeuré de vous y eſt & d'a-
uantage. Par dieu, ma Dame, reſpondit Liſuart (à qui elle ſembloit treſ-
belle) i'auois toute ma vie eſtimé la fortune eſtre pour moy : mais ie voy
bien à ceſte heure, qu'elle m'auoit gardé ceſte defaueur ſur le derriere,
m'apreſtât vne ſi malheureuſe ocaſion, qu'il me faille combatre celle, à laquelle ie deſire faire ſeruice, & qui (ſans autres armes que ſa grande beauté) merite vaincre & mener à toute outrance les plus cheualereux du monde, qui d'eux meſmes deüroient pourchaſſer ceſte viƈtoire ur ſeux, gai-
gnans plus en ſe perdant, qu'ilz ne pourroient aquerir de gloire ſur telz
dix qu'on eſtime au iour d'huy les plus vaillans de la terre. Et ainſi en-
tretenue, & des vns & des autres, marcherent iuſques en la ville, trauerſans laquelle vindrent en la place, ou Vrgande eſtoit enchantée, dont
Zahara receut grand esbahiſſement. Mais quand elle ieta l'œil ſur la
painture, ou eſtoit repreſenté le deuoir qu'auoit fait Gradafilée, pour
la deliurance de Liſuart (ainſi qu'il vous a eſté recité) & auiſée du tout
diſt en riant au Roy Amadis : Monſieur, ſi voſtre filz eſt vaincu par
moy, ie doute plus la reuenche qu'en pourra faire celle que ie voy là
pourtraite, que non le peril du premier combat, veu que celuy qui luy
cauſa l'efort pour le deliurer eſt encores ſi pres d'elle, qu'il la peult ſecourir de meſmes armes, auec leſquelles elle a conquis ceſte gloire immortelle. Ma Dame, reſpondit il, de pareille grace, ie ne vy onques
que les armes n'ayent eſté egales à deux combatans en camp clos, ſinon en celuy que vous auez entrepris contre Liſuart, & ou (certes) vous
auez trop d'auantage : Car voſtre ſinguliere beauté le doit (par raiſon)
tant contraindre à ſe rendre voſtre, que ie le tiens deſia pour vaincu,
& hors de moyen de pouuoir tirer contre vous vn ſeul coup, ſinon
de l'œil. Parquoy ie le vous recommande, & vous ſuplie, ou il aura
du pire, luy eſtre autant courtoyſe & gracieuſe, que celle, dont vous
parlez, luy a eſté vne parfaite amye au beſoing, acheuant laquelle
paro-

parole, ſe trouuerent aux grans degrez du palais, qui fut cauſe de donner
fin à ce propos : Auſsi que Liſuart mit ſoudain pied à terre & vint la deſcendre, dont elle ne ſe ſentit point mal contante, ains eſtima tant ceſte faueur & gracieuſeté de luy, qu'elle commença à ſe repentir du cartel iniu-
rieux qu'elle luy auoit enuoyé. Pour dequoy s'excuſer aucunement, luy
diſt gracieuſement : Seigneur Liſuart, l'eſperance que i'ay de vous rendre
demain vne plus grande courtoyſie, me fait ainſi familierement receuoir
ceſte cy de vous. Et comme il vouloit luy reſpondre arriuerent l'Imperatrix auec les autres Dames & Damoyſelles, deſquelles elle fut grandement
honorée, les baiſant toutes ſelon leur reng, & iuſques à Lucelle, qu'elle
trouua ſi acomplie de beauté, & bonne grace, qu'elle luy diſt tout haut:En
nom Dieu, ma Dame, ie ne péſay onques auoir eſté vaincue iuſques à preſent de la victoire dont ie vous acorde l'hóneur : Car ie confeſſe & cófeſſe-
ray toute ma vie, vous ſeule digne d'emporter le pris & perfectió de ce que
Nature peult plus dóner aux belles, telles que vous eſtes. Et(leuát la coron
ne qu'elle portoit ſur ſa teſte)en teſmoignage dequoy, dit elle, ie vous offre
& dedie ce ſigne de grandeur & magnificence, qu'elle luy poſa ſur le chef,
dót elle rougit quelque peu, qui ne luy ſeruit que de luſtre & meilleur taint
en luy reſpondant : Ma Dame, vous me depaindrez telle qu'il vous plaira:
Toutesfois le plus aueugle voit clerement l'auantage que vous auez ſur
moy, & en toutes ſortes. Mais ſi ne laiſſeray-ie à vous remercier humblement de ceſt honneur:Car (eſtant ce que ie ſuis)il redondera au voſtre. Et
(oſtant de ſon col vn colier de Perles qu'elle portoit) pource, dit elle, que
ie ne vous ſçaurois preſenter choſe plus conforme à voſtre excellance, que
ces petitz Vnions(non pas telz que celuy de Cleopatra, ains telz que ie les
ay)ie vous ſuplie les receuoir pour l'amour de moy. Ie le feray, reſpondit
Zahara, & de bon cueur, pourucu qu'il me ſoit permis les porter demain
contre Liſuart: Car puys que i'ay entrepris de le combatre en armes de
Cheualier, & non cóme Damoyſelle, la ſouuenance de vous ſi belle, me
donnera efort pour le vaincre, & emporter l'honneur. Or eſtoient ia les
deux eſpouſées preſtes à mener au mouſtier, & pource que l'heure ſe paſſoit, l'Empereur vint prier Zahara luy faire ceſt honneur de les acompagner & ayder à les conduyre. Ce qu'elle eut treſagreable. Et luy dóna l'Em
pereur la main dextre, & luy à coſté furent Onolorie & Gricilerie códui-
tes en l'Egliſe principale, & de là ramenées au Palays, ou les tables couuertes pour diſner, arriua la belle Royne Brizene auec tous ceux qu'Amadis de Grçce auoit deſenchantez en l'Iſle Deſpeuplée. Entre leſquelz furét recogneuz don Floreſtan filz du Roy de Sardaigne, & l'Infante Eſclariane, qui fut celle muée en forme de Serpent, qui emporta(cóme il vous a
eſté dit)le Cheualier qu'Amadis de Grçce auoit abatu ſur le plancher, qui
eſtoit iceluy Floreſtan, meſmes lors tant aliené d'eſprit, qu'il ne luy ſouuenoit fors ſeulemét que de defendre l'entrée. Mais par l'efort d'Amadis de

O ii   Grçce

Grèce luy & les autres recouurerent leur sens & entendement. Brizené
donques entrée en la salle auec sa compagnie, Florestan & Esclariane s'a-
uancerent pour saluer le Roy Amadis, & la Royne Oriane. Et dieu sçait
s'ilz furét les tresbien venuz. Car leur longue absence les auoit si bien mis
en oubly, qu'on n'en faisoit quasi plus d'estat, quand la Royne estrangere
presenta à Lucelle le Cheualier mort & la lettre, que luy escriuoit Amadis,
contenant ces motz.

Ma Dame, depuys mon partemét

de la grand' Bretaigne, poursuyuant la vengeance de ceux qui auoient outragé le Nain (comme la Damoyselle me raporta en vostre presence) Fortune, qui renuerse à tous propoz les entreprises des hommes, a tellement
retardé mon retour vers vous, que trauersant maintes contrées estranges,
suis arriué en ceste Isle Despeuplée, ou i'ay trouué ceste belle compagnie
en l'estat qu'elle vous pourra dire. Tant y a, que i'estime ceste auanture ne
m'auoit esté otryée des cieux, que sur la faueur d'estre vostre. Et puys que
veritablement ie suis tel, & qu'en vostre nom seul ie vy, il est bien raisonnable, que de toutes mes entreprises vous soit rendue gloire & grace. Et ou
elles seroient de trop peu de merite, pour estre ofertes deuant vostre grandeur, ie vous suplie treshumblement, ma Dame, receuoir, pour le moins,
le bon vouloir que i'ay de vous faire seruice, me tenant pour tresheureu-
sement recompensé si ie puis auoir de telle faueur deuous. Et parce que i'ay
prié ceste vertueuse & sage Royne vous dire le surplus, il vous plaira la
croyre de ma part supliant le grand dieu vous donner (ma Dame) en santé treslongue & heureuse vie. De l'Isle Despeuplée au moys troisiesme,
sixiesme iour de la Lune: par

Vostrre treshumble, obeïssant, & afectionné
seruiteur à iamais Amadis de Græce.

Ma Dame, dit Lucelle à la Roy-

ne, vous soyez la tresbien venue. Il ne reste maintenant qu'à nous declarer
vostre creance. Adonques commença la Royne à raconter depuys vn bout
iusques à l'autre tout son desastre. Et pour autát, dit elle, ma Dame, que la
penitence de mon mal est remise sous vostre bon plaisir: ievous suplie treshumblemét auoir pitié de moy. & me traiter non cóme i'ay merité : mais
selon la douceur & beauté qui est en vous. Certes, ma Dame (respódit Lucelle) la cruauté, dont vous vsastes enuers ce Cheualier mort, n'est si esträge
que beaucoup penseroient, aussi ne vous en donneray-ie aucune penitence con-

ce, confiderant l'indifcretion & temerité de celuy qui a foufert, & l'equité de vous, à qui il pretendoit iniuftement, puys que ne l'auiez agreable. Toutesfois ie remercie de bon cueur celuy qui vous a adreffée à moy, & vous tous, de la peine qu'auez pris, vous remettant au furplus en voz premieres libertez : à la charge, dit elle aux Dames, que tant que la vie fera en vous, ferez encores plus rigoreufes enuers vn tas d'importuns, qui (abufans de la douceur & bon vifage qu'ilz reçoiuent quelque fois de nous autres) en font eftat comme fi noftre hôneur eftoit aufsi facile à egarer, que leurs afections font promptes à fe promettre ce qu'ilz ne meritent, ny font dignes d'obtenir. Mais elle n'eut pluftoft proferé la parole, qu'vne nuée fe leua enuelopant en foy le Cheualier mort, la Royne, & toutes fes femmes qui peu apres fe trouuerent en Alexandrie, ou le peuple les receut, & fut Brizene coronnée auec grande alegreffe. Et quafi en mefme faifon Efclariane proclamée Imperatrix de Rome, qui luy venoit de droite ligne, ainfi qu'auez entendu aux liures precedans. Ce que toutesfois Floreftan auoit ignoré iufques à lors, ains l'aymoit feulement pour les vertuz & beautez qui eftoient en elle. Ces chofes donques ainfi paffées, qu'il vous a efté recité, l'Empereur de Trebifonde commanda qu'on aportaft la viande : mais Zahara ne voulut pour priere ou importunité qu'on luy fift, demeurer à difner, ains fe retira en vne tante qu'elle auoit cômandé dreffer hors la ville, ou Abra fe trouua le foir acompagnée du Roy de Ierufalem auxquelz furent racontées toutes les merueilles & auantures dont nous auons parlé. Et tandis ceux de la ville ne penfoient qu'à baller & mafquer, fe foucians peu du plaifir ou defplaifir de la Princeffe de Babilone.

Comme eftant Lifuart couché

auec Onolorie la premiere nuiĕt de leurs noces, deuifans enfemble, luy fceut tellement tirer les vers du nez, qu'elle luy declara la perte de fon enfant, qu'elle eftimoit eftre Amadis de Græce.

Chapitre   XLIIII.

O iii   Vous

Ous auez entendu le recueil, que l'on fit à Zahara, venát
aux espousailles, qui se celebroiét en Trebisonde, & que,
pour priere ou honneur qu'on luy sceust ofrir, il fut impossible la retenir au festin du disner, ains prit congé de
la compagnie : Mais pourtant on ne difera de paracheuer le reste du iour en la plus ioyeuse vie & bonne chere
dont on se peut auiser, & iusques à mener les deux espousées en leurs
chambres, ou tost apres vindrent les trouuer leurs mariz, lesquelz retirez
selon la coustume, & chacun à part auec la sienne, apres les caresses & gracieux traitemens, en quoy ny l'vn ny l'autre estoient aprétiz vindrent au
point tant defendu aux filles d'honneur, non de nommer seulement, ains
de donner la moindre aparence du monde d'y penser. Et lors croyez que
le Lyerre ne serre plus estroitemét le vieil arbre ou couure la paroy ancien
ne en laquelle il est apuyé, comme ces quatre ieunes gens & nouueaux
mariez se caressoient l'vn l'autre : cueillans ensemble & dessus les leüres de
leurs bouches, la douçe fleur de leurs espritz. A' eux donques est bien séát
de dire le grand ayse qu'ilz eurent ceste heureuse nuict: car ilz en sentoient
trop plus que langue ou escriture ne pourroit exprimer : iouïssans à leur
gré & sans soupçon, du bien autresfois possedé: mais auec tant de crainte,
qu'elle rendoit fade partie de la saueur qu'ilz goustoiét lors du tout à leur
souhait & contentement. Ceux qui ont esprouué semblable auanture, su-
plirót au surplus, & les autres aprentiz doiuent estimer, que pour la trois
ny pour la quarte, & sixiesme rencontre, ne se voulurent tenir recreuz ou
lassez, ains passans outre, & reprenans aleine, se mirent en diuers propoz,
& tant,

& tant qu'Onolorie ne se peut garder de soufpirer diuerses fois, & nó sans
caufe:Car elle auoit deuant les yeux le cóbat du iour enfuyuát,& en fon e-
fprit la fouuenáce & perte de fon premier filz . Ce qu'ignorant Lifuart, ne
fçauoit qu'en péfer:toutesfois prefumát partie de ce qu'il en eftoit,cómen-
ça à la recóforter,luy difant:Cóment? ma Dame,lors que vous deuez plus
remercier Dieu du bien qu'il nous a fait, aprés tant de peines & trauaux, il
femble que vous mefcontentez de luy?Ie vous fuplie monftrez moy meilleur vifage , fans vous contrifter ainfi . Et fi c'eft pour le combat que i'ay à
faire contre la Royne Zahara, autresfoys & bien fouuent en ay-ie efchapé
de plus dangereux: & fi ne fuis autre que i'eftois,qui vous doit faire efperer mieux que voftre trifteffe ne demonftre. Et ainfi la confolant la baifoit
& mignotoit auec telle douceur, que le feu prefque amorty par les efortz
precedans,reprit fa vigueur, fans qu'ilz le fceuffent du tout eftaindre pour
l'heure,que la recharge ne fuft encores double. Lors Onolorie tenant encores les braz negligemment eftenduz, luy refpondit pofément : Monfieur,ce qui me caufe les foufpirs dont vous vous eftes aperceu, n'eft point
pour doute que i'aye de voftre valeur, me tenant affeurée de ce que vous
fçauez faire : mais il y a autre chofe, qui me touche quafi d'aufsi pres. Et
combien que d'entrée elle fuft reftiue à la luy declarer, neantmoins à la fin
elle franchit le faut, & fans luy defguifer luy manifefta comme & en quelle forte elle auoit eu enfant de luy, & la perte qui en eftoit furuenuc , fans
en auoir onques puys eu nouuelles , ny de celle mefme qui l'emporta pour
le bailler en norriffe. En forte, dit elle, que tout confideré, le cueur me iuge, que ce pourroit eftre Amadis de Gręce , duquel on a tant parlé ceans
ces iours paffez. Si Lifuart demeura perplex & eftóné vous le deuez croy-
re:aufsi ne fe peut il garder qu'il ne s'efcriaft : Helas m'amye que vous auez
mal fait de me le taire fi longuement ! car i'euffe trouué moyen d'en fça-
uoir(peult eftre)ce qui en eft. Mais,s'il plaifoit à noftre Seigneur nous faire recouurer noftre perte, par celuy dont vous doutez , nous ferions merueilleufement tenuz à fa grand' bonté. Toutesfoys, comme pourroit il
eftre, veu qu'il ne porte le nom que vous confmandaftes luy donner, ains
fe nomme Cheualier de l'ardante Efpée, pour vne naturelle qu'il a rouge
comme fang entre les deux tetins?Et quant à celuy d'Amadis de Gręce,au
tresfoys le Roy Amadis m'a conté , qu'il le prit en Italie pour l'amour de
luy . Ainfi voyez fi par celà vous en pouuez auoir meilleure cognoiffance
& fi vous ouyftes onques parler que voftre filz aportaft tel fignal à fa naif-
fance.Nó,mófieur,refpódit elle:car on l'enuelopa fi toft(pour crainte d'e-
ftre aperceu)que ie ne le vy quafi point.Mais,fiGarinde viuoit elle nous ie
teroit bien hors de d'oute. Et dea,dit Lifuart,qu'eft elle deuenue?Ie ne fçay
fur mon ame, refpondit elle , ie n'en ouy onques puys vent , ny voix.
Croyez,dit Lifuart,que,s'il fuft en vie,elle n'euft tant tardé ou à retourner
ou à vous mander quelques nouuelles de luy : parquoy il eft vray fembla-

O iiii   blc

ble qu'il soit mort . Neantmoins ilz ne demeurerent hors d'esperance
qu'Amadis de Gręce ne leur apartint, deliberans toutesfoys n'en faire semblant, qu'ilz n'en euſſent meilleure cognoiſſance . Et euſt fait ſagement la
mere (puys qu'elle eſtoit en ces termes) luy declarer quant & quant la fortune de ſa fille: mais elle s'en garda bien, craignant luy donner pour l'heure trop d'ennuy, auſſi qu'elle la tenoit autant eſgarée pour le moins que
l'autre . Parquoy changea propos, & ſendormit iuſques au lendemain
matin que Liſuart ſe leua apres luy auoir donné le bon iour, ny plus ny
moins qu'elle auoit receu le bon ſoir . Puys eſtant armé de toutes armes,
pour le combat qu'il deuoit faire contre la Royne Zahara, s'en alla ouyr
meſſe deuotement, & ſe confeſſa, ſupliant noſtre Seigneur qu'il luy pleuſt
luy donner victoire, atendu qu'il eſtoit aſſailly ſans cauſe de celle, qu'il n'a-
uoit onques veu que le iour precedant, & qu'il deliberoit (pour eſtre femme & garder l'honneur de luy) combatre de la ſorte que vous entendrez,
dont le peril luy eſtoit plus eminent & dangereux.

Comme Liſuart de Gręce & la

Royne Zahara entrerent au camp, ou elle fut vaincue.

Chapitre　　　　XLV.

'Ordre mis à la closture du camp, ainsi qu'il apartenoit,
& les Iuges entrez auec bonne garde, pour la seureté de
l'vn & l'autre combatant, enuiron les sept heures du matin fut amenée la Royne Zahara en tresgrád triomphe,
montée sur la Licorne, & armée en son acoustrement
acoustumé. La Royne de Sarmarte luy portoit la lance
celle d'Yrcanie, l'armet : & celle de Colcos vn arc fort & royde, auec vne
seule sagette, dont elle esperoit s'ayder. Et la suyuoit Abra auec ses femmes
sur pallefroiz tous enharnachez en dueil, en la conduite seule du Roy de
Ierusalem, qui entrant auec Zahara la mit (apres auoir honoré le camp)
dedans son pauillon. Et ce pendant l'Imperatrix de Babilone monta en
son eschafaut, non moins acompagnée de discours en son esprit, que
d'amour, & de hayne, voyant arriuer celuy qu'elle aymoit le plus, & en
faisoit moins de semblant. Lequel armé & monté sur vn puissant coursier,
vint auec le Roy de Sardaigne, qui luy portoit la lance, & l'Infante Gradafilée l'armet de Dyamant autresfoys conquis par luy, ainsi que la sixiesme partie de noz volumes vous a declaré. Et passant les barrieres (la solen-
nité gardée à l'enuiron du camp) fut rengé à l'autre bout : criant le Roy
d'armes, qu'on eust à faire silence, sans plus parler, tousser, ou cracher,
ny donner signe d'œil, de main, ou de pied, qui peust ayder, nuyre, ne
preiudicier aux combatans. Aussi que sur la vie nul eust à entrer au camp,
ne subuenir à l'vn, ou à l'autre, pour quelque ocasion que ce fust, sans
l'expres commandement des Iuges. Et laissez, dit il, aller les bons combatans. Mais premier que venir au ioindre, Lisuart, fit signe qu'il vouloit
parler à la Royne : parquoy les Iuges r'entrerent dedans le camp. Et en leur
presence luy demanda, si elle vouloit pas acorder, que le premier qui perdroit ses armes, fust par rompure, par impuissance, ou autrement, seroit
tenu pour vaincu & subiet à faire la volonté de celuy qui les conqueste-
roit. A quoy elle respondit que ouy : esperant le rendre par ce moyen vif à
Abra, pour luy commander puys apres son bon plaisir. Lors retournerent
les deux combatans aux deux boutz du camp, & voyant la Royne qu'il
s'esbransloit pour commencer sa couse, laissa sa lance atachée à l'arrest, &
prit son arc, duquel elle descocha le trait si rudement, que l'escu en fut trauersé, passant entre le corps & le bras de Lisuart, sans toutesfoys luy faire
aucun desplaisir. Et quant & quant chargea son boys donnant des esperons à sa Licorne, qui sembloit mieux voller que courre. Mais au ioindre
Lisuart hauça la lance, pour ne l'outrager, & elle le rencontra de telle roydeur, que luy fauçant escu & harnois, l'eust entamé iusques au cueur, si la
maille, qu'il auoit dessous, n'y eust resisté, contre laquelle elle se brisa &
volla en esclatz, se rencontrans & de corps & de testes, cheuaux, & personnes si à ferme, qu'ilz tomberent au lieu mesmes, si mal à propos pour
Lisuart, qu'vne partie de la corne de la Licorne luy demeura rompue de-

dans

dans le mufcle de la cuiffe gauche, dont il fentit trefgrand' douleur: Et
neantmoins fe releua promptement, & tira hors cefte andouille, la ietant
par la place. Làs! qui euft à l'inftant pris garde au vifage de fa nouuelle
femme, il eftoit iuge fufifant pour tefmoigner combien luy pefoit la fortune de fon mary & amy, qui neantmoins en faifoit peu de cas: Encores
que le fang bouillonnoit fi fort, que greues & cuyflotz en eftoient tous
rouges. Ce que cognoiffant la Royne Zahara, péfa bien lors auoir du meil
leur. Parquoy mettant la main à l'efpée (bien couuuert de fon efcu) vint
pour le charger, luy difant: Garde, Lifuart, garde ces braueries & faueurs
que tu m'as faite auec la lance, pour pages, ou aprentiz, & recompenfe auec l'efpée ce que tu n'as voulu faire auec le glaiue. Et quant & quant
rua fur luy à tors & trauers, fans que pour cefte fureur il tiraft vn feul coup
fur elle: ains ne faifoit que parer, r'abatre, ou fe reculer. Dont la Royne
trop defpite, confiderant en quelle eftime il la tenoit, ne fe peut garder de
luy dire: Tu penfes donques Lifuart me vaincre par mines & non par armes? Non non, la gloire te deceüra, & y mourras à la fin. Mais il luy refpondit gracieufement: l'ayme mieux, ma Dame, en atendre le hazard que
iamais ofenfer Princeffe de fi bonne grace. En es-tu la? dit elle, affeure
toy que ie te mettray deformais en tel eftat, que la necefsité te fera bien
changer d'opinion. Et de colere defploya toutes fes puiffances, tellement
qu'en peu d'heure ne luy demeura d'efcu quafi pour luy couurir le poing,
& fi fut naüré en tant de lieux, que fon harnoys en rougit & le camp mefmes. Dont s'aperceuans fes amys commencerent à blafmer en eux mefmes
la prefumption de luy, pour defdaigner la Royne, fans l'auoir encores fra-
pée, eftimans fa vie trop hazardée par peu d'ocafion. Car Zahara le pourfuyuoit de plus en plus: mais il tafchoit par tous moyens la faifir au corps,
dont elle fe fçauoit tresbien garder, l'ataignant fi au vif de foys à d'autre,
qu'il ny auoit maille ny haubert feur pour le garantir. Chofe fi mal ayfée
à fuporter à Onolorie, que force luy fut fe retirer & habandonner la feneftre, & peu apres Gradafilée. Mais fi ces deux eftoient troublées, Abra
ne leur en deuoit gueres, tát fentoit forte guerre en fon ame entre l'amour
& la hayne qu'elle luy portoit: & dont elle fit telle demonftrance, que le
Roy Amadis s'en aperceut, & dift à l'Empereur de Trebifonde: Par dieu
monfieur mon frere, Abra fe trouuue mal, ou endure peine. Aufsi eft ce
vn cas eftrange de voftre filz, qui en temps de telle necefsité veult vfer de
fi grande courtoyfie. En bonne foy, refpondit l'Empereur, il a fi grand
tord, que ie crains beaucoup que nous le perdions. Non ferez, non, dit
le Roy, le cueur ne luy faudra pas fi ayfément. Vous verrez comme la fin
coronnera l'œuure. Dieu le vueille, refpondit l'Empereur. Et acheuant
ce mot Lifuart fe lança de telle legiereté contre la Royne, que (voufift elle
ou non) il luy faifit l'efcu & le luy arracha du col, difant fi haut qu'il fut
entendu de tous: Pour le moins i'ay defia erres fur le refte de voz armes, fi

vous

vous ne les contregardez mieux que ce que ie tiens! Haa! respondit elle,
il vous est venu bien à point: mais vous ne le porterez pas longuement,
si ie puis. Et quant & quant leua son espée:& pensant luy my partir la teste
luy en rua de toute sa force droit sur la creste de l'armet, qui se trouua tant
bien estoffé,que,sans peu ou rien l'endommager, l'espée se brisa en deux,
ne luy demeurant au poing que la seule poignée. Toutesfoys Lisuart fut
chargé si pesamment, que les yeux luy estincelerent, & donna du genoil
en terre prest de tomber: mais il se releua aufsi tost. Ce que voyant le Roy
Amadis tout ioyeux, dit à l'Empereur: Ce m'aistdieux,il semble que mon
filz vueille rendre graces à la Royne de la perte qu'elle a fait tant à propos
de ses principales armes, desquelles Lisuart se saisit à l'heure, disant à la
Royne: Ma Dame, si vous tenez l'acord que nous auons fait ensemble,
nostre debat doit finir:& demeurerez obligée à faire ma volonté: Toutesfoys, s'il ne vous est agreable, tenez mon espée pour la vostre, & parfai-
tes vostre plaisir : car ie ne sçaurois receuoir tant de mal de vous, que i'en
espere de bien. Ah Lisuart! respondit elle, Fortune vous est si fauorable
que encores que ne vueillez vaincre ceux que reduisez en vostre obeïssance, eux mesmes se tiennent vaincuz, & par leurs propres mains, ainsi que
l'on peult cognoistre en moy!Ia ne plaise à noz dieux, que ie prenne autre
espée pour me vaincre moymesmes deux fois, l'vne par la mienne,l'ayant
perdue, & l'autre de la vostre,que me presentez. Il me doit certes bien sufire, que vous demeurez glorieux d'vne seule victoire, sans que le soyez
pour la seconde, que vous esperez, vous confiant en vostre heur. Et ne seroit raisonnable que ie receusse de vous (en present) les armes que vous
m'ofrez pour vous en outrager d'auantage, vous estant monstré si courtois enuers moy, qui au pris de vostre sang auez espergné ma vie. Ah ah
sang! sang, dy-ie, bien heureux! puys qu'en vous perdant auez conquis
la personne qui ne pretendoit qu'à vous perdre! Mais tant s'en faut qu'elle
y ayt rien gaigné, que vous amy & bien voulu des Dieux (comme vous
estes) receürez, vueille ou non, la gloire qu'ilz vous otroyent, & que ie
vous acorde, demeurant en vostre puissance, forcée par la mienne, d'a-
complir vostre volonté, au grand desauantage de mon outrecuidance, &
augmentation de l'honneur vostre: aprouuant par celà ce que l'on dit,
qu'il n'est point plus grande victoire que vaincre soy mesmes. Et partant
il est bon,que celle,qui ne pouuoit(selon son auis)ny ne deuoit estre vaincue de nul, le soit par elle propre, à fin qu'elle ayt l'honneur de sa seule victoire: ne luy restant moyen pour paruenir à plus de reputatiou : veu que
les dieux ont voulu vous enuoyer si glorieuse fin de ce commencement,
que vous auez fait en iceluy ce que tout autre n'eust sceu paracheuer. Ah ah
bienheureux Lisuart, amy, & aymé de Fortune! Que dy-ie aymé? mais
craint & redouté d'elle mesme! Car, pour ne vous descomplaire, elle vous
donne le pouuoir de vaincre non seulemét les bestes plus cruelles,ou Che-

ualiers

ualier plus audacieux, ains les hautes Dames & Damoyſelles, par vn ſeul
regard de vous. Et ce diſant oſta le heaume qu’elle auoit encores à la teſte,
& le luy preſentant : Tenez, dit elle, receuez le reſte de mes armes, puys
qu’elles vous ſont acordées : vous promettant, par la foy que ie vous doy,
ne les porter de ma vie contre vous. Car, eſtant vaincue auec elles, il ne me
doit demeurer force, pour iamais contredire à ſi haute victoire, laquelle
ie vous otroye encores de meilleur cueur, que vous ne l’auez ſouhaité : &
quant & quant ce que ne vous peuuent denier celles qui vous voyent, qui
eſt leur amour & bonne grace. Sur mon dieu, ma Dame, reſpondit il, puys
que tant de louange me vient de ſi grand’ Royne, ie ſerois bien mal apris
de la refuſer : mais auſsi ie vous ſuplie treshumblement ne me penſer ſi ſot,
que ie ne cognoiſſe bien le ſeruice fait aux perſonnes excellantes ne demeurer iamais inrecompenſé. En ſorte que pour m’eſtre mis en tel deuoir
enuers vous, & auoir vſé de la courtoyſie que vous confeſſez, eſt procedé le guerdon, grace, & louange, que vous m’atribuez, & qui (à bien parler & veritablement) reſdonde à voſtre honneur, n’ayant, quant à moy,
fait choſe pour voſtre regard, en quoy la vertu & mon deuoir ne m’ayent
obligé à touſiours. Et pour vous reſpondre à ce dont vous vous plaignez,
diſant ma gloire eſtre augmétée par l’eſpergne que i’ay fait de voſtre ſang
eſtant par vous le mien tiré auec tant de playes que i’ay receuës, croyez
que la ſource genereuſe & illuſtre, dont pris naiſſance Liſuart ſoit de l’inuincible Empire des Françoys, ou de celles & des Gręcz, & de la grand’
Bretaigne luy a tellement haucé, & agrandy le cueur & le courage, qu’il
en eſt tenu, non à la Fortune, mais à l’heur de ſes parens. Pour ne dege-
nerer auxquelz, & à fin de les imiter encores mieux en toute gracieuſeté, &
hôneſte deuoir, qu’ilz ont touſiours gardé & entretenu enuers les Dames,
ie vous ſuplie afectueuſement receuoir ceſte eſpée, que ie vous preſente
pour la ſeconde foys, & ſous voſtre diſcretion vſer d’elle enuers moy ainſi que bon vous ſemblera. Car certainement vous vous eſtes vaincue ſeule
(ſi victoire y a) & non moy, qui demeureray vaincu en voſtre endroit. Seigneur Liſuart, dit elle, ie ne pourrois, ny ne voudrois nyer vne choſe veuë
& cogneuë par tant de haux perſonnages. Toutesfoys i’eſpere bien (ſi ie
vy) faire encores tant d’armes, que vous cognoiſtrez, par ceux que ie vous
enuoyray vaincuz de ma main combien eſt grand & eſtimable ce que
vous auez aquis ſur moy. Au reſte, ie vous ſuplie que demeurions amys :
vous iurant encores vne foys, que ie ſuis preſte & apareillée de faire & acó-
plir entierement voſtre vouloir. Lors s’aprocherent les Iuges & furent les
combatans r’amenez du camp : mais l’vn plus ioyeux que l’autre. Car la
Royne ne ſe pouuoit bonnement contenter de ce qui luy eſtoit auenu, encores qu’elle fiſt ſemblant de s’en ſoucier peu, ou rien. Et ainſi ſe retirerent, elle vers Abra, & Liſuart, en ſa chambre, ou maiſtre Elizabet le vint
viſiter : car il auoit bien beſoing de ſon ayde. Ce pendant l’Imperatrix de
Babilone

Babilone, qui auoit perdu l'esperance, & de l'amour, & de la mort de son
amy & ennemy, retourna en ses tentes si triste, qu'elle ne sçauoit quelle cô-
tenance tenir. Et côbien que par raison elle deust sçauoir gré à Zahara d'a-
uoir tât entrepris pour elle, si luy monstra elle de prime face tel visage & si
farouche, qu'elles furent l'espace de deux iours sans se voir ny parler l'vne
à l'autre. Toutesfoys à la fin leur colere passée, prindrent en payement tel
reconfort qu'elles s'entre peurent donner, & seiournerent depuys encores
quelques iours au port de Feline, en atendant nouuelles de celles qui e-
stoient allées en queste, pour amener nouueaux combatâs contre Lisuart.

Comme Lerfan & Malfadée vin-

drent en Trebisonde de la part d'Amadis de Græce: & d'vne Damoyselle estrange, qui demanda congé à l'Empereur, pour vn
combat qu'entreprenoit faire vn Cheualier incogneu contre tous venans dont la
Court receut plaisir.

Chapitre XLVI.

E sixiesme iour apres le combat finy entre la Royne de
Caucase & Lisuart, ainsi que l'Empereur & autres Seigneurs retournoient de le visiter en sa chambre, & se
proumenans en la basse court du Palays, entra Lerfan de
la Roque, & sa femme Malfadée, qui à l'instant furent
cogneuz du Roy Amadis, auquel ilz s'adresserent, & luy
presentans les treshumbles recommendations du Cheualier de l'ardante
Espée, luy raconterent comme il les enuoyoit vers luy du chasteau de Lica, la mort du Geant le peril ou il s'estoit trouué contre la beste serpétine,
& finablement tout ce que l'histoire vous a recité de ce propos. Et voylà
Sire, dit Lerfan, la beste dont ie vous parle, qu'il vous enuoye, & nous aussi, sçachant que nous sommes vostres de tout temps. Ce m'aïstdieux, respondit le Roy, le Cheualier a beaucoup fait pour vous, & luy sçay tresbon
gré de la souuanâce qu'il a eu de moy. Adoncq' chacun aprocha pour voir
ce monstre, qui fut trouué esmerueillable, & tel, que l'Empereur de Trebisonde pria le Roy Amadis le luy donner, à fin, dit il, que ie le face mettre
sur ce portail, ou chacun le pourra regarder à son ayse, & louër la valeur
de celuy qui l'a defait. Et ainsi en auint, tant qu'on ne parloit d'autre chose
dont la Princesse de Sicile estoit si contente, qu'elle desiroit de plus en plus
le retour de luy. Or commençoit desia Lisuart à bien se porter, & furét ses
playes toutes côsolidées, par la grande diligence de son Chirurgien, si qu'il
se leua, & voulut aller ouyr messe & acompagner l'Empereur en la grande

P   Eglise

Eglife.Au retour de la quelle ilz fe mirét à table,non fans parler des auen-
tures que l'on voyoit auenir de iour à autre:mefmes de celle deNiquée,ou
plufieurs auoient defia failly, & s'eftoient trefmal trouuez à l'efpreuue
qu'ilz en auoient voulu faire. Et tant en fceurent conter & raconter, qu'il
tomba en l'efprit de Lucelle fon amy deuoir pretendre quelque part en la
beauté de celle dont tout le monde faifoit fi grand cas, & de là en auant
elle eut quelque defiance de ce,en quoy elle s'eftoit le plus fiée par le paffé.
Mais helas!ce malheureux prefage luy tourna depuys en gráde cófequen-
ce:car tout ainfi luy en auint qu'elle le penfa, & que vous entendrez fur la
fin de noftre liure. Et neantmoins elle ne faifoit femblant de rien, ains
s'en rioyt comme les autres: car fur l'heure plus de dix entreprindrent
aller voir la gloire de Niquée, trauerfer feu & flamme, & finablement
donner fin à cefte merueille, fi fin s'y pourroit donner par force d'amour,
& de loyaument aymer. Et comme ilz eftoient en ces termes, entra en
la falle vne Damoyfelle richement veftue, portant en fes mains vne tresriche coronne d'or, & au col vne efpée pendant de trefgrande valeur. Et
voyans qu'elle vouloit parler,chacun fe teut. Lors demanda lequel d'entre
eux eftoit l'Empereur de Trebifonde. Damoyfelle, refpondit il, ce fuis-ie
voulez vous quelque chofe de moy? Sire,dit elle,vne Dame fouueraine en
païs & beauté, fçachant l'alegreffe & gráde folennité qui fe faifoit en cefte
voftre Court,pour les noces de mes Dames voz filles,& les voulant honorer,vous máde par moy,que pour le iourd'huy elle ne defire eftre cogneuë
d'aucun. Mais que demain elle fe trouuera au camp deuant ce Palays auec
vn fien Cheualier, qui delibere ioufter fix iours durans contre tous ceux
qui fe voudront efprouuer côtre luy: fous condition, que le Cheualier qui
ne le defarçonnera, ne le pourra contraindre à venir au combat de l'efpée,
finon ou cas que tous deux prinfent le faut : car tant qu'il reftera en felle
il ne fera obligé finon à la ioufte. Toutesfoys s'il fe trouue aucun qui le iete à terre, & il demeure es arçons,ou tóbent enfemble, & foit noftre Cheualier vaincu par l'efpée le Cheualier victorieux aquiert celle que ie porte,
& d'auantage la coronne que vous voyez, pour en faire prefent à fa Dame
& amye, en figne de la gloire qu'il aura obtenu fous la faueur de fa bonne
grace. Et quant à luy,qui eft affaillant,il ne demande autre bien pour tous
ceux qu'il vaincra, finon qu'apres la folennité de ces noces acomplie, vous
luy otroyez vn don,en recognoiffance de l'honneur,qu'il aura fait en cefte
voftre Court, y ayant amené vne fi haute Dame que celle qui m'enuoye
vers vous, laquelle (ou fon Cheualier demeurera vaincueur) veult neantmoins que la coronne & l'efpée demeurent ceans, pour memoire de fa victoire,fans qu'elles puiffent efchoir à autre qu'à voz vray fucceffeurs& he-
ritiers.Or vous ay-ie r'aporté,Sire,l'ocafió de ma venue, que ie vous fuplie
(fi l'auez agreable,& les conditions & offres que ie vous ay propofées)fai-
re le tout publier par cefte ville, à fin que venuz à cognoiffance, on voye

qu i

qui aura belle amye. Dont chacun receut grand plaifir, & tel, que, du
confentement commun, la Damoyfelle fut r'enuoyée auec toute telle ref-
ponce qu'elle demandoit louans & le Cheualier, & la Dame, qui auoient
mis en auant fi gentille entreprife, plus caufée pour paffetemps, que pour
en receuoir, ou ennuy, ou defplaifir. Toutesfoys ie fuis contraint les laiffer vn peu derriere: car voicy Amadis de Grece qui arriue tout batant vers
Abra, & qu'il me faut depefcher des premiers.

Comme la Damoyfelle meffage-

re de l'Imperatrix de Babilone amena Amadis de Græce vers fa
maiftreffe, & des propoz qu'elle eut auec luy pen-
fant que ce fuft Lifuart.
Chapitre XLVII.

Andis que ces chofes, que vous auez entendues, fe dé-
menoient en Trebifonde, eftant Abra fur le point de fon
embarquement pour retourner en Babilone, Amadis de
Grece, & Gradamarte, que la Damoyfelle meffagere con-
duifoit vers fa maiftreffe, nauiguerent tant, qu'vn lundy
tout tard ilz prindrent port à Feline, ou eftoient logées
les deux Princeffes de Babilone & de Caucafe. Et là entendirent comme
le combat de Lifuart & Zahara s'eftoit terminé: dont Amadis de Grece
fut grandement esbahy & encores plus ayfe, quand il fceut la Princeffe de
Sicile eftre en la compagnie de la Royne Oriane, le fouuenir de laquelle
efaçoit bien fouuent le plus de ce qu'il pretendoit à Niquée. Et ainfi balan-
çant ne fçauoit ou il fe deuoit arrefter, ains legier & inconftant plus qu'vne
girouëtte, aymoit au iour d'huy l'vne, & demain l'autre: mais pour l'heure Lucelle eut le meilleur lieu, & l'auoit Amadis en plus de recommendation que Niquée. Toutesfoys il delibera de ne fe faire point cognoiftre à
elle, ny à autre, premier qu'il euft aquité fa foy, & combatu Lifuart ainfi
qu'il auoit promis. Au moyen dequoy il difera iufques fur la nuyt clofe, à
venir faire la reuerance à Abra, vers laquelle arriué, & defarmé de tefte le
receut de prime face, non pour celuy qui deuoit côbatre Lifuart, ains pour
Lifuart mefmes, tant fimbolifoient l'vn à l'autre, & de vifage & de parler
de corpulence, & de grace: & non fans caufe, pour leur proximité de ligna
ge. Et à cefte caufe elle tout efmeuë ainfi qu'il mettoit les genoux en terre
pour luy baifer les mains, les retira plus rudement qu'elle ne deuoit, & à
demy efperdue, demeurant fans pouuoir ouurir la bouche de long temps
ny parler ieta vn haut foufpir: Car elle penfant que fon ennemy luy vouftt
requerir pardon, debatoit en foymefme comme elle s'y gouuerneroit, ayât
l'amour & la hayne fi repugnâtes, & tant familieres en foy, qu'elle ne fça-

uoit à laquelle elle deuoit donner plus de faueur : Mais à la fin vaincue de
la douceur qui acompagne plus communémét les vertueufes Dames, ne fe
peut garder de luy tenir ce langage : Ah Lifuart ! dit elle, combien i'eftime
peu tes entreprifes paffées au refpect de ce que ie te voy maintenát ofer faire, ayant le cueur fi grand & entier, & la temerité, & prefumption telle, que
fans me craindre as ofé comparoiftre deuant moy, qui ay plus d'ocafion de
te vouloir mal que nulle autre quiuiue mais i'entens bien que c'eft la confiance que tu as eu en ta propre beauté pour fçauoir dompter mon courage,
t'a amené en ce lieu, pluftoft que nul des effors auec lefquelz tu es couftumier auoir le deffus des combatás ou tu t'adreffes. Et auffi fur mon dieu ie
me voy & me fens par ta prefence fi eflongnée de ce qui m'acompagneroit
le plus, qui eft la hayne, que ie ne fçay maintenant que dire ne penfer . Car
d'vne part le fang illuftre de Babilone me preffe grandemét de vengeance,
& au contraire la grandeur de luy, & l'eftat de moy, me femond & perfua-
de à mifericorde, confiderant en humilité . Voylà pourquoy ie me treuue
perplex à qui ie doy prefter l'oreille , & neantmoins tout bien confideré
& debatu en mon ame, mifericorde doit eftre preferée: Car auec icelle, toy
content ie demeureray vengée, & la grandeur de moy, plus crainte qu'au
parauant. Ha a pauurette que ie fuis! helas que dy ie? Ie faux par trop, & vaut
trop mieux (contreuenant à ma volonté) faire ce que ie doy, que nó ce que
ie defire, executant fur toy la vengeáce meritée de mon trefcher frere Zaïr.
Amadis tout eftonné d'ouyr tel langage , la laiffoit parler à fon ayfe, tant
qu'il cogneut qu'elle s'efgaroit, le prenát pour vn autre: Et à cefte caufe luy
refpondit doucemét: Ma Dame ce ne fuis-ie quivous ay ofenfé: mais celuy
qui vous eft venu véger pluftoft de luy, qu'impetrer de vous pardó à fa faueur. Et m'esbahis cóme defia deux foys ay efté ainfi pris pour Lifuart, veu
que ie n'eu onques plus d'enuie de m'efprouuer cótre autre Cheualier. Par
ainfi auifez qu'il vous plaift que ie face: car mó feiour ne peult eftre lóg par
deça. Adócq' s'aprocha la Damoyfelle qui l'auoit amené, & dit à Abra: Ma
dame, faites luy hóneur, s'il vo' plaift, c'eft luy duquel la renómée eft fi gráde par tout le móde, le Cheualier de l'ardáte Efpée. Pourtát mettez peine,
à le mieux cognoiftre que n'auez fait. A' cefte parole Abra ietát l'œil fur fa
damoyfelle qu'elle n'auoit encores veuë, cogneut bié fa faute: Pour laquelle couurir, fe leua de fa chaize & embraça Amadis de Grçce, luy difant: Certes, Cheualier, encores que i'aye peu d'ocafió de vouloir bié a celuy pour le
quel ie vous prenoys n'agueres, fi ne deuez vo' fçauoir mal gré à nature de
vo' auoir fait fi féblable à luy que ie vousvoy: Car ie vous puis affeurer, que
ie ne péfe vn meilleur Cheualier en tout le móde, plus fage n'y plus vertueux s'il ne fe fuft de tát oublié enuers moy & les miés cóme il a. Toutesfoys
à ce que i'ay entédu, & que l'ó bruit fi vous parragónez par le naturel, vous
n'eftes moidre que luy aux armes, qui me dóne efperáce, que me végeát du
tord & iniure qu'il m'a fait, voftre reputació en augmentera. Parquoy vous
foyez

foyez mieux que le tresbien venu . Et auertie à l'heure qui eſtoit Gradamarte , luy fit ſemblable recueil : les priant tous deux auec grande inſtan-
ce ſe ſoir es chaizes qui leur furent preſentées . Lors ſuruint la Royne de
Caucaſe qui leur porta grand honneur, ſçachant l'ocaſion de leur arriuée.
Quoy qu'il en ſoit onques Princeſſe ne trouua de meilleure grace ny plus
beaux Gentilzhommes, qu'Amadis & Gradamarte furent trouuez d'elle,
qui leur donna plus de plaiſir à deuiſer enſemble , & les entretenir tant,
que tombans de propos en autre Abra & elle , conclurent que le lendemain vne de leurs femmes yroit porter à Liſuart paroles de defiement , &
ſans nommer de par qui. Ce qu'Amadis de Grece eut agreable, & les en
ſuplia humblement

Comme la Damoyſelle d'Abra

*vint defier Liſuart: Et des propoz qu'Amadis & luy eurent
enſemble premier que venir à l'eſait.*

Chapitre   XLVIII.

E iour enſuyuant ainſi que l'Empereur de Trebiſonde
ſortoit le matin de ſon Palays auec les autres Princes,
pour prēdre l'air & ſe proumener, auiſerent en la grande
place vne tente la plus riche qu'ilz euſſent onques veu,
ſous laquelle eſtoient dreſſez deux liⁿtz de drap d'or
frizé , & au deuant vne Damoyſelle afsiſe veſtue à la
royale, & coronnée d'vne coronne enuironnée de Perles & maintes pierreries . Mais elle auoit le viſage ſi bien couuert, qu'on n'euſt peu iuger de
ſa beauté , ou laideur . Ioignant d'elle eſtoit afsis dans vne autre chaize vn
Cheualier armé d'vnes armes vermeilles entrelacées de filetz d'or à fleurettes de diuerſes ſortes, qui repreſentoient ioye & contentement . En ſon
col pendoit vn eſcu de gueules à ſix poings clos d'argent , entremeſlez de
petitz bouquetz . Et pour l'acompagner , quatre autres Cheualiers armez
ſe tenoient debout , les armes couuertes de veloux cramoyſi brodé de
pareille deuiſe . Et autour quelques Eſcuyers en acouſtrement d'eſcar-
late auec ſemblables fleurs . Vis à vis de ceſte tente y auoit aufsi vn perron planté , & l'eſpée que la Damoyſelle preſenta à l'Empereur le iour precedant atachée au plus haut . A' l'enuiron duquel eſtoient ſix autres pauillons, & au dedans pluſieurs Gentilzhommes, Dames, & Damoyſelles,
tous richement acouſtrez & veſtuz . Si prit grand plaiſir l'Empereur & ſa
compagnie à telle nouueauté, & euſſent volontiers cogneu ces perſonnes
eſtranges : mais il leur fut impoſsible pour l'heure : Auſsi qu'il ſe preſenta
à l'inſtant vne Damoyſelle , laquelle s'adreſſant à l'Empereur luy diſt:

Sire, ie viens vers vous de par l'Imperatrix Abra ma fouueraine Dame, pour ſçauoir de vous ſi le camp ſeroit ſeur à celuy qui voudroit preſenter quelque acuſation contre le Prince Liſuart voſtre gendre, & ſi ainſi eſt, il ſe trouuera icy, ou ailleurs, comme vous l'acorderez : proteſtant n'auoir autres Iuges de ce diferent, que les dieux, auec l'ayde deſquelz il eſpere demeurer vaincueur, & Liſuart vaincu & difamé. Lors combien que l'Empereur ſe ſentiſt offenſé de telles menaces, ſi n'en fit il nul ſemblant, ains reſpondit à la Damoyſelle, qu'il auroit conſeil ſur ceſt afaire. Mais Liſuart impatient & plein de colere, ne peut adoncq' tant commander à ſoy meſmes, qu'il ne priſt la parole, diſant Damoyſelle, vous raporterez à voſtre maiſtreſſe, qu'elle ſe deuoit contenter de ce qui s'eſt ia paſſé, & que veu le peu de droit qu'elle a en ſa querelle, i'eſpere, qu'au lieu de venger ſa honte, elle la redoublera, & ſon ennuy quant & quant eſtant Dieu Iuge iuſte. Et par ainſi il luy ſierroit mieux ioindre clemence auec raiſon, que continuer ainſi au mauuais & pernicieux deſplaiſir qu'elle me pourchaſſe. Toutesfoys, puys qu'elle s'y opiniaſtre, & à fin qu'elle ne m'eſtime autre que ie ſuis, ie luy prometz, que non ſeulment elle aura ſeureté du camp pour qui elle la demandé, ains en toute autre choſe qu'elle eſtimera luy tourner en ſeruice. Car encores qu'elle trauaille à ſon poſſible, pour me faire perdre la vie, ſi ne laiſſeray-ie de mettre peine de l'honorer, & ſeruir tant que i'en auray le moyen. Puys ſe tourna vers l'Empeteur : Monſieur (dit il) ie vous ſuplie treshumblement me pardonner, ſi i'ay reſpondu ſans voſtre congé, ou entrepris choſe qui vous ſoit grieue : l'honneur ſeul, & qui me touche de tant pres, m'a fait pour ce coup ainſi auancer. Vous oyez, Damoyſelle, reſpondit l'Empereur, ce que mon filz promet ſera obſerué ſans doute. Parquoy retournez vers voſtre maiſtreſſe Abra, & luy en faites le raport. Humblement les remercia la Damoyſelle. Et prenant congé vint trouuer la Princeſſe de Babilone, qui fut tresfayſe de ces nouuelles. Et entédez que ceſte Damoyſelle eſtoit celle, qui auoit amené Amadis de Grece, lequel à l'heure meſme s'arma d'vnes armes noires, tant pour ſe rendre incogneu, que pour porter teſmoignage de ſa triſteſſe. Et acompagné ſeulement de celle qui retournoit de la ville, ayant congé d'Abra, vint vers l'Empereur, qui eſtoit lors en la ſalle deuiſant auec le Roy Amadis, ou il fut regardé de tous, eſmerueillez non ſeulement de ſa grandeur & perfection : mais auſſi de ſon fier marcher. Pas n'eſtoit loing de ceſte troupe la Princeſſe de Sicile, laquelle, auec Onolorie & Gricilerie, voyant que le Cheualier eſtrange vouloit parler, s'aprocha ſi pres, qu'il la choiſit : dont le cueur luy eſmeut ſi fort, & tant ſe trouua opreſſé de l'amour ancienne qu'il luy portoit, que peu s'en falut qu'il ne perdiſt contenance. Toutesfoys à la fin tout honteux reprit ſes eſpritz, & demanda, lequel d'entre eux eſtoit Liſuart de Grece : car, dit il, encores que ie l'aye veu quelquesfoys,

vne per-

vne perſonne , ſur laquelle mes yeux ont aſsis leur regard , m'a mis en telle neceſsité , que ie me cognoiſtrois (pour elle) les dieux meſmes s'ilz e-
ſtoient en ceſte compagnie. Adoncq' luy reſpondit Liſuart, que c'eſtoit il.
Souuerain Prince, dit lors Amadis , les accidens de fortune ſont telz , que
bien ſouuent les hommes ſe treuuent plus contrains (par obligation que
de volonté) à faire ce qu'ilz doiuent, ainſi que ie puis experiméter en moy
preſentement, & dont ſera teſmoing cy apres le peril de mon entrepriſe.
Veu que n'eſtant que ſimple Cheualier incognéu, & de nom, & d'armes,
ay oſé demander camp à l'encontre du plus adroit & vaillant Prince de la
terre : me confiant que ou ie ſeray vaincu , la gloire de telle victoire conquiſe ſur moy parvous,ne me pourra redonder qu'à honneur,tenant compagnie à tant d'autres plus eſtimez que ie ne ſuis , & ſur leſquelz vous a-
uez eu auantage . Et ou l'heur me dira tant ſoit peu, Dieu ſçait en quelle
reputacion ie paſſeray d'icy en auant le reſte de ma vie . Sur l'eſperance
dequoy ie veux maintenir , qu'auez (contre le deuoir en quoy voſtre eſtat
Royal vous obligeoit) deſdaigné non ſeulement l'amour dót vous eſtiez
redeuable à la Princeſſe des Parthes , & failly au don par vous à elle promis en la preſence de tant de Princes & Seigneurs: ains reſpendant le ſang
illuſtre du Soudan Zaïr . Et à ceſte cauſe ie vous defie à toute outrance, à
fin que par voſtre teſte,ou la mienne , ſoit auerée voſtre ingratitude , & la
mort du Prince de Babilone auoir eſté trop iniuſtement entrepriſe par
vous & voz complices . Et pour autant que ſelon le droit des combatz, il
eſt à moy d'eſlire le camp, ie vous declare qu'il ſera deuát ce Palays au lieu
ou i'ay veu en paſſant quelque femme enchantée, comme l'on m'a dit. Au
reſte prouoyez y ſelon que mieux vous ſemblera . Sire Cheualier, reſpondit Liſuart, le gracieux parler , & l'honneſte façon de defiment , dont a-
uez vſé enuers moy, ne m'ont point donné moindre eſtime de voſtre perſonne,que la prouëſſe que ie croy certainement y eſtre.Car volontiers telles courtoyſies ſon acompagnées de cueurs haux & magnanimes. Et pour
autant que ie vous repute tel que vous eſtes, & que peult eſtre (mal informé) pourriez hazarder à tord voſtre honneur, & ofenſer ma iuſtification
ie ſuis contant que premier vous entendez comme les choſes vont à la verité, à fin que ne perdez, ſous mauuaiſe querelle, ce qu'autrement vous ſeroit facile(par la prouëſſe qui eſt en vous)de cóquerre auec equité. Il n'y a
rien plus certain ,auſsi ne le voudrois-ie pas nier,que la Princeſſe des Parthes m'a demandé vn don que ie luy otroyay liberalemént : mais chacun
ſçait que les hommés ne doiuent ny ſont obligez à donner ou demander
plus que le poſsible:parce que,defaillant la poſsibilité,l'obligation & promeſſe n'a point de lieu . Abra me requiſt de mariage , & i'eſtois deſia lié,
ainſi hors de ma puiſſance. Au reſte, & quant à la mort de ſon frere,dont
elle ſe deult tant , ſur mon Dieu (pour auoir fait Zaïr la trahiſon & meſ-
chanceté, qu'il inuenta contre monſieur l'Empereur, l'Imperatrix , mes

P iiii   Dames

Dames ſes filles , & autres) elle a plus de raiſon de plaindre l'honneur de luy , que le chaſtíment qu'il en a receu par diuin iugement, comme il eſt à preſumer . Toutesfois, ie confeſſeray bien , que (pour l'amour d'elle)ie le deſire encores en vie: mais ayant ſes iours pris fin , combatant comme bon Cheualier , & elle receu la coronne & empire de Babilone, ainſi que ſage & vertueuſe Princeſſe qu'elle eſt, il me ſemble qu'elle doit oublier ces pleurs & querelles , & prendre la raiſon en payement, ſans deſirer ainſi ma teſte, pour ſacrifier à l'iniuſtice de ſon frere. A' la verification de laquelle ie mettray peine (en me gardant) d'auoir la voſtre à telle mercy, que deſi-rez la mienne. Et pour ce faire i'accepte & le deſiment, & le camp par vous preſenté . Les armes ſeront celles acouſtumées entre Cheualiers d'hon-neur, eſcu, & lance: & le iour d'huy à huitaine, pour voſtre ſoulagement. Car ie penſe que ſoyez trauaillé du long chemin que vous auez fait . Dieu iuſte & droiturier ſoit gardian , & de l'honneur & du droit de celuy de nous deux à qui il apartient. Puys ſe teut, & retourna ſe ſeoir, parce qu'il s'eſtoit leué pour reſpondre à celuy qui l'acuſoit demeurant ceſte gracieu-ſe remonſtrance en telle eſtime enuers les auditeurs, qu'Amadis de Greçe meſmes euſt volontiers trouué honneſte moyen de reuoquer la promeſſe qu'il auoit fait à la Damoyſelle de le combatre : mais il n'y auoit ordre. Parquoy il luy dit: Certes, Prince vertueux, les raiſons de ma Dame Abra, & les voſtres, ſont ſi peu acordantes, qu'autre ne les pourroit auerer, que la victoire de l'vn de nous. Parquoy il n'eſt nul beſoing de plus conſommer le temps par paroles , & reçoy les armes, & le iour, pour terminer ce di-ferent, ainſi que l'auez deuiſé. D'vne ſeule choſe vous ſupliray-ie, c'eſt que vueillez eſtre contant , & faire en ſorte, que ces Dames y ſoient preſentes, à fin qu'à la faueur d'elles la gloire du victorieux en augmente , & la hon-te du vaincu auſsi. Et ſur ce point, ſans oſter ſon armet, prit congé, & ſe retirant auec celle qui l'auoit amené , ainſi qu'il paſſoit ou eſtoit Vrgande, euſt eſprouué volontiers l'auanture, ſi la promeſſe qu'il auoit fait à ſa gui-de de rien entreprendre deuant ce combat ne l'en euſt deſtourné . Toutef-fois il s'arreſta plus de deux groſſes heures à la contempler. Et tant qu'il ie-ta l'œil ſur l'hiſtoire painte du deuoir & danger , ouquel Gradafilée s'e-ſtoit miſe pour bien aymer. Et conſiderant en ſoy meſmes , comme ceſte Dame auoit ſi vertueuſement mis ſa perſonne au danger de mort, & la faute ou il eſtoit tombé par deux fois , voulant entrer en la gloire de Ni-quée, les larmes luy vindrent aux yeux de grand deſpit. Ce qu'il eut prou à faire de cacher à ſon retour vers Abra, tant auoit la face trempée . Mais le bon viſage & la chere qu'on luy monſtra auſsi toſt qu'il fut deſcendu, luy fit oublier partie de ſa melencolie: recitant aux deux Princeſſes les pro-poz que luy & Liſuart auoient eu enſemble, & la reſolution ſur ce priſe, ainſi que l'auez entendu. Parquoy Zahara delibera retourner le lende-main en Trebiſonde, à fin que ſi d'auanture Liſuart demeuroit vaincu elle demeu-

le demeuraſt auſſi quite de la promeſſe en quoy elle eſtoit obligée enuers luy. Pour à quoy ſatisfaire ſe preſenteroit preſte de luy obeïr.

Comme Zahara fut quite & ab-

ſoute enuers Liſuart de la promeſſe, qu'elle luy auoit fait le iour qu'ilz eurent combat enſemble : Et d'vne eſtrange a-uanture qui auint en la Court de l'Empereur Chapitre   XLIX.

Ous vous diſions n'a gueres la proclamation qu'auoit fait fai-re l'Empereur à la requeſte du Cheualier eſtrange qui preſen-toit la iouſte à tous venans: au moyen dequoy pluſieurs ſe mi-rent en grand deuoir de l'aſſaillir, mais ſi bien luy auint, que

des le

des le iour qu'il commença plus de trente prindrent le saut , sans qu'il perdist seulement l'estrier, non que ce pendãt on laissast de tournoyer, & cõ-
tinuer les autres passetemps entrepris durant la celebration des noces de
Lisuart & Perion, ou maintz aquirent honneur, & tresgrande louange.
Mais en ces entrefaites Zahara se souuenant de la promesse qu'elle auoit
faite à Lisuart, le iour qu'elle fut vaincue, qui estoit d'acomplir sa volonté, & ce qu'il luy commanderoit delibera le venir trouuer, & pour ce faire prit ses acoustremens de femme, auec lesquelz beauté, & bonne grace
luy estoient si familieres, que par le regard de ses deux yeux seulz, elle eust
plustost vaincu toute nue dix hommes, qu'armée de toutes pieces vn seul,
quelque prouësse & cheualerie qui fust en elle. Et ainsi le confesserent tous
ceux qui la virent le iour qu'elle retourna vers l'Empereur qui lors estoit
aux fenestres du Palays ,regardant le deuoir des Cheualiers qui couroient
& rompoient lances . Mais aussi tost que les Seigneurs l'aperceurent tous
se leuerent pour luy faire la bien venue,principalement Lisuart,qui pour
la voir en habit tant honneste & modeste, ne se pouuoit saouler de la contempler . Ce que cognoissant Zahara, commença à luy dire : se souzriant
par vostre foy, Seigneur Lisuart, que vous sembleroit plus grand cas , ou
que i'aye esté vaincue par vous armée comme Cheualier, ou si vous l'estiez
de moy en cest acoustrement de femme ? Ma Dame, respondit il,lors que
vous eustes les armes au poing, vous vous vainquistes vous mesmes , ainsi
que ie vous ay autresfoys asseurer.Mais à present ie le suis de vous,& par la
grãde beauté & doux atrait, dont vous sçauez cõquerre la liberté de tous
ceux qui ont l'heur de vous voir . Ie suis contente (dit Zahara) de demeurer en ceste opinion , puys que c'est la vostre , encores que ie pense tout le
contraire : en tesmoignage dequoy ie suis venue par deça , pour aquiter la
promesse que ie vous ay faite , & de suplier l'Empereur & ces autres Princes entendre ce que ie delibere vous declarer en leur presence : à fin qu'eux
(tesmoins)nul puisse à l'auenir me donner note d'infamie, ou de foy fau-
cée.La verité est,&ne le veux nyer,que par le cõuenant que nous fismes en
semble le iour que nous nous cõbatismes,celuy de nous deux,qui perdroit
les armes, demeureroit pour vaincu , & obligé de faire la volonté du vian
cueur: de ce qui en auint, vous tous Seigneurs le sçauez,Et combien que la
fortune ayt voulu faire si peu pour moy, que me tollir ce qui estoit en ses
mains,pour le vous donner. Ie ne veux pourtant vous denier, le reste de ce
que ie vous doy par ce que faisãt d'autre sorte,la coulpe qui d'étrée se peult
atribuer à telle fortune,redõderoit à mon plus grãd desauãtage,faillant de
promesse à qui ie la doy.Aussi ne le permettét les dieux,ains plustost m'en
uoyét la mort.Car encores que ie ne sois autre que femme,si ay-ie bien certaine cognoissance, que la corde ny le clou ne peuuét point tant estaindre
ne serrer la chose cõtre laquelle on les veult aproprier,pour tenir ferme,cõ
me la foy ceint estroitemét vn gentil esprit de son indissoluble lié . Et pour

ceste

cefte caufe (comme i'ay entendu) les Paintres anciens la paignoient veftue d'vn feul linge blanc:demóftrans par celà la purité d'elle, qui ne peult
ny doit eftre fouillée par aucune tache, ou peril, tant foit eftrange & dangereux . Et voylà la raifon pour laquelle ie me foumetz du tout à voftre
volonté, deliberée de vous obeïr , felon toutesfois que l'eftat & honneur
de moy le permettra . Maintenant donqnes auifez qu'il vous plaift que ie
face. Ma Dame,refpódit Lifuart,ie ne penfe Prince, ny autre qui ayt bien
confideré noftre combat , qui n'eftime bien la victoire, que vous me donnez,eftre procedée de voftre feule volonté, & non de mes forces.Car(cóme ie vous ay maintesfoys dit)c'eft vous mefmes qui vous eftes vaincue,&
non pas moy.Et par ainfi cefte gloire que vous m'atribuez retourne à vous
& eft bien raifonnable qu'elle foit acompagnée de voftre entiere liberté,
fans que i'en difpofe autrement qu'il vous plaira . Vous l'auez donques, &
en iouïffez ainfi qu'au parauát, ne vous demádant autre recompenfe pour
le feruice & bien que ie vous defire, finon que demeurions amys : vous affeurant ma Dame, que de ma part ie ne feray autre de ma vie en voftre
endroit, quelque mal ou defplaifir que vous m'ayez pourchaffé . Ah Lifuart ! dit la Royne, vous ne vous contentez pas donques d'vne feule victoire?vous en voulez deux, & vous les aurez vrayemét fur moy,puys que
vous les defirez. De la premiere elle vous eft certaine,& l'auez aquife vaillamment par force d'armes . Mais la feconde ie la vous laiffe de bon gré.
En l'vne eftes victorieux du corps(que vous mettez en liberté) & en l'autre
du cueur,conquis parvoftre feule douceur, & honnefteté,qui l'a tellement
captiué,qu'il fe tiendra à toufiourfmais afectionné à vous complaire. Et en
cefte volonté i'efpere partir , & m'acheminer en mes païs apres l'yffue de
ce dernier combat , auquel ie cognoiftray fi voz forces auront tant de lieu
enuers le Cheualier eftrange,qu'elles ont en contre moy,par le grand heur
qui eft en vous.Lors furent aportées les efpices,car elle s'en vouloit retourner en fes tentes,ou peu apres elle fe rendit & racóta le tout à Abra,& à A-
madis de Gręce,lequel elle auoit en telle recómandation,que volontiers le
choyfiroit pour mary, s'il eftoit de fang pour la meriter.Mais incogneu &
de pere & parés,tafchoit d'oublier ce fouuenir le plus qu'il luy eftoit poffible . Aufsi les laifferons nous repofer iufqu'à ce qu'ayons moyen de les remettre en ieu, pour paracheuer ce qui auint au Cheualier qui auoit entrepris la ioufte contre tous venans,ou il fe porta fi bien , qu'il en defarçonna
plus de deux cens en dix iours , tant de la grand' Bretaigne , qu'autres entre lefquelz toutesfois nul fe trouua de la lignée du Roy Amadis: aufsi les
en auoit il priez, difant que leur arriuée par delà eftoit non pour faire armées,ains pour honorer fes amys.Or n'eftoit point encore cogneu ce perfonnage eftrange, ny fa Dame : Au moyen dequoy l'Empereur de Trebifonde les enuoya le lendemain conuier à difner, ce qu'ilz leur acorderent,
& furent tresbien & honorablement feftoyez . Puys hors de table,les vns,

& les

& les autres escartez pour deuiser mieux à ayses, entra vne Dame vestuë
de drap noir, & assez moyennement belle, acompagnée de cinq anciens
Cheualies, & six Damoyselles, qui sur quatre petitz Lyons de cuiure trai-
noient vn chasteau, ayant en son quarré dix grandz piedz, & au mylieu
la porte, au dessus de laquelle pendoit vne trompe d'Yuoire à vne chaisne
d'or, & vn escriteau ataché, contenant ces motz:

Au temps que les fors & braues Lyons respandront le sang l'vn de l'autre, auec leurs ongles trenchans, & apres s'estre faitz amys, seront par la
victoire de l'inuincible Cheualier manifestez les secretz des cueurs, en tesmoignage de la vraye ou fauce amour, iugeant la volonté d'autruy par la
main du glorieux Lyon, auquel sera otroyé sur tous la preuue de sa gloire,
auec accroissement de sa tristesse.

Ceste prophetie leuë de tous, ne fut moins trouuée dificile, qu'estrange
l'auanture: pour laquelle mieux entendre chacun se teut, & parla la Damoyselle en ceste sorte: Souuerains Empereurs, Roys & puissans Princes:
Fortune, qui achemine ses accidens ainsi qu'il luy plaist, m'a rendue indu-
strieuse par le grand sçauoir de la diuine Zirfée, ayāt pitié de mon desheritement, auenu de la plus pitoyable sorte qu'il est possible, ainsi que ie
vous declareray presentement. En l'Isle Trapobane y eut vn Roy nommé
Felides, qui ayma tant la fille d'vn autre Roy son voisin nommée Aliastre, qu'ilz n'eurent seulement la cōmunicacion ensemble de leurs ardans
desirs, ains fut leur amour si mutuelle & forte, qu'ilz ne pensoient iour ny
nuict qu'à s'entre cōplaire, tāt que mariage en ensuyuit d'eux deux, & vesquirent longuement premier qu'ilz peussent auoir lignée, & iusques à ce
qu'ayant Aliastre atain l'aage de quarante ans, se trouua enceinte de moy
qui suis sa fille, & nōmée Lucida. Si auint la sixiesme année d'apres, que
ma mere grieuement malade deceda, qui fut si grief au Roy mō pere, qu'il
en mourut le iour mesmes, & demeuray orphenine. Or en ce tēps estoit en
Trapobane vn Magicien des plus expers qu'il estoit possible, lequel ayant
sceu la grand' amour que mes pere & mere auoient eu ensemble, me dit,
qu'en memoire de telle fermeté, il leur donneroit sepulture conuenable à
leur grandeur. Et de fait inuenta cest edifice, qu'il nomma le chasteau des
secretz, & le coloquant au temple de la Déesse Venus, y enferma les cendres du Roy & de la Royne, sans qu'il fut possible le mouuoir depuys:
ains dit le Magicien au sortir, que, qui voudroit esprouuer l'auanture &
entendre le secret de dedans, qu'il sonne la trompe, au retentissement de
laquelle s'euure la porte, & sort vn Cheualier armé, qu'on apelle le Iuge
de la bonté d'autruy: par ce qu'il vainct tost ou tard celuy qui touche le cor
selon la prouësse qui est en luy. Mais quant à soy il ne peult estre outré, ny
le secret du chasteau descouuert, que par le plus estimé & meilleur Cheualier du monde. Ainsi demeuray heritiere de Trapobane, & peu de temps
apres assaillie d'vn mien vassal, qui malheureusement a vsurpé mon bien.

Et en-

Et encores m'euſt il fait pis, n'euſt eſté la prouidence du ſage Nigromancien, lequel, conſiderant mon bas aage, trouua façon de me conduire vers
vn, mon ayeul, ou ie ne fu pluſtoſt arriuée, que ma guide alla de vie à trepas. Or ont mes parens pluſieurs fois eſſayé à recouurer ma perte: mais
Fortune ne l'a permis ains y ont eſté defaiz, & perdu grand nombre de
leurs gens: meſmes l'an paſſé que la Royne d'Argenes arriua caſuellement
au logis de mon ayeul, ou elle entendit le diſcours de mon affaire, qui l'eſ
meut à telle compaſſion, qu'vne nuict (entre autres) me conduit au temple de Venus, ou eſtoit ce chaſteau qu'elle me deliura m'aſſeurant, que ie
le pourrois trainer à mon plaiſir, & qu'à ceſte cauſe ie cherchaſſe par tout
le monde le Cheualier à qui ceſte auanture eſtoit dediée, & auquel ie de-
manderois vn don tel qu'il me ſeroit aydant, & viendroit auec moy pour
me faire reſtituer mon Royaume: car luy, & non autre, pouuoit donner
remede à mon inconuenient. Mais elle me ſceut quant & quant tresbien
declarer, que ie ne permiſſe à nul ſonner la trompe, premier que faire ſerment d'acomplir la condicion que i'ay propoſée deuant voz excellances.
Au moyen dequoy, apres auoir entendu le conſeil de Zirſée, ie pris ce
chaſteau, & retournay au logis de mon ayeul, qui me donna ceſte compagnie que vous voyez. Et commençay ma queſte en ceſt acouſtrement de
dueil, trauerſant depuys maintes contrées eſtranges, & iuſques en la grád
Bretaigne, que i'ay eſté auertie de ceſte aſſemblée, vers laquelle i'ay adreſ-
ſé mon chemin: eſperant qu'entre tant de preud'hommes& bons Cheualiers, il ne peult eſtre qu'aucun ne ſe hazarde pour me ſecourir. Parquoy,
Seigneurs, ie vous ſuplie en l'honneur des dieux immortelz, que prenans
compaſſion de moy, vous faites cognoiſtre par voſtre valeur ce à quoy
vous oblige la raiſon, la vertu, le droit, & la compaſſion d'vne pauure
Royne desheritée malheureuſement. Puys ſe teut.

Comme le Cheualier qui auoit

entrepris les iouſtes, fut cogneu, & celle qu'il conduiſoit auſſi:
Et de l'eſpreuue qu'il fit pour entrer au chaſteau
des ſecretz

Chapitre   L.

APres que la Damoyſelle eut donné fin à ſon parler, tous
ceux qui furent là preſens ſe trouuerent grandement e-
bahiz de telle nouueauté, & plus encores curieux pour
voir l'yſſue de l'auanture: parquoy l'Empereur luy reſpondit: Ie vous prometz, ma Dame, que ie n'ouy onques raconter cas plus eſtrange, & qui me donnaſt plus
Q   de pitié.

de pitié. Vn bien y a, que si par bonté & haute cheualerie le tord que l'on vous fait doit estre amandé, i'espere que ne partirez point de ceans que ne soyez contente: dont ic m'estimeray heureux, tant pour la gloire que ce me sera, que pour auoir ma Court recu l'honneur d'vne telle Princesse. Ie vous prometz, Sire, dit Lucida, que sous ceste confiance suis-ie aussi venue par deçà. Or estoit la present le Cheualier estrange, dont cy deuant vous a esté parlé, & encores auoit l'arme en dos, durant que Lucida faisoit ces remonstrances: parquoy il s'auança, & dit à l'Empereur: Sire, ie n'en voy nul icy plus prest que moy pour commencer ceste espreuue, vous plaist il en auoir le passetemps? Ie vous en prie, respondit l'Empereur. A' ceste parole s'aprocherent les Dames, & vint le Cheualier prendre la trompe qu'il sonna: mais ce fut auec vn son le plus melodieux qu'il estoit possible: Lors s'aparurent au chasteau douze flambeaux allumez, rendans clarté à l'enuiron comme si le Soleil propre y fust entré, & suruint si grand bruit & retentissement de trompettes & clairons, que du tremblement s'ouurit la porte, sortant hors vn Cheualier grand de stature, armé d'vnes armes verdes, à petites coronnes d'or, l'escu tout de mesmes, au tour duquel estoit escrit:

Iuges des grandes bontez,
Regardez ou vous boutez.

Mais à peine eut il mis le pied hors l'entrée, que la porte se referma & commencerent les deux Cheualiers à ioindre l'vn l'autre, & s'entrechamailler à grans coups d'espée, par dur & merueilleux combat, qu'ilz continuerent par l'espace de six heures & plus, sans qu'on cogneust auantage à l'vn plus qu'à l'autre, Toutesfois le Cheualier estrange commença sur la fin à s'afoyblir tellement, qu'il tomba sur le plancher estendu comme mort. Ce que voyant celuy du chasteau luy arracha próptement le heaume, &, le laissant desarmé de teste, retourna d'ou il estoit sorty: Car à l'instant fut r'ouuerte la porte pour le receuoir, puys se referma ainsi qu'au precedant, & cesserent les trompes, qui iusques adoncq' auoient continué leur fanfare. Lors s'aprocherent l'Empereur & les autres, pour auiser si le Cheualier gisant à terre estoit expiré, ou non, & fut recogneu de tous pour Lucencio, qui se releua aussi sain, que si de tout le iour il n'eust souffert peine quelconque. Ce que voyant la Damoyselle, qu'il auoit amenée, osta vn crespe dont elle auoit tousiours eu le visage couuert. Et la recogneut on aussi à l'instant. Car c'estoit la belle Axiane, amye, & aymée d'iceluy Lucencio, & tous deux si bien receuz, que la ioye en augmenta par tout leans. Et par ce qu'il estoit ia tard, le reste de l'espreuue du chasteau fut remise au lendemain, & retournerent Lucencio & s'amye en leurs tentes: si desplaisant d'auoir failly à son entreprise, qu'il eust voulu estre mort. A'

quoy il

quoy il ne se trouua seur. Car plus de vingt y firent encores plus mal leurs
besongnes le lendemain, tellement qu'il y aquist plus d'honneur qu'il ne
pensoit. Et eust continué encores ceste espreuue le iour ensuiuant, mais Lisuart & Amadis de Grece, deuoient combatre : parquoy retarderent l'vn
pour auancer l'autre, veillant Lisuart toute la nuict en la chapelle, puys
le matin se confessa : & apres auoir ouy messe deuotement, prit ses armes
& s'arma.

Comme Lisuart & Amadis de

Græce, apres auoir tant combatu l'vn contre l'autre, qu'ilz estoient
au point de mourir, s'entrecogneurent pour pere & filz, & prit
fin l'enchantement d'Vrgande : declarant Alquif les pro-
pheties predites de long temps sur cest esait.

Chapitre LI.

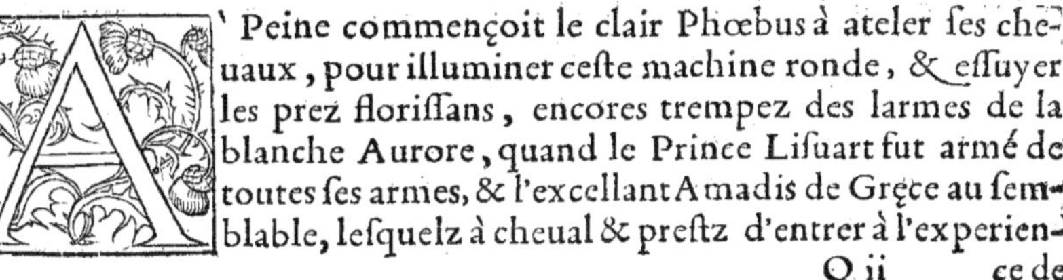

'Peine commençoit le clair Phœbus à ateler ses cheuaux, pour illuminer ceste machine ronde, & essuyer
les prez florissans, encores trempez des larmes de la
blanche Aurore, quand le Prince Lisuart fut armé de
toutes ses armes, & l'excellant Amadis de Grece au semblable, lesquelz à cheual & prestz d'entrer à l'experien-

ce de leurs prouësses, fut premierement amené Lisuart, par le puissant
Roy Amadis de Gaule son grand pere, qui luy portoit la lance, la belle
Gradafilée, l'escu, ouquel elle estoit pourtraite d'vn costé, & Zahara de
l'autre, & toutes deux armées, hors la teste, tenans en leurs mains vne coronne de Laurier en signe de victoire. Puys vint l'Empereur de Constantinople son pere, qui luy mit l'armet en teste, & le recommandás à Dieu,
à la vertu de ses armes & magnanimité de son cueur, atendoient l'ennemy
entrer au camp, quand arriua vne Damoyselle, laquelle s'adressant à Lisuart luy dit:Le vaillant & preux Cheualier, à qui vous aurez à faire, vous
mande par moy, qu'il eslist de sa part pour Iuge le Roy de la grand' Bretaigne, vous priant ne le refuser de la vostre : estant tel & si gentil Prince,
qu'il n'en cognoist autre plus digne de ceste charge, s'il luy plaist l'accepter. Damoyselle respndit Lisuart, dites luy, que ie l'en suplieray humblement : mais que ie luy prie aussi qu'il y comprenne la Royne Zahara,
& qu'il face tant qu'elle prenne ceste peine pour moy. Or estoit le Roy A-
madis present quand la Damoyselle d'Abra r'aporta ce message. Et soudain commença à soupçonner, que (sans doute) le Cheualier qui deuoit
combatre de la part d'Abra estoit Amadis de Grçce.Parquoy luy dist:Da-
moyselle m'amye, vous ferez entendre au Cheualier, qui vous a enuoyée
icy, qu'il a raison d'auoir choysi Amadis pour Iuge, veu qu'il luy touche
de si pres, qu'il sera de la partie comme ie pense. Et ce disoit il, pour luy
faire entendre, qu'il sçauoit bien que luy, qui se cuydoit celer, auoit nom
Amadis.Adoncq' retourna la Damoyselle raporter ceste response à Amadis de Grçce, qui pensa bien à qu'elle ocasion le Roy luy mandoit ce message. Toutesfois il n'en fit semblant, & dit à Zahara:Ma Dame,puys que
Lisuart vous prie de si honneste charge, ie vous suplie luy faire, & à moy
aussi tant d'honneur, & estre l'vn de noz Iuges, auec le Roy Amadis . Ce
qu'elle luy acorda volontiers . Parquoy Amadis de Grçce monté sur son
destrier marcha droit au lieu ordonné pour le camp, ou il entra armé d'v-
nes armes brunes , luy portant Gradamarte (desguisé) la lance, & Abra,
l'escu de sable, sans autre couleur ou deuise . Mais aussi tost qu'il eut enuironné & honoré le lieu à la mode acoustumée, Abra luy recomman-
dant l'honneur de luy, la iustice d'elle, & de sa querelle, sortit les barrieres & monta sur vn eschafault qui luy estoit preparé, au plus pres duquel Amadis auisa la Princesse de Sicile : dont esmeu d'vne amour forte, se prit à dire tout bas : Ah, Amour ! secourez au moins vostre subiet,
puys luy donnez l'alegement qu'il merite. Et tandis Zahara ne se pouuoit saouler de contempler l'escu de Lisuart, ou elle se voyoit figurée.
Qui fut cause qu'elle s'adressa à luy: Seigneur Lisuart, dit elle, les Dames qui vous acompagnent,& que vous portez au col, vous seront au iour
d'huy si bons garans, que, à mon auis, vous ne sortirez victorieux de
ceste

cefte derniere entreprife, comme vous auez fait des autres, dont elle fe
font meflées. Voulant par celà luy ramenteuoir la faueur qu'il auoit eu
d'elle & de Gradafilée. Et comme il penfoit luy refpondre, voyant
fon ennemy preft à commencer fa carriere & le venir charger, baiffa
la veuë de fon armet, & à courfe de cheual vindrent les deux vaillans
Cheualies l'vn contre l'autre fi rudement, que volans leurs lances par
tronçons: fe rencontrerent corps contre corps, tefte contre tefte, de telle impetuofité, que l'vn d'vn cofté, l'autre de l'autre, fe trouuerent fous
leurs deftriers, au plus grand hazard du monde qu'ilz n'eurent les colz
rompuz, & pour telz les tenoient les regardans, quand on les vid releuer & mettre la main aux efpées, commençans entr'eux vn combat tant
afpre & furieux, qu'à moins de rien la place fut couuerte de pieces de
lames de maille, & en quelques lieux de leur pur fang. Et neantmoins
tant plus ilz continuoient, & plus leur augmentoit l'efort & le courage, s'entretenans ainfi tefte à tefte l'efpace de quatre heures & plus, qu'on
ne fçauoit fur qui tomberoit le pire, ou l'auantage: qui donnoit grande
prefumption aux regardans que la fin de l'vn feroit l'acheuement de l'autre. Car ilz eftoient fi naürez, & leurs efcuz,& haubers tant rompuz taillez, & defclouëz, que la plus part de telles armes ne leur feruoient que
d'empefchement. Dont Oriane, Onolorie, & les autres Dames efmeuës
de dueil & compafsion, quiterent leurs feneftres, ne pouuans plus porter
en leur cueur chofe qui les preffoit de fi pres. Lors s'adreffa le Roy Amadis à la Royne Zahara,& luy demanda qu'il luy en fembloit. Quoy? mon
fieur, refpondit elle, à voftre auis, Lifuart a il pas trouué chauffeure à fon
pied? Ie vous iure Dieu, que ie ne penfay de ma vie voir combat de deux
Cheualiers tant durer, fans aperceuoir auantage quelconque à l'vn plus
qu'à lautre: aufsi crains-ie beaucoup le peril & la mort de tous deux, qui
fera (ie vous prometz) vn trefgrand dommage. Et comme ilz eftoient en
ces termes, la fixiefme heure s'aprochoit de leur meflée, fe fentans fi ate-
nuez l'vn & l'autre, qu'ilz n'atendoient que le point de rendre l'ame, non
fans dure & cruelle veugeance au furuiuant: car tous deux afpiroient à la
victoire, pour laquelle obtenir recommencerent mieux que iamais à s'en-
treferir, & chamailler, auec telle perte de leur fang, que chacun s'esba-
hiffoit comme il en pouuoit tant fortir de leurs corps, veu que la place
en eftoit aufsi tainte, que fi deux broquars y euffent efté defpouillez par
les Veneurs. Et toutesfois encores que leurs coups, fuffent grans, leurs
armes endommagées, & leurs efcuz par pieces. fi n'y auoit il chofe qui
leur portaft tant de nuyfance, que la chaleur du iour, auec le Soleil, qui
leur donnoit à toutes heurtes dans la vifiere. Dont quafi hors d'aleine
furent contraints fe retirer arriere: apellant pour fecours & en leurs cueurs
l'vn fainte Marie, l'autre Iupiter, & Mars. Non qu'ilz euffent iamais paroles enfemble, ains toft apres, baiffans les teftes, fe vindrét harper & s'étre-

Q iii   faifir

saisir bras dessus bras dessous, taschans à eux desroquer & mettre bas. Ce
qui leur fut impossible:ains,retournás à leurs premieres armes, lascherent
prise, si affoybliz & recreuz, qu'il leur fut force prédre quelque repos auát
que faire nouuelle charge. Mais la nuict suruint en ces entrefaites si obscure, qu'ilz ne se pouuoient plus choysir, sinon à la lueur du feu, qui sortoit
de l'enchâtement d'Vrgande. Ce que voyans les Iuges, s'aprocherét pour
sçauoir leur intention. Et ne tint à leur remóstrer qu'ilz auoient tous deux
si bien fait leur deuoir, que l'honueur demeuroit autant à l'vn comme à
l'autre. Neantmoins. opiniastrez plus que vieilles Mulles, & eschaufez à
leur ruyne, comme deux fortz Cerfz durant leur rut, prierent qu'on leur
aportast torches & flambeaux. Ce qui fut fait,au tresgrand regret de tous
les regardans.Et adonques recómencerent à qui mieux mieux, & si cruellement, qu'Abra mesmes (la larme en l'œil) ne se peut tenir de dire entre
ses dens : Certes ie cognois bien, qu'ores ie seray vengée de celuy que
i'ay en hayne, & en perfection d'amour, plus qu'autre qui viue. Mais au
fort, s'il meurt, ie luy tiendray bien tost compagnie & l'yray trouuer, fust
il au fin fons des abismes. Mais aussi, ou il reschapera,c'est chose seure que
ie n'auray iamais ioye au cueur. Voylà qui me fait estimer ma destinée me
vouloir rendre malheureuse, & deuant le temps & apres. Et d'autre part
Zahara entretenoit le Roy Amadis : Monsieur, disoit elle, sur ma foy ie
doute grandement l'yssue de ceste meslée. Car il y a ia treize heures & plus
qu'ilz se tiennent aux aboys. Pleust aux dieux qu'il fust en ma puissance
les pouuoir separer ! Or l'entendit tresbien Lisuart,à qui le cueur enfla tellement à ceste ocasion,que prenant son espée à deux mains chargea son en
nemy auec tant de force,qu'il luy eust myparty la teste en deux, sans l'escu
qu'il para au deuant. Toutesfois le coup fut tel, que taillant ce qu'il rencontra iusques à la coiffe de fer,fut Amadis de Grèce contraint donner du
genoil en terre, & auancer sa main droite pour s'apuyer. Mais,il ne le
deut gueres à Lisuart : car en se releuant le luy rendit si verd, que les yeux
luy commencerent à estinceler, prest de tomber à la renuerse. Aussi estoit
il mort sans faille:mais l'armet diamátin resista si bien au coup, que l'epée
en fut brisée en deux.Et neátmoins l'vn ne se trouua moins estóné que l'au
tre:Car Amadis demeura sans dequoyplus ofendre son ennemy,&Lisuart
sans heaume, duquel les laqs se rompirent & luy sortit de la teste. Et toutesfoys il se promettoit l'auátage: parquoy parla en ceste sorte: Cheualier,
puys que vous vous voyez du tout sans moyen de plus m'offendre, ie suis
d'auis que vous vous rendez : autrement vostre vie est en grand danger, &
quasi en ma discretió:mais il faisoit le sourd, & ne respódoit vn seul mot,
ainsreculóit tousiours petit à petit, tant qu'il aprocha si pres d'Vrgande,
qu'il aperceut l'espée qu'elle auoit à trauers le corps, contre laquelle, sans
craindre ny feu ny flamme qui l'enuironnoit, il auança le bras par si grande legereté,qu'il s'en saisit, & lors suruint vne grande merueille. Car cest
enchan-

enchantement prit fin,& s'esleua la flamme iusques es nues ou elle s'euapo
ra , demeurant Vrgande libre du tourment qu'elle auoit soufert tant de
iours . A' quoy Amadis de Grece prenoit peu garde : ains tournant visage
contre Lisuart(desarmé de teste) ne le menaçoit pas moins que de la mort.
Et comme il hauçoit le bras pour s'en depescher, Vrgande se trouua derriere luy tant à propos, qu'elle arresta le coup, luy criant: Ah Seigneur A-
madis! voulez vous si malheureusement outrager celuy qui vous a engendré,& duquel vous estes filz?Ia à Dieu ne plaise que tel desastre vous auien
ne!Deportez vous donques: car vostre parole est aquitée & ce à quoy vous
vous estiez obligé à celle qui vous a fait venir icy , ou vous receuez le plus
grãd heur & honneur,que(peult estre)vous eustes onques . Et comme elle
eut acheué de proferer ces paroles, il sentit telle douleur au lieu ou il auoit
l'espée naturelle,qu'il luy sembla proprement estre côuertie en feu ardant.
Et descendit quant & quant vne telle nuée & si obscure,queux trois furent
obombrez: mais elle s'esclarcit peu apres, & se trouuerent entre vingtquatre Damoyselles vestues de drap d'or , sonnans par grande melodie diuerses sortes d'instrumens , & au mylieu le vieillard Alquif tenant vne fiole
de verre de laquelle il donna contre l'armet d'Amadis si fort qu'il la brisa
s'espenchât l'eau qui estoit dedans par tous les endroitz de son corps,si que
l'ardeur qui l'auoit tourmenté s'amortit. Et va se souuenir à l'instant de ce
qu'il eut autresfois au Perron en l'Isle Despeuplée . Quoy considerant, &
les propoz mesmes que luy tenoit Vrgande sur la recognoissance de son
pere tant desiré , mit les deux genoux en terre , & voulant luy baiser les
piedz commença à luy dire : Ie vous suplie treshumblement , monsieur,
me pardonner l'outrage que ie vous ay fait:car ie vous prometz en ma foy
que ç'a esté bien insciemment . Et lors croyez si le pere receuoit plaisir,que
le filz n'estoit en moindre ioye : aussi se tindrent ilz longuemét embracez,
sans pouuoir ny l'vn ny l'autre proferer vne seule parole: tant que les nouuelles en vindrent ou estoient les Dames, qui conuertit leur grande tristesse muée en plus de ioye , specialement enuers Onolorie voyant son mary
deliuré , & son filz recouuré , lequel recogneu de Lucelle, mal aysément
vous pourroit-on exprimer ce que luy en disoit le cueur. Aussi n'est il besoing de nous y amuser si longuement.Sufise vous, que le bon Roy Amadis, & le vieillard Empereur en receurent plaisir extreme, & descendirent
à ceste cause de l'eschafaut pour les venir embracer tous deux : mais sça-
chans comme ilz estoient naürez, n'y firent long seiour, ains donnerét ordre à les conduire au Palays , ou l'on les desarma & visita on leur playes.
Tandis Abra se tourmentoit fort & ferme, criant tout haut, que son Cheualier luy faisoit tort, voyre vn meschât & lasche tour:car il ne pouuoit ny
ne deuoit laisser le combat, sans luy dôner la teste de son ennemy,ou bien
la sienne propre,ce qui fut debatu deuant les Iuges , disant Vrgande pour
Amadis de Grece, qu'il auoit tousiours reserué le combat contre son pere,

Q iiii   ainsi

ainſi que celle meſme qui l'amena pourroit teſmoigner. Au moyen de
quoy elle fut incontinent mandée, & confeſſa, que veritablement Amadis de Gręce luy auoit promis telle teſte qu'elle luy demanderoit, ex-
ceptée celle de celuy qui l'auoit engendré. Qui fut cauſe de le rendre quite & abſouz, demeurant Abra tant deſeſperée, & pleine d'ennuy, que, ſans
Zahara, qui la conſoloit & remettoit ſouuent, elle ſe fuſt precipitée en la
mer. Or ne s'eſtoit encores fait cognoiſtre Gradamarte: mais, voyant les
choſes en ſi bon train, vint ſaluer l'Empereur, & les autres, deſquelz il fut
receu treshonorablement, & plus encores de meilleur cueur par ſa ſeur
Gradafilée. Ainſi ſe paſſa le iour, & iuſques au lendemain, que les deux
Cheualiers naürez, ſe trouuans aſſeurez de tout danger, vint Alquif de-
māder l'eſpée & la gaiſne couuerte de lettres, que Liſuart auoit autresfoys
conquiſe, laquelle on luy bailla. Et cóme il la tint en ſes mains pria Amadis de Gręce monſtrer celle qu'il auoit emprainte à l'eſtomac aportée du
ventre de la mere. Ce qui luy pleut, & ſe deſcouurit à l'inſtant. Lors furent
cogneuz les elemens & caraĉteres de deſſus & non liſibles iuſques adonc,
contenans & à l'vne & à l'autre ces motz.

AMADIS DE GRECE FILZ DE LISVART DE GRECE ET DE LA
PRINCESSE ONOLORIE. Dequoy chacun receut grande amiration.
Certainement, Seigneurs, dit Alquif, les ſecretz de Fortune ordonnez du
Seigneur tout puiſſant, par l'influance des Planettes, & conſtellatiós, ſont
grans & amirables, voyre du tout ineuitables autrement qu'à ſon bon plaiſir. Et qu'ainſi ſoit, ou eſt celuy qui pourra faire croiſtre ou amoindrir le
mouuement de la mer ſelon qu'il eſt preordonné, ou voudra commander
aux corps celeſtes & leur interdire leur lumiere ou operations? Veritablement nul autre que le Seigneur, qui leur conſtitue loix & commādemens,
& auxquelz eux & toutes choſes ſont ſubietes. Parquoy le ſage ſe diſpoſe-
ra à receuoir de luy tout ce qu'il luy enuoye, ſans cótradicion, ou murmure
eſtans les vns apellez à vne vacation & autres à autre. Quant à moy ie veux
bien que vous entendez, que i'auois long temps a preueu & predit l'acci-
dét qui a cuydé ſuruenir entre le pere & filz, & pour vous en auertir auois
enuoyé vers vous ma femme Vrgande. Mais Zirfée Royne d'Argenes (par
ſon grand ſçauoir) deſcouurit mon entrepriſe, & l'enchanta comme vous
l'auez peu voir iuſques à hier. Dont i'ay receu (durant le temps de ſon mal
ayſe) tant d'ennuy & melencolie, que ma triſte vieilleſſe en eſt (certes) bien
empirée. Or a il pleu au Seigneur ſouuerain auoir pitié d'elle & de moy, &
par la permiſſion de luy ſuis arriué ſi à point, qu'Amadis de Gręce eſtoit
conſommé & ars, par la chaleur qu'il receut en l'eſpée naturelle auſsi toſt
qu'il ſe cogneut filz de Liſuart, ſans le remede que ie luy aportay dans la
fiole caſſée ſur l'armet, & en la vertu de l'eau eſtant le feu eſtaint, ont les
caraĉteres (incogneuz iuſque icy) eſté euidens à chacun. Puys donques
que Dieu nous a permis auoir quelque cognoiſſance des choſes futures, ie

veux

veux encores vous esclarcir certaines propheties , aucunes d'icelles ia auenues,& autres non. La premiere est sur la coronne qu'Onolorie gaigna,en
laquelle estoient grauées telles lettres.

Au temps que les deux extremes espées seront iointes , & les lettres di-
celles leuës, se recouurera la ioye perdue.

Or voyez, ie vous prie , comme Medée auoit bien predit plus de deux
mil ans a ce que l'on void maintenant auenu & acomply . La seconde est
celle,que ma femme fit sçauoir au Cheualier de l'ardante Espée à present
nommé Amadis de Grece , contenant entre autres choses . Que l'estomac
d'elle seroit outragé par la cruelle espée, receuant celuy qui la luy arrache-
roit telle douleur de la sienne propre, qu'il n'en eut onques de semblable,
& qu'en ce temps(arriué sur point de se perdre)la cause de sa premiere saillie seroit restituée par son premier hoste . Ce qui auint hier sans doute, estant vous(Seigneur Amadis)recogneu pour filz de vostre pere, & vous &
luy au plus grand danger du monde , & Vrgande deliurée . La tierce fut
lors que Zirfée l'enchanta, & que ie vous veux reduire en memoyre , à fin
qu'y prenez mieux garde.

Au temps (disoit la prophetie) que les plus fortz Lyons se rompront la
chair l'vn de l'autre , par la viuacité de leurs cueurs indomptables, le geni-
teur du Lyon plus braue, estant au point de perdre la vie, fineront ces enchantemens, & pour destourner la mort de celuy à qui elle sera prochaine , se manifesteront deux vies à la saison qu'on les tiendra quasi perdues
pour ceux & celles à qui elles seront restituées, demonstrans les lettres de
la flambante espée la demeure de la premiere saillie d'iceluy plus braue
Lyon.

Or considerez, ie vous prie, si ceste derniere ne se raporte pas à la precedante ? Et si celle que vous, Seigneur Amadis de Grece,leustes(s'il vous en
souuient)en l'Isle Despeuplée, ne contenoit pas ces motz?

Au temps futur que le Lyon descogneu trauersera les boys serpentins,
auec la crainte de leurs espouuentables chiflemens, ayant passé la craintiue cauerne , ostera l'espée doloreuse de l'estomac cruel , arrachant laquelle sera brizée en la gloire du bleceur, & la vie du blecé. Et par ce coup demeurera la force & braueté du Lyon descogneu auec glorieuse fin & commencement, & les lettres ardantes seront leuës, & en icelles manifestée la
perte de l'espouuentable beste,par la langue magique mise en liberté pour
l'yssue de la glorieuse espée . Et lors les enchantemens de Zirfée Royne
d'Argenes s'aparoistront, à l'auancement de son sang royal, & vtilité de
la Princesse desheritée.

Voyez donques par là, si le tout n'est auenu comme il auoit esté predit?
hors mys la derniere clause, qui touche seulement à la Royne, qui la pro-
phetiza , & à sa fille, qu'elle nomme Princesse desheritée : mais auant peu
de iours la consommation sortira efait . Qui vous doit bien inciter à honorer

norer ceux qui ſçauent ainſi predire l'auenir, & ineuitable, ſi n'eſt par la
ſeule puiſſance de l'ordonnateur de toutes choſes. Et de tant vous ſuſiſe
pour ceſte heure. Vne autresfoys nous deuiſerons du reſte : car noz mala-
des pourroient bien (par trop long eſcouter) ou s'ennuyer, ou s'endormir.
Sur mon Dieu, reſpondit le Roy Amadis, ſi ne me faſcha il onques moins
& vous ſçay tresbon gré, Seigneur Alquif, de nous en auoir tant apris. Or
eſtoit il temps de diſner : parquoy donnans tous le bon iour aux deux ma-
lades s'en allerét prendre leur refection, paſſans le reſte du iour à ce qu'ilz
eurent plus agreable.

Comme l'Imperatrix de Rome

Eſclariane fut donnée pour femme & eſpouze à Floreſtan filz
du Roy de Sardaigne : des propoz qu'eut Amadis
de Græce auec Lucelle, & depuys
auec Zabara,

Chapitre   LII.

Ous auez entendu autresfoys le déuoir d'amytié honneſte, duquel Floreſtan vſa enuers la Princeſſe Eſclariane, qu'il recourut aux Pyrates, & n'agueres leur arriuée en Court : Maintenant reſte à vous declarer ce qui
leur auint eux arriuez, & apres quelque ſeiour en Trebiſonde. Or eſtoit ceſte Princeſſe prudente & autant
bien auiſée (pour ſon aage) qu'on ſçauroit penſer, & portoit telle obligation à ſon Floreſtan, que, pour ſatisfaire à ce qu'elle luy auoit promis, vn
iour entre autres (ſe commençans Liſuart & Amadis de Grece à bien porter) eſtans les Princes & Seigneurs en leur chambre entretenans les Dames
& Damoyſelles, ſe leua d'entre elles, & adreſſant ſa parole au Roy Amadis, luy dit : Monſieur, ie vous ſuplie prendre en bonne part ce que ie delibere vous faire entendre en la preſence de l'Empereur, & toute ceſte
grande compagnie, puys qu'il vient à propos. Ie croy que peu de vous autres, excellás Princes, ſont ignorás la mort cruelle de l'Empereur de Rome
Arquiſil, & de ſon filz le Prince Dinerpie, à l'ocaſion dequoy la coronne imperiale m'apartient de droit ſucceſſif. Et neantmoins Fortune, non
contente de l'iniure & inhumanité commiſe en la perſonne de ceux qui
m'atouchoient de ſi pres, eſſaya depuys à me donner encores vne recharge
trop mal ayſée à digerer. Ce fut que l'Imperatrix ma chere & dolente mere, cuidát me ſauuer des Tyrás vſurpateurs de mon bien, m'enleua par mer
en lieu, ou non ſeulement elle & moy tombaſmes quaſi au peril de perdre
la vie

la vie, ains l'honneur mesmes, par le plus grand vitupere qui auint onques
à pauure Dame ou Damoyselle infortunée. Ce que ie n'eusse iamais euité,
sans le bon secours & ayde de Florestan present, lequel a tant fait pour
moy, de m'auoir amenée & sauuée iusques es mains de vous monsieur
(dit elle au Roy Amadis) que ie vous suplie humblement trouuer bon &
auoir agreable, si ie l'ay choysi pour Seigneur & espoux: car il est raisonnable, puys qu'il a pris tel soing, & auec tant honneste & pudique amytié
de moy, qu'il ayt aussi la iouïssance de mon bien, & de ce qui en depend,
En bonne foy, ma niece, respondit le Roy Amadis, Florestan mon neueu
est filz de tant bon pere, & luy Cheualier de si grãd metite, que vous n'euf
siez peu vous adresser en meilleur endroit. Et vous sçay tresbõ gré, de l'aymer, & à luy pour s'estre monstré tant courtoys, & si prompt à vous seruir comme il a fait. Vous me le demandez à mary, & ie le vous acorde,
& vous prie tous deux que ce soit de ceste heure, sans plus diferer. Dont
Lucelle quelque peu esguillonnée, luy estant bien auis telle faueur luy
estre deuë, & l'amytié de son amy quant & quant, vint le trouuer le lendemain seul en vne chambre, ou il s'estoit retiré. Et eschaufée vn peu plus
qu'elle n'auoit de coustume, entre autres propoz communs qu'ilz eurent
ensemble, commença à luy dire: Ie vous prometz, mon amy, que vous ne
deüriez plus sentir de mal, ayant receu le bien de vous cognoistre pour
tel que vous estes, & mesmes en temps de si grand ayse, qu'à ma Dame
vostre cousine Esclariane, qu'on acorda hier pour femme à don Florestan.
Ie vous prie, beau sire, guerissez vous, & mettez peine de vous resiouïr
puys que vous n'auez chose qui vous en puisse ou doiue empescher l'ocasion. Ma Dame, respõdit il, ma santé & tout mon bien gist en voz mains,
& est en vous de disposer de moy ainsi qu'il vous plaira. Et cõbien que veritablement Fortune m'ayt donné partie de ce qu'elle pouuoit me faisant
voir mon pere, & autres mes parens, si grans Princes & Seigneurs, si
auroys ie petite raison de me contenter, sans estre certain de la faüeur de
vostre bonne grace, en laquelle ie vous suplie humblement me tenir, comme le premier & plus grand de voz seruiteurs. Mon amy, dit elle, vous
sçauez ce que ie vous ay promis, ie le vous tiendray. Et voudrois bien que
le Roy mon pere fust en ceste cõpagnie, pour vous faire espreuue de mon
bon vouloir: vous asseurant s'il ne tenoit à autre qu'à moy, qu'Esclariane
n'auroit point l'auantage de donner plustost cõtentement à son Florestan,
que l'auroit mon Amadis. Lequel prit tant de hardiesse sur l'heure, que,
la baisant, auança sa main droite iusques sur le tetin, qu'il toucha à nu, s'oubliant pour ce coup, & non sans cause: car Amour, & bonne volonte,
consentans à l'heur du desir qui s'ofroit, l'estomac d'elle luy faisoit repouf
ser si haut vn gorgias de crespe, que l'œil pouuoit iouïr à la desrobée de
ce que l'acoustrement deuoit cacher. Et combien que la pudicité d'elle se
trouuast grande, & à luy la crainte de la fascher, si n'eust il eu satisfaction

auec ce

auec ce peu(qui eſtoit beaucoup pour vn commencement) ains euſt paſſé
outre, ſans le danger de ſes playes encores toutes ouuertes & recentes: ayát
toutes les autres afections promptes & preſtes à ſe monſtrer obeïſſantes
à celuy, qui volótiers les euſt mis en telle beſongne, qu'on ne les euſt, peult
eſtre eſpergnées . Tellement qu'Amadis auoit rencontré l'heure ſi heureuſe qu'on dit eſtre auenue au chartier . Mais quoy? les autres Dames ſuruindrent: & à ceſte cauſe couurans leur apetit, entrerent en autres propoz.
Durans leſquelz arriua Yneril ſon Eſcuyer, qui iuſques adonc n'eſtoit party de Feline, ou il eſtoit demeuré au ſeruice du Roy de Ieruſalem, en atendant nouuelles de ſon maiſtre, qui luy fit tresbon recueil, l'ayant regrétté
maintesfoys depuys qu'il le laiſſa en la montaigne Defendue, ainſi qu'il
vous a eſté recité . Mais l'ayant recouuré, luy demanda comme il auoit
tant tardé à venir vers luy . A' quoy Yneril ſceut tresbien ſatisfaire, luy racontant toutes ſes fortunes paſſées ; & iuſques au deſembarquement qu'il
prit quant & l'Imperatrix Abra, que ie viens (dit il) de laiſſer la plus deſolée du monde , & la Royne Zahara preſte à venir prendre congé de vous
pour faire voyle en ſes païs . Auſsi ne vouloit elle partir, ſans premier le
voir, deliberant en ſoy meſmes luy tenir propos de mariage, ſi elle le trouuoit à point : ne ſçachant(à ſon auis) Prince plus digne d'elle, eſtant ſi bien
alié, & tenu pour celuy qui n'auoit ſon pareil aux armes . Mais vne ſeule
choſe luy tourmentoit l'eſprit c'eſtoit la crainte qu'elle ſe perſuada qu'il ſe
feroit Creſtien à la foy de ſes parens . Et neantmoins conclud d'en ſonder
le gué, & ſentiroit de luy ce qu'il en auoit ſur le cueur . Pour à quoy donner lieu, vint vers luy le iour enſuyuant, ou il ſe proumenoit encores en ſa
chambre, deuiſant auec Lucelle, laquelle il auoit de nouueau ſi bien imprimée en ſon cueur, que Niquée eſtoit quaſi du tout reculée & miſe en
oubly . Si fut honorablement receuë d'Amadis de Grèce, qui la pria humblement ſe ſoir & repoſer . Et prenans chacun vne chaize de veloux, elle,
entre luy & Lucelle, commença à luy dire : Seigneur Amadis , ie ne vous
demande point comme vous vous portez : car eſtant ſi bien acompagné
que ie vous ay ſurpris, il eſt impoſsible que peuſsiez ſentir mal à autre
playe, qu'à celle que vous peult auoir fait ceſte Damoyſelle . Mais ie ſçaurois volontiers ſi vous esbahiſſez point (comme moy) de voir en ceſte petite chambre tout le monde y contenir . Que dy-ie le monde ? mais bien
le ciel meſmes, puys que ceux que i'y trouue ſont les vrays miniſtres des
dieux , & auxquelz ilz ont diſperſé la pluſpart de leur diuinité . Ha a ma
Dame, reſpondit il en ſouzriant, ie ne m'eſmerueille point de celà : ouy
bien de vous, & comme vous tenez à beaucoup ce qui vous eſt familier &
quaſi naturel . Or eſtoit elle entrée en ce propos, pour tomber en ſon mariage : Mais Liſuart ſuruint, & quelques autres Gentilzhommes, qui furent cauſe de luy rompre ſon deſcein, & retarder le r'embarquement d'elle quinze iours d'auantage: durans leſquelz, cherchant d'heure à autre lieu

& moyen

& moyen pour fournir à ſon intention, eſtant Amadis de Grèce ſain &
diſpos, s'auiſa d'aller voir l'Imperatrix de Babilone, pour la raiſon qui
vous ſera deduite au chapitre qui s'enſuyt.

Cõme Amadis de Grèce alla voir

Abra, pour la prier de paix auec ſon pere : Et de l'eſpreuue que firent Olo-
rius d'Eſpaigne & autres Cheualiers à l'auãture du chaſteau.
Chapitre   LIII.

V treſfoys auons nous fait mention en noſtre Septieſme
liure de la norriture de Lucencio, eſtant ieune en la mai-
ſon de Floriſma, des propoz qu'il eut auec la Dame ſauuage chaſſant en la foreſt, & la cauſe de ſon long ſeiour
en l'Iſle d'Argenes tant qu'il arriua en Trebiſonde, ayãt
touſiours en memoire la promeſſe qu'il auoit fait à celle
qui auoit eſté cauſe de luy faire habandonner le port de Feline, & prendre
la route de Conſtantinople, ou il receut l'ordre de cheualerie. Parquoy
eſtant le combat de Liſuart & d'Amadis finy, pria afectueuſemét Axiane,
luy donner congé, pour deux ou trois iours, qu'il eſperoit trouuer la ſauuage & ſçauoir encores d'elle plus qu'elle ne luy auoit dit. Mais Axiane
qui l'aymoit ſur toutes choſes & ſuyuant le conſeil de la Royne d'Argenes
ſa mere, ne le voulut habandóner : ains dit qu'elle luy tiendroit cõpagnie.
Et ainſi prindrent le chemin de Feline, auec Florido ſon Eſcuyer, qui les
mena deſcédre au logis de ſa mere ia vieille & fort ancienne, laquelle (apres
les auoir recogneuz, embraçant puys l'vn puys l'autre, les groſſes larmes
aux yeux de trop grãde ioye) les aſſeura n'auoir iamais regret à ſa vie, puys
que auant mourir elle voyoit cé qu'elle deſiroit le plus : Et tout le iour ſeiournerent auec elle. Puys le lendemain, pourſuyuans leur deliberacion,
entrerent en la foreſt ou ilz chercherent entre montaignes & vallées, parmy rocz & buiſſons, ce qu'ilz queroient : ſans toutesfoys en ouyr vent ny
voix. Et à ceſte cauſe retournerent en la cité, ou ilz trouuerent (comme il
vous a eſté dit) les Cheualiers gueriz, & Amadis de Grèce en propos d'aller voir l'Imperatrix Abra, pour eſſayer de mettre paix entre elle & ſon pere. Tellement que ſous ceſte eſperance il deſlogea de Trebiſonde, acompagné de Gradamarte, Garinter Roy de Dace, don Quedragãt d'Yrlande,
& pluſieurs autres Cheualiers leſquelz deſcenduz deuant les tentes d'Abra
furent receuz d'elle le plus honorablement qu'il luy fut poſſible : mais
auec vn tant triſte viſage, que les larmes de ſes yeux teſmoignoient aſſez la
grande douleur de ſon cueur. Dont Amadis eut telle pitié, qu'eſtant aſſis
aupres d'elle commença à luy dire : Ma Dame, ie vous ſuplie (vſant de voſtre prudence) auoir en bonne part les choſes telles qu'elles vous ſont en-

R   uoyées

uoyées selon la volonté de Iupiter, auquel il fault obeïr sans murmure. Et
là ou vous pourrez tant commander à vous mesmes, & suyure ce conseil,
Fortune prompte & nuysante changera le tour de sa rouë, & paruiendrez
à la fin à ce que plus vous aspirez, s'il est gouuerné par raison. Car autremét ny vous le deuez desirer, ny ne vous doit estre acordé par noz dieux,
qui sont iustes, & desquelz depéd la mesme iustice. Et à fin, ma Dame, que
vous estimez que ie ne parle sans raison, vous sçauez que vaincre soymesmes est œuure tenant plus du celeste, que de l'humanité. Et toutesfoys
elle nous est aysée, pourueu qu'y donnions consentement. Oubliez donques, ie vous prie, ce dueil, qui ne vous peult que nuyre, & vous resiouïssant
en vostre mal, prenez les choses non pas au pis : ains au mieux qu'il vous
sera possible. Car il est bien seant faire voir & demonstrer la vertu qu'on a
en soy mesmes toutes les heures qu'on en a l'ocasion. Neantmoins i'entens
tresbien, que voyant voz deliberacions au rebours, ce vous est vn despit &
desplaisir quasi insuportable. Mais quoy? vous ne pouuez ny commander
aux destinées, ne faire retrograder le cours de la moindre planette du ciel.
Puys donques que tel est le vouloir des dieux, voulez vous les combatre?
ilz ont permis la mort de vostre frere, ilz ont conserué mon pere, ilz veulent vous frustrer de voz entreprises, & fauoriser aux siennes, & vous voulez rompre l'anguille au genou! Pour Dieu (ma Dame) oubliez le souuenir
du mal que vous luy desirez, & faites qu'il demeure autant vostre, que de
vostre part vous estes peu sienne, & ie suis seur qu'auec son amytié vous a-
querrez plus de louäge, qu'à la poursuyte que vous faites, pensant luy nuyre. Vous auez veu comme il s'est depesché des combatz que vous luy auez
dressez, vous auez fait experimenter ses forces, & par moy, & par d'autres,
dont l'issue en a esté telle, que vous vous ferez tort, si ne cedez à la raison:
ayant en tant de sortes pourchassé la vengeance de la mort de Zaïr, & dót
auez r'aporté si peu de fruit, que celà seul doit amortir desormais & vostre
peine & le pourchas d'auantage pensant en auoir la raison. Or tandis qu'il
discouroit ainsi, Abra patiente & à l'escouter, & à receuoir les raisons qu'il
luy mettoit deuant les yeux, demeura bien long temps sans luy pouuoir
respondre vn seul mot: ains fondant quasi en larmes, souspiroit de foys à
autre tant, qu'il sembloit le cueur luy deuoir fendre. Mais à la fin, s'euer-
tuant au mieux qu'elle peut, parla ainsi: Veritablement, Seigneur Amadis,
vous n'estes pas hors de propos de dire ce que vous me dites : aussi est il
aysé à la personne saine de conseiller le malade : Et neantmoins, tout ainsi
que plusieurs (durant leur grosse fieüre) treuuét meilleur le goust de l'eau
que l'esperáce de la vie, aussi cófesseray-ie bien que encores que ce que vous
me conseillez soit equitable, si n'y a il en moy partie viue, ny disposée
à suyure ce bon auis. Et quand bien i'en sentirois aucune, ie vous prometz
que ie mettrois plustost peine à la desraciner, qu'à la cóseruer en mó cueur,
estant si resolue en l'inymitié de Lisuart, que si ie ne luy fais perdre la vie,

comme

cóme ie veux, il mourra cóme ie pourray. Et pour autát que là gist tout mõ mal & esperance, i'ay cómencé par ce point à me plaindre, & vous respondre, nõ pas par l'entrée des propoz que vous m'auez tenu: mais par l'acheuemét que vous en auez fait : encores qu'auec le téps ie vous satisferay tresbien, & à l'vn & à l'autre . Vous dites qu'il me sera bien seant, & qu'il fault que i'obtempere sans murmure au vouloir des dieux . A cela ie vous prometz, qu'ilz me priueront plus tost de vie qu'ilz puissent oster de mon entendemét ce qui y est empraint & mieux graué, que ne fut onques escriture sur Cuyure ou Marbre bis. Parquoy iugez desormais de ma fermeté & cóstance telle que ie vous despeins asseurémét. Vray est que ie n'ignore (ainsi que vous m'auez ramentu) que ie ne puis commander ny aux choses superieures , ny à la mesme Fortune. Et toutesfoys ie sçay bien ausi qu'estant sa rouë mobile (comme vous acertenez) elle se pourra tourner quelque iour & m'estre autant propice, qu'elle m'a esté contraire. Lors pourray ie iouër autre personnage, & tel que la mort iniuste du mien frere demeurera vengée, & moy contente, & non plustost. Ce pendant ie ne veux point rompre l'anguille au genoil : ains desire seulement employer les forces, & du corps & de l'esprit, pour satisfaire à mon intention . Helas! quand au premier ie vy & en acointance de celuy qui m'a depuys tant ofensée, ie n'eusse iamais estimé , que d'amytié si grande : peust sortir haine si parfaite ! Ie l'ay aymé plus que moymesmes, i'ay cherché son aliance plus que d'autre qui viue ny viura, & maintenant ie le hay plus que la mort, & poursuyuray sa ruyne plus que l'entretenement de ma propre santé : vous priant pour resolution (Seigneur Amadis) puys que la plainte ne peult iamais ressusciter les mors, & que la vengeáce descharge aucunement le cueur, ne me parler iamais de luy . Car son nom , & la memoire que i'en ay, m'est si odieuse, que ie seufre par trop toutes les foys qu'il se represente en mon esprit. Et à ceste cause soit certain , que tant que i'auray vie, ny moyen, la sienne ne demeurera asseurée. Ains, quoy qu'il tarde, ie le feray, ou tuer, ou ruyner : voyre & deussiez vous vous mesmes y mettre effort pour l'empescher. Amadis la voyant en telle colere, ne la voulut importuner d'auantage : ains luy dit seulement, qu'il n'estoit point venu vers elle pour la fascher : mais en intention de la remercier de l'honneur qu'elle luy auoit fait par le passé , & s'ofrir de nouueau à elle, prest à luy obeïr par tout, & enuers tous, exceptez seulement ceux qu'il estoit tenu d'excepter . Et prenant congé d'elle retourna en la cité, ou ilz trouuerent aucuns Cheualiers esprouuans l'auanture du chasteau. d'ou ilz furent repoussez & traitez selon la bonté & prouësse qui estoit en eux. Et parce qu'il estoit tard, ce passetemps prit fin iusques au lendemain, qu'Olorius Prince d'Espaigne voulut estre de la partie. Or estoit il fort seruiteur de la Princesse Luciane , & eurent ensemble maints propoz d'amytié : car il l'auoit choysie à femme & espouse : mais d'autant que nostre histoire n'est

R ii   mise

mise en auant pour, le fait de luy ny d'elle, nous en passerons legierement.
Et vous diray sans plus, comme il luy prit contre ce Cheualier du chasteau.
Leur meslée dura quatre heures, à la fin desquelles il se trouua estédu en la
place comme les autres, & le semblable auint à don Florelus d'Austrie, &
à Perion de Gaule. Eux trois se trouuerent egaux en force & bonté. Dont
eut grande risée entre les regardans : car c'estoit vn plaisir sans desplaisir,
d'autant que pour las & rompuz qu'ilz se sentoient ou tomber, à peine e-
stoient ilz sur bout, qu'il ne leur en souuenoit plus. Mais le lendemain
matin Gradamarte se mist en ieu, & combatit trois grosses heures auant
disner, ou il fit aussi peu que ceux du iour precedant parquoy s'en allerent
mettre à table, deliberez Lisuart & Amadis de Grece (les napes haucées)
esprouuer le passetemps. Ce qu'ilz eussent fait, sans l'auanture qui y contredit, ainsi que vous entendrez presentement.

Comme Lisuart, & Amadis de

Grece furent emmenez par tromperie hors de la Court, & depuys secouruz par la Royne Zahara, & sa troupe
de femmes, qui la suyuirent.

Chapitre   LIIII.

Desia

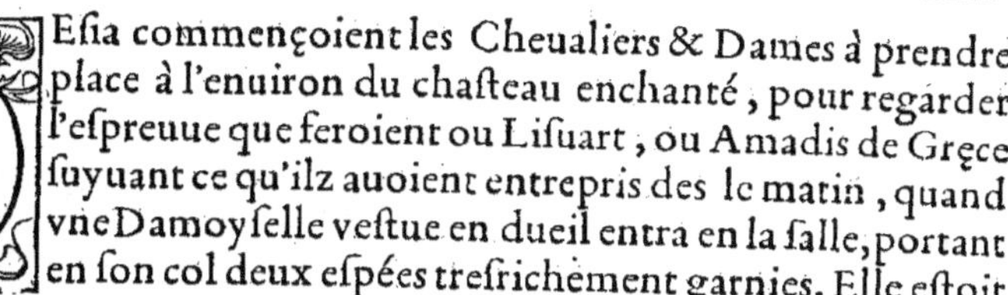

Esia commençoient les Cheualiers & Dames à prendre place à l'enuiron du chasteau enchanté, pour regarder l'espreuue que feroient ou Lisuart, ou Amadis de Grece suyuant ce qu'ilz auoient entrepris des le matin, quand vne Damoyselle vestue en dueil entra en la salle, portant en son col deux espées tresrichement garnies. Elle estoit de moyenne beauté, mais tant triste, que son regard seul rendoit compassionnez de sa pitié ceux qui prenoient garde à elle & à sa contenáce: n'ayát pour toute compagnie que deux Nains, les plus difformes & contrefaitz que l'on vid onques. Et comme elle fut deuant l'Empereur, fondant quasi en l'armes, dit si hault que chacun l'entendit: Helas! Seigneurs, pour Dieu oyez ma clameur! & si pitié trouua onques place en voz cueurs, ie vous suplie par gentilesse me secourir en necessité qui me touche de tát pres qu'il n'est possible de plus. Pour laquelle vous reciter, entédez, Seigneurs, qu'il y a deux ans entiers que ie suis en vne queste, & passe le terme de mon remede les prochains quinze iours expirez; deux Geans trahistres & enfans (cóme ie croy) de la mesme cruauté, tiennét mon pere & ma mere en leurs prisons, deliberez, si dedans le téps que ie vous dy ilz ne sont secouruz, les sacrifier à vne leur ydole. Or m'ont ilz permis la liberté, pour trouuer qui les deliure: parquoy ie m'adressay à vne mienne tante, grande Astrologue & Magicienne, qui (apres maintes cóiurations d'espritz, & reuolutions, & de liures & de Planettes) m'a resolu, qu'autre que les deux meilleurs Cheualiers du monde ne pouuoient remedier à mon ennuy, & que force m'estoit les chercher & mener dans le temps prefix par les deux Tyrans. Lors ie luy demanday, quel moyen i'aurois de les pouuoir cognoistre, ny suader à me faire tel bien. Et elle me donna ces deux espées, m'asseurant, que ceux qui les tireroient du fourreau feroient mon secours, sans qu'autre fust si temeraire d'esprouuer ceste auanture. Car (dit elle) il n'aura plustost mis la main à l'vne d'élles, qu'il ne soit embrasé & consommé en cendres. Et si ne doit aucun faire cest essay, qu'il ne me iure & promette de m'acompagner par tout ou il me plaira le conduire, sans que des premiers cinq iours il soit permis à homme viuant venir apres eux: autrement la redemption de mes parens seroit nulle, & du tout rompue & empeschée. Or n'ay-ie encores trouué Cheualier, ny autre propre à mon remede: car si quelqu'vn à voulu de tant s'enhardir, que entreprendre à tirer l'vne de ces espées, l'estoupe au feu n'est plustost arse, qu'on a veu leurs corps aneantir. Qui m'est vn desplaisir tant insuportable, que ie meurs de iour à autre, sans pouuoir mourir: vous supliant (dit elle pleurant & souspirant auec gros sanglotz) & pour l'amour de Dieu, & le deuoir en quoy cheualerie vous oblige enuers les Dames nobles, auoir pitié de ceste desolée, & pleine d'amertume, & le plustost qu'il vous sera possible, pour preuenir le temps qui se passe, & en si briefz iours, que i'y ay petite esperance. Ce qu'entendu par Lifuart, qui lors eſtoit armé de toutes pieces, & preſt à entendre à l'auanture du chaſteau, dit à ſon filz : Il ſemble, mon amy, que Fortune nous ayt enſemble apellez à ceſte merueille, eſtans en l'equipage que nous ſommes. Ie vous prie, beau ſire, ſecourons ceſte Damoyſelle: car il eſt impoſsible (ſi ſa perte doit eſtre recouurée par bonté de cheualerie) qu'elle faille à l'vn de nous deux. Bien humblement le remercia Amadis de tel honneur, & en fut treſcontant : dont nul de la troupe ſe contenta gueres, ſpecialement Onolorie. Toutesfoys, ſans y prendre garde, la Damoyſelle, feignant receuoir vne ioye nompareille, leur preſenta à chacun l'vne des eſpées, diſant : Plaiſe à Dieu, gentilz Cheualiers, vous enuoyer l'honneur que merite la magnanimité de voz cueurs, & à moy le contentement que i'en eſpere ! Or les deſgaiſnez à voſtre ayſe, puys les receuez comme les deux meilleurs & plus preud'hommes de la terre, ſans que durant ce voyage vous en puiſsiez porter d'autres. Ah la meſchante! elle ourdiſſoit de loing le filet pour mieux les atraper à ſa tente ! Ce dont ilz ſe doutoient peu, auſsi luy obeïrent ilz promptement & habandonnèrent ce en quoy deuoit eſtre l'eſperance de leur vie, qui eſtoit leurs bonnes eſpées, pour prendre celles qui leur aprochoient leur mort, ſi Dieu n'y euſt pourueu. Lors chacun d'eux tira la ſienne : mais auec telle facilité, que chacun s'en reſiouït. Ce que voyant la vilaine qui les cheualoit, pour mieux faindre ſa cautelle, tomba à leurs piedz : O' bien heureux, dit elle, & encores plus heureux Cheualiers ! benoiſt ſoit celuy qui a mis en vous tant de prouëſſe, pour me rendre mon bien, mon confort, & ſeule eſperance ! ie vous ſuplie, ſans plus tarder, paracheuez le reſte ainſi que vous m'auez promis, & que la condicion vous oblige. Allons, reſpondit Liſuart, nous ſommes tous preſtz, & quant & quát manderent leurs cheuaux. Vous haſterez ainſi qu'il vous plaira (dit Gradafilée) mais ſi vous ſeruiray ie d'Eſcuyer, & porteray voz armes à tous deux. En bonne foy, ma grande amye, reſpondit Liſuart, en ſe riant, auſsi ſerois ie bien marry de vous laiſſer derriere : car en voſtre compagnie ſeule ma puiſſance augmente, & ma crainte s'eſlongne. Et montans tous à cheual, prit Gradafilée les heaumes des deux Cheualiers, & les deux Nains de la Damoyſelle leurs deux lances, & entrerent peu apres dans la foreſt, ſans que nul oſaſt les acompagner, ou ſuyure, que de l'œil. Car ainſi l'auoient iuré l'Empereur & tous les autres Cheualiers preſens: dót ilz ſe repentirent aſſez depuys. Car à peine eſtoient ilz eſloignez d'vn quart de lieuë, qu'ilz auiſerent venir à bride abatue Alquife fille du ſage Alquif, laquelle deſcendue au palays & montée en la ſalle, s'adreſſa au Roy Amadis, & luy dit: Sire, mon pere & la ſage Vrgande, qui depuys trois iours ſe ſont retirez en vn chaſteau aſſez pres d'icy pour vous apreſter, par leur art, quelque paſſetemps, vous mandent que ce iourd'huy doit eſtre faite en ceſte court l'vne des plus malheureuſes trahiſons dót vous ouyſtes onques parler. Et partát ilz vous priét ne laiſſer

ſortir

sortir de ceans Cheualier, quel qu'il soit, ny pour auanture qui se puisse o-
frir, premier qu'ayez autres nouuelles d'eux . Mais s'estoit fermé l'estable
apres la perte des cheuaux . Aussi demeurerent ilz comme perplex quand
ilz congneurent ceste faute .Pour à laquelle pouruoir de remede plusieurs
coururent aux armes , & vouloient aller apres , sans le Roy Amadis, qui
iura plustost permettre le sacrifice de tous ses enfans,que faillir vn seul poît
à sa parole. Dont il en fut plus estimé, & le desplaisir d'vn chacun redou-
blé,qui peu apres s'amortit sous l'esperance de Zahara, laquelle voyant o-
casion propre pour rendre non seulement le pere & le filz obligez à elle,
ains faire cognoistre l'effort de son courage, commença à parler, disant
Entendez,Seigneurs,entendez l'auis qui me semble le meilleur. En la condition acordée auec la Damoyselle , qui a emmené Lisuart & Amadis
n'ont esté comprises ny Dames, ny Damoyselles, ains seulement que nul
homme, fust Cheualier, ou autre, yroit apres de cinq iours . Et partant il
est certain,que moy & mes femmes sommes exceptées, & en liberté de les
secourir . Ce que ie feray , ou ie mourray en la peine . Aussi seroit il peu
raisonnable soufrir ainsi,& par trahison,outrager les deux meilleurs Cheualiers du monde. Et demandant ses armes enuoya hastiuement querir sa
troupe.En atendant laquelle Onolorie fit aporter l'espée de Lisuart,& pria
afectueusement la Royne de la luy porter. Car ie me doute bien , dit elle,
que celle qu'on luy a presentée au lieu , ne doit estre meilleure que l'intention de la Dame qui l'emmene. Et si a ceste cy vne telle proprieté , que nul
enchantement peult nuire en la troupe ou elle sera nue & desgaisnée. Parquoy ie vous suplie , ma Dame , faire diligence : autrement le cueur m'asseure que nous en aurons froyde ioye . Reposez vous sur moy , respondit
Zahara,que ie ne dormiray pas.Et prenant congé,voyant que celles qu'elle auoit mandé venir à elle tardoient trop , piqua deuant auec huit ou dix
de ses Amazones,que les autres suyuirét: mais non pas si tost . Et combien
qu'elle galopast roy de apres Lisuart & Amadis, si ne les peut elle ataindre
si promptement: Car la Damoyselle qui les emmenoit , les solicitoit tant
de diligence , qu'en peu d'heure ilz eslongnerent la Cité , & entrerent en
l'espesseur de la forest, au mylieu de laquelle ilz auiserent en vne plaine
quelques tentes & pauillons tenduz , & deux Geans , auec dix Cheualiers
armez & montez prestz à combatre. Et à ceste cause Lisuart & Amadis la-
cerent hastiuement leurs heaumes , & cuydans charger leurs lances, que
les Nains portoient, les auiserent tourner doz à bride abatue le long d'vn
petit sentier, & la Damoyselle apres, qui donna bien à cognoistre la trahison prochaine. Toutesfois, considerans que force estoit de combatre, &
que la fuyte leur seroit honteuse,& sans aucun profit, firent teste. Lors s'a-
procherent les deux Geans,qui d'assez loing leur escrierent:Rendez vous,
trahistres paillars meurdriers de nostre sang : car vous mourrez de male
mort. A ce cry coucherent sur eux , & combien que les deux Cheualiers

R iiii fussent

fussent despourueuz de leurs glaiues, par le moyen qui vous a esté dit, si
ne se monstrerent ilz nullement estónez:ains,mettans les espées au poing,
pensoient resister à leurs ennemys, qui coucherent bas , & donnerent aux
ventres des cheuaux les trauersans de part en autre, si qu'ilz tomberent
par terre & leurs maistres dessous, d'ou toutesfois ilz se releuerent premier que les Geans eussent parfait leur carriere, & tourné bride.Car leurs
destriers mal domptez , & fors en bouche, les emporterent loing . Et toutesfois Amadis & Lisuart ne peurét estre si prompts, qu'ilz ne se trouuaf-
sent assailliz des dix autres, auxquelz ilz resistoient vigoreusement . Mais
quoy?les Geans de retour,tenás chacun leurs grádes cymeterres es poings
chargerent de si pres les deux Cheualiers, qu'ilz ne sçauoient auxquelz
entendre.Et encores leur auint il pis: car du troisiesme coup, qu'ilz ruerét,
leurs espées se casserent iusques aux croysées, qui les estonna beaucoup, &
non sans cause . Toutesfois leur deliberation estoit mourir plustost sur le
champ, que se rendre à leur mercy. Et ainsi desesperez de tout remede furent saisiz par derriere, & ietez par terre, puys desarmez de teste, & bien
liez, troussez sur deux meschans roussins, & conduitz droit à la marine.
Ce que voyant Gradafilée cuyda mourir d'ennuy:mais l'vn desGeans vint
prendre les resnes de sa haquenée, en luy disant : Par dieu, ma belle amye,
ie vous traiteray si bien ceste nuict entre mes braz, que vous serez recompensée du trauail que vous auez pris d'acompagner ces galans , qui seront
desormais estrillez d'autre chose que de paille . Ah, meschant ! respondit
elle, mal'encótre t'enuoye Dieu ! trahistre infame plustost me tireras-tu le
cueur du ventre que iamais tu ayes part en moy. Marche,marche,dit l'autre : nous verrons qu'il en auiendra . Et donnant vn coup de baston à A-
madis le firent passer deuant : dont il entra en telle colere, que luy sortant
le sang par le nez , & par la bouche, trouua moyen de defaire l'vne de ses
mains des liens , & auec le gantelet, qu'il auoit encores, moucha si doucement le plus prochain de luy, qu'il luy cassa les dents en la bouche. Ce
qui luy fut à l'heure cherement payé . Et pis eust encores eu , si le secours
ne fust arriué, & tout à point, ainsi qu'il vous sera dit.

Comme la Royne Zahara secou-

rut Lisuart,Amadis de Græce, & Gradfilée,&, faisans carnage
de tous les trahistres, prindrent les deux Nains & la
Damoyselle qui auoit basty la trahison,
qu'ilz r'amenerent en Tre-
bisonde.

Chapitre   LV.

Tant

Ant chemina la Royne de Caucafe au partir de la ville, auec feulement dix de fes femmes, qu'ilz defcouurirent, eftát prefque nuiĉt, au fortir de la foreft les Geans,
& autres, qui emmenoient prifonniers Lifuart, Amadis, & Gradafilée : dont elles furent trefayfes, efperans
bien parfaire leur entreprife & à leur honneur. Pour à
quoy paruenir chargerent leur bois, & d'aſſez loing leur efcrierent: Trahiftres, trahiftres, maintenant payerez vous le deu de voftre defloyauté,
& ne paſſerez plus outre auec fi bon butin. A'ce cry tournerent tefte les
Geás, & ainfi que l'vn d'eux s'adreſſoit pour courre fus à Zahara, elle def-
cocha vne fagette de fon arc, par telle roydeur, qu'il en fut trauerfé de part
en autre,tombant fur la place fi naüré, qu'onques puys il n'en parla. Et autant en euft eu le fecond: mais il calla au trait, qui defuiant ataignit le dernier, & mourut. Dont le Geant s'eftima heureux & penfa bien ne l'auoir
onques efchapé plus belle. Et à cefte caufe dóna des efperons à fon cheual,
& vint à bride abatue charger la Royne,qui ayant habandonné l'arc, le receut à coup de lance,& fut leur rencontre telle,que leurs bois vollerent par
pieces:mais la vie du Geát n'en fut gueres eflógnée d'auantage. Car mettás
les mains aux efpées, s'ataquerent l'vn à l'autre fi brauement, qu'apres s'e-
ftre entretirez maintes goutes de leur fang,fortune voulut que le plus grád
demeuraft vaincu par le plus petit, c'eftoit Zahara, qui d'vn coup luy fendit la tefte,& donnant figne de mort cheut à la renuerfe. Dont ceux qui a-
uoient la garde des prifonniers fe trouuerent tant eftonnez, qu'habandó-
nans leur proye,fuyrent dans les bois à vau de route. Mais les autres huit
n'en fi-

n'en firent semblant, ains frapans & combatás la Royne & ses femmes, re-
sisterent tant que le sort tomba sur eux & passerent au fil de l'espée. Ce que
voyant vn seul qui restoit, delibera venger la mort de luy & de ses compa-
gnons, en sorte qu'il courut droit aux Cheualiers encores liez & enchai-
nez, pensant les meurdrir. Aussi l'eust il fait, sans Gradafilée, qui, apres la
fuyte de ceux qui les auoient habandonnez, s'estoit saisie de l'escu & espée
du premier Geant abatu, auec laquelle, ainsi que le paillard hauçoit le bras
pour executer son vouloir, luy dóna tel coup, qu'elle luy separa l'ame du
corps. Ah, dit elle tout hault, Fortune ne me pourra nier desormais, que
ie n'aye par troys diuerses rencontres garenty la vie du pere, & vne foys
celle du filz! Par mon Dieu, respondit Zahara (qui auoit le tout veu &
entendu) il semble que vous m'ayez voulu expressement oster ceste gloire, pour vous l'aproprier, esperant que nul autre puisse auoir part en Lisuart: Toutesfois il me plaist tresbien, pour ce coup, que vous iouïssez de
mon trauail, puys que par vostre bonté vous le meritez. En bonne foy, ma
Dame (dit elle) ie pense que les dieux m'ayent fait cest auantage en payement de la vraye amour que ie luy porte, tellement que la victoire, qui me
default en cest endroit, est recompensée par ceste amytié. Et comme ilz
estoient encores en ces termes, virent venir droit à eux sur le chemin que
la Damoyselle & les Nains auoient fuy, cent Cheualiers marchans au grád
pas, & plus derriere vne autre troupe d'huit à neuf cens hommes bien ser-
rez, & les armetz en teste prestz de combatre. Ceux dont ie vous parle a-
uertiz du secours suruenu aux deux prisonniers, qui à l'heure, de bonne
fortune, estoient desliez & remontez sur leurs cheuaux, auec l'escu, espée
& lance, venoient ayder aux Geans. Et cóbien que la force de dix femmes,
& de deux Cheualiers, sans plus, fust si inegale au grand nóbre des autres,
qu'il n'y auoit comparaison: neantmoins, eslisans plustost vne mort honneste que monstrer vn seul point de couardise, se deliberrerent de tenter
la fortune: aussi, sans gueres marchander, furent elles chargées: mais les
premiers qu'elles rencontrerent furent exemples aux autres: car ilz tomberent par terre. Et neantmoins elles, Lisuart, Amadis, & Gradafilée, y
eussent peu apres fait tresmal leurs besongnes, sans le secours qui leur arriua de neuf cens femmes bien armées: qui auoient suiuy leur Royne, sous
la conduite de celles de Sarmate, & Yrcanie, à l'arriuée desquelles Dieu
sçait le carnage qu'il y eut. Car, premier que venir au ioindre, elles toutes
descocherent tant de fleches, que onques gresle ne tomba plus menu du
ciel: dont soufrirent mort plus de trois cens, qui pensoient au parauant e-
stre bien asseurez. Et se meslans le reste au plus espes du conflit, ruans à
dextre & senestre, trouuerent telle resistance, qu'auec la prouësse des deux
Cheualiers Amadis & Lisuart, ilz congneurét leur perte & ruyne prochaine. Or auoit Graadfilée recouuré les armées principales du premier Geant
mort, auec lesquelles elle monstra bien n'auoir le bras lors engourdy, mesmes Za-

mes Zahara:ains firent & l'vn & l'autre tant de deuoir, que finablement
les autres commencerent à branler & tourner le dos, qui peu ou rien leur
profita: par ce qu'auant leur permettre ou donner moyen de fuyr, demeurerét quasi tous deffaitz sur le champ, encores que l'obscurité leur portast
grande faueur. Toutesfois la Lune se monstra, ainsi que la victoire s'ex-
cutoit, & ayant continué la chasse deux heures & plus, la Royne de Caucase fit sonner la retraite, ou ne se trouua du commencement Gradafilée,
dont Lisuart cuyda desesperer : mais peu apres ilz la virent retourner ame-
nant quát & soy les deux Nains, & la Damoyselle, qui auoit basty la trahison, & guidé elle les deux Cheualiers à la boucherie. Dont tous se resioui-
rent grandément, & furent interroguez quel estoit leur descein, & ou
ilz pretendoient. La Damoyselle cognoissant, que (sans misericorde) elle estoit morte, se ieta à leurs piedz, & demandant pardon à iointes mains
Ie vous prometz (dit elle) si vous me sauuez la vie, que ie vous declareray
en la presence de l'Empereur de Trebisonde cóme il va du tout. Damoyselle, respondit Lisuart, ie suis bien d'auis qu'on vous la reserue iusques à
lors, & d'auantage si vous la meritez : Mais aussi serez vous bien chastiée
ou vous vous trouueriez coupable. Parquoy furent elle, & les Nains commis à la garde de deux des Amazones, & pour atendre le iour & se rafres-
chir, descendirent de cheual & s'assirent sur l'herbe verde, ou chacun se re-
posa quelque peu, apres toutesfoit que les deux Cheualiers eurent bien &
beaucoup de foys remercié la Royne de Caucase & les autres de leur bon
secours : s'esbahissans comme, & par quel moyen elles les auoient suyuiz.
Ce qu'ilz entendirent à l'instant. Or estoit la coustume de ces femmes A-
mazones, quand elles obtenoiét quelque victoire en rencontre, ou bataille rengée, r'aporter chacune d'elles la teste d'vn de leurs ennemys plantée
au bout de leurs lances. Ce qu'elles obseruent encores à l'heure, entre
lesquelles celles des deux Geans ne furent pas oubliées: ains portées deuát
le char de Zahara, pour luy seruir de triomphe. Puys venát l'aube du iour,
retournerent toutes glorieuses en la ville, ou estoient demeurez tous les
Seigneurs, & les autres Dames & Damoyselles en vne merueilleuse peine, dont ilz furent releuez, voyans ainsi leurs amys recouurez, & prison-
niere celle qui les auoit trahiz. Laquelle, suyuant sa promesse, commença
son propos en telle sorte : Helas ! Seigneurs, l'on dit communément, que
les plus courtes folies, sont volontiers les meilleures, & qu'il vault trop
mieux asseurer vne vengeance deliberée, auec long moyen, que l'accele-
rer sans regarder au danger de l'yssue qui en peult auenir, dont se presente quelque foys acroissement de honte à celuy qui l'a cuidé estaindre & as-
sopir. Ce qui se peult experimenter maintenant, par l'infortune auenue
au Roy de Crete mon souuerain Seigneur: Car luy, pensant véger la mort
de Sulpicio & ses freres, à qui Lisuart, Perion, & Olorius, firent donner
fin à leur vie, il a luy mesmes perdu la sienne. Et fut le premier que ceste

inuinci-

inuincible Royne defarçonna d'vn coup de fleche. Or auoit il trop incon-
fiderément bafty la reuenche de l'iniure, qu'il fe promettoit luy auoir e-
fté faite par ceux dont ie vous parle, fans qu'il euft iamais trouué ocafion
propre à fon defcein, iufques à vn iour entre autres, que me congnoiffant
caute & malicieufe, comme ie fuis, il me declara ce qu'il en penfoit: me
priant y auifer de ma part. Ce que ie luy promis faire, & fi à point, qu'e-
ftant auertie de la grande affemblée qui fe faifoit par deçà, proietay mon
entreprife telle que vous entendrez. Ce fut que ie luy côfeillay m'enuoyer
vers vous, auec les efpées feintes & tellement forgées, qu'elles deuoient
rompre du premier coup que l'on les mettoit en befongne. Et pour ne
rien oublier, amenay auec moy ces deux Nains, tant bien inftruitz, qu'ilz
fe faifiroient des lances des deux Cheualiers que ie rendrois au filet: les
habandonnans aufsi toft qu'ilz les verroient preftz d'y entrer, comme ilz
fceurent tresbien faire. Le filet dont ie vous parle eftoit l'embufche, ou e-
ftoit mon Roy en perfonne, auec fon frere, & dix autres Cheualiers, qui
affaudroient incontinent mes pigeons. Mes pigeons, dy-ie, ceux que ie
deliberois engluer, fous ombre de la pitié que ie leur defguifay en voz pre-
fences. Parce que tout le propos que ie vous tins hier eftoit faux, & con-
trouué feulement pour furprendre ou le Roy Amadis, l'Empereur Efplâdian, ou quelque autre de leur lignage, ainfi que dextrement il eftoit auenu, & euft forty effait, fi la fortune, ou (pour mieux parler) les dieux fou-
ùerains n'y euffent contrarié. Car le Roy de Crete, voulant affeurer fon
entreprife, auoit amené quant & luy plus de mille Cheualiers efleuz, &
qui tous ont efté taillez en pieces par ie ne fçay quelles Amazones, dont
ilz fe doutoient peu. Et n'en euffent iamais fait cas, n'euft efté le raport que
leur vindrent faire quatre ou cinq efpies, que le Roy auoit ordinairement
en cefte ville. Qu'ilz font deuenuz, ie ne fçay : mais ie vous diray bien, fi
noftre proiet euft eu lieu, que le but & volonté du Roy eftoit telle, qu'il
euft fait paffer la mer aux deux Cheualiers que i'auois tiré de ceans, pour
effayer de r'auoir par leur prefence le chafteau de la Roque, & celuy de
Lica n'a gueres vfurpé fur le Roy Mouton fon frere. Et puys leur faire tren
cher les teftes & les vous enuoyer. Quant au refte de la fortune, vous la
fçauez autant bien que moy. Parquoy ie m'en tairay : vous fupliant, fi
n'auez enuie de preferer mifericorde à mon meffait, me donner la plus
prompte mort, qu'il vous fera pofsible, laquelle i'auray trefagreable, puys
que mon Seigneur & Prince ne vit plus. Par dieu, dit le Roy Amadis, ie
ne fais nulle doute qu'il feroit malice paffant celle de la femme, quand
elle la veult defployer, ou chercher. Oyez, ie vous prie, comme elle fçait
encores babiller. Sur ma foy, Damoyfelle, vous n'auez rien de bon en
vous, que le corps pour faire cédre : Aufsi en partirez vous, & ferez vous
& voz deux Nains bruflez, deuant que ie boyue ny mange. Et ainfi en a-
uint : dont tout le peuple eut autant de ioye & contentement, qu'Abra

de def-

de defplaifir, quand elle en eut les nouuelles, qui luy furent raportées par
vne fienne Damoyfelle, qu'elle tenoit en la Court, pour entendre qu'on difoit d'elle, & qu'il furuiendroit. Au moyen dequoy ennuyée d'heure à autre, & de plus en plus, des faueurs que fortune faifoit à fon grand amy &
ennemy, eftoit fur le point de fe r'embarquer, & tirer en fes païs : mais la
Royne de Caucafe l'en deftourna, la priant inftamment, qu'il luy pleuft
diferer iufques à ce qu'elle euft veu la fin que prendroit la merueille dú
chafteau, que Lucida auoit amené en la Court. Ce que finablement elle
luy acorda, non auec petite dificulté.

Comme aucuns autres Cheua-

liers efprouuerent l'auanture du chafteau des fecretz:
Et de ce qu'il en auint.

Chapitre LVI.

L'Auois laiffé au chapitre precedát le pere & le filzpreftz
à efprouuer l'auanture du chafteau, à laquelle Lucencio,
Olorius Prince d'Efpagne, Florelus d'Auftrie, Perion
de Gaule, Gradamarte, & plufieurs autres auoient failly : aquerans toutesfois les vns plus que les autres honneur, felon que la bonté d'eux, & la refiftance qu'ilz

S faifoient

faiſoient contre le Cheualier enchanté , en donnoit cognoiſſance par peu ou longuement reſiſter contre luy . Maintenant qu'il vient à propos, entendez : Que les choſes paſſées telles que noſtre hiſtoire vous a deſcrit, Liſuart & Amadis de Gręce , voulans eſſayer de mieux faire que nul des autres , ſe mirent en l'equipage qui leur eſtoit neceſſaire. Et parce que Liſuart deſiroit commencer le premier, s'aprocha pour ſonner la trompe. Ce qui luy fut impoſſible, pour l'eſpée qu'il portoit au coſté , laquelle ne pouuoit ſouffrir enchantement en quelque ſorte que ce fuſt. Et à ceſte cauſe commanda à l'vn de ſes Eſcuyers luy en aporter vn autre. Et des l'heure, reprenant la trompe , la fit retentir ſi doucement que merueilles. Et quant & quant furent entendues les trompettes & clairons ſonner, & fanfarer , & la porte du chaſteau s'ouurir , ſortant le Cheualier auec vne ſi braue contenance, que chacun prenoit grand plaiſir à le regarder. Toutesfois Liſuart luy donna tant d'affaires , par l'eſpace de ſix heures, & plus, que l'on penſoit aſſeurément l'auanture ſe deuoir acheuer par luy: mais il auint autrement. Car ainſi que le Cheualier reculoit petit à petit, aprochant la porte de ſon chaſteau , il dit à Liſuart : Retire toy arriere, ſi bon te ſemble , & te contente, qu'il ne m'eſt permis te vaincre, pour ta prouëſſe , ny à toy auoir autre auantage ſur moy , ny part à ceſte auanture, que tu as perdue , puys que tu es marié. Et neantmoins Liſuart le preſſoit touſiours de plus en plus , dont l'autre fit peu de cas , ains r'entra d'ou il eſtoit ſorty , & luy ferma la porte au nez. Ce que voyant Liſuart marry & deſpité au poſſible, reprit la trompe & la fit retentir par pluſieurs foys : r'apellant le Cheualier, & par prieres & par iniures : mais tout ce luy profita peu : Parquoy contraint laiſſer la place à vn autre, s'en alla deſarmer. Et entra Amadis de Gręce en ieu : ſonnant la trompe ainſi que de couſtume. Au ton de laquelle ſe preſenta le Cheualier enchanté , & fut leur combat ſi rude, qu'apres auoir Amadis ſouſtenu l'efort de l'autre vne heure plus que le precedant , ſon ennemy tomba eſtendu de ſon long, & s'eſuanouit, qu'onques puys ne fut veu : demeurant le chaſteau (au parauant bien clos) tout ouuert : monſtrant en ſoy tant de richeſſes & ſingularitez que merueilles. Lors commença vne telle melodie d'inſtrumens, que chacun y eut grand plaiſir , & plus d'esbahiſſement, entendant vne voix proferer telles paroles : Bien vienne l'heureux Cheualier, qui ſur tous autres a merité de donner fin à l'auanture des ſecretz. Parquoy commença Amadis à monter à mont les degrez, & entra dans le chaſteau, ou il auiſa la porte d'vne chambre fermée, & au deſſus vn eſcriteau contenant ces motz: Cy giſent les deux vrays amans, en la cendre deſquelz ſe repreſentent leurs efigies , & en icelles toutes perſonnes, ſoient Cheualiers,ou Damoyſelles,aymans auec loyauté , pourront voir ceux & celles qu'ilz ayment , & deſquelz ilz ſont aymez & aymées. Et ou loyauté leur defaudra, le viſage de la perſonne

qu'ilz

qu'ilz ont offensé leur sera representé selon le merite de leur foy. Aussi est ce chasteau nommé iustement le secret de l'amour, qu'inuenta le saige Nigromancien, à la gloire des deux parfaitz amans, qui y reposent, & à l'auantage de loyauté, & confusion de faux semblant. Ce qui aporta tant de scrupule à Amadis, qu'il cuyda retourner arriere, se congnoissant tel qu'il estoit, & la faute qu'il auoit fait à Lucelle, pour l'amour de Niquée. Toutesfois il passa outre & ouurit la porte, ou il ne fut plustost entré, qu'elle se referma d'elle mesmes: se trouuant en vn lieu trop plus spacieux qu'il n'y auoit aparence par le dehors: au reste tant doré & azuré de diuerses paintures, & tant de richesses, qu'il seroit incroyable. Là estoient despains tous ceux qui iusques adonq', & quelques vns depuys, auoient aymé parfaitement. Entre lesquelz il congneut son bisayeul le Roy Amadis de Gaule, son ayeul Esplandian, son pere Lisuart de Grece, & leurs femmes, auec les noms d'eux, commençans par certains elemens separez, comme. S. Penelope. A. Piramus. L. Tisbée. O. Apolidon. C. Grimanese. I. Medée. N. Florisande. D. Zerbin. E. Raberhy. M. Campingo. A. Lamorat. R. Porcia. I. Zaïr. E. Abra. C. Gostime. M. Filicies. Et plusieurs autres tous chantans & sonnans de Harpes, Lucz, Violes, & sembabes instrumens, d'ou procedoit la melodie que ie vous disois n'agueres. Au mylieu estoit dressé vn theatre esleué au hault de quatre degrez: & au mylieu le dieu d'Amour, asis en vne chaize couuerte d'vn drap d'or frizé, & à ses piedz le Roy Felides & la Royne Aliastre sa femme estáduz de leur long, & si viuement representez, que le naturel ne leur ressembla onques mieux. Et auoit ce petit dieu les bras haucez, tenans en ses deux mains deux coronnes trefexcellantes, qu'il auançoit, cóme les voulant mettre sur les testes. Et tant plus Amadis les contemploit & plus y trouuoit dequoy s'emerueiller: Car aprochant pres du Roy & de la Royne, cogneut qu'ilz auoient le costé gauche ouuert, si bien qu'on pouuoit aysémét voir leurs cueurs plus diasanes & tráfplandans, que Cristal. Mais il fut tout esbahy, qu'il vid l'efigie d'Aliastre changée à celle de la Princesse de Sicile, si tresparfaite, que (s'il n'eust parlé à elle vne heure au precedant) il eust creu pour certain ce qu'il voyoit estre elle sans autre. Et toutesfois, pour encores mieux asseurer ce qu'il en pésoit ieta sa veuë dans le costé ouuert, ou il se vid tant bien representé au cueur d'elle, que glace de miroyr ne luy eust sceu porter meilleur tesmoignage de son visage propre. Dont tout esmeu de gloire, dit tout hault: En nom dieu, ma Dame, ie sçay bien que ie ne fu onques deceu en vostre endroit, & que present, ou absent, le cueur de vous est le vray repos de moy, ainsi que manifestemét ie puis cognoistre. Mais à peine eut il acheué ce mot, que la representation de Lucelle se changea en vne autre trop plus belle, & en si gráde perfectió qu'il n'estima onques auoir veu ny esperoit voir Dame, ou Damoyselle qui la peust egaler: parquoy la regarda plus ententiuement,

S ii   & en

& en sorte qu'il luy va souuenir des pourtraitz, que luy monstra le page du Roy Mouton es marches d'Antioche. Et par ce moyen cogneut, que veritablement ceste efigie estoit celle de Niquée : dont esguillonné, & a-taint par autre brandon d'amour, sentit telle chaleur en ses entrailles, qu'oubliant Lucelle & tout ce qu'il luy deuoit de seruitude & amytié, s'auança pour baiser & embracer ceste seconde : toutesfois il se trouua deceu. Car à vn fil d'œil ce, qui auoit ressemblé l'vne & l'autre Damoy-selle, retourna au pourtrait seul de la Royne Aliastre : demeurant Ama-dis si perplex par ceste metamorphoze, qu'il ne se peut tenir en souspirant de dire : Helas ! ma Dame, vous monstrez bien clairement que ie merite aprocher pres de vous, puys que tant soudain vous vous estes ainsi esua-nouye & separée de moy ! Et se retirant presque confus & desesperé reprit le chemin qu'il estoit venu & sortit hors du chasteau, tant triste, qu'il eust voulu estre mort, dont plusieurs esbahiz luy en demanderent la cause : mais il ne rendoit autre raison, sinon qu'ilz allassent esprouuer l'auantu-re, & qu'ilz verroient plus de merueilles, qu'ilz ne virent, ny deuoient iamais esperer de voir. Ce qu'entendu par la Royne Zahara, ne s'en fit gueres importuner, ains vint à la porte qui s'ouurit incontinent, puys se referma elle entrée, & trouua tout ce que vous auez entendu iusques à monter les degrez du theatre, ou estoit le Roy Felides, ressemblant du tout à Amadis de Grece. Et comme elle eut ieté sa veuë au cueur de luy, y vid dedans Niquée, & Lucelle. Lucelle recogneut elle asseurémét, non pas Niquée, qui (à son auis) deuoit estre personne diuine, & nó humaine, tant auoit de grandes beautez. Ah ah! dit elle adonq', trop m'eust esté meilleur n'auoir onques rien entrepris, cognoissant le mien amy aymé de deux si excellantes Princesses! Et m'aperçoy trop cleremét, que ce seroit à moy fo-lie de plus rien pretendre en luy m'ayant si peu en fantasie comme il m'est demóstré en ce lieu, qui en vain n'est pas nóme le chasteau des secretz : veu qu'on y descouure ce que le cueur d'autruy pése le mieux celer. Lors aper-ceut Niquée auec vn visage si riant que rien plus, & Lucelle pleine d'amer-tume. Qui luy dóna certain augure qu'Amadis deuoit moins aymer l'vne que l'autre. Puys regarda la Royne, & luy sembla voir soymesmes. Toutes-fois à vn fil d'œil ceste efigie, & celle du Roy aussi retournerét en leur pre-miere forme. Et partant Zahara se retira : ayant plus veu & cogneu qu'el-le ne vouloit. Ce que le visage d'elle ne peut celer sortant du chasteau, ou tost apres le Roy Amadis entra. Et prenant la Royne Oriane par la main trouuerent les effigies des amans tout ainsi qu'auoient fait les autres, hors mis que ce qui estoit du leur ne s'aparoissoit : Car ainsi estoit fait l'enchâte-ment. Parquoy passant outre monterent au theatre, ou Oriane voyant Fe-lides pensoit certainement estre le Roy Amadis, s'elle ne l'eust tenu cóme elle faisoit. Et luy au semblable, que de la Royne Aliastre fust Oriane : mais s'ilz estoient bien representez en ceste premiere merueille, ilz se virét pour

le moins

le moins autant au vif, luy, au cueur de la Royne, & elle, en celuy de Felides. Qui leur donna vn contentement reciproque, & tel, que le Roy A-
madis ne se peut tenir de dire à Oriane: En bonne foy, ma Dame, ie ne vy
onques chose qui me fust plus agreable. Et quoy? monsieur, respondit elle. Lors il luy declara tout ce que vous auez entendu, & elle à luy pareillement: car l'vn ne pouuoit iouïr de ce qui estoit facile à l'autre. Et neantmoins, pensans le rendre commun, ainsi qu'Amadis reieta sa veuë sur Felides, & elle contre la Royne, ilz les trouuerent changez & remis en leur
premier visage. Et partāt descendirent les degrez, & sortirent du chasteau,
y entrans Esplandian, & l'Imperatrix, qui ne se trouuerent moins aymans
& aymez que les deux derniers: car il leur auint tout ainsi. Et apres eux se
presenta le Roy Galaor & la Royne Briolanie sa femme, qui n'eurent en
moindre merueille la representation de ceux qu'ilz trouuerent en la
chambre, que de voir sur le theatre ce qu'ilz y trouuerent. Car il sembla
à la Royne, que Felides fust le Roy son mary enchanté, & regardant au
cueur de luy, cogneut la plus part de celles qu'il auoit aymé, ainsi qu'il
vous a esté dit aux liures precedās. Et combien qu'elle s'y trouuast du nō-
bre, si auoit elle vn point plus que les autres: car toutes estoient tristes, &
elle seule ioyeuse & contente. A Galaor aussi luy fut auis de la Royne A-
liastre estre Briolanie, dans le cueur de laquelle il se vid d'vn costé, & le
Roy Amadis d'autre, mais luy ioyeux, & Amadis melécolique. Parquoy
il eut adonq' telle souuenance du passé, qu'il ne se peut tenir de le luy ramenteuoir. Dont elle se prit à rire: luy confessant la pure & pudique a-
mytie, qu'elle auoit aporté en ses premiers ans au Roy son frere. Mais, dit
elle c'est peu de cas au respect d'vn milion, dont vous vous estes seruy.
Non que pourtant ie vous en vueille faire pire chere: car ie sçay bien que
vous n'auiez lors aucune part en moy. Et comme ilz vouloient descendre
les efigies de Felides & Aliastre furent chāgées & remises ainsi que de coustume. Parquoy s'en retournerent, & au sortir entra don Florestan & sa
femme, qui (pour le faire court) virent la fidelité l'vn de l'autre: hors mis
qu'elle recogneut l'efigie de Corisande non moins acompagnée de melencolie, qu'elle de grand plaisir. Puys entrerent l'Imperatrix Esclariane
& son amy, sur lequel elle n'eut autre auantage, sinon ce, que don Florestan luy auoit autresfois dit de Griliane: mais elle la vid tant triste, qu'elle s'asseura elle seule estre aymée, & l'autre du tout mise en oubly. Et
à ceste cause sortirent hors, & vindrent en leur lieu Lucencio, & l'Infante Axiane. Et apres Onolorie, & Lisuart, esquelz ne fut trouué
vn seul default de loyauté, comme à Perion de Gaule, sur lequel Gricilerie congneut le bon traitement que luy auoit fait la Duchesse d'Austrie: qui toutesfois auoit les yeux rouges à force de pleurer, pour se voir
delaissée, dont l'autre n'estoit vn seul brin mal contante, & retournerent
pour faire place à Gradafilée, qui trouua dans le cueur du Roy l'ymage

de Lifuart, & en celuy d'Aliaftre celle feule d'Onolorie. Parquoy, fans y
faire autre feiour, efiouye de la purité & innocence qui eftoit en elle, fortit dehors, & vint Lucelle, laquelle apres auoir bien confideré les ymages
& pourtraiz de la chambre, monta vers le Roy Felides, & Aliaftre. Et luy
fembla du Roy que ce fuft Amadis de Grece fans autre. Parquoy s'efcria à
demy & d'vn cueur gay : Haa mon Dieu!qui vid onques merueille plus a-
greable ? au moins fi ceux qui l'ont veu ayment comme ie fais. Pleuft à
Dieu qu'il me fuft otroyé ne partir iamais de lieu fi plaifant ! Helas cefte
opinion ne luy dura que iufques à ce qu'elle eut regardé dàs le cueur diafane, ou elle fe trouua, & l'Infante Niquée, qui encores luy eftoit incogneuë. Bien difoit elle en foy mefmes n'auoir onques ouy parler de beauté plus parfaite, ny de contenance plus gaye. Ce qui defailloit grandemét
en elle : Car fa trifteffe luy eftoit certaine demonftration d'eftre la moins
aymée, dont pleurant & foufpirant, commença à fe plaindre : Helas (difoit elle) s'il eft ainfi que ie fois malheureufement trompée de celuy qui
m'eft plus cher que ma propre vie, ie m'affeure bien que moymefmes feray payer à moymefmes la folie que i'ay faite, mettant mon afection en
lieu de fi peu de merite ! Mais helas ! feroit il pofsible qu'il me tint propoz
fi gracieux tant acompagnez d'amytié, feruitude, & careffe, pour puys
apres faucer fa foy & me trahir fans l'auoir onques offenfé ? s'il ne prenoit
à ofenfe l'honneur que ie luy ay defiré toute ma vie. Certes, Amadis de
Grece, il ne me peult, ny doit tomber en l'efprit, que fi grand mal m'auint
d'vn fi grand bien ! ie ne dy pas que la grande & extreme beauté de celle
que ie voy, ne vous ayt parauanture aporté au cueur quelque eftincelle de
fouuenir : mais que vous me laiffez pour elle, encores que ie le viffe, &
fceuffe pour certain, fi ne le voudrois-ie pas croyre. Et d'auantage, s'enfuyt
il pour me trouuer trifte au cueur d'autruy, que ce foit vn argument infali-
ble du malheur pour lequel ie me tourmente ? Pourroit bien le miroir reprefenter autrement que le naïf du vifage ? ie fuis certainement ennuyée,
& pleine de fafcherie, & ie maifgris pour me monftrer en face melencolique. Lors faignoit rire & s'efiouïr, mais pour celà l'ymage de fa fembláce
ne changeoit de forme, ou cótenance : ains demeuroit en fa trifteffe. Dont
prefque outrée de cefte nouuelle ialoufie recommença fes doleances : Helas ! difoit elle, onques ne fut mal nommé ce lieu la preuue des fecretz,
& croy, comme Dieu, qu'Amadis m'a faucement deceuë, dont il a bien
grand tort ! Puys croifant les braz & fondant quafi en larmes : En bonne
foy ie penfe, que cefte Royne Aliaftre, qui fi loyaument ayma, a voulu a-
uoir pitié de moy, en me releuant ces triftes nouuelles, pour deformais me
tenir fur mes gardes, & euiter d'auoir pis. Et cóme elle hauça la veuë pour
regarder encores fon Amadis, elle le vid chágé au Roy Felides. Au moyen
dequoy pleine d'amertume retourna d'ou elle eftoit venue. Et, effuyant
fes yeux au mieux qu'elle peut, fortit du chafteau : donnant foupçon à tous
qu'elle

qu'elle auoit trouué chofe qui luy eftoit peu agreable. Mais Amadis, qui
fe douta bien de l'enclouëure, fut en vne eftrange penfée, ne fçachant quelle excufe il prendroit pour la r'apaifer. Au moyen dequoy commença à
maudire en fon cueur, & le chafteau, & la Damoyfelle qui l'auoit amené. Toutesfois il fe maintenoit auec la meilleure affeurance qui luy eftoit
poffible. Et pource qu'il eftoit ia fort tard, & que la Royne Zahara vouloit
fe retirer en fes tentes, fut mife fin pour l'heure à cefte efpreuue : demeurans les vns triftes, les autres marriz, vns plus, autres moins, felon qu'ilz
auoient trouué d'ayfe, ou de defplaifir. Ce qu'entendu par l'Imperatrix
Abra, dit à la Royne, que volontiers elle en auroit le paffetemps, & entreprendroit le hazard comme les autres, pourueu qu'elle y peuft aller incogneuë. Celà ferez vous aifément, refpondit Zahara, prenant vn de voz
Cheualiers feul pour compagnie, & vous couuerte par le vifage d'vn cref-
pe noir : car en fi petit equipage ne ferez vous iamais tenue pour Imperatrix des Babiloniens. Ce qu'elle trouua bon, & dit qu'elle en pafferoit
le lendemain fa fantafie. Ce pendant fut refermé le chafteau comme il
fouloit, demeurant la trompe pendue à la porte, & vne harpe qu'on y a-
porta nouuellement, ne fçait on qui, auec vn efcriteau contenant cesmotz.
Tous ceux qui voudront d'orefenauant efprouuer cefte auanture, s'il eft
Cheualier, fonne la trompe, & la Dame, ou Damoyfelle, la harpe. Et ne
foit aucun fi hardy de remuer ce chafteau du lieu ou il eft, premier que la
plus belle & mieux acomplie le face enleuer dans la tour de l'Vniuers. Car
iufques adócq' il doit demeurericy, d'ou il ne partira, fuyuant ce qu'il en eft
predit & ordonné. Voyla, dit l'Empereur, tresbon auertiffement : allons
fouper, & demain nous verrons qu'il en auiendra. Ainfi pafferent le refte
du foir, que chacun fe retira, pour aller dormir : Mais onques ny Amadis
de Grçce ny Lucelle fermerent l'œil. Aufsi auoient il affez matiere pour
les en engarder, tant pource que vous auez entendu, que de ce qui vous en
fera dit cy apres.

Comme l'Imperatrix Abra efprou

ua l'auanture du chafteau : Et des propoz qu'Amadis de Græce &
Lucelle eurent enfemble fur ce, qui s'eftoit paffé
le iour precedant,

Chapitre **LVII.**

E lendemain que ces Princes, & Seigneurs, Dames, & Damoyselles eurent disné, l'Imperatrix Abra, sans autre compagnie que d'vn seul Escuyer, entra en la salle: mais tant bien en ordre d'acoustremens, qu'on la pouuoit iuger pour Dame de haute guise. Si marcha droit au chasteau & prit la harpe, qu'elle sonna tresarmonieusement. Toutesfois elle n'eut continué longuement, que la porte s'ouurir & entra en la chambre dont l'huys se referma tost apres. Lors ieta son œil de toutes pars, & vid les peintures des amans, desquelz nous auons parlé n'a gueres. Au reng desquelz elle recogneut Zaïr, qui touchoit vn luc, lamentant le triste loyer qu'il auoit receu pour aymer ardamment. Parquoy s'adressant à luy plus ioyeuse que de coustume, commença à luy dire : Sur mon Dieu, monsieur, i'auois beaucoup plaint le trauail que i'ay eu de venir en ce païs, mais vous y retrouuant vif, ie ne fis onques voyage qui me tournast à plus de plaisir, encores qu'ainsi, que ie puis entendre par voz chants, vous vous ramenteuez à tous propoz ce qui vous auança la mort, de laquelle i'espere auec le temps si bien vous venger, que vous aurez cause d'oublier partie de vostre douleur, & moy l'amitié que i'ay porté & porte encores à l'homicide de vous, & trop ennemy de moy. Et combien qu'elle proferast ces paroles de grande affection: Toutesfois le Prince Zaïr ne luy respondoit eucune chose : ains se monstroit seulement atentif à bien faire resonner son luc. Ce que voyant Abra passa plus outre, & monta ou estoient les efigies du Roy Felides, de la Royne Aliastre, & mesmes celle du petit Cupido, vers lequel (encores marrie du desdain que luy auoit

fait

fait Zaïr, pour ne luy refpondre)elle adreffa fa parole, luy difant : Ah ah
Sire ! ceux qui n'ont experimenté voz forces, les penfent, comme ie croy,
toutes auttes qu'elles ne font ! Ie vous fuplie humblement ou prendre deformais non conforme à voz œuures, ou les faites femblables à voftre nõ.
Car quant à moy, i'ay trop plus de raifon, de vous nommer dieu d'inymitié, & mefcognoiffance, que non pas tel que vous le vous adaptez :
Aufsi ont eu les autres dieux(ce me femble) grand tort de vous permettre
ne atribuer aucune iurifdició, ou puiffance, pour en vfer ainfi que vous cõ-
tinuez : veu que le propre d'un dieu eft bonté, iuftice, manfuetude, pitié,
liberalité, & amitié, defquelz il recompenfe fes feruiteurs, & vous leur
aminiftrez tout le contraire. Et qu'ainfi foit : comme vous pourriez vous
excufer, ny faire trouuer bon à toute perfonne raifonnable l'iniuftice &
cruauté dont vous auez vfé enuers mon frere? ny de quelles armes fçauriez
vous honorer voftre trophée, pour me donner la mort cent foys le iour
fans pouuoir mourir? Mais helas ! que dy-ie? à qui parle-ie?ne pourquoy
veux-ie ainfi contefter ny entrer en raifon auec celuy, qui n'en a point?
Certes les yeux ne vous furent onques bandez, finon pour excufer voftre
coulpe, fur la cecité qui eft en vous : vous atribuant par cefte ocafion telle
iuftice,ou(pour mieux dire)tel plaifir,qu'il vous eft agreable.Et aïfi qu'elle acheuoit cefte parole regarda le Roy,qui luy fembla certainement eftre
Lifuart de Grece : Ah, dit elle, trahyftre ingrat ! c'eft de vous que ie me
plains & non d'autre ! Comme donques ofez vous maintenant paroiftre
deuant moy?Sinon que parauanture,vfant de voz diffimulations acouftu-
mées,efperifsiez m'amieler fi bien, que ie miffe arriere la vengeance future
de la mort de mon bon frere! Mais Dieu m'en garde. Car puys que i'ay fi
iuftement voué voftre ruyne, affeurez vous que ie n'y efpergneray chofe
qui foit en mon pouuoir : non pourtant que ie vueille nyer n'eftre forcée
de la beauté qui eft en vous, tellement embrafée de voftre amour, que
mon trifte cueur naüré ne peult auoir repos ny contentement,fi n'eft pour
vous voir,ou en prefence, ou en penfée : dont certes ie crie, & à tous propoz, mercy, & demande pardon à qui m'a fait offenfe, encores que l'on
n'en tienne conte. Lors trop preffée d'amour : Et combien (dit elle) que
vous foyez couftumier de me defdaigner, & clorre l'oreille à mes doleances, fi ne ferez vous pas maintenant fi dedaigneux de me refufer vn baifer.
Et quant & quant fe baiffe pour ioindre fa bouche à celle de Lifuart : mais
elle ne vid autre que la ftaue du Roy : dont toute honteufe fe retira arriere,retournant aufsi toft cefte efigie en la figure de Lifuart. Parquoy eguil-
lonnée de ie ne fçay quel defplaifir, eftimant qu'il fe moquaft d'elle, ne fe
peut garder de luy dire : Vrayement, Lifuart, vous me faites tort, ou c'eft
ce dieu cruel, qui pour fe venger des propoz que ie luy ay tenuz n'a gueres, me donne ces illufions. Mais pour cela ne laifferay-ie de continuer en
mon deuoir.Et regardât au cueur,qu'elle vid diafane,cogneut dedãs Onolorie

lorie. Parquoy enflammée de colére, ialoufie, & defpit, s’efcria toute trem-
blante : Ah trahiftre meurdriere de mon frere trefaymé ! faut il qu’à ton
ocafion ie fois fondée iufques au vif, & qu’Amour m’alembique ainfi au
cuifant feu de fon brandon, conformant par le comble de fes auerfitez, &
la fin de cefte efpreuue, le loyer de mon merite? Ah, ah Fortune ! Fortune ! il te deuoir bien fufire (ce me femble) m’auoir au premier fait voir le
dieu motif de mon feul mal, pour luy improperer mon martyre, fans me
reprefenter deuant les yeux celle, par laquelle Babilone eft au iour d’huy
orfenine, & fans fon Roy & gouuerneur. Mais i’entens bien que c’eft,
ne m’ayant peu vaincre, ny rendre pour toutes tes auerfitez mon cueur
moins magnanime, tu effayes à me dompter par autres nouueaux, & plus
fubtilz tourniens. Puys regarda la Royne Aliaftre, & la trouua d’entrée
felon qu’elle auoit acouftumé de fe transformer : retournans peu apres le
Roy & elle en leur premiere façon. Au moyen dequoy Abra toute defolée les laiffa pour fortir du chafteau, ceffant l’harmonie, qui iufques adócq’
auoit cótinué. Et fans faire plus lóg feiour, en la ville, pour n’eftre cogneuë
reprit le chemin vers fes tentes : ou elle fut fuyuie d’aucuns qu’on enuoya
apres, & fçeut-on par ce moyen qui elle eftoit. Elle donques deflogée, &
apres que maints autres eurent efprouué l’auanture, commença le bal, durant lequel Amadis de Grçce trouua façon d’acofter Lucelle, qui de tout
le iour ne l’auoit daigné regarder : & fe voyant en lieu pour n’eftre en-
tenduz d’aucun, luy dit de bonnne grace : Ma Dame, ie ne fçay pas en
quoy ie pourrois vous auoir defpleu, ny ofenfée (vous aymant comme
ie vous ayme) pour en temps, ou i’ay aquis plus grand honneur que
n’euft onques Cheualier, receuoir fi mauuais vifage de vous. Ie vous fuplie treshumblement, que les noces de mon pere, & la nouuelle cognoiffance de fon filz, ne foient celebrées auec le facrifice de ma mort. Seigneur
Amadis, refpondit elle, il n’eft pas raifonnable que vous faciez en fi petit lieu fi grand logis, & fufift bien pour eftroit qu’il eft, que moy feule y
refide, eu regard à l’eftime de moy, fans que vous m’y tenez compagnie.
Cótentez vous doncques auec la iouïffance de voftre defloyauté, fans vouloir que ie demeure plus longuement deceuë. Et combien qu’Amadis entendift affez ou elle afpiroit, fi n’en fit il femblant, ains luy dit: Ma Dame,
ie ne puis comprendre cefte parole : car, pour certain, le lieu ou ie vous
tiens logée eft en mon cueur, qui veritablement fe peult nommer eftroit,
pour l’excellant merite de vous : Mais vous ayant donné ce que ie puis, il
fe doit dire large pour ce regard : le cognoiffant tel que le monde eft trop
peu pour le defir de la chofe ou il afpire. Et encores qu’il euft en foy la grádeur de cefte monarchie, fi ne veux-ie pas nier qu’elle ne fuft eftroite pour
loger la moindre des perfections dont vous auez vne infinité. Ah Amadis ! refpondit elle, ie ne m’esbahis pas fi vous me cognoiffez fi mal, puys
que vous ignorez encores le Seigneur qui vous à créé & fait à fa fembláce!

Mais

Mais puys que ne ſçauez ſa loy,&la fuyez,ce n'eſt pas de merueilles ſi vous
le meſcognoiſſez auſsi, & moy quant & quant, de qui vous auez retiré
voſtre amour pour l'aliener en autre Damoyſelle.Vous auiſant que le plus
grand ſeruice que me fiſtes onques a eſté par ceſte derniere eſpreuue & a-
uanture que vous auez miſe à fin . Car toutes voz autres entrepriſes ten-
doient à me deceuoir, & ceſte ſeule a aueré voſtre faux ſemblant, & dan
née intention . Par ma foy,ma Dame(dit il)ie ne vous acorderay pas celà:
car ſi ie vy trompé en la loy que ie tiens, cognoiſſant la faute, ie l'amenderay . Tant y a que ie vous iure Dieu, ne ſçauoir qui peult eſtre celle dont
vous vous plaignez, ny pourquoy doit eſtre meilleure voſtre loy que celle que ie tiens, & en laquelle i'ay eſté nourry. Toutesfoys ie ne dy pas que,
inſpiré de Dieu, ie ne me reduiſe à la fin ou il me conſeillera : mais il fault
que celà vienne de luy : eſperant, ſi i'ay bien veſcu iuſques à preſent, qu'il
m'entretiendra en ceſte opinion, & auſsi ayant failly,qu'il m'apellera par
voſtre moyen.Et quant à la tromperie que vous ſoupçonnez(au plus grád
tort du monde) eſtre en moy : par tous les dieux , ma Dame , vous auez
grád tort,& ne fut onques loyauté plus entiere ne certaine,qu'eſt celle que
ie vous porte . Tellement que ie vous puis aſſeurer,qu'autre que vous n'entra onques au cueur de moy , ſinon la déeſſe Venus, preſente & teſmoing
à noz propoz & ſouuenirs, pour loing que nous ſoyons l'vn de l'autre.
Ceſte ſeule certainement vous tient compagnie, & eſt elle, ſans autre, que
vous auez peu voir au cueuren chanté.Auſsi,ſi bienvous en ſouuient,auoit
telle face,non de perſonne mortelle,ains remplie de toute diuinité.Ce que
vous deuez iuger par la comparaiſon de vous deux : eſtant bien certain,
qu'autre que vous ne vous peult reſſembler, fors ceſte déeſſe d'Amour,qui
veritablement vous ſurpaſſe : d'autant qu'elle eſt déeſſe , & vous creature
humaine.Parquoy ie vous ſuplie treshumblement vous eſlongner de ceſte
mauuaiſe opinion,& eſtimer,que, pour mourir,ie ne penſeray , ny penſay
onques à faire choſe qui vous peuſt aporterla moindre ocaſion de deſplaiſir . Certes , ce fut bien inuenté à Amadis d'amener ſi dextrement en ieu
ceſte Venus pour garand . A'quoy Lucelle donna quelque foy : croyant
ſi bien aux paroles menſongeres de ſon amy , qu'elle demeura ſatisfaite.
Helas!combien ce perſonnage ſeroit mal aiſé à introduire entre les Dames
du iour d'huy.Veritablemét Lucelle auoit en ſoy vne certaine& naïue bô-
té,que vous autres Damoyſelles nommerez(comme ie penſe)ſotiſe . Mais
donnez vous garde, que ſous vne trop grande fineſſe , vous ne demeurez
encores mieux engulées qu'elle ne fut:aquerrans pour nom de ſotes reputation d'infamie : qui vous ſeroit vn treſvilain acouſtrement . Or y penſez
donques, & laiſſons Abra s'embarquer,pour retourner en Babilone, menaçant fort & ferme l'Empereur, & l'Empire de Trebiſonde, quelque
remonſtrance que luy ſceuſt faire la Royne de Caucaſe, qui l'acompagna
iuſques en Egipte.Et quaſi en meſme ſaiſon la Princeſſe Lucida,dont nous

auons

auons parlé cy deuant, vint fuplier Amadis de Grece luy tenir ce qu'il luy
auoit promis. Et à quoy non feulement (difoit elle) la conuenance du chafteau vous oblige, ains l'ordre de cheualerie ordonné, comme i'ay entendu, fpecialement en la faueur des femmes & orfenins. En bonne foy, ma
Dame, refpondit il, ie fuis tout preft quand il vous plaira. Lors combien
qu'il fafchaft beaucoup à toute l'affemblée, fi n'y eut il aucun qui l'en voufift deftourner, cognoiffant qu'il ne pouuoit bonnement s'excufer. Et à
cefte caufe, ayant mis ordre à fes affaires, deflogea le cinqiefme iour d'apres
fans vouloir mener quant & luy fors Gradamarte, & fes deux Efcuyers
Yneril & Ordan. Toutesfois premier l'Infante Axiane, voyant qu'il eftoit
heure de faire entendre à tous les Seigneurs prefens la caufe de fa venue en
Capadoce, commença fon propos en telle forte : Princes excellans, ie croy
qu'il n'yayt aucun en cefte compagnie (au moins peu) qui n'ayt fçeu ou entendu la mort de Zarzafiel Soudan de Babilone, par le trepas duquel la
Royne d'Argenes, fa feur & heritiere vniuerfelle, deuoit eftre emparée
des grans biens qu'il laiffa. Et neantmoins Zimbrel Prince d'Antioche,
qu'il auoit ordonné gouuerneur en fes païs, prit le titre d'Empereur, &
deshesita du tout ma Dame & mere, comme fi elle euft efté baftarde, ou
incogneuë. De ce Zimbrel font depuys defcenduz le Prince Zaïr, & Abra
qui maintenant ocupe par tirannie l'Empire qu'elle poffede, fans aucun
droit. Or eftes vous, mes Seigneurs, renommez entre les Princes du monde ceux qui mieux aymez la raifon & iuftice, & qui pour la maintenir auez
fouuent hazardé voftre vie propre, fpetialement pour la querelle des Dames & Damoyfelles, qui me fait vous fuplier, qu'ayant egard à moy &
à mon desheritement, il vous plaife m'ayder à l'encontre de celle, qui
ne prend peine, ny plaifir, finon à pourchaffer la mort & ruyne du Prince Lifuart, & de vous tous, ainfi que l'effait & l'experiance vous en a tant
de foys rendu tefmoignage. Ce faifant, mes Seigneurs, outre que ce vous
fera gloire & reputation immortelle, vous moyennerez deux grans biens
enfemble. Le premier, deliurant vn peuple de la feruitude & tirannie ou il
eft : l'autre, reftituant vne Royne pauure & desheritée du bien paternel,
duquel elle eft chaffée, & moy pareillement qui fuis fa fille legitime. Puys
fe teut, & fut trouuée fa querelle tant iufte, & eux fi obligez pour la raifon
à luy prefter ayde & faueur, qu'ilz entreprindrent la conquefte de Babilone, & la reftitution de fes païs. Pour l'execution dequoy chacun d'eux
retourna en fes païs affembler gens de toutes pars, qui fe ioindroient en la
montaigne Defendue, à fin de tirer en Babilone, fi Abra ne s'auançoit d'affaillir Trebifonde felon fes menaces : ou bien aller au deuant de fon armée fi elle fe mettoit aux champs. Dont elle les remercia tous bien humblement.

Comme

Comme la Royne d'Argenes vint

trouuer Alquif, & Vrgande, & ensemble furent enleuez
par espritz, pour voir la gloire de Niquée.

Chapitre LVIII.

N moys & plus auoient desia seiourné Alquif & Vrgande hors de Court, esperans (ainsi qu'il vous a esté dit) ba-
stir quelque nouueau passetemps aux Princes & Dames
assemblez à Trebisonde. Dont il auint qu'vn iour entre
autres, faisans leurs caracteres & inuocations d'espritz,
virent en l'air vne nuée grosse & espesse venir droit à
eux, auec tourbillons & tonnerres, & au dedans deux Griffons qui trai-
noient vn char, & vne Dame assise, coronnée d'vne coronne Imperiale. Et
tout ainsi qu'à vn fil d'œil on void donner l'esclair d'Orient en Occident,
aussi tost descendit & abaissa le char ou ilz estoiét assez mal asseurez & s'a-
dressa à eux, à qui elle dit : Mes amys, ne vous effroyez de rien : car puys que
les Princes Chrestiens ont promis à ma fille Axiane la secourir pour la có-
queste de Babilone, ie delibere desormais estre de vostre ligue. Et entendez que ie suis Zirfée Royne d'Argenes, qui vient expressemét vous prier
de venir au lieu ou ie vous conduiray, pour donner fin à vn affaire, que
i'ay proieté de longue main, & si dificile, que vostre ayde & Magie y est
bien requise, & necessaire. Parquoy ie vous prie tous deux, que, sans rien
douter ou craindre, entrez en ce char auec moy, s'il vous plaist. Ce qu'ilz
luy acorderent assez ayfément. Toutesfois, premier que partir, ilz auiserent d'escrire, & en auertir les Princes estans en Trebisonde. Et de fait bail-
lerent la lettre à la Damoyselle Alquife, qui la leur porta : s'esseuant le char
es nuées si hault, qu'à vn instant il fut porté sur la tour, ou Niquée estoit
enchantée ainsi que vous auez entendu. Puys commencerent à descendre
les degrez. Et les prenant Zirfée par la main leur dit : Asseurez vous, que
ie vous monstreray tantost la plus belle chose que vous vistes onques. Et
entrans en la salle, voyans la presence de Niquée, receurent tát d'aise & de
gloire, qu'oublians eux mesmes, & toutes autres choses, se mirent à chanter, & faire guirlandes de fleurs comme les autres qu'ilz y trouuerent. Dót
Zirfée ne se peut garder de rire. Mais elle leur rendit peu apres leur bon
sens, & reuindrent en leur premiere memoire : leur disant pour les gaudir :
Veritablement, mes amys, vous estes (ce me semble) d'assez bon aage pour
oublier desormais ceste façon de faire, qui (à dire vray) sierroit beaucoup
mieux à ieunes gens, qu'elle ne fait à vieillars telz que vous estes. Ie ne sçay
pas celà, respondit Vrgande : mais croyez ma Dame, ie ne fu onques plus

T   à mon

à mon aife, & voudrois bien paracheuer le refte de ma vie en ce plaifir,
pour crainte que i'ay deformais d'auoir pis.Pour le moins ne ferois-ie feule & fans compagnie . Car voicy defia bon nombre de Dames & Cheualiers, qui n'ont gueres plus de foucy en leurs teftes, que i'auois n'agueres.
Ce font(dit Zirfée) ceux, qui par leur loyauté & prouëffe ont merité voir
la gloire de cefte Infante, de laquelle ilz ont aproché,comme vous voyez,
felon la grandeur de leur amour & fermeté: dont le premier eft Anaftarax
frere d'elle, qui folement y planta fon afeétion . Lors commença à leur
reciter comme le tout eftoit auenu , & la caufe qui l'auoit meuë à faire ceft
enchantement . Tant y a, dit elle, qu'onques Dame ny Damoyfelle n'a a-
taint la perfeétion de beauté hors cefte cy , & vne autre yffue de l'vn des
plus gracieux Princes, & meilleurs Cheualiers du monde, & d'vne Dame
fille d'Empereur autant renommé que l'on fçache point, laquelle eft main
tenant au royaume d'Alexandrie & en la poffefsion d'vne païfanne . Bien
cogneurent Alquif & Vrgande par ce propos , qu'elle parloit de la fille.
dont Onolorie acoucha en la tour eftant prifonniere, & que l'Efcuyer def-
roba depuys, pour l'efperance qu'il eut au gain de la bague trouuée entre
fes drapeletz . Veritablement, ma Dame, refpondit Vrgande, ie confeffe
bien Niquée eftre la plus belle que l'on fçauroit defirer, & dont celuy de
qui elle fera femme fe deüra tenir pour fortuné entre les plus heureux de
fon temps . Vous parlez bien, dit Zirfée:mais ce ne peult eftre fi toft, ains
pafferont plufieurs iours premier qu'elle vienne à ce point . Car il n'eft pas
raifonnable que l'on ayt en cefte vie mortelle gloire & repos enfemble,
finon ceux qui par grand trauail, & auec le temps meritent l'aquerir . Or
voyez maintenant le miroir que tiennent ces Damoyfelles deuât Niquée,
& vous la verrez en telle perfeétion de plaifir comme vous eftiez n'agueres . Si regarderent la glace, & virent dedans Amadis de Grece aufsi au
naturel que le vif. Voylà que c'eft de trop aymer, dit Zirfée, elle n'a bien
ne contentement qu'à le contempler. Et qu'ainfi foit , confiderez, ie vous
prie, la contenance qu'elle fera à cefte heure que ie me mettray entre deux.
Mais aufsi toft que Niquée eut perdu la prefence de fon amy,elle commen
ça fi fort à pleurer & fé plaindre,qu'il fembloit qu'elle enduraft vn mal in-
fuportable.Helas!difoit elle,c'eft peu de cas de la gloire que i'ay eu iufques
à cefte heure, puys que feparant de mes yeux ce que le miroir ne fouloit
reprefenter, ie feuffre pire mal que la propre mort ! Toutesfois ce martire
ne fut long : car la Royne fe retira , & eut Niquée la iouïffance du miroir
comme au precedant,& reprit fon bon vifage,& fa gloire acouftumée.Par
mon Dieu, dit Vrgande, ie n'euffe iamais penfé qu'Amour fe peuft ainfi
iouër des perfonnes raifonnables . Ne me voyez vous,refpódit Zirfée(luy
monftrant Buzando) la grace de ce Nain ? il eft tant afeétionné & fi extremement amoureux de fa maiftreffe, qu'il ne defire ny pretend à autre chofe que d'en iouïr. N'eft il pas beau filz, & de belle taille, pour

auoir

auoir vn tel bien ? pour le moins il se le persuade : aussi tenoit il telle contenance,qu'on ne s'en eust peu tenir de rire . Lors sortirent de la salle & remonterent à mont les degrez . Or vous ay ie, dit Zirfée,voulu recompenser partie du trauail que vous auez eu à me suyure, & espere premier que nous nous separions , paracheuer telle entreprise , que la posterité en parlera tant que le monde sera monde . Parquoy r'entrons au char & suyuons nostre descein . Mais ilz n'y furent plustost assis , qu'il s'enleua en l'air, & les porta dans la cité de Niquée , ou estoit le Soudan qui les receut de tresbon cucur: esperant par le sçauoir de sa seur l'enchantement de Niquée & Anastarax prendre fin . Ce qu'il ne peut pour l'heure obtenir d'elle,disant qu'es choses preordonnées de Dieu estoit requis l'acóplissement du temps: & que l'heure venue il auroit ses enfans à son plaisir. Toutesfois elle seiourna auec luy quinze iours entiers : durans lesquelz elle, Alquif, & Vrgande firent plusieurs reuolucions & figures pour mettre fin à ce qu'ilz auoient deliberé.

Comme Zirfée, Alquif, & Vr-
gande, constuuirent l'esmerueillable tour de l'Vniuers.

Chapitre LIX.

T ii Ayans

Yans donques les trois Magiciens bien eſtudié en leur Cabale, Necromance & Aſtrologie ſupenaturelle, vne nuyt entre autres ſortirent de la ville, & vindrent en vne vieille ruine de baſtiment edifiée ſur la greue de la mer, que la Royne enuironna d'vn cercle, auec vne branche d'vn Houx. Et ſe mettant eux trois en triangle, tenant chacun d'eux vn cierge ardant en leurs mains, apres auoir parfumé l'enuiron de Mirrhe, & Encens, commencerent à lire & proferer certaines paroles, apellans & coniurans les eſpritz ſelon leur puiſſances & degrez. Si n'eurent continué longuement, que l'on ouyt de toutes pars en l'air ſi grand' rumeur & tonnerre entremeſlé de vapeurs, brandons ardans, nuages tenebreux, & eſclairs ſi prompts & penetrans, que le peuple de la ville penſoit aſſeurément la machine du monde, le ciel, & les abiſmes ſe deuoir aſſembler. Et peu apres ſe preſenterent les meſſagiers apellez par Zirfée, auxquelz (en certaine vertu) elle commanda edifier vne tour, non moindre que celle de Nembroth. A ce commandement receut Zirfée obeïſſance, & ſe trouuerent en peu d'heures ſept eſtages eleuez l'vn ſur l'autre. Au premier deſquelz eſtoit le triomphe de la Lune ſuyuy par maints grans perſonnages, dieux, demy dieux, Nimphes, & autres hommes & femmes, ayans l'arc au poing & la trouſſe au coſté, auec tout equipage de venerie. En la ſeconde ſeoit Mercure en ſon char triomphant, acompagné de Alquimiſtes, Philoſophes, Poëtes, & Orateurs En la tierce la déeſſe Venus, à qui vne infinité de gens & de toutes ſortes offroient leur ſeruice, les vns ioyeux, autres triſtes & mal contens, ſelon la faueur, ou defaueur, qu'ilz auoient receu de leur trauail. En la quarte eſtoit le Soleil porté par ſes quatre cheuaux que conduiſoit Phaëton, & Aurora vn peu deuant auec ceux qui plus auoient aymé la vertu & magnanimité. En la quinte Mars furieux enuironné des armes de Capitaines Romains, Françoys, Africains, Grecz, & autres de diuerſes nations. En la ſixieſme le grand dieu Iupiter tenant ſa foudre, & à l'entour ceux qui ſubietz à ſon influance s'eſtoient entierement gouuernez par luy. Et en la ſeptieſme le vieil Saturne portant ſa faux. Mais ce bon hommeau vieil & quaſi du tout impotent pour la longueur des ans paſſez n'auoit quant & ſoy que vſuriers, fouilleurs de Taupes, & de mines, qui pour iouïr du fruit & richeſſe de la terre l'auoient cauée iuſques au centre, les vns auec profit, les autres auec leur ruyne. Tant y a qu'en toutes ces ſept manſions onques Appelles, Tymagoras, Polignotus, Protogenes, ny Zeüſis Peintres treſexcellans, & dont la memoire eſt grauée en immortalité, ne repreſenterent ſi bien le vif de la perſonne, qu'elle y eſtoit veuë & trouuée. Et encores y auoit il d'auantage: car qui montoit plus hault la rotódité du monde y eſtoit enuironné d'air & de nuages, deſſous leſquelz on pouuoit choyſir ayſément & à veuë d'œil, les mers, les Iſles, les deſtroiz, les

T iii   golfes,

golfes, beftes, oyfeaux, plantes, arbres, herbes, & toutes Regions & limites pour longues & loingtaines qu'elles fuffent. Sur lefquelles & comme en vn hault trofne eftoit la mort portât fon dard empanée des pennes d'vn vieil Corbeau, au tour duquel eftoient grauées ces paroles:

Nul ayt orgueil pour poffeder grand bien:
Car à la fin eux, & le leur, eft mien,

Et combien qu'onques enchantement ne fuft veu plus amirable : toutesfoys Zirfée marrie que les corps celeftes reprefentez en ce Nicrocofmos ne fe mouuoient ainfi que ceux du grand monde, r'enforça fes côiurations, commençant au ciel de la Lune, & finiffant au dernier. Neantmoins aucun d'iceux s'efmeut, ains demeurerent ftables. Ce que voyant Alquif, qui auoit en foy plus d'intelligence de la fpiritualité, d'autant qu'il eftoit Creftien, & feruiteur de Dieu, fit fon oraifon apellant les haux noms du Seigneur, la Chofe des chofes, Autheur & fabricateur d'icelles, feul Puiffant, Premier & dernier, à qui tout doit obeïffance, vn Dieu en trois perfonnes, à la clameur duquel IESVS CHRIST s'aparut au dixiefme ciel & toute la court celefte & triomphante, Anges, Arcanges, Cherubins, Seraphins, Poteftetz, Dominations, Saints, & Saintes. Et lors commencerent les lieux ou eftoient afsifes les planettes dont nous auons parlé à prendre leurs cours, & à tourner au tour Zodiaque, ny plus ny moins que s'ilz euffent efté gouuernez fouz le vray pol Artique, & pol Antartique. Ce que n'euft iamais penfé Zirfée : mais elle le creut quand elle le vid, & le filz de Dieu en fon trofne, deuant lequel elle fe profterna, & l'adorant la face contre terre) creut en luy, & voua le batefme, prophetifant ce qui s'enfuyt.

Ainfi demeureront (dit elle) ces merueilles en la forte qu'elles font à prefent iufques à ce qu'y arriuent enfemble les deux perfonages plus extremes en valeur, & beauté: & qui y pourront voir & à leur ayfe tout ce que le monde contient, foit exterieurement ou interieurement. Et toutesfoys maints autres pourront iouïr de l'excellance des fept premiers cieux, fans qu'il leur foit permis paffer outre, tant que les deux dont ie predy y foient entrez.

Puys commanda aporter & arrenger chaizes & fieges dans le ciel de Saturne, qui feruiront (dit elle) pour repofer ceux que ie delibere y laiffer, premier que nul de nous meure, & qui n'en feront tirez que par vne aufsi eftrange auanture comme eft celle de ce lieu, qu'on apellera deformais la tour de l'Vniuers. Sortans de laquelle fit planter vn perron vis à vis de la porte, ou eftoient grauez certains elemens & caracteres, contenant ces motz: Ceans eft caché le fecret de l'vniuerfel monde, qui ne fera defcouuert à aucun, iufques à ce que cafuellement y arriuent les deux, qui par leur merite feront dignes de l'entiere iouïffance & domination

nation de la terre, & de la poſſeſsion de ces manoirs amirables. Acheuant
leſquelles paroles l'aube du iour commença à poindre, & s'eſuanouïrent
les eſpritz, qui toute nuiƈt auoient trauaillé : non ſans donner horrible
frayeur au peuple de la cité, pour le bruit qui fut toute nuiƈt, entendu rai-
ſonner en l'air. Lors vint Zirfée trouuer le Soudan, qui peu ou point auoit
repoſé : & le prenant par la main le conduit voir la tour de l'Vniuers, qui
luy ſembla la plus eſtrãge merueille dont il eut onques ouy parler. Et plus
encores quand elle l'eut mené de ciel en ciel, & iuſques dans celuy de Saturne : mais elle luy teut le reſte. Auſsi ne luy eſtoit il permis paſſer outre,
ſelon le point ſur lequel auoit eſté clos & arreſte le ſortilege. Et à fin (dit
elle) que d'oreſenauant vous ſoyez ſongneux, & vous meſmes conſierge
de ce lieu, ie vous en baille la clef. Et deſcendans au bas ferma l'huis, ſe
retirans enſemble au palais, ou depuys elle, Vrgande, & Alquif, firent
peu de ſeiour : ains remonterent enſemble dans le char, & fendans l'air
prindrent la voye d'Argenes, ſe faiſant depuys la Royne batizer, ainſi
qu'elle auoit promis lors qu'elle vid les cieux ouuers.

Comme la Damoyſelle Alquife

aporta en la court de l'Empereur la lettre de Zirfée : Et de l'ar-
riuée d'Amadis de Grǽce auec Lucida, vers le
Roy Magadan en Saba.

Chapitre   LX.

Stans ainſi que ie vous ay dit les Roys & Seigneurs
preſtz à retourner chacun en ſa contrée, la Damoyſelle Alquife arriua en la Court portant la lettre que luy
auoient baillé la Royne d'Argenes, Alquif, & Vrgande, contenant en ſubſtance : Qü'ayans ſceu par Zirfée
la bonne deliberation qu'ilz auoient priſe, pour remet-
tre Axiane en ſon droit heritage, elle auoit auſsi deliberé de ſa part de
trauailler pour eux en tel œuüre, que leur nom & leur gloire en ſeroit à
iamais perpetuée. Et qu'à ceſte cauſe eſtoit elle venue dans vn char, conduit par beſtes plus legieres que nul Faucon pelegrin, querir Alquif, &
Vrgande, auec leſquelz ſon entrepriſe ſortiroit tel efait, qu'ilz r'aporte-
roient fruit de ſon labeur : leur preſentant au ſurplus amytié & confede-
ration perpetuelle. Dont tous furent grandement reſiouïz & ne tarderent
gueres apres à eux embarquer, ſpecialement le Roy Amadis, l'Empereur
de Conſtantinople, Perion, & autres de deuers le Propontide & Ponant.
Et ſinglez au ſortir par vn vent Grẽc, faiſoient eſtat de voir Conſtantino-

T iiii   ple a-

ple auant les premiers quinze iours, qui leur apreſtoit à tous eſperance de
nouueau plaiſir, fors à Lucelle, qui laiſſoit ſon amy auec vne Damoyſelle
eſtrange, n'eſtoit auſsi de merueille ſi Amour luy apreſtoit dequoy ſe faſcher. Ce pendant Amadis de Grece vogoit en autre contrée, ou (premier
que prendre port) il eut trois ſemaines durant vent aſſez propre : mais vne
nuyt entre autres courut Fortune, qui (apres l'auoir tourmenté cinq iours)
le ieta finablement es riuages & entrée du Nil, par lequel il vint iuſques en
Meroë ou Saba. Ce que le Pylote luy fit entédre. Dont il receut grand plaiſir, pour le deſir qu'il auoit de voir & ſaluer ſon premier Roy Magadan
& la Royne Buruca, auxquelz il ſe ſentoit obligé comme à ſon ſecond pere. A' ceſte cauſe pria Lucida luy permettre vn iour ou deux d'y ſeiourner.
Et ce pendant, dit il, le calme pourra venir, & nous rafraiſchirons du trauail qui nous a trop tourmenté. A' quoy elle n'oſa contredire, quoy qu'il
luy peſaſt: à la charge, toutesfois, que ſur les derniers iours de la prochaine ſemaine ilz cótinueroient leur voyage, & reprendroient la mer, qu'ilz
auoient maugré eux laiſſée. Et ſur ces erres vindrent trouuer le Roy Magadan & la Royne, qui les receurent auec autát de plaiſir que l'on ſçauroit
eſtimer, & tel, que Fulurtin leur ſeul filz n'euſt point eſté mieux venu,
que fut Amadis, auquel (apres maints diuers propoz communs entre eux)
la Royne raconta le danger ou elle auoit eſté depuys qu'il fut party de Saba, par la fauce acuſation qu'on luy mit ſus, ainſi qu'auez (dit elle) peu entendre. Mais, graces aux dieux, i'en fu deliurée par l'vn des meilleurs Cheualiers du móde, que l'on m'a aſſeuré depuys eſtre le Roy de la grand' Bretaigne. Ma Dame, reſpó dit Amadis, celuy dót vous parlez ne me cognoiſſoit alors, ny moy luy, ſinon de veuë: encores que nous fuſsions ſi proches
parens l'vn à l'autre, qu'il m'a auoué (n'a pas demy an) pour ſon petit filz,
& filz du filz de ſon filz. Vrayment, dit elle, ie croy que ie n'en ſuis moins
ayſe que vous : mais ie vous prie me raconter comme Fortune vous a fait
ce bien. Lors ſe mit à diſcourir tout ce qui luy eſtoit auenu depuys ſon partement de Meroë iuſques adonq', qui eſmerueilla beaucoup, & le Roy
Magadan, & la Royne : ſe reputans tresheureux d'auoir fait en luy ſi
bonne norriture : ne ſçachans (à ceſte ocaſion) quelle chere & bon viſage
luy monſtrer. Toutesfois Lucida voyant qu'il s'oublioit en ſes delices, a-
pres y auoir ſeiourné huit iours & plus, l'importuna ſi fort de desloger,
que finablement, prenans congé de Magadan & Buruca, r'entrerent en
leur vaiſſeau, redreſſans leur route droit en la haute mer, pour venir en
la Trapobane. Or les conduye Dieu, s'il luy plaiſt, & retournons aux autres qui nauiguent d'autre coſté.

Comme

Comme le Roy Amadis & sa flo-

te nauigans en mer furent ietez en la coste de Niquée assez pres
du lieu ou estoit la fille du Soudan enchantée, &
là descendirent pour esprouuer
l'auanture.

Chapitre LXI.

Ant nauiguerent le Roy Amadis & sa flote, qu'ilz esperoient prendre port en Constantinople dans deux ou
trois iours : mais les Dames se trouuoient aucunement
ennuyées de la mer : parquoy, descouurans vne Isle assez prochaine, voguerent ceste part, on premier que descendre le Roy Amadis voulut aller voir quel païs c'e-
stoit. Et commanda pour ceste cause aualer l'esquif & porter en terre luy
le Roy Galaor, & leurs destriers, sur lesquelz, armez de toutes pieces, ilz
monterent, en intention de retourner querir les Dames. Si n'eurent cheuauché longuement, qu'ilz trouuerent vne fontaine la plus plaisante &
belle qu'on eust peu souhaiter, de laquelle ilz beurent, & pensans retourner arriere faire venir les autres, Fortune les deceut. Car premier qu'ilz
eussent regaigné la plage, le vent s'esmeut, & s'enfla la mer par telle impetuosité, qu'ilz virent enleuer leurs vaisseaux : les vns à Ourse, les autres à
Pouge, qui deça, qui delà, matz brisez, antenes rompuz, cordages, timons,
& artimons cassez, & finablement tout le malheur qui peult en telz lieux
suruenir, hors mis le naufrage, que ceux de dedans atendoient d'heure à
autre, par ce que tant plus ilz alloient auant & plus l'air s'obscurcissoit de
nuages, gresle, tonnerre, & esclairs, qui continuerent iusques à la nuict
close. Et lors les vents s'augmenterent si contraires, qu'il sembloit auoir
choysi ce iour pour s'entredonner bataille les vns aux autres. Làs! qui a
donq' eust veu les pauures Dames en telle perplexité, & entendu leurs
pleurs, regretz, & lamentations, il n'y a si dur cueur qui ne fondist en larmes! Les vns inuoquoient l'ayde de Dieu, autres sainte Barbe, saint Nico-
las, & ceux dont le souuenir leur estoit plus à commandement. L'vn fait
vn vœu, l'autre prie, l'vn entend aux trompes, & à oster des nefz les eaux
respendans la mer en la mer : les autres secourent la sentine, quelque
part que l'on voyoit le boys desioint. Les vns crient, les antres pleurent,
brief c'estoit pitié. Aussi n'y auoit il point de remede, si le Seigneur plein
de misericorde ne les eust regardez & pris en compassion, les ietant sur
l'aube du iour dans vn port à l'abry des vents, & assez pres d'vne grande
forest, au riuage de laquelle ilz descouurirent vn tresgrand & beau palais,
qui fut

qui fut cogneu des mariniers eftre le chafteau de la gloire de Niquée, dont
tous louërent grandement noftre Seigneur, & delibererent prendre terre, tāt pour laiffer couler la fortune, qu'en atendant nouuelles de leurs vaiffeaux efcartez. Et ce pendant yroient voir la merueille du lieu, dont la renommée bruiffoit par tout le monde. Or n'auoient ilz eflongné de beaucoup l'Ifle ou eftoient demeurez les Roys Perion & Galaor, & à cefte
caufe depefcherent le plus entier nauire qui leur reftoit, pour les retourner
querir, & quelques efquifz & brigantins, qui yroient defcouurir s'ilz pourroient rien aprendre de leurs nauires efcartées. Puys defcendirent au port,
ou ilz feiournerent deux iours, & le troifiefme monterent à cheual les
deux Roynes Oriane & Briolanie, la Princeffe Lucelle, l'Empereur Efplādian, l'Imperatrix, le Roy de Sardaigne, don Floreftan, Garinter Roy de
Dace, Olorius Prince d'Efpagne, l'Infante Luciane, don Florelus d'Auftrie, & plufieurs autres Cheualiers de la grand' Bretaigne, en intention
d'efprouuer l'auanture de Niquée. Et, fans fe faire cognoiftre, tirerét droit
au chafteau, ou arriuez, & voyans l'entrée fi efpouuentable, & brulante,
aucuns bien efchaufez furét du tout refroidiz. Mais Oriane, qui autresfois
auoit paffé l'arc des loyaux amans, & la chambre defendue, par force de
bien aymer, confidera en foymefmes ne meriter moins la gloire qui s'o-
froit alors, que celle du paffé. Et à cefte caufe refolut, que (pour peril qui
luy peuft auenir) ne differeroit cefte efpreuue, puys qu'elle pouuoit s'a-
cheuer par amour & loyauté, qui luy eftoit tāt familiere & certaine, qu'elle n'en donneroit le pris à quelque autre qui fe peuft prefenter. Ce qu'entendu par la Royne Briolanie, luy promit ne l'habandonner point. Et
quelque remonftrance ou diffuafion que leur peurent faire l'Empereur
Efplādian, ny les autres, elles deux, fe prenans par les mains, vindrent au
perron, ou elles leurent le contenu de l'efcriteau. Et paffans de là à trauers
le feu, leur fembla n'auoir onques fenty air plus fuaue ny odoriferant,
iufques à ce qu'elles entrerent en la chambre, ou eftoit Niquée en fa gloire. Par la veuë de laquelle receurent tant de plaifir, que (fans auoir fouuenance d'aucun retour) fe mirent à cueillir fleurs, & faire chapeaux, qu'elles mirent fur leurs teftes, chantans & dançans ainfi que ceux dont il vous
à efté parlé cy deuant. Mais ilz n'y furent pas longuement, que la Princeffe de Sicile leur alla tenir compagnie, à l'arriuée de laquelle toutes luy firent fi grand honneur, qu'elle fut tenue pour la fecōde Niquée. Et fe mettant au brafle commença à dancer. Mais l'Empereur Efplandian, voyant
que nulle d'elles retournoit arriere, pour leur en r'aporter nouuelles, dit à
l'Imperatrix: Ma Dame, fi vous me croyez, nous aurons part au plaifir, ou
malaife, que les autres ont paffé. Et la prenant fous le bras entrerent en la
gloire, ou elle ne iouït pluftoft de la prefence de Niquée, qu'habandonnant l'Empereur fe prit à fauter & refiouïr entre Oriane & Lucelle. Dont
il ne fe peut garder de rire. Et toutesfois il ne luy en fuft pas moins auenu:

mais

mais l'enchantement estoit ordonné en telle sorte, que les hommes ne pouuoient voir la belle, qu'ilz n'eussent monté les degrez du theatre, contre lesquelz il marcha si auant, qu'il paruint au trezeiesme, ou il fut arresté vn peu au dessous d'Anastarax, qu'il auisa cõtemplant l'excellance & trop grande beauté de sa seur, à la louange de laquelle il faisoit retentir vn Luc le plus harmonieusement du monde. En quoy l'Empereur le seconda tost apres: Et quasi en mesmes instant Olorius, don Florelus, & Garinter. Toutesfois ces trois ne peurent venir iusques au degré neufiesme, ains demeurerent au huitiesme, non pas Quedragant & Angriote: car ceux là les passerent de deux marches. Et tous ensemble sonnerent des instrumens qui s'ofrirent, menans la plus ioyeuse vie que l'on sçauroit souhaiter. Ou nous les laisserons à present, pour r'amener le Roy Mouton garder le palais, qu'il auoit trop longuement habandonné.

Comme le Roy Mouton retour-

na garder l'entrée du palais enchanté. Et de ce qu'il auint aux Roys Amadis & Galaor parlans à vn Hermite

Chapitre   LXII.

Ie vous

IE vous ay dit autresfois , que le Roy Mouton estoit allé
apres ceux qui luy auoient desrobé l'escu,ou estoient les
pourtraiz de Lucelle, Onorie, & Niquée . Et combien
qu'il fist longue queste,& tout le deuoir qu'il peut pour
les trouuer , si n'en sceut il auoir nouuelles . Dont trop
marry delibera retourner paracheuer sa premiere entre-
prise, qui estoit de garder l'entrée du chasteau ou estoit Niquée en sa gloire . Et de fait ayant passé maints trauaux , y arriua le iour d'apres , que les
Seigneurs & Dames dont nous vous parlions n'agueres y entrerent.Et cóme il auisa la compagnie si augmentée depuys son partement fut fort e-
merueillé , & s'enquist qu'ilz pouuoient estre . Mais nul luy en peut donner response, par ce que ceux qui les auoient suyuiz estoient desia retournez au port les atendre . Parquoy retourna defendre le passage comme il
auoit de coustume,ou il demeurera iusques à ce qu'il vienne à propos. Car
les Roys Amadis & Galaor me pressent de les mettre en leur reng . Lesquelz ayans veu l'infortune auenue à leurs vaisseaux, entrerent en si grande me-

de melencolie, qu'ilz cuiderent mourir. Toutesfois confiderans le peu de
remede qu'il y auoit, & que tout gifoit en la volonté de noftre Seigneur,
arrefterent leur but en efperance: & coftoyerent fi lóguement l'Ifle, qu'ilz
arriuerent au pied d'vn hault rocher, d'ou fortoit vne fontaine, ioignant
laquelle ilz virent afsis vn vieillard, qu'ilz eftimerent eftre Hermite & hóme de Dieu. Si le faluerent, le prians leur faire entendre en quelle contrée
ilz eftoient. Seigneurs, refpondit il, cefte Ifle eft en la dition & fubiete à
l'Empereur de Conftantinople. Ce qu'entendu par eux mirent pied à terre, & luy demanderent s'il auoit que máger. Ouy bien, refpondit il : mais
pauurement. Lors entra en fon hermitage & leur aporta pain bis & quelques racines d'herbelettes, qu'ilz mangerent à la fauce de leur apetit. Mais
ilz eftoient fi triftes, que le preud'hóme ne fe peut tenir de leur en demander l'ocafion. Que le Roy Amadis ne luy voulut taire, ains le luy raconta
de mot à mot, & qui ilz eftoient. Ah, Sire, dit l'Hermite, en celà cognoiffez vous la grandeur de noftre Seigneur! que vous deuez louër en toutes
fortes, foit qu'il vous enuoye bien, malaife, ou defplaifir cóme il l'a agreable : Car bien fouuent il touche les plus haux de fa verge, pour les rendre
plus humbles, & leur ofter la cecité d'entendement, qu'ilz pourroient a-
uoir en eux penfans, pour leur grandeur, eftre autres qu'hommes. Hommes font ilz certes, & par confequent terre & cendre. Et qu'ainfi foit, Iob
l'a fceu tresbien tefmoigner durant que le Seigneur le vifita. N'auons pas
aufsi entendu l'hiftoire de Nabugodonofor, qui fut fi bien aliené d'entendement & d'efprit, qu'il vefquit fept ans de foin & herbe, ainfi que les beftes brutes? N'eft il pas dit que l'homme conftitué en honneur, & préemi-
nence, & ne l'entendant point (c'eft à dire oubliánt que cefte grace vient
du Seigneur, non pour les merites de luy, ains de la grace & bóté de Dieu)
eft cóparé aux iuments infipientes & fans aucune raifon ? En verité, Princes trefredoutez, bienheureux fe peut dire celuy, qui r'adreffe fa voye par
l'experience de ceux qui ont cheminé deuant luy, & toufiours & de tout
rendre louanges au Seigneur, lequel (comme vous m'auez raconté) à permis vous eflongner des voftres, vous laiffant en ce lieu defert, & folitaire,
non en intention de vous y oublier : mais pour vous faire exercer la vertu
de pacience, auec laquelle ie vous affeure qu'il vous rendra, non feulement ce que vous defirez le plus pour cefte heure : ains, apres longue &
profpere vie, aurez de luy l'heureux repos promis à ceux qui font fon bon
plaifir & fainte volonté. Et combien que le faint homme parlaft proprement & par raifon : toutesfois Galaor, qui n'eftoit vn feul brin tombé en
deuotion, ne le peut fouffrir longuement prefcher, & luy dit : Ie vous
prie, beau pere, puys que nous auez defia tant apris de bien, aprenez
nous aufsi comme nous pourrons fortir de ce lieu, ou s'il y a vilage pour
nous rafraifchir : car nous en auons befoing. Certainement, refpondit
le preud'homme, vous y trouuerez quelques hameaux, & bien peu : par

V

ce que

ce que l'Ifle eft prefque deferte, & encores ay-ie efté content les eflongner pour cognoiftre la fragilité de l'homme fubiete à mile & mile tentations, qui me contraignent aymer plus la folicitude qu'autre compagnie. Tellement que ie ne voy quafi homme, fi n'eft de Fortune quelques mariniers, qui nauigans cefte cofte defcendent quelque foys pour fe rafraifchir d'eau, ou euiter la tourmente, fi elle les preffe. Ie voy bien que c'eft, dit Galaor, vous voudriez nous faire femblables à vous : mais ie n'ay veine qui y tende, & ayme mieux vous laiffer en paix, & la contrée aufsi : pourueu que nous puifsions vfer de retraite. Mon frere, dit le Roy Amadis, encores luy deuez vous fçauoir bon gré du bon confeil qu'il nous donne, apres nous auoir repeuz de telz biens que noftre Seigneur luy a enuoyé. Il eft vray, refpondit Galaor : mais fi fault il auifer au refte : autrement nous fommes taillez de demeurer trop icy, premier qu'il nous en iete hors. Allons, ie vous prie, chercher par ce riuage quelque vaiffeau qui nous porte en Conftantinople : car il n'y a pas loing, ainfi que luy mefme nous tefmoigne. Mais tant plus le Roy Amadis le cuydoit adoucir & plus fe coloroit, dont il fe prit à rire, encores qu'il portaft grand ennuy pour le doute qu'il auoit de leurs vaiffeaux. Et à cefte caufe remontans à cheual prindrent congé du faint homme, qui les commanda en la garde de noftre Seigneur. Si allerent tant depuys ça & là, que finablement ceux qui les eftoient venu querir en eurent nouuelles, & les trouuerent premier que la femaine fuft hors. Adonq' leur dirent comme leur flote furgiffoit en la cofte de Niquée : parquoy s'embarquerent : tirans cefte route en efperance d'efprouuer l'auanture, puys qu'elle s'ofroit tant à propos.

Comme le Roy Amadis fut voir

la gloire de Niquée, apres auoir defait & occis le Roy Mouton de Lica, qui gardoit l'entrée : & de ce qui luy auint.

Chapitre　　　　　LXIII.

Es deux Roys r'embarquez, ainfi qu'auez entendu, leur nauire fingla par fi bon vent, qu'ilz defcouurirent peu de iours apres la cofte de Niquée, ou ilz prindrent terre, & à l'endroit mefmes que leurs gens atendoient l'Empereur de Conftantinople & autres enchantez nouuellement. Dont les deux Roys auertiz, monterent à cheual, pour aller voir cefte merueille. Mais ilz trouuerent le Roy Mouton preft à les empefcher, lequel fçachant leur venue les atendit de pied coy,

tant

tant qu'ilz furent tout au plus pres du Perron . Et là s'adreſſa à eux , leur
diſant: Cheualiers, ſi vous voulez entrer en ce lieu, ou nul autre que moy
merite mettre le pied , vous eſtes arriuez au combat . Par dieu, reſpondit
le Roy Amadis, celà vous part de bon cueur . Et à qu'elle ocaſion? beau ſire . Parce qu'il me plaiſt, dit l'autre . Ie ne dy pas , reſpondit le Roy Amadis , que ne ſoyez aſſez temeraire pour cuyder nous en garder : mais ie ne
penſe pas auſsi qu'il ne vous en prenne mal . Monſieur, dit Galaor, ie vous
prie me laiſſer vuyder ce different . Car, quant au reſte de l'auanture, ie ne
ſuis ny ne fu onques loyal amoureux, elle vous apartient, & à moy ce combat s'il vous plaiſt : C'eſt au contraire , reſpondit le Roy Amadis : car , ſi ie
veux paſſer outre , il eſt raiſonnable que i'en oſte l'empeſchement qu'on
m'y veult donner . Lors , ſans plus conteſter, baiſſant la veuë de ſon heaume, donna carriere à ſon cheual, & le Roy Mouton au ſemblable, ſe rencontrans de ſorte, que volant leurs boys en eſclatz, s'entredónerent & d'eſcuz, de corps, & de teſte, ſi lourde atainte, que l'vn & l'autre furent deſar-
çonnez Mais auſsi toſt ſe releuerent, & commença entr'eux deux vn merueilleux & aſpre combat, & tel , que finablement il ne demeura au Roy
Mouton eſcu, ny haubert, qui ne fuſt par pieces, ou deſcloué. Ce que voyāt
le Roy Amadis, luy dit : Cheualier, ie ſerois bien d'auis, que me laiſsiſsiez
l'entrée , ſans eſperer gaigner ſur moy l'honneur que voz propres forces
vous denient. Et hauçant le bras luy donna tel coup d'eſpée, que ſi le heaume n'euſt eſté des meilleurs) la teſte en euſt receu dommage. Et neātmoins
les laqs ſe rompirent & tomba par terre. Dont Mouton ſurpris d'vne nouuelle crainte de mort, tourna le dos, & fuyant à trauers le feu entra au palais , ou le Roy Amadis (ſans prendre garde au danger qui s'ofroit) le ſuyuit, criant Arreſte, paillard, & te rends, ou tu mourras . Toutesfois il n'a-
uoit pas le loyſir . Ains ne ceſſa de courre iuſques à ce qu'il entra en la chā-
bre de Niquée. Et montant à mont le theatre vint iuſques au degré quin-
zeieſme, ou il fit teſte . Car le Roy Amadis le pourſuyuoit de plus en plus.
Et là s'entredonnerent encores quelques coups . Mais à la fin Mouton eut
le pire, & tomba mort contre les Damoyſelles, tenans deuant Niquée le
miroir, qui de frayeur leur ſortoit des mains, & ſe briſa en pieces : prenant
fin partie de l'enchantemét. Car elles & les autres retournerent en leur bon
ſens. Non pas Anaſtarax, lequel à vn inſtant fut enuironné de tenebres per
dant de veuë celle qu'il aymoit plus que ſoy meſmes. Dont triſte iuſques au
mourir cómença à ſe plaindre, cóme celuy qui endure tourment inſupor-
table. Auſsi eſtoit il vray: Car il ſe trouua à vn fil d'œil aſsis en la chaize de
Niquée & tellement embrazé de feu & de flámes ſi eſpouuentables, que le
Roy Amadis, elle, & tous les autres furent contrains ſortir haſtiuement du
palais , & laiſſer le malheureux , deuant lequel ſe preſenta vn pilier de
Iaſpe, & vn eſcriteau contenant les motz qui enſuyuent . La gloire que toy
Anaſtarax as eu iuſques à preſent, ſera conuertie en double peine iuſques

V ii   à ce que

à ce que vienne celle, qui par son excellance & extreme beauté estaindra
l'amour que tu as porté folement à ta sœur& ne seras plustost allegé.

Lors tous esmerueillez de ceste nouuelle, & Niquée desplaisante de la
perte de son miroir, se commença se plaindre, disant au Roy Amadis: Helas! Cheualier, il n'y a rien plus certain que nul peult monter en la rouë de
Fortune, qu'autre n'en descende! Vous auez aquis par la fin de ceste auanture grand' gloire, & ie demeure en tristesse, perdant tout mon plaisir, &
ma ioye! Ma Dame, respondit le Roy, celuy qui fault, pensant bien faire
ne doit estre estimé coulpable, ny blasmé. Parquy ie vous suplie humblement receuoir en bonne part la volonté que i'ay eu de vous seruir : Car ie
vous iure Dieu, que ie ne pensay de ma vie desplaire à Dame, ou Damoyselle, que ie sçache. Par plus forte raison donques malaysément eusse-ie
commencé à vous, qui estes bien la plus belle que ie croy estre au iour
d'huy entre les hommes. Et acheuant ceste excuse Lucelle la regarda plus
ententiuement qu'elle n'auoit encores fait, & se souuint, que veritablement la figure qu'elle vid dans le cueur du Roy Felides estoit celle de Niquée sans autre. Dont cognoissant le tort que luy faisoit Amadis de Grece se retira à part, & fondant quasi en larmes fit les plus grans regretz du
monde, disant en soymesmes : Helas! fut il onques Damoyselle plus malheureuse que ie suis?ne qui ayt plus grandeocasion de se plaindre, m'ayant
vn amy faint mise au lieu de parfaite amytié, pour puys apres me delaisser
moquée? Mais helas ! ou est maintenant ceste promesse tant de foys iurée,
& ces faintes larmes, que pour m'atraper, vous Amadis auez si souuent es-
pandues sur vostre visage, & en ma presence? Ah, ah meschant ! vous me
repeustes quelque iour d'vne Venus, qui residoit(comme vous m'asseuriez
en vostre cueur ! mais maintenant que la poison est manifestée, ie voy clerement qu'elle est la Venus dont vous vous ventiez. Qui me fera tant que
ie viuray, vous estimer lasche & malheureux : ayant tant pris de peine &
de plaisir à me deceuoir. Par ce que veritablemét, tout bien consideré, vous
deuiez ce me semble, auoir egard, qu'estant fille (comme ie suis) de si grád
Roy, ie meritois autre traitement de vous, non pas la moquerie telle que
vous me l'auiez dressée. Mais i'entens bien qu'encores en ferez vous gloire
dont ie me plaindray à iamais & de vous & de l'amour, laquelle i'ay main
tenant en plus d'horreur que ie n'eu onques en reuerance : Car tout ainsi
qu'il n'est plaisir qui se peust egaler à la parfaite amytié de deux amans,
aussi n'est il hayne, ou impacience, qui sçache plus troubler l'esprit, que la
iuste ialousie, sans laquelle toute autre amertume, qui se mesle parmy la
douceur d'aymer: n'est (ce me semble) qu'vne multiplication d'amour,&
vn vray alambiq',ou elle s'afine parfaitemét. Vne soif extreme fait trouuer
l'eau meilleure,& le lóg ieuner donc plus grand goust à la viáde. Aussi ne
pourra estimer ny cognoistre le bien de paix & de repos d'esprit celuy,
qui n'a experimété l'efort de la cruelle & dure guerre que fait le soupçon.
On su-

On fuporte bien quelquefois l’abfence d’vn amy , pour l’efperance d’vne
nouuelle ioye à fon retour: vne excufe , vn defdain , vn refus , vn mauuais
vifage , vn legier mefcontantement : mais depuys qu’ypocrifie & fauceté
eft auerée au cueur , qu’on eftimoit loyal , il eft certain qu’il n’y a martire
ny defplaifir, qui tourmente plus la perfonne , ou foy & vraye amytié font
leur demeure. Helas ! mon Amadis , a’vous iamais trouué en moy autre
chofe , finon afeſtion & bő vouloir enuers vous? Fis-ie onque chofe pour
vous caufer tant foit peu de mefcőtantement ? Sur mon Dieu vous me faites tord. Et comme elle eftoit en ces lamentations on vint raporter à Niquée, que le Soudan (auerty de fa liberté) la venoit voir : Parquoy fut Lucelle contrainte changer vifage , & oublier fes pleurs , aufsi qu’il furuint
encores vne nouuelle auăture. Ce fut qu’a peine eut cefte cőpagnie eflongné le palais d’vn iet d’arc , que la place fe trouua couuerte d’vne nue tant
efpaiffe , qu’on y vid plus que tenebres , pleurs , voix eftranges , criz , &
hurlemens fi efpouuentables que chacun s’en efmerueila : mefmes auifans
vn perron tomber du ciel & fe planter tout debout , auec lettres contenans
ce qui s’enfuyt:

Ce lieu (autresfois dit la gloire de Niquée) fera d’orefenauant apellé
l’enfer d’Anaftarax , qui durera iufques au temps , que les deux extremes,
l’vn en beauté , & l’autre en prouëffe , s’affembleront: l’vn fçachant dőpter
par fa force les cruelz & efpouuentables animaux : & l’autre par fa fupreme beauté amortir le feu autresfois alumé en l’amour de Niquée , auquel
temps fera deliuré le vaillant Prince Anaftarax . Et ce pendant nul fera fi
ofé ne hardy d’entreprendre l’efpreuue de cefte auanture.

De laquelle le Soudan auerty ne fe trouua moins trifte , qu’aife d’auoir
recouuré fa fille . Toutesfois , confiderant le peu de remede qu’il y auoit
au refte , s’amufa plus à honorer le Roy Amadis , & fa compagnie , qu’à fe
plaindre d’auantage. Or n’en cognoiffoit il nul d’eux: parquoy il leur per-
mit aifément prendre le chemin qu’ilz vouloient , & luy en fa grand’ cité,
ou il r’enferma de rechef Niquée , iufques à ce qu’il euft autres nouuelles
de Zirfée. Et tandis la Royne Liberna vint en fon royaume , ou elle fut
receuë des fiens en grăd’ ioye , & le Roy Amadis , & ceux de fa compagnie
en Conftantinople , ou de la chacun prit fon adreffe pour retourner chez
foy , auec promeffe de faire la meilleure diligence qu’il leur feroit pofsible
d’affembler leurs forces en la mőtaigne Defendue , pour paracheuer l’entreprife de la guerre contre Abra, ainfi qu’elle auoit efté conceuë. Atendăt
laquelle nous fuyurons ce que depuys il auint à Niquée , qui eft dans la
tour auec fes Damoyfelles & fon Nain , qui luy fert de paffetemps.

V iii

Comme

Comme Niquée r'enuoya Buzã-

do en la queste d'Amadis de Græce, & de ce qu'il luy auint en
l'Isle Trapobane contre celuy qui vsurpoit le
Royaume sur l'Infante Lucida.

Chapitre   LXIIII.

Iquée mise en la tour auec ses Damoyselles, & la tenant encores le Soudan plus de pres qu'il ne fit onques, ne pouuant oublier toutesfois son amy, s'auisa de deman-der à Buzando, comme il auoit mis à execution le com-mandement qu'elle luy dóna de l'aller trouuer. Ma Da-me, respondit il, trouué l'ay-ie, sans doute, & amené iusques à l'entrée du lieu ou vous estiez : mais il n'osa onques esprouuer l'auanture, qui vous donna assez foy de mon merite, au respect du sien. Ah, ah Buzando! dit elle, est il possible qu'il soit venu par deça ? Ouy ma Dame, & ainsi le vous asseure ie sur mon honneur. Adoncq' luy raconta tout ce que vous en auez entendu. Dequoy Niquée trop deplaisante, ne sceut de prime face qu'en presumer. Toutesfoys à la fin ne se peut tenir de luy dire: Vrayement, mon Buzando, ie pense mon malheur seul estre mo-tif de ceste faute, non pas le courage de mon Amadis : car il est vray sem-blable, que luy esprouué en tant de sortes ne se fust autremét oublié, ainsi que tu me prometz. Parquoy ie te prie mettre peine de le retrouuer, & me l'amener à ceste foys. Puys qu'il vous plaist, ma Dame, respoudit il, ie le feray. Et voulant monstrer par l'espreuue de quelle afection il la seruoit, prenant congé d'elle, deslogea de la ville de Niquée, ou peu apres vin-drent nouuelles de l'auanture du chasteau des secretz, mise à fin par le Cheualier de l'ardante Espée, autrement nommé Amadis de Grèce, re-cogneu à filz de Lisuart & Onolorie. Et que neantmoins il n'auoit encores changé de loy, ains viuoit tousiours sous la premiere creance, que luy bail-la le Roy Magadan de Saba. Dót Niquée se resiouïssoit beaucoup, faisant estat, qu'auec le temps luy & elle s'acommoderoiét ensemble & en toutes sortes. Mais il estoit lors fort eslongné de ses païs : Car il nauigeoit en Tra-pobane, deliberé, ou de mourir, ou de remettre Lucida en son bien. Pour à quoy donner meilleur ordre luy & elle vindrent prendre terre en vn port de mer, ou s'estoit retiré l'ócle de Lucida auec lequel ilz resolurét faire as-sembler gens de toutes parts, pour aller combatre l'ennemy, qui, entendát ses nouuelles, dressa incontinent son armée, & marcha encontre si diligé-ment, que peu de iours apres, ilz se trouuerent au combat, qui fut aspre & dangereux des deux costez. Toutesfois Fortune fauorisa Amadis de Grè-

ce, &

ce, & s'enfuyt le Tyran vers la cité de Trapobane. Mais on luy chaffa les efperons de fi pres, qu'entrans pefle mefle il ne peut auoir autre meilleur recours qu'au temple de la déeffe Diane, ou il s'enferma, & luy fut la nuiɕt (qui furuint) fi propre, que, pour l'obfcurité, chacun vfa de retraite: efperant Amadis, le iour venu, ne laiffer gueres en repos, ains affaillir viuement la place: mais il auint d'autre forte. Car le Roy, cognoiffant le peu de moyen qu'il auoit d'euiter fa ruine & tenir le lieu, eftans la plus part de fes gens naürez & recreuz, enuoya des le matin vn Trompette demander le combat contre Amadis, remettant à la viɕtoire de l'vn ou de l'autre tout le diferent de la guerre commencée, qu'Amadis accepta volontiers, & de fait entrerent en camp de bataille, ou le Roy eut du pire, & fans longue refiftance y perdit la tefte, qui fut incontinent ennuoyée par Yneril à l'Infante Lucida, demeurée pour lors en la maifon de fon oncle, laquelle, entendant fi bonnes nouuelles, deflogea à l'heure mefmes, & vint prendre poffefsion de la cité, ou les Princes & Seigneurs fes vaffaux la recogneurent à Dame & Royne. Parquoy Amadis, ayant mis fin telle qu'il defiroit à ce voyage, eftoit preft à fe r'embarquer quand elle le vint fuplier humblement la pouruoir de mary, pour defendre la terre qu'il luy auoit conquife. Ma Dame, refpondit il, puys qu'il vous plaift le receuoir de ma main, & que ie n'en cognois autre plus digne de vous, que mon compagnon Gradamarte, ie vous prie le receuoir & donner à Yneril les païs du Tyran qui vous auoit ainfi desheritée. Ce qu'elle eut agreable & fut le mariage d'elle & de Gradamarte confommé des le lendemain, & Yneril inuefty du bien promis: parquoy Amadis, prit congé d'elle, & auec Ordan feul vouloit s'embarquer pour tirer droit à Niquée. Mais Gradamarte ne le voulut confentir, ains dit qu'il le conduiroit iufques là, puys qu'il viendroit retrouuer la Royne fa femme, ce qu'Amadis mit peine d'empefcher. Toutesfoys à la fin ilz entrerent enfemble en fon nauire & firent voyle, trauerfans tant de mer quelque foys calme, & bien fouuent efmeuë, qu'ilz defcouurirent la cofte de Niquée: mais à vn inftant Fortune les ieta au royaume de Macedone, ou ilz rencontrerent Birmartes, qui ayant parfait ce qu'il auoit promis à Onorie s'y acheminoit efperát eftre receu d'ellé ainfi qu'il meritoit. Si fut la ioye grande & de l'vn & de l'autre, pour s'entre voir en bonne fanté, mefmes entendant Birmartes la nouuelle cognoiffance qu'Amadis auoit eu de fes pere & mere: le priant à cefte caufe luy faire le bien de luy tenir compagnie iufques au royaume d'Apolonie, ou il verroit celle pour laquelle il auoit eu tant de combatz & d'affaires. Ce qu'Amadis luy acorda, & y prindrent terre peu de iours apres au lieu ou fe iournoit Onorie, laquelle iufques adoncq' n'eftoit fortie de prifon. Mais pour l'arriuée de Birmartes le Roy fon pere luy donna liberté auec tant de contentement & de plaifir qu'on ne fçauroit eftimer. Car Birmartes auoit aporté quand & foy les efigies & pourtraitz de plus de cinquante filles

V iiii

d'Emped'Empereurs ou de Roys, les seruiteurs desquelles il auoit tous vaincuz au combat, & partant merité la iouïssance de s'amye, auec laquelle il fut marié le huytiesme iour ensuyuant. Mais pource que nostre histoire est vouée à autre saint, nous le laisserons à son ayse, pour remettre Amadis de Grece en train, deliberé (& deust il estre consommé en cendre) voir ceste foys Niquée. Et à ceste cause, prenant congé de son grand amy Birmartes, & des autres r'entra en son nauire, qui eslongna en peu d'heure ceste coste. Or le conduye Fortune à son desir & parlons maintenant d'Abra arriuée en Babilone preste à mettre sus toutes ses forces, pour ruiner l'Empereur & l'Empire de Trebisonde.

Comme l'Imperatrix Abra fit as-

sembler soixante Roys ses vassaux: de la remonstrance qu'elle leur fit, & de la grande armée de Crestiens, qui vint se ioindre en la montaigne Defendue.

Chapitre   LXV.

Ous auez entendu es chapitres precedans la sorte qu'A-bra & la Royne Zahara s'embarquerent, pour retourner en Babilone , & la resolution que prindrent les Roys Crestiens d'assembler leurs armées, & sur le commencement du temps nouueau assaillir l'Empire , qui apartenoit à iuste titre à Axiane fille de Zirfée . Dequoy Abra auertie par ses espions, qu'elle auoit ordinairement en Trebisonde , delibera(remediant à ceste entreprise)les preuenir,& ruiner le vieil Empereur & Lisuart son gendre. Et pour ceste cause, apres s'estre quelzques iours rafraischiz en Babilone ,& que Zahara eut pris congé d'elle,pour ne vou-loir estre de la partie, tant auoit d'amitié & esperance au mariage futur d'elle & d'Amadis de Grece enuoya ses Heraux semondre soixante Roys ses vassaux , à ce qu'ilz eussent à eux trouuer vers elle sur la fin du moys de Ianuier. A' quoy ilz ne firent faute . Adoncq' commença à leur remonstrer, comme Zaïr auoit entrepris l'esté passé le voyage de Trebisonde,esperant auec vne perpetuelle paix & amitié prendre aliance & espouser la fille de l'Empereur: Mais le malheur estoit tellement succedé, que le Soudan frustré de son intention y auoit perdu la vie, ainsi qu'il estoit notoire à chacun . Parquoy, Seigneurs, dit elle,il n'y a celuy de vous à qui telle iniure ne redonde, ayant esté vostre Prince si mal traité , & finablement occis, & par la main de celuy , que moymesmes auois choysi & esleu pour Seigneur & espoux. Certes l'amitié honneste que ie luy portois à esté mal recompensée, espanchant ainsi le sang illustre du Prince des Babiloniens, & d'vne infinité d'autres voz amis,parens & aliez. En sorte que si vous con siderez bien comme le tout s'est passé,il se trouuera que,ou les peres,ou les freres,ou les cousins de vous en particulier & general, ont esté pasture aux monstres marins : demeurans leurs corps priuez d'honorable sepulture, & enseueliz entre les ondes des abismes . Sera donques ceste iniure oubliée? Sera le nom de Babilone fable à tous ceux qui orront parler de leur meschef? Sera la iuste vengeance assopie, sans en faire autre cas ? Ah , ah Roys magnanimes ! ie vous aiure par noz haux dieux puissans , que chacun de vous prenne les armes : non seulement pour faire cognoistre par tout le monde que vous estes les dompteurs des Princes qui vous offendent , ains le fleau & chastiment de toute autre nation. A' ce que l'on m'a r'aporté les Crestiens s'assemblent & font courir le bruit de nous venir trouuer , pour (en nous chassant de noz propresheritages)faire proclamer pour Imperatrix de ceste monarchie Axiane fille de Zirfée : mais si vous me voulez croyre,nous les rendrons bien loing de leur conte, & les yrons deuancer entrans de fureur dans l'Empire de Trebisonde, laquelle destruite & sacagée passerons en Constantinople , ou le feu & le trenchant de noz espées seront executeurs de nostre vengeance,sans espergner Roy, ny roc, homme, femme,ny enfant . Estant asseurée,ou vous voudrez mettre voz ban-

nicres

nieres & enseignes aux champs, qu'ilz n'auront non plus de resistance à
noz forces,que la paille contre le feu. Et voylà la cause pour laquelle(Princes excellans) ie vous ay mandez,vous priāt & commandant,qu'en la plus
grande & extreme diligēce qui vous sera possible, vous faites sonner le ta-
bourin par toutes voz terres, & assembler gens de pied & de cheual,gale-
res, nauires, & autres vaisseaux, tant pour la guerre, que pour le port des
viures : à fin qu'estant nostre equipage dressé, nous parfaisions le reste de
nostre entreprise telle que ie vous ay fait entendre, & qui vous sera grandement honorable & profitable . Ce pendant i'enuoyray vers noz amys,
& aliez,les requerir & semondre à nous estre fauorables & aydans:atendu
que ce fait leur touche, pour la raison que ie vous ay declaré, voulans ceux
de Crestienté inuahir aufsi bien leur contrée,comme ceste cy, si nous l'en-
durons. Puys se teut,atendāt la response des Roys,qui succeda telle qu'elle
la desiroit:Et en sorte que le iour mesmes iurerent la guerre à feu & à sang
côtrel'Empereur deTrebisonde,&ceux qui le voudroiét secourir.Parquoy
depescha aufsi tostEmbassadeurs vers le Soudā d'Alapa,au Roy de la grād'
Turquie Lizarañ, à Macartel Roy d'Egipte , & autres auec lettres de creance, & amples instructions & remonstrances pour les esmouuoir contre
leurs ennemis , & estre de sa partie . A' quoy ilz ne furent vn seul brin retifz , ains entrerent tous en ceste ligue , fors le Soudan de Niquée , & Brisene Royne d'Alexandrie , qui viuoit pretendante au mariage futur d'elle
& d'Amadis de Grēce,tant l'auoit en son esprit.Or voylà comme se demenoient les affaires des Princes de Leuant,tous lesquelz se ioignirent à l'entrée de l'esté au port de Zama,acompagnez de tāt de voyles,que la mer e-
stoit couuerte de vaisseaux,& la terre ombragée de gens,& de cheual,& de
pied, en si grand nombre, que l'on conteroit plus aysément les plantes du
mōt Apennin ou les ondes qui baignent les piedz d'Atlas, quand les vens
soufflent , voyre par combien d'yeux le ciel descouure sur le minuit les secretes entreprises des amans , ou larrons , que non pas l'infinité de tant de
peuple, qui marcha sous la dition & obeïssance tant de l'Imperatrix Abra
que de cent dix Roys ses alliez vassaux , qui pensans tirer droit en Trebisonde,furent ietez par la fureur du temps en la coste de Hongrie. Dequoy
le Roy du païs auerty, leur donna à l'aborder beaucoup d'affaires . Mais à
la fin se trouuant le plus foyble, fut rechassé iusques dans sa principale
ville , auec grosse perte des siens & de païs ruiné & mis en feu . Toutesfoys
estant l'entreprise des ennemis autre que sur la cōqueste deHongrie,s'esle-
uant vn vent Grēc propre à leur nauigacion , r'entrerent en leurs vaisseaux
pleins de butin & de proye . Et tandis s'assembloient les Princes Crestiens
en la montaigne Defendue , ou se trouuerent en mesme temps Axiane &
Lucencio, conduisans l'armée d'Argenes : Olorius Prince d'Espagne, celle de son pere: le Prince de Brandalie , celle de l'Empereur Espládian : le
Roy de Boësme Grasandor & son filz,auec sa troupe : Birmartes, l'Empe-

reur

reur Floreſtan, Hircio Roy d'Yrlande, les deux Roynes Calafie & Pintiquineſtre, & vn grand nombre d'Amazones, le Duc de Bourgonce, Olorius lieutenant general du Roy de Naples, Angriote d'Eſtrauaux & don
Brian Duc de Briſtoye chefz des Cheualiers de la grand' Bretaigne, don
Quedragant d'Yrlande, Balan filz de Galote, le vaillllant Argamont, Lerfan de la Roque, don Bruneo Roy d'Arauigne, Garinter Roy de Dace
& le Duc de Normandie. Tous leſquelz acompagnez de leurs gens & ſoldatz, môtez & armez en tresbon equipage, s'embarquerent en galeres, ga-
liotes, hurques, fuſtes, brigantins, nauires, caraques, & autres vaiſſeaux grás
& petitz, ſi bien muniz & fretez, qu'l n'y manquoit rien, pour bien ofendre, ou defendre. Auec leſquelz ſe ioignirent auſsi peu de iours apres les
Roys Norandel, & celuy de Hongrie, qui deſirant venger l'outrage qu'il
auoit receu d'Abra, ſe mit de la partie. Or vueille le Seigneur Dieu leur
donner victoire : car, auant qu'il ſoit l'an paſſé, ilz auront prou d'affaire.
Mais ſi les arreſterons nous pour ceſte heure : parce qu'Amadis de Gręce
ſe tourmente de ce qu'en l'autre chapitre ie l'ay laiſſé ſi court: l'ayant apellé, pour preferer à luy ce diſcours & preparatifz d'armées, tant de mer que
de terre.

Comme Amadis de Gręce ſe fit

vendre pour Damoyſelle eſclaue au Soudan de Niquée par Gradamarte: Et de ce qu'il en auint.

Chapitre LXVI.

Radamarte & Amadis r'entrez en leur vaiſſeau, ainſi
qu'auez entendu, nauiguerent par ſi bon vent, que ſur la
fin du moys vindrent ſurgir au plus prochain port de
l'enfer d'Anaſtarax, qu'ilz deſcouurirent la nuit precedante, tant paroiſſoit le feu de loing. Si en furent grandement esbahiz, ignorans encores ce qui eſtoit auenu.
Mais auſsi toſt qu'ilz prindrent terre, on le leur recita de point en point,
& comme l'auanture de la gloire de Niquée auoit eſté miſe à fin, & par-
qui, dôt Amadis de Gręce ſe cuyda deſeſperer, craignant que s'amye l'euſt
en reputation de couard & puſilanime, n'ayant iamais ozé entreprendre
ce à quoy tant d'autres n'auoient failly. Au moyen dequoy, ſans Gradamarte, qui le remit deux ou trois foys, il ſe fuſt donné de l'eſpée dans l'e-
ſtomac : mais il le gaigna petit à petit, & ſi bien, que (pour trouuer remede à ſon martire) il luy conſeilla laiſſer ſa premiere deliberacion, &, atendant heure plus oportune, eux en aller ioindre à l'vne ou l'autre des deux
armées

armées, pour lesquelles & l'Orient, & l'Occident estoient assemblez. Toutesfois Amadis ne pouuant par si longs iours suporter son tourment, & l'amour extreme qu'il auoit à Niquée, sans iouïr à tout le mois de la presence d'elle, en fit toutes les dificultez du monde. Par dieu, dit Gradamarte, si seroit ce vostre auancement, estant asseuré, que la guerre ne sera plustost finie, que, si la demandez en mariage au Soudan (veu la reputation & estime que l'on a de vous) ne l'ayez facilement. Ainsi serez vous en repos, elle satisfaite, & tous deux contans. Ce sont paroles, respódit Amadis de Grece: il fault que ie la voye & parle à elle premier que ie retourne iamais arriere. Voicy donques, dit Gradamarte, que nous ferons: vous estes si ieune, que vous n'auez encores poil de barbe, & tel, qu'ayfément vous pourrez estre pris pour vne bien belle fille. Vous sçauez tresbien le langage de Sarmate, nous vous habillerons ny plus ny moins qu'estoit la Royne qui vint auec Zahara, & me diray marchand, qui vous aura achetée en Alexandrie entre plusieurs Amazones, & fait esclaue, ainsi que nous sçaurós bien faindre. Ie vous meneray vendre en la ville de Niquée: toutesfoys le pris que ie demanderay pour vous sera si grand, qu'autre que le Soudan n'y pourroit fournir. Et si l'heur vous peult si bien dire, qu'il oye parler de vous & vous achete (comme il fera à mon auis) ce vous sera le plus grand moyen que sçauriez souhaiter pour voir Niquée, & auoir acces & familiarité à elle. Lors paracheuerez le surplus ainsi que le temps & l'ocasion vous conseillera. A'quoy presta Amadis l'oreille, & luy tardoit desia estre de retour en leur nauire, pour mettre fin à ce commencement, ou arriuez, fut donné incontinent ordre à luy aproprier vn acoustrement d'Amazone, qui luy fut si bien séát, que Gradamarte ne se peut tenir de rire, luy disant: Sur mon dieu vous ressemblez mieux vne Diane, que non pas ny Amadis de Grece, ny le Cheualier de l'ardante Espée. Il ne me chault, respondit il, pour qui ie sois pris : mais que m'amye me reçoyue pour celuy qui ie suis. Et commandans à tous ceux du vaisseau, que sur leur vie ilz n'eussent à eux mouuoir de là, sans auoir premierement nouuelles d'eux, monterent à cheual acompagnez de cinq ou six Escuyers, mieux acoustrez en facteurs & marchands, qu'en Gentilzhommes, ou autres suyuans les armes. Aussi qui eust veu lors Amadis auec sa longue robe de taffetas Turquin, frangée d'or, troussée, & ceinte ny plus ny moins que s'aparut Venus à Eneas descendant de la fuyte de Troye es marches de Cartage, l'escofion en la teste, & aux oreilles deux grosses Perles pendantes, les petitz brodequins dorez en ses iambes, l'arc en la main, & la trousse au costé : certes on ne l'eust pas ayfément estimé celuy duquel la renommée voloit par tout le monde, ny Grádámarte que pour messire Cosme Alexandrin, dont il vsurpa le nom, & Amadis celuy de Nereïde, entrans sous telle couleur en la cité, ou ilz se logerent, & fut Nereïde exposée en vente pour le pris de mile talens d'or. Lors combien que la beauté d'elle la fit desirer extremement par les plus

riches

riches & aparens, la somme toutesfois leur sembloit si excessiue, qu'ilz en perdoient le goust. Mais les nouuelles en vindrent au Soudan, qui manda incontinent messire Cosme la luy amener, à quoy il ne fut paresseux. Si n'eut le vieil Prince plustost ieté l'œil sur elle, qu'Amour voulut estre de la partie, luy enflammant si fort le cueur & le desir, auparauant froid & retiré pour ses longs iours, qu'il delibera en faire amye & s'en seruir. Et pour ceste cause la prenant entre ses braz commença à luy dire : Vrayement, ma mignonne, vous portez, ce me semble, deux sortes d'armes bien differentes. Toutesfoys si craindrois-ie beaucoup plus les traitz de voz yeux, que la force de vostre arc, quelque dexterité que vous ayez d'en bien tirer. Sire respondit Cosme, ceux qui me l'ont vendue m'ont asseuré en leur foy, n'estre moins vaillâte & rude aux combatz, que belle, de bonne grace, & telle que vous la voyez, qui me la fit plus hardiment acheter, & la vous amener : ayant maintesfoys ouy parler de vostre excellance & liberalité : esperant, Sire, que, oultre le gré que vous n'en sçaurez, i'en raporteray de vous profit raisonnable. Et tout ainsi qu'vn feu allumé entre grant nombre de fagotz se fait plus hault & vehement lors que le vent soufle à trauers, aussi les paroles de Cosme embrasoient de plus en plus le vieil estomac de ce Prince, qui finablement en demanda le pris au dernier mot. Sire, respondit Cosme, le pris est vostre volonté, non autre, vous supliant me faire tant de bien que de vous en seruir, puys l'ayant cogneuë vous me la payerez à vostre gré. Et bien, dit le Soudan, ie l'accepte. Et vouloit à l'instant luy faire deliurer les mile Talens d'or qu'il auoit premierement demandez aux Citoyens de la ville, mais Cosme les refusa : car, dit il, Sire, ie m'asseure que desormais vous me ferez fauorable es daces & tributz des autres marchandises que i'ameneray d'oresenauant par deça. Vrayement, respondit le Soudan, ie vous en afranchis de ceste heure & tant que vous viurez. Dont Cosme le remercia treshumblement. Et faignant auoir à faire en autre contrée, prit congé de luy & de Nereïde, à laquelle le Soudan commanda incontinent faire maints precieux acoustremens, ne l'estimant moins belle que Niquée sa fille, qu'il alla visiter le iour mesmes en la tour ou il la trouua fort triste pour la longue demeure de Buzando le Nain, dont elle ne pouuoit ouyr nouuelle. Et comme ilz se mirent à deuiser ensemble, le Soudan commença à luy raconter l'achat qu'il auoit fait de Nereïde, parente, dit il, de la Royne de Sarmate, & aliée de Zahara. Au reste de si bonne grace, que ie ne pense auoir veu femme depuys la mort de vostre feuë mere, qui m'ayt esté tant agreable. Aussi croy-ie asseurémét que les dieux me l'ont vouée, à fin de passer la melencolie qui m'est si familiere pour l'abscence de vostre frere Anastarax, ne doutât que vous deux ensemble serez instrument de sa liberté, si par deux extremes de beautez iointes (comme dit la prophecie) il doit estre quelque foys deliuré. Aux paroles du Soudan cogneut bien Niquée, qu'A-

X   mour

mour vouloir auoir ſon paſſetemps de luy, dont elle ne ſe peut tenir
de ſouzrire . Monſieur, reſpondit elle, puys qu'il vous plaiſt me faire
viure auec ſi grande ſolicitude, ie vous ſuplié (aumoins) me la donner
pour compagnie. M'amye, dit il, vous la verrez en brief, & en l'acouſtrement que ſa grande beauté merite. Et quant & quant luy donna le bon ſoir
& ſe retira : car il luy tardoit trop d'auoir ſi longuement perdu de veuë
celle, qui le rendoit plus vieil amoureux, qu'il n'auoit onques eſté ieune
iouïſſant.

Comme le Soudan, apres auoir re-

quis Nereide d'amour, la conduit voir ſa fille Niquée : & des pro-
poz qu'ilz eurent enſemble.

Chapitre   LXVII.

Inſi ſe paſſerent trois & quatre iours, que le Soudan bruſ-
loit à petit feu de l'amour de celle, ou il auoit nouuellement mis ſon cueur, auec laquelle deuiſant vne apreſ-
dinée s'eſchaufa ſi bien en ſon harnois, qu'il voulut tendre ſon filet pour eſſayer de l'atraper, non par choſe forcée, ains ſous couleur d'amytié & honneſte traitement
qu'il

qu'il defiroit luy faire. Pour à quoy paruenir, luy afsis dans vne chaize
& elle debout entre fes braz, commença à luy dire: Ma mignonne, ie croy
que les dieux ne vous mirent onques en captiuité, finon pour vous donner puys apres vne liberté plus grande: me rendant fi bien voftre, que vous
vous pourrez vanter d'orefnauant auoir fur moy plus de puiffance, que
n'eut onques homme, ny femme. Mais, m'amye, il fault aufsi que vous
m'aymez: nõ que ie vueille auoir de vous chofe qui foit oultre voftre gré,
ains de voftre grace & bonne volonté. Vous plaift il pas donques, ma Nereïde, eftre entierement mienne, & m'acorder tout ce que ie vous demanderay? vous affeurant, fi vous vous maintenez en mon endroit telle que
ie vous defire, que vous ferez aufsi la plus heureufe Damoyfelle de l'Afie.
Et pourtant, ma fille (difoit le vieillart tout trauaillant) ie vous fuplie me
tirer hors de peine, & permettre qne nous dormions cefte nuit enfemble,
à fin que, moy contant, vous foyez faite Dame & maiftreffe, & de mon
corps & de mon cueur enfemble. Et combien qu'il euft au commencement
deliberé ne paffer les bornes de raifon, toutesfoys le feu pres des eftoupes
s'alluma fi bien, qu'il vouloit en la baifant venir & au tetin, & plus bas: efperant par ces erres auoir le refte de ce qu'il defiroit le plus. Mais Nereïde, faignant vne crainte & honte pudique, fe retira arriere, & la larme à
l'œil luy dit: Ah Sire: ie vous fuplie treshumblement auoir fouuenance
de ce que vous difiez n'a gueres, &, fans vfer de violence, vouloir eftre contant, que l'amour feule moyenne la perfection du plaifir que vous preten-
dez en moy. Vous auifant, Sire, que i'ay efté tant bien norrie, & entre tant
de perfonnes aymans l'honneur, que ie confentirois plus fort à ma mort,
qu'à la violance de ma virginité, fçachant tresbien, que perdant la Damoyfelle le fleuron de chafteté (fi n'eft au lieu permis par la loy) le refte
d'elle eft de fi peu d'eftime, qu'on n'en doit faire non plus de cas que d'vne
fleur fennée, & fleftrie. Parquoy, Sire, il vous plaira moderer vn peu voftre pafsion, & m'eftre vous mefmes protecteur de ce, que vous pourrez
auoir auec le temps & tout à voftre gré: Car encores que vous foyez grand
Roy & excellant Prince, fi n'eftime-ie tant ny voftre pouuoir, ny voz ri-
cheffes, comme l'honneur & bon traitement que i'atens de vous. Si que ne
fçache auiourd'huy homme viuant à qui pluftoft ie voufiffe bailler la puiffance fur moy que vous pourchaffez. Mais, Sire, les chofes conquifes fans
violence & degré, font volontiers de trop plus grande durée, que là ou la
force domine. Le Soudan qui, peult eftre, n'eftoit fi mauuais qu'il en faifoit le femblant, & que quãd bien il euft efté pris au mot toutes chofes n'y
euffent donné confentement, pour auoir ataint l'aage de foixãte ans &
plus, receut pour l'heure en payement les raifons de Nereïde, & l'eftima
encores plus qu'il n'auoit fait, luy difant. Par mon chef, ma mignonne, ie
vous en fçay tresbon gré, & vous prometz que ie ne vous donneray iamais

X ii

ceft

cest ennuy : ains fuyuant voftre confeil, feray tel enuers vous, que vous
mefmes vous vous eftimerez ingrate, fi vous ne m'otroyez de franche volonté ce que m'auez refufé par raifon. Et en cefte opinion la laiffa la plus
contente du monde, efperant Nereïde iouër fi bien de là en auant fon perfonnage, que faifant tourner la chanfe, le fort que le Soudan penfoit ieter
fur elle tomberoit fur fa fille, ainfi qu'il auint cóme vous entendrez es chapitres fuyuans. Luy donques retiré en fa chambre, paffa la nuiĉt non fans
auoir le cueur & l'efprit en fa Nereïde, à laquelle il enuoya des le matin
donner le bon iour, & luy prefenter vne robe de drap d'or cantillé d'argent, qu'il luy prioit veftir ce iour : car il vouloit luy faire voir Niquée.&
paragonner enfemble leurs beautez. Ce que Nereïde eut trefagreable. Auffi la trouua il prefte quant il vint vers elle, pour luy demander s'elle vouloit pas venir en la tour vers fa fille. Sire, refpondit elle ie vous en fuplie
treshumblement. Or allons donques, ma mignonne. Et la prenant par la
main entrerent enfemble ou eftoit Niquée, penfant a fon Amadis de Gręce qui tardoit tát.Mais aufsi toft qu'elle auifa le Soudan & Nereïde, la couleur luy monta au vifage : car fe fouuenant de celuy qu'elle auoit fi long
temps regardé dans le miroir, eftima Nereïde luy reffembler plus que chofe du monde. Dont le cueur luy commença a fremir : & tremblant comme
la fueille, le Soudan, qui auoit l'œil fur elle, luy demanda, fi elle fe trouuoit
mal. Non, mófieur, refpondit elle, c'eft vne defaillance qui me prend quelque foys, & qui fe paffe aufsi legierement. Ie vous prie, dit il, oubliez la
donques, & faites quelque racueil à Nereïde, qui vous eft venue faire la
reuerance ainfi que i'auois promis : Mais, par voftre foy, que vous en femble? eft elle moins belle que ie vous difois? A' cefte parole s'aprocha Nereïde, & les deux genoux en terre baifa les mains de Niquée auec vn plaifir
tant extreme, qu'elle s'eft depuys efmerueillée cent & cent foys (comme
i'ay entendu) qu'elle ne mourut fur l'heure. Toutesfoys Amour la fouftint
pour ce coup, & luy donna effort non feulement de fe maintenir, ains de
difsimuler, & faindre l'ayfe qu'elle receuoit, erres, & gage de l'efperée iouif-
fance. Pour laquelle encores mieux confirmer Niquée, la releuant, refpondit au Soudan: Ie vous prometz, monfieur que ie ne m'esbahis plus fi vous
aymez beaucoup cefte Damoyfelle : car ie croy que vous faudrez bien à
trouuer en tout l'Orient qui euft en foy plus grand' beauté qu'elle. Ah,ah
ma Dame!dit Nereïde, pardónez moy,s'il vous plaift: car ou l'on me voudroit donner quelque part de cefte perfection, il faudroit que ie fuffe hors
voftre prefence. Autrement ie fçay bien, que ie ne paroiftrois non plus
enuers vous, que l'eftoile du Nort fait côtre le Soleil.Et bien, refpódit Niquée,ie l'accepte, à la charge que s'il plaift a mófieur, il vous permettra me
tenir d'orefenauant cópagnie.Ma fille, refpondit il, vous la verrez de foys
à autre, non pas qu'elle foit voftre de tout point : car elle eft referuée pour
demeu-

demeurer auec moy : Puys ie luy ay donné vn acouſtrement àuec lequel
vous la trouuerez encores demain plus belle qu'auiour d'huy. Et bien, mó-
ſieur,dit Niquée, ie vous en ſuplie autant qu'il m'eſt poſsible. Ainſi ſe paſſa ceſte apres diſnée & iuſques à ce qu'il fut heure de ſouper,que le Soudan
laiſſa ſa fille,non moins acompagnée de diſcours & nouueaux penſemens
pour la venue de Nereïde,que de ſoupçon qu'elle eut ſur elle,pour la voir
reſſembler ſi parfaitement à ſon Amadis: mais ſi elle auoit martel in teſté
à ceſte ocaſion l'vne douteuſe de ce que l'autre eſtoit certaine viuoit languiſſante iour & nuict , atendant le moyen pour luy manifeſter ce qu'elle
entreprenoit pour ſon amour . Et elle d'autre coſté quand retourneroit
Buzando le Nain . Au moyen dequoy toutes deux demeuroient en vne
languiſſante peine . A' quoy le temps leur pourra donner quelque allegement ainſi que nous vous ferons entendre. Et ce pendant noſtre vieil amou
reux ne dormoit pas:ains,ſuyuàt les propoz qu'il auoit tenuz à ſa fille,en-
uoya des le matin l'acouſtrement promis à Nereïde , luy faiſant ſçauoir
qu'il auroit agreable qu'elle luy tint compagnie tout le iour,& iuſques à ce
qu'il retournaſt luy meſmes la querir . Or deuinez ſi elle luy obeït promptement ? Croyez que ouy: car prenant auec elle deux Damoyſelles,qu'il
luy auoit baillées pour la ſeruir , entra en la tour ainſi que Niquée ſortoit
de ſon diſner,& la trouua acordant vn luc & chantât la chanſon qui s'en-
ſuit qu'elle meſme auoit compoſée & miſe en Muſique , auſsi toſt que Buzando luy eut recité la ſorte qu'Amadis de Gręce eſtoit venu pour la voir,
& ſans oſer tenter la fortune de l'enchantement.Dequoy toutesfoys elle
l'excuſoit tresbien,acuſant le malheur d'elle,non la faute de luy,qu'elle re
grettoit d'heure à heure, & de plus en plus,ainſi que les huit vers ſuyuans
peuuent aſſez teſmoigner.

Helas!amy que ſeul mon cueur deſire!
Vueilles vers moy prompt & brief retour faire.
Vueilles changer le mal de mon martire
En prompt eſpoir de plaiſir ſalutaire.
Vueilles rigueur,& ma priſon deſtruire,
A' mon eſprit rend ſerenité claire,
Qui empeſché de mainte obſcure nue
Demeurera iuſques à ta venue.

Mais auſsi toſt qu'elle auiſa entrer Nereïde laiſſa luc & chanſon , pour
la receuoir: & la prenant par la main,la pria ſe ſeoir aupres d'elle . Ce que
Nereïde(comme bien apriſe)refuſa au commencement . Toutesfois,puys
qu'il plaiſoit à Niquée, elle luy obeït en luy diſant : Ma Dame, le Soudan
m'a commandé vous tenir compagnie iuſques au ſoir: parquoy ie vous
ſuplie humblement m'excuſer, ſi ie ſuis venue vers vous ſi priuément.

X iii　　　Nereïde

Nereïde m'amye, respondit Niquée, vous m'auez fait plaisir, & serez cause
de m'oster pour ceste heure vn pensement que i'auois en la teste, & qui me
solicitoit fort. Car i'estois pour acorder sur le luc vne chanson, que l'on
m'a aportée, & que l'on m'a dit auoir esté faite pour vn personnage que ie
verrois volontiers. Ha, ma Dame, dit Nereïde, i'ay toute ma vie demeuré
auec les meilleurs ioüeurs de tel instrument que l'on sçache. Ie vous suplie
ne vous distraire pour moy de tant de plaisir. Vrayemét, respódit Niquée,
i'en suis contante. Lors reprit le luc & se mit à le toucher, & chanter quant
& quant sa chanson auec tant d'harmonie, qu'Amadis ne pouuoit faire
moins que de viure en elle, tant estoit rauy & hors de soy. Ce que cognoissant Niquée, ne se peut garder de souzrire, luy demandant si elle faisoit
bien. Bien? ma Dame, respondit Nereïde, & non que bien? mais bien diuinement, & si n'ouy onques chant ny chanson qui tant me pleust, estant
la peine d'vne amye bien aymante telle que ces vers declarent en peu de
paroles. Et comme le sçauez vous? dit Niquée, a'uous quelquefoys aymé?
A ceste parole Nereïde ieta vn haut souspir. Aymé? ma Dame, respondit
elle, ouy ie vous asseure, & autant parauanture esprouué les forces d'A-
mour, qu'autre qui me ressemble. Sans point de faute, dit Niquée, i'ay ouy
souuent asseurer, que l'amour est dangereuse à experimenter, prompte, &
preste à faire beaucoup soufrir, & plus que tardiue à donner le remede
quand elle a offensé la personne qui la suit de trop pres, laquelle se peult
bien estimer heureuse estant atainte de sa douce amertume, quád à poison
si violent elle trouue quelque allegeance par bon conseil. Parquoy ie vous
prie, m'amye, me declarer & familierement ce que vous en auez apris. Ma
Dame, respondit elle, vne femme de bon esprit, belle entre les belles,
fit vne foys tant pour moy, que me ieter hors du mal que ie souffrois par
ceste ocasion. Et me trouuay tant bien de son conseil, que depuys i'ay
tousiours vescu allegée, ainsi que i'espere que vous seriez, si vous tombiez
en pareil accident, & vous vousifsiez me croyre. Et si me donna vn qua-
train en Musique, que ie pense certainement auoir esté composé pour l'a-
mour de vous, & que ie vous aprendray presentement, si vous l'auez agrea
ble. Ie vous en prie, respondit Niquée, qui luy bailla le luc. Et commença
Nereïde à le toucher, & chanter dessus ainsi qui s'ensuyt.

En contemplant vostre diuinité
Vostre douceur, & grand' beauté extreme,
Ie crains qu'Amour luy mesme ne vous ayme
Vous estant trop pour nostre humanité.

Or l'auoit Amadis inuenté la nuiĉt precedante en la faueur d'elle, esperant la luy communiquer, comme il fit, pour puys apres, ayant aquis ceste priuauté, venir au point qu'il pretendoit, & soy declarer du tout, ou il
trouue-

trouueroit lieu & faiſon propice. Dont ſi bien luy auint, que Niquée s'en
contenta grandement, & la pria plus d'vne foys la recommencer, & chanter. Ce qu'elle fit auecq' tant de grace que merueille. Car, à parler veritablement, Amadis deGrẹce eſtoit bien l'vn des plus parfaitz ioüeurs de luc
de ſon téps, & ayát la voix auſsi douce & harmonieuſe. Mais comme elles
eſtoient en ce plaiſir, ſuruint le Soudan, lequel entẽdant le chant de Nereïde fut tellement reueillé de l'amour d'elle, qu'il delibera en ſoymeſmes,
quoy qu'il en deuſt auenir, en paſſer ſa fantaſie. Et pour ceſte cauſe, ſans
tenir long propos à ſa fille (comme il auoit de couſtume) prit Nereïde, &
l'emmena en ſa chambre, faignant luy vouloir monſtrer quelques bagues,
qu'il diſoit luy auoir eſté enuoyées nouuellemẽt. Et à ceſte cauſe eſtans
eux deux ſeulz, & l'huis bien barré, entreprit, ſans faire longue harengue
venir au point ou il tendoit, ſi toutes choſes euſſent auſsi bien tendu qu'il
deſiroit : mais d'autant que l'impotente vieilleſſe luy oſtoit la force des
braz, elle luy auoit encores moins laiſſé le pouuoir du ſurplus; Ce que cognoiſſant Nereïde, ſe mordoit la langue iuſques au ſang, à fin de ſe gardeſ
de rire : & luy reſiſtoit ce pendant de ſi bonne grace, que (pour mieux
encores l'eſchaufer) faignoit quelquefois eſtre moís forte, & luy laſchoit
puys vn bras, & puys l'autre. Et ce pendant il l'acolle, il luy bayſe ores la
bouche, ores la ioüë, & tout ce à quoy il peul atain dre & paruenir. Toutesfois ſon courtaud desbridé & hors l'eſtable tresbuche à toutes heurtes,
eſtant ſi amorty à cauſe des ans paſſez, que tant plus il luy ſecouë la bride,
ou le trauaille, & moins ſe trouue à ſon commandement, ſans quaſi faire
ſemblant ny de ſauter, ny de regiber, tenant touſiours la teſte baiſſée : car
le corps debile ne coreſpond aucunement à tel deſir. Parquoy trop honteux, & ſans aleine, ſe tira arriere, & d'vn viſage mal content, parla en
ceſte ſorte : Vous trouuez bõn, Nereïde, de me tourmenter, vous aymant
plus que femme du monde. Ie vous aſſeure que ie ne vous preſſeray de ma
vie pour choſe que ſi raiſonnablement vous ne me deuiez refuſer, conſiderant qui ie ſuis, & ce que vous eſtes en mon endroit. Mais ie vous mettray en lieu, ou vous aurez tout loyſir de penſer au tord que vous m'auez
fait, qui redondera tellement à voſtre deſauantage, que n'en partirez premier, que ie ſois requis & importuné de vous meſmes, & du propre fait,
pour lequel vous y ſerez enfermée. Sire, reſpondit elle, vous eſtes ſi gentil
Prince, que vous aurez pitié de moy, s'il vous plaiſt. Car ce que i'ay fait
enuers vous m'eſt tant excuſable, que ne m'en deuez ſçauoir que bon gré :
ayant mon honneur en telle recommandacion, que i'aymeroys mieux, nõ
ſeulement ſoufrir vne priſon perpetuelle, ains mourir autant de foys, que
ie ſeray d'heures en la captiuité dont vous me menacez. Et combien que
la gracieuſe remonſtrance qu'elle luy faiſoit luy deuſt quelque peu moderer ſa colere, ſi ne luy pardonna il point : ains, la prenant par la main, la
mena en la tour de l'Vniuers, ou il la laiſſa. Ceſte place, dit il, ſera voſtre

X iiii

demeu-

demeure, sans que i'aye nul mercy de vous, que vostre cueur ne l'ayt du mien, qui est encores plus estroitement captiué que vous ne serez d'oresenauant. Lors ferma tresbien la porte, sans qu'il retournast vers elle long temps depuys. Dont Nereïde se fust peu souciée, si elle eust eu seulement Niquée pour la seconder : l'absence de laquelle luy estoit si grieue, qu'elle cuyda tomber en desespoir. Et Niquée aussi, sçachant qu'on la separoit ainsi d'elle. Or vueille Amour leur donner alegement : Car peu de iours se passeront que nouuelle auanture leur aprestera nouueaux pensemens, & assez dequoy eux contrister.

Comme le Prince de Thrace re-

couura l'escu qui auoit esté desrobé au Roy Mouton de Lica, à
l'ocasion duquel il deuint tant passionné de l'amour de
Niquée, qu'il luy en cousta depuys la vie,
ayant pris par enchantement le visage semblable à Amadis de
Græce.

Chapitre   LXVIII.

IL vous a esté recité la sorte, que l'escu du Roy Mouton pendu deuant l'entrée du lieu, ou Niquée viuoit en sa gloire, luy fut emblé & pris par aucuns Cheualiers, qu'il poursuyuit longuemét, sans les pouuoir ataindre. Si ieterét le sort entr'eux pour sçauoir à qui il demeureroit, & tomba de fortune es mains d'vn natif de Thrace, qui depuys en fit present au filz de son Roy, apellé Balarte, lequel voyant le pourtrait de Niquée entra en telle furie d'Amour, qu'au lieu de sçauoir gré au donneur de si beau present, le meurdrit sur l'heure. Et voylà, dit il Macobrio (ainsi nommé le Cheualier) la recompense que vous en meritez, ayát auancé la fin de mes iours par ceste beauté trop desirable. Or pensoit il asseurément, que Macobrio le luy eust donné, non pour bien qu'il luy vousist, ains seulemét pour le faire tomber en la passion qui le surprit. Et toutesfois cest acte tant inhumain & malheureux fut tresmal estimé de tous. Mais il estoit si cruel, & adonné à semblables gentillesses, que nul en osa iamais faire semblant: ains s'en teurent tous, demeurant Balarte en telle perplexité de là en auant, qu'il ne dormoit iour ny nuict, pour penser à la perfection de la Damoyselle à luy incogneuë. Et à ceste ocasion habandonna la court du Roy son pere, & vint trouuer vn Magicien, nommé Estebel, homme parfait en Nigromancie, auquel il dit : Estebel, il fault

que vous

que vous trouuiez façon de me dóner remede à vn accident qui m'eſt ſuruenu, & ie vous feray le plus grand & riche homme de voſtre race. Et auſſi ou vous me defaudrez de garand, croyez que voſtre teſte m'en reſpon-
dra. Eſtebel, qui cognoiſſoit le galand à qui il auoit affaire, ſe trouua en
vne merueilleuſe crainte, & tremblant comme la fueille le pria luy declarer que c'eſtoit. Si le luy racóta Balarte de point en point. Or m'en laiſſez
faire doncq', dit Eſtebel, demain ie vous donneray reſponſe. Et de ce pas
eut recours à ſes liures, leſquelz il fueilleta ſi bien, qu'il ſceut par ſa Magie l'amour que Niquée portoit au Cheualier de l'ardante Eſpée, ſans
qu'autre que luy euſt le cueur d'elle: meſmes comme elle auoit eſté nouuellement deſenchantée, & miſe en la tour, ſous la garde ſeule du Soudan
ſon pere. Ce qu'il fit entendre au Prince de Thrace, luy diſant : Vous auez
entrepris vne tresforte taſche, ayant mis ſi ardamment voſtre afection en
celle, qui ayme plus que ſoymeſmes le meilleur & plus beau Cheualier du
monde, & lequel elle a tellement imprimé au cueur, qu'il eſt impoſſible
l'en pouuoir iamais efacer. Mais voicy que ie feray. Ie vous dóneray d'vne
telle eau, qu'en vous en lauant le viſage ſerez à l'inſtát transfiguré au Cheualier de l'ardáte Eſpée, qui eſt celuy duquel ie vous parle, & auquel vous
reſſemblerez ſi parfaitement, que pour autre ne pourriez vous eſtre pris,
ou eſtimé. Vous yrez trouuer le Soudá de Niquée, & luy direz, que pour
deliurer ſon filz Anaſtarax de ſon enfer, vous eſtes venu vers luy. Ie ſuis
ſeur qu'il vous fera bonne chere, & grand recueil. Lors trouuez moyen que
Niqué vous voye & parle à vous, du reſte ne vous en donnez peine : car
facilement paruiendrez à voz intentions. Ce que Balarte trouua bon, &
en remercia tresfort le ſage Nigromancien, qui à l'inſtant luy laua le viſage d'eau artificielle, auecq' laquelle il eut du tout la ſemblance du Cheualier à l'ardante Eſpée, ainſi que luy meſmes s'aſſeura ſe regardant dans vn
miroir. Parquoy ſans retourner en Thrace, prit la voye de Niquée, le lóg
de laquelle cheminant vn iour par vne tresgrande chaleur, la veuë haucée,
rencontra de fortune à l'entrée d'vne foreſt Buzando, qui pour trouuer
Amadis de Grçce auoit deſia trauerſé mainte cótrée & païs eſtranges, mais
auſſi toſt qu'il aperceut Balarte, penſant eſtre à chef de ſon entrepriſe, vint
haſtiuement le ſaluër. Toutesfois Balarte le voyát ſi laid & difforme, n'en
fit cas. Dont le Nain trop eſmerueillé, luy dit : Comment ? ſire Cheualier, eſt ce la recompenſe du trauail que i'ay pris à vous chercher par tout
le monde ? & pour vous aporter tant bonnes nouuelles, que vous vous
pouuez bien eſtimer au iour d'huy le plus heureux Cheualier de la terre,
eſtant ainſi deſiré, comme vous eſtes, de ma Dame Niquée ? Qui vous
mande par moy, qu'elle ne ſera iamais en repos, premier que ie vous aye
conduit vers elle. A' ceſte parole ſe douta Balarte auoir failly, & que vrayment le Nain eſtoit ſeruiteur de ſa nouuelle amye. Et à ceſte cauſe, voulant
recouurer ſi grande faute, vint l'embraſer. Par dieu, dit il, Nain mon a-
my, ie

my, ie refuois fi fort à ma Dame, quand tu t'es aproché de moy, qu'il ne
me fouuenoit d'autre, que d'elle : Mais ie te prie, beau fire, dy moy comme elle fe porta, & quelle part i'ay en fa bonne grace. Monfieur, refpondit il, aufsi toft qu'elle a efté defenchantée, elle m'a commandé vous trouuer en quelque lieu que vous fufsiez, & faire tant, que ie vous amenaffe
vers elle, fi iamais efperez luy porter amytié & faueur. En bonne foy, dit
Balarte, ie luy obeïray doncq', tant pour la mettre hors de peine, que
pour amoindrir celle que ie fens en moy pour l'aymer comme ie l'ayme.
Croyez, monfieur, refpódit le Nain, qu'elle a receu vn grand plaifir quád
elle a entendu la nouuelle cognoiffance que vous auez eu de voz parens,
& que pour l'amour d'elle n'auiez iamais voulu muer voftre loy. Certainement, Nain, dit Balarte, ma loy ne peult eftre autre que celle qu'elle
mefme me donnera : n'eftant né en ce monde que pour luy obeïr & complaire. Et ainfi deuifans fuyuirent tant cefte voye, qu'ilz auiferent venir à
eux deux Damoyfelles, que trois Cheualiers faifoient marcher par force,
lefquelles pleurans à groffes larmes s'adrefferent au Prince de Thrace, luy
crians à iointes mains fecours. Helas ! Seigneur, dirent elles, fi onques pitié trouua lieu en voftre péfée, pour Dieu fecourez ces deux gentiles femmes, que vous voyez fi rudement traiter ! Mais celuy à qui elles fe lamen-
toient, & qui n'entreprenoit pas volontiers telles charges fans fon grand
auantage, leur refpondit froidement: Pour certain, mes amyes, ie le ferois
volontiers, n'eftoit que ie fuis tant preffé de fuyure mon chemin, que ie ne
puis ny ne doy m'amufer pour vous, ny pour autre. Ah lafche & recreu!
dirent lors les poürettes, certes la beauté qui eft en vous eft fi mal acompagnée de bon cueur, que ie croy que ce foit pluftoft celuy d'vne putain, que
de Cheualier ! Toutesfois, pour tout celà, Balarte n'en fit que fecouër la tefte, & paffa outre. Dequoy le Nain s'esbahit grandement, pour l'auoir
veu autresfois mettre fin à querelles plus hazardeufes & moins pitoyables.
Et comme il eftoit en ces termes, entendirent vn bruit à trauers le boys,
& virent venir à bride abatue vn Cheualier armé de toutes pieces cheuau-
chant vn cheual rouan, caparaçonné d'vn veloux bleu femé de fleurettes
d'or fans nombre. En fon efcu portoit vne bien belle Damoyfelle coronnée en fille de Roy, & vn Cheualier qui tailloit la tefte d'vn Geant : parce
qu'il luy vouloit ofter fa coronne. Ceftuy, dont ie vous parle, ayant ataint
les Damoyfelles pleurantes, leur demanda la caufe de leur ennuy : Helas!
fire Cheualier, refpondirent elles, s'il y a en vous autant de prouëffe, que
de beauté & couardife en ceft autre malheureux, pour Dieu aydez nous
s'il vous plaift! Lors s'adreffa à leurs guides. Seigneurs, dit il, il vous fiet
mal, ce me femble, d'eftre fi mal gracieux aux Damoyfelles. Ie vous prie
par courtoyfie deportez vous, & leur donnez liberté. Cheualier, refpondit l'vn d'eux, vous gaignerez plus de fuyure en paix voftre chemin, que
de chercher enuers nous noyfe, ou querelle. Paffez outre, beau fire, & vous

ferez

ferez fagement . Oüy dea, dit le Cheualier , ie paſſeray outre: mais ce ſera
faiſant ce que deuez & non autrement . Allez au diable, reſpondit l'autre.
Qui vous rompra le col, dit le Cheualier, meſchant que vous eſtes. Et, ſans
plus conteſter, chargea ſon boys, donnant à trauers d'eux , & eux ſur luy
mais pour cela il ne perdit ny ſelle ny eſtrier , ains rencontra le premier
ſi rudement, qu'il luy mit la lance à trauers le corps , & tomba mort par
terre. Puys prit ſon eſpée, & fit tant de deuoir, qu'à moins de rien le ſecód
fut traité de meſmes, & gaigna le tiers à fuyr. Mais il ne le pourſuyuit gueres : car il auoit auiſé au parauant Balarte, & penſoit certainement de luy
eſtre ſon amy le Cheualier de l'ardante Eſpée, qu'il auoit aquis par longs
iours, ſans en aprendre aucunes nouuelles. Dont plus ayſe qu'on ne pourroit dire, oſtant l'armet de teſte, vint l'embracer. Toutesfois Balarte le
voyant noir, comme il eſtoit , & ſans le cognoiſtre, fut de prime face eſmerueillé de telle careſſe . Auſsi luy fit il ſi maigre recueil, que le Cheualier More trop esbahy cómença à luy dire: Ha monſieur mon grand compagnon & amy, a'uous deſia meſcogneu voſtre Fulurtin, qui vous ayme
tant ? Lors penſa bien Balarte qu'il faloit vſer de diſsimulation : &, faignant eſtre marry de la faute qu'il auoit fait, pria la luy pardonner. Car,
dit il, ſur mon Dieu le long temps que ie ne vous vy en a eſté cauſe, & non
faute d'amytié . Ce que voyant les deux Damoyſelles, ne ſe peurent tenir
de reſpódre: Nous ne ſçauons pas d'ou vous peultvenir ſi grande cognoiſſance, eſtans ſi differens en toutes choſes. Vn point y a, que tant que nous
aurons la vie aux corps, le noir aura reputacion de bon Cheualier , & le
blanc de couard, & efeminé . Dont Fulurtin ne ſe peut tenir de rire, & demanda à Balarte qui les mouuoit. Parce, reſpondit il, que vous entendát
venir ie leur ay failly de garand, pour voir quel ſecours vous leur donneriez. Ah ah, dirent elles, le ſecours que nous auons receu de luy, ne luy ſera moins honorable, que voſtre lacheté difamatoire ! Mais nul d'eux fit
ſemblant de les entendre, & demanda Fulurtin à celuy qu'il penſoit A-
madis de Grçce, quel chemin il vouloit tirer . Droit à Niquée, reſpondit
il, vers vne Damoyſelle qui a bonne enuie de me voir , & moy encores
plus de parler à elle . Car ie l'ayme ſi ardamment, que ſans penſer en elle
ie ne puis ſeulement viure. Par dieu, dit Fulurtin, ie vous y acompagneray
donques, & ſans vous habandonner, que ne ſoyez venu à bout de voſtre
entrepriſe : encores que ie ſois, peult eſtre , autant ſolicité de l'amour que
vous, ny autre que ie cognoiſſe : Car entendez, mon grand amy, que la
Damoyſelle que vous voyez painte en mon eſcu, nommée Libriax , fille
de la Royne Calafie, m'a tellement rauy la liberté, pour me rendre ſien,
qu'autre qu'elle n'aura iamais part en moy. Et pourquoy, dit il, l'acompagnez vous de ce Geant mort? Vous deuez ſçauoir, reſpódit Fulurtin, qu'elle fut requiſe en mariage de luy , & refuſé quant & quant. Dont irrité entreprit la guerre cótre la Royne ſa mere: diſant que, par couſtume du païs,
il n'apar-

il n'apartenoit à femme poffeder vn tel Royaume . Et fous ce pretexte fit
fon pouuoir de les desheriter toutes deux . Mais il auint qu'en cefte faifon
i'arriuay en Californie , ou ie trouuay la Royne malade , & fa fille tant
trifte & defefperée , qu'efmeu de cópafsion , luy prefentay mon feruice &
ayde. Au moyen dequoy elle fit affembler fi peu de gens qu'elle peut recouurer , & alafmes donner la bataille au Geant , que nous defifmes , &
l'occis par mes propres mains . Dont la Royne me fceut tant de gré,qu'elle me donna pour femme & efpoufe Libriaxa , qui traite le cueur de moy
ny plus ny moins que fait Niquée le voftre . Toutesfois ennuyé que ie ne
vous voyois , ay pris congé d'elle expreffement pour vous venir trouuer.
Ainfi difcouroit Fulurtin fon affaire à Balarte , eftimant parler à fon amy
le Cheualier de l'ardante Efpée. Et eftoit veritable tout ce qu'il luy racontoit : ayant fait maints grans faitz d'armes , tant en Californie, qu'ailleurs.
Mais cefte hiftoire n'eft pour luy:Parquoy nous pafferós outre, pour vous
dire , que finablement, apres que les deux Damoyfelles eurent pris congé
de Fulurtin, luy & Balarte , auecq' Buzando , cheminerent tant, qu'ilz arriuerent au prochain port de mer , & là s'embarquerent par fi bon vent,
que, fans aucun deftourbier, vindrent furgir en Niquée, au mefme temps
qu'Amadis de Grece furnommé Nereïde fut mis en la tour de l'Vniuers.
Dequoy le Nain auertit fa maiftreffe, laquelle ayfe au pofsible de tant bónes nouuelles,luy donna bien à entendre le gré qu'elle luy en fçauoit:com
bien, dit elle, que ta longue demeure m'a cuydé faire mourir. Aufsi croy-
ie certainement que tu ne m'euffes trouuée en vie,fi vne efclaue la plus belle que tu vis onques , & que le Soudan a puys n'agueres acheté , ne m'euft
donné quelque reconfort : mais elle reffemble tant bien à celuy que ie defire , que la veuë & prefence d'elle feule m'aportoit plaifir & grand allegement. Toutesfois ie ne fçay qui a meu mon pere de me l'ofter depuys
deux iours , & l'enfermer en la tour de l'Vniuers , en forte qu'il n'eft poffible de plus parler à elle. En bóne foy, refpondit Buzando , fi elle reffém-
ble (comme vous m'affeurez) au Cheualier de l'ardante Efpée, elle meriteroit mieux nom de maiftreffe,que de captiue : veu la grand'beauté dont
il eft pourueu. Aufsi, dit elle, eft ce bien la plus belle creature, & qui luy
pourtrait le mieux que l'on fçauroit penfer. Qui eftoit caufe de me la faire aymer autant que moymefme. Et neantmoins malheur, qui toufiours
m'eft contraire,me la priuée & diftraite de mes yeux, qui demeurcront en
tenebres iufques à ce , que ie voye celuy que tu m'as amené . Parquoy ie te
prie retourner vers luy, le prier de ma part, qu'il ne s'ennuye point, mais
temporife : Car auec le temps fes trauaux feront du tout recompenfez . Et
ce pendant Balarte & Fulurtin entrerent au palais du Soudan , auquel faifans la reuerance commença le Prince de Thrace fon propos en telle forte : Sire, dit il , la renommée de voftre grandeur nous a acheminé en cefte
voftre Court,y efperans ou mourir,ou deliurer Anaftarax voftre filz, & le

vous

vous rendre en pleine liberté . Et à fin, Sire, que vous foyez bien informé
qui vous defire faire tel feruice, entendez, que ceftuy mon compagnon eft
Fulurtin, filz vnique du Roy de Saba , & ceux, par qui ie fuis cogneu, me
nommer le Cheualier à l'ardante Efpée, preft à vous obeïr, comme le
moindre & plus affectionné de voftre maifon. Or le regardoit ententiuement le Soudan tandis qu'il parloit à luy, eftimant en foymefmes, n'auoir
onques veu chofe plus femblable à Nereïde qu'il eftoit. Dont la couleur
luy monta au front, craignant qu'elle euft trouué moyen fortir de la tour
& fous tel habit faint trouuer façon de defrober & abfenter . Neantmoins
il difsimula ce qu'il en penfoit . Et fagement leur refpondit, qu'ilz fuffent
les tresbien venuz: les remerciant de l'offre qu'ilz luy prefentoient. Et par
ce qu'il les eftima las & trauaillez , commanda les conduire en l'vne des
meilleures chambres du palais, pour eux refraifchir. Et tandis, voulant affeurer fon doute, prit les clefz de la tour de l'Vniuers, & vint voir Nereïde , à laquelle il raconta comme le Cheualier de l'ardante Efpée & Fulurtin eftoient arriuez en fa Court, & la caufe pourquoy . Dont Nereïde fut
de prime face eftonnée, prefumant que fon embufche auoit efté defcouuerte par Fulurtin . Toutesfois elle n'en fit femblant: mais refpódit qu'elle en eftoit trefaife, & que la Court de luy n'en feroit que plus honorée.
Sur ma foy , ma grande amye dit lors le Soudan , vons reffemblez fi bien
à celuy dont ie vous parle , que s'adreffant à moy ie péfois que ce fuft vous
de luy , & que pour me donner quelque plaifir auiez pris l'acouftrement
de Cheualier, comme il a . Ah!fire, refpódit elle, vous me permettez mauuaife liberté de ce faire. Et vous encores pire tourment à mon cueurs dit le
Soudan : parquoy effayez à prendre patience iufques à ce que changeant
de volonté opiniaftre enuers moy , ie change aufsi enuers vous de plus
grande douceur & meilleur traitement : car pluftoft ne partirez vous de
ce lieu . Et fans plus dire referma la porte, laiffant fa Nereïde fi troublée
pour les nouuelles qu'il luy auoit aporté & de Fulurtin, & de l'autre qu'elle ne fçauoit de fa part qu'en dire, ny eftimer. Tellement qu'apres maintes chofes debatues en fon efprit , refolut, que le Soudan luy auoit donné
cefte baye, pour la faire debatre. Ou bien, peult eftre, que Fulurtin le cherchant eftoit arriué à Niquée , fous ombre duquel s'eftoit auancé du furplus. Parquoy (fe recoufortant en foymefmes) viuoit en efperáce de trouuer façon , que Niquée entendift la verité du tout . Et tandis fe proumenoit & paffoit le temps à vifiter les chambres & cielz amirables , defquelz
nous vous auons parlé dont luy auint vne eftrange auanture , & telle que
vous entendrez.

Y   Comme

Comme le Prince de Thrace par-

la à Niquée, ou il fut defcouuert par Nereïde eftant
au hault de la tour de l'Vniuers : & de ce
qu'il en auint.

Chapitre   LXIX.

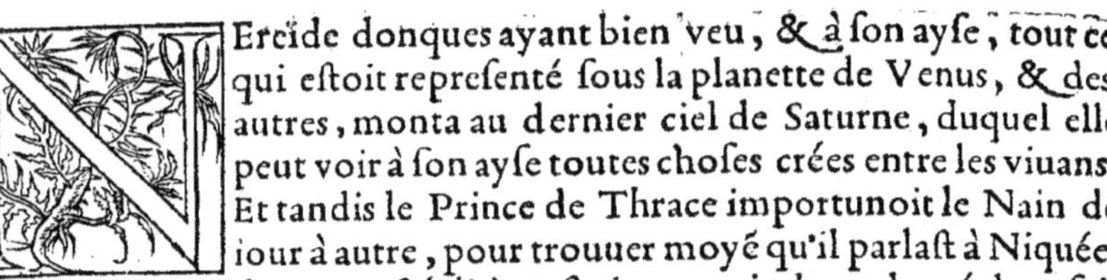

Ercïde donques ayant bien veu, & à fon ayfe, tout ce
qui eftoit reprefenté fous la planette de Venus, & des
autres, monta au dernier ciel de Saturne, duquel elle
peut voir à fon ayfe toutes chofes crées entre les viuans.
Et tandis le Prince de Thrace importunoit le Nain de
iour à autre, pour trouuer moyé qu'il parlaft à Niquée,
laquelle (ainfi qu'il vous a efté dit) n'eftoit en moindre volonté de ce faire que luy mefmes. Et comme il ne foit rien impofsible à la femme, en ce
qu'elle a vne foys entrepris, fpecialement à la malice, luy manda par Buzando, qu'il ny auoit ordre, que par l'vne des feneftres de fa chambre, qui
refpondoit vers les champs, ou la nuit il pourroit monter auec vne efchelle de corde, & deuifer enfemble à leur ayfe, encores que l'endroit fuft bien
treillifé. A'quoy Balarte prefta fi bien l'oreille, qu'eftant fourny de tout
ce qui luy eftoit befoing, eut auis de Niquée, que fur les deux heures apres
mynuit elle ne faudroit d'eftre au lieu promis, & qu'il s'y retiraft aufsi.
Las! quel plaifir! quel ayfe! quel contentement elle receut par fa prefence! Mais certes elle eftoit bien loing de fon conte : Car celuy à qui elle
communiquoit entierement le fecret de fon cueur, auoit pris & defrobé
la figure d'vn meilleur que luy. Et par là, Dames & Damoyfelles, pouuez
vous confiderer, que ce n'eft pas de maintenát, que les malicieux tafchent
à vous deceuoir & abufer : Car il vit entre vous plufieurs enchanteurs incogneuz, & qui, plus fouuent que ne penfez, changent & à toutes heurtes
de vifage, pour vous atraire à leur amour : non par charmes, enchantemens, efpritz encloz, ny obferuacion d'eftoilles, ainfi que faifoit le Prince de Thrace, ains lient voz cuenrs de liens fi indiffolubles, que mal ayfément, ou iamais, les pouuez defioindre. Et ce par vn faux parler, vne
certaine ypocrifie entremeflé de larmes faintes, mile complaintes & infinité de tourmens inuentez. Mais fça'uous, qui en eft caufe ? Voufmefmes, & non autres, que faifans gloire de la pafsion que foufrent ceux qui
vous ayment loyaument, prenez plaifir à les voir eux mefmes fe facri-
fier pour voufmefmes. Dont Amour indigné vous bat apres de mefme fleau. Parquoy deformais vous foyez enuers voz feruiteurs telles
que de-

que defirez qu'ilz demeurent en voftre endroit. Et lors viurez affeurées
& feruies, & eux contans & eternellement voftres. Retournons donques à celle que nous auons laiffée parlant à ceft Enchanteur. Auſſi toſt
qu'elle l'auiſa contre la grille, elle parée à l'auantage, & ayant ſur ſes eſpaules vn manteau de damas cramoyſi tout pourfilé d'or, & en ſa teſte vn
voile d'vne fine toile de creſpe, ſemées de petites fleurettes de ſoye verde,
fut ſi remplie d'ayſe, qu'elle commença à trembler comme la fueille au
vent. Et le Prince de Thrace ſi perplex de ſa grande beauté, qu'il ſe cuida
laiſſer tomber du hault en bas: perdant du tout le moyen de pouuoir proferer vne ſeule parole, iuſques à ce qu'il eut quelque peu repris ſes eſpritz
qu'il luy dit: Ma Dame, le long temps que ie ſeuffre atendant ceſte heureuſe nuit, m'eſt maintenant ſi bien recópenſé, par la preſence de vous, que
mon ame, n'eſperant iamais plus grande gloire, à quaſi habandonné la
partie ou elle reſide en moy, pour entrer en vous: en ſorte que ie vous ſuplie treshumblement croyre, qu'à ceſte heure que ie vous penſois mieux
vous declarer mon affection, ie ſens vne guerre & grande controuerſie
entre mes yeux, mà langue, & mon cueur. Car mes yeux, qui ont tant de
faueur pour vous voir, veulent parler: mais, helas! ilz ne peuuent. Et ma
langue, qui en à le pouuoir, eſt tellement liée de crainte, entremeſlée de
plaiſir, qu'il luy eſt quaſi impoſſible ſe remuer: dont mon cueur paſſion-
né ſouſpire ſans ceſſe. Choſe qui peu luy vault & moins profite. Toutef-
fois mon œil triſte, par la pitié qu'il demonſtre en luy, ſuplie au default,
& de la langue, & du cueur, qui long temps à, fuſt conſommé, & diſtilé,
ſans l'eſperance de voſtre bonne grace, ou il vit & ſe conſerue. Lors profe-
rát ces paroles fondoit quaſi en larmes. Parquoy elle vn peu mieux aſſeurée qu'au premier, n'eut la pacience de plus l'eſcouter plaindre, ains luy
reſpondit: En ma conſcience, mon ſeul amy, ie ne ſçay dequoy, ny pourquoy vous vous lamentez ainſi, veu que ſans vous auoir iamais veu qu'à
ceſte heure, ie vous ay apellé, & de long temps, à mó amour, laquelle vous
trouuerez plus ferme & aſſeurée, que ny l'eſchelle qui vous ſouſtient, ny
la grille ou vous vous tenez : & comme ie delibere vous faire cognoiſtre
auec le temps, & par la puiſſance que ie vous donneray ſur moy meſmes. Par ainſi donques viuez content, & croyez, ie vous prie, qu'en vous
atendant i'ay eu bonne part de la peine que vous dites auoir ſouffert, de
laquelle (ſi Dieu plaiſt) vous aurez recópenſe, & là vous donneray, quoy
qu'il tarde. Ce pendant vous ferez bien d'entretenir le Soudan mon pere,
& me mander de foys à autre de voz nouuelles, par le Nain, ſi de fortune
le moyé de nous reuoir toutes les nuitz nous eſtoit oſté de malheur. Et a-
cheuant ce propos entédit trouſſer l'vne de ſes femmes, qui eſtoit eſueillée:
parquoy, craignát eſtre deſcouuerte: Mon amy, dit elle, luy tendát le bras
droit puys que ce treilliz empeſche que de plus pres ne nous pouuons tou
cher, voylà la main que ie vous preſente, pour erres & aſſeuráce de la fide-

Y ii   lité que

lité que vous aurez en moy , & que i'ay en vous . Et pource que ie ne voudrois pour rien du monde que nous fuſſions trouuez icy, & que i'aperçoy
l'aube du iour aprocher, vous vous retirerez , s'il vous plaiſt, remettant le
reſte à demain , que vous n'oublirez le retour , & en meſme heure : car de
ma part ie n'y faudray aucunemét.Lors luy pritBalarte doucemét la main,
& la luy baiſa deux ou trois fois , auant que de deualer. Puys auec vn gracieux congé l'vn de l'autre vint vers Fulurtin , qui luy tenoit cópagnie, &
ployás les cordes,retournerent en leur logis:laiſſans la Damoyſelle ſi enflá
mée en l'amour de luy , qu'elle ne péſoit à autre choſe, qu'à trouuer oportunité de ſortir hors des païs de ſon pere . Mais Nereïde y mit tel empeſ-
chemét, qu'il luy ſucceda tout au rebours , deſcouurant la trahiſon de Balarte par le moyen que vous entendrez . Elle donques en grande ſolitude
dás la tour de l'vniuers alloit de chábre en chambre, & de ciel en ciel, paſſer le temps , trop ennuyée pour ne plus voïr celle , pour laquelle liberalement elle s'eſtoit miſe en telle captiuité & ſeruitude : meſmes ſon grand a-
my Gradamarte, dont le retour luy tardoit beaucoup . Si auint vne fois
entre autres , qu'elle vint iuſques à la derniere hauteur de la tour , ou elle
vid tous les mouuemens des cieux , & la gloire de Dieu qu'elle adora, a-
uec humble proteſtation de changer ſa vie, & prendre la foy miſe entre les
Chreſtiens par IESVS CHRIST. Et eſtandant ſa veuë au plus loing de
la terre, choyſit Catay , & au deça Quinſay . Et laiſſant Hericanie à main
droite,vid les Scytes,Hiperborées, & la mer Hicarnie, à coſté de laquelle elle auiſa la Samartie, & ce qui diuiſe du tout l'Aſie de l'Europe. Puys la
Pomerie, les Rouſſiens & Pruteniens, voire iuſques aux Poloniens, Ger-
mains, Hongres, Oſtrelins, la mer congelée, & tout le reſte de la region
Boreale , qu'elle laiſſa pour regarder droit vers Conſtantinople, ou elle
deſcouurit en la montaigne Defendue le grand nombre de vaiſſeaux , &
gens de guerre,qui s'aſſembloiét, dont elle ſçauoit tresbien la cauſe . Parquoy ſurpriſe d'vn certain remors de conſcience, ne ſe peut tenir de dire
en ſoymeſmes : Ah, ah Seigneur Dieu ! ie cognois bien maintenant, que
le pouuoir que vous auez donné à l'amour eſt merueilleuſement extreme:
puys qu'en luy ſatisfaiſant voſtre ſaint nom eſt ſouuent oublié , & le ſien
ramentu & reueré. Helas ! Sire , comme permettez vous qu'en temps de
telle neceſſité,pour voſtre ſeruice,ie ſois captif & arreſté en ceſte tour ſous
eſpece de Damoyſelle, telle qu'on m'eſtimé ? Ie vous ſuplie treshumblement m'en tirer hors , & de la peine auſsi que i'endure: eſperant , auec
voſtre grace,recompenſer ceſte ſaiſon perdue , en ſorte que portant la penitence du peché, ie feray d'oreſenauant choſe qui vous ſera agreable &
profitable à mon ame, qui eſt voſtre. Puys regarda Trebiſonde, ou elle
auiſa Liſuart ſon pere veſtu en dueil, & portant ſur ſon chef coronne
d'Empereur. Parquoy en preſuma auſsi toſt la cauſe en eſtre telle qu'elle
eſtoit,ainſi qu'il vous ſera recité cy apres. Dót ne ſe peut tenir de pleurer,
diſant:

diſant: Certes mõ Seigneur & pere, vous ne portez point ceſt acouſtremēt
que ie n'aye ocaſion de plaindre voſtre peine, & ma perte enſemble. Et de
là ietant ſa veuë puys çà, puys là, en Orient & Occident, vers le Mydi &
Septentriõ, vid maintes guerres, tant de batailles, aſſaux de villes, tant
hommes & femmes triſtes & eſplorées, autres ioyeuſes & contentes, les v-
nes fauoriſans leur amys, autres plus mal gracieuſes, plouuoir en vn lieu,
tonner en l'autre, eſclairer, greſler, faire beau temps : Et finablement toutes choſes qui ſe demenent communément par le monde, tant qu'elle regarda en Alexandrie, ou elle cogneut Gradamarte en habit de marchand,
auec mile drogues, pour, ſous ombre de ce trafique, retourner vers le Soudan, & entendre de ſes nouuelles. Lors conſiderant le grand deuoir d'a-
mytié, dont il vſoit en ſon regard, ſe prit à dire: Certes amy, ie ne ſçay comme ie pourray iamais ſatisfaire à la peine que preñez pour me dóner plaiſir, vous ayant voulu de tát abaiſſer que ie vous voy, eſtant ſi grãd, & puiſſant Roy que vous eſtes, ie prie à Dieu qu'il me face la grace, que quelque
iour ie le vous puiſſe recognoiſtre, comme ie le deſire. Et parlant ainſi d'a-
mour, ſe va ſouuenir de l'Infante Lucelle, qu'il auiſa en la grand' Bretaigne auec le Roy Amadis, tant triſte que rien plus, pour la longue abſen-
ce de luy, dont tout honteux & baiſſant la veuë, dit tout bas : Certainement ma Dame ie confeſſe bien eſtre digne de tresgrande punition, pour
le tord que ie vous ay fait, en vous abuſans par tant de iours, ſous couleur
de l'amytié certaine que vous eſperiez en moy, eſtant aymé de vous ſur
tous autres. Mais ſi ie vy encores quelque temps ie vous feray le tout entédre, & m'acuſeray en moy meſmes à vous à fin aumoins que de là en auant
vous pouruoyez à voſtre affaire, ainſi que mieux vous ſemblera. Mais à
peine eut il acheué la parole, que l'œil prompt & legier ſe tourna vers Birmartes, qu'il auiſa careſſant & iouïſſant d'Onorie, qui ne luy fut que ren-
gregement de douleur, & telle, que voulant voir auſsi que faiſoit Niquée
la regarda en la tour deuiſant auec ſes Damoyſelles, la plus gaye & ioyeu-
ſe qu'il eſtoit poſsible, dont il receut grand plaiſir, qui peu luy dura: Car il
deſcouurit à l'inſtant Buzando & Fulurtin acordans auec Balarte, de ſe
trouuer la nuit enſuyuant au lieu, ou deſia par pluſieurs fois luy & Niquée
auoient parlé enſemble. Lors commença à ſe douter du mauuais tour que
luy faiſoit le Prince de Thrace, eſtimant bien que ſans Magie & enchantement iamais n'euſt changé ſon naturel, pour ſi parfaitement luy reſſembler : Dont elle cuida deſeſperer, & ſe precipiter. Mais à la fin, conſiderant qu'elle n'y pouuoit donner ordre, ſe r'apaiſa quelque peu. Et eut
ſeulement recours à plaintes & doleances contre Fulurtin & Buzando.
Ah, diſoit il, pauures aueugles ! ou auez vous maintenant les yeux,
pour vous laiſſer ainſi deceuoir ? Ne conſiderez vous point la ſtature de
ce paillard ? Encores qu'il ayt ſemblable viſage au mien, ie ſuis grand, il
eſt petit. Que penſez vous donques ? Eſtes vous folz, ou yures ? Cer-

Y iii

tes ie le

tes ie le croy , & l'vn & l'autre. Ah, ah cher amy Fulurtin ! que tant me
couftera chere l'amytié que vous auez à moy ? Car penfant me porter
faueur & eftre aydant , vous pourchaffez ma mort & ruine . Toutef-
fois , fi ie puis , elle fera vendue bien chere au trahiftre , qui trop à fon
ayfe defrobe iniuftement le bien & le droit qui m'apartient . Et en cefte
melencolie s'endormit Nereïde iufques à la nuict fermée qu'elle auifa Balarte dreffer l'efchelle de corde & monter iufques à la feneftre ou l'atendoit Niquée , auec laquelle il n'eut longuement deuifé , qu'elle entendit
qu'ilz parloient d'eux defrober & prendre le chemin de Trebifonde . A'
quoy le Prince faifoit trefgrande folicitation , & telle , que leur complot
fut acordé & remis fur la fin de la femaine , que Niquée trouueroit moyen
de fortir. Ah, dit lors Nereïde, paillard, paillard, vous mentirez ! Car puys
que i'ay defcouuert voftre embufche, auant qu'il foit demain nuit, ie vous
acuferay fi veritablement , que vous aurez prou affaire à donner but à voz
intentions.

Comme Nereïde declara au Sou-

dan de l'entreprife du Prince de Thrace : du combat que luy *&* elle eurent enfemble, *&* quelle en fut l'yffue.

Chapitre   LXX.

Yant bien Nereïde aperceu la trahifon du Prince de
Thrace, ainfi qu'il vous a efté dit, elle manda incontinét
au Soudan qu'elle parleroit volontiers à luy , s'il l'auoit
agreable, & que pour cefte caufe fon plaifir fuft fe tranf-
porter iufques en la tour, ou elle luy declareroit chofe
qui luy importoit, & de l'honneur, & de la vie. Le vieil-
lart eftimant que ce fuffent nouuelles certaines de la iouïffance efperée, &
que fa Nereïde ennuyée de fi longue detencion, s'acordaft à ce qu'il defiroit d'elle, vint la trouuer. Et eux deux feulz, elle cómença à luy dire: Sire,
vne mienne tante m'aprit autresfois tant de Nigromancie, que ie fçay certainement le Cheualier de l'ardante Efpée (dont vous me parliez l'autre
iour) n'eftre venu en ce païs, que pour vous faire iniure & deceuoir ma
Dame voftre fille, s'il peult, à quoy vous deuez pouruoir, & premier que
tel inconuenient vous auienne . Si deuint le Soudan tout morne & penfif
de ceft auertiffemét : toutesfois, ayant vn peu fongé en foy mefmes, refpondit à Nereïde. Mais, belle Dame, comme pourray-ie, ie vous prie, aucrer
la verité de ce fait? Car ie ne voudrois pour rien acufer de fi grande lafche-
té vn fi bon Cheualier qu'eft celuy de l'ardante Efpée, fi ie n'auois moyen

ou apa

ou aparence de la pouuoir maintenir. Ie vous diray, Sire, que vous ferez, refpondit Nereïde vous le deuez mander, s'il vous plaift, & luy dire deuant tous les haulx hommes de voftre Court, que vous fçauez
qu'il pourchaffe à vous honnir, ie fuis feure qu'aufsi toft il maintiendra
le contraire, afirmant que ceux qui vous ont raporté faillent, & men-
tent. Et vous luy refpondrez, que moy fans autre, le luy fera cognoiftre en camp de bataille. Ah, ah m'amye! dit il, ie ne promettray iamais
hazarder ainfi la perfonne du monde à qui i'ay plus grande amytié! e-
ftant aufsi certain que vous ne luy pourriez refifter vn quart d'heure.
Ne vous donnez peine de celà, Sire, refpondit elle, i'ay la iuftice de
mon cofté, le cueur aufsi bon qu'il a, & le bras roide affez pour venir
au deffus d'vn meilleur & plus adroit Cheualier qu'il n'eft, fi que i'efpere
(gardant voftre droit) fortir de cefte entreprife, comme i'ay fait de maintes autres plus dangereufes. En nom Dieu, ma mignonne, dit le vieillart,
il n'y a rien plus vray que i'ay & l'honneur de moy & celuy de ma fille en
telle recommendation que ie doy: mais aufsi n'ay-ie pas moins voftre
vie chere que la mienne propre. Sire, refpondit Nereïde, ie vous fuplie
treshumblement me croyre cefte foys, & il vous en prendra bien. Et de ce
pas le fceut tellement perfuader, qu'il s'y acorda, & obtint Nereïde congé
& permifsion de combatre Balarte, que le Soudan manda peu apres. Et
deuant grand nombre de fes Princes luy dit: Cheualier, vous eftes venu en
ma Court, non pour honorer moy, ny les miens, ainfi que me donniez
à entendre: mais pour me trahir & pourchaffer deshonneur: parquoy ie
vous commande fur la vie, qu'ayez à vuyder mes terres dans vingtquatre
heures, autrement affeurez vous, que ie vous donneray la punicion que
vous meritez. Si fut Balarte trop esbahy de ces nouuelles, & encores plus
malcontant car il eftoit fur le point de donner fin, & à fon entreprife, &
à fes defirs enfemble. Et à cefte caufe plein de gloire & outrecuydance
refpondit au Soudan: Sire, vous direz ce qu'il vous plaira: combien que
ne fçache Cheualier ceans ny ailleurs, qui ofaft maintenir cefte parole, que
ie ne luy fiffe coufter la vie. Vous iurant par les haux noms de tous noz
dieux, que (referué qui referuer ie doy) quiconque l'a dit a faucement &
malheureufement menty, & mentira toutesfoys & quantes qu'il le dira. Si
vous prefenteray-ie tel, refpondit le Soudan, qui fe delibere de le vous
prouuer en camp de bataille. Et fur l'heure manda Nereïde, laquelle vint
trouver le Soudan. Mais quand Balarte l'auifa tant belle & de fi bonne
grace, fut grandement efmerueillé, & plus encores Fulurtin: car onques
chofe ne reffembla mieux, à autre qu'elle faifoit au Prince de Trace. Lors
s'adreffa le Soudan à elle, & luy dit: Nereïde, voicy Amadis de Grece
qui veult maintenir, qu'il ne penfa onques trahifon ne vilanie contre
moy, ny autre des miens, ainfi que vous m'auez affeuré. Qu'en dites
vous? Sire, refpondit elle, il fçait bien qu'il a doncq' parlé contre veri-

té . Or ne la penſoit Balarle autre que ſimple Damoyſelle:parquoy, ſe tenant fort& entendant l'iniure qu'elle luy dónoit & en ſa preſence,luy reſpondit plus aſſeurément : Damoyſelle m'amye , l'acouſtrement que vous
portez , vous peult encores permettre plus de fole hardieſſe , pour parler
ainſi qu'il vous viendra en la bouche:mais ſi autre quevous(portát armes)
s'eſtoit de tant auanturé , ie luy ferois deſdire comme laſche & meſchant
Vous auez raiſon,dit Nereïde , & neantmoins ie ſuis bien cótente vous a-
uiſer , que ſelon la couſtume de mon païs i'y ay receu l'ordre de Cheualerie ainſi qu'auez fait au voſtre.Et pourtant le combat de vous à moy ne ſera retardé . Car ie maintiens deuant ſa maieſté , & toute ceſte haute aſsi-
ſtance,que deſloyaument, trahiſtreuſement, & meſchamment, vous auez
pourchaſſé & pourchaſſez honte & deshonneur au Soudan . Pour à quoy
donner meilleure preuue,voylà mon gage de bataille . Que l'autre releua
maugré luy , non pour doute qu'il euſt de la meſlée , ains ſe voyant contraint de deſmeſler telle fuzée auec vn perſonnage indigne de luy , ce luy
ſembloit . Toutesfois Fulurtin, qui ſçauoit le neu de la matiere, craignoit
grandement que mal luy en priſt . Et Niquée meſmes, laquelle entendant
qu'ilz deuoient entrer en camp le lendemain matin , ne peut onques dormir ny auoir repos faiſant ſon conte , ou ſon amy demeureroit vaincu, ou
mort, ne viure pas gueres apres.

Comme Nereïde vainquit en cãp

de bataille le Prince de Thrace, & depuys Fulurtin, qui le penſoit venger.

Chapitre   LXXI.

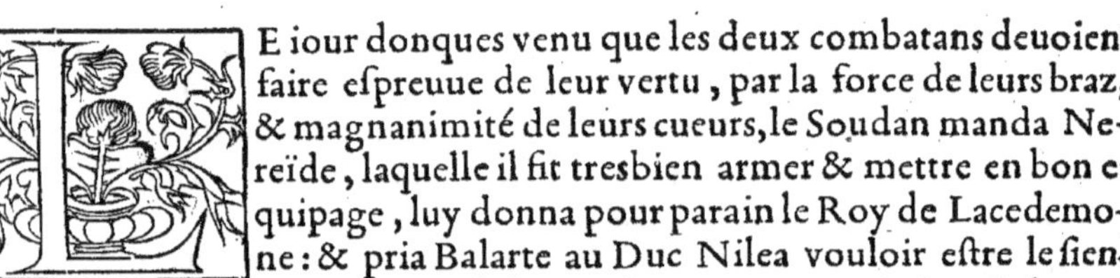

E iour donques venu que les deux combatans deuoient
faire eſpreuue de leur vertu , par la force de leurs braz,
& magnanimité de leurs cueurs,le Soudan manda Nereïde , laquelle il fit tresbien armer & mettre en bon e-
quipage , luy donna pour parain le Roy de Lacedemone : & pria Balarte au Duc Nilea vouloir eſtre le ſien.
Ce qu'il luy acorda par le congé du Soudan . Et comme & l'vn & l'autre
fuſſent amenez au camp, Fulurtin, ayant fort longuement conſideré les
geſtes & contenances de Nereïde, ne pouuoit oſter de ſon opinion qu'elle
fuſt autre qu'Amadis de Gręce ſon grand amy . Toutesfoys la communication & familiarité qu'il auoit eu au Prince deThrace luy amortiſſoit aucunement ceſte fantaſie, ſi que tout perplex balançoit à toutes heurtes.Et
tandis les deux combatans firent le deuoir d'honorer le camp, demeurant
l'vn à

l'vn à vn bout & l'autre à l'autre , & commencerent trompettes à sonner
& eux à debusquer, se rencontrans de si droit fil : que Nereïde , fauçant escu & lames de Balarte, le desarçonna auec vne profonde playe dans le costé . Qui fut cause de luy faire baisser son coup , & donner seulement au
chanfrain du cheual de Nereïde, qu'il mit à mort , & sa maistresse dessous,
laquelle se releua soudain . Et mettant la main à l'espée vint vers Balarte,
qu'elle trouua prest à la receuoir. Lors fut le combat aspre entre eux deux:
car le Prince estoit gentil Cheualier , & dispos . Toutesfois l'on cogneut
à moins de rien , qu'il luy basteroit mal , & qu'à la fin il ne pourroit faillir,
ou à la mort , ou à la honte . Dont le Soudan n'estoit moins ioyeux , que
Eulurtin triste & desplaisant, qui de gräde colere disoit en son cueur : Certainement i'auois tousiours estimé ce Cheualier tout autre qu'il ne se mon
stre à tel besoing : mais Fortune preste souuent grand merite à celuy qui
en est indigne . Toutesfois il peult estre que l'iniustice de sa querelle luy
cause ceste mal'encontre . Or le pressoit à l'heure de si pres Nereïde, qu'il
ne faisoit plus que reculer & parer aux coups , quant elle se tira vn peu à
costé , & commença à luy dire : Cheualier, auant qu'il vous auienne pis,
quitez le nom que vous auez vsurpé sous la semblance d'autruy:car il n'est
pas raisonnable que(pour le peu de prouësse qui est en vous)celuy, duquel
vous auez mis peine de desrober & la gloire & le bien,perde la reputacion
qu'il à de long temps aquise . Ha folle indiscrete ! respondit il , tu penses
donques m'auoir desia à ta deuocion?Non non, ma mort fera premier fin
de ta vie. Et quant & quant luy donna deux telz coups d'espée sur la creste
de l'armet,que les yeux luy estincelerent tresfort. Neantmoins elle se lança si dextremét sur luy , qn'elle luy prit de la main gauche les courroyes du
heaume,& le luy arracha , luy dónant par mesme moyen tel coup d'espée,
que la teste tomba d'vn costé & le corps de l'autre . Or se peult bien venter
(dit elle adoncq' tout hault)Amadis de Grçce,qu'il aura encores son nom,
ayant donné tel commencement à fin si glorieuse ! Mais on pensoit qu'elle se moquast du vaincu : parquoy on n'y prit autre garde . Ains s'amuse-
rent tous à cótempler Fulurtin,qui faisoit vn dueil si extreme , que maints
en eurent compassion : mesmes entendant ces doleances : Helas ! disoit il,
Cheualier de l'ardante Espée mon singulier & special amy!fleur & honneur de vertu, prouësse , & toute magnanimité ! comme à voulu Fortune
vous esleuer si hault es premiers iours que commençastes à suyure les armes, pour puys apres vous abaisser si bas, & auec vn tel vitupere ? Ah , ah
Roys,Princes,& autres Cheualiers vaincuz par luy ! que direz vous sachás
que celuy qui vous à domptez & deffaiz est maintenant abatu par l'efort
seul d'vne simple femmelette? Certes (se laissant ainsi abastardir & ruiner)
si la victoire qu'il à eu sur vous vous aporta autresfoys quelque tache à vostre honneur, à ceste heure elle est de beaucoup augmentée, ayant si malheureusement perdu la teste non de main de Cheualier tel que vous vous

estimez

eſtimez,ains d'vne Damoyſelle, qui (à mon auis) ne luy reſſemble moins
de viſage, que de l'efort qu'on auoit eſtimé iuſques à preſent eſtre en luy.
Hé Dieu! quelle perte! quelle infortune! quel deſaſtre! Mais helas! mon
cher amy, quel beſoing m'eſtoit il de prendre la peine que i'ay ſouffert
pour vous chercher en tant de regions, & me trouuer apres en lieu ou ie
vous voy ſi mal traiter? Helas! helas! que dira le Roy mon pere, & Buruca
ma Dame & mere, ny tant de preud'hommes, que vous auez laiſſez pour
venir pardeça, quand la renommée, qui vole legierement, leur raprotera
voſtre mort & par qui elle vous à eſté donnée? O' ſouuerains dieux! ie
vous ſuplie permettre que ma vie meure: car auſsi bien le reſte de mes iours me ſeront autant de mortz! Et fondant quaſi en larmes, tenant les braz
croyſez, donnoit telle peine à Nereïde, que contrainte de ſe celer pleuroit
quaſi auſsi fort: conſiderant de quelle amytié Fulurtin regrettoit celuy qui
(eſtimé mort) viuoit ſi pres d'elle. Au moyen dequoy parlant tout bas entre ſes dens: Pleuſt à Dieu! diſoit elle, mon grand amy, que vous cogneuſ-
ſiez la verité du fait! Au fort i'eſpere que me pardonnerez la rigueur que
ie vous tiens, quand vous ſerez auerty de la cauſe. Et oſtant ſon armet de
teſte: Sire Cheualier, dit elle, ie vous prie, beau ſire, ne vous tant tourmenter pour choſe que vous auez veu auenir: Car ſi Fortune vous à moyenné
vn deſplaiſir, elle vous à reſerué (peult eſtre) vn plus grãd bien que ne penſez, & tel, que ie vous ſeray deſormais, au lieu du mort, amye & encores
plus afectionnée que ne vous eſtoit ceſt autre: tant pour l'obligacion
que moy & tous ceux qui vous cognoiſſent auons en la bonté & gentileſ-
ſe de vous, que pour la pitié & compaſsion que vous me dónez, regrettant
ce que ne pouuez reuoquer. Ah, ah Nereïde! Nereïde! reſpondit il, puys
que tu ne me peux faire plus de mal, ne me vueilles auſsi paiſtre de tel eſ-
change, receuant, au lieu de mon parfait amy, celle, qui m'eſt mortelle
ennemie, & de qui ie deſire plus la teſte ſeparée du corps, que ma vie propre! Te iurant par les dieux immortelz, que ie ne ſeray iamais ayſe, premier que ie l'a t'aye oſtée de deſſus les eſpaules en ſatisfaction de celle que
tu as fait perdre à vn ſecond moymeſmes, de la iuſtice, ou iuſtification
duquel, ie ne veux parler, ne la ſçachant: mais ie teſmoigneray toute ma
vie, que tant s'en fault que tu ayes merité la victoire ſur luy, que tu es indigne d'eſtre ſeulement vaincue de ceux ſur leſquelz il à eſté victorieux. Ce
que ie te feray cognoiſtre, s'il te plaiſt que nous nous combatons enſemble. Aſſeuré, que par ta mort, ou la mienne, ie iouïray de la compagnie
de mon amy, ou de la vengeance de ſon tord. Cem'aiſtdieux, bon Cheualier, reſpondit Nereïde, vous me deuez mal cognoiſtre, puys que vous
faites ſi peu de cas de moy pour luy atribuer tant de gloire. Et m'esbahis
encores plus pourquoy vous voulez auoir en telle hayne celle qui vous offre entieremét ſon amytié, & qui n'aura (pour choſe qui luy puiſſe auenir)
aucun combat auec vous: Car vous voyant ainſi plaindre ce perſonnage

de peu

de peu, ie vous eſtime ſi bon amy, que ie gaignerois trop gaignant le
moyen de faire redonder en moy ce que vous perdez en luy par la mort,
qui eſt l'amitié que vous luy portiez. Tant y a, que ſi prenez bien mes
paroles, vous conſiderez (peult eſtre) qu'elles aſpirent à telle fin, que
les pouuez deſirer. Certes, Nereïde, dit Fulurtin, toutes ces remonſtrances ne tendent à autre but, ſinon pour t'excuſer de combat par belle
couardiſe, qui a (comme ie croy) enuironné maintenant ton cuœur. Et
en celà Fortune te fauoriſe tant qu'elle peult, pour ſe monſtrer enuers
moy pire que marraſtre. Toutesfoys i'eſtime que les dieux, cognoiſſans
mon cuœur & ſaine intention, me ſuporteront & donneront moyen que
mon amy ſera vengé premier qu'ilz m'oſtent de ce monde. Ah Fulurtin!
reſpondit elle, tant plus ie me cuyde manifeſter à toy, & moins tu metz
peine de me cognoiſtre! Ie te prometz, s'il n'y auoit ſi grand nombre de
teſmoins autour de nous, que ie te ferois deſcouurir les yeux que tu as ſi
long temps obſcurciz & aueuglez. Et par ce que leur parlement auoit deſia fort continué, le Soudan, & le Roy de Lacedemone deſcendirent de
leurs eſchafaux, pour ſçauoir que ce pouuoit eſtre. Quoy Seigneurs, reſpondit Fulurtin, que ie dy & veux maintenir iuſques à la mort contre
Nereïde, que celuy qu'elle a occis eſtoit tel, qu'elle ne meritoit ſeulement
l'honneur d'eſtre côbatue ny vaincue par le moindre de ceux que le Cheualier de l'ardante Eſpée a rengez à ſon vouloir. Ie vous acorde bien, reſpondit elle, que vrayement ie ne merite d'eſtre vaincue ny d'eux, ny d'autre. Et pour celà n'aurez vous nul debat à moy. Non non, dit Fulurtin, ie
ne le prens pas ainſi. Ie dy & diray, que vous ne valez ny vaudrez iamais le
moindre d'eux. Lors ſe trouua Nereïde en grande perplexité : car il faloit, ou qu'elle le combatiſt, ou qu'elle demeuraſt en reputacion de cou-
arde & baſſe en cuœur. A'la fin penſa en ſoymeſmes, qu'elle trouueroit
moyen (en combatant) luy declarer qui elle eſtoit. Et à ceſte canſe luy reſpondit brauement : Cheualier, il me ſemble, que vous vous eſtes trop oublié, m'iniuriant comme vous auez fait : car encores que ie fuſſe ſi ayſée à
batre que vous vous promettez, ſi m'eforceray-ie de faire cognoiſtre à
vous & à ceſte haute aſſemblée le contraire, ou il me couſtera la vie. Or
là donques, dit Fulurtin, que ce ſoit preſentement. Et, ſans differer, man
da querir ſes armes. Et par le conſentement du Soudan (combien qu'il luy
peſaſt fort) entrerent en camp de bataille, montez ſur cheuanx fraiz, qu'on
leur amena, eſtant Nereïde ſi triſte & ſoucieuſe, pour ſe voir es termes de
combatre l'vn des hommes du monde plus ſon amy, qu'elle ne ſçauoit côme bonnement le diſsimuler. Mais puys, que c'eſtoit ieu forcé eux deux es
deux boutz de la carriere vindrent furieuſement l'vn contre l'autre, & fail
lit Nereïde ſcientement d'atainte, non pas Fulurtin : car il briſa ſa lance
contre elle iuſques dans la poignée, ſe ioignans de corps & de teſtes, &
cheual contre cheual tant rudement, que Nereïde fut contrainte, perdant

les

les estriers auoir recours aux crins. Mais Fulurtin tomba, & son destrier
sur luy, duquel neantmoins il se defit tost apres. Et se releuant par grande
legiereté mit incontinent l'espée au poing, marchant contre Nereïde, à la
quelle il dit tout hault: Sça'vous qu'il y a? Damoyselle, descendez de
cheual, ou ne me blasmez si ie le vous tue. Par mon ame, respondit elle,
i'aurois trop plus de plaisir, que me quitissiez la bataille, cognoissant le
peu de raison que vous auez de m'assaillir. Toutesfoys, puys que le voulez, ie le feray. Adoncq' mit pied à terre, & commença Fulurtin à ruer
sur elle, sans qu'elle luy tirast iamais coup d'espée que du plat: destournant ses coups, ou les receuant sur son escu, qui à la fin fut si bien charpen-
té, qu'il ne luy en resta quasi pour se couurir le bras. Et ce qui luy donnoit encores plus de peine, ny le Soudan, ny le Roy de Lacedemone n'a-
uoient onques habandonné la barriere, pour mieux voir à leur ayse l'issue
de ceste meslée. Parquoy il luy estoit impossible parler à Fulurtin: ainsi
qu'elle desiroit & auoit proieté. Mais luy dit seulement: Fulurtin, contente toy de ce que tu as si mal traité mon escu, & mes armes: t'auisant
que ta seule bonté, & le bien que ie te veux, t'ont garenti iusqu'à ceste
heure: faisant enuers toy non ofice d'ennemy, ains d'amye telle que ie te
suis. Et neantmoins ie ne t'asseure pas desormais. Tu feras bien, respondit il: & si te conseille de ne rien oublier. Car tout te fera besoing premier
que tu m'eschapes, ainsi que i'espere te faire cognoistre au pris de ta vie
Dieu m'en garde, dit elle. Et sans causer ny contester d'auantage recommença leur meslée plus aspre qu'au parauant, & si rude, que Nereïde se
sentit quelque peu naürée qui luy dóna plus à penser que la fin seroit dangereuse pour elle, si elle n'y pouruoyoit. Parquoy hauça l'espée de toute
sa force, de laquelle elle donna tel coup à Fulurtin, que les courroyes de
son armet se rompirent & demeura desarmé de teste, tombant si estonné, qu'il ne sçauoit s'il estoit iour, ou nuit. Ha, dit lors Nereïde, ce coup
est tel, que les souloit donner le Cheualier de l'ardante Espée, non le paillard qui gist mort en ce camp. Et faignant vouloir rechager Fulurtin:
rends toy, dit elle, mon prisonnier, ou mal t'en auiendra. Fay ce que tu
doys, respondit Fulurtin: car i'ayme plustost mourir, que la condicion que
nous auós acordée ensemble ne sorte à effait: ce qui ne peult estre que l'vn
de nous deux ne perde la vie, laquelle ie tiens à peu, puys que i'auray
moyen de suiure mon amy, & maugré Fortune le trouuer, soit aux enfers, ou es champs Elisées, ne me soucie auquel des deux, pourueu que
luy tienne compagnie. Non feras dea, dit elle, au moins pas si tost:
mais bien à moy qui maugré toy te feray amye, & suplieray le Soudan có-
máder qu'on te garde en ses prisons, iusques à ce que ta colere soit amoin
drie: Esperant que tu te recognoistras, & le bien que ie te veux. Si ne me
sçaurois-tu faire plus de mal, respondit Fulurtin, que me laisser viure d'a-
uantage, ayant perdu & celuy pour lequel seul ie viuois, & la victoire quát

& quant

& quant. Voylà grand cas, dit elle, d'eſtimer tant peu celuy par lequel tu
te trouues maintenant vaincu. Mais Fulurtin ne pouuoit aſſoir iugement
ſur nulle de ſes raiſons, dont Nereïde eſtoit ſi deſplaiſante, qu'elle le fit ſor
tir du cáp, & ſuplia humblement le Soudan, luy donner priſon honneſte,
& ſi bóne garde, qu'il ne ſe peuſt mesfaire par quelque deſeſpoir. Et le iour
meſmes fut le corps de Balarte (qu'on eſtimoit eſtre le Cheualier de l'ardã
te Eſpée) mis en baſme en vn cercueil de plób, pour le r'enuoyer à l'Empereur de Trebiſonde: demeurát Nereïde en la reputacion du meilleur Cheualier de la terre, dót elle ſe glorifioit beaucoup, louant Dieu en ſoymeſmes de la victoire qu'elle auoit eu ſur celuy, qui luy vouloit rauir tout ſon
bien & contentement. Mais tel ayſe luy dura peu, ainſi que vous entédrez

Comme Niquée ſe voulut deffai-

re ſçachant la mort d'Amadis de Græce, & la victoire de Nereïde.
Chapitre LXXII.

Pres que la victoire fut demeurée à Nereïde, ainſi qu'il
vous à eſté dit, le Soudan la prit par la main & la conduit en ſa chábre, non dans la tour, ains en vne des meilleures du chaſteau ou il fit ſongneuſement regarder à
quelques petites playes qu'elle auoit. Et au partir de là
vint trouuer Niquée, pour luy dire comme le tout eſtoit
paſſé: eſperant que l'amitié qu'elle portoit à Nereïde luy donneroit plaiſir de tant bonnes nouuelles: mais ce fut tout le rebours. Car auſſi toſt qu'il
profera la mort d'Amadis de Gręce, elle ne peut tant bien ſe contenir,
que ſupriſe de douleur trop grande tomba du hault de ſoy eſuanouye.
Dont le Soudan trop pertroublé, commanda à ſes Damoyſelles la deſſer-
rer, pour luy pouruoir de remede. Lors reuint à ſoy, & ietant vn hault
ſouſpir, voyant encores le Soudan aupres d'elle, commença à luy dire. Ie
vous ſuplie, monſieur vous retirer, s'il vous plaiſt: car le mal que ie ſoufre
deſire entierement la ſolitude & priuauté. Ie ſçay bien que ie ne puis plus
gueres viure, pour Dieu ottroyez moy ceſte requeſte pour le dernier bien
que i'eſpere iamais de vous! Le bon vieillart à ceſte parole baignant en larmes ſa blanche & longue barbe, ſortit hors la chambre, eſtimant que ceſte
paſſion luy procedaſt de quelque douleur d'amatrice. Parquoy ſe retira
vers Nereïde, à qui il raconta la foybleſſe de ſa fille, & les propoz qu'elle
luy auoit tenuz. Vous aſſeurant (dit il) ma mignonne, que ie doute beaucoup, qu'il ne luy auienne pis. Ce qu'entendu par Nereïde, eut le cueur tát
ſaiſi, qu'elle perdit la parole, & s'eſlógna le ſang du viſage ſi loing, que demeurant bleſme eſtendue ſur ſon lit & ſans remuer, fut le Soudan tant ef-

Z froyé

froyé, qu'il pensa auoir perdu & fille & amye ensemble : entrant par ce
moyen de fieure en chaud mal , & tel, que presque desesperé se mit à faire
les plus grans regretz du monde. Helas ! disoit il , fault il que moy vieil &
sur le bord de ma fosse , voye mourir deuant mes yeux les deux personnes
que i'ay les plus aymez ! Pour Dieu, m'amye, parlez à moy ! Et ainsi qu'il
l'embraçoit & baisoit le cueur reuint à Nereïde, qui pour couurir ceste fau
te, craignant qu'on cogneust ses amours, respõdit au Soudan: Ie vous prometz , Sire, que la peine que i'ay cogneuë en vous, pour la maladie de ma
Dame vostre fille, est si bien imprimée mon cueur (tant ie vous ayme)que
force luy a esté tóber en la foyblesse que vous luy auez veu soufrir maintenant. M'amye, respondit le Soudan, elle se portera mieux que vous, ie vous
prie seulement faire de vostre part bonne chere & vous reposer: car ie pense que le trauail du combat vous ayt causé ce mal ayse. Et luy donnant le
bon soir se retira. Mais entendez que ce pendant Niquée. ayant recours à
ses pleurs, fit sortir toutes les femmes & Damoyselles de sa chambre, & cómença de plus en plus à condouloir & regretter son Amadis, qu'elle estimoit certainement mort. Helas! disoit elle, mon vray amy ! pourquoy ont
les dieux permis que ie vous aye onques veu : pour donner en vous perdant si triste fin à ma vie? Ah cruelle Nereïde ! par la douceur de voz yeux
mon cueur a esté souuent passionné, & mon ame l'est à present auec la
cruauté de voz sanguinolentes mains ! Certes il me semble que la Phisio-
nomie & visage de luy, tant conforme & semblable au vostre, vous deuoit
semondre à quelque compassion de sa personne , si ne la vouliez auoir de
moy ! Mais puys qu'à tous deux vous vous estes monstrée telle, ie ne desire
pour dernier confort que l'espée, par laquelle vous auez executé ceste trop
cruelle cruauté, & que ie vous supliray m'en faire present: Car si vne foys
ie la puis recouurer, croyez, amy, que mon corps acompagnera bien tost le
vostre, & mon ame vostre esprit en quelque part qu'il ayt fait sa volée. Et
ainsi se lamentant & fondant en larmes passa le reste de la nuict, & iusques
au poinct du iour, que le Soudan enuoya voir cóme elle se trouuoit. Si luy
fut raporté, que son mal alloit tousiours de pis en pis . Et toutesfois il vint
premier visiter sa Nereïde , laquelle sçachant Niquée soufrir tant de passion pour l'amour qu'elle luy portoit, s'estoit leuée, deliberant (quoy
qu'il en deust auenir) trouuer façon luy faire cognoistre la verité du
fait. Et encores estoit elle en ces termes, quád le Soudan entra en sa chambre , lequel elle salua humblement: puys luy demanda de la disposition
de Niquée. Ie vous prometz, ma mignonne, respondit il, qu'elle empire, ainsi que l'on m'a mandé. Sire, dit Nereïde, s'il vous plaisoit ie la
verrois volontiers, & luy tiendrois compagnie : car, peult estre, s'ennuye
elle ainsi seule. I'en suis, respondit le Soudan, trescontant. Lors la prit
par la main, & entrans eux deux seulz en la tour vindrent ioignant le
lit, sur lequel reposoit l'Infante Niquée : Mais aussi tost qu'elle les auisa,
tourna

tourna la teste d'autre costé& faignoit dormir. Au moyen dequoy le Soudan se retira, pour ne l'esueiller: priant Nereïde ne l'habandonner, qu'il ne
retournast vers elle. Ce que Niquée entendit bien. Adoncq' sçachant son
pere hors la tour, se leua comme en sursault, & s'adressant à Nereïde, luy
dit fort mal gracieusement : Sça'uous qu'il y a ? ostez vous de deuát moy,
autrement ie me tueray moy mesmes, ou vous estrangleray de mes deux
mains. Trahistre meschante que vous estes ! faloit il que ie receusse tant
de mal à vostre ocasion ? Ah, ah, ma Dame! respondit elle, le mal que vous
auez vous norrit vn grand bien, si vous l'entendiez comme ie fais. Helas!
dit Niquée, quel bien me pourroit auenir plus grád que le mal de la mort.
Parquoy encores vn coup, retirez vous, & me laissez soufrir, ou bien m'o-
troyez vn don tel que ie vous demanderay. Ie le vous otroye, ma Dame
respondit elle. Or m'allez donques querir l'espée, auec laquelle Amadis
de Gręce a perdu la teste: Car ce me sera grand contentement de voir l'instrument, qui a si bien chastié la trahison qu'il vouloit faire au Soudañ mó
pere. Assez entendoit Nereïde ou elle vouloit venir, qui luy fit respódre:
Ma Dame, c'est le moins que ie puis faire pour vous, ie la vous yray querir
puys qu'il vous plaist. Par condicion, toutesfoys, que lors que ie la vous
presenteray vous & moy serons seulz. Ie le vous acorde dit Niquée. Lors
manda Nereïde qu'on luy aportast son espée, & suyuant la promesse
qu'ilz auoiét ensemble eux deux entrez en vne garderobe, & l'huis fermé,
la luy presenta, disant : Ma Dame, voicy l'espée que demandez, de laquelle
ie veux estre trauersé de part en autre, si ie ne vous donne quant & quant
Amadis de Gręce vif, encores que le tenez pour mort. Si la receut Niquée,
& pensant que Nereïde se moquast d'elle, la tira du fourreau, & hauçant
le bras en intention de luy fendre la teste, profera telles paroles : Or reçoy
doncq' maintenant, Nereïde, la vengeance de celuy que tu as cruellement
mis à mort, sans t'auoir onques offensée. Mais Nereïde qui y prenoit garde, la saisit dextrement par les mains. Comment? ma Dame, dit elle, voulez vous ainsi faire mourir vostre Amadis de Gręce? a'uous bien l'estime de
moy, qu'autre me puisse donner la mort, sinon vous seule. Et voylà pourquoy, respondit Niquée, ie te la pourchasse & pourchasseray toute ma
vie. Non ferez dea, ma Dame, s'il vous plaist, dit Nereïde. Et desbouton-
nant le deuát de sa iupe descouurit son estomac : Ie vous ay promis dit elle, Amadis de Gręce vif, & ie le vous presente auec le Cheualier de l'ardáte Espée, tesmoing celle que vous pouuez voir en luy & naturelle sur cest
estomac : non pas du tout si enflammée que vostre amour luy est au cueur.
Vous asseurant, ma Dame, que le trahistre qui auoit vsurpé le nom & le
visage de moy, par quelque enchantement, n'a pas esté si bien chastié qu'il
meritoit toutesfois si vostre Amadis vous a offensée, soit en ce cas, ou pour
s'estre tát celéá vous, choy sissez en ces deux espées de laquelle il vous plaist
qu'il meure, ou luy rendez la vie que vous luy auez quasi fait perdre pour

Z ii   vostre

voſtre malayſe. Si lors Niquée ſe trouua ayſe & esbahie: il eſt ayſé à cóſide-
rer, auſsi fut elle ſi eſpriſe de gráde ioye, qu'elle ne ſçauoit ſi elle ſongeoit
ou ſi elle y deuoit donner foy. Mais à la fin elle ſe r'aſſeura, & luy reſpódit:
Veritablement, Nereïde, ie voy de meruelleuſes enſeignes, & voudrois
bien ſçauoir comme celà peult eſtre auenu : Et ſi les dieux (ayans pitié de
moy) ont permis en temps ſi deſeſperé de remede, m'enuoyer vn tel & ſi
grand ſecours. Ie le vous diray, ma Dame, dit Amadis. Lors commença
à luy declarer de point en point la ſorte qu'il fut vendu pour eſclaue, l'ocaſion pourquoy, & finablement tout ce que vous en auez ouy. Dont l'vn &
l'autre ne receurent moindre plaiſir, que grande auoit eſté leur triſteſſe,
Pour laquelle de tout point effacer, Dieu ſçait ſi baiſers & embracemens
furent mis en ieu, auec leſquelz Amadis vouloit trouſſer bagage & iouër
des couſteaux, n'euſt eſté la remonſtrance que luy fit Niquée, luy diſant:
Ie ne penſe pas, mon vray amy, que vous ayez ſi peu d'egard ny à ma beauté, ny à mon honneur, que vous en vueillez prendre ainſi poſſeſsion ſans
le pris & eſtime de ſa valeur, & de la pudicité & vertu, dont ie ſuis redeuable, tant à mon honneur, qu'au ſang illuſtre de mes parens. Parquoy ie
vous ſuplie vous deporter, & faire premierement en façon que l'amour de
vous à moy, & ce qui en pourra ſuruenir, ſoit confirmé par la loy plus honneſte & aſſeurée, & telle, que ny Dieu ny les hómes en puiſſent eſtre ofen-
ſez. Ie vous aſſeure, ma Dame, dit il, que l'amytié que ie vous porte eſt tant
certaine, que ie n'auray de ma vie autre femme eſpouſée que vous, & celà
vous prometz & iure en voz mains, puys que me voulez faire tant de grace
de me receuoir pour tel. Me le promettez vous ainſi? dit Niquée. Ouy, ma
Dame, ſur tát que ie tiés de Dieu. Or ſuis-ie ores du tout à vous, & vous retiens à Seigneur, mary, & eſpoux. De ceſte façon que ie vous cóte Niquée
laiſſa cueillir à Amadis le premier bouton du rozier, ſemer quant & quant,
& pláter à ſon ayſe dans le iardin, non iuſqu'a lors cultiué ny mis à labour.
Mais de là en auant le nouueau iardinier fut ſi ſongneux de l'enroſer, que
le fruit en vint iuſques à parfaite maturité, ainſi que noſtre hiſtoire vous de
clarera en temps & lieu. Et à fin mon amy, dit Niquée, que plus ſeurement
nous puiſsions iouïr l'vn de l'autre iuſques à ce que le temps nous permettra ſortir de ceans, ie faindray au Soudan mon pere que voſtre ſeule compagnie m'a donné tel allegement, que ie commence à me bien porter. Et ie
ſuis ſeure qu'il vous commandera de ne m'habandonner plus. Par ma foy,
ma Dame, reſpondit il, iamais hóme ne fut à la peine que luy & moy nous
nous trouuaſmes il y a enuiron vn moys. Lors luy conta comme il l'auoit
voulu forcer, la trouſſe qu'il luy dóna, pour mieux le mettre aux alteres, &
qu'à la fin, marry de ſon impuiſſance, l'auoit logé en la tour de l'Vniuers.
Qui a eſté le ſeul moyen, dit il, pour nous faire tomber & l'vn & l'autre au
plaiſir que nous auons. Quant au reſte laiſſez moy faire, & vous repoſez
ſur moy : car ie ſçay comme il le fault deſormais traiter, eſtant amoureux

de

de Nereïde comme il eſt. Au reſte ie ſuis d'auis (ſuyuant le voſtre) que luy
faites entendre tout maintenant voſtre ſanté recouurée, le ſupliant qu'il
vous face tant de bien de vous venir viſiter. Ce que Niquée commanda à
l'vne de ſes femmes, qui l'amena quant & elle. Et trouuant ſa fille mieux
colorée que de couſtume, pour le trauail qu'elle & Nereïde auoiét pris enſemble, fut tout ioyeux, luy demandant ſi ſon mal eſtoit apaiſé : car (dit il
en ſe ſouzriant) ie vous vy hier ſi deſeſperé, que ie penſe que vous cuydiez
bien mourir. Monſieur, reſpondit elle, Nereïde m'a tant allegée par ſa cópagnie, que (graces à noz dieux) ie me ſens du tout hors de danger. Ah
m'amye, dit le Soudan, elle dóne à tous remede, fors à moy : mais i'eſpere
que le téps luy apreſtera ocaſion pour me vouloir plus de bien qu'elle ne
me veult à preſent. Sire, reſpondit Nereïde, ie le vous ay promis & le vous
prometz encores. Monſieur, dit Niquée, ce ſera donques à la charge, que
vous ne l'eſtrangerez plus de moy : autrement ie pourrois retomber en
pis que ie n'ay eſté. Ouy vrayement, mamye, reſpondit il, ie la vous
donne, & vous prie la norrir en la bonne volonté qu'elle a enuers moy. Ie le feray, monſieur, dit Niquée, qui ne ſçauoit
quelle contenance tenir, ny moins Amadis, tant a-
uoient grande enuie & l'vn & l'autre de rire. Et
les laiſſant le Soudan enſemble, s'en
alla mettre à table.

Comme Nereïde fut voir Fulur-

*tin en priſon : & des propoz qu'ilz eurent
enſemble.*

Chapitre LXXIII.

Tout le reste du iour ne cesserent Nereïde & Niquée de
deuiser ensemble, racōtans l'vn à l'autre les peines qu'ilz
auoient souffertes atendans l'heure choisie tant à leur
plaisir. Ah ah! disoit Amadis, quantes foys i'ay pensé
en moy mesmes le tord que le Soudan vous faisoit pour
vous tenir ainsi enfermée, & le comparant à l'vsurier
qui cache son tresor en terre, sans en donner plaisir, ny à soy, ny à autruy, le
maudissois, & desirois hors de ce monde : Car disois-ie lors ce sont Ours
Lyons, Loups, & telles dangereuses bestes, que l'on doit ainsi mettre en
seure garde, & sous la clef, non pas les belles telles ou moindres que vous
estes, si propres à aymer, & par qui la grandeur de Dieu est tellement cogneuë qu'il n'eust iamais permis l'acointance de vous & de moy, s'il fust
autrement. Mon amy, respondit elle, il monstre bien qu'il n'est point de
resistance contre son vouloir. Voyez, mon pere s'est l'onguement trauaillé & rompu la teste, pour empescher qu'homme du monde aprochast de
moy. Il auoit certes mal retenu que la garde d'vne femme est pareille à celle d'vne grande quantité de puces, que l'on cuide enclorre dans son poing
& sortent neantmoins par la separacion des doitz. Estimez dōques quād il
sçaura ce qui est entre nous deux quel remors de cōscience luy trauaillera
l'esprit? Et plus encores (cōme ie croy) se voyant ainsi deceu qu'il a esté par
vous sous couleur d'vne amytié & iouïssance esperée. Par mon ame, il est
bien loing de son côte. Et m'esbahis cōme si vieil & si sage qu'il doit estre il
s'oublie iusques là. Maints autres propoz furét mis en auant propres à leurs
afectiós, tāt qu'il fut heure d'aller dormir. Or auoit Niquée (ce disoit elle)

peu

peu repofé les autres nuitz precedantes: parquoy cóman da à fes femmes fe
retirer en fa garderobe, & luy laiffer Nereïde pour toute compagnie, qui
coucheroit auec elle. A'quoy elles obeïrent, & demeurerent les deux a-
mans hors de tout foupçon, & à leur ayfe: faifans plufieurs effaiz du plaifir qu'ilz auoient eu enfemble vne feule, ou deux foys, le matin. Et combien qu'ilz fuffent & l'vn & l'autre nouueaux en tel meftier, fi en áprin-
drent ilz tant cefte nuit, que de là en auant ilz en fceurent autát, voire trop
plus, que ceux qui l'ont continué par l'efpace de quinze ou vingt années:
y trouuans tel, & tant de gouft, que fans eux en laffer, ne fafcher, eurent le
bien de trauailler en ce repos plufieurs iours. Durans lefquelz le Soudan
ne failloit à venir vifiter fa Nereïde, qui apres maintes remifes, luy declara
(par l'auis de Niquée)qu'elle ne pouuoit le fecourir, que l'an de fa captiuité ne fuft expiré, pour le vœu qu'elle en auoit fait: mais que ce terme acó-
ply, elle iuroit & promettoit luy obeïr de cueur, de corps, & de toute telle volonté qu'il luy plairoit. Ce qu'il prit fi bien en payement, qu'il l'acorda: fans que depuys il l'importunaft plus comme il auoit de couftume: ains
luy donna toute telle permiffion qu'elle vouloit de fortir & entrer auec
fa fille quand bon luy fembleroit. Et à cefte caufe, ayant Nereïde bonne
fouuenance de la prifon de Fulurtin, le vint trouuer fi flaque & debile de
fa continuelle melencolie, que c'eftoit merueille comme il auoit peu tant
refifter à la mort. Et eux deux feulz commença à luy demander, s'il voudroit point fortir & viure deformais enfemble comme bons & vrays amys.
Mais tant plus elle le fuadoit à ce faire, & moins il y preftoit l'oreille: luy
declarant, pour refolution, qu'il deliberoit mourir, puys que fon compagnon auoit efté fi mal fortuné. Ah ah, dit elle, mon grand amy! voftre
mort me feroit trop grieue. Ie vous fuplie me pardonner le tord que ie
vous ay fait à me celer fi longuement à vous. Ie fuis voftre tant regretté
Amadis de Grece. Voyez, voyez l'efpée qu'autresfois auez-vous veuë plus
à voftre ayfe. Et fe defcouurant luy monftra fa poitrine. Elle vous tefmoi-
gnera bien, dit il, que voftre amy n'eft pas encores mort! ains le trahiftre,
qui, vous ayant abufé s'eftoit mis en tout deuoir pour vfurper fur ma Dame Niquée l'amour qui m'eftoit deuë iuftement, & non à luy. Et tant plus
Fulurtin l'efcoutoit & plus penfoit ou refuer, ou eftre enchanté. Car il a-
uoit veu (ce luy fembloit) mettre à mort le Cheualier de l'ardante Efpée,
& le voyant à l'heure fi pres de luy, & fe faire cognoiftre auec fi bonnes
enfeignes, il ne fçauoit qu'en prefumer. Toutesfois fe fouuenant du peu
de cognoiffance que luy fit celuy qui eftoit vaincu, lors qu'il le trouua en
la prefence de Buzando, du fecours qu'il denia aux Damoyfelles pour leur
defenfe, & de maintes autres chofes qui luy vindrent deuát les yeux, mefmes l'efpée qu'il voyoit certainement, & naturelle, fur l'eftomac de Nereïde, les excufes fi aparentes qu'elle luy faifoit, tout celà mis enfemble affeura, que veritablement il auoit efté deceu iufques à lors, par celuy qui en

Z iiii   demeu-

demeuroit si bien chastié.Et pour ceste cause, tant ayse que rien plus, vint
embracer Amadis, luy disant : Helas ! mon grand & ancien compagnon,
qui eust iamais pensé, qu'apres tant de douleurs il me fust suruenu vn tel
plaisir ? Sur mon ame ie n'auray de ma vie regret à mourir , puys que les
dieux m'ont vne fois tiré de la peine extreme ou i'ay esté depuys que ie
vous ay pensé perdu . Ah , ah mon amy ! mon compagnon ! ie vous prie
(aumoins) me dire fidelement qu'elle à esté vostre auanture pour vous e-
stre ainsi desguisé,& fait deuenir si vaillante femme . Lors Amadis luy discourut tout de mot à mot la sorte, que Gradamarte l'auoit vendu au Soudan pour esclaue, la fin ou il tendoit, la iouïssance, & heureuse fortune,
qui luy en estoit auenue, le mariage de luy auec Niquée, & finablement
comme il atendoit de iour en iour Cosme Alexandrin, ainsi nommé, disoit il, le gentil marchand qui me deliura à mon beaupere . En bonne foy,
mon cópagnon,respondit Fulurtin, voylà de merueilleuses & subtiles entreprises,& qui ont bien succedé: dót ie suis tresioyeux . Et ne sçay ou tous
les diables i'auois l'esprit , quád ie vous vy à cheual & combatre celuy que
vous auez si mal traité.Ie pensois bien n'auoir onques veu deux personnages mieux s'entreressembler que luy & vous : mais vostre victoire me deuoit oster tout soupçon, & vous faire estimer tel que vous estes,& non pas
femme pour l'habit.Et vous?dit Amadis, qu'elle vous à esté la fortune qui
vous à fait venir en ces marches?L'enuie seule, respondit il, de vous trouuer . Et combien que ie sois nouuellement marié, & à la Damoyselle du
móde que i'ayme plus, si me suis ie forcé iusqu'à ce point de la laisser pour
quelque temps, & me mettre en queste , tant m'estoit le desir grád d'auoir
de voz nóuuelles . Et luy recitant par le menu comme il deuint amoureux
de Libriaxa , ne se pouuoit garder de souspirer . Dont Amadis se mit à rire . Il semble, dit il, mon compagnon , que vous commenciez à regretter
l'eslongnement d'elle : mais si vous auiez veu Niquée, ie pense que ce souuenir ne vous dureroit gueres , non pas celuy que vous auez de vous mesmes,pour desirer vne telle amye . Ie vous diray, respondit Fulurtin, celle
qui est mienne est tant en moy , & moy en elle,que pour toutes les belles
du monde ie ne la voudrois changer: aussi ne pourroient elles auoir aucune part en mon cueur , l'ayant du tout commis & laissé en la garde de m'a-
mye . Voylà grand cas , dit Amadis , en auez vous pas desia iouy à vostre
ayse,& plusieurs foys?Ouy,certes, respondit il . Et neantmoins vous pensez autant à elle , dit Amadis (à ce que ie voy) comme si vous estiez encores en queste pour la conquerir . Cem'aistdieux, respondit il, auant que
nous eussions l'aliance que nous auós elle & moy, si i'estois absent d'elle,
ie sentois seulement mon mal : mais à ceste heure, la cognoissant telle que
ie l'estime,i'endure & l'ennuy qu'elle porte pour moy , & le mien ensemble . O' Dieu ! dit Amadis, que pourray-ie donques deuenir, si vne fois il
me fault eslongner ma Niquée ? Veritablement i'estime qu'il me sera insuportable,

fuportable, veu que pour le peu qu'il y a que ie vous tiens compagnie, il
me femble que ie ne la vy paffé a dix ans. Que ce fera de vous? refpondit
Fulurtin, ce que c'eft de moy, qui ay defia paffé le pas que vous craignez
tant. Ah, dit Amadis, cefte comparaifon ne peult auoir lieu en mon endroit! aufsi il y a trop de difference entre la beauté de m'amye à celle de la
voftre. Ce font paroles, refpondit il, Amour n'a point d'acception de perfonnes. Ne vous ay-ie pas defia dit, que la mienne m'eft plus qu'autre qui
foit ny au ciel ny en la terre? Eftimez vous Amour fi raifonnable, qu'il ne
face aymer ardamment finon les plus belles? ie vous prometz que ie fuis
contant de viure en cefte opinion, que ny voftre Niquée, ny la déeffe Venus mefmes, n'atindrent onques à la perfection de Libriaxa. Chacun oy-
feau trouue fon nid beau. Ha, dit lors Amadis en fe fouzriant, i'ay veu le
temps que i'auois bien Lucelle, que i'ayme & aymeray toute ma vie, en
telle eftime: mais (fans mentir) aufsi toft que ie vy le pourtrait feulement
de Niquée, l'afection que ie portois à l'autre, s'amortit quafi du tout, pour
s'enflammer en elle. Ce font opinions, refpondit Fulurtin. Quant à moy,
tel mal n'auiendra iamais à m'amye. Pluftoft certes, aymerois-ie mourir
de mile morts, qu'auoir monftré vn feul point d'inconftance en fon endroit. Nous le cognoiftrons quelque iour, dit Amadis. Sufife vous à cefte
heure de iouër bien voftre perfonnage, & (pour ne defcouurir mon entreprife) ie feray entendre au Soudan, que ie vous ay fi bien prefché, que vous
eftes contant, pour l'amour de moy, de le feruir. Il vous mandera incontinent. Ie laiffe le furplus en la prudence qui eft en vous, & m'en vois voir
m'amye. Lors prenans congé l'vn de l'autre vint Nereïde trouuer le Soudan, auquel elle dit comme elle auoit gaigné le prifonnier, & qu'il le fer-
uiroit en tout & par tout. Par ma foy, ma Nereïde, refpondit il, vous me
donnez ocafion de vous aymer de plus en plus. Ie viens de la chambre de
ma fille, que i'ay laiffée toute trifte: ie vous prie belle Dame, allez luy tenir
compagnie, & ie m'en vois enuoyer querir Fulurtin. Ce qu'il fit, & de
là en auant demeura en la Court traité & honoré ainfi que l'vn des plus
grans Princes de fon Empire. Cependant Nereïde & Niquée paffoient le temps enfemble, fans que les autres Damoyfelles en euffent foupçon: Aufsi n'aurons-nous pas nous. Parquoy
demeurent enfemble tant que nous les allions
apeller, & parlons maintenant de
la guerre.   Comme

Comme les nouuelles vindrēt en

Trebiſonde de l'armée d'Abra, qui marchoit contre l'Empereur,
& Liſuart : Et du congé que donna le Soudan à Nereïde
pour aller au ſecours d'Axiane auec cinq
cens Cheualiers.

Chapitre   LXXIIII.

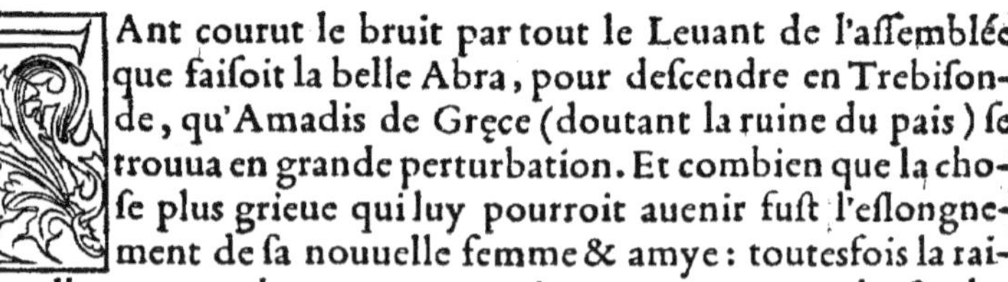

Tant courut le bruit par tout le Leuant de l'aſſemblée
que faiſoit la belle Abra, pour deſcendre en Trebiſonde, qu'Amadis de Gręce (doutant la ruine du pais) ſe
trouua en grande perturbation. Et combien que la choſe plus grieue qui luy pourroit auenir fuſt l'eſlongnement de ſa nouuelle femme & amye : toutesfois la rai-
ſon le ſceut tellement combatre, qu'vne nuit entre autres (peult eſtre las
& trauail-

& trauaillé de piquer si souuent sa monture, ou pour le desir d'aller voir
oncles & parens) delibera tendre à son congé. Pour à quoy paruenir, tenant Niquée entre ses braz, luy commença à dire: M'amye, vous sçauez la
part que vous auez en moy, & qu'en toutes choses ie veux vous obeïr &
complaire: ie vous prie donques me conseiller en deux extremitez qui
m'importunent grandement l'esprit. L'une est l'obligation que ie doy à
mon pere, pour le secourir en la necessité ou il est comme vous auez entédu & que ou la fortune luy aporteroit ruine ou dommage, elle redonde-
roit à vous, ou à moy, qui quelque iour serons Sgeineurs, si dieu plaist, de
son empire. L'autre, & qui me touche encores de plus pres, c'est que vous
eslonguant, i'aproche de la mort, & pense qu'il est impossible, que ie vous
puisse si long temps habandonner. Mais elle, qui n'estoit moins prudente
& auisée, que belle, & de bonne grace considerant que, ou Amadis delais-
seroit pere & païs en temps si pressé, veritablement outre que ce leur seroit
perte & dommage trop grand, son Amadis en pourroit quelque fois receuoir blasme, à ceste cause, forçant le plaisir qu'elle auoit en sa compagnie,
prefera la raison à toute chose qui l'eust peu destourner, & luy respondit:
Monsieur, l'amour que ie vous porte est si parfaite, que malaysément ie
vous pourrois donner conseil qui me fust agreable & sain en ce que vous
me demandez: mais plus grande est encores la force de vostre honneur &
renommée, puys qu'elle seule a esté moyen du bien que nous auons l'vn
par l'autre. Et à ceste cause, suyuant la raison, & considerant que nul Empereur ou Roy se doit assuietir (s'il luy est possible) ny payer aucun tribut,
il me semble que vous & moy deuons postposer noz plaisirs, & entendre
au deuoir qui vous semond à la conseruation de vous & de vostre estat.
Parquoy ie vous donne (si ie doy parler ainsi) tout tel congé qu'il vous
plaira, encores que veritablement ce soit du tout contre mon vouloir:
Tenant à grand' gloire me captiuer ainsi moy mesmes, pour vous permettre telle liberté, auec laquelle vous executerez & ferez cognoistre de plus
en plus l'excellance de voz prouësses, & haute cheualerie. Sur mon Dieu,
ma Dame, dit il, vous parlez si prudemment, que ie ne sçay, si ie doy faire plus d'estime, ou de vostre beauté, pour extremité & perfection qui
soit en elle, ou du bon sens & gentil esprit qui reluit en vous. Demain ie
parleray donques (suyuant vostre auis) au Soudan, & selon qu'il me dira ie paracheueray, ou rompray du tout mon entreprise. Car sans luy, ny
soit en elle, ou du bon sens & gentil esprit qui reluit en vous. Demain ie
vous ny moy y pourrions donner ordre. Et à ceste cause le iour ensuyuant
que le Soudan, vint les visiter, ainsi qu'il auoit de coustume, Nereïde le
trouuant à propos, luy dit: Sire, ie ne vous requis onques de chose que ie
sçache, ie vous suplie m'otroyer vn don qui ne redó dera qu'à vostre honneur & louange. M'amye, respondit il, vous ayant dóné mon cueur, vous
ne me sçauriez rien demander que vous n'ayez de moy. Treshumblemét
le remercia Nereïde. Sire, dit elle, vous auez entendu long temps a que
ma Dame

ma Dame voſtre niece Axiane delibere reconquerre l'Empire de Babiloꝫ
ne , que luy detient l'Infante Abra trop iniuſtement , i'yray ſous voſtre
bon plaiſir luy ayder de ma perſonne : Eſperant , par ce moyen , aſſopir
l'inimytié que pluſieurs vous portent, & à moy auſsi, pour la mort inter-
uenue d'Amadis de Grece , & aquerir quant & quant plus de renommée
que ie n'ay encores. Bien marry fut le Soudan d'auoir ſi legierement acordé la requeſte de s'amye : toutesfois , ne voulant pour rien rompre ſa parole , luy reſpondit : Ie feray ce que vous voudrez , mais ie iure le hault &
puiſſant Iupiter , que c'eſt bien contre mon gré : Car l'eſlongnement de
vous me tourmente deſia tant, que ie doute beaucoup que ne me trouuiez
pas en vie à voſtre retour. Si feray dea, Sire, reſpondit elle:Car il ſera brief,
ne ſçachant lieu ou i'euſſe plus d'ayſe & d'honneur,que ie reçoy (de voſtre
grace)en voſtre compagnie , & en celle de ma Dame voſtre fille . Sur ma
foy,dit le Soudan, la peur que i'ay que ſoyez cogneuë & miſe à mort, m'a-
porte tous les inconueniens,qui (ce pédant) vous peuuent auenir . Et pour
ceſte cauſe vous dóneray-ie pour vous acompagner cinq cens Cheualiers
des miens, telz que les voudrez eſlire . Que pleuſt à Dieu que mon filz A-
naſtarax fuſt en liberté. Certes il feroit le voyage auec vous . Il y ſera quád
il plaira aux dieux,reſpódit Nereïde . Ce pendant ie vous ſuplie, que Fulurtin m'acompagne,auec lequel, & la troupe que vous m'offrez , tout le
móde enſemble ne me pourroit pas nuire.Fulurtin aurez vous, dit il,puys
que le voulez , & le Roy de Lacedemone auſsi. Or penſoit bien ce Roy
eſpouſer Niquée au retour de l'entrepriſe , qui luy faiſoit entreprendre de
meilleur cuœur le voyage , pour lequel paracheuer le Soudan commanda
equiper vaiſſeaux,les freter, & armer nauires ainſi qu'il eſtoit requis. Puys
ayant Nereïde pris congé & de Niquée & du Soudan , acompagné ainſi
qu'il vous à eſté recité , s'embarqua , & hauçant les voyles ſingla vers Capadoce,eſlongnant en peu de temps la coſte de Niquée.

Comme l'Empereur de Trebiſon-

de,l'Imperatrix ſa femme , & Onolorie leur fille,paſſerent de ce
ſiecle en l'autre : Et des nouuelles qui vindrent au nouueau Empereur Liſuart,de la mort de ſon filz
Amadis de Græce.

Chapitre.   LXXV.

Eu de iours apres qu'Amadis de Grece fut sorty de Trebisonde, & entré au voyage qu'il auoit entrepris pour
la restitution de l'Isle Trapobane, en la faueur de la Prin
cesse Lucida ainsi qu'il vous a esté declaré, le temps, qui
donne fin à toutes choses, les trauaux passez, & l'aage
tresancien du vieil Empereur, luy auancerent sa mort,
& prindrent fin les iours: rendât l'ame au Seigneur Dieu, qui l'auoit créée
en luy. Dont fut fait grand dueil par tout l'Empire, lequel se r'apaisa tost
apres, estant Lisuart coronné & receu pour Empereur auec Onolorie sa
chere femme & espouse. Mais quelques iours depuys, Fortune, qui peu souuent se saoule d'vn seul meschef, en amena deux autres, voire troys, & có-
secutifz. Ce fut la mort de la vieille Imperatrix, qui luy suruint de la grande douleur qu'elle eut pour auoir tant perdu comme elle disoit. Qui troubla tellement sa fille Onolorie, grosse de six moys, qu'elle en acoucha auec
telle vuydange de sang, que les Medecins la iugerent sans remede. Ce que
venu à la cognoissance du nouueau Empereur Lisuart, commença à faire
toutes les plaintes & grands regretz que l'on sçauroit penser, & telz, que le
plus dur cueur du móde fust fondu en pleurs, pour ouïr propoz si pitoyables, & proferez auec tant d'amour, & d'afection. Et comme il estoit en
ceste angoisse, on luy vint dire, que l'Imperatrix sa femme le demandoit
& le suplioit bien humblement (premier que passer le pas) elle luy dist
encores vn mot. Et combien qu'il fust lors en estat plus de receuoir confort, que d'en dóner: neantmoins pour monstrer qu'il estoit hóme, auec la
meilleure cótenance & constance qu'il peut, vint vers elle. Et luy prenât la
main droite, luy demáda cóme elle se portoit. Mósieur, respódit elle, ainsi

AA   qu'il

qu'il plaift à noftre Seigneur: Ie cognois bien maintenant qu'il me veult apeller à luy. Ie vous fuplie mon amy, me pardonner ou ie vous aurois offenfé. Car ie vous prometz en verité que ç'a efté hors mon efcient. Ie vous ay aymé tant que i'ay vefcu en ce môde. Ie vous prie (eftant hors) que vous ayez fouuenance de moy, & prier & faire prier noftre Seigneur auoir pitié de mon ame. L'heure me preffe, & le cueur me fault. Et fe foufleuant auec ce qui luy reftoit de force, le baifa. Mon amy, dit elle, voylà le dernier bien que vous aurez de moy, ie vous laiffe deux enfans, qui font voftres. L'vn eft voftre fille, fi eflongnée à prefent, que nous n'en fçauons nouuelles. Quand il plaira à Dieu il la vous rendra. Et l'autre eft voftre Ama. Et cuydant acheuer. dis, l'efprit s'efuanouit, & luy finit & la voix & la vie enfemble, tenant encores la main du trifte Empereur, à qui le cueur creuoit, & eftoit fi preffé de trifteffe qu'il n'euft fceu proferer vne feule parole: ains fe mordât la langue cachoit fes foufpirs aumoins mal qu'il pouuoit. Mais voyât ainfi fa chere femme expirée, tomba en telle pafmoyfon, qu'il demeura depuys plus de quatre heures, fans remuer pied ny main, fur vn lit, ou l'on l'emporta. Et quand il peut refpirer, ietant vn fanglot du profond du cueur s'efcria affez foyblement: Helas! helas Fortune! que te refte il deformais pour te faouler à me nuire? Tu ne veux ma vie. Cent, & cent fois, toy mefmes l'as tiré du lieu ou ie te l'auois habandôné. Et neantmoins pour me faire mourir cent foys le iour, tu m'as ofté ma chere femme & efpoufe, & amené par ce malheur, tous les autres que tu m'auois referué. O' Dieu! Dieu Eternel! Et penfant dire d'auantage tôba de rechef efuanouy. Puys reuenant à foy les yeux demy ouuertz: Helas, difoit il, m'amye ma femme, & ma loyale côpagne! vous eftes (quand tout eft côfideré) bien heureufe, viuant au ciel, & ie demeure entre telles & tant de melencolies & trifteffes! Pardonnez moy, ie vous fuplie, fi trop indifcretement ie vous pleure. Ce n'eft pour l'heur que vous auez, ains de regret que ie ne vous fuy & acompagne en voz ayfes, ainfi que m'auez quinze ou vingt ans fuyuy en la plus part de mes trauaux. Et quafi aufsi toft & côme perfonne mal arreftée en fon bon fens, changeoit de contenance. Et tournât la charrue contre les beufz, fe tourmentoit & defefperoit, increpant & iniuriant puys le cours du ciel, puys l'influence des planettes, l'art des Medecins, les apellant beftes ignares fans fçauoir, ny experience. Et pour le côble de fon martire dreffoit vne telle guerre & fi continuelle de fes mains, contre le poil de fa barbe, qu'elle luy demeura plus clere & moins efpeffe que de couftume. Mais Perion, qui furuint, le voyât en telle fureur, trouua façon de le r'apaifer: luy remôftrant que telles façons de faire eftoiét mal propres à vn Creftien comme il eftoit, voulant ainfi contrarier au vouloir de Dieu. Helas! refpondit il, vous parlez bien à voftre ayfe! Ne confiderez vous point que i'ay tant & tant perdu, qu'il ne m'eft demeuré autre chofe pour le refte de ma vie, finon ennuy continuel, me trouuant ainfi feul & priué de la

com-

cõpagnie de ma chere & aymée Onolorie ? Proferant lequel mot le cueur
luy ferra fi fort , que la parole luy faillit pour la troifiefme foys , faifant
feruir des deux yeux de deux ruiffeaux à force de larmes . Dont Gradafilée, qui arriua fur l'heure, le reprit aigrement. Comment ? dit elle , monfieur, il femble que prenez plaifir à contrefaire la femme? Eft ce la magnanimité du cueur qui fouloit eftre en vous? A'vous oublié que vous & moy
fommes nez pour mourir? Penfez vous faire reuiure ma Dame, pour plorer, ny vous tourmenter ainfi ? Elle eft (certes) bienheureufe . Pourquoy
donques la regrettez vous tant ? Elle vous a monftre le chemin & vous a-
tend au lieu, ou fi Dieu plaift, nous la verrons quelque iour . Laiffez, laiffez ces larmes,& telles aparances exterieures, pour ceux qui n'ont efpera-
ce en la feconde vie, & vous reconfortez en noftre Seigneur, luy fupliant
qu'il vous donne la vertu de pacience , & telle qu'elle vous eft neceffaire
pour la gloire de fon faint vouloir . Affez d'autres bons propoz luy tint
Gradafilée, & tant, qu'à la fin il donna quelque repos & àfes yeux , & à
fon cueur. Ce pendant on inhuma l'Imperatrix , en la chapelle , ou repo-
foient fes predeceffeurs. Et apres les obfeques & honneurs funebres acom-
pliz & parfaitz l'Empereur refolu en fon mal , & auerty de la groffe armée d'ennemys qui luy venoit fur les braz , manda leuer gens de tous coftez , en atendant le fecours qui fe preparoit en la montaigne Defendue.
Mais il n'eut gueres loyfir de penfer à cefte guerre , qu'vne autre l'affaillit
plus rude que celle dont il fe doutoit . Ce furent les nouuelles qui luy furuindrent de la mort de fon filz Amadis de Greçe, occis (comme la renon-
mée eftoit) par vne efclaue du Soudan de Niquée, qu'on nómoit Nereïde.
Lors eftimez fi telle recharge luy fut ayfée à digerer. Toutesfois, apres que
la pitié paternelle eut fait ce qu'elle deuoit , il fe delibera du tout prendre
en bonne part & fonder fon affeurence en noftre Seigneur, fans iamais
murmurer contre luy ainfi qu'il auoit fait, prefumant que ce dernier malheur luy eftoit fuccedé pour cefte ocafion . Combien qu'il fe tint plus de
dix moys depuys fans qu'on le vift rire, ny monftrer autre contenance que
melencolique : pleurant & larmoyant toutes les fois qu'il luy fouuenoit&
de l'Imperatrix , & de fon filz, qu'il ne pouuoit oublier.

Comme le guet de Trebifonde

defcouurit la groffe armée des Babiloniens. Et d'vne lettre qu'Abra efcriuit à Lifuart , le reconfortant de la mort de l'Im-peratrix fa femme.

Chapitre LXXVI.

Ncores n'eſtoit l'an finy, ny les yeux de l'Empereur à peine bien eſſuyez du regret d'Onolorie, que ceux qui faiſoient le guet es montaignes deſcouurirent la groſſe flote & armée d'Abra, qui vint ſurgir à ving mile pres de la grande Cité. Et la demeurerent quelques iours, a-tendans aucun vaiſſeaux qui eſtoient demeurez derrie-re. Dont l'Empereur fut du tout auerty. Et à ceſte cauſe donna ordre à fai-re retirer le peuple du plat païs, lequel au parauant auoit tranſporté les grains & autres viures dans les fortes places pour du tout en oſter la com-modité aux ennemys, & fit entrer ſes vaiſſeaux au port & finablement pouruoir à tout ce qui eſtoit neceſſaire, pour atendre vn ſi long & gros ſiege comme il ſe voyoit preparé. Mais premier depeſcha vne fuſte en Cô-ſtantinople, auertit les Princes Creſtiens de la deſcente des Turcs : les priât qu'ilz fiſſent la meilleure & plus grande diligence de le ſecourir qu'il leur ſeroit poſsible. Et ce pendant il garderoit & defendroit ſes places eſquel-les il auoit commis gens de bien, & bons Capitaines, bien deliberez de perdre premier la vie que ville ne chaſteau qu'ilz euſſent en charge. Et le huitieſme iour d'apres ſe preſenta ceſte groſſe flote deuant la ville, & vin-drent prendre terre à moins de deux mile, d'ou ilz r'enuoyerent partie de leurs vaiſſeaux oneraires, pour aller & venir, leur aporter viures, & au-tres choſes neceſſaires. Or vouloit bien l'Empereur Liſuart leur faire cognoiſtre le peu de crainte qu'il auoit d'eux : parquoy fit dreſſer l'eſcar-mouche auec mile cheuaux & ſix mile hommes de pied, qui dura iuſ-ques à la nuit fermée, ſans grand dommage de leur coſté : mais à treſgroſ-

ſe perte

ſe perte d'ennemys, qui eſtans à la fin deſcenduz à pied ſec, ceux de la ville ſe retirerent. Entre leſquelz furent pris quelques Cheualiers & menez à l'Imperatrix Abra, à qui elle demanda nouuelles de l'Empereur & de l'Imperatrix Onolorie. Ma Dame, reſpondit l'vn d'eux, l'Imperatrix eſt decedée il y a vn an & plus. Et neátmoins l'Empereur porte encores vn tel & ſi merueilleux dueil, qu'il eſt quaſi incroyable à qui ne l'a veu. Et ce qui luy a encores r'engregé ſon malaiſe, il a nouuellement eſté auerty de la mort du Prince Amadis de Grçce ſon filz. Choſe qui luy eſt ſi malaiſée, qu'il s'eſt cuydé deſeſperer. Par tous noz dieux, reſpondit Abra, Liſuart ne m'eſt point ſi mortel ennemy, que, cognoiſſant l'amour qu'il portoit à ſa femme, ie ne plaigne beaucoup le mal & l'infortune qui luy eſt auenue en la perdát. Et de fait elle ne ſe peut garder de larmoyer, oyant ces priſonniers reciter les regretz & ſouſpirs que ietoit l'Empereur toutes & quanteſfois que ceſte perte luy reuenoit en la memoire. Dont le Roy Alizaran esbahy, ſçachant qu'elle eſtoit deſlogée expreſſement de Babilone pour la ruine de Liſuart, luy dit : En bonne foy, ma Dame, ie n'euſſe iamais penſé ce que ie voy de mes propres yeux. Vous plaignez & pleurez vn perſonnage afligé, & auez cópaſsion de ſon malaiſe: & neantmoins ie ſçay que voſtre entrepriſe tend du tout à ſa deſtruction. Mais Alizaran ne ſçauoit pas ou giſoit le Lieüre. Force d'Amour, & non autre, auoit engendré ceſte grande inimytié, ny plus ny moins que d'vn bon pere naiſt quelque foys vn mauuais enfant. Et tout ainſi que qui coupe vn tronc d'arbre encores vif on le voit ſouuent rebouriönner & ieter de la racine pluſieurs rameaux, ſemblablement tant plus ceſte Princeſſe eſſayoit oublier Liſuart, & de tout point tronquer la viue & forte amour qu'elle luy portoit, elle la ſentoit augmenter & progenier en ſon cueur, eſperant, quoy qu'il tardaſt, fuſt par choſe forcée, ou volontaire, venir au point qui luy ſucceda depuys, ainſi que vous entendrez es chapitres conſecutifz. Au moyen dequoy reſpondit au Roy Alizaran en telle ſorte. Mon couſin la iuſtice rigoreuſe & l'obligation de la vengeance, ne doiuent pas nier entre les Roys & perſonnes heroïques & magnanimes, la clemence, à laquelle ilz ne ſont moins tenuz, qu'à l'executió & ſatisfaction de leur deſir: parquoy ie vous auiſe, & aſſeure, qu'il me deſplaiſt treſfort du mal & infortune de Liſuart, qui pour eſtre tel Prince qu'il eſt ne meritoit l'incóuenient auenu aux deux perſonnes du móde qu'il aymoit le plus. Moy ſeule (ſans ce malheur) eſtois ſufiſante pour luy faire payer & recognoiſtre le tord qu'il m'a fait. Toutesfois, à fin que ie n'oublie en rien le deuoir de ma grádeur, ie veux preferer, pour ceſte heure, ma bonté naturelle à toute hayne, ne demeurant mon iniure impunie pour acte vertueux que ie face, & à quoy ie ſuis obligée par raiſon : ains remetz ma vengeance à l'efort & efait de voz prouëſſes & grandeurs de courages. Et demandant plume & papier, dit qu'elle vouloit luy eſcrire, & enuoyer Lidie le conſoler. Et

AA iij   de fait

de fait luy bailla vne lettre, qu'elle luy prefenta en Trebifonde, dont la teneur eftoit telle:

Abra Imperatrix des Babiloniens,

Princeffe des Parthes, & commandant à Soixante Roys mes vaffaux, falut à vous Lifuart de Gręce, Empereur de Trebifonde, confecrateur des eaux marines, par le fang Royal de Zaïr mon treshonoré feigneur & frere. Entendez donques, Prince illuftre, que hier tout tard ie fceu la vifitation que vous a fait Fortune, par la mort de voftre chere efpoufe, & de voftre filz vnique Amadis de Gręce: dont ie vous prometz, ay efté trefdeplaifante. Car encores que l'obligation que i'ay à la iufte vengeance de celuy duquel ie fuis feule heritiere, & mefmes au tord que vous fçauez vous mefmes m'auoir fait, me contraignent grádement à vous haïr de mal de mort. Amour cruel, qui mine de iour en iour mó trifte cueur pour trop vous aymer, ne luy veult permettre qu'il confente à la ruine que ie vous tiens preparée. Qui me fait, certes, vous nómer, & à bon droit, amy & aymé des haux dieux, lefquelz ont trouué bon faire efpreuue de voftre courage & conftance extreme: non feulement par l'efort & des plus braues hommes, & animaux plus cruelz, que vous auez conquis & domptez, mais aufsi auec la verge de leur puiffance fupreme, vous ayans afligé de fi dure & graue perfecution, que moy eftát voftre ennemie (comme ie fuis) l'ay fentue en mon ame iufques à en pleurer de mes deux yeux: iugeát, par là quelle peult eftre la douleur que vous foufrez pour auoir perdu femme & amye fi chere, & vn feul voftre filz tant recommandable. Et toutesfois, s'il eft vray (comme il eft vray) que la confolation des infortunez gift à trouuer leurs femblables, vous auez quelque ocafion de moderer ce grand ennuy, par celuy que ie porte tout tel (ou peu s'en fault) qu'eft le voftre. Vous auez perdu, à ce que l'on dit, voftre femme, & ie n'ay iamais peu recouurer celuy que ie meritois feule à feigneur & mary, c'eft vous mefmes: qui m'a fait fouuent efmerueiller cóme il eftoit pofsible, que tant d'amytié peuft conceuoir fi grande hayne au cueur, ou telle conformité deuoit eftre reprefentée. Et neantmoins, fi vous balencez bien toutes chofes, le temps prefent vous demonftre celuy que deuez fuiure à l'auenir. Et qu'ainfi foit: Voyez la fin ou voz grandes profperitez vous ont acheminé. Les cielz ne font pas toufiours en vn eftre, ny Lifuart deuoit aufsi demeurer continuel victorieux, ny Abra toufiours vaincue de luy. Quoy donques? Fault il que ie regrette & me deule du defaftre, qui moyenne & auance à veuë d'œil la fortune plus profpere que ie pourrois fouhaiter, & qui me promet la feure recópenfe de l'amour que i'ay nourry fi longuement en mon ame: Voire & iufques à mettre entre mes mains celuy, qui fi cruellemét & par tant de lógs

iours

iours a allumé & enflammé le cueur de moy, presque defia diftilé au feu
de ialouzie? Certes, tout bien confideré, il femble, Lifuart, que le temps
s'aproche,auquel ie pourray executer fur vous la vengeance meritée, finif-
fans mes angoyffes & la hayne que ie vous porte par augmentation & a-
croiffement d'amytié, vous donnant les dieux cognoiffance du mal que
vous m'auez fait auec la volonté à vous de me requerir pardon, & à moy
de le vous ottroyer. Parquoy ie vous confeille preuenir au temps, & croyre pluftoft mon auis, que voftre opiniaftre volonté, fçachant les forces
que ie tiens fi pres de vous, & bien deliberées de vous faire pis que ie ne
vous defire.

Apres que Lifuart eut bien leu cefte lettre, & côfideré fur chacun point,
les groffes larmes luy vindrent aux yeux,penfant en foymefmes,que veritablement elle n'eftoit pas hors de propos. Et pour cefte caufe luy enuoya
la refponfe, par la meffagiere,mefmes telle que vous entendrez.

Ma Dame i'ay prefentement re-

ceu la lettre, qu'il vous a pleu m'efcrire,& par icelle me faire entendre l'ennuy que vous auez fentu de l'infortune auenue à ma chere compagne & efpoufe, à mon filz Amadis, & à moy principalement, pour la perte d'eux
deux. Dont ie ne vous fçaurois affez remercier : vous affeurant,que ie n'e-
ftimois pas autrement de voftre honnefteté, la cognoiffant non moins a-
compagnée de clemence, douceur,& naïue bonté,que vertu, prudence,&
royale geniture. Toutesfoys ie me fuis de prime face eftonné comme il e-
ftoit poffible que me iugifsiez bienheureux, pour eftre ainfi touché que ie
fuis de la verge de Dieu, & auoir tant & tant perdu, fi n'eft en ce que i'efpere le loyer de ma patience en l'autre vie. Et plus encores m'efmerueille
ie de ce que vous maintenez,& comparez voz pertes à la mienne,auxquel-
les (fous voftre correction) il n'y a fimilitude quelconque. Car i'ay perdu
ma Dame & amye,& vous tenez encores en moy vn feruiteur bien affectionné, & qui tel fera en voftre endroit toute fa vie (l'honneur & le deuoir
de fon eftat referué comme il doit eftre) en forte que nonobftant les grandes inimitiez que vous auez en luy, il effayra & s'efforcera à vous obeïr,
honorer, & feruir. Efperant tant en la bonté de noftre Seigneur, qu'auec
prompte ou brieue faifon ma iuftice fera cogneuë,& voftre tord manifefté
& repris par le fcindreze de voftre propre côfcience. Vous m'efcriuez d'a-
uantage, que le temps s'aproche, que Fortune me rendra en voz mains,

AA iiii   pour

pour recompenſe de la peine par vous ſoufferte en trop m'aymant. Ie ne
ſçay pourquoy vous eſperez ainſi vne choſe que vous auez deſia : car ie
vous iure le Dieu du ciel & de la terre, qu'il n'y a Gentilhomme au monde
plus voſtre, ny à voſtre cómandement, que ie ſuis: ny qui vous ayme tant,
ou d'auátage. Ce que vous cognoiſtrez ou & quand il vous plaira me commander. Vous auiſant, pour le reſte, que ne vous deuez tant fier à Fortune,
que vous en faites ſemblant. Car encores qu'à la verité elle me ſoit ores entierement contraire, ſi n'eſt il pas dit pourtant qu'elle vous vueille de tout
point fauoriſer : iugeant en vousmeſmes (ainſi que tresbien me conſeillez)
l'auenir par le paſſé. Vn bien y a, que la menace que vous me faites ſur le
dernier de voſtre lettre m'aſſeure tát, que ie crains trop plus les doux traitz
de voz deux yeux, que la fureur de tous voz ſoldatz enſemble. Baiſant au
reſte les mains de voſtre grandeur celuy, qui deſire auoir tresbonne part
en voſtre bonne grace, & qui eſt, & demeurera à iamais.

Voſtre ancien & perpetuel amy,
voyſin, & ſeruiteur, Liſuart.

Si ne tarda gueres Lidie à retour-

ner vers Abra ayant la lettre de l'Empereur, qu'elle luy preſenta, & la leut
& releut deux ou trois foys, puys ſe tournant vers les Roys & Princes qui
l'acompagnoient, commença à leur dire : Nous auons affaire (à ce que ie
voy) à forte & merueilleuſe partie, & que ie treuue impoſsible ſe pouuoir
vaincre, ny par lettres, ny par remonſtrances, & moins par force d'armes.
Ie ne dy pas toutesfois que la ruyne & perdition de ſes païs ne ſe doiue eſperer : mais non pas la victoire de luy. Diſant leſquelles paroles monſtroit
bien auoir martel inteſte : parquoy nul d'eux oſa l'enquerir d'auátage, ains
monterent tous à cheual : car elle vouloit aller viſiter ſon camp, & aſſoir
elle meſmes guetz & Sentinelles.

Comme les gens de l'Imperatrix

Abra aſſaillirent la ville de Trebiſonde : Et du ſecours qu'amena l'Imperatrix Axiane.

Chapitre   LXXVII.

Apres

Pres que les Payens eurent pris terre, ainſi qu'il vous à eſté dit, & la Damoyſelle retournée vers Abra, demeura campée en ce meſme lieu l'eſpace de huit iours entiers faiſant en toute diligence deſcharger artillerie, viures, & autres municions de guerre. Or eſtoit le port de Trebiſonde imprenable & bien fermé de groſſes tours & chaiſnes de fer. Et à ceſte cauſe commanda à l'Amiral ſe retirer le long de la coſte à l'abry, & eſpier ſongneuſement quand l'armée & ſecours des Chreſtiens s'aprocheroit. Et le lédemain deſlogea des l'aube du iour, & marcha ſon armée en bon ordre de bataille iuſques à demy mile de la ville, ou il y eut maintes belles eſcarmouches d'vne part & d'autre, & iuſques à la nuit, que chacun ſe retira. Et commencerent le ſoir meſmes les Payens à faire les trenchées, gabions, manteletz, & autres choſes propres & neceſſaires pour rompre la muraille & forcer la place, laquelle petit à petit ilz aprocherent en ſorte, qu'auant la ſemaine hors vn vendredi au point du iour deſchargerent toutes leurs pieces, & cótinuerent tant & ſi impetueuſement

fement

ſement leur baterie, que le quatreieſme iour d'apres il y eut trois telz pans
de mur abatuz,qu'à chacun d'eux quatre cens hommes y pouuoient entrer
de front. Mais ce pendant l'Empereur Liſuart ne dormoit pas,ains rempa-
roit ſans ceſſe : ordonnant lieux & cantons à ſes gens, tant de pied que de
cheual: les vns pour defendre, les autres pour ſecourir:les vns à tirer pieces
d'artillerie pleines de cartuches,& perdriaux, les autres à ieter cercles,potz
à feu, lances,grenades, & autres artifices . Luy va deçà, va de là, & ne demeure en place, commande faire trenchées, ieter chauſſe trapes, repouſſer
eſchelles auec fourches de fer atachées au bout des piques, & neantmoins
la multitude des Payens, qui vindrent, courans à l'aſſault, fut ſi groſſe &
furieuſe,qu'en ceſte premiere charge ceux de la ville eurent beaucoup d'a-
faires : Car les Roys de Ieruſalem, celuy de Fenicie, & de Surie,y eſtoient
en perſonne,animans leurs ſoldatz à bien & virilement combatre leur re-
monſtrant leur gain certain, & victoire aſſeurée: eſtans trop au reſpect de
leur ennemis: parquoy le plus timide d'eux prend cueur & delibere mourir, ou gaigner. Et pour ce faire dreſſent eſchelles doubles , les vns vont la
teſte baillée à la breſche, les autres montent les eſchellons,le ſecond pouſ-
ſe le premier, le tiers le ſecond, l'vn tombe, l'autre ſe releue , l'vn s'auance
iuſques à combatre main à main , il eſt repouſſé , tant d'autres mit à mort.
Et finablement ſe deſcharge l'artillerie & haquebutiers de front,auec telle
impetuoſité, que plus de ſix mile n'en parlerent onques puys . Toutesfoys
l'aſſaut ne ſe differa pourtât, ains eſt r'enforcé par les Comageans que leur
Roy conduit,ſuyui de celuy deCrete acompagné de cinquante mile hommes frais qui peu ou point eſtonnerent les gens de Liſuart . Car ilz ont Perion, le Comte d'Alaſtre, Alarin filz du Roy de la Breigne, le Duc d'Alafonte, & autres qui les ſçauent tant bien induire à faire leur deuoir, qu'ilz
deliberent eſtre taillez pluſtoſt en pieces, qu'habandonner la breſche d'vn
ſeul pas , & y a preſſe à qui s'y mettra plus auant . Parquoy la mort n'en a
pluſtoſt deſrobé vn, qu'vn autre ne ſe lance en ſa place, ſans eſpergner ny
ſa vie, ny ſa peau, dont les ennemis ſe trouuerent bien empeſchez . Non
qu'ilz en perdent cueur : car ilz montent ſi viuement, que plus de dix mile
ſe treuuent au combat main à main . Mais à bien aſſailly bien defendu:par
ce qu'ilz ſont repouſſez à ietz de pierres, roulemens de poutres ſemées de
viſieres de leurs heaumes, & aux iointes de leurs eſpaulettes, & auant bras
auec vne infinité de traiz & le continuel tirage de haquebutes , artillerie
groſſe & menue . Les vns meurent ſur le champ,les autres s'en retirent n'a-
ürez, tel ſans iambe, tel ſans bras,dont eſt le bruit ſi grand , qu'on n'orroit
pas Dieu tourner . Abra ce pendant, qui eſtoit derriere quelques gabions
& trenchées, voyant les ſiens ſi mal traiter, & les autres ſe defendre de telle viuacité de courage ſe mord les doitz, & dit qu'elle meſmes yra au combat, ſi au troiſieſme aſſault la ville n'eſt emportée.Et quant & quant commanda

manda aux Roys de Paleftine, à celuy de Centepolie, & Pentapolin, de Tripol, & Alizaran, Prince de la profonde Turquie, qu'auec cent mil hommes ilz fecourent les autres, & forcent la place, ou meurent tous. Or auoit Lifuart mis fi bon ordre à l'endroit des brefches, qu'ou elles feroient conquifes par les ennemis, encores n'eftoit pour celà la ville defefperée: car derriere la nuraille eftoient trenchées larges de trente piedz, pleines de poudres, foufre, huiles, & autres drogues, & maintz fagotz fecz couuers de grafons par deffus, & tout le long : & aux coftez certains petitz rempars & parapetz, haux affez pour flanquer & couurir bon nombre d'harquebuziers, eftans couchez fur le ventre. Et bien luy feruit cefte inuention, atendu que les cent mil hommes ordonnez pour le toifiefme affault coururent de telle impetuofité, & par telle fureur aux brefches & aux efchelles, qu'à leur venue ceux de dedans (apres auoir fouftenu leur effort plus de trois heures) furent contrains reculer & gaigner le derriere de la trenchée par vn lieu propre & qui leur auoit efté monftré. Lors comme les ennemys, crians ville gaignée, les penferent fuyure, eux mefmes auec grenades y mirent le feu, qui vfa de telle violence, que plus de dix mile Payens volerent en l'air, bras, teftes, iambes, & corps, efcartez, & foudain la haquebuterie & pieces preparées à tel banquet, ioüa fon role fi à propos, que ceux qui n'auoient encores mis le pied fur la fauce trape, ne furent gueres mieux traitez que les plus auancez : ains y finirent plufieurs leur vie malheureufe, & les autres furpris de frayeur habandonnerent brefche, efchelles, & au pluftoft qu'ilz peurent gaignerent lieu feur & couuert, fuiuiz par ceux de la ville, & taillez en pieces, iufques dans le creux du foffé. D'ôt Abra cuida fe defefperer, & iura fes haux dieux, que le lendemain elle donneroit telz & tant d'autres affaux qu'elle demeureroir Dame du lieu, voufift Fortune, ou non. Mais fouuent (comme l'on fçait) les hommes propofent, & Dieu ordonne comme il luy plaift. Ce que peut experimenter l'Imperatrix auant qu'il fuft vne heure de là : car on luy vint raporter, pour certain, qu'on auoit defcouuert en mer plus de quinze cens voyles, & qu'indubitablement le fecours des Chreftiens aprochoit. Au moyen dequoy faifant fonner la retraite leua le fiege, & retira toute fon artillerie ou elle auoit campé à fon defembarquement, deliberée atendre la bataille en ce lieu, fi les ennemys la luy veulent prefenter. Puys donna ordre à faire trenchées & fe fortifier, renforçant fon guet & efcoutes fur les auenues. tant que la nuit furuint durant laquelle elle demeura toufiours armée, & iufques au point du iour qu'on luy vint raporter, que les voyles qu'on auoit defcouuertes eftoient entrées au port de Trebifonde, & tant de gens defcenduz en terre que c'eftoit chofe incroyable. Auffi eftoit il vray. Car Frandalo Amiral de l'armée Chreftienne, eftoit paffé d'vn vent Grec & toute fa puiffante flote à veuë de celle d'Abra, fans ce qu'ilz euffent fait autre chofe que canonner & efcarmoucher l'vn l'autre, & l'ocafion en fut

telle

telle . Abra auoit quafi defarmé tous fes vaiſſeaux pour eſtre plus forte par
terre, & le fecours des Chreſtiens ne taſchoit pour l'heure qu'à fecourir la
place, pour le danger ou elle eſtoit comme ilz auoient eu auertiſſement
par vn brigantin, que Liſuart fit partir auſſi toſt qu'il ſceut l'arriuée des
ennemys . Eux donques defcenduz & la ville defafsiegée, l'Empereur Liſuart & Perion vindrent les receuoir non fans leur raconter le carnage qui
auoit eſté fait des Payens , lefquelz à la fin nous euſſent (dit Liſuart) donné trop à foufrir, fans l'auanture qui nous eſt ſi bien auenue par voſtre
bon ſecours. Lequel fe campa au lieu mefmes qu'Abra auoit habandonné.
Et pour fe foir fe rafraiſchirent, eſperans le lendemain voir la contenance
de l'ennemy. & auifer ſur ce qui feroit plus expediant.

Comme l'Imperatrix Áxiane en-

uoya deffier Abra, & de ce qu'il en auint.

Chapitre   LXXVIII.

Oute la nuit fe tindrent quaſi les deux camps en armes,
craignans & l'vn & l'autre quelque eſtraite, ou camiſade,
auſſi y fut l'alarme groſſe des deux coſtez. Car pour l'ob
ſcurité du temps & lieu incogneu aux gens de l'imperatrix Axiane chef de l'armée des Chreſtiens , pluſieurs fe
cuiderent perdre, & donnerent iuſques aux eſcoutes des
ennemis. Mais auſſi toſt que l'aube du iour fe monſtra, s'aſſemblerent les
principaux chefz en la tente de l'Imperatrix, ou fe trouuerent l'Empereur
Liſuart, & Perion . Et là fut refolu entre autres choſes, qu'Axiane enuoy-
roit prefenter bataille rengée à Abra au quatreiefme iour fuyuant : car auſſi
bien eſtoit il malayfé de la pouuoir euiter . Pour faire lequel defiement
nommerent Guilan Duc de Briſtoye , & Angriote d'Eſtrauaux , grand
maiſtre de la grande Bretaigne . Mais l'Imperatrix Axiane le pria (puys
que toute l'entreprife de ceſte guerre eſtoit ſous le nom d'elle, & en fa faueur, mefmes pour la querelle de deux femmes) qu'ilz fuſſent contans
qu'vne de fes Damoyfelles allaſt porter ces nouuelles à fon ennemye . Ce
qui fut trouué bon & raifonnable : parquoy, fans differer , elle efcriuit à
Abra le cartel qui s'enfuyt.

Cartel d'Axiane à Abra.

Nous

Nous desheritée Imperatrix des

Babiloniens Axiane, Princeſſe d'Argenes, treshumble ſeruante d'vn ſeul
Dieu tout puiſſant, à vous Abra, vſurpatrice de noſtre Empire & bien paternel, faiſons ſçauoir, que la diuine iuſtice voulant faire l'execution de la
ſentence & arreſt prononcé par le Iuge ſouuerain à l'encontre de vous, &
en la faueur de noſtre r'apel & banniſſement, nous a fait acheminer iuſques
en ceſte contrée, ou vous & les voſtres receürez le loyer de voz merites.
Tant y a qu'il nous deſplaiſt aucunement de ce que vous eſtes arriuée au
poït, ou la cheute & ruine de voſtre iniuſtice vous menace, pour eſtre vous
& nous ſi proches parentes, qu'amitié deüroit eſtre autant noſtre familiere
cóme la hayne nous eſt voyſine & domeſtique. Mais puys que le luge ſouuerain n'a voulu permettre noſtre poſſeſsion eſtre priſe qu'au pris du ſang
de pluſieurs reſpandu, nous vous ſignifions la iournée & bataille d'huy en
quatre iours à toute outrance de voſtre armée à la noſtre, & dedás le camp
propre ou nous ſommes. Et pour noz Iuges celuy ſeul, que nous autres Chreſtiens adorons en trinité de perſonnes Dieu tout puiſſant, premier & fin de toutes choſes, qui y ordonnera, s'il luy plaiſt, pour la ſeureté
des voſtres aux noſtres, la iuſtice rigoureuſe de ſon eternité: & pour l'egal
compartiſſement du Soleil, la nuit, ou la victoire. Quant aux armes, vous
les auez en la main, & fait prendre cótre nous à noz propres vaſſaux & ſubietz ſi iniuſtement, que le ciel, la terre, & les ondes en crient deſia vengean
ce, qui ne leur ſera deniée par le Seigneur, ainſi que leur ſang reſpandu
donnera certain teſmoignage.

Ce cartel bien digeré par Abra, elle ſe ſentit tant outragée, que le changement du viſage en donna grand teſmoignage. Toutesfois à fin qu'elle
n'amoindriſt, tant ſoit peu, de la reputacion ou elle auoit touſiours deſiré
viure, prit ſoudain papier & plume, & remit la reſponſe à Axiane, qu'elle
bailla à la Damoyſelle meſſagiere, luy diſant: M'amye retournez vers voſtre maiſtreſſe, & luy dites de ma part, qu'elle entendra ma volonté par
ceſte lettre, que vous luy preſenterez. Elle donques depeſchée la vint retrouuer encores au conſeil, & deuant tous fut leuë la reſponſe, contenant
ces motz.

Abra Imperatrix de Babilone,

Royne des Partes, à vous Axiane Princeſſe d'Argenes ſalut tel que nous
vous eſtimons le meriter. Nous auons receu voſtre cartel, non moins a-
compagné de paroles temeraires & ſuperbes, que de querelle iniuſte &
ſans aucune raiſon. Ce que nous eſperons vous donner à cognoiſtre au

BB   camp

camp meſmes que vous auez eſleu. Et ſi vous acordons la iournée telle
que vous la demandez, & pour Iuges ſouuerains, voſtre Dieu, & les noſtres, Mars, Cupido, & Venus, de laquelle nous ne nous pouuons nullement paſſer. Mais pour autant que la victoire conſiſte plus à l'eſait qu'au
long parler, nous remettons le tout à ce qu'il en auiendra. Vous auiſant,
que nous auons pitié de vous, qui (ſous ombre de ie ne ſçay quelle
preſumption) prenez peine de vouloir perdre ſi peu de païs qui vous eſt
demeuré, & lequel nous eſperons ioindre en brief à noſtre Empire, ayant
donné fin à l'entrepriſe de ceſtuy cy. Ce pendant ſoient treues entre vous
& nous durás les quatre iours qu'auez requis, leſquelles de noſtre part nous
vous promettós en foy de Princeſſe obſeruer, ſans nullemét les enfraindre.

Vous voyez, dit Axiane, ie ſuis d'auis que chacun s'apareille & face regarder à ſes armes: car, à ce que ie puis cognoiſtre, nous trouuerons bien à
qui parler. Mais elle n'eut quaſi acheué la parole, qu'on luy vint dire, que
Lidie l'vne des Damoyſelles d'Abra, vouloit parler à elle: parquoy commanda la faire entrer. Si n'eut pluſtoſt ſalué la compagnie, qu'adreſſant ſa
parole à Axiane luy dit: Ma Dame, l'Imperatrix ma maiſtreſſe m'enuoye
vers vous pour auoir l'aſſeurance de la treue qu'elle vous a fait entendre
par la reſponſe de voſtre cartel. Et ſi ainſi eſt que la vueillez acorder, elle
vous mande par moy, qu'il ſeroit mal ſeant à tant de bons Cheualiers cóme il y a d'vne part & d'autre, ſe repoſer: mais qu'il vaut trop mieux qu'ilz
preignent quelque honneſte exercice au fait des armes. Au moyen dequoy elle vous preſentera demain matin dix Gentilzhommes, qui feront
eſpreuue de leurs perſonnes contre dix des voſtres, telz que les voudrez
choyſir le camp aſſeuré ainſi qu'il eſt requis. Et à fin ma Dame, que vous
les cognoiſſez, ou par leur nom, ou par leur renommée, le premier & principal d'eux eſt le Roy Alizaran de la grand'Turquie: & les autres neuf ſes
propres freres, experts & adroitz autant qu'il eſt poſſible. Damoyſelle, reſpondit Axiane, i'en parleray au conſeil, puys ie rendray reſponſe à voſtre
maiſtreſſe: & ne laiſſez à vous retirer. Ce qu'elle fit, & demeura toute la
compagnie en grand doute ſi on deuoit accepter l'ofre d'Abra, ou non.
Car aucuns remonſtrerent la neceſſité qu'ilz auoient des Cheualiers qu'on
hazarderoit, & qu'eſtant la Fortune des armes iournaliere, s'il auenoit
qu'ilz euſſent du pire, le cueur de l'ennemy s'en hauceroit. Et au mieux aller (eſtans ceux de leur part victorieux) les playes & laſſeté qu'ilz endure-
roient les arreſteroient, tellement qu'il n'y auroit ordre qu'ilz cóbatiſſent
à la iournée priſe des deux coſtez. Mais ceſt auis ne fut receu des autres, qui
ſe trouuerent en plus grand nombre: ains (apres auoir fait cognoiſtre à
veuë d'œil le peu d'eſtime en quoy demeureroit l'exercite & armée des
Chreſtiens, & la reputacion que ſe donneroient les Payens, pour auoir
preſenté tel combat, & s'en voir refuſez par vne puſillanimité & faute
de cueur)

de cueur) arresterent que l'Imperatrix Axiane nommeroit dix Cheualiers
telz qu'il luy plairoit . Qui furent , Perion de Gaule, Olorius d'Espaigne,
Birmartes le fort, don Florelus d'Austrie, Garinter Roy de Dace, son amy
Lucencio, don Quedragant d'Yrlande , le Roy Norandel , Angriote d'E-
strauaux, & pour le dernier , don Guilan Duc de Bristoye . Et qu'au reste
la seureté & treue de camp à autre seroit acordée & arrestée , hors mis s'il
interuenoit autres combatz de Cheualier à Cheualier, qui ne se pourroient
entreprendre, que du consentement des deux Imperatrices . Ce que l'on
fit incontinent sçauoir à Abra . Et vint Axiane(qui n'estoit encores entrée
en la ville) visiter Gricilerie, Gradafilée, & les autres Dames de Trebisonde, en la compagnie desquelles elle demeura toute l'apresdisnée, deuisans
ensemble puys des propoz de la guerre, puys de la frayeur qu'elles auoient
receuë durans les assaux, & bien souuent du dueil extreme, que portoit Lisuart pour la perte qu'il auoit fait d'Onolorie: chose tant pitoyable à ouyr
raconter, que les larmes n'habandonnerent gueres les yeux d'Axiane, tant
que le propos en sutdemené.

Du combat des dix Cheualiers

Chrestiens contre les dix Payens : Et de la merueilleuse bataille
tant par mer que par terre, qui fut entre les deux
armées, ou Nereïde se trouua.

Chapitre   LXXIX.

E iour & heure venue que les vingt Cheualiers esleuz
entre les deux camps deuoient acquerir, ou perdre la reputation qu'ilz esperoient, furent nommez pour Iuges
de la part d'Axiane le Roy de Caonie, & celuy de Boëcie : Et de celle d'Abra le Roy de Camagene , & celuy
de Fenicie. Lesquelz ayans mis ordre tant aux limites
de la place que es armes, & autres choses requises en pareilz actes, les Cheualiers dix d'vn costé & dix de l'autre, ayans permission de faire ce qui e-
stoit en eux, se chargerent rudement, & de telle impetuosité que les dix
Chrestiens tomberent sous leurs destriers, par la ruse des Payens, qui bais-
sans leurs boys donnerent dans les corps des cheuaux, les trauersans quasi
de part en part. Toutesfois ny Perion, ny aucun de sa part demeura estóné : ains se releuerent premier que nul Payen eust paracheué sa carriere. Et
mettans les espées es mains se ioignirent ensemble, bien deliberez de venger l'iniure & meschant tour qui leur auoit esté fait. Mais aussi tost qu'ilz
les visrent retourner, & sans aucun boys(car tous estoient rompuz ou demeurez es corps des cheuaux) ainsi qu'ilz les pensoient de rechef enfoncer
s'entr'ouurirent, & dextrement cinq d'eux esiarterent les destriers de cinq
des autres, demeurans leurs maistres sans moyen d'eux releuer. Et là eussent perdu vie & honneur, si le Roy Alizaran, & les quatre eschapéz ne
fussent venuz soudain au secours saboulans aux piedz de leurs cheuaux
Garinter Roy de Dace, le Duc de Bristoye, & Olorius d'Espagne: pour
lesquelz garantir leurs compaignons lacherent prise, & les releuerent,
contraignans les autres encores montéz de se mettre à pied par ce qu'ilz
tuerent leurs montures. Parquoy fut leur meslée egale en toutes sortes.
Car si le Roy Alizaran & ses freres estoient Cheualiers esprouuez & a-
droitz, Perion, & ceux de sa part móstroient n'estre aprentifz en telz actes:
ains pressent tant, & en tant de sortes leurs ennemys, que le dueil & ennuy qu'auoit eu Axiane au commencement, se changea à la ioye que receut Abra: esperant les siens asseurément victorieux. A' quoy elle se trouua tost apres deceuë, par ce qu'ilz furent reduitz en telle extremité, qu'ilz
se rendirent tous au vouloir des dix autres. L'on dit qu'aucuns Payens &
en grand nombre les voyans emmener prisonniers, sortirent en efort (cótre la promesse d'Abra) de les recourre. A' quoy il fut resisté vaillamment
par ceux d'Axiane, & depuys faite si bóne enqueste & iustice par Abra, que
mille en eurét les testes trenchées. S'il est ainsi, ie m'asseure qu'elle est digne
de tresgráde louange. Car le Prince, ou chef acquerát reputation de peu de
foy, tát s'en fault qu'il merite prosperer, qu'il est quasi necessaire qu'il suc-
combe: estant ceste foy tant recómandée en tout & par tout, que soit donnée à vn seul, ou à vne infinité, dás vne cauerne, ou sur le theatre, iamais ne
doit estre corrompue: plustost, & plus honeste est soufrir la mort, ou extreme indigence, que la violer en quelque façon que ce soit. Aussi mit Abra
telle

telle & ſi bonne diligence à faire retirer les mutins, que toutes choſes ſe
r'apaiſerent, & demeurerent les dix priſonniers es mains de Perion & ſes
compaignons, qui les preſenterent à l'Imperatrix Axiane. Laquelle, apres
leur auoir fait viſiter leurs playes, & bien traiter, les r'enuoya en leur camp
ſuyuant l'auis de l'Empereur Liſuart, & autres Capitaines : faiſant ſçauoir
à Abra, & par eux meſmes, qu'elle vſoit de ceſte honeſteté, pour l'eſperance qu'elle auoit de les reconquerre le iour de la bataille, auec le reſte de
leur troupe. Et fut ceſt acte tant eſtimé par les gens d'Abra, qu'ilz diſoient
tous publiquemét Axiane meriter non ſeulement l'empire qu'elle querel-
loit, mais la monarchie de tout le monde. Et parce que le téps s'aprochoit
que les deux armées ſe deuoient entreuoir de plus pres, le reſte du iour ſe
paſſa d'vne part & d'autre à pouruoir qu'il ne leur máquaſt boucle ny hardillon : ordonnant Axiane par l'auis des chefz & Capitaines, que l'on fiſt
ſeulement auantgarde, & bataille. La códuite deſquelles fut donnée, à ſçauoir l'auágarde à don Floreſtan Empereur de Rome auec la Caualerie : que
conduiſoient en nombre de trente mille cheuaux Florelus d'Auſtrie, Ga-
rintet Roy de Dace, les Roynes Calaſie & Pintiquineſtre, le bon Cheualier Lucencio, don Quedragant d'Yrlande, & les fors Geans Lerfan de la
Roque, Argamont, & Balan. Et pour les gens de pied Coronnal don Bruneo de bonne Mer, acompagné de maintz bons Capitaines tant Françoys,
Allemans, Bretons : qu'Eſcoçoys, & cinquante mil Soldatz & plus. La
bataille conduiſoit l'Empereur de Trebiſonde Liſuart, acompagné de
quarante mille cheuaux : dont eſtoient chefz & Capitaines le Roy Norandel, Perion de Gaule, le Roy de Hongrie, le Prince de Brandalie, celuy
de Boëſme, le Roy de Macedone, celuy de Calidonie, le Roy de Boëcie,
celuy d'Epiro, le Roy de Caönie, & celuy de Moloſie. Et pour Coronnalz
des gens de pied, nombrez à ſoixante mille, Olorius Prince d'Eſpaigne,
Birmartes, & autres. Et quát à la marine, fut commandé à Frandalo Admi-
ral qu'aux deux premiers coups de canon tirez au partir du camp pour aller combatre l'ennemy, il fiſt voyle, & allaſt charger les vaiſſeaux d'Abra,
tenter la Fortune, & les mettre en route s'il eſtoit poſſible, pour faire plus
grand carnage de ceux de terre. Et que l'Imperatrix Axiane ſe retireroit
en la ville, en la compagnie de Gricilerie & Gradafilée : car Abra ne ſe trouuoit à la meſlée, ains auoit fait fortifier vne mote, ou elle deliberoit atendre l'yſſue du conflit. Toutesfoys premier qu'elle ſe retiraſt, propoſa à
toute ſon armée maintes belles remonſtrances, pour touſiours les ani-
mer au combat. Et, pource qu'ilz eſtoient trop plus que les Chreſtiens,
ordonna qu'ilz ſe mettroient en trois : à fin qu'eſtans l'auangarde & bataille de Liſuart couplées outre les ſiennes, ſon arrieregarde fraiſche
leur donnaſt par les flans. Et euſt le Roy d'Egipte commandement
de charger le premier, acompagné de celuy d'Antioche & de Crete, auec
cent mille hómes de pied, & ſoixante mille cheuaux. Et les Roys de Pale-

ſtine, de Pentapolin , de Fenicie, de Comagene , & de Sirie les ſuiure, &
en leur troupe pareil nombre de gens de pied, & de cheual. Et que le Roy
Alizaran, & le reſte des Princes Calafes, Tamorlans, & autres grans Seigneurs, & leur ſuite(non moindre que la premiere & ſecóde) ſe tiendroiét
en l'arrieregarde . Et quant à elle , diſt , qu'elle demeuroit en ſes tentes, a-
compagnée de cinquante filles de Roys qui l'auoient ſuyuie, & de quatre mille Ianiſſaires pour ſa garde . Or n'euſt Abra iamais penſé que l'armée de mer des Chreſtiens euſt oſé s'atacher à la ſienne . Parquoy ne
manda autre choſe aux Roys de Sarracenie & de Numedie ſes Admiraux , ſinon qu'ilz tinſſent leur equipage preſt ou la Fortune baſteroit
mal de ſon coſté , pour faire quelque honeſte retraite . Ce que toutesfoys elle leur fit ſçauoir ſecretement. Les deux camps donques ainſi ordonnez , & les deux armées preſtes à combatre , venant l'aube du iour
mirent le feu en leurs loges: & marcherent l'vn contre l'autre rengez comme il vous a eſté dit . Si n'eurent longuement cheminé , que les auantcou-
reurs & enfans perduz dreſſerent les eſcarmouches (choſe plus plaiſante à
voir, ou à ouyr raconter,qu'à experimenter)& tellement s'ataquerent l'vn
à l'autre, que les deux auantgardes ſe peurent voir à veuë d'œil. Et commença l'artillerie à faire ſon deuoir , & canonner ſi continuellement,que
pluſieurs rengs en furent eſclarciz , & maints bons ſoldatz & Cheualiers
tombez par terre, tant qu'ilz vindrent aux lances baiſſer, & au piques coucher non ſans grande huerie d'vn coſté & d'autre : & telle qu'on ne pouuoit quaſi entendre la haquebouzerie ſur les flans , encores qu'elle fuſt en
gros nóbre: ſpecialement du coſté de Floreſtan, qui auoit amené pluſieurs
Italiens duitz à tel exercice , & par laquelle maintz vaillans hommes perdirent le moyen de tirervn ſeul coup d'eſpée,ains prindrent fin leurs iours
ſans plus marcher auant.Non que pour celà on viſt branſler eſcadron d'v-
ne part ou d'autre , ains les teſtes baiſſées ſe choquerent gens de pied, &
gendarmerie de tous coſtez ſi furieuſement, qu'à moins de rien l'vn perdit la vie, l'autre le bras, l'vn r'enuerſé, l'autre ſecouru,ſi qu'on n'ouyt onques parler de conflit plus cruel en ſi peu de temps . Car l'Empereur Floreſtan , qui conduiſoit les gens de cheual , eſtant au mylieu de la gendarmerie Françoyſe & Italienne,fit tel effort en ceſte premiere charge,& don
Bruneo de bóne Mer qui eſtoit au premier rang des gens de pied, enfonça
ſi bruſquement les autres, qu'ilz eſtoiét ſur le point de branſler, & tourner
en fuite quand leur bataille & arrieregarde les vindrét ſecourir . Mais ſi fu
rent elles arreſtées ſus cul par l'Empereur Liſuart, auec tant de ſang eſpan-
ché des deux coſtez, que les cheuaux y eſtoient iuſques au plus haut des
paſturons.Là moururent maintz preud'hómes le Comte d'Alaſtre,Alarin
filz du Roy de la Breigne, & le Duc d'Alafonte. Les deux par la faute
de leurs cheuaux , ſous leſquelz ilz furent renuerſez : & le tiers à coups de
maſſes. Lors qui euſt veu Lucencio,Quedragant,le Roy Garinter,& ceux

que

que nous vous auons nommez cy deuant, à peine les euſt on peu cognoiſtre tant eſtoient poudreux, & ſouillez de ſang de l'ennemy, ſi les hautes prouëſſes qu'ilz faiſoient, ne les euſſent manifeſtez à veuë d'œil. Ilz ne dónoient coup, que bras ou teſte ne volaſt. Ilz ne hauçoient bras, que le coup n'ataigniſt la chair viue, frapans à dextre & à ſeneſtre, puys aux flans des cheuaux, puys à l'homme de pied, ou de cheual. Brief, iamais Cheualiers ne firent tant d'armes, ny gens de pied plus de deuoir. Et toutesfois le pire euſt eſté de leur part à la fin, pour eſtre le nombre des autres ſi grand qu'vn Chreſtien auoit touſiours à faire à deux Payens. Neátmoins leur eſperance eſtoit telle, que par les reliques, & grande perte de leurs ennemys la renómée en voleroit par tout le monde, aymans trop mieux choiſir vne mort honorable, qu'vne fuyte honteuſe. Et à ceſte cauſe tenoient pied à boule : & , ſans reculer vn ſeul pas, combatoient touſiours de mieux en mieux, & de plus en plus : ſe trouuans neátmoins ſi oppreſſez, & tant ſans remede, qu'ilz voyoient leur perte certaine, quand le Seigneur Dieu, Dieu des batailles, & Prince des victoires leur enuoya le ſecours tel que vous entendrez.

Il vous doit aſſez ſouuenir , que

Nereïde acompagnée de Fulurtin, du Roy de Lacedemone, & cinq cens Cheualiers que luy bailla le Soudan de Niquée, tous armez d'armes noires & acouſtremens blans par deſſus, eſtoiét entrez en mer : & eurent ſi bon vent, qu'ilz arriuerent en Trebiſonde le ſoir que les deux armées ſe preparoient pour la bataille. Et vindrent ſi à couuert le long de la coſte, qu'ilz eurent moyen (ſans eſtre deſcouuertz) ancrer leurs vaiſſeaux, & prendre terre l'orée d'vne grande foreſt, contre laquelle le flot de mer batoit ordinairement. Et là ſe rafraiſchirent toute nuit, & iuſques à ce qu'ilz virent l'heure propre pour móter à cheual. Mais ce cuida eſtre vn peu bien tard : car les gens de Liſuart n'en pouuoient plus quand ilz vindrent ſe renger de leur part, crians à haute voix Gaule, Gaule. Dont l'armée d'Abra ne fut moins effrayée que celle de Liſuart reſiouye : Par ce qu'ilz virent à l'aborder Nereïde mettre à mort le Roy de Crete Geant, & vingt des plus roydes & apparants qu'il euſt en ſa troupe. Fulurtin qui la ſuyuoit, en fit tout autant aux Roys de Paleſtine, Fenicie, & Pentapolin. Ce que voyans Liſuart, le Roy de Boëcie, Perion, Olorius, Lucencio, & les autres, iouërent à quite ou double : & renuerſerent à ceſte charge le Roy de Tipol, & celuy de Surie, qui y finerent leurs iours, & Alizaran meſmes : apres (toutesfois) qu'il eut occis le cheual de Liſuart, & mis l'Empereur par terre, ſi oppreſſé que c'eſtoit fait de luy ſans l'ayde que luy donna Nereïde. Car les Payens tachoient à le prendre priſonnier, le cognoiſſans, & les

BB iiii

Chreſtiens

Chrestiens à le garantir . A' l'ocasion dequoy le conflit fut si cruel en ceste place , & la tuerie si grande , que plus de dix mille d'vne part & d'autre y demeurerét estoufez . Mais Nereïde voyant son pere en tel danger, & rencontrant le Roy de Pentapolin le tua d'vn coup d'espée qu'il luy donna dans la visiere . Et fendant la presse , vousissent les Payens ou non, amena le cheual du Roy Alizaran, disantà l'Empereur : Sire , montez , & receuez ce seruice de moy en recompense de l'ennuy que Nereïde vous a donné pour autre ocasion . Pas ne s'y fit semondre Lisuart deux foys : ains mit soudain le pied en l'estrier, & monta dessus . Bien esbahy toutesfois , qui pouuoit estre le Cheualier duquel il receuoit telle faueur , & à qui il auoit veu plus faire d'armes qu'autre dont il eust souuenance. Et n'eust esté qu'il tenoit son filz pour mort, il eust asseurément creu , que ce fust il : tant luy ressembloit & de corpulence, & de parole.Et à ceste cause s'aprocha de luy, & luy dit : Mon grand amy , ie ne sçay qui vous estes , pour m'auoir ainsi obligé à vous . Ie vous prie (la iournée parfaite) me faire le bien que nous nous voyons en la ville . Mais Nereïde passa outre sans luy respondre . Et vid Lisuart qu'elle donna pareil secours à Birmartes qu'il auoit receu d'elle : mesmes qu'à son ocasion leurs ennemys cómençoient à bransler, & perdre terre . Dont louant Dieu en son cueur , & pour donner courage aux siens s'escria tant qu'il peut : A' eux mes amys , à eux : la victoire est nostre. A' ce cry se r'alierent les Cheualiers de France, ceux d'Espagne, d'Italie, & de Grece : & tomba le fort si malheureux sur les gens d'Abra , que la terre demeura couuerte de morts, ou de naürez : & tournerent tous le dos fuyás à vau de route, encores que peu leur profita. Car les Chrestiens les poursuiuirent si bien , que (sans la nuit qui suruint) il n'en fust eschapé vn seul. Ainsi furent traitez ces braues , qui le iour precedant faisoient les partages du païs ou ilz n'auoiét nul droit . Mais si la Fortune leur basta mal par terre, elle ne leur monstra gueres pire visage par mer : ou Frandalo, ayant entendu par les deux coups d'artillerie & auertissement que leur camp marchoit contre les ennemys, vint acoster les Roys de Sarracenie & de Numidie, lesquelz de prime face ne se monstrerent estonnez : & à coups de canon se marchanderent longuement, non sans grande perte de vaisseaux, & de gens d'vne part & d'autre . Toutesfois Frandalo , qui auoit gaigné le dessus du vent, trouua façon de ietter crocz & agraffes, ioindre, & venir au combat main à main : donnant à trauers par telle impetuosité, que plusieurs nauires, galeres, fustes , & brigantins se submergerent, autres furent embrasez auec lances, grenades, potz à feu, & autres semblables mixtions. Dont se trouua le cóbat trop perilleux des deux costez . Car chacun mettoit peine de bien defendre, & assaillir. Gens de guerre sont sur les rembades, qui à coups de piques, d'espée de haquebutes entrent pesle mesle, taillent l'vn, abatent l'autre. Tel est fendu d'vne espée à deux mains, tel de la halebarde. L'vn defend la prouë, l'autre la poupe . Vn vaisseau s'embrase ores

ſe ores, tantoſt l'autre. Chorme deça, chorme de là, Forſaires libres viennent aux armes, l'vn court, l'autre fuyt, l'vn tombe en mer, l'autre rougit
l'eau par le ſang qui luy decourt, & ſe noye. L'vn euite la flamme & perit
en l'onde : l'autre qui ſe ſubmerge, cuyde auoir recours au prochain vaiſſeau auançant le bras, mais l'ennemy le luy trenche, & va au fond. Finablement le combat dure tant d'heures, que les deux Admiraux Payens y
ſont occis, & quaſi tous leurs vaiſſeaux ou conſommez en feu, ou enfon-
drez au profond de la mer:demeurât Frâdalo plein de victoire, & de gloi-
re.Dont vn ſeul Brigantin en fut porter les nouuelles à l'Imperatrix Abra
ainſi qu'on luy perſuadoit de ſe ſauuer ayant perdu camp & bataille.

Comme l'Imperatrix Abra deſeſ-

perée, ſe cuyda ietter en mer : Et des propoꝫ qu'elle & l'Empe-
reur Liſuart eurent enſemble.

Chapitre   LXXX.

Es nouuelles venues à l'Imperatrix de la deſcôfiture de ſon armée & de terre & de mer, fut merueilleuſemét eſtonnée. Toutesfois monſtrant plus contenance d'homme aſſeuré, que de
femme timide reſpondit à ceux qui luy vindrent faire tel raport, qu'elle ne les croyoit pas, & qu'ilz s'en eſtoient fuyz de pæur,qui les
faiſoit parler ce langaige. Neantmoins elle demanda vn cheual Turc, ſur
lequel

lequel elle montoit quelquesfois , & dit , qu'elle yroit elle mefmes en fçauoir la verité : commãdant neantmoins trouffer bagage, fans que nul defir
logeaft iufques à ce qu'ilz euffent autre auertiffement d'elle. Mais elle ne
fut de gueres eflongnée , que petit à petit ceux qu'elle auoit retenuz pour
fa garde s'efcarterent comme perdriaux : & entrans dans la foreft prochaine commencerent à pietonner , laiffans les Dames & Damoyfelles plus
mortes que viues, atendans le retour de leur maiftreffe, qui au lieu de prendre le chemin ou auoit efté le conflit , entra au plus profond du boys deliberée de iamais ne fe monftrer : ains endurer pluftoft d'eftre pafture à
quelque Lyon ou Tigre , que tomber en la mercy de celuy que pour l'aymer parfaitement, s'eftoit faite ennemye de foymefmes . C'eftoit l'Empereur Lifuart qu'on auertit incontinent de la fuyte d'elle , & fçachant le
chemin qu'elle auoit pris , courut apres à bride abatue, priãt à l'Empereur
Floreftan (qu'il rencontra de Fortune) mettre ordre que nulle des femmes d'Abra fuft outragée, ny en fait, ny en paroles : ains qu'il les enuoyaft
toutes en la ville fous la garde de Gradafilée. Mais il ne penfoit à autre
chofe , qu'à fuyure & executer la victoire . Aufsi faifoit il carnage de tous
ceux qu'il rencontroit quand Nereïde l'arrefta , luy difant : Sire , ie vous
fuplie contẽtez vous , & pardonnez au fang de tant de peuple, car aufsi
bien eft il prefque nnit : & s'efleue vn tel brouillaz que vous mefmes
vous pourriez bien perdre . Et difoit vray : car à moins de rien le ciel fut fi
obfcurcy de nuage, que l'on ne fe voyoit quafi point l'vn l'autre . Et tout à
point pour les triftes Damoyfelles , vers lefquelles l'Empereur Floreftan
enuoya le Duc de Briftoye, & Guillan le Penfif, auec efcorte pour les emmener en Trebifonde, ou elles furent mifes en la garde de Gradafilée, fuyuant le vouloir de l'Empereur Lifuart. Ce pendant Abra fuyoit. Mais fi ne
peut elle fi bien fe defrober , ou efcarter que Lifuart ne la defcouurift d'affez pres. Et pour voir la deliberation d'elle, la coftoya longuement , & le
plus à couuert qu'il peut, tant qu'elle fe trouua l'orée de la marine, à l'abry
d'vn buiffon, ou elle defcendit : & , habandonnant fa monture, s'afsift fur
fes genoux. Lors fondant quafi en pleurs & groffes larmes , tenant les braz
croyfez, commença à faire mille regretz & infinies lamentations . Ah ah,
difoit elle, Fortune! Fortune tu m'as tant pourfnyuie, que la defpouille &
de moy, & de mes biens te feruira deformais de trophée ! Fortune ennemie & contraire à toute perfonne de vertu ! Fortune chimere , ingrate , &
malheureufe! qui, pour me deceuoir & abufer, me promettois nõ feulemét
l'Empire, & Monarchie de tout l'Orient , ains la iouïffance , ou libre , ou
forcée de mon Lifuart ! Helas ! mien ne fut il iamais ! encores que ie l'aye
merité plus qu'autre qui nafquit onques! Et toutesfois tãt s'en fault que tel
merite ayt eu lieu, qu'il m'a ruinée & de biens & d'hõneur , non de l'honneur que toute Dame de vertu doit preferer à la vie , mais de l'honneur &
victoire, qu'il a conquis fur mes triftes vaffaux. tous morts, ou efclaues. Ah
ah, Li-

ah, Lifuart! quelle recompenfe, quel gré d'amytié fi ferme & conftante,
que ie vous ay porté tant que i'ay vefcu! Helas! fi vous en auez douté par
le paffé, ie fuplie au puiffant Iupiter, que la mort que ie fens aprocher vous
en puiffe donner feur tefmoignage. Car ie protefte, que ie ne meurs pour
regret que i'ay à la perte, ny de gens, ny de biens, ou reputacion: ains feulement pour n'efperer iamais plus rien de vous: eftimât que cefte glorieufe victoire vous aura tellement enflé le cueur, que dedaignant voftre Abra
ne la voudriez receuoir pour la moindre de voz efclaues. Et oftant la coronne, qu'elle portoit fur le chef, la ieta dans la mer. Ah mer! dit elle, digne fepulture de mon cher & trefamé Seigneur & frere Zaïr! reçoy de cefte heure la coronne imperiale de Babilone, puys le corps de celle à qui il
l'a laiffé par fuccefsion, & qui le veult acompagner en tes abifmes! Requerant les dieux, pour le dernier bien que i'atens de leur infinie bonté, eftre
contans que mon efprit fuyue le fien en quelque part que Charon le puiffe auoir tranfporté. Lors fe leua, & fe mit fi auant en l'eau, que defia fes
habillemens cômençoient à floter quand Lifuart caché au plus pres d'elle s'auança: Et ainfi qu'elle baiffoit defia le col pour s'enfeuelir en l'onde,
il l'arrefta par le bras, luy difant: Comment? ma Dame, eft il pofsible que
vous voufifsiez vfer contre vous mefmes de telle cruauté? Sur mon Dieu
ie n'euffe iamais eftimé, qu'elle peuft loger entre tât de beautez & de perfections qui font en vous. Ie vous prie ceffez voftre dueil: & eftimez, que
Lifuart ne fut onques plus à autre qu'il eft à vous, hors mis à Onolorie, que
la mort m'a ofté, comme vous fçauez. Elle bien esbahie, & plus qu'on ne
fçauroit dire, demeura fi eftonnée, que la parole luy faillit, & fe laiffa mener par Lifuart iufques au fec, ou ietant vn hault foufpir: Helas! refpondit elle, pourquoy, apres m'auoir fait tant foufrir, vous à mon malheur
amené vers moy, pour me tourmenter d'auantage? Ie vous fuplie vous mefmes fupleïer à la mer. Et puys que n'auez voulu permettre qu'elle ayt auancé mes triftes iours, faites de moy ce que vous fiftes de mon frere: & me
donnez prefentement la mort, qui me fera certes treefagreable, la receuant
de celuy qui luy fit perdre vne fois la vie. Pluftoft, ma Dame, dit Lifuart,
vous deftournerois-ie d'vn tel mefchef, comme voftre feruiteur: vous affeurant, que la perte que vous auez fait de cefte bataille, ne me fera autre
en voftre endroit que i'eftois, quelque chofe que vous en penfiez: ains vous
honoreray & feruiray, & moy mefmes vous reconduiray en voz païs en
telle magnificence que vous vous en contenterez. Et quant à la perte que
vous depleurez, fouuienne vous, ma Dame, que ce font des tours de Fortune qui m'a peu donner victoire fur voz gens: mais elle ne me fçauroit
cômander que ie ne vous obeiffe en tout ce qu'il vous plaira auoir de moy.
Parquoy ie vous prie montons à cheual, & retournons en Trebifonde, ou
vous ferez aufsi bien receuë, que fut onques Royne ny Princeffe qui y mift,
le pied: defirant plus aquerir le cueur des perfonnes, que leurs grans biens
ny pof-

ny poſſeſsions : car, ayant le cueur d'eux, le reſte eſt ayſé d'obtenir &
d'eux meſmes. Tant d'autres gracieuſes paroles luy dit l'Empereur, qu'elle
ſe conforta grandement. Et ayant repris ſa monture, ſuyuirent toute nuit
le chemin de Trebiſonde. Or les laiſſons aller, & retournons à ceux qui
ſont encores au cáp, bien esbahiz de ne ſçauoir qu'eſt deuenu l'Empereur
Liſuart. Mais vn Eſcuyer, qui l'auoit veu entrer en la foreſt, & ſuyure Abra
depuys le conflit paſſé, les en vint auertir : qui fut cauſe d'eux mettre en
queſte pour le trouuer. Et entre autres Perion, Lucencio, Florelus, & Angriote d'Eſtrauaux, tous leſquelz s'eſcarterent, l'vn deçà, l'aurte de là. Et
tant qu'au point du iour Lucencio entra en la foreſt prochaine du port de
Feline, ou il auoit chaſſé maintesfois eſtant ieune enfant, & nourry auec la
vieille.

Comme Lucēcio ſecourut la Da-

me ſauuage, qui l'auoit porté nourrir à Feline : Et de
ce qui en auint.

Chapitre   LXXXI.

Ant trauerſa Lucencio la foreſt de Feline, qu'il entendit le cry d'vne femme demandant ſecours. Parquoy piqua droit celle part, ou il auiſa la Sauuage, à qui il auoit parlé quelque fois, qu'il luy promiſt retourner vers elle auſſi toſt que Perion & Liſuart ſeroient arriuez en Trebiſonde. Et combien que Lucencio ſe fuſt mis en deuoir de ce faire (ainſi qu'il vous a eſté dit) il perdit neantmoins ſes peines : & n'en peut onques auoir nouuelles, iuſques à l'heure qu'il aperceut vn grãd Cheualier trainant par les cheueux ceſte pauure vieille. Iamais Dieu ne me ſoit en ayde, diſoit il, ſi vous m'eſchapez, ſans que ie ſçache de vous ce que ie vous demande. Lucencio bien ayſe de ceſte rencontre, & marry de la voir ſi mal traiter, s'aprocha, criant contre l'autre. En mal'heure, damp Cheualier, fuſtes vous onques ſi mal courtois aux Dames : car vous en mourrez de malle mort. A ceſte menace l'autre tourna viſage. Vrayement beau ſire, reſpondit il, vous auez raiſon. Auſsi prendrois-ie beaucoup mieux de vous ceſte brauerie, ſi ie n'eſtois couſtumier de chaſtier les folz qui vous reſſemblent. Et quant & quant laſcha la femme, & chargeant ſon boys courut droit à Lucencio, qui ne le refuſa: ains s'entrerencontrerent de ſi grande force, que fauçans mailles & hauberts, tomberent eſtenduz ſur l'herbe ſans aucun ſentiment. Ce que voyant la Sauuage, fuyt entre les rochers, ou elle ſe cacha attendant qu'il auiendroit de la meſlée, laquelle recommença toſt apres : Car les deux Cheualiers ſe releuerent ſoudain : & mettans la main aux eſpées commencerent à s'entrechamailler tellement, qu'à moins de rien la place fut ſemée de pieces d'eſcuz, & de leurs harnois, voire tainte en pluſieurs endroitz du pur ſang de leurs propres corps. Auſsi continuerent ilz l'eſpace d'vne groſſe heure & plus, ſans reprendre aleine, ny cognoiſtre qui auoit du meilleur, ou le pire. Toutesfois à la fin force leur fut ſe tirer vn peu à cartier: Mais ilz recommencerent toſt apres, & mieux que deuant. Toutesfois l'vn ne pouuoit rien conquerir ſur l'autre : parquoy s'entreharperent bras deſſus, bras deſſous: & tant tournoyerent çà & là, qu'ilz tomberét enſemble, puys deſſous, puis deſſus, perdans petit à petit tant de ſang, que finablement, apres auoir longuemét culbuté, ſans aucun auantage, ſe lacherent, & reuindrent aux eſpées, auec leſquelles ilz ſe traiterent ſi mal, que le plus entier d'eux deux n'eſperoit autre fin de ce combat, que leur mort prochaine. Diſant quelque foys Perion en ſoymeſmes : par Dieu il fault bien eſtimer que ceſte Enchantereſſe à deſlié ce diable pour me tourmenter ſi rudement : car, s'il fuſt hôme à peine m'euſt il mené ſi mal, ny reſiſté ſi longuemét. Seigneur Dieu, ie vous ſuplie auoir pitié de mon ame. Et tout autant en penſoit Lucencio, ayant vn regret merueilleux à la perte qu'il faiſoit de ſon Axiane, qu'il regrettoit plus que ſa propre vie: non que pour tant ilz monſtraſſent ny l'vn ny l'au-

CC

tre

tre semblant de pæur:ains se poursuiuirent tant,qu'ilz tomberent l'vn d'vn
costé, l'autre de l'autre,ne remuans plus pied ne main.Ce que cognoissant
la Sauuage esmeuë de cópassion, acourut les secourir. Et s'adressant premier à Lucencio, luy osta l'heaume, & le recogneut encores qu'elle ne
l'eust veu passé a plus de six ans.Lors se mit à faire vn si grád dueil, & tant
de regretz, qu'vn cueur de Marbre en fust amoly. Et plus encores quand
elle desarma l'autre, & le vid au visage. Car c'estoit Perion de Gaule, pere de Lu cencio, & lequel elle auoit tant de foys souhaité. Or passoient à
l'heure en ce quartier Florelus d'Austrie, & Angriote d'Estrauaux. Et cóme ilz entr'ouyrent les regretz & lamentations de ceste femme, y coururét
au grand galot, & trouuerent les deux Cheualiers en l'estat qu'il vous a
esté dit : dont Florelus cuyda mourir d'ennuy,aussi estoit il filz bastard de
Perion. Et toutesfois,cognoissant qu'il respiroit encores, le desarma hastiuement,bien deliberé de dóner fin à l'autre, s'il auoit quelque reste de vie.
Mais il changea soudain d'opinion : car il fut recogneu de luy pour son
grand cópagnon Lucencio. Dont plus esbahy de leur meslée & infortune
que l'on ne vous sçauroit racóter,eut recours à ses larmes:mesmes Angriote d'Estrauaux. Ha Seigneurs, dit la Sauuage, encores est ce malheur plus
grand que vous ne pensez! Car le pere a tué le filz, & le fiz le pere. Comment? respondit Florelus: pour Dieu, Dame, declarez nous en quelle sorte! Helas, dit elle, ie sçay que Perion de Gaule est filz de l'inuincible Roy
Amadis : & celuy qui est aupres de luy,le sien, qu'il engendra en l'Infante
Gricilerie.Puys leur discourut de mot à mot la sorte qu'elle l'auoit appor-
té à Feline, la perte de son cousin Amadis de Grçce, & finablement l'o-
casion du combat interuenu. Ce que Perion entendoit bien, encores qu'il
eust perdu la parolle. Et à ceste cause commença à ouurir les yeux: & les a-
uisant ainsi pleurer, pensoit ou estre enchanté, ou songer. Toutesfois luy
estant le cueur reuenu, leur demanda si le bon Cheualier, a qui il auoit eu
à faire, estoit mort ou non. Car ie vous asseure, que c'est bien le meilleur
que ie trouuay onques de ma vie. Et m'esbahis comme ie me suis oublié
ainsi, & sans me souuenir comment, ny en quelle sorte nostre meslée a
pris fin. Certes, Seigneur Perion, respondit la Sauuage, si ie vous eusse
cogneu au commancement, vous ne fussiez pas tombé en ceste faute:
car celuy, dont vous vous enquerez, est Lucencio filz de vous & de ma
Dame Gricilerie,& pour lequel i'ay continué iusques à ce iour grande penitence. Ie suis Garinde, qui porta luy & son cousin Amadis de Grçce
nourrir à Feline vous & Lisuart absens. Comment?dit Perion, est il possible? Serois-ie bien si malheureux de l'auoir fait mourir si malheureusement? Ie vous prometz, monsieur, respondit elle, qu'il est en toute telle
disposition que vous estes. Aussi reprint Lucencio tost apres ses espritz, &
sceut comme il estoit filz de Perion qu'il auoit si mal traité. Dont (des-

plaisant

plaifant à merueilles) il luy requift humblement pardon : fi ay fes toutef-
fois l'vn & l'autre, que tel plaifir leur fit prendre partie du mal qu'ilz fen-
toient. Et faifans bander leurs playes au moins mal qu'ilz peurent, remô-
terent à cheual, & prindrent auec Florelus & Angriote le chemin de la
ville de Trebifonde, conduifans quant & eux Garinde. Or y eftoit arriué
fur le mynuit l'Empereur, Lifuart, & Abra, à laquelle il fit tout l'honneur, dont il fe peut auifer. Et parce qu'il eftoit tard apres le fouper, &
luy auoir fait rendre fes femmes & Damoyfelles, fe retira, leur donnant
le bon foir iufques au lendemain, que les nouuelles vindrent à la Court
du danger, ou Perion & Lucencio s'eftoient trouuez, & la cognoiffance de pere à filz qu'ilz auoient l'vn de l'autre, qui refiouït beaucoup leur
compagnie en atendant leur retour. Et ce pendant Dieu fçait en quelle
efperance viuoit Gricilerie, & la bonne chere, & grand recueil qu'elle leur
fit aufsi toft qu'elle peut tenir entre fes braz fon filz tant defiré, que Axiane ayma encores plus de là en auant qu'elle n'auoit fait, pour eftre auoué
de telz parens, fi grands Princes & Seigneurs. Eux donques arriuez, &
mis en vne mefme chambre, maiftre Elifabet les vifita, leur promettant
brieue guerifon. Et quant à Garinde, apres auoir demeuré huit iours entiers à la Court, fe rendit religieufe au monaftere de fainte Sophie, ou
elle vefquit depuys tant faintement, que plufieurs (apres fon trefpas) la
tindrent au nombre des bien heureux. Si auint que des le lendemain que la
bataille fut gaignée, ainfi que l'Empereur fortoit de table, fe prefenta à luy
vn ieune page, lequel mettant le genou en terre, luy dit : Sire, Nereïde, qui
vous a fecouru en la bataille, comme vous fçauez, vous falue treshumblement : & m'a cômandé venir vers vous, vous fuplier ne trouuer mauuais fi
elle eft deflogée de ce païs fans autrement prendre côgé de vous : efperant
vous faire quelque iour tant d'autres feruices, que non feulement luy pardonnerez cefte faute, ains luy remettrez liberalement l'ennuy qu'elle vous
a donné, auançant la mort de voftre filz Amadis : de laquelle toutesfois
elle ne doit aucunement receuoir blafme, pour les raifons qu'elle vous dira au retour d'vne entreprife, ou elle eft contrainte s'en aller en toute diligence. Sainte Marie, refpondit l'Empereur, eft donques Nereïde qui
m'a fauué la vie ? Veritablement, fi elle me l'a cuydé faire perdre par la
perte de mon filz, elle me l'a reftituée tresbien le iour d'huy. Et tellement
que, veu fa prouëffe & haute cheualerie, ie ne m'esbahis plus fi Amadis eft
tombé en ceft inconuenient, & duquel ie ne feray iamais querelle à elle ny
à autre, pourueu, qu'il n'y ayt eu trahifon. Ie ne fçay, dit Birmartes, comme il en va : mais, fi ie la penfois rencontrer, elle en tueroit encores vn autre, ou ie la tuerois moy mefmes. Ie vous prometz, refpondit le page, qu'elle eft embarquée, & plus de quatre cens Cheualiers en fa compagnie, faifans voyle ie ne fçay en quelle part. Par dieu, dit Florelus, ie l'ay veuë &
receuë tant de fois durant le conflit, qu'elle me faifoit à toutes heurtes

fouuenir du pauure Amadis de Grece, tant elle luy reffemble naïuement.
Mais, foit il, ou non, ie ne vy onques autre mieux combatre, ne tant faire
de deuoir. Ce qui ne pieut vn feul brin aux deux Roynes Calafie & Pin-
tiquineftre : car elles s'eftimoient (pour femmes) n'eftre fecondes à nulles autres, fpecialement au fait des armes. Et neantmoins Nereide eftoit
preferée à elles, dont elles efperoient bien faire perdre l'opinion, fi iamais
Fortune les guidoit en part, ou elles la peuffent aborder.

Si fut en ce temps la mort d'Ama-

dis de Grece tant diuulguée par tous les endroitz du monde, que nouuelles en vindrent en la grand' Bretaigne, dont maints ieterent tendres larmes de leurs deux yeux, fpecialement le Roy Amadis, & la Royne Oriane. Et toutesfois le dueil qu'ilz en porterent fut petit au pris de l'ennuy
qu'en demonftra l'Infante de Sicile. Car elle prit cefte infortune auec telle impatience, qu'elle cuyda fe defefperer, faifant telz & tant de regretz,
que finablement la fieüre groffe & vehemente la faifit, preft à rendre l'a-
me : mais elle reuint en fanté, & fe rendit nonnain voylée à Mirefleur,
dont fes pere & mere (defia vieilz) fentirent vn defplaifir trop fafcheux à
digerer, n'ayans pour lors nul enfant qu'elle. Toutesfois noftre Seigneur
les reconforta leur donnant peu apres vn filz qui fut en fes premiers ans
apellé Lucidor, & depuys Lucidor de la Vengeance, par ce que luy (bon
Cheualier & hardy) pourchaffa en toutes les fortes qu'il peut la mort
d'Amadis de Grece, fous couleur de la trahifon & mefchant tour qu'il a-
uoit fait à fa fœur. Dont trefgrande inimytié s'en engendra entre ceux de
Sicile & de la grand' Bretaigne, ainfi que l'hiftoire de don Florizel de
Niquée, & du vaillant & fort Anaxartes fera ample mention.

Comme nauigant Nereïde auec

fa compagnie, pour retourner à Niquée, courut fortune, qui
les ieta dans l'armé de mer, qu'auoit dreffé la
Royne Zahara, en deliberation de
venger la mort d'Amadis
de Grece

Chapitre   LXXXII.

Ayant

Yant la bataille de Trebifonde pris l'yſſue telle qu'il vous a eſté dit, Nereïde ſe retira en ſes nauires, d'ou elle depeſcha le paige vers l'Empereur Liſuart, auec les paroles telles qui vous ont eſté recitées. Et, ſans faire la plus de ſeiour, ſinglerent en plaine mer : Elle en l'vn des vaiſſeaux Fulurtin en vn autre, & le Roy de Lacedemone au tiers, & d'vn ſi bon vent, qu'ilz penſoient bien arriuer en brief, ou ilz deſiroient. Auſsi auoient ilz deſcouuert la coſte de Niquée, quand la nuit ſuruint auec tel orage, & vens ſi contraires, que vouſiſſent Pylotes, ou non, leurs vaiſſeaux s'eſcarterent, l'vn à Ourſe, l'autre à Pouge, ne leur demeurant voyle, maſt, cordage, ny auiron, qui fuſt entier, n'eſperans, pour le mieux que leur ſoudaine mort & naufrage. Car, ſans ſçauoir, ou ne quelle part les vagues les guidoient, pour l'obſcurité du temps, s'habandonnerent au bon plaiſir de Fortune iuſques ſur le point du iour, que le vaiſſeau de Nereïde ſe trouua enuelopé dans dix autres, que la tourmente auoit auſsi eſlógnez d'vne groſſe flote & armée qui lors voguoit celle part. Si commençoit adonq' la mer à deuenir bonace: parquoy ayans ces dix vaiſſeaux deſcouuert celuy de Nereïde, s'apareillerent pour ſçauoir qui eſtoit dedans. Et de fait le ioignirent toſt apres, demandans à l'aborder qui y nauigeoit, de quel païs ilz venoient, & ou ilz tiroient. Seigneurs, reſpondit le Pylote, nous ſommes au grand Soudan de Niquée, & códuiſons vers luy la vaillante & renommée Nereïde. A' ceſte parole vn Cheualier quaſi de taille de Geant, qui lors eſtoit ſur le tillac de la principale nau, ieta vn hault cry : O' Iupiter, ie voy bien main-

CC iii

tenant

tenât qu’il n’y a mal, dont quelquesfois ne procede quelque bien, puys que la tourmente de ceste nuit m’a mis es mains de la personne du monde que i’ay le plus en hayne. Et quant & quant commanda donner l’assault, sans prendre nul d’eux à mercy. Ce qu’entendu par Nereïde & ceux de sa troupe, se mirent en grand deuoir de leur resister, tant qu’ilz vindrent au combat main à main. Et s’ataquerent le grand Cheualier & Nereïde, faisans & l’vn & l’autre tant d’armes que merueilles. Mais les vns estoient tant, & les autres tant peu, que le pauure nauire agité & assailly de toutes parts, se trouua en vn extreme peril. Car mourans plusieurs de ceux de Nereïde & finablement hors de moyen d’empescher l’entrée à leurs ennemys, ne sçauoient plus de quel boys faire flesches, quand Nereïde desesperée, ayât bien au premier entendu les menaces du grand Cheualier, & par consequent le peu de mercy qu’elle & les sien trouueroient aux autres, baissànt la teste fit telle resistance, que plus de dix, pensans monter sur la rembade tomberent mortz à ses piedz. Et neantmoins Nereïde fut forcée à la fin habandonner la place, & se retirer à l’entrée du chasteau en poupe. Et là arrestée se defendoit si vaillamment, que nul osoit aprocher. Dôt le grand Cheualier trop desplaisant commanda y mettre le feu, qui à vn instât embrasa si fort le nauire, que Nereïde sentant la chaleur qui la pressoit, se lança dans la presse, ou elle fut assaillie & deuant & derriere: criant si haut le grand Cheualier qu’vn bien sourd l’eust bien entendu. Ah trahistre Nereïde, disoit il, à ceste heure sera vengé Amadis de Grece, & la trahison dont tu as vsé enuers luy. Et quant & quant hauça le bras, & luy dôna tel coup d’espée, qu’elle ploya le genou en terre preste à tôber. Toutesfois elle se releua, & de toute sa force ataignit si vertemét le grand Cheualier, qu’elle luy eust myparty la teste, si l’espée ne luy eust tourné au poing: mais elle luy donna seulement du plat, & se brisa en deux ou troys parts. Dont Nereïde fut desplaisante au mourir par ce qu’on la saisit incôtinent au faux du corps, & luy arrachant l’armet, le grand Cheualier s’auança pour luy tailler la teste. Ce qu’il eust fait sans remede n’eust esté qu’il la recogneut de bonne fortune pour Amadis de Grece, qu’il pensoit mort. Dont trop esmerueillé: O’ Dieu, dit il, & qu’est ce que ie voy? Ha mon grâd & parfait amy! peusant bien faire ie me suis cuidé oublier bien lourdement. Lors commanda à ses gens eux retirer, & embraçant Nereïde se fit cognoistre: car c’estoit la belle Royne Zahara, qui ayant entendu les nouuelles de la mort d’Amadis de Grece par Nereïde, auoit assemblé ses forces, & dressé ceste grosse armée de mer, en intention de ruyner le Soudan de Niquée, & son païs: tant aymoit & desiroit Amadis à mary. Luy donques recogneu pour tel qu’il estoit, la Royne le prit par la main, & l’embraçant & baisant commença à luy dire: Ie vous prometz ma foy, Seigneur Amadis, que l’auanture qui nous est ainsi suruenue, est bien la plus grande dont i’ay onques ouy parler. Sça’uous pourquoy? Mon intention

estoit

estoit au partir de Caucase de pourchasser entierement mort à Nereïde, &
ie voy que Nereïde la chasse de moy, pour me donner nouuelle vie, atendu qu'en elle seule ie treuue celuy vif, que l'on disoit auoir esté occis par elle mesme. Ha ma Dame, respondit il, il ne me prit onques mieux d'auoir
esté recogneu de vous si à propos. Car autrement c'estoit fait & d'Amadis de Grece, & Nereïde ensemble. Mais tandis le vaisseau s'embrasoit petit à petit: parquoy se retirerent en celuy de la Royne, apres toutesfoys
qu'il luy eust prié affectueusemét ne le faire cognoistre à autre, pour les rai
sons, dit il, que ie vous declareray puys apres. Ce que la Royne luy acorda,
commandant aux autres qui en pouuoient auoir eu quelque aparance, la
taire sur leur vie. Chose aisée à celer, d'autant que les deux vaisseaux ou
nauigeoiét Fulurtin & le Roy de Lacedemone estoient lors absens & perduz en mer: & les gens du Soudan demeurez auec Nereïde tous mors, ou
pris, à l'heure que suruint la cognoissance d'elle & de la Royne, qui, sans
plus seiouaner, fit reprendre la route de Niquée: ou elle arriua vn peu a-
pres que sa flote fut r'aliée auec elle.

Comme la Royne de Caucase ra-

conta à Nereïde la cause de sa nauigation à Niquée: Et des propoz qu'elles eurent depuys ensemble.

Chapitre   LXXXIII.

A Royne de Caucase nauigant auec Nereïde, qu'elle
perdoit peu de veuë, vn iour entre autres deuisans ensem
ble, & elles deux retirées à part, se prit Zahara à luy dire: Ie vous suplie, mon Seigneur & amy, autát qu'il m'est
possible, me declarer maintenant qui a esté cause de faire diuulguer vostre mort par tout le monde, & vous
mesmes de changer ainsi de nom & d'habit, pour prédre celuy d'vne femme estrangere. Car ie vous asseure, que celà seul à esté le motif de m'acheminer par deça auec vne armée de cent vaisseaux, & belle troupe de mes
femmes, esperant, pour l'amour de vous, ruyner le Soudan de Niquée &
tout son païs ainsi que ie vous ay dit. Ce qu'il n'eust pas euité aysément,
sans la tourmente qui dispersa si bien ma flote, que dix nauires seulement
restoient en ma compagnie quand ie vous descouury en mer. Ma Dame,
respondit Amadis, vous m'auez tant obligé, que, quoy qu'il m'en puisse
prendre, ie ne vous celeray iamais chose qu'ayez enuie sçauoir de moy.
Bien vous supliray-ie, vous ayant mis en voz mains l'entier secret de mon
cueur, m'estre vous mesmes aydant à bien le taire & couurir, estant de telle
importance, & causé par si grande force d'Amour, que i'aymerois trop

mieux mourir de mile morts, que chofe que ie vous manifefteray, paffaft plus auant. Et pour y commencer, il fault entendre, que le feu cruel & dou-loureux du rauiffeur Amour, à qui toute ame viuante eft fubiete & rede-uable m'enflamma tellement le cueur par vne feule lettre que m'efcriuit le paragon de toute beauté Niquée, Princeffe de Thebes, que ie demeuray depuys fien, & hors de ma puiffance, iufques à ce que cafuellement le pour-trait d'elle tomba en mes mains, qui me fut vn renfort de nouueaux penfe-mens, & vn fi continuel brafier en mes entrailles, que mon trifte efprit au parauaut fubiet & feruiteur de l'Infante Lucelle, fe retira du tout hors la puiffance d'elle, pour fe captiuer liberalement à Niquée. Pour laquelle mieux voir & frequéter fans foupçon, i'ay changé à moins de rien de nom, de vie, & d'habit, ainfi que i'auois fait de volonté. Dont il auint que s'a-cheminant mon defcein à tresbonne yffue, vn Cheualier (ne fçay comme ce peult faire) fuppofa non feulement le nom de moy, ains du tout la fem-blance auec mes plus fecretes penfées. Sous couleur dequoy il effaya de-puys d'enleuer Niquée, & me tollir par ce moyen tout le bien que i'efperois d'elle. Mais ie l'en chaftiay fi afprement, qu'il en perdit la vie : aymant trop mieux manifefter la grandeur de mes prouëffes fous le nom de Nereïde efclaue, que voir Amadis fruftré, par telle piperie, de ce qu'autre que luy ne meritoit. Et à fin, ma Dame, que mieux & plus clerement vous enten-diez ou ie veux tomber, ie vous deduiray le tout de point en point, & par le menu ce qu'il fit. Et par là pouuez vous bien cognoiftre (dit il) fi i'ay toute ma vie vefcu fans trauail : que neantmoins vous eftimeriez peu, ayant veu feulement la Damoyfelle qui me donnoit ce gracieux defplaifir. Mais durant tel difcours, elle qui ententiuement retenoit & notoit bien ce qui luy eftoit fi peu auantageux, pour l'ocafion que vous auez n'a gueres en-tendu, fentit en fon ame telle paffion, que le vifage d'elle en porta quel-que tefmoignage. Toutesfoys, voulant pluftoft foufrir mort cruelle, que de s'oublier en vn feul point qui peuft ofendre, ou tacher fon honneur & reputation, diffimula le tout plus fagement & vertueufement qu'il luy fut poffible. Tant qu'elle luy refpondit : Certainement, Seigneur Amadis, ie confefferay toute ma vie auoir receu de vous plus d'honneur que ie ne me ritay onques, m'ayant fi priuément communiqué amours, & affaires de tel-le importance : iurant par le haut nom de Iupiter, que ie fuis trefioyeufe du mariage de vous à ma Dame Niquée, eftans & l'vn & l'autre fi confor-mes en grande beauté, que à ce que ie puis entendre, l'Europe, Afrique, ny l'Afie, pourroient mal ayfément manifefter deux autres, qui peuffent vous egaler, ny paragonner en cefte perfection. Et neantmoins il fault que ie vous die, que Fortune, ou les deftinées, m'ont (ce me femble) fait grand tort, me fruftrans ainfi de vous, que i'auois efleu à mary, & en vous afsis tát d'amytié, que ie vous regretteray toute ma vie. Neantmoins puys que la Princeffe de Sicile (aymant comme elle vous aymoit) eft tombée en pareil

naufrage

naufragé que ie fuis, il eft raifonnable que ie me fortifiede patience: acquerát en vous, au lieu de mary perdu, vn amy fingulier. Et auec ce bien feur &
affeuré ie me côtenteray, vous faifant imiter pour ce regrd, Lifuart voftre
pere, qui iouïft heureufemét de l'amour pudique & tant honnefte de Gradafilée. Car vous au femblable iouïrez de l'inuincible & fouueraine Royne Zahara. Au demeurát ie fuis certes trefcôtâte, & pour l'amour de vous,
voir Niquée, & vous eftre encores aydant en toutes les entreprifes que deliberez mettre à execution pour l'enleuer, ainfi que m'auez declaré: & auf-
quelles ie vous fauoriferay iufques à hazarder ma vie & mô pouuoir, pour
voftre feul contantement. Dont Amadis l'en remercia treshumblement,
lequeliufqu'à lors n'auoit entendu qu'elle euft onques rien pretendu à luy,
Aufsi s'en excufa il prudemmét tât qu'ilz aprocherent le port de Niquée,
pres duquel fe ioignirent à eux les autres vaiffeaux de Caucafe, que la tempefte auoit efcartez. Ce que defcouurans ceux de la ville, donnerent incontinent l'alarme : mais la rumeur ne dura pas longuement. Car la Royne depefcha vn efquifon vers le Soudan, luy faifant fçauoir par l'vne de fes
Amazones, comme venant vifiter luy & l'Infante Niquée fa fille, elle auoit
rencontré en mer fa coufine Nereïde, & qu'elles deux enfemble deliberoient prendre terre, s'il l'auoit agreable: dont il fut merueilleufement
ayfe, & les en enuoya prier trefinftamment. Ce que venu à la cognoiffance de Niquée, onques Damoyfelle ne fut plus refiouye : car l'abfence de
fa Nereïde luy auoit trop caufé de tourment, qui s'apaifa par la nouuelle
de tant bonnes nouuelles, & plus encores les voyant de fa feneftre defcendre au port, ou le Soudan les vint receuoir, non fens embracer plus d'vne
foys Nereïde à laquelle il difoit : Ie vous prometz, ma grand' amie, que
voftre long feiour en païs eftrange m'a plus ennuyé que ne penfez : mais
la renommée de voz prouëffes m'a aufsi tant efiouy, mefmes l'arriuée de
cefte noble Royne voftre coufine, que ie ne vous fçaurois dire autrement
finon que vous & elle foyez les mieux que tresbien venues. Sire refpondit elle, les dieux me donnent la grace, s'il leur plaift, de vous faire feruice
qui vous foit agreable, ainfi que veritablement ie fuis fort tenue. Si les prit
toutes deux fous le bras, & les conduit en fon palais, luy racontant Nereïde en cheminant la forte qu'elle auoit perdu & le Roy de Lacedemone, &
Fulurtin : doutant fort veu la fureur de la mer, qu'ilz euffent eu fortune.
Non auront non, dit le Soudan, Neptune ne me veult (comme ie penfe)
tant de malheur. Et ainfi deuifans monterent les degrez de la tour ou eftoit Niquée, laquelle fçachant la Royne & Nereïde fi pres, vint les receuoir à l'entrée de fa chambre, ou nul entra qu'elles deux. Et lors, pour couurir & diffimuler fes pafsions regardant fon Amadis d'vn œil affez pour
faire viure & mourir enfemble, entretint la Royne bien longuement. Mais
à la fin, forcée d'Amour, s'adreffa à Nereïde, & luy dit de bonne grace: Ie
vous prometz, m'amye, que ie ne vous fçay point de gré de m'auoir fi lóg

temps

temps fauſé compagnie . Toutesfoys i'eſpere bien m'en recompenſer . Car
ie ne vous donneray pas congé vne autrefoys ſortir de ceans ſi à voſtre ayſe . Ma Dame, reſpondit elle, la priſon dont vous me menrcez, me ſera ſi
grande liberté, que ie n'en deſiray iamais de plus . Et combien que la Royne entendit aſſez leurs affaires, ſi n'en faiſoit elle ſemblant : ains ententi-
ue à contempler l'excellante beauté de Niquee ne ſe peut tenir de luy dire: Certes ma Dame, il ſemble que les dieux ayent voulu monſtrer en vous
la grandeur de leur puiſſance, vous faiſant telle, que veritablement le Soudã voſtre pere a iuſte ocaſion de ne vous laiſſer voir à homme mortel : veu
que moy, qui ſuis femme, me treuue touchée iuſques au vif de voſtre a-
mour, voire trop attainte du peché d'enuie : Eſtimant ma couſine Nereïde
plus heureuſe eſclaue au pres de vous, que hors voſtre preſence libere & du
tout franche . En bonne foy, ma Dame reſpondit Niquée, ſi la beauté dont
vous me louez, apporte quelque deſir à qui me voyd, celle qui eſt en vous,
acompagnée de tant de bonne grace, & prouëſſe, vous aſſeurera, que peu
ou point vous cognoiſſent, qu'ilz ne ſoient entachez de ſemblable maladie. Mais quant à Nereïde, ie l'ayme ſi parfaitement, & ſuis tant certaine
du bien qu'elle me veult, que ie ne fais doute ma compagnie luy eſtre plus
chere & agreable, que tout autre plaiſir qui ſe pourroit offrir . Et encores
fuſſent elles en ces termes, ſi le Soudan n'euſt entré, conduiſant autres cinq
Roynes, que Zahara auoit amenées, que Niquée receut, & ſalua fort humblement. Et ſur l'heure vindrét nouuelles, que Fulurtin & le Roy de Lacedemone eſtoient arriuez au port : dont le Soudan fut ſi ayſe, que prenant
Zahara par la main, la ramena en ſon palais, dónant le bon ſoir à Niquée:
car il ne vouloit, qu'autre luy tint compagnie que Nereïde . Auſsi eſtoient
les tables dreſſées pour le ſouper: ou ſe trouuerent le Roy & Fulurtin, puys
venue l'heure d'aller dormir Niquée & Nereïde couchées enſemble, ainſi
que de couſtume, commencerent à reprendre les erres de leurs premieres
briſées, tant qu'ilz ſe trouuerent las & contans . Parquoy l'vn & l'autre mirent en ieu l'ennuy, la peine, & le tourment, qu'ilz auoient ſouffert durát
ce voyage: & non ſans cauſe, diſoit Niquée, veu qu'il nous eſt force de deſloger & bien toſt . Car ie me ſens aſſeurément groſſe, & crains beaucoup
que l'on s'en aperçoyue . Qui donna fort à penſer à Nereïde, trop deſplaiſante du retardement de Gradamarte vers elles, ainſi qu'il auoit promis.
Mais il y auoit cauſe, cóme noſtre hiſtoire vous declarera au chapitre ſuyuant. Or auint le lendemain, que la Royne de Caucaſe retourna voir Niquée, & deuiſans elle & Nereïde, qui ſe fioit du tout à elle, luy deſcouurit
ce que Niquée luy auoit raconté la nuit precedante, la priant de ſa part a-
uiſer quelque remede pour le ſalut d'eux deux . Ie vous diray, reſpondit la
Royne, ie feray tenir mes vaiſſeaux preſtz & m'embarqueray, prenant con
gé du Soudã pour retourner en mes païs. Mais premier trouueray moyen,
s'il eſt poſsible, vous fournir d'eſchelles de cordes, par leſquelles pourrez de-

rez defcendre vous, Niquée, & qui vous voudrez . Tant y a, que fi vne foys
ie vous tiens en mer, laiffez venir le Soudan & fa puiffance : autres que les
dieux , ne fçauroient empefcher que ie vous conduye ou il vous plaira . Et
tout ainfi qu'il fut entrepris, ainfi fut il executé . Tellement que la nuit ac-
cordée entre elles , & eftant Nereïde fournie de tout ce qui luy eftoit neceffaire, confeilla à Niquée que, pour le mieux , elle deuoit le tout declarer à fes femmes, à fin qu'elles ne la voufiffent habadóner. Ce qu'elle trouua bon, apres quelques dificultez & doutes qui s'offrirent lors. Toutesfoys
tout debatu & accordé, Fulurtin , qui eftoit de la partie , fe trouua auec la
Royne & bóne troupe d'Amazones au pied de la tour: & auec vn linge ou
taffetas qui fut deualé par la feneftre, eurét Niquée & Nereïde l'efchelle, par
laquelle finablemét elles toutes defcendirent . Mais, de malheur , la garde
qui faifoit lors la ronde, les aperceut: & dóna l'alarme fi chaude, que le Sou
dan mefmes y vint en perfonne , bien tard toutesfoys pour remedier à fon
inconuenient. Car premier que les portes de la cité fuffent ouuertes , on ne
vóyoit des derniers embarquez barque ny barquerot, & auoient les autres
defia fait voyle, & eflógné de beaucoup la cofte: dót le Soudan cuyda mou
rir de defplaifir . Neantmoins confiderant à la fin ny pouuoir donner ordre, prenant fa perte le plus conftamment qu'il peut, fe retira en la tour, ou
il fouloit trouuer fa fille . Et regardant çà & là comme la chofe auoit efté
executée, auifa fur la table deux lettres s'adreffans à luy, l'vne de Nereïde;
& l'autre de Niquée, contenant ces motz.

Monfieur, ie vous fuplie tref-

humblement, pluftoft que blafmer mon abfence, vous donner la peine, s'il
vous plaift, de lire cefte mienne lettre: & la lifant confiderer en vous mefmes, de quelle puiffance Amour eft couftumier fe faire obeïr par ceux qu'il
tient en fa dition . Ce que voulant exercer en moy me reprefenta paffé à
longs iours, deuant les yeux de l'efprit non feulement la renomméc du
vaillant & inuincible Amadis de Grece , ains la beauté, dexterité, & bonne grace dont il eft tant recommandé enuers toutes perfonnes qui ont eu
le bien de le voir, & frequéter. Et pour cefte caufe mis-ie tellement mon a-
mour & affection en luy, que i'en fuz au mourir. Auffi eftoit il malaifé que
ie peuffe viure, fans le moyen que ie trouuay de luy faire fçauoir (non pas
vne fois, mais plus de deux) la peine que i'endurois pour trop le defirer:
dont il n'eut feul compafsion. Car Amour mefmes me fut fi propice, qu'il
le naúra du pareil trait, qu'il m'auoit offenfé : le rendant tant mien, que
fous l'habit faint de Nereïde efclaue, il vint en cefte voftre Court, ou il eut
depuys combat auec l'vfurpateur & de fon nom, & de fa figure. Quelle en
fut l'iffue, monfieur , vous l'entendrez affez . Tant y a, que peu de temps
apres

apres, l'heur me fut donné pour le cognoiſtre. Et ſi bien acordaſmes noz
intentions enſemble, que finablement le mariage de luy & de moy en eſt
ſuruenu, que ne prendrez(s'il vous plaiſt) en mauuaiſe part : eſtant ſa perſonne de tel merite, & pour ſa prouëſſe, & pour le ſang illuſtre d'ou il eſt
yſſu, que luy ſeul m'a ſemblé digne de ma beauté, & Trebiſonde plus propre à la celebration de noz noces que voſtre ville de Niquée, pour tant
d'Empereurs, de Roys, de Princes, & hautes Dames, que luy & moy eſperons y trouuer. Et pour ceſte ocaſion ſeule nous y conduit en ſes vaiſſeaux
l'excellante Royne de Caucaſe, par le moyen de laquelle noſtre entrepriſe a eu lieu. Non que par tant ie vueille nyer ne vous auoir offenſé, mais
i'eſpere tant en voſtre paternelle bonté, qu'oubliant ma faute, conſiderant
à qui ie me ſuis vouée me donnerez le pardon que vous requiers en toute
reuerance

Voſtre treshumble & treſo-
beïſſante fille Niquée.

Tout penſif, ayant leu ceſte lettre, demeura en telle perplexité, qu'à peine eut il force de pouuoir ouurir celle de Nereïde, qu'il tenoit deſia en ſes
mains. Toutesfoys à la fin, briſant le ſeau, y trouua ce qui s'enſuyt.

Sire, l'amour qui vous a peu ſolici-

ter en voſtre ieune aage, & depuys, vous ramenteura aſſez en quelle peine
& malaiſe viuent ceux qui ſont ſurmontez de la paſsion que ie vous ay veu
ſoufrir, attendant la iouïſſance eſperée de voſtre Nereïde. Et ſera moyen
(s'il vous plaiſt) d'excuſer la faute que i'ay commiſe enuers vous, tant pour
vous auoir deceu ſous nom & habit empruntez, que faiſant le mariage de
ma Dame voſtre fille & de moy, dont ne m'en deuez ſçauoir nul mal gré:
conſiderant les beautez, & perfections deſquelles elle eſt douée des cieux,
& (par vous meſmes) la iuſte ocaſion que i'ay eu de la choiſir à femme &
amye telle qu'elle m'eſt. Toutesfoys, Sire, ou vous vous trouueriez en celà
ou autrement offenſé, ie vous ſuplie treshumblement en donner le blaſme
ſeul à l'amour : & nous pardonner à tous deux, puys que le ſang illuſtre
de Niquée ne peult receuoir que gloire & honneur par l'aliance qu'il aura
deſormais à celuy de France, de Conſtantinople, & Trebiſonde dont ie
ſuis deſcendu, & principal heritier. Et à ceſte cauſe nous acheminons nous
preſentemét vers l'Empereur mon pere, qui fera ſi bon recueil à ma Dame
voſtre fille, que ce vous ſera plaiſir de l'entendre, & à moy aſſeuré contentement. Eſperant au reſte, Sire, eſtre deſormais tel en voſtre endroit, que
vous aurez grande raiſon de trouuer bon & raiſonnable tout ce qui s'eſt

paſſé

paſſé pour ce regard, &iuſques à ce iourd'huy, que vous baiſe les mains en toute humilité

Voſtre treshumble & treſobeiſ-
ſant filz Amadis de Gręce.

Par tous noz dieux, dit le Soudan, apres auoir longuement penſé & ra-
uaſſé, l'vn & l'autre a eu raiſon. Et cognois maintenant mieux que iamais
Amour n'eſtre ſeulement aueugle, ains ceux meſmes qui ſe reduiſent ſous
ſa puiſſance. Car, s'il fuſt autrement, i'euſſe deſcouuert l'entrepriſe de Nereïde, & l'intention d'elle lors qu'elle me promettoit me rendre libre de
ma peine premier que l'an fuſt expiré. Ce qu'indubitablement elle m'a
ſceu tresbien entretenir, pour le reſpect de ſoymeſmes, non pas en ce qui
conſerue l'honneur de moy, ayant ainſi enleué & hors mon conſentemét,
Niqueé ma fille. Toutesfois, puys qu'elle deuoit prendre mary, ie me re-
conforte en ce qu'elle l'a choiſi tel, que mal aiſément en euſt elle ſceu eſtire
de meilleur ny plus receuablé. Et prenant ainſi le Soudan les choſes ou il
n'euſt peu mettre remede, demeura en repos pour ceſte heure: car Buzando le Nain (que i'auois laiſſé derriere) me preſſe luy donner place. Et toutesfoys il fault qu'il atende, pour preferer Gradamarte, que Nereïde a-
uoit longuement atendu.

Comme Gradamarte, penſant re-

tourner à Niquée vers Nereïde, cuida perir en mer: Et de
ce qui en auint.

Chapitre   LXXXIIII.

APres que Gradamarte eut laiſſé Nereïde, ainſi qu'il vous
a eſté dit, faiſant voyle en Alexandrie eut tant d'entor-
ces, & de malheurs, qu'il fut pluſieursfois ſur le point de
ſe perdre & ruiner. Toutesfois finablement il vint ou il
deſiroit: & ſous habit de marchand fit pluſieurs trafi-
ques de toutes ſortes de marchandiſes, tant qu'il chargea
vn bó & gros nauire pour retourner à Niquée. Mais à peine fut il deſancré
du port, & eſlongné la coſte d'Alexandrie, que la tourmente le ieta entre
bancs & eſqueilz, ou demeura briſé ſon vaiſſeau, toute ſa marchandiſe perdue, & luy meſmes en tel peril de naufrage que force luy fut ſe ſauuer à la

faueur d'vn ays, qui le guida iusques à terre, si denué de tous biens, &
moyens qu'il ne luy restoit vn seul liard pour acheter vn fagot & s'essuyer,
lors que necessité, inuentrice des remedes, l'auisa de s'acheminer vers Brisene Royne du païs, qu'il sçauoit certainement fort tenue & obligée à A-
madis de Grece : sous couleur duquel, & en sa faueur, elle le pourroit secourir de quelque Seraph, ou piece d'argent. Et ainsi dressa sa voye à pied
la part ou elle estoit. Mais il n'eut longuement cheminé, que ce trauail
peu vsité, & encores tout deschault, le lassa tellement, qu'il n'en pouuoit
quasi plus, quand il aperceut sur le bord d'vne fontaine, ou il s'alloit rafraifchir, Buzando dormant d'vn profond somme, lequel il esueilla. Si le cogneut le Nain aussi tost, & esmerueillé de l'equipage en quoy il le voyoit,
ne se peut tenir de luy dire la larme en l'œil : Helas ! mon seigneur Gradamarte, que tant vous auez mal pourueu à l'affaire de vostre grand amy A-
madis de Grece, à qui la fortune s'estoit monstrée au premier si fauorable,
pour à la fin luy iouër le plus meschant & malheureux tour, qui auint onques à triste Cheualier ! Gradamrte, bien estonnné de telles nouuelles, fut
de prime face en vne estrange peine : Toutesfoys il luy demáda pourquoy,
ny comment. Comment ? respondit Buzando, ie l'ay ueu mourir de malle
mort, & par la main d'vn esclaue apellée Nereïde, que Dieu maudie. Lors
luy raconta de point en point tout le fait tel qu'il vous a esté recité. Car entendez, que le Nain auoit esté present au cóbat : mais aussi tost qu'il en eut
cogneu la fin, craignant le desespoir de Niquée par la mort d'Amadis, delibera ne retourner plus vers elle, luy estant si affectionné amy & seruiteur,
qu'il n'auroit la puissance de luy voir soufrir la douleur qui luy estoit preparée. Parquoy s'en vint es marches d'Alexandrie, d'ou il estoit natif, &
y auoit encores ses pere & mere, assez pres du lieu ou Gradamarte le trouua : qui apres l'auoir bien escouté & le fait de Nereïde & d'Amadis de Grece, tel qu'il le luy racontoit, en eut autant de ioye, qu'il auoit eu de tristesse au commencement. Et neantmoins il le dissimula, & pour changer propos vint à entrer sur son naufrage, & à luy demander, s'il auroit moyen
de l'acompagner iusques vers la Royne Brisene, pour recouurer d'elle quel
que escu. Mon Seigneur, respondit le Nain, la maison de mon pere n'est
pas loing d'icy, ie vous y conduyray, s'il vous plaist, & y demeurerez pour
vous delasser, tandis que i'yray vers elle, qui me cognoist, & sçait certainement que ie suis seruiteur d'Amadis, ou nom duquel ie suis seur qu'elle me
fera le present que ie luy demanderay. Ce que Gradamarte trouua bon. Et
pour ceste cause suiuit Buzando, qui l'ayant laissé entre ses parens, vint
trouuer la Royne, à laquelle finablement il sceut tát bien haráguer, qu'elle
luy donna (pour l'amour d'Amadis de Grece) mile talens d'or, qu'il aporta au Roy Gradamarte : & auec tel secours acheterét vn nauire, esperás faire
voyle, & reprédre la route de Niquée. Toutesfois le troisiesme iour de leur
embarquement le temps leur fut si contraire, que (par vn vent transmon-
tain

tain) furent relaschez au rebours de leur esperance, ainsi qu'il vous sera declaré apres auoir remis en train Amadis de Grece, Niquée, & Zahara, qui
d'autre costé ne sont guetes mieux fortunez qu'eux.

Comme nauigant Amadis de Grę

ce vers Trebisonde, fut auec Niquée & Zahara ieté en vne Isle
ou il leur auint de cas estranges.
Chapitre   LXXXV.

Ous auons n'a gueres laissé Amadis de Gręce, au parauāt
surnómé Nereïde, trauaillant auec Fulurtin, la Royne de
Caucase Zahara, & sa troupe de femmes, pour desrober
& enleuer Niquée, laquellè mise & embarquée au principal vaisseau, estát la rumeur de la ville & citoyens fort
esmeuë, singlerent en haute mer, tresaysés & plus con-

tans d'auoir si bien executé leur deliberation . Et ainsi nauigans suruint le huitiesme iour d'apres si grande tourmente, & telle contrarieté de vens & de vagues, que le plus asseuré d'entre eux trembloit comme la fueille sur l'arbre . Tant qu'vn mardy matin , enuiron l'aube du iour , descouurirent terre, & vindrent aborder vne Isle fort delectable à leur auis, ou ilz descen dirent , tant pour eux rafraischir , que pour r'adouber leurs vaisseaux qui en auoient besoing . Or ignoroient ilz tous le nom de la contrée , qui fut cause de mettre Zahara en propos auec Amadis , luy demandant s'il luy plaisoit (tandis que les autres se reposeroient) s'armer , & costoyer le païs auec elle, pour voir s'ilz y trouueroient nulle habitation de gens, ou quelques pescheurs qui leur peussent dire en quel lieu ilz estoient arriuez. Lors combien qu'Amadis fut si parfaitement affectionné à sa nouuelle amye, que volontiers(pour ne la perdre de veuë)il eust trouué quelque raisonna- ble excuse, neantmoins voulant pour ce coup contenter la Royne monte- rent à cheual , qui ne pleut vn seul brin à Niquée, considerant (pour belle qu'elle fust)que le feu pres des estoupes estoit dangereux:& que veritable- ment Zahara meritoit bien l'amytié desrobée de son amy.Lequel armé de toutes armes,le heaume en teste,& la lance sur la cuisse,& semblablement Zahara suiuirét vne sente fort estroite & peu frequentée.Le long de laquel le ayans cheminé vne bonne heure & plus , puys hault, puys bas , pour le païs fort montueux , fut prié Amadis par la Royne de luy permettre le premier combat qui s'offriroit : pourueu, dit elle, qu'il ne se presente plus d'vn Cheualier à la foys. Ce qu'il luy acorda. Et ainsi passans outre vin- drent trouuer vn gros canal de sang, qui decouloit & arrousoit grand païs & si couuert de cheueux blondz & dorez,qu'ilz s'en esmerueillerent: deli- berás,quoy qui leur deust auenir,voir la source & d'ou procedoit ceste mer ueille. Et à ceste cause commencerent à monter contre mont, tant qu'ilz arriuerent au sommet d'vn hault costau, & entrans en vne plaine descou- urirent d'assez loing vn grand parc circuy de belle & forte muraille,& peu plé de tant d'arbres & si droitz, qu'on les eust pris pour auoir quelque communication auec les nues,ou plus basse estoiles. Au mylieu estoit có- struit vn chasteau à cinq tours,dont celle du mylieu excedoit de beaucoup les autre quatre . Aprochant duquel, fust vers Leuant, ou Septentrion, e- stoit force premier passer à la mercy d'vne autre forteresse , non gueres moindre que celle du dedans . Mais par ce que le ruisseau procedoit du Septentrion, le suiuirent tant, qu'ilz rencontrerent vn vilain , conduisant deux muletz chargez de laine,auquel ilz demanderét comme se nommoit le païs , & la signifiance de ce sang. Si leur fit le vilain signe, qu'il estoit muet, & qu'ilz retournassent arriere, s'ilz ne vouloient demeurer prison- niers. Toutesfoys celà ne les estonna, ains marcherent iusques au plus pres du premier chasteau, vis à vis duquel ilz aperceurcut vn perron de cuiure, ou estoit ataché vne trompe, & au dessous vn escriteau cótenant ces motz.

Celuy

Celuy qui voudra voir les cruelles vengeances de l'Amour, sonne la trompe, & si de tant se hazarde, & qu'il presume meriter passer outre auec l'e-
fort de ses peines, douleurs, & desirs, soit asseuré du sacrifice de sa mort:
parquoy ie luy conseille tourner arriere, & se retirer legierement.

Que vous en semble ? ma Dame, dit Amadis à la Royne, deuons nous
poursuyure nostre entreprise ? Par mon ame, respondit elle, ie n'y entens
rien : car onques les dieux me donnerent moyen d'auoir en l'amour seulement la moindre recompense de ce que i'auois merité. Mais vous mesmes, à qui ilz ont esté si fauorables, qu'en dites vous ? Bien entendoit A-
madis ou elle vouloit tomber : toutesfois il s'en teut, & luy respondit
en riant : Puys que vous en remettez à mon auis, ie toucheray la trompe.
Et moy, respondit elle, vous acompagneray iusques au bout. Lors commença Amadis à sonner hautement. Et aussi tost virent sortir dix vilains
armez de haches & capelines de fer, qui furieusement s'adresserent à Amadis. En mal'heure, dirent ilz, damp Cheualier, entrepristes vous onques à
esprouuer ce qui n'apartient à vous ny à autre. A' ceste parole cogneurent
bien luy & la Royne, qu'il leur faloit iouër des cousteaux : parquoy apuye-
rent leurs glaiues contre le perron, ne les voulant briser sur telz gens de
peu. Et mettans les mains aux espées entrerent pesle mesle, ou d'entrée le
cheual d'Amadis fut mis à mort sous luy. Toutesfois il se releua auec l'ayde de la Royne, & de là en auant firent tel eschec sur ces rustres, que tous
demeurerent taillez en pieces, fors vn, qui s'en courut hastiuement au perron, & print la trompe qu'il sonna tant qu'il peut : mais cela ne luy garátit
pas la vie, car il en mourut tost apres de malle mort. Lors virent venir à eux
vn Geant monté sur vn fort cheual, tenant en sa main vne forte & royde
lance, lequel aprochant Amadis & la Royne leur escria : Trahistres pendars qui auez meurdry mes hommes, à ceste heure perdrez vous la teste,
& mourrez par mes mains. La Royne qui restoit à cheual, entendant ceste
menace, saisit hastiuement son glaiue & sans luy respondre, bien couuerte
de son escu baissant la veuë de son armet, vint luy courir sus, & luy au semblable, se chargeans de telle force & l'vn & l'autre, que vollans les lances
en esclatz, la rencontre de leurs cheuaux fut si brusque, que tombans par
terre leurs maistres se trouuerent dessous, d'ou toutesfoys se deliura promptement la Royne. Et mettant la main à l'espée, voyant encores son ennemy empesché, & la iambe trop opressée par son cheual, vint hastiuement
le ioindre : mais le grand vilain soufroit tant de mal de ceste cheute que
(ne pouuant en nulle sorte se remuer) fut incontinent mis à mort par la
vaillante Royne. Dont Amadis receut tant de plaisir, qu'il luy dit. A'
ce que ie voy, ma Dame, nous ne deuons pas desormais craindre beaucoup ces premiers, & aussi peu ceux qui restent, puys que les sçauez si
bien chastier. Allons donques s'il vous plaist & paracheuons l'auanture.

Lors marcherent à pied, & entrerent au chasteau, qu'ilz visiterent à leur ayse, sans y trouuer creature viuante. Parquoy passerent outre vers la porte du parc, qu'ilz trouuerent ouuerte, & suyuirent vne longue vallée plaisante à merueilles, tant qu'ilz se trouuerent vis à vis d'vn perron de cuyure, au dessus duquel estoit l'efigie du dieu d'Amour tenant son arc bendé, & en l'autre main vn escriteau contenant ces motz.

Voicy l'endroit du val d'Amour: qui n'ayme, & ne le cherche, retourne hardiment arriere.

Par dieu, dit Amadis, il me semble que vous & moy ne pouuons faillir de passer outre: car nous ne fusmes onques (ce croy ie) ennemys de celuy qui nous donne cest auertissement. Allons, respondit elle, mais ilz n'eurent plustost franchy le pas, qu'ilz se sentirent tellement amoureux l'vn de l'autre, qu'Amadis fut contraint de dire à la Royne. Par Dieu, ma Dame, si vous soufrez ce que i'endure, ie m'esbahis pourquoy nous ne nous donnons allegement, ayant si bien dequoy nous satisfaire, & que vous seule me pouuez & deuez acorder. Vrayement, mon amy, respondit elle, ie serois bien mal aprise & hors du sens, si ie refusois le remede, duquel depend mon seul desir & contentement. Et toutesfoys ilz marcherent tousiours, taschans par paroles, par gestes & contenances, à s'entrefaire cognoistre la passion qu'ilz soufroient iusques à ce qu'ilz vindrent assez pres d'vn autre perron, sur lequel estoit assise vne statue de bronze, tenant vn rouleau auec certaines lettres qui disoient:

En ce val sentent ceux qui ayment, la condition de forte amour.

Mais ilz ne s'arresterent pourtant, ains suyuirent leur chemin, s'eschaufans de plus en plus en leurs affections & esperez desirs. Ce qu'Amadis ne pouuant plus dissimuler dit à la Royne: Helas! ma Dame, pour Dieu ayez pitié de moy! sinon, ie renonce de tout point à ma vie. Mon amy, respondit elle, ie ne sçay à quelle ocasion vous vous plaignez de moy ne voulant autre chose que ce que vous voulez. Lors aperceurent vn autre perron deuant eux, & au dessus vne ymage nue, portant visage si contant, que l'aise y estoit naïuement representé. En son bras pendoit vne table d'atente, & vn escriteau qui disoit:

D'icy en auant pourra l'amant cheminer à la fin glorieuse de son desir. Et toutesfois ilz marcherent encores d'auátage, & iusques à la nuit quasi fermée, ne cherchans plus que lieu oportun pour satisfaire & côtenter leurs apetitz, qui lors n'aspiroient ny à viande, ny à breuuage: ains au seul don de mercy. Et en telle deuotion se trouuerét sur le bord d'vne tresbelle fontaine, ou sur quatre piliers de pur or estoit vne courtine tendue si riche que merueilles. Et au dessous vn lit de paremét, sur lequel ilz se coucherent, tát las & trauaillez de la pesanteur de leurs armes, que force leur fut reposer, mais ce repos leur tourna soudain en vn nouueau trauail. Car Amadis, tenant la Royne embracée, luy qui auoit longuement esté à pied, veult commencer

mécer môter fur elle:mais le harnois l'empefche, & le fault ofter:car il mct
barriere entre leur pouuoir & defirs.Au moyé dequoy & l'vn & l'autre les
ietent confufément, & leur femble n'auoir onques tant tardé,veu que s'ilz
defflient vn lacs, il s'en noüe deux. Aufsi n'y a il mors de raifon qui puiffe
ayfément deftourner la fureur de l'amour,principalement quand le plaifir
fe prefente preft & ayfé . Parquoy vindrét finablemét au ioindre, & Dieu
fçait en quel cótentement,qu'ilz fceurent tresbien exercer, tant que la nuit
dura , labourans & femans enfemble telle graine & fi fertile , qu'au bout
des neuf moys la Royne en produift d'vne ventrée filz & fille,defquelz les
volumes fuyuans feront maintesfois mention . Eux donques fatisfaitz de
ce qu'ilz auoient tant defiré , voyans le Soleil defia fe haucer reprindrent
leurs veftures, & harnois , & marcherent enfemble contre le chafteau fi-
tué (comme il vous a efté dit) au mylieu du parc, & en leur voye rencontrerent vn pilier de Marbre noir , fur lequel eftoit dreffé vn perfonnage
portant vifage autant peu foucieux, que le pourroit reprefenter la fculptu-
re . En fa main pendoit vn rouleau de cuyure , & lettres grauées, qui difoient.

D'icy en auant eft ordonné l'oubly de l'amour, à fin qu'auec plus de
gloire, & de repos, ceux qui ayment puiffent repaffer les combes & vallées de ce lieu eftrange.

Si ne s'y amuferent ilz pourtant,ains allerent toufiours la voye perdans
& l'un & l'autre l'entier fouuenir de tout ce qui leur eftoit auenu .Mais ilz
n'eurent gueres cheminé d'auantage, qu'ilz fe trouuerent pres d'vne mai-
fonnette ou hermitage, vis à vis de laquelle fluoit vn ruiffeau , dans lequel
vn vieillart de cent ans & plus , puyfoit vne cruche d'eau. Et auoit ce bon
homme les cheueux longs ,blans, & pendans iufques à la ceinture , & la
barbe toute telle . Si le faluerent Amadis & la Royne fort courtoyfement:
Et toutesfois il fe monftra eftonné de prime face , tant pour les voir ainfi
armez , que fi extremes en grande beauté . Au moyen dequoy s'affeurant
peu à peu, & leur rendant leur falut, commença à leur dire : Quelle auanture (mes bons Seigneurs) vous peult auoir conduit en ce lieu, auquel depuys que le remede d'Amour , & la vengeance de faute d'amytié ya efté
eftablie, homme mortel n'y eft encores arriué ? Pere, refpondit Amadis,
defir de voir la fin de cefte merueille ya amené cefte noble Royne en l'habit qu'elle eft, & moy aufsi. Parquoy nous vous prions nous en manifefter ce que vous en fçauez . En nom de Dieu, dit le preud'homme, la chofe que i'en entende ne vous fera teüe , pour la pitié & compafsion que i'ay
de voftre grande ieuneffe & beauté . Mais (ie vous pric) cóme vous a laiffé paffer le Geant & la premiere garde de cefte place ? Leur orgueil & prefumption, refpondit Amadis, a donné fin à leur vie, & les auons tous oc-
cis.Ah benoift foit le nom de IESVS! dit l'Hermite : à ce que ie puis voir
il ya ia quelque cómencement à la ruyne de ces mauditz Geans, qui pren-

DD iiii   nent

nent tout leur plaifir à mal faire. Et neantmoins ie crains que voftre peril
en foit plus grand, fi vne foys Moftruofuron feigneur de cefte Ifle en eft
auerty. Et qu'ainfi foit, ie vous declareray le tout, & ce que vous m'auez
demandé, encores qu'il ne faille peu de temps, mais aufsi aurez vous plaifir d'ouyr parler d'auanture fi eftrange & efmerueillable. Or donq' vous
afféez tous deux. A cefte parole fe mirent pres du faint homme, qui commença fon propos en telle forte.

Comme le preud'homme raconta

à Amadis & à la Royne la caufe de l'enchantement de cefte Ifle, & de ce qu'il en auint.

Chapitre　　　LXXXVI.

Ntendez, mes bons Seigneurs, dit l'Hermite, que quinze ans a, ou plus, regna en ceste contrée vn noble Roy nommé Areïfmino, auquel noftre Seigneur donna vne bien belle fille, qu'il eut de la Royne fa femme. Belle puis-ie dire: car telle fut eftimée entre les belles par toutes les Ifles de Romanie, & eut nom Mirabela. Or eftoit voyfin de ce lieu Moftruofuron, & vaffal du Roy Areïfmino, lequel fe trouua tant efpris de l'amour de cefte Infante, qu'il en fut au mourir: Dont toutesfois elle tint peu de conte, encores que par plufieurs fois il luy requift mercy. Mais voyant qu'il perdoit fes peines, & que certainement elle luy vouloit peu de bien, delibera en foymefmes la defrober à fon pere. Et pour mieux en iouïr puys apres parla à vn fien parent grand Magicien & inuocateur de diables, lequel (en faueur de luy) inuenta les vallées, & lieux que vous auez paffez, à fin que les trauerfans Moftruofuron & s'amie, ilz experimentaffent en eux l'esfort & vertu de fa Magie, & fe fiffent l'vn de l'autre poffeffeur par amour mutüelle. Aufsi nul y arriue acompagné de femme, que le femblable n'auienne, cóme ie croy que l'auez trefbien experimenté, s'il vous en fouuient encores. Eftant donques l'enchantement parfait tel que ie vous l'ay deuife, le Geant acópagné de quelques paillards aufsi gens de bien que luy, entra fecretement en la ville de Rodes, & par nuit trefobfcure trouua façon d'efcheller le palais du Roy, qu'il força: eftans lors ceux de dedás endormiz & au plus profond de leur fomme. Parquoy enleua aifément l'Infante Mirabela, & vingt de fes Damoyfelles, premier qu'il en fuft brüit ou rumeur, & enfemble furent amenées en ce lieu. Efperant les loger dans le chafteau du parc ou il fut fuyuy, & cótraint les laiffer toutes fur le bord de la fontaine, d'ou procede le ruiffeau que vous auez trouué. Puys retourna faire tefte au Roy & à fa troupe, qui ce pendant affailloit fort & ferme les gens de Moftruofuron. Lequel fe meflant au fort de la preffe rencontra de malheur le pauure Areïfmino, qu'il occit & mit à mort, & quafi tous ceux qui l'auoient acompagné. Ce que venu à la cognoiffance de Mirabela, furprife d'vne angoiffe & defplaifir de la perte de fon pere, profera telles ou femblables paroles. Ia ne plaife aux dieux, que le meurdrier de mon Roy iouïffe iamais ny de moy, ny de mon amour. Et quant & quant prit vne efpée qui pendoit à vn arbre prochain, de laquelle elle fe donna à trauers le corps. Dont fut grand dueil entre fes Damoyfelles, & tel, que Moftruofuron l'entendit, & y accourut auec le Magicien fon parent, qui fortant de la meflée fe trouua fort naüré. Si le Geant fut lors defefperé voyant l'inconuenient de celle, pour laquelle il auoit tant pris de peine, celà eft facile à confiderer. Aufsi en fit il tant de pleurs & lamentations, qu'il en demeura pafmé deux ou trois foys tout aupres d'elle. Dont le Magicien defplaifant au poffible, fentant fa mort prochaine, celle de fon coufin affeurée, & Mirabela encores refpirer, &

rer, & auec quelque reſte de vie, delibera, premier que partir de ce monde faire l'enchantement que vous entendrez. Ce fut que la triſte Mirabela en vengeance de la cruauté dont elle auoit vſé enuers Moſtruoſuron &
ſoymeſmes, demeureroit en l'eſtat qu'elle eſtoit, & ſans mourir, iuſqu'à ce
qu'arriuaſt ceans celuy qui meriteroit luy donner allegeance & apaiſer le
dueil de ſes Damoyſelles, qui le continueront tant que l'auanture prenne
fin. Pour teſmoignage dequoy, dit il, & en perpetuelle memoire, l'eau
de ceſte fontaine rougira du ſang qui ſort de ceſte playe, & ſeront portez les cheueux que ces Damoyſelles arrachent trop inhumainement de
leurs chefz, iuſques es riuages de la mer. Et comme il eut parfait ſon char-
me & coniuration, rendit l'ame, reprenant Moſtruoſuron ſes eſpritz. Lequel trouuât ſon couſin mort, & Mirabela & ſes femmes en ſi piteux eſtat,
fut en terme de ſe meurdrir ſoymeſmes, & deſia auançoit le bras pour ſe
donner le coup mortel, quand il auiſa vn perron, & vn eſcriteau qui contenoit ces menaces:
En ceſte peine demeurera Mirabela, & Moſtruoſuron en ſon ennuy, iuſqu'au temps qu'arriuera icy le perſonnage qui les en deliurera: Mais auec
pire mort pour eux meſmes que la meſme mort.
Ce que conſiderant Moſtruoſuron, aſſembla gens, & par force mit depuys toute ceſte Iſle en ſa dition, qu'il fait garder diligemment. Et plus
encores le circuy du parc, ainſi qu'auez peu cognoiſtre par ceux qui vous
ont aſſailly au premier chaſteau, duquel eſtoit Capitaine celuy meſmes
que vous dites auoir occis. Et de ceſt autre plus loing vn Geant d'auſsi bon
ne nature que ſon maiſtre, acompagné de plus de ſatalites, & pendars, que
n'en auez encores trouué: à cauſe que la voye eſt plus commune & aiſée,
que l'autre, par laquelle vous vous eſtes acheminez ceans, ou il n'arriue
Cheualier, Dame, ny Damoyſelle, que Moſtruoſuron ne mette en trop
douloureuſe priſon. Dont il les retire vne foys l'an, & en tel iour qu'il ſera demain, que Mirabela offenſa ſoy meſmes, leur trenche les teſtes ſur le
bord de la fontaine, dont ie vous parlois n'agueres. Et deſia y en a tant &
tant de meurdriz, que le nombre en eſt infiny. Auſsi il y a quatorze ans &
plus, qu'il a commencé ceſte danſe, & ſi n'a pas encores failly à ſe trouuer
chacun iour à heure de veſpres au lieu propre ou eſt Mirabela, & là fait vn
ſi piteux cry, auec telles & tant de plaintes & de regretz que merueilles.
Puys tout furieux s'en retourne, ſans que nul des ſiens oſe ſe trouuer deuant luy pour lors: ains ſont contraints, ſoient priuez ou eſtranges, ſe cacher & abſenter: autrement il les meurdriroit à l'inſtant. Or ay-ie long
temps ſeruy Siguelos ſon pere, qui à eſté cauſe me faire habiter ce lieu, &
ſeruir Dieu, tant pour la ſolitude qui y eſt, que pour le plaiſir qu'y pouuez
voir vous meſmes. Et y a ia paſſé cinquante ans que ie n'en ſuis party. Toutesfois, conſiderant l'inhumanité de celuy qui le poſſede, & les malheur-
tez & meſchancetez qu'il y continue de iour en iour, & de plus en plus,
ie vous

ie vous prometz que ie ne defire autre bien en ce monde, que de l'en voir priué, & chaffé, ne me foucie en quelle forte ny comment . Et voylà, Seigneurs, ce que i'auois à vous dire , vous priant, & amôneftant autant qu'il m'eft pofsible,retourner arriere. Car fi vne fois ce diable vous auife,ny voftre beauté, ne chofe que Dieu ou Nature vous prefterent onques, ne vous pourront fauuer que ne paffez (ainfi que les autres) par le fil de l'efpée. Vrayement, pater, refpondit Amadis, vous nous auez recité cas eftranges & eftrangement inuentez pour Amour . Que vous en femble? ma Dame, dit il à la Royne. Sur ma foy, refpondit elle, ie ne m'efmerueille pas beaucoup fi le Geant entretient ainfi le dueil pour s'amye. Mais ie vous prie bô homme,n'y a il autre auanture dans ce palais,que celle que vous nous auez raconté? En verité,refpondit l'Hermite,fi a: car toutes les nuitz eft ouy tel rumeur & voix fi efpouuentables, que le plus affeuré tremble de peur, fans en ofer aprocher . Et fi y a dedans vne chambre clofe, du iour mefmes que les enchantemens de ce lieu commencerent, & du depuys n'a iamais efté ouuerte . Aufsi s'apelle elle la chambre enchantée, ne fçachant nul qu'elle contient dedans. Et comme s'apelle l'Ifle? dit Amadis . Sire Cheualier, refpondit il , c'eft Rodes . Et le palais anciennement fe nommoit le chafteau du boys. Mais depuys que cefte couftume damnée à efté mife fus, on l'apelle le palais de la vengeance de Mirabela . Et quelle vie y demenez vous ? dit Amadis , pour l'auoir eu tant longue & ancienne que ie la vous voy ? Quelle? refpondit l'Hermite, mon viure & norriture eft des fruitz qui croiffent en ce parc . Au refte, ayant pris ma refection, ie m'acompagne & deuife auec quelques liures de la fainte efcriture, que i'ay, & aymé pour euiter oyfiueté . En bonnne foy, Pere, dit la Royne, puys que vous nous auez fatisfait à l'enuie de fçauoir ce que nous auôs fceu de vous, vous nous ferez plaifir de nous ofter aufsi la faim que nous auons, & nous dôner de ces bons fruitz dont vous parlez, fi en auez de cueilliz.Ouy dea, refpondit l'Hermite, qui fe leua, & entrant en fa cellule leur aporta pommes , poires, & quelques orenges, defquelles ilz fe repeurent, tant qu'Amadis dit à la Royne : Par dieu, ma Dame il nous pourroit tourner à defhonneur eftre venuz fi auant,fans voir le furplus de ce qui refte à voir: parquoy ie vovs fuplie m'atendre en la compagnie de ce preud'homme , ou ie vous viendray retrouuer, & raporter nouuelles du tout. Ha,Seigneur Amadis, refpondit elle , ie n'euffe iamais penfé que vous eufsiez mes forces en fi peu d'eftime ! mefmes en temps que ne pouuez auoir fecours d'autre que de moy , qui vous feruira mieux l'efpée au poing, que l'oraifon en la bouche en vous atendant . Aufsi vous acompagneray-ie , & auray part à la gloire, ou infortune, qui vous fuccedera : eftant venue expreffement auec vous , non pour faire la femme : mais pour chercher la fin de l'auanture & iouër des coufteaux, fi le cas fe prefente . Amadis luy voyât quelque peu efchaufer le front, & fe mettre aux alteres, pource qu'il luy auoit

confeil.

conseillé ne se peut garder de rire , & en riant luy dire de bien bonne grace : Pardonnez moy ma Dame, si ie vous ay aucunement offensé : car ie
vous iure que ie ne mis onques tel propos en auant , sinon pour vous atribuer tout l'honneur de ceste entreprise : estant bien asseuré , que vous presente ne puis faire mieux, que vous secóder. Et de ce pas, sans qu'il fust possible au preud'homme les destourner, prindrent le chemin du palais, ou
ilz arriuerent enuiron l'heure de mydi , & trouuerent le perron duquel
l'Hermite leur auoit parlé . & l'escriteau ataché contenant ces motz.

La cruelle vengeance du peu d'amour, qu'à eu Mirabela, durera iusqu'au
temps que le braue Lyon, à la fin conuerty en poisson marin, mettra par sa
grande hardiesse & braueté hors de cruelle fatigue & tourment les deux
amantes & desamantes vies : non que preigne fin le surplus de l'enchantement de l'espouuentable chambre enchantée, ny des vallées du remede
d'amour, par ce que l'yssue & de l'vn , & de l'autre , est reseruée au filz du
braue Lion , & de la belle & forte Serpente, qui donnera but à l'auanture
estrange, en la compagnie de la Serpentine & forte Damoyselle.

Lors combien que cest auertissement leur amenast plusieurs doutes &
craintes deuant les yeux , neantmoins estimans en eux mesmes que partie
d'iceluy se pouuoit adapter pour eux mesmes , ne laisserent de suiure leur
entreprise , & passer outre dans le palais, ou à l'instant ilz entendirent les
voix douloureuses & gemissemens des Damoyselles, dont nous auons parlé , & auiserent en la basse court vn grand reseruoir ou estang, duquel
yssoit le ruisseau qui auoit esté cause de leur acheminement celle part. Au
mylieu duquel y auoit vn quarré de Marbre blanc, ou seoit Mirabela l'e-
stomac trauersé d'vne espée iusques à la croisée : mais elle se monstroit tant
belle & si ieune, qu'on ne l'eust iugée de quinze ans . Au reste si triste &
douloureuse, que sa tristesse eust esmeu à compassion le plus cruel tiran
de la terre . Car ny en ses lamentations, ny en ses autres gestes elle ne donnoit aparence que de personne endurant les mesmes traitz de la mort, ietant quelque fois & souuent sanglotz & souspirs, à la respiration desquelz
le sang luy bouillonnoit, se meslant entre les eaux de l'estang, qui à ceste
cause changeoient leur couleur celeste en rougeur tresvermeille. Or estoit
elle vestue d'vn drap d'or frizé en champ verd , les cheueux espars sur les
espaules , & à ses piedz vne coronne, qui sembloit proprement luy estre
tombée inclinant le chef qu'elle tenoit encores baissé: s'esforçant de fois à
autre arracher l'espée , mais auec telle douleur, qu'on l'eust iugée pire que
morte . Toutesfois elle reprenoit ses espritz , & continuant ses doleances
& sanglotz pleuroit si abondamment, qu'elle auoit les deux iouës toutes
baignées en larmes . Autour de cest estang estoient aussi vingt autres Damoyselles ny plus ny moins parées que l'autre, se tourmentans & desolans
par telle façon, que la guerre & dur assault, que liuroient continuellemét
leurs blanches & delicates mains à leurs blonds & dorez cheueux, tesmoi-
gnoit

gnoit affez le peu de ioye qui leur reftoit & au cueur, & à l'ame. Car elles
les arrachoient de leur chef fi eftrangement, que l'eau, & l'enuiron de l'e-
ftang en eftoient tous couuertz, r'enforçans leur dueil, ainfi qu'elles
voyoient & entendoient augmenter celuy de leur Royne & Princeffe.
Chofe qui donna grand esbahiffement & à Amadis, & à Zahara, & tel
qu'efmeuz & compafsionnez de cefte pitié, leur en demanderent la caufe:
Mais nulle d'elles fit femblant de refpondre, ny d'amoindrir, ou augmenter fa façon de faire. Ce que voyant Amadis dit à la Royne, par dieu, ma
Dame, vous pouuez aifément confiderer le grand pouuoir d'amour par
celuy du contraire d'amytié, qui traite fi mallement les fiens. Vous dites
vray (refpondit elle) aufsi ay-ie grand pitié de cefte Damoyfelle, qui, fans
pouuoir mourir, meurt ainfi à toutes heures. Acheuant laquelle parolle
auiferent vne porte de cuyure barrée& bien clofe, vers laquelle ilz marcherent, & y trouuerent certaines lettres grauées qui difoient.

Au temps futur que le filz des braues animaux (affemblé auec la Damoyfelle Serpentine)viendra en ce lieu, l'entrée de la chambre enchantée
leur fera permife, & la premiere iournée de la gloire & enfer de l'amour
manifefte, & iufques adoncques icelle entrée eft excufable à toute perfonne. Car elle ne fera ouuerte que par la vertu des enchantemens fignez es
temps nocturnes pour l'acroiffement de la cruauté de l'Infante Mirabela.
Mais aufsi toft qu'elle & fa douleur feront libres par le Lion defigné, l'ouuerture fe refermera iufques es iours des magies ordonnées.Lors combien
qu'Amadis & Zahara miffent toutes les peines qu'ilz peurent à bien lire
& entendre cefte profetie, fi n'y peurent ilz rien profiter. Parquoy firent
tout leur effort d'ouurir la chambre, encores que ce fuft en vain: & à cefte
caufe ilz fe retirerent en vne autre porte qu'ilz aperceurent ou ilz trouuerent certains degrez contre lefquelz ilz monterent es hautes galeries, mais
il n'y auoit ouuerture quelconque pour entrer dans le creux du palais: car
la porte de cuyure fermée en eftoit feule adreffe. Parquoy delibererent
(puis que le Geant venoit tous les iours en ce lieu) ainfi que leur auoit dit
l'Hermite, atendre, & voir la contenance qu'il tiendroit,fans toutesfois fe
manifefter pour l'heure : ains fe cacheroient & pafferoient la nuit, pour
mieux entendre la fource & ocafion du bruit,rumeur, & autres chofes qui
y furuenoient durant l'obfcurité.

Comme eftant Amadis de Grèce

& la Royne de Caucafe cachez dans le palais arriua Moftruofu-
ron, & de ce qui leur auint.

Chapitre   LXXXVII.

'Heure venue que le Geant eftoit couftumier vifiter &
plaindre Mirabela, Amadis & la Royne retirez à vn
coing à part & fort fecret, l'aperceurent entrer au chafteau. Mais ilz ne furét lors fi affeurez, que peur ne leur
donnaft quelque alarme tant le virent grand, hideux, &
horrible, lors ceffa le pleur de celles qui au parauant fe
contriftoient ainfi qu'auez entendu. Et commença celuy du Geant, qui
regardant d'vn œil piteux fa Mirabela, ne fe peut tenir de crier, & braire
fi hault que le palays & païs d'alentour en retentiffoit, helas cruel & defa-
greable Amour(difoit il)puys que tu difpers tes guerdons ou, à qui & ainfi qu'il te plaift, à quelle ocafion m'as-tu permis la iouïffance de tant de
force, domination, & feigneurie, pour puis apres me laiffer viure auec vn fi
eftrange defconfort, trauerfant d'vn mefme coup & pareille efpée le cueur
de m'amye & de moy enfemble? Ah, a cruel parent! Si par ta Magie Mirabela feuffre à cefte heure la iufte cruauté de la rigueur qu'elle maintenoit
& à moy, & à elle, auroys ie pourtant merité(en fatisfaction de ma vraye
& forcée amour) iouïr de la trop grieue douleur qui chacun iour fe renou-
uelle tellement en moy, que mes entrailles en font de tout point lacerées:
eftant moymefmes gardian de mon mal trifte & douloureux, & contraint
defendre l'entrée de ce lieu à ceux qui parauanture me pourroiét donner
remede auançans ma mort, feul & certain allegement de la paffion qui fe
r'enforce & augmente en mon ame de plus en plus, & de iour en iour.
Certes vous ma cruelle amie, non amie, mais vraye ennemye: non de vous
feule, ains de la chofe que plus ie defirois en ce monde (qui eftoit voftre
vie & fanté)vous vous monftrates bien farouche & eftrange, vfant de telle ferocité que vous auez trouué bon le facrifice par lequel le fang de mon
cueur trauerfé fe mefle ores auec celuy qui diftille de voftre playe incurable, defcoulans enfemble iufques au profond des abifmes: non pour feulement rougir les eaues par voftre crudelité, mais à fin que les poiffons &
monftres marins en facent à iamais tragedies & plaintes, publians & tef-
moignans entre leur fexe, le peu d'amitié de vous enuers la force & forcée
amour de moy. O'dieux immortelz! oyez(ie vous fuplie)ma clameur, &
les fanglotz douloureux & de moy, & de Mirabela! Et prenans compaf-
fion de tous deux, vous contentez de ce que defia eft auenu, & que l'vn
& l'autre a fouffert, & feuffre encores! Vous iurant par vous mefmes, fi de
brief vous ny pouruoyez, faire dans ceft eftang telz & tant de facrifices
d'innocens, que l'abondance de leur fang iufte eftanchera par voftre pitié celuy qui defcoule & flue fans ceffe de l'eftomac de ma Dame & maiftreffe. Lors r'enforça fes hurlemens & criz: Et les Damoyfelles de Mirabela leurs pleurs & doleances. Dont le Geant entra en telle furie, que
fe leuant fur piedz la tefte nue, efcumant comme le Lion efchauffé, s'en
courut

s'en courut fuyant hors le palais, criant & bruyant, ny plus ny moins,
que la personne possedée de rage, ou par quelque esprit maling . Or
auoient Amadis & la Royne entendu aisément tout ce qu'il auoit dit &
fait , qui leur donna au premier quelque emotion de pitié : mais l'oyans
ainsi faire estat d'immoler & meurdrir le sang iuste, desir de venger
telle brutalité , emeut Amadis de Grece à suplier la Royne , permettre que le lendemain il essayast d'abolir & estaindre & la vie du Geant,
& sa meschante & dannée coustume , & volonté . Ce qu'elle luy acorda
outre sa volonté:car (disoit elle) la raison vous doit assez commander n'entreprendre seul tant & si desraisonnable meslée, ayant moyen de seure ayde telle que ie vous seroye & dont vous auez besoing , si vous considerez
quel est Mostruofuron , & la puissance & stature de luy enuers celle d'A-
madis de Grece . Ah! a ma Dame ! dit il, ny plus ny moins , que la raison
semble alterée, & quasi hors de tout moyen pour dompter si grosse beste
ainsi triomphera l'honneur & gloire de moy, si vne foys i'en puis auoir le
dessus . Et ainsi deuisans arriua la nuict acompagnée de tenebres & obscurité, durans lesquelles fut entendu vn bruit & battemens d'ælles venant
de loing, qui continua vn grand quart d'heure & plus , & tant qu'ilz en-
treüirent descendre autour d'eux vne infinité de Chouettes, Effrois, Hi-
bouz, Chauuesouriz , & autres oyseaux nocturnes, faisans telz & si e-
stranges & lamentables criz qu'on n'en eust sceu iuger que malheur & dã-
gereux presage, attendu mesme qu'enuiron l'heure du mynuit mille esclairs, mille tonnerres & vapeurs de feu furent ouïz & veuz en l'air, estimans & Amadis, & la Royne, que le ciel, la terre, & tous les elemens
ensemble deussent terminer & prendre fin . Car il tomba vn tel brandon
de feu auec vn si horrible & espouuentable retentissement de foudre , que
force leur fut d'eux prosterner la face contre bas, & vint cest esclat donner à trauers les portes de la chambre enchantée , à l'ouuerture de laquelle trembla si fort le palays, que ce fut grand merueille qu'il ne se
tourna le dessus dessouz . Toutesfois rien ne s'en dementit , ains cessa
seulement le bruit qu'auoient iusques adonq' continué les oyseaux malheureux . Et furent veuës plus de cent Dames, & Damoyselles sortir de la
chambre ouuerte leuans en leurs mains torches & flambeaux allumez
deuant le dieu d'Amour, que l'on portoit en triomphe droit à l'estang a-
compagné d'vne infinité de peuple . Specialement de quatre Heraux , ou
Roys d'armes, deux desquelz vestuz de cotes gayes & plaisantes,represen-
toient ioye & liesse: & les deux autres de couleur morne , ennuy , & me-
lécolie. Maints Roys, Cheualiers, Dames, & Damoyselles les suyuoiét pas
à pas, dont la plusgrande partie estoient signez par leurs nós qu'ilz auoiét
escritz sur leurs chefz . Entre lesquelz furent recogneuz. Achilles, Tisbée
Narcise, Medée, Paris, Pyramus, Pantazilée, Dido, & autres vestuz de satin

EE ii   verd

verd. Ceux la certes portoient visage & contenance heureuse & trop plus
contente que ceux, qui parez d'vn iaune orengé alloient apres les bras croi
sez, monstrant à veuë d'œil, le peu de conte qu'ilz auoient tenu en leurs
iours de ce petit Dieu, auquel on presenta droit au mylieu de la court, vne
chaize couuerte de drap d'or, dans laquelle il s'assit commençans à sonner
vne infinité de haultsboys, cornetz, lucz, violons, & autres instrumens,
au son desquelz ces biens & parfaitz amans (dont nous auons parlé) donnerent signe de grande allegresse, faisans separer d'eux (& retirer en dueil
& tristesse) les vestuz de iaune tout au plus pres de Mirabela, & deuant
elle les genoux prosternez en terre sembloit qu'ilz participassent en sa dou
leur. Quand l'vn des Heraux à la cotte gaye, commanda faire silence, &
à haute voix publia la proclamation, qui s'ensuyt.

A l'acroissement de la gloire, & heureuse augmentation de plaisir, de
ceux qui pour la foy d'Amour ont souffert. Et à l'iniure, & acroissement
de la peine des autres qui l'ont mesprisé. Nostre dieu veult maintenant
magnifier le bien des siens, & le mal de ses contraires: faisant sçauoir à
tous, que le guerdon d'Amour se donne & retribue par l'effait d'œuures
amoureuses, non par le merite de beauté ingrate.

Puis se teut, & recommencerent les ioüeurs d'instrumens leur musique
si harmonieuse, qu'Amadis & la Royne, ne sentirent onques vn tel plaisir
(ce leur sembla) qui continua quelque espace, & iusques à ce que l'vn des
Roys d'armes d'ennuy, fit la seconde proclamation criant à haute voix.
Pour rengreger la peine de ceux qui (desdaignans l'amour) ont vsé de cruauté se continuera chasque nuit telle cerimonie, au desplaisir des vns &
contentement des autres: car ainsi le veult & commande nostre Dieu: faisant iustice du tort & sacrifice que l'Infante Mirabella s'est preparé contre
soy mesmes.

Ce cry acheué, elle, & les vestuz d'orengé se mirent à lamenter &
plaindre comme s'ilz eussent bruslé en viues flammes, & les oyseaux
nocturnes à faire leur bruit acoustumé tant que le dieu d'Amour & sa suite retournerent d'ou ilz estoient sortiz se refermans les portes auec aussi
grande impetuosité comme elles s'estoient ouuertes. Et toutesfoys les oyseaux ne se teurent pourtant, iusques au point du iour qu'ilz reprindrent
leur vol & s'eslongnerent de Mirabella, laquelle se cruciant & tourmentant tousiours de plus en plus, mit telle compassion en Amadis qu'il ne se
peut tenir de dire à la Royne, Vrayement le Cheualier par qui la pauurette doit estre deliurée, est grandement tenu à Fortune. Sur mon Dieu (respondit elle) ie n'eusse iamais pensé Amour auoir telle puissance qu'il nous
a fait cognoistre ceste nuict & à veuë d'œil. Bien, certes, est hors du sens
celuy ou celle, qui contredit à son vouloir ou desdaigne ses loys & ordon-
nances. Certainement, ma Dame, dit Amadis, ie le croy ainsi, & pour
l'auoir creu ie m'estime le plus heureux qu'il eut onques en son seruice,

estant

eſtant amy & aymé de ma Dame Niquée, belle entre les belles comme
vous meſmes pouuez iuger, vous dites vray, reſpondit elle, auſsi y en a il
maintz, qui pour la faueur que vous auez, reçoyuent peine & tourment,
parquoy tout bien conſideré, Amour n'eſt pas touſiours propre à ceux
qu'il reduit ſous ſa puiſſance. Ains bien ſouuent tormente les vns, & contente les autres. Ce qu'aſſeurémét i'ay experimenté en moy. Or tenoit elle
ce propos, ignorante de ce qui s'eſtoit paſſé entre eux deux le iour precedant, auſsi auoient ilz receu ce plaiſir commun, plus par force d'enchantement que de leur propre volonté. Car il vous fault entendre que Zirfée,
Alquif, & Vrgande ſeiournans en l'Iſle d'Argenes eſmeuz, & compaſsionnez de la peine qu'enduroit ceſte noble Royne) ayant deliberé pour a-
uoir failly au mariage d'elle & Amadis iamais ne prendre autre party, &
ainſi fruſtée de lignage) firent par leur art & coniurations tourner la flote
qui conduiſoit Niquée au port ou Moſtruoſuron deploroit l'infortune de
luy & de Mirabela. Et là Amadis & la Royne (paſſans les trauerſes d'A-
mour enchantez, ſe couplerent, & eurent l'vn de l'autre aſſez dequoy
eux contenter & reſiouïr, pour l'heure, non qu'ilz le fiſſent ſcientement,
ains par la ſeule ſource des charmes, & magie du lieu. Auſsi ne leur en ſou-
uint il onques depuis. Et partant la chaſteté & l'honneur d'elle n'en fut aucunement blecé, ny le deuoir d'amitié qu'Amadis portoit a Niquée nullement offenſé: encores que Zahara conceut en ceſte nuit deux enfans filz
& filles, extremes en parfaite beauté, le filz nommé Anaxartes, preux
& vaillant Cheualier autant ou plus qu'autre de ſon temps
& la fille Alaſtraxerea deſquelz ſera faite grande
mention en l'hiſtoire de don Floriſel
de Niquée.

Comme Amadis de Grece mit à

mort Moſtruoſuron le Geant, & deliura de priſon le Roy Gradamarte, Ordan, & Buzando le Nain.

Chapitre LXXXVIII.

Les

Es choses passées dans ce palais, telles comme vous à esté recité & le iour desia hault & clair, Amadis & la Royne sortirent pour aller chercher dequoy repaistre:car ilz n'a uoient mangé long temps auoit. Mais ilz n'eurent de beaucoup eslongné la place, qu'ilz trouuerent maintz bons fruitages & eau fresche, dont ilz se rasazierent ius-ques à ce qu'ilz virent aprocher l'heure que le Geant souloit venir plain-dre & se douloir, ainsi que de coustume. Lors r'entrerent & se cacherent au lieu mesmes ou ilz auoient seiourné le iour precedent : ou ilz n'y firent longue demeure, que Mostruofuron suruint armé de toutes pieces fors la teste qu'il auoit nue, à son col pendoit vn escu si grand & large, que Mi-rabella & ses femmes y estoient pourtraites au vif, n'y plus ny moins qu'on les voyoit tourmantées en l'estang, & lettres à l'entour qui disoient.

Recordation du mal que i'endure.

Lors (suyuant sa coustume) commença milles regretz & lamentations auec vœuz, & promesses de sacrifier, & espandre, premier que sortir du lieu, le sang des miserables captifz, qu'il tenoit en ces prisons. Et quasi à l'instant virent entrer dix bourreaux, couuertz de mailles, & brigandines, les espées nues es poings, dont les six traynoient auec grosses chaysnes & carcans de fer, six bien belles Damoyselles, & les quatre autres quatre Che ualiers, vn Escuyer & vn Nain, l'vn desquelz Cheualiers, Escuyer, & Nain furent recogneuz d'Amadis : car s'estoient le Roy Gradamarte, Ordan, & Buzando, qui pleurans à chaudes larmes, se monstroient tant flaques & debiles(pour leur lógue detenció & captiuité qu'ó les eust quasi pris, plus

pou

pour fantofmes, que pour hommes naturelz. Aufsi long temps auoit que le premier Geant mis à mort par la Royne, à l'entrée du parc, les arrefta en trahifon, eftans iettez de fortune en cefte Ifle, ou ilz receurent maint tourment. Et comme cefte canaille, les eut fait marcher, & les autres aufsi iufques au riuage de l'eftang de Mirabella, Moftruofuron les apella. Aprochez moy (dit il) le facrifice de la pitié de ma Dame, apaifans les dieux par cefte oblation, en forte que le fang, qui en fortira puiffe arrefter celuy de Mirabella. Ce qu'entendu par Gradamarte (confiderant cefte dure fentence) ietta vn cry du profond cueur, & pleurant à chaudes larmes les yeux au ciel fe prit à dire. Helas, mon vray Amadis de Grece! qui vous pourra deformais, porter nouuelles de ma cruelle mort (& de la grande trahifon, que l'on m'a pourchaffé) pour en prendre vengeance, à l'auenir? Certes, ie plains & regrette, trop plus la neceflité que vous aurez de moy (eftant là, ou vous eftes) que non, la trifte fin, de mes iours infortunez & malheureux. Puis croifant les deux bras fe defconfortoit, tellement qu'Amadis qui l'entendoit & voyoit, fut fi efpris de colere, que pofpofant tout danger, fortit de l'embufche, & l'efpée au poing, marcha droit au Geant auquel il cria, Moftruofuron. Moftruofuron. Si auec repentence, de ta mefchante vie tu defire iouïr plus longuement de Mirabella, & de ta vie enfemble, iure moy, d'oublier deformais, ta cruauté, fans plus iamais maintenir cefte dannée & mal'heureufe couftume, en laquelle tu as perfeueré trop de iours, autrement la iuftice de Dieu, eft preparée contre toy, pour te faire perdre (par mes mains) & la vie, & l'ame enfemble. Or n'auoit iufques adonq' le Geant aperceu ny luy, ny la Royne, qui le fuyuoit. Mais entendant cefte menace fut fi tranfporté de fureur, qu'efcumant comme vn Verrat efchaufé commença à s'efcrier: O' dieux mefchant & malheureux! eft il pofsible qu'vne tant chetiue creature, ayt eu la hardieffe d'ofer (non pas me tenir tel propos, ains) me regarder feulement en face? Et mettant la main au Symeterre qu'il portoit. Or verras-tu maintenant (dit il à Amadis) combien t'eft profitable ce bon confeil. Et marchant en contre, entrerent en vn merueilleux combat, que la Royne & les gens de Moftruofuron regarderent longuement fans eux mouuoir, ny pour l'vn, ny contre l'autre, encores que la partie fe trouuaft trop inegale. Dont les triftes captifz, eftoient en eftrange peine, dreffans leurs vœuz & prieres deuotes, au feigneur tout puiffant, pour donner victoire à celuy qui fe mettoit en tel hazard pour leur deliurance, & esbahiz, comme Zahara ne s'en mefloit autrement, ne fe pouuoient tenir de luy donner blafmo, mefmes pour la voir plus grande & plus puiffante à leur auis, que le Cheualier, qui auoit fi vaillamment affailly Moftruofuron. Et toutesfois elle ne faifoit femblant de fe s'en vouloir mefler, dont Gradamarte s'efmerueilloit par trop, fans toutesfois la cognoiftre, encores qu'elle euft le mefme efcu qu'elle promift à Lifuart en fa prefence de porter toute fa vie, à caufe

EE iiii

de ce

de ce qui luy eſtoit auenu en Trebiſonde, dont il ne s'en ſouuenoit lors:
Auſsi eſtoit il plus ententif à regarder Amadis, lequel pour ſe garantir des
coups que luy ietoit Moſtruofuron, ſe tira legierement à coſté paſſant le
cymeterre tant roy de que tombant ſur vn grez, le feu en ſortit, & ſe briſa
la lame en deux, mais Amadis prompt & adroit luy donna telle courtel-
lade ſur la iambe plus auancée, qu'il luy fit vne grande playe. Et neantmoins Moſtruofuron ne s'eſtóna, ains auec ce peu qui luy reſtoit au poing,
hauça le bras, & euſt certes trop outragé ſon ennemy, n'euſt eſté qu'il para l'eſcu au deuant, lequel tomba my party en deux. Ce nonobſtant A-
madis le ſurprit de ſi pres, qu'il luy donna vne eſtocade ſous l'eſſelle, &
fut leur coup fourré, mais trop dómageable pour le Geant : Car de grand
douleur qu'il ſentit il ouurit le poing, & cheut le cymeterre ſur l'herbe,
ſans que de là en auant il ſe peuſt ayder de la main droite. Parquoy, ayant
recours à l'autre, l'auança pour le releuer : mais quant & quant Amadis,
luy rua tel coup de taille ſur la teſte (qu'il auoit touſiours portée nue) que
le ſang commença à luy couurir les yeux, dont il entra en ſi eſtrange fureur, que de grand deſpit mettant arriere toute crainte, ſe lança pour iouër
à quite ou double. Ce qu'Amadis preuoyant recula vn pas, & deſcendit
le cymeterre contre vn pilier de marbre, ou il entra deux doigtz & plus,
demeurant la main de celuy qni le tenoit ſi engourdie, que force luy fut
laſcher priſe. Et pis encores luy auint : car ainſi qu'il trauailloit & tour-
noyoit pour recouurer ſa perte, Amadis le choiſit ſi à point, & à propos,
qu'il luy fit vne telle carbonnade, tout le long de la face, que les dentz luy
aparurent, & demeura tant eſtourdy qu'il chancela pluſieurs foys, preſt à
tomber. Lors crainte de mort, le ſaiſit, & hurlant, comme vn maſtin,
tourna dos, fuyant droit à l'eſtang, & Amadis apres ſi auant, qu'il ſe cuy
da noyer, tant eſtoit l'eau creuſe, & profonde : parquoy retourna arriere,
laiſſant paſſer Moſtruofuron, iuſques au plus pres de Mirabela, ou il
s'arreſta. Ha a ! (luy dit lors Amadis) tu monſtre bien que le cueur, de toy
ne fut onques bien aproprié, au grand corps, tel qu'eſt le tien. Faiz, faiz,
ce que ie t'ay conſeillé, & i'auray mercy de toy. Paillard (reſpondit le
Geant) tu es bien loing de ton conte. Car ny tu es digne de me donner
la mort, ny moy auſsi, deliberé la receuoir, par les mains, de tant captiue, & mal'heureuſe creature, l'eſpée ſeule, qui de long temps m'a trauerſé
cueur & ame, me deliurera ores, de ce tourment. Lors eſtendit le bras, &
hauçant ſon haubert, tira l'eſpée à force, qui long temps auoit demeuré en
l'eſtomac de l'Infante, de laquelle il ſe donna, dans les tripes, tombant
Mirabela morte de tout point, & luy peu apres proferant ces paroles.
Ah ! à pauure cueur paſsionné, acompagne maintenant l'eſprit de celle,
qui par ſi longs iours, t'a fait mourir & viure tout enſemble. Et finant ce
mot, finit la vie de luy, retournant l'eau de l'eſtang claire & en ſon naturel, & les Damoyſelles de Mirabela hors d'enchantement & en tel eſtat

quel-

qu'elles auoient vescu deuant la prise de leur maistresse, rendans graces,
& louenges infinies à celuy, qui par la mort du Geant les rendoit en leur
pleine liberté, mais il auint à l'instant vne estrange merueille : car les oyseaux nocturnes, qui s'estoient absentez, suruindrent à grosses troupes,
faisans vn cry si espouuentable, à l'enuiron du grand corps, que le plus
hardy auoit assez ocasion de paour. Aufsi ne l'habandonnerent ilz delà
en auant, ny s'ouurit plus la chambre enchantée, que maintz ans ne se
passassent, comme vous pourrez voir, quelque foys. La fin doncques de
Mostruofuron auenue ainsi qu'auez entendu, les Damoyselles hors de l'e-
stang, & les pauures captifz asseurez de leur deliurance, dieu sçait la ioye
qu'ilz receurent. Et au contraire l'effroy, qui en auint à ceux qui les auoiét
amenez pour le sacrifice : lesquelz neantmoins assaillirent roydement A-
madis, ainsi qu'il retournoit tout mouillé de l'estang. Ce que voyant la
Royne Zahara voulut estre lors de la partie, qui finablement prit telle yf-
sue que de tous ces pendars, n'en reschapa vn seul sans mort.

Comme les prisonniers de Mo-

struofuron furent deliurez. Et des propos que Gradamarte,
& les autres eurent auec Amadis.

Chapitre   LXXXIX.

Stans Mostruofuron & les siens mors, ainsi qu'il vous a
esté dit, Amadis vint tost vers Gradamarte, à qui il coupa les cordes & liens : dont il estoit lié & garroté. Et encores ne le cognoissoit Gradamarte, quand il l'embras-
sa luy disant : Par Dieu mon grand amy, celuy qui vous
faisoit si peu d'honneur vous auoit en autre reputation
que ie vous ay. Aufsi en est il tresbien puny comme il me semble : mais
pour tout cela Gradamarte ne pouuoit comprendre qui parloit à luy.
Parquoy le pria instamment le luy dire. Comment ? mon bon seigneur ?
(respondit Amadis) auous si tost mis en oubly & mescogneu vostre grand
compagnon le Cheualier à l'ardante Espée, si long temps laissé par vous
pour Damoyselle esclaue, es mains du Soudan de Niquée ? Et ostant son
heaume l'embraça de rechef : Si lors Gradamarte eut ocasion de ioye, cela
se peult considerer facilement. Aufsi en donna il bien aparence : Car il demeura quasi transi entre ses bras, & long temps sans pouuoir proferer vn
seul mot, iusques à ce qu'il eut mieux repris ses espritz, que ietant vn hault
souspir, les grosses larmes luy tombans des yeux, commença à luy dire:
Helas monseigneur, mon adiuteur, & remediateur, seul secours de ma vie
& espe-

& esperance, comme fortune se monstre au iourd'huy fauorable, à moy par vostre moyen & ayde. Et voulant parler d'auantage, la Royne s'approcha qui semblablement le recogneut & embraça : Parquoy Amadis vint à Buzando, & le deslia luy disant : Or voys tu Nain, que ie t'ay mieux recogneu, que tu ne me fis lors qu'amenas à Niquée le paillard qui mit tant de peine à pourchasser ma mort, & le deshonneur de ma Dame ta maistresse. Ah ! monsieur (respondit il) pour Dieu si ie vous offensay onques, pardonnez le moy : car ç'a esté par ignorance. Et me dites ie vous suplie, ou vous auez laissé ma Dame. En ceste isle (respondit il) & non pas loing de ce lieu. Ah! à Iupiter (s'escria le Nain) maintenāt se peut bien cognoistre, que des grands trauaux procedent les grandes recompenses : mais Amadis le laissa pour deslier Ordan, & les autres hommes & femmes garrotez. Et apres quelques propos communs qu'ilz eurent ensemble, sortirent du palais, pour tirer au logis, ou souloit resider Mostruofuron, qu'ilz trouuerent sans aucune garde : Car tous s'en estoient fuis, ayans entendu la mort de leur seigneur. Lors se prindrent à chercher viures de toutes parts, dont ilz se repeurent comme ceux qui en auoient tresgrande necessité. Et ce pendant Gradamarte racontoit les dangers, qu'il auoit passé depuis son partement de Niquée, ainsi que desia nous auons fait mention, & iusques à ce que la fortune (dit il) me ieta en ces marches, ou ie trouuay le ruisseau de sang, que vous auez peu voir, & que suyuiz, tant que i'entendy à l'entrée de ce parc sonner vn cor, au retentissement duquel se presenta vn Geant qui m'assaillit, & fut le cōbat entre luy moy & tant dur & aspre, que finablemēt la victoire me demeura, prest à luy tailler la teste : mais il me requist pardon, que ie luy otroyay, si que luy & moy demeurasmes amys pour l'heure. Ce que depuys il me fit couster cher : car me conduisant en sa demeure, sous couleur de me monstrer la source du sang retint prisonnier, moy & ma suite, qu'il liura depuis es mains d'vn encor' pire, qui nous preparoit la mort, lors que vous l'assaillistes. Par ma foy (respondit Amadis) ie vous pensoie bien ailleurs. Et qu'ainsi soit, souuienne vous (ie vous prie) du dernier propos, & promesse que vous me fistes, prenant l'habit d'esclaue, & laissant le mien acoustumé : Toutesfois la grace à Dieu tout est tant bien auenu &, si à mon gré, qua ie ne le pourrois souhaiter mieux. Et luy discourant en quelle sorte, raconta de point en point toutes ses auantures. Et comme par le moyen de Zahara, il auoit desrobé Niquée : laquelle (dit il) nous auons laissée au port. Et crains beaucoup que nostre long seiour en ce lieu luy ayt causé aucun desplaisir : Parquoy, mon compagnon ie vous prie permettre que ie retourne au deuant d'elle pour la vous amener en ce lieu, ou i'espere la vous rendre demain au soir, pour le plus tard. Et combien que Gradamarte s'offrit de l'acompagner, si ne volut il autre, que la Royne. Auec laquelle montans à cheual, suyuirent le plus court chemin pour retourner à la mer : mais ilz n'eurent lon-

rent longuement eslongné la place, qu'ilz r'encontrerent Niquée, Fulurtin, & grosse troupe d'Amazones, toutes en queste pour les trouuer: Car
Niquée voyāt que son Amadis tardoit plus qu'il ne luy auoit promis (im-
patiente de sa longue demeure) les auoit prié la conduire à trauers païs
sans sçauoir ou. Toutesfois elles auoient suiuy par fortune, le ruisseau de
sang, qui les guida si à propoz, qu'elles se r'assemblerent à eux, & auec
plus de ioye, que n'auoit esté grand leur desplaisir: specialement quant elles entendirent les auantures passées, les dangers eschapez, & les estranges merueilles du lieu, ou les conduisoient Amadis & Zahara. Toutesfois
ilz n'y firent long seiour. Car auant la semaine hors, apres que Ordan eut
receu le gouuernement de l'Isle, & le serment des suietz pour (peu qu'il
s'y en trouua) Amadis luy ayant fait ce bien, recommanda le surplus au
bon Hermite, qu'il trouua au commencement, ainsi qu'il vous a esté dit: &
menant en la compagnie de Niquée les Damoyselles de Mirabela, retournerent en leurs vaisseaux, suyuans la route de Trebisonde, ou nous les
laisserons tous à leur ayse, pour mettre en ieu Lisuart, qui delibere se marier à l'Imperatrix Abra.

Comme l'Empereur de Trebison-

de mit d'acord Axiane & Abra, qu'il prit à femme & espouse, par
le moyen de Gradafilée, qui l'en suplia humblement.

Chapitre   XC.

Ous auions laiſſé (ſi bien vous en ſouuient) Liſuart tri-
umphant & glorieux , de la grande victoire qu'il a ob-
tenu ſur l'Imperatrix Abra, & elle meſmes ſa priſonniere en Trebiſonde. Toutesfois conſiderant qu'vn tel bien
luy procedoit (non pas de ſon merite , ains) de la bonté
& grace de noſtre Seigneur, pour n'en abuſer , delibera
preferer douceur & clemence à toutes rigueurs, qui acompagnent communément l'yſſue des batailles . Et à ceſte cauſe quelques iours apres que
la rumeur fut apaiſée , & les naürez gueriz de leurs playes, fit aſſembler
les principaux, tant des ſiens que eſtrãgiers . Et en la preſence de l'Imperatrix Abra, & Axiane commença ſon parler en telle ſorte. Vertueux Princes, & vous Dames excellentes, vous auez aſſez veu & entendu quelle yſſue à eu ceſte guerre, de long temps commencée, & ſçauez auſsi bien que
nous, l'ocaſion pour laquelle elle s'entreprit,& aygrit depuys. Et maintenant, que les affaires ſont es termes, que vous pouuez conſiderer , il nous
ſemble iuſte & raiſonnable (puis qu'il a pleu a Dieu le createur, nous pre-
ſter ſi belle victoire) eſſayer de mettre paix & amytié, ou guerre & diſcord à eu vigueur de ſi longue main. Pour à quoy paruenir, apres longue
& meure deliberation de conſeil, nous ſommes d'auis , & ordonnons que
vous ma Dame Abra, delaiſſez à ma Dame Axiane l'Empire de Babilone, ainſi que la tenoit, & poſſedoit feu de bonne memoire Zaraſiel,& que
vous iouïſſez paiſiblement de tout le reſte, ſoit qu'il ait eſté conquis par le
vertueux & ſage Prince feu Zaïr, qu'en autre ſorte, demeurant la paix
perpetuelle entre vous deux, qui ſerez ſi bien parties & empannées, que
vous aurez grandement dequoy entretenir voz eſtatz, & vous contenter,
Et à fin que les Infantes , & ieunes Princeſſes, qui vous ont acompagné
(dit il à Abra) ſoient participantes du plaiſir de ceſte amytie, & confede-
ration, nous leur donnerons maris dignes d'elles , & telz qu'elles auront
grand' ocaſion de nous en ſçauoir gré . Et voylà pour reſolution , ce que
nous auions deliberé vous faire entendre , & declarer en ſi haulte & grande aſſemblée. Vous priant toutes deux trouuer bon, noſtre auis & l'enſui-
ure, ainſi qu'il eſt raiſonnable, pour le bien & grandeur de l'vne & de l'autre: Car quant à nous , nous nous tiendrons à l'honneur ſeul (qu'il a pleu
à Dieu nous otroyer) ſans rien quelconque vſurper ny prendre ſur les
vaincuz , ſoit par rançon , en argent, ny en terres, ou poſſeſsions. Puis ſe
teut, atendant la reſponſe de l'Imperatrix Abra: laquelle oyant l'Empereur (duquel elle eſtoit captiue & priſonniere) tenir ſi gracieux langage,
& vſer enuers elle de telle douceur & honneſteté,luy reſpondit. Pour cer-
tain:excellét Prince,ſi forte amour m'a autresfoys rendue voſtre, & ſi affe-
ctionnée enuers vous,que pour trop vous deſirer à ſeigneur & mary,ie me
ſuis ſouuent oubliée, iuſques à eſlongner mon eſperance, pour pourchaſſer voſtre mort, & la ruine de moymeſmes, maintenant que fortune m'a

apris

apris (par experience) à mieux endurer ſes tours , & trauerſes , ie vous ſuplie humblement oublier la faute que i'ay faite , & diſpoſer de moy &
de mon eſtat, tout ainſi que trouuerez bon. Car ie vous iure le hault
nom de Iupiter , qu'il ne ſera iour de ma vie , que ie ne mette peine de
vous obeïr , ſeruir, & complaire. Pour aſſeurance dequoy ie vous dis, deuant toute ceſte haute aſſiſtance , que tant s'en fault que ie n'accepte les
païs & poſſeſsions, que vous me remettez , que quand ie n'en auroye que
la moindre partie d'iceux , auec voſtre bonne grace, ie me tiendray plus
heureuſe, qu'eſtant Dame de tout le monde , ſans le bien de voſtre amytié. Vrayement, ma Dame (dit Liſuart) ie vous en mercie , & vous en
ſçay merueilleuſement bon gré. Et vous ma Dame Axiane , n'acordez
vous pas ce partage? Monſieur (reſpondit elle) vous (& par le moyen de
ceſte inuincible troupe & compaignie) auez pourchaſſé tout le bien que
i'eſperoye. Il eſt doncq' raiſonnable, que vous en ordonnez , & de moy
pareillement comme il vous viendra à gré. Auſsi ne contreuiendray-ie
de ma vie , à choſe que ie penſe vous eſtre agreable. Sur mon Dieu (dit
l'Empereur) ie ſuis treſayſe que l'vne & l'autre, demeurez contentes. Et
des l'heure fut tellement leur acord aprouué de toute l'aſſiſtance que chacun s'en reſiouït, ſpecialement Gradafilée, laquelle cognoiſſant de longue main les querelles & armées miſes en auant par l'Imperatrix Abra,
n'eſtre iamais procedées, que de l'amour extreme, qu'elle portoit à Liſuart, vint ſe ieter à genoux deuant luy , & d'vne bonne grace, commença ſon propos en telle ſorte. Sire vous ſçauez que depuys que i'ay pris
peine & plaiſir de vous ſeruir, ie ne vous requis onques que de deux
choſes, ie vous ſuplie ne me refuſer la tierce. Non feray-ie vrayement(reſpondit il) ains vous l'ottroye , & de bon cueur , quoy qu'il en puiſſe ou
doyue auenir. Et y fuſt ma vie compriſe, & tous mes eſtatz hazardez. Tref
humblement le remercia Gradafilée. Sire (dit elle) il n'y eut iamais creature viuante, ſur qui fortune n'ayt quelquefoys eu victoire, ſinon ſur vous:
iuſques à ce iour d'huy de ſa puiſſance & commandement. Ny ne fut onques ſubiet d'amour, qu'Amour n'ayt aſſuiety du tout à ſon vouloir, ſinon moy ſeule, ainſi que veritablement vous experimentaſtes le iour que
pour voſtre deliurance , ie mis à mort le Prince d'Egipte, ſi bien vous en
ſouuient. Parquoy(Sire) il n'eſt pas raiſonnable, que vous effacez de vous
maintenant telle gloire & honneur , ny moy celuy que i'ay aquis ſur l'a-
mour, non moins recómandable entre Dames de vertu, que voſtre prouëſ
ſe entre les meilleurs Cheualiers du monde. Or ay ie mis ce propos en termes, conſiderant l'honneſte, ſage , & gracieuſe reponſe de ma Dame A-
bra. Par laquelle elle eſt demeurée en telle reputation , qu'il vous reſte vn
ſeul moyen , auec lequel (ſans qu'elle perde ce qui doit eſtre ſien) vous
ioïrez touſiours de la gloire, qui vous eſt aquiſe de long trait. Et moy de

FF   celle

celle que ma pudicité merite : satisfaisant voſtre eſprit & le mien , de la
vraye & ſincere amour qui a eſté ſi long temps cómune entre nous deux.
Et toutesfois ny l'vn ny l'autre peut donner but à ce point , ſans que i'aye
autre don de vous , ma Dame (dit elle à Abra) que ie vous ſuplie , ne me
refuſer , eſtant plus acheminé à voſtre contentement , que à autre bien qui
m'en puiſſe auenir. En bonne foy ma couſine (reſpondit l'Imperatrix)
ſoit tel qu'il pourra eſtre, ie le vous acorde. Or ay-ie donques (dit Gradafilée) de l'Empereur & de vous , ſi bonnes erres que ne me pouuez deſdire , de la choſe que ie vous requerray , en la preſence de ſi noble compagnie. Et ſçauous quelle ? Ie vous prie tous deux que (ſans differer) vous eſ-
pouſez l'vn l'autre, à fin que la gloire & merite , que vous ma Dame , auez
aquiſe ſur l'Empereur , & par voſtre gracieuſe reſponſe luy ſoit encores a-
tribuée. Et que celle que i'ay obtenu contre l'amour (qui peu ou point à
eſlongné le cueur de moy) me ſoit confirmée , commandant à moy meſmes , qui me vaincs & non luy , ainſi que la ſolemnité de voz eſpouſailles
teſmoignera , auant eſté moyennée par moy , & non autre , qui vous ſuplie au reſte, me tenir compagnie , & receuoir quand & móy le ſaint Bateſme , laiſſant la folle creance des Dieux , en laquelle nous auons veſcu
trop longuement , ainſi que ie ſçay & ay cogneu par la longue conuerſa-
tion que i'ay fait entre les Creſtiens. Trop fut eſmerueillé Liſuart , oyant
parler ce langage à Gradafilée, & luy ſembloit choſe grieue eſpouſer nouuelle femme , ayant encores la memoire de la premiere treſrecente : Mais
ſi tel mariage luy cauſoit quelque deſplaiſir, croyez qu'Abra ne receut onques tant d'ayſe. Car elle & tous les aſſiſtás penſoient que Gradafilée pre-
tendiſt receuoir ce bien & honneur, pour elle aſſeurez de ſa longue amytié. Et ce qu'elle auoit fait pour l'Empereur. Parquoy aquiſt grande gloire & louenge de toute la compagnie. Specialement de Liſuart , lequel
diſſimulant ſa penſée reſpondit. Ie ne puis reuoquer le don promis, mais
vous ma Dame (dit il à Abra) qu'en dites vous? Ah ! à Monſieur (reſpondit elle) qu'en pourrois-ie dire autre choſe ſinon que s'il vous plaiſt me fai
re tant d'honneur, ie m'eſtimeray la plus heureuſe Princeſſe qui naſquit
onques de mere? Et ſous telle eſperance, ie m'offre de receuoir & le Bateſme, & tous les commandemens que vous trouuerez bons me donner.
Vrayement (dit l'Empereur) ie ſatisferay donques & à ma parole , & à
vous auſſi. Lors furent dreſſez & acouſtrez ſons propres , ou elle , Gradafilée , Axiane , & les autres infidelles aquirent nom de Creſtien. Et le lendemain enſuyuant, fut la belle Abra proclamée Imperatrix de Trebiſonde , & l'eſpouſa Liſuart , la trouuant digne d'y loger ſa ſeconde Amour.
Car tout ainſi qu'vn clou chaſſe vn autre clou , ceſte nouuelle femme luy
fit perdre aucunement le ſouuenir de la premiere. Auſſi auoit elle en ſoy
tant de beauté , & bonne grace , qu'Amour faiſoit ſouuent demeure dans
le plus clair de ſes deux yeux. Voyla comme ſe demenoient les choſes en
Trebiſon-

Trebifonde, ou au lieu de guerre, qu'y auoit tant regné, paix, amytié, &
nouuelles aliances eftoient en ieu, ne parlans que de mariages. Tant qu'O-
rizenes efpoufa la Royne de Chipre. Cliuio filz du Roy Norandel, celle
de Circie. Vallados, filz de don Bruneo, celle de Comagena. Quedragant,
filz de Quedragant, celle de Fenicie. Balan filz de Galerte, celle de Men-
tapolin. Manely le fage, celle de Catabadmon. Argamonte, filz du Roy
Arban de Norgales, celle de la Serraceme. Sarquiles, neueu d'Angriote,
celle de Mandie. Ambor de Gandel, celle de Bufquie. Giontes neueu du
Roy Lifuart, celle d'Arcadie. l'Amiral Frandalo, celle de Traramante. A-
bies d'Irlande, filz du Roy Cildadan, la Princeffe d'Antioche. l'Angui-
nes, filz du Roy Agraies, la Royne de Coriton. Et Galuanes fon frere,
celle de Mefopotanie. Toutes lefquelles aliances, moyenna la belle Gradafilée. Ce que voulant recognoiftre l'Empereur enuers elle. Et les feruices qu'elle luy auoit faitz en tant de fortes par le paffé, fit aporter vne tref-
riche coronne, & deuant tous commença à dire : Sur mon Dieu il feroit
trop mal feant, que celle qui a affemblé tant de coronnes & de Roys, & de
Roynes par mariage, demeuraft elle mefme fans eftre coronnée. Aufsi
n'auiendra il pas : ains de ce iour luy donne le Royaume de Crete, que i'ay
conquis, & auec le danger de ma perfonne, comme chacun fçait. Adoncq'
la coronna l'Empereur, & fut par toute la Cité demenée telle ioye, qu'onques la femblable ne fut veuë. Parquoy nous les laifferons en ce plaifir
pour retourner à la flotte qui nauige en mer, ou eft Amadis, Niquée, & Zahara auec leur troupe.

Comme la flotte de Zahara arri-

ua à veuë de Trebifonde, ou elle prit port, eftant Amadis de Græce
en l'habit de Nereïde. Et depuis recogneu pour cil
qu'il eftoit.

Chapitre   XCI.

FF ii   La proxi-

A proximité du cler Phœbus commençoit à chaffer les tenebres de la nuict, & illuminer montaignes plaines & vallées quand l'armée de mer furgiffant à Trebifonde defcouurit la groffe flotte de Zahara. Au moyen dequoy, fe donna l'alarme chaude & royde, dedans la cité : Mais elle fe rapaifa toft apres. Car les vaiffeaux plus legiers de Caucafe vindrent defcendre à vn quart de mille le long de la plage. Et eftoient defia à terre plus de cinq cens Damoyfelles Amazones, quand elles furent rencontrées des efcarmoucheurs, qui les auoient coftoyées. Lors au lieu de commencement de guerre & hoftilité, monftrerent figne d'amour, & de paix : Parquoy vindrent à parlamenter, tellement, que douze des principales femmes de Zahara, les fuyuirent en la ville, ou arriuées, & trouuans l'Empereur deuifant auec les Dames. Apres les reuerences deuës à fa maiefté, dirent tout hault : Sire la Royne de Caucafe noftre fouueraine Dame, & maiftreffe vous mande qu'elle a prins port en cefte voftre terre, non pour vous ennuyer, eftant voftre amye comme elle eft : Ains pour vous faire fçauoir qu'elle vous ameine la vaillante Nereïde, & le paragon de grande beauté l'Infante Niquée : efperant (Sire) qu'elles deux enfemble vous fatisferont de la mort de voftre filz Amadis de Grece, fi fatisfaction y efchet, & ou elles feroient, moins que fufifantes pour telle & fi griefue faulte, elle vous prie croire qu'elle & tout fon pouuoir, fe mettront en voftre puiffance, pour en difpofer ainfi qu'il vous plaira. Vrayement mes Dames (refpondit l'Empereur) la Royne fait beaucoup pour moy, & tant que ie luy en fçauray gré toute ma vie. Sire (dit celle qui portoit la parole) Elle vous fuplie permettre fa defcente à loyfir, puis elle vous viendra trouuer en equipage qui vous femblera digne d'elle, & autant braue & glorieux que vous en viftes onques. Si ne vint elle onques puis en ces marches (refpondit l'Empereur) qu'elle n'oublia rien de fa grandeur. Encores n'a elle pas fait ce coup (dit la Damoyfelle) Parquoy auifez (Sire) quelle refponfe il vous plaift luy mander, Damoyfelle m'amye (refpondit il) prefentez luy mes affectueufes recommandations à fa bonne grace : l'affeurant de ma part, qu'elle fera la mieux que tresbien venue. l'iray au deuant d'elle incontinent que ie feray auerty, que le temps le permettra : Ce pendât qu'elle ordonne de fes affaires, tout à fon ayfe. Lors prenans congé les Damoyfelles meffageres, l'Empereur commanda qu'on fe mift en equipage pour cefte nouuelle reception. Et pour autant que les Dames auoient tant de foys ouy recommander Niquée en finguliere perfection de toute beauté, croyez que nulle d'elles oublia rien au logis de ce qui luy pouuoit donner ou prefter parement & embelliffure. Et moins n'en firent celles qui acompagnerent la Royne de Caucafe, laquelle encores plus magnifiquement acouftrée, que quand elle vint auec Abra, marchoit entre Niquée & Nereïde

reïde. Quand les deux Empereurs, Lifuart & Floreftan les rencontrerent. Lors Dieu fçait les careffes honneurs, & gracieufetez, qu'ilz luy firent. Toutesfois l'extreme beauté de Niquée, leur aporta vn certain oubly de la vengeance qu'ilz auoient efperance de prendre fur elle, tellement qu'au lieu de luy monftrer mauuais vifage, Lifuart laiffa la Royne
de Caucafe entretenir à Floreftan, & vint charger Niquée, qui ne luy
fembla moins bien parlante, fage, & de bonne grace, que douée de tout
ce que nature peut, pour rendre la perfonne acomplie & parfaite : mais
fi telle opinion fut bien imprimée en luy, elle n'eut moins de lieu enuers
Perion, Lucencio, Birmartes, & plufieurs autres Princes & Cheualiers
de nom, qui furuindrent, fe trouuans fi hors d'eux mefmes pour la prefence de tant de beautez, que veritablement affection & Amour les efguil-
lonna tous de l'efguillon, dont Anaftarax fut offenfé. Au moyen dequoy ilz cacherent pour l'heure le defplaifir qu'ilz defiroient à Nereïde,
pour la mort d'Amadis de Grçce. Et vint Birmartes dire en l'oreille de
l'Empereur. Sur mon Dieu (Monfieur) Tant plus ie regarde cefte Damoyfelle, & plus ie la trouue refemblant à celuy qu'elle à furmonté comme l'on publie. Vous dites vray, refpondit il, l'habit feul y met difference, qui me r'engrege la douleur de ma perte, & dont ie feray telle vengeance & chaftiement fi i'y treuue caufe, qu'il en fera memoire à iamais.
Et ainfi tombans de propos en propos, entrerent en la Cité fans que la
Royne Zahara parlaft iamais de Nereïde, pour ne defcouurir ce qu'elle a-
uoit entrepris. Ains affermoit à tous eftre partie expreffement de fes païs
fouz l'efperance de moyenner la paix, entre l'Empereur, Lifuart, & A-
bra : louant au refte fes dieux qui l'auoient fait arriuer, & prendre port fi
à point qu'elle auroit encores part au plaifir de tant de nopces & mariages
qu'elle fçauoit eftre nouuellement en Trebifonde. Or eftoit la compagnie fi grande, & bien en ordre, de ceux qui la vindrent receuoir que
Niquée s'en donnoit vn fingulier contentement, quand ilz vindrent au
palais, ou l'Empereur Lifuart mit pied à terre pour la defcendre. L'Empereur de Rome, la Royne de Caucafe, & Birmartes Nereïde, laquelle voyant fon grand amy, fi peu la cognoiffant, ne fe pouuoit garder de rire, mefmes lors qu'il la prit fouz les bras, pour luy ayder à monter les degrez, vers les deux Imperatrices, & les autres Dames de Trebifonde les atendans. Et entre autres Axiane, laquelle embraçant &
baifant Niquée (de qui elle eftoit coufine germaine) vous ne pourriez
croire la bonne chere, & bon vifage qu'elles s'entrefirent l'vne à l'autre.
Et tandis chacune mettoit peine d'entretenir fa chacune, entre lefquelles, n'eftoit mife arriere Nereïde, que Gricilerie & Gradafilée regar-
doient fans ceffe, tant leur fembloit femblable à Amadis de Grçce.
Mais ce doute leur tourna depuys en vraye certitude : Car auffi toft

FF iii

que

que tous furent entrez en la grande falle. Nereïde metant les deux genoux
en terre, fuplia treshumblement l'Empereur luy donner audience, à fin
que chacun peuſt entendre la iuſtification, par laquelle elle eſperoit faire
eſtaindre le blafme qu'on luy donnoit de l'infortune auenue à Amadis
de Gręce. Et quant & quant cōmença ſon parler en telle ſorte. Treshault
& puiſſant Monarque de Trebiſonde Fortune ma Dame & maiſtreſſe qui
ne prit onques ceſſe d'acheminer voſtre filz Amadis de Gręce, en la grandeur qu'il a merité pour ſeulement eſtre yſſu de voſtre ſang royal & illuſtre, voulut le rendre aymé & amy du paragon de beauté, ma Dame Niquée preſente, laquelle ſans l'auoir au parauant veu, ny long temps depuis luy fait ſçauoir par vn ſien Nain, l'afection qu'elle luy portoit, & la
ſeruitude qu'elle deſiroit de luy, dont ſi bien luy auint que(ou de ſon bon
heur, ou qu'il fuſt ainſi ordonné des dieux) amour aliena le cueur de luy,
en ſorte qu'oubliant ſoy meſmes, & toute autre choſe vint en la ville de
Niquée pour voir & obeïr à ſa nouuelle Dame & maiſtreſſe. Toutesfoys
l'eſtrange & ſeure garde, ou le Soudan la tenoit (pour n'eſtre regardée de
creature viuante) le cuiderent priuer de ce bien. Et priué en euſt il eſté certainement, ſans l'inuention que luy donna Amour, le contraignāt changer, non ſeulement de nom & d'habit : mais enſeuelir & eſtaindre, à ceſte
ocaſion la gloire & renommée, qu'il auoit deſia aquiſe par tout le monde,
le rendant quelque temps apres, vaincu & desfait par ſoymeſmes, & ſouz
nom emprunté de Nereïde eſclaue, ſe faire poſſeſſeur de ma Dame Niquée, auec laquelle il eſt arriué, en ceſte voſtre grande & fameuſe cité : Eſperant ioïr enſemble du triumphe merité de ſi grande victoire. Pour le
commencement dequoy, il eſt raiſonnable que ie rende à vn chacun ſa
choſe, à ſçauoir l'honneur, à qui l'auoit perdu, demeurant la tromperie
manifeſtée. Et les acouſtremés que ie porte à qui me les a preſtez. Or n'entendoit encores nul ou vouloit tomber Nereïde, ains eſcoutoient ententiuement ſon propos, quand elle deſpouilla ſon cercot, & la houpelan-
de qui la couuroit, qu'elle preſenta à la Royne de Caucaſe. Tenez (dit elle) ma Dame, ces draps ſont voſtres. Et(monſtrant à nud l'eſtomac) ceſte Eſpée ardente à Amadis de Gręce, voſtre humble & obeïſſant filz (dit
il à l'Empereur) que ie vous rends & metz en voz mains : Vous ſupliant
(Sire) luy remettre auſsi le malayſe qu'il vous a donné, luy eſtant choſe
forcée par l'amour. Car qui ayme (comme vous ſçauez) eſt du tout hors
ſa puiſſance, & ſubiet à faire la volonté de l'afection qui le gouuerne. A ceſte parole l'Empereur, non moins esbaï que ayſe, ayant de grand plaiſir
les larmes aux yeux, luy eſtendit les bras. Et l'embraçant le receut louant
dieu en ſoy meſmes de tel recouurement qu'il auoit fait de ſa perte : mais
le renouuellement & ſouuenir de la mort d'Onolorie, ſe meſla entre
deux, qui luy fit quelque foys changer viſage, toutesfois cela & autres choſes ſe diſsimulerent pour l'heure s'auançant la nouuelle Imperatrix Abra

pour

pour careſſer & Amadis de Grçce & Niquée leſquelz finablement receurent tant d'honneur que le bon Liſuart leur voulut remettre la couronne
& entier gouuernement de l'empire de Trebiſonde comme venant de
droit lignagier à ſon filz, qui le refuſa & Niquée auſsi non pas le caractere
des Chreſtiens: Car auant la ſemaine hors l'vn & l'autre furent baptizez, &
la ioye ſi grande par tout le païs que la nouuelle en vola iuſques es parties
occidentales ainſi qu'il vous ſera raconté cy apres.

Comme Furio Cornelio vint en

*la court de l'Empereur Liſuart, deffier Amadis de Græce, ſur la
mort du Prince de Thrace, & de ce qui en auint.*

Chapitre   XCII.

Elles furent les auantures, & l'yſſue du mariage d'Amadis de Grçce auec le paragon de toute beauté Niquée,
ne penſans lors tous qu'a faire bonne chere, danſes iouſtes,& tournoys. Quãd la belle des belles voulut eſprouuer la merueille du chaſteau des ſecretz ou elle entra
auec ſon Amadis. Et la virent enſemble toutes les ſingularitez qui aporterent vn tel remors de conſcience à Amadis y trouuant

Lucelle triste, que grande alteration luy vint & au cueur & à l'esprit: Mais il la desguisa au mieux qu'il peut par l'asseurance qu'eut Niquée d'auoir le premier & dernier lieu de la parfaite amytié, qu'elle desiroit en son amy & mary. Toutesfois fortune ne la laissa longuement sans luy donner trauerse, & assez d'amertume pour effacer beaucoup le plaisir. Ce fut qu'Amadis & elle sortiz du chasteau, le soir mesmes que toute ceste assemblée de Princes & Dames estoient au mylieu du souper entra vn Nain difforme autant que Nature en sçauroit produire, lequel se presentant au hault bout de la table demanda de trop mauuaise grace, si l'Empereur de Trebisonde estoit en la compagnie ou non: l'Empereur qui l'entendit sans en faire cas prit la parolle & gracieusement respondit, que ouy, & que c'estoit il sans autre. Tant mieux (dit le Nain) mon voyage en est plustost acoursy. Et sans aucunement saluer luy n'y autre, continuant son propos. Empereur (dit il) ie suis messagier du vaillant & inuincible Corneille le furieux lequel m'enuoye vers vous demander la seureté qui est requise à vn si gentil Cheualier qu'il est, pour acuser Amadis de Grece vostre filz de la trahison, qu'il a commise, mettant à mort le Prince de Thrace en la ville & presence de l'Empereur de Niquée. A ceste iniure l'Empereur Lisuart esmeu de colere luy cuyda ieter vne assiette d'or qu'il auoit deuãt luy: mais il se modera, & luy respondit, vrayement Nain, ton parler symbolise merueilleusement au reste de ta personne: Aussi prendray ie ceste gracieuse embassade comme venant d'vn gentil personnage tel que tu es, vn bien y a que i'auoye deliberé te chastier & faire exemplaire pour les temeraires & presumptueux qui te ressemblent: mais considerant la qualité de toy & l'office que tu fais de messagier, ie te reserueray à vne autre foys. Et combien qu'il parlast le plus moderément qu'il luy fut possible, Amadis de Grece neantmoins cogneut bien qu'il auoit le cueur gros & enflé. Parquoy se leuant de table, mit les genoux en terre, & prenant la parole dit à l'Empereur. Monsieur, ie vous suplie treshumblement puis que la chose me touche de tant pres, permettre que ie responde à ce gentil Embassadeur, & à Corneille le furieux ensemble. Ce que de prime face il luy refusa, mais finablement apres qu'il en eut le congé parla en ceste sorte. Nain tu diras à ton maistre, qu'onques trahison ne trouua place pour loger dans mon cueur, & que sous la reuerance de tant haulte & excellente compagnie, il a menty par la gorge. Car si ie mis à mort le Prince de Thrace, ç'a esté iustement ce que ie luy prouueray ou, & quand il luy plaira, & fust ce des demain auec telle seureté pour le camp qu'il la demande. Vous parlez brauement, respondit le Nain, toutesfoys i'ay grande peur qu'à l'affection vous verra (peult estre) abaisser la parole. Ce disant prit congé & vint retrouuer son maistre qui l'atendoit: Mais par ce qu'il me semble raisonnable auant passer oultre vous faire cognoistre ce Corneille. Entendez qu'es marches & riuages des paluz Meotides y eut vn Geant vassal du Roy de

Thrace

Thrace riche & opulent en grand nombre de beſtial, dont il auint qu'vn
iour comme il l'atendoit retourner de la paſture ieta l'œil ſur vne vache
polie & ieune de laquelle le meſchant s'en amoura & y mit ſa fantaſie de
ſorte que venant à auoir affaire à ſa femme engendra en elle, par force
d'imagination, vne creature ſi eſtrange & monſtrueuſe, que depuis le
nombril à bas, il ſe trouua ayant la forme de Thoreau & le ſurplus
d'homme hors qu'il auoit deux cornes en la teſte, quatre bras, & quatre mains, au reſte ſi emerueillable & dangereux, qu'on le nomma Corneille le Furieux, & combien qu'il euſt eſté produit par nature ſi emerueillable ſon pere toutesfoys ne laiſſa de l'aymer & luy porter faueur telle
que luy ayant veu & tuer hommes & beſtes, le mena vers ſon Roy qui en
l'aage de dix ans luy donna cheualerie, auec laquelle il aquiſt tel bruit & re
putation, que vingt des plus vaillans de Thrace ne l'euſſent oſé aſſaillir ny
combatre. Si vindrent en ce temps nouuelles partout le païs de la mort du
Prince : Car le Magicien duquel il auoit receu l'eau pour prendre la ſemblance d'Amadis de Gręce (ainſi qu'il vous a eſté dit) en fut auſsi toſt auerty par ſes charmes & eſpritz : auſsi ne le teut il au Roy qui de trop extreme
deſplaiſir en cuyda lors donner but à ſa vie. Mais Corneille le furieux le
reconforta ſous la promeſſe qu'il luy fit de venir en Trebiſonde & combatre Amadis, ou le Nigromencien les aſſeura qu'il deuoit arriuer au temps
meſmes que Zahara, & ſa flote y prit port. Et pour ceſte cauſe ayant Corneille mis ordre à ce qui luy eſtoit neceſſaire pour l'entrepriſe d'vn tel
voyage fit tant par ſes iournées, qu'il vint ſurgir en la coſte d'ou il enuoya
ſon Nain faire l'embaſſade telle que vous auez entendu & en enſuiuit &
ſucceda l'effait en ſorte que (pour le vous faire court) Amadis, couſtumier
de chaſtier telz braues, apres vn long & dangereux combat qui fut entre
eux, donna finablement fin à la vie à Corneille. Et emporterent, ceux
qui l'auoient acompagné, ſon corps vaincu, au grand deſplaiſir de ſes a-
mys qui l'inhumerent honorablement auec promeſſe de venger la mort
de luy quoy qu'il tardaſt. Ainſi demeura la court de Trebiſonde en ioye
receuant Niquée tout l'honneur, bon traitement, & bon viſage dont on
ſe pouuoit auiſer, tant que quelzques iours apres, chacun delibera retourner chez ſoy. Et Axiane s'acheminer es païs qui luy auoient eſté laiſſez par
acord, deſquelz elle, & ſon mary aymé, prindrent la poſſeſsion en la com
pagnie de la Royne Zahara, encores ignorante de ce qu'elle portoit con-
ceu en ſes coſtez, & dont elle aura bien toſt nouuelles. Et tandis l'Empereur de Rome, Gradamarte, Fulurtin, & tous les autres ayans receu &
preſens & maintz grans merciz de l'Empereur Liſuart prenás congé d'eux
& des Dames firent voile les vns en la mer Mediterranée, & les autres en
l'Occeane ou nous les laiſſerós pour ceſte heure pour retourner à la triſte
Lucelle religieuſe à Mireſleur.

Comme

Comme nouuelles vindrent en la

grand' Bretaigne qu'Amadis de Grǽce eſtoit vif & marié à Niquée. Des lettres que Lucelle luy eſcriuit & la reſponſe qui luy en fut faite par luy.

Chapitre XCIII.

E retour ineſperé d'Amadis de Grǽce en Trebiſonde & la ioye des choſes qui luy eſtoient ſuccedées durant qu'on l'auoit tenu pour mort, fut incontinent diuulguée par tout : auſsi depeſcha l'Empereur Liſuart po-
ſtes, & courriers ça & la & iuſques en la grand' Bretaigne vers le Roy Amadis, & Oriane qui participerent
tellement au plaiſir de ſes bonnes nouuelles qu'il ſeroit mal ayſé de repre-
ſenter en eſcriture ce qui leur fut d'ayſe en l'eſprit. Mais (helas) ce qui les
contentoit ſi fort aporta vn tant merueilleux ennuy à la Princeſſe de Sicile, eſtant lors religieuſe profeſſe au monaſtere de Mirefleur, qu'elle cuida ſe
deffaire ſpecialement lors qu'elle ſceut la tromperie que luy auoit baſty,
par tant de longs iours ſon Amadis, pour la laiſſant, ſe donner du tout à
Niquée. Parquoy commença à faire telz & ſi pitoyables regretz, que fondant en pleurs, & groſſes larmes, euſt eſmeu à compaſſion le plus dur & felon cueur du móde. Helas, diſoit elle, mal'heureuſe que ie ſuis, Ie cognoys
bien maintenant, que qui met ſon pied ſur la branche amoureuſe, l'en doit
retirer

rctirer promptement s'il ne veult demeurer à iamais pris & englué . Aufsi
n'eft Amour, tout bien confideré , qu'vne trefuehemente fureur : Car encores que tous n'en deuiennent folz & infenfez , fi eft il impofsible , que
leur infamie ne fe manifefte trop euidente . Et qu'il foit vray , quelle folie
peult eftre plus aparente que vouloir perdre foy mefmes pour autruy?Cer
tes celuy qui s'achemine & fuit la voye d'Amour, fe peult bien vanter
prendre la route d'vne foreft tant defuoyée , & eftrange qu'il eft malayfé
qu'il en forte , autrement qu'efgaré & auec le repentir de s'y eftre mis.
Pourquoy donques fuys-ie entrée en ce Labirinthe, puis que moymefmes
l'aprouue, malheureux ? Helas , ie ne veux , ny ne puis nyer, que le larron
Amour me bendant les yeux s'eft pluftoft faify & fait maiftre de mon
cueur,que ie me foye aperceuë de fon arriuée ou aproche de moy, & main
tenant que le cognois , & moy pareillement , ie regrette la faute paffée,
& defire la reparer du tout, ce qui eft hors ma puiffance : car tout ainfi que
le foyer ou le feu qui a efté embrazé , par quelque longue efpace de temps
ne refroidit à l'inftant, que le brazier & les cendres en font tirées hors,
aufsi m'eft il impofsible d'oublier fi promptement le gracieux defplaifir
d'Amour,fi n'eft par le continuel fouuenir de la defloyauté & trahifon de
celuy, qui penfant me tromper s'eft luy mefmes mis au filé, par lequel i'efpere me voir vengée, & luy venir à vn trop tard repentir, ne luy fouhai-
tant toutesfoys (& ia à Dieu ne plaife)autre mal, finon qu'il puiffe auec le
temps fentir celuy que ie feuffre & endure . Et ainfi fe defolant & defconfortant mille , & mille difcours paffoient en fon ame , tant qu'elle delibera pour aucunement fe fatisfaire efcrire vnes lettres à Amadis, & les luy
enuoyer par vn fien fidele Damoyfel, qu'elle manda venir à elle & luy declarant de point en point l'ocafion , pour laquelle elle le vouloit enuoyer
en Leuant luy bailla vnes lettres dont la teneur eftoit telle.

Ie ne fçay à quelle ocafion,faux &

defloyal Amadis , i'ay pris ancre & papier pour vous efcrire cefte lettre fi
n'eft fur l'efperance que i'ay , que vous ne la verrez pluftoft , que le tord
que vous m'auez fait ne vous face rougir de honte, & que remors de confcience ne vous aprefte vn tel regret en vous mefmes , qu'il ne fera iour de
voftre vie, que n'ayez defplaifir de celuy que vous m'auez pourchaffé fi
malheureufement,& en forte que vous receürez partie de la punition que
vous meritez, m'ayant fi lafchement trahie pour vous aymer bien & loyau
ment. Certes quand ie penfe à ce qui eft auenu, ie penfe affeurément fon-
ger ou eftre hors de moy:mais helas! à qui m'adreffe-ie . Eft il pofsible que
vous foyez celuy propre Cheualier de l'ardante Efpée , qui vainquit les
fept gardes du chafteau, & domptaftes les fors Geans de l'Ifle de Silanchie
Et du

Et duquel le renom eft au iour d'huy tant illuftré & en Leuát & en Ponát.
Certes il feroit bien mal ayfé:car ou la prouëffe, & cheualerie eft fi recommandée, mal ayfément peut refider vn cueur tant felon & plein de men-
fonges comme le voftre s'eft monftré enuers moy m'ayant fouz couleur
d'amytié & affeurance de mariage abufée & deceuë, pour vous renger en
lieu ou i'efpere, que le repentir fera vray executeur de ma vengeance:Mais
quoy? ie vous fens defia tant eflongné & d'honneur, & de vertu, que deformais vous n'aurez nulle honte, de chofe qu'on vous fçache dire, ou re-
procher, ainfi que peut porter bon tefmoignage, l'iniure propre que vous
vous eftes faite changeant de nom tant celebré, pour prendre celuy d'vne
femme auec habit & acouftrement fi mal propre à ceux qui veullent faire eftat de magnanimité & grandeur, las! quand la fidelité de voftre ayeul
le bon Roy Amadis fe reprefente deuant mes yeux, l'efpreuue qu'il fit le
iour qu'il conquift l'efpée verde, & la Royne Oriane le couurechef non
pareil l'entrée & l'iffue de l'vn & de l'autre fouz l'arc des loyaux amans,
la gloire que receut Lifuart voftre pere, par le heaume diamantin qu'il eut
de mon Roy, au temps que ma Dame voftre mere aquift la coronne ineftimable, & tout par la force de vraye & non fainte amour, en ma foy ie
ne puys, ny ne dois dire finon ou que tout le bon eft demeuré en eux,&
en vous feul le dire, ou que nature, au lieu de vous donner cueur femblable qu'ilz ont, vous a pourueu de celuy d'vn Tigre,ou autre plus felon, s'il
en fut onques. Mais helas! Quel bien vous eft ce (ie vous prie) de me voir
maintenant priuée, & de vous, & du monde, & auoir abandonné pere,
parens,biens &tout plaifir,pour plaindre voftre mort que ie tenoye affeurée? Ne penfez vous point donques, à la force de ceft amour extreme, & à
la hayne que vous me monftrez? En bonne foy Amadis, vous deüriez
mourir de honte, & plaindre pour iamais, auec moy, le tort que m'auez
pourchaffé, & qui m'eft fi grief, & mal ayfé, a fouftenir, que delibere me
referuer la vie, le plus que ie pourray, non pour ayfe que i'y efpere, ains
pour y trouuer moyen de me venger, & en me vengeant, viure longuement, pour en viuant,faire viure en vous la faute qui ne pourra mourir tát
que vous fentirez, entre les viuans, celle à qui ne meritaftes onques la
moindre faueur d'vn millier, qu'elle meritoit. Et qui prie le iufte iuge de
voftre iniquité, & ma iuftice vous donner pour le moins cognoiffance de
voftre peché, & de mon innocence, & amour trop finguliere & parfaite.

Le Damoyfel ainfi depefché, &

ayant receu la lettre de Lucelle adreffans à Amadis de Græce, eftant en
Trebifonde, chemina & nauigua tant, qu'il arriua en la court de l'Empereur,ou il trouua celuy à qui il auoit affaire,en l'affemblée,courant vn cerf

enfer-

enfermé dans les toilles . Si le tira à part, & le faluant comme bien apris
luy prefenta ce qu'il auoit en charge de luy bailler de la part de la Prin-
cefle de Sicile religieufe au monaftere de Mirefleur . A' cefte parolle le
cueur luy emeut en forte que tremblant entre cuyr & chair, rompit le feau
& feparé de toute compagnie leut de mot à mot & à loyfir ce qu'elle luy
mandoit, non fans grande & amirable turbation d'efprit : car toutes les
pourfuites qu'il auoit onques fait pour la conquerir & feruir, fe reprefente-
rent lors en fon entendement fi qu'il demeura(apres la lecture de la lettre,
& les grandes raifons de la Damoyfelle bien entendues) tant ennuyé de
fon ennuy, qu'il ne fe peut garder de pleurer à groffes larmes, & non fans
caufe, car le tort qu'il luy faifoit, engendra maintes querelles depuis & qui
fuccederent diuerfement, ainfi que l'hiftoire de don Florifel de Niquée fera mention, hiftoire dy-ie autât belle, plaifante, & delectable qu'autre qui
ayt efté par cy deuant:mais pour retourner à noftre propos,ayant Amadis
de Grece longuement refué , & rauaffé, les yeux tous baignez en l'armes,
trouua façon de fe reffoudre , & difsimulât pour l'heure ce que tant le tor-
mentoit, effuyant fa face au mieux qu'il peut fe tourna vers le Damoyfel
meffagier auquel il demanda cóme fe portoit fa Dame, & Princeffe , Mófieur, refpondit il , ie l'ay laiffé fi maigre & debile que mal ayfément la
pourriez vous cognoiftre à cefte heure, n'eftant amye que de folitude, &
trifteffe . A' cefte parole le pauure Amadis ieta vn hault foufpir, & tel que
l'abódance de larmes tefmoigna lors partie de ce que la raifon & l'efprit le
tourmentoient. Et toutesfois il tint la plus affeurée contenance qu'il peut
difant au Damoyfel, amy ie te prie que nul autre que moy fçache l'ocafion
de ton arriuée par deça . Et atendant que ie face refponfe à ma Dame , tu
demeureras pres de ma perfonne.Et voulant parler d'auantage auifa venir
l'Empereur courant la befte, parquoy laiffa le Damoyfel, & tout trifte le
fuyuit tant que le Cerf vint aux aboys & demeura curée aux chiens. Lors
chacun reprit le chemin de la cité mefmes le meffagier de Lucelle, qui auifant l'extreme beauté de Niquée fe trouua fort emerueillé: n'ayant onques
veu femme digne de la paragonner. Si ne demeura long temps depuis A-
madis de Grece à luy bailler refponfe:Car le deuxiefme iour d'apres le depefcha auec vne lettre par laquelle il s'excufoit de la faulte dont elle le
chargeoit . Ainfi rentra le Damoyfel en mer, & auec fi bon vent que fans
grand deftourbier paffant le deftroit de gilbatar vint en la mer occeane &
iufques à Londres & Mirefleur,ou il trouua fa maiftreffe en trop meilleure difpofitió qu'il ne l'auoit laiffée,par ce que refolue en fon mal'heur, có-
mandoit fi eftroitement à foy mefmes que poftpofant toute chofe qui luy
pouuoit caufer trauail prenoit le temps & l'ocafion le plus gayement qu'il
luy eftoit pofsible, luy donques arriué vers elle & apres luy auoir prefenté
les humbles recommandations d'Amadis de Grece, & quelzques paroles
de creance qu'il luy auoit enchargées luy prefenta la lettre telle que vous
entendrez.   GG   Ma Dame,

Ma Dame, receuant la lettre qu'il

vous a pleu m'escrire par ce Gentilhomme present porteur, i'ay receu quát
& quant en mon ame tout le desplaisir que raisonnablement vous pouuez
auoir en la vostre. Toutesfoys, ie vous suplie, premier qu'entrer en propos,
croire que ie n'ay nulle enuie, ny ne pretendz en sorte du monde, vser de
palliation ou aucune excuse enuers vous que, ie ne confesse vous auoir fait
vn tort irreparable, & si grande offense, qu'il est hors de mon pouuoir iamais y satisfaire, si vous vsant de vostre bonté naturelle. & vertueuse condicion, ne reietez le blasme de moy sur la puissance d'Amour. Et neantmoins il m'a semblé tresconuenable vous respondre aucunement à ce dót
vous m'acusez, demandant par le discours de vostre lettre, si ie suis encores
celuy duquel la renommée a laissé marque de gloire & en Ponát, & en Leuant, ie vous asseure, ma Dame, que ie suis celuy mesmes qui souz la faueur
de vous, & au merite de l'excellence de vostre parfaite beauté, ay quelque
foys ataint renom de prouësse & cheualerie, par le merite de vous dy-ie.
Car sans le continuel souuenir de vostre presence qui m'acompagnoit
lors, il eust esté malaisé, voire impossible, donner but aux hautes entreprises que i'ay menez à fin. Parquoy si gloire en est suruenue, elle redonde
à vous seule, & non à moy: Mais quant au blasme que vous me mettez deuant les yeux, disant que ie vous ay abusé, souz couleur de la promesse de
mariage qui estoit entre vous & moy, vous me pardonnerez, s'il vous
plaist, car vous sçauez tresbien que le dernier propos que nous eusmes ensemble, fut que ie vous demanderoye à femme au Roy vostre pere, sans
passer oultre, demeurant par ce moyen chacun de nous en sa pure liberté, laquelle amour me rauit depuis & tellement que (comme vous a-
uez entendu) il me contraignit cháger de nom & d'habit & prendre celuy
d'vne femme ou fille, pour paruenir au dessain qu'il me presentoit, dont ie
ne suis nullement reprehensible: car nom, ny habit estranger, n'amoindri-
rent onques la force & le bon heur d'Amadis de Grece, demeurant victorieux sur le Prince de Trace, par la victoire auenue à Nereïde, laquelle sous
ceste couleur, à attaint iouïssance de celle, de qui vous mesmes pouuez
tesmoigner la parfaite, & incomparable beauté, l'ayant veuë par deux diuerses foys l'vne au chasteau des secretz, & l'autre en sa gloire auec bonne
& belle compagnie. Et quant à la loyauté de mes parens, que vous me de-
paignez si au vif, ie vous suplie, ma Dame, considerer qu'estant homme
comme les autres, ce n'est pas merueille si celle(qui par les dons de grace, &
de nature qui sont en elle, peult vaincre tous les plus parfaitz qui la virent
onques)m'a reduit au nombre d'eux: mais c'est chose quasi hors le naturel
& incroyable que moy qui fus vaincu de vous en acoustrement de Cheualier l'ay peu vaincre en habit & vesture de Damoyselle esclaue, & la conquerir

querir à femme & espouse telle qu'elle m'est à present. Et neantmoins par
ce que le fait est fait, & que la pierre ietée est irreuocable, ie vous suplie
humblement ne le prendre au pis, & moderer le iuste courroux que vous
auez contre moy, ainsi que i'ay veu sur la fin de vostre lettre, ou vous dites vouloir conseruer longuement vostre vie pour pourchasser longuement la vengeance du tord que ie vous ay fait. Certes, ma Dame, si en ma
mort vous demeuriez satisfaite ie me tiendroys grandement heureux : car
ie ne sçay tourment que ie ne vou sisse soufrir de bien bon cueur, pourueu
qu'il me fust donné par vostre moyen, & qu'en ce faisant il effaçast aussi
quelque partie de ma coulpe à vostre contentement, pour auquel satisfaire en aucune sorte, ie delibere vous voir plustost que ne pensez, & vous de
mandant pardon moymesmes executer sur moy toute la cruauté que vous
m'ordonnerez & de mes propres mains : car des vostres duites en toute
œuure de vertu, ne pourroit receuoir que tout bien, douceur celuy que
vous tenez pour singulier ennemy, & luy vous pour sa Dame honorée à
qui il presente ses treshumbles recommendations, voulant demeurer à
iamais

Vostre plus obeïssant & affectionné
seruiteur Amadis de Grece.

Ha à dit elle en soymesmes les gros

ses larmes es yeux, & apres auoir bien entendu au long tout ce discours
que tant Amour m'est estrange ennemy veu qu'il r'establit d'vn costé tout
ce qu'il met peine d'effacer de l'autre. Sur mon Dieu, Amadis, il vous
deuoit suffire de ce qui s'est passé sans me repaistre encores de telles subti-
litez : mais au fort les cognoissant ie m'en garderay desormais, & d'amour
mesmes coustumier de conduire (ainsi que i'ay trop bien experimenté) la
personne droit au gay clair & facile pour puis apres le faire sucomber
en l'abisme obscure & mortelle, ou ie suis demeurée ayant tant aymé mon
contraire, que ie sçay bien à quoy m'en tenir : mais Dieu me donnera la
grace s'il luy plaist de suporter patiemment ceste infirmité, & viure tant
que vous trop ingrat cognoissez vostre faulte & ma longue patience. Puis
comme personne transportée rougissoit blesmissoit & à vn instant, changea de plus de dix sortes de visage, pensant à celuy qu'elle aymoit
plus que soy mesmes, & auec les propres contrarietez que veritablement
ont ceux qui sont ataintz au vif de semblable passion, esquelz naturel-
lement s'engendre d'esperance, desesperation enragée, & de la desesperation, quelque estincelle d'esperance pour soustenir & faire viure la personne ennuyée auecq' acroissement de vraye amour, qui cause puis apres

GG ii   vne

vne infamie defmefurée , fans fçauoir comme ceux qui font priuez de
fens qu'elle veult, ains defire à toutes heurtes le contraire, de ce qui eft
falubre & neceffaire . Aufsi eft Amour variable plus qu'on ne pourroit penfer, & toufiours acōmpagné de quelque ialoufie , qui ne prent
iamais fin entre ceux qui s'entr'ayment parfaitement , ains s'engendre
de cefte perfection tant de diuerfitez qu'on void communément ceux qui
plus fe veullent de bien en vn Laberinte de querelles & fubtiles cōtentiōs
defquelles nulles fe treuuent plus difficiles à fuporter que la defefperacion
de laquelle toutesfois naift l'efperance de parfaite amytié auec l'acroiffement d'icelle . Parquoy ce mal d'aymer fe peut dire , feul entre les autres
maux : Car tous fe gueriffent par leurs contraires , & celuy d'Amour empire auec fa contrarieté n'ayant moins de puiffance fur noftre liberté , que
les propos accidens de Fortune . Et pour le bien defpaindre le fault collo-
quer au plus hault de la roüe, veu qu'a tous propos il fe monftre muable
& inconftant. Et de ce puis-ie porter feur tefmoignage, l'ayant fuiuy &
feruy auec tant d'experience de fes faueurs & des faueurs que i'ay fi bien receuë & retenues , & à mon dommage & profit qu'à bon droit i'ay fouuent
publié, & par parole , & par efcrit, que de luy procede tantoft vn mal le-
ger,tantoft vn bien difficile & pefant . Mais maintenant ie pafferay oultre
& diray toute ma vie, que qui fe treuue pris es las d'vne qui merite eftre
aymée, ne fe doit plaindre d'auoir hautement & heureufement logé fon
cueur, encores qu'il languiffe & meure plus d'vne foys le iour,pour fe voir
(peut eftre) eflongné d'elle , & peu defiré, voire du tout priué de feure recompenfe apres auoir confommé & le temps, & beaucoup de peine . Mais
bien fe doit douloir d'auoir efté feruiteur de grand beauté fouz laquelle
eft caché vn cueur maling & ingrat, & tel que la pauure Lucelle nommoit
celuy de fon Amadis. Si en fut il, & à prefent à autre dont elle fouffroit ce
que peuuent eftimer ceux qui ont paffé ce pas de rigueur indicible . Toutesfois elle comme vertueufe & conftante couuroit fon martire au mieux
qu'elle pouuoit, & amoindrit l'ardeur de fon courage par ces nouuelles
excufes, ny plus ny moins qu'vne eaue bouillante s'arrefte quand elle fent
la froydeur. Parquoy nous remettrons le furplus de ce difcours, & de ce
qu'il en auint depuis au liure & hiftoire de don Florifel de Niquée, ou il
en eft parlé amplement. Et vous fufira pour cefte heure d'entendre qu'elle apres s'eftre enquife au Damoyfel de la contenance qu'auoit fait Amadis de Grçce receuant fa lettre, des propos qu'il luy auoit tenuz , & qu'elle
grace & façon de faire auoit Niquée,comme on la traitoit, & honoroit en
Trebifonde , & que tel en eftoit le bruit commun, fe refolut en grande pacience, ainfi qu'il vous fera recité quelquefoys . Ce pendant nous la laiffe-
rós à Mirefleur religieufe,pour retourner aux autres Dames, & Princeffes,
qui viuent auec leurs aymez mariz plus à leur aife qu'elle profeffe repetie.

Comme

Comme ayant Niquée enfanté

don Florisel. Et partie des autres Dames & Damoyselles, maintz
beaux enfants, fut faire grande assemblée en la Cité
du Soudan de Niquée, & de ce qui en auint.

Chapitre   XCIIII.

Velques temps depuys que les Princes, & Seigneurs,
Dames, & Damoyselles, furent partiz de Trebisonde le
ventre creut à aucunes si euident que le terme venu elles produirent au monde tel fruit, que les historiens an-
tiques en ont embelly & decoré leurs Volumes. Et enfanta Niquée vn filz qui (nommé don Florisel de Ni-
quée) fut en ses iours, le plus beau, vaillât & adroit Cheualier, que l'on sçache. A la natiuité, duquel y eut grande ioye par tout l'Empire, mesmes
parce qu'en la mesme saison, l'Imperatrix Abra eut d'vne ventrée filz &
fille, le filz nommé Zaïr, & la fille Leonorine, pour l'amour de son ayeule. Zahara pareillement se trouua grosse & quasi à terme, estât de retour en
Caucase, dont elle s'esbaït grandement, & non sans cause. Car elle ignoroit la part qu'Amadis de Grece, eut d'elle en la vallée d'Amour (ainsi
qu'il vous a esté dit) Au moyen dequoy furent faitz maintz sacrifices &
oblations, & à Apollo, & autres ses dieux, pour auoir reuelation d'ou ce
luy pouuoit proceder : lesquelz finablemét l'asseurerent que le Dieu Mars
amy d'elle de sa beauté & vertu, l'auoit cogneuë charnellement. Dont
istroit deux telz arbrisseaux, que le Ciel & le monde s'en resioïront. Et
peu apres enfanta (comme auoit fait Abra) filz & fille. Le filz nommé A-
naxartes, & la fille Alastrexarea que le peuple deifia, tant vesquirent &
l'vn & l'autre, en extremité de perfection : Axiane aussi eut de Lucencio,
vn filz apellé comme son bisayeul Garinter. Le fort Birmartes d'Onorie,
filz, & fille, le filz nommé don Brian d'Apolonie, & la fille Elene, si
parfaitement belle qu'elle deuoit, pour le moins seconder, celle pour laquelle la fameuse cité de Troye, tourna en cendre & ruine. A Olorius enfanta la femme de luy, vne fille, dite Oriane, en la faueur de son ayeule,
la beauté de laquelle mit telles passions au cueur du vaillant Anaxartes,
qu'il en fut maintesfoys au mourir, ainsi que tesmoigne l'histoire de luy,
& d'elle. Or menoit en ce mesme temps Alizaran Roy de la grand' Turquie, forte & dure guerre à l'Empereur Esplandian, à l'ocasion dequoy
Perion assembla grosse puissance d'vne part, & Olorius d'autre. Mais
premier qu'Olorius & luy se ioygnissent, Perion entra en bataille, & demeura le Roy Alizaran mort, son armée defaite. Et Perion Roy paisible
GG iii   de tous

de tous ſes païs, ou il ſe retira auec la Royne Gricilerie ſa femme. Si vindrent en ceſte meſme ſaiſon Zirfée, Alquif, & Vrgande trouuer le Soudan
de Niquée, lequel ilz ſçeurent tant bien gaigner, par belles remouſtran-
ces, qu'il pardonna la faute de ſa fille, & trouua le mariage d'elle & d'A-
madis bon & raiſonnable. Ce qu'ilz firent entendre auſſi toſt à tous les
Princes cy apres nommez: les prians & amonneſtans que d'autant que
leur importoit la vie, & l'honneur, ilz euſſent à eux trouuer à Niquée dans
certain remps. A'quoy ne firent faute. Premierement le treſrenommé &
inuincible Roy Amadis, & Oriane, le Roy don Galaor, & Briolanie, le
Roy don Floreſtan, la Royne ſa femme, le Roy Agraies & la ſienne, don
Bruneo Roy d'Arauie, & Melicie, le Roy Graſandor, & Mabile, l'Empereur Eſplandian, & l'Imperatrix Leonorine, Olorius, & Luciana ſa
femme, l'Empereur Liſuart, & l'Imperatrix Abra, la Royne Cradafilée,
Amadis de Grece, & Niquée, le Roy Perion, & la Royne Gricilerie, le
fort Birmartes, auec ſa femme Onorie, l'Empereur Lucencio, & l'Imperatrix Axiane, la belle & vaillante Royne Zahara, auec Calafie, & Pintiquineſtre, acópagnées de leurs chers & aymez mariz, & pluſieurs autres.

Comme allant l'Empereur Eſplã-

dian à la chaſſe, trouua le Roy Alizar l'outrageux qu'il combatit
& mit à mort. Et à ceſte ocaſion fut aſſailly d'vn Cheualier eſtranger, dont l'vn & l'autre tomberent preſque au peril de leur vie.
Chapitre   XCV.

Es meſſagers & conſeil de Zirfée, d'Alquif, & Vrgande, furent ſi bien receuz de ceux auxquelz il touchoit, que nul ſe trouua refuſant ou retif à y dóner prompte obeiſſance & conſentement. Tant que peu de iours apres arriuerent en Niquée l'Empereur Liſuart, Amadis de Grece, le Roy Perion, & leurs femmes, acompagnées de la Royne Gradaſilée, qui tous furent hautement receuz par le Soudan, vous amuſer aux paroles & propos qu'il eut auec ſa fille ſeroit perte de temps. Auſſi paſſant outre vous diray ſeulement que l'Empereur Eſplandian, le Prince Olorius d'Eſpagne, le fort Birmartes, & leurs femmes, ne tarderent gueres, depuis. Et fut leur recueil grand & honorable, & tel qu'apres s'eſtre repoſez & r'afreſchiz quelques iours, le Soudan voulant leur donner le plaiſir de la chaſſe, les mena en la foreſt, tirant au lieu ou Anaſtarax eſtoit enchanté. Et la chargeant vn Ours fort & fier, fut pourſuiuy ſi longuement par l'Empereur Eſplandian, que ſe couplans à vn deſtroit, la beſte mit à mort le cheual, ſur lequel il eſtoit monté, mais elle y demeura auſſi : Car l'Empereur marry d'auoir perdu ſa monture, luy donna tel coup d'eſpée entre les deux oreilles qu'elle y perdit la vie. Si commença à ſonner la priſe: mais il ne fut entendu d'aucun. Parquoy contraint de laiſſer ſa proye, à pied (comme il eſtoit) ſuyuit ſi longuement vn ſentier qu'il ſe trouua (mourant quaſi de ſoif) au bord de la fontaine des Perrons, ou le Prince enchanté, vid premierement ſa ſœur Niquée, dont luy auint tout le mal qu'il eut depuys, ainſi qu'il vous a eſté dit. Et pour ceſte cauſe eſtoit ce lieu nommé communément la fontaine des Amours d'Anaſtarax, au plus pres de laquelle, il auiſa deux pauillons dreſſez. Et vne Damoyſelle apuyée contre l'vn des Perrons, veſtue d'vn drap d'or, & ſur ſon chef vne guirlande de fleurs, au reſte tant belle & bien en ordre que merueilles, mais tant triſte de contenance, que rien plus. Auſſi tenoit elle la teſte pendant ſur ſon bras gauche, les groſſes larmes es yeux, & en la bouche ſi continuelz ſouſpirs, que la douleur de ſon ame eſtoit manifeſte & aparente. En ſon giron dormoit d'vn profond ſomme, vn Cheualier grand de ſtature, laid & de ſi mauuaiſe grace, qu'on ne leuſt pas ayſéement pris pour Narciſus. Armé eſtoit il de toutes pieces hors d'armet, au lieu duquel ſe monſtroit ſa perruque, mieux reſemblant la toyſon d'vn mouton noir & creſpe, qu'autre choſe, de la bouche luy ſortoient deux crocz ou longues dents, qu'on euſt priſes pour les mires d'vn ſanglier, camus au reſte, & ſi punais, que qui ne le voyoit de pres, le pouuoit bien ſentir de loing. Si pendoit ſon eſcu en l'autre Perron, ouquel eſtoit deſpaint vn vaultour d'or lacerant, & mettant en pieces vn cueur de gueulles, en champ d'azur, que l'Empereur conſidera fort longuement. Et iuſques à ce qu'il s'aprocha ſi pres de la Damoyſelle, que compaſſionné de ſa triſteſſe, la ſalua auec grande courtoyſie, luy demandant la cauſe de ſa douleur.

leur. Lors elle presque surprise, & comme si elle se resueilloit en sursault,
le voyant si beau, & en acouftrement trop riche pour vn veneur, luy respondit gracieusemét: Helas ! Sire, Cheualier, s'il vous plaisoit vous seoir
aupres de moy, tandisque celuy que ie souftiens repose. Ie vous diroye
volontiers ce que me demandez, & le mal qui me deult, peut eftre, plus
eftrange que soufrit onques pauure Damoyselle, telle que ie suis. A' cefte
parole, Esplandian plus curieux de cefte nouueauté qu'auparauant fit ce,
dont elle l'auoit prié. Et quant & quant commença son propos. Entendez
(dit elle) Seigneur que ceux qui me cognoiffent m'apellent Beladrie, ducheffe du mont liban. Et de la plus grande part des païs voyfins au fleuue
Iourdain, heritiere de si grand' terre, depuis deux ans ença, que sont allez
de vie à trespas, mes pere & mere. Et ceftuy que vous voyez se nomme A-
lizar l'outrageux Roy, regnant en certaine partie de la prouince de Ca-
maiene, lequel a mis toutes les peines qu'il a peu de m'auoir à femme ef-
pousée. Ce à quoy i'ay toufiours contredit à mon possible, pour le voir si
layd & de mauuaise grace, encores qu'on le tienne à preux & vaillát Cheualier, autant qu'autre de la contrée. Ce qu'il m'a bien fait entendre par la
dure & forte guerre qu'il m'a tant menée & continuée, que i'en suis maintenant en son pouuoir. Et neantmoins i'ay trouué façon d'obtenir vn don
de luy, & qu'il m'acorda souz condition qu'y ayant satisfait, il aura de
moy & de gré, ce qu'il pourroit prendre, vsant de rigueur forcée. Or eft
le don duquel ie vous parle, tel qu'il me gardera en ce lieu (& auec si petite compagnie que vous voyez) l'espace d'vn an entier, durant lequel le pas
sera par luy interdit & defendu à tous autres Cheualiers qui y passeront,
pour aller esprouuer l'auenture de l'enfer d'Anaftarax. Cecy luy inuen-
tay-ie esperant que mal ayfément pourroit eftre qu'aucun ayant compaf-
fion de ma misere, ne le cóbatift & mift à mort, me rendant par ce moyen
en ma premiere liberté, & n'a encores commencé que du iourd'huy. Vous
affeurát en ma foy que ou fortune me voudra tát de mal, qu'elle me denie
& promptement le remede que ie me prometz, moymefmes auanceray
la fin de mes triftes iours, soit ou par la pointe de son espée ou autre mort
plus breue si ie me la puis moyéner. Vrayement ma Dame (refpódit l'Empereur) vous auez grande raifon, & luy aufsi, mais ie ne feray iamais d'a-
uis que l'amour des belles, comme vous, soit conquife par violance. Aufsi
y mettray-ie empefchement, si vous l'auez agreable, & il vous plaift me le
commander, soit par remonftrance, ou auec l'effait, s'il vient à point. Ah
(dit elle) vous le cognoiffez mal. Onques homme ne fut tant superbe
ny moins aprochant de l'equité qu'il eft. Acheuant laquelle parole s'efueilla Alizar. Et auifant l'Empereur afsis, ioignant la Ducheffe qui pleuroit & fondoit en larmes, fut merueilleufement irrité, penfant qu'il luy
euft dit ou fait chofe qui luy euft defpleu. Au moyen dequoy tout furieux
parla à luy de telle forte. En mal'heure damp Cheualier auous efté si te-

meraire,

meraire, que ma Dame s'en treuue ennuyée, & hauçant le poing l'auança pour luy couurir le visage, mais l'Empereur se retira, & le saisissant au
collet l'ataignit d'vn reuers de main gauche si à ferme, qu'il luy fit cracher deux des meilleures dentz qu'il eust en la bouche. Dont Alizar desplaisant au possible, se leua sur piedz, & presque estourdy mit l'espée au
poing, & courut sus à l'Empereur. Toutesfois il le preuint si bien, que du
premier coup qu'il luy tira il luy fendit la teste iusques aux yeux, & tomba
mort par terre. Par dieu, ma Dame, dit il lors à la Duchesse, il me semble
que vous en estes bien deliurée. Et comme elle vouloit luy en rendre les
grands merciz, suruint vne Damoyselle, laquelle sortant de l'vn des pauillons, & auisant son Roy mort, & l'espée de l'Empereur encores tainte
de sang, se mit à faire vn si estrange dueil que merueilles. Haa trahistre
(disoit elle arrachant ses cheueux) si tu eusse pris mon maistre esueillé, il
est croyable que le mal que tu luy as pourchassé fust tombé sur toy. Aussi
ne cesseray-ie iamais de trauailler, iusques à ce que tu ayes esté bien chastié
de la desloyauté que tu as commise enuers luy. Lors combien que l'Empereur mist toutes les peines du monde à la r'apaiser, si ne voulut elle pren
dre nulle excuse en payement: Ains l'increpant & menaçant de plus en
plus, & de mal en pis, monta sur le premier palefroy qu'elle trouua, &
à bride abatue, se prit à courre à trauers boys & landes, criant & se desolant
lant si fort, que c'estoit pitié de l'ouyr, tant qu'elle arriua à vn port de mer
assez pres, ou acheuoit de prendre terre grosse compagnie de Cheualiers,
Dames, & Damoyselles, lesquelz voyans ainsi venir à eux ceste femme triste & descheuelée, s'auancerent pour entendre sa douleur. Helas! seigneurs
(dit elle aux premiers qu'elle r'encontra) si onques bonté & compassion,
trouua lieu en voz cueurs pour chastier les trahistres & venger trahison, ie
vous suplie hublement me suyure vers vn paillard, qui a tué mon Seigneur
& maistre, ainsi qu'il dormoit & pres d'icy. A' ceste remostrance l'vn d'entre eux mieux adroit & en equipage, luy respondit. Or sus, conduisez y
moy, & vous verrez qu'il en auiendra. Helas (dit elle) soyez donques
seul: car si plus me suyuent, ie suis seure qu'il gaignera au fuyr. Ce que le
Cheualier trouua raisonnable. Et pour ceste cause, laissant sa troupe derriere, luy & la Damoyselle entrerent en l'espesseur du boys, & arriuerent
peu apres à la fontaine des amours d'Anastarax. Ou d'assez loing il aperceut l'Empereur, qui doutant ce qui luy auint, s'estoit armé des armes du
Roy mort, pris son cheual & escu, & desia prest à branler la iambe pour
conduire à Niquée la Duchesse qui l'en auoit requis. Mais descouurant
l'autre que la Damoyselle amenoit, demeura coy & ferme, iusques à ce
qu'il entendit ce cry. En mal an pour vous, damp Cheualier, fustes vous
onques amy de trahison, ayant mis si laschemét à mort le Cheualier dormant, pour plus à l'ayse conquerre s'amye. Disant laquelle parole il s'a-
procha tant pres, que l'Empereur, sans s'eschaufer commença à luy res-

HH pondre

pondre. Ie ne ſçay (dit il) que l'on vous a donné à entendre : mais onques ne fis trahiſon, ny ne penſay à la faire. Ha ! Sire, dit la Damoyſelle,
ne le croyez pas . Et qu'il ſoit vray, les armes meſmes qu'il a encores endoſ-
ſées , ſont aſſeurément de celuy que ie regrette & plains , & l'vn des meilleurs Cheualiers du Leuãt. Par dieu, reſpondit celuy qui l'acompagnoit, ie
le penſe bien . Auſsi ne me paiſtrez vous meshuy de bourdes (dit il à l'Empereur) contre lequel donnant des eſperons à ſon cheual , coucha ſon
boys : mais il fut ſi brauement receu , qu'au ioindre le Cheualier eſtrango
perdit les eſtriers preſt de tomber , s'il ne ſe fuſt tenu aux crins du deſtrier.
Et l'Empereur & le ſien culebuterent l'vn ſur l'autre . Toutesfois il s'en defit toſt , & ſe leuant l'eſpée au poing tourna viſage , diſant au Cheualier:
Deſcendez , ou permettez que ie m'ay de de mon cheual , lors vous verrez
ſi ie pourray amender la faute qu'il m'a fait . A' ceſte parole l'eſtranger mit
pied à terre , & commença entre eux vn ſi perilleux & rude combat , que
par l'eſpace de deux heures on n'euſt ſceu iuger, auquel la victoire fauoriſoit le plus . Encores que l'herbe verde fuſt tainte en maints endroitz de
goute de ſang , & leurs mailles & haubers tant deſclouez & endomma-
gez, qu'il n'y auoit quaſi boucle ny hardillon qui leur ſeruiſt plus. Dont la
Ducheſſe voyant le danger aparant , & de l'vn & de l'autre, ſe prit à ſe deſ-
conforter , & plaindre celuy qui pour ſon ocaſion eſtoit tombé en ce malaiſe. Ainſi n'en pouuoient ilz tous deux plus , quand de bonne fortune
ſuruindrent (& en acouſtrement de chaſſe) Amadis de Grece, Birmartes
l'Empereur Liſuart , & le Roy Perion , qui auoient ſuiuy les briſées d'Eſplandian, lequel de prime face (pour le voir ainſi armé) ilz ne recogneurent . Bien demeurerent ilz esbahiz de telle & ſi aſpre meſlée, qui ne ſeruit
que d'engroſſir le cueur à Eſplandian , faiſant vn merueilleux & grand
deuoir pour auoir le deſſus . Toutesfois il trouuoit forte chauſſeure à ſon
pied , leur deſcoulant le ſang par tant d'endroitz , & en telle abondance , que pitié eſmouuoit les regardans à les ſeparer : quand Eſplandian
honteux de ſi longuement demeurer , pour obtenir victoire tant eſperée , hauça le le bras , & cuydant fendre la teſte à ſon ennemy , luy icta vn
lourd & peſant coup qu'il ſouſtint ſur l'eſcu , & le mypartit en deux,
paſſant oultre iuſques au hault de l'armet auec tant de force , qu'il fut
contraint de donner du genoil en terre . Et neantmoins il ſe releua
promptement , & marry au poſsible, pour auoir receu telle honte, &
en la preſence de telle compagnie , prit ſon eſpée à deux mains de laquelle il frapa auſsi l'Empereur Eſplandian , en ſorte que fendant ce
qu'il para pour ſe garder , vint iuſques au vif du teſt. Et plus l'euſt encores endommagé, s'il neuſt branſlé, tombant tout eſtourdy à ſes piedz.
Parquoy l'eſtranger ſe lança viuement ſur luy , & voulant luy oſter
le heaume, pour voir s'il eſtoit mort, la Ducheſſe penſant aſſeurément
qu'il luy vouſiſt oſter la teſte de deſſus les eſpaules , trop ennuyée,

icta vn

ieta vn hault foufpir . Helas (dit elle) Cheualier , contentez vous du mal
que vous luy auez fait , & à grand tort, fans vouloir monftrer d'auantage
la cruauté de vous autrement croyez que ie m'occiray prefentement , &
de mes propres mains. Or eftoit il encores tresignorant de fa faulte : mais
compaſsionné de la Ducheſſe qui fondoit en larmes, luy refpondit. Damoyfelle , ie n'entends point ce que vous me dites , s'il eſt vif ie le vous
donne, finon le confeil en eſt pris . Lors s'aprocha la Ducheſſe , & le def-
armant de teſte Lifuart & les autres le recogneurent, dont trop esbaïs &
dolens de ce meſchef , mirent foudain pied à terre . Et les efpées es poings
aſſaillirent le Cheualier eftrange. Ha a! paillard (luy efcrierent ilz) malheureufement auez vous fait mourir le meilleur Empereur de la terre:
Mais luy mefmes qui le vid eſtre fon filz , & voyant le peril ou il eſtoit
tombé par mefgarde, ieta promptement fon armet bas . Car entendez
que c'eſtoit le trefpreux & redouté Amadis de Gaule , Roy de la grande
Bretaigne . Celuy qui de fon temps n'eut Cheualier qui l'efgalaſt en bonté & perfections d'armes , finon Amadis de Grece. Quelque chofe qu'on
en ayt peu efcrire en aucunes autres croniques plus fabuleufes & de plaifir que veritables , luy donques cogneu de tous , & voyans l'Infortune
telle & auenue au filz par l'effort du pere , Dieu fçait comme leur ennuy
redoubla , & plus encores fuſt il augmenté : Mais Efplandian qui eut ayr,
fe prit à refpirer , & ouurant les yeux auifa le Roy fon pere , par lequel il
auoit eſté fi mal traité , qui luy fit oublier la plus grande part de fa douleur . Ce que voulant faire cognoiſtre à chacun fe releua & vindrent pere
& filz s'entre embracer , s'excufans & l'vn & l'autre de ce qui auoit eſté
fait, non fans demander pardon , lequel finablement & ayféement acordé & tout defplaifir tourné en ioye , la Ducheſſe emerueillée de fi eſtrange auenture , & entendant quelz ilz eſtoient , vint leur faire la reuerance.
Et fut receuë & honorée de tous . Puys bendans les deux naürez leurs
playes au mieux qu'ilz peurent pour le lieu & le temps , ainfi qu'ilz e-
ſtoient preſtz à remonter à cheual & prendre le chemin de la ville , furuint la Royne Oriane, acompagnée des Roys don Galaor , Floreſtan , &
Bruneo, auec les Dames. Tous lefquelz s'eſtoient embarquez en la grande Bretaigne , pour tirer en Niquée fuyuant la femonce & auis qu'ilz a-
uoient eu de Zirfée, Alquif, & Vrgande . Ou de fortune ilz prindrent
port à l'heure , & ainfi qu'il vous a eſté dit , dont cuyda fucceder trop gra-
de infortune . Ce que venu à la cognoiſſance de ceux qui l'auoient iufques
adonques ignoré , croyez qu'ilz ne furent pareſſeux de louër & remercier Dieu, qui auoit le tout conduit à fin, fi peu dangereufe qu'elle fe trouua : Parquoy apres s'eſtre l'vn & l'autre faluez & embracez , tirerent droit
en la cité. Ce pendant les gens du Roy Alizar enfeuelirent le corps mort,
& l'emporterent en fes païs : prenant la Ducheſſe congé des Seigneurs &
Dames, prefens pour retourner femblablemét au fien. Or fut le Soudan de

    Niquée

Niquée toſt apres auerty de ce qui eſtoit auenu en la foreſt : Parquoy mõ-
ta à cheual & vint receuoir le Roy Amadis & ſa compagnie, laquelle deſcendue au palays, & les careſſes & bien venues faites des deux coſtez, ſpecialement entre la Royne Oriane & Niquée, ne fut delà en auant parlé
que de plaiſir. Atendant le reſte de ceux qui auoient eſté ſemons pour eux
trouuer en ceſte aſſemblée, leſquelz arriuez vn iour Saint Michel, Zirſée
les conuia tous à diſner, dans la tour de l'Vniuers, ou elle leur monſtreroit
les perfections & ſingularitez du lieu.

Comme tous ces Princes & Da-

mes demeurerent enchantez en la tour de l'Vniuers, par
Zirſée, Alquif, & Vrgande.

Chapitre   XCVI.

LE conuy & feſtiment que donna Zirſée aux Princes &
Dames en la tour de l'Vniuers, fut, que, eux aſſemblez
les conduiſt de chambre en chambre, & de triumphe en
triumphe, tant, qu'ilz vindrent en celuy d'Amour ou tenant le Roy Amadis par la main, commença à luy dire:
Monſieur vous auez ſeruy ce dieu, plus loyaumẽt qu'au-
tre que l'on ſçache. Auſsi en auez vous eſte tresbien recõpenſé comme l'on
ſçait, & paſſant en celuy de Mars. C'eſt à vous (dit elle à Amadis de Gręce) à remercier plus deuotement ce ſeigneur. Car il vous a fauoriſé autant
que voſtre biſayeul Amadis, encores que vous ayez eu moins de loyauté
en amour. Et ainſi deuiſans, entrerent en celuy de chaſteté, ou elle ieta
l'œil ſur la Royne Gradafilée. Par ma foy ma Dame (dit elle) ie n'en ſçache nulle de ce temps, qui merite mieux triumpher de ce triumphe que
vous. Et de la monterent tous iuſques au dernicr eſtage de la tour, ou elle
pria Amadis de Gręce, & Niquée demeurer tant qu'elle les mandaſt apeller. Puis paſſant outre vindrent ou eſtoit le monde, qui donna grand eſ-
baïſſement à tous. Toutesfois nul ciel, ny planette ſe mouuoit encores, ne
voyás choſe qui ſe fiſt ou demenaſt en iceluy, & neátmoins eſmerueillez,
de tant belle choſe. Et comment ſi groſſe & lourde machine ſe ſouſtenoit
ainſi en l'air, ne ſe pouuoient ſaouler de bien, & ententiuemẽt le contempler. Lors les pria Zirſée d'eux ſoir es ſieges, deſquelz nous vous a-
uons parlé, eſcriuant ceſte tour de l'Vniuers. Pres du Roy Amadis fut miſe la Royne Oriane, & aſſez ioignant l'Empereur Eſplandian & l'Imperatrix. Puys l'Empereur Liſuart & Abra, & quant à vous (dit elle à
Gradafilée) vous aurez la place ſuyuante, ayant fait par chaſte amour.

Ce que

Ce que vous auez fait pour voftre amy. Car puys que ces Princes ont
efté extremes en la pourfuite de leurs amyes, ilz auront auecques eux
la mefme extremité d'Amour. Vn peu à cofté pria le Roy don Gala-
or, fe foir. Et ioignant luy la Royne fa femme. Puis le Roy don Floreftan, & la fienne, Perion & la fienne, Lucencio, & la fienne, Agraies
& la fienne, don Bruneo & la fienne, & vis à vis deux laiffa trois fieges vagues, au plus pres defquelz elle afift le fort Birmartes & Onorie, & à cofté Grafandor, & fa femme. Puis tous les autres confecutiuement iufques
à la Royne de Caucafe, qu'elle pria aller querir Amadis de Grece & la
belle Niquée, lefquelz arriuez vous verrez (dit elle) maintenant chofes encores plus emerueillables, & l'auanture acheuée, que promettent les efcri-
tures des perrons de l'entrée : parquoy prenez place, dit elle à Amadis de
Grece, Niquée au pres de vous, & le Soudan pour le tiers en ces trois fieges
vagues, dediez à vous & non à autres. Et quant & quant fe prindrent les
cours celeftes à eux mouuoir felon leur influence ordonnée, & auec telle
armonie que veritablement c'eftoit chofe plus diuine que terreftre, mefmes qu'à l'inftát le Dieu omnipotent Pere, Filz, & faint Efprit, fe monftra
en fon triumphe & gloire, auec les ierarchies d'Anges, Arcanges, Poteftez,
Cherubins, Seraphins, trofnes, dominations, Saintz & Saintes, que chacun d'eux adora, puis baiffans leur veuë plus bas defcouurirent les fecretz
des cieux, & generalement tout ce qui fe faifoit & demenoit en mer & en
terre par tout l'vniuers du monde qui leur eftoit plaifant & agreable que
prefque demy tranfiz d'ayfe perdoient tout autre fouuenir. Quand Zirfée apella Carmelle, & la mettant aux piedz d'Efplandian luy dit, puis
qu'Vrgande ne vous a voulu faire droit par le paffé ie le vous feray à prefent & à vous aufsi, dit elle à Ardan le Nain, qu'elle logea femblablement
aux piedz du Roy Amadis, & Florindo à ceux de l'Empereur Lucencio
vous auez (leur dit elle) tous trois bien loyaument & longuement feruy
ces trois Princes, qui eft caufe de vous en donner ores fi bonne & honorable recompenfe. Puis adreffant fa parole aux autres leur dit.

Souuerains & trefexcellans Prin-

ces, le Seigneur Dieu tout puiffant, pour ne vous rendre femblable à Lu-
cifer, qui par fon orgueil tomba des cieux, & furent luy & fes complices
profternez & abifmez au centre de la terre vous a ordonné vne mort qui
vous eft ineuitable ainfi que chacun de vous fçait & entend la confidera-
tion de laquelle vous doit rendre humbles, veu que indubitablemét vous
de terre retournerez en cendre, quand voftre heure fera venue. A' plufieurs defquelz d'entre vous elle eft trefprochaine. Et neantmoins pour

aucunement la retarder & vous faire encor' viure , puis apres Alquif,
Vrgande, & moy, auons tant fait par noz ars & magie que vous apellez en
ce lieu y passerez le terme, & demeurerez quelques années en plaisir plus
grand que nul autre mortel iouïst onques : Non que pour cela vous soiez
immortelz : car le Seigneur Dieu peut commander à toutes choses : mais
voz iours seront allongez, ou ilz eussent pris trop briefue fin . Et neantmoins asseurez vous ne partir d'icy que par auantures estranges, & encores ne sortirez vous ensemble, ains selon l'ordre que ie vous ay assis, les plus
ieunes premiers, & les anciens puis apres, & au regard des affaires que chacun de vous peut auoir au monde pour quelque cause ou ocasion que ce
soit, vous y auez donné ordre (comme ie sçay) auant vostre arriuée par
deça, qui tiendra : au reste demeurez en paix & auec Dieu tant que son
plaisir sera vous laisser ensemble.

Mais à peine eut elle acheué la parole qu'il suruint vn tel tonnerre, &
esclair qu'on eust iugé le ciel & la terre s'assembler, & quant & quant s'a-
baisserent en vn nuaige, trois chariotz trainez par six dragons, ou les trois
magiciens se mirent, s'esleuans ces chars puis apres, & voletans hors le
pourpris de la tour ou ilz laisserent ces Seigneurs & Dames, assis & si bien
enchantez qu'il ne leur souuenoit d'autre plaisir, que de celuy qui leur
estoit commun & familier, voyans tout ce qui se demenoit par le monde,
sans qu'ilz en eussent quelque estincelle d'ennuy : demeurant ceste tour de
l'Vniuers, enuironnée d'vne telle obscurité, qu'elle ne se pouuoit voir aucunement, ny les trois chars qui se tindrent dans les nues auec les trois magiciens mesmes enchantez pour prolonger la vie de leurs amys. Et en cest
endroit fine l'œuure du sage Alquif, & la vraye cronique d'Amadis enco
res qu'aucuns affectionnez à luy, & à l'Empereur Esplandian, ayent cópo-
sé le liure de dõ Florisando, qui semble, à bien parler, plus mensonger que
veritable : car en toute l'histoire de ce grand Roy Amadis il ne se treuue
point Florestan auoir eu enfans de Corisande, & qui pis est aioustans fable sur menterie, aucuns depuis ont fait autre liure de Lisuart ou ilz font
mort le Roy Amadis . Ce qui est clairement faux & faint, d'autant qu'il
eut vie longue de deux cens ans & plus, & lors qu'ilz le dient expiré il
n'en eust peu auoir soixante, chose trop esloignée du vray : ainsi qu'il pa-
restra mesmes par la grande cronique de don Florisel & d'Anaxartes . Les
memoriaux, & instructions, de laquelle demeurerét au pouuoir d'Alquife fille d'Alquif qui les a redigez songneusement, & long temps depuis
mis en lumiere, commençans à la nourriture que prit la Princesse fille d'O-
nolorie qui fut baillée à nourrir à celuy qui emporta le carcan. Parquoy
nous donnerons à present fin à nostre labeur, esperant qu'auec le temps,
soit par moy, soit par autre, vous pourrez entendre le surplus de ce qui a-
uint depuis . Specialement comme ceste fille née en la tour de Trebison-

de &

de & mise au pouuoir de celuy qui la desroba à la mere, par auarice, fut
nommée Siluia, tant belle, & en telle perfection, qu'estant simple bergere
gardant les troupeaux es marches d'Alexandrie don Florisel de Niquée
en deuint si amoureux, que pour l'amour d'elle se fit pasteur, & ensemble, acompagnez d'vn nommé Darinel, s'acheminerent pour aller voir
l'enfer d'Anastarax : histoire plaisante entre les plus singulieres dont les
yeux de voz entendemens ayent encores esté contentez.

Fin de l'Huitiesme liure d'Amadis de Gaule, nouuellement imprimé
à Paris en l'Imprimerie d'Estienne Groulleau : Et fut a-
cheué d'imprimer le xxviii iour d'Aoust.
1 5 4 8.

pondre, Ie ne ſçay (dit il) que l'on vous a donné à entendre : mais onques ne fis trahiſon, ny ne penſay à la faire. Ha ! Sire, dit la Damoyſelle,
ne le croyez pas. Et qu'il ſoit vray, les armes meſmes qu'il a encores endoſ-
ſées, ſont aſſeurément de celuy que ie regrette & plains, & l'vn des meilleurs Cheualiers du Leuất. Par dieu, reſpondit celuy qui l'acompagnoit, ie
le penſe bien. Auſſi ne me paiſtrez vous meshuy de bourdes (dit il à l'Empereur) contre lequel donnant des eſperons à ſon cheual, coucha ſon
boys : mais il fut ſi brauement receu, qu'au ioindre le Cheualier eſtrango
perdit les eſtriers preſt de tomber, s'il ne ſe fuſt tenu aux crins du deſtrier.
Et l'Empereur & le ſien culebuterent l'vn ſur l'autre. Toutesfois il s'en defit toſt, & ſe leuant l'eſpée au poing tourna viſage, diſant au Cheualier :
Deſcendez, ou permettez que ie m'ayde de mon cheual, lors vous verrez
ſi ie pourray amender la faute qu'il m'a fait. A' ceſte parole l'eſtranger mit
pied à terre, & commença entre eux vn ſi perilleux & rude combat, que
par l'eſpace de deux heures on n'euſt ſceu iuger, auquel la victoire fauoriſoit le plus. Encores que l'herbe verde fuſt tainte en maints endroitz de
goute de ſang, & leurs mailles & haubers tant deſclouez & endomma-
gez, qu'il n'y auoit quaſi boucle ny hardillon qui leur ſeruiſt plus. Dont la
Ducheſſe voyant le danger aparant, & de l'vn & de l'autre, ſe prit à ſe deſ-
conforter, & plaindre celuy qui pour ſon ocaſion eſtoit tombé en ce malaiſe. Ainſi n'en pouuoient ilz tous deux plus, quand de bonne fortune
ſuruindrent (& en acouſtrement de chaſſe) Amadis de Gręce, Birmartes
l'Empereur Liſuart, & le Roy Perion, qui auoient ſuiuy les briſées d'Eſplandian, lequel de prime face (pour le voir ainſi armé) ilz ne recogneurent. Bien demeurerent ilz esbahiz de telle & ſi aſpre meſlée, qui ne ſeruit
que d'engroſſir le cueur à Eſplandian, faiſant vn merueilleux & grand
deuoir pour auoir le deſſus. Toutesfois il trouuoit forte chauſſeure à ſon
pied, leur deſcoulant le ſang par tant d'endroitz, & en telle abondance, que pitié eſmouuoit les regardans à les ſeparer : quand Eſplandian
honteux de ſi longuement demeurer, pour obtenir victoire tant eſperée, hauça le le bras, & cuydant fendre la teſte à ſon ennemy, luy icta vn
lourd & peſant coup qu'il ſouſtint ſur l'eſcu, & le my partit en deux,
paſſant oultre iuſques au hault de l'armet auec tant de force, qu'il fut
contraint de donner du genoil en terre. Et neantmoins il ſe releua
promptement, & marry au poſſible, pour auoir receu telle honte, &
en la preſence de telle compagnie, prit ſon eſpée à deux mains de laquelle il frapa auſſi l'Empereur Eſplandian, en ſorte que fendant ce
qu'il para pour ſe garder, vint iuſques au vif du teſt. Et plus l'euſt encores endommagé, s'il neuſt branſlé, tombant tout eſtourdy à ſes piedz.
Parquoy l'eſtranger ſe lança viuement ſur luy, & voulant luy oſter
le heaume, pour voir s'il eſtoit mort, la Ducheſſe penſant aſſeurément
qu'il luy voulſiſt oſter la teſte de deſſus les eſpaules, trop ennuyée,

icta vn

meraire, que ma Dame s'en treuue ennuyée, & hauçant le poing l'auança pour luy couurir le visage, mais l'Empereur se retira, & le saisissant au
collet l'ataignit d'vn reuers de main gauche si à ferme, qu'il luy fit cracher deux des meilleures dentz qu'il eust en la bouche. Dont Alizar desplaisant au possible, se leua sur piedz, & presque estourdy mit l'espée au
poing, & courut sus à l'Empereur. Toutesfois il le preuint si bien, que du
premier coup qu'il luy tira il luy fendit la teste iusques aux yeux, & tomba
mort par terre. Par dieu, ma Dame, dit il lors à la Duchesse, il me semble
que vous en estes bien deliurée. Et comme elle vouloit luy en rendre les
grands merciz, suruint vne Damoyselle, laquelle sortant de l'vn des pauillons, & auisant son Roy mort, & l'espée de l'Empereur encores tainte
de sang, se mit à faire vn si estrange dueil que merueilles. Haa trahistre
(disoit elle arrachant ses cheueux) si tu eusse pris mon maistre esueillé, il
est croyable que le mal que tu luy as pourchassé fust tombé sur toy. Aussi
ne cesseray-ie iamais de trauailler, iusques à ce que tu ayes esté bien chastié
de la desloyauté que tu as commise enuers luy. Lors combien que l'Empereur mist toutes les peines du monde à la r'apaiser, si ne voulut elle pren
dre nulle excuse en payement: Ains l'increpant & menaçant de plus en
plus, & de mal en pis, monta sur le premier palefroy qu'elle trouua, &
à bride abatue, se prit à courre à trauers boys & landes, criant & se desolant si fort, que c'estoit pitié de l'ouyr, tant qu'elle arriua à vn port de mer
assez pres, ou acheuoit de prendre terre grosse compagnie de Cheualiers,
Dames, & Damoyselles, lesquelz voyans ainsi venir à eux ceste femme triste & descheuelée, s'auancerent pour entendre sa douleur. Helas! seigneurs
(dit elle aux premiers qu'elle r'encontra) si onques bonté & compassion,
trouua lieu en voz cueurs pour chastier les trahistres & venger trahison, ie
vous suplie humblement me suyure vers vn paillard, qui a tué mon Seigneur
& maistre, ainsi qu'il dormoit & pres d'icy. A' ceste remostrance l'vn d'entre eux mieux adroit & en equipage, luy respondit. Or sus, conduisez y
moy, & vous verrez qu'il en auiendra. Helas (dit elle) soyez donques
seul: car si plus me suyuent, ie suis seure qu'il gaignera au fuyr. Ce que le
Cheualier trouua raisonnable. Et pour ceste cause, laissant sa troupe derriere, luy & la Damoyselle entrerent en l'espesseur du boys, & arriuerent
peu apres à la fontaine des amours d'Anastarax. Ou d'assez loing il aperceut l'Empereur, qui doutant ce qui luy auint, s'estoit armé des armes du
Roy mort, pris son cheual & escu, & desia prest à branler la iambe pour
conduire à Niquée la Duchesse qui l'en auoit requis. Mais descouurant
l'autre que la Damoyselle amenoit, demeura coy & ferme, iusques à ce
qu'il entendit ce cry. En mal an pour vous, damp Cheualier, fustes vous
onques amy de trahison, ayant mis si laschemét à mort le Cheualier dormant, pour plus à l'ayse conquerre s'amye. Disant laquelle parole il s'a-
procha tant pres, que l'Empereur, sans s'eschaufer commença à luy res-

HH   pondre,